මහමෙව්නාවේ බෝධිඥාන ත්‍රිපිටක ග්‍ර

සූත්‍ර පිටකයට අයත්

ආශ්චර්යවත් ශ්‍රී සද්ධර්මය

සංයුත්ත නිකායේ

(දෙවන කොටස)

නිදාන වර්ගය

පරිවර්තනය

පූජ්‍ය කිරිබත්ගොඩ ඤාණානන්ද ස්වාමීන් වහන්සේ

ප්‍රකාශනය

මහාමේඝ ප්‍රකාශකයෝ

වඩුවාව, යටිගල්ඔළුව, පොල්ගහවෙල.

දුර : 037 2053300, 076 8255703

ඊ-මේල් : mahameghapublishers@gmail.com

ශ්‍රී. බු.ව. 2547 ව්‍යවහාර වර්ෂ : 2004

මහමෙව්නාවේ බෝධිඥාන ත්‍රිපිටක ග්‍රන්ථ මාලා 08

සූත්‍ර පිටකයට අයත් ආශ්චර්යවත් ශ්‍රී සද්ධර්මය

සංයුත්ත නිකායේ දෙවන කොටස

නිදාන වර්ගය

පරිවර්තනය : පූජ්‍ය කිරිබත්ගොඩ ඥාණානන්ද ස්වාමීන් වහන්සේ

ISBN : 978-955-0614-70-7

ප්‍රථම මුද්‍රණය : ශ්‍රී බුද්ධ වර්ෂ 2547/ ව්‍යවහාරික වර්ෂ 2004

- පරිගණක අකුරු සැකසුම සහ ප්‍රකාශනය -
මහාමේඝ ප්‍රකාශකයෝ
වඩුවාව, යටිගල්ඔළුව, පොල්ගහවෙල.
දුර : (+94) 37 20 53 300, (+94) 76 82 55 703
ඊ-මේල් : mahameghapublishers@gmail.com

Mahamevnawa Bodhiñāna Tripitaka Series, Volume 08

The Wonderful Dhamma in the Suttantapitaka

SAMYUTTA NIKĀYA

(THE GROUPED DISCOURES OF THE
TATHĀGATA SAMMĀSAMBUDDHA)

Part 01
NIDĀNAVAGGA

Translated
By

VEN. KIRIBATHGODA ÑĀNĀNANDA BHIKKHU

PUBLISHED BY:

Mahamegha Publishers
Waduwawa, Yatigal-oluwa, Polgahawela, Sri Lanka.
Tel : (+94) 37 20 53 300, (+94) 76 82 55 703

e-mail : mahameghapublishers@gmail.com

B. E. 2547   C.E. 2004

"ධම්මෝ හි වාසෙට්ඨා, සෙට්ඨෝ ජනේතස්මිං
දිට්ඨේ චේව ධම්මේ, අභිසම්පරායේච."

වාසෙට්ඨයෙනි, මෙලොවෙහි ත්, පරලොවෙහි ත් සත්වයන් අතර
ධර්මය ම ශ්‍රේෂ්ඨ වෙයි !

- අපගේ ශාස්තෘන් වහන්සේ

පටුන

සංයුත්ත නිකායේ නිදාන වර්ගය

1. අභිසමය සංයුත්තය

1. බුද්ධ වර්ගය

පළමුවෙනි බුද්ධ වර්ගය නිමා විය.

2. ආහාර වර්ගය

දෙවෙනි ආහාර වර්ගය නිමා විය.

3. දසබල වර්ගය

තුන්වෙනි දසබල වර්ගය නිමා විය.

4. කාළාරබත්තිය වර්ගය

හතරවෙනි කළාරඛත්තිය වර්ගය නිමා විය.

5. ගහපති වර්ගය

පස්වෙනි ගහපති වර්ගය නිමා විය.

6. දුක්ඛ වර්ගය

හයවෙනි දුක්ඛ වර්ගය නිමා විය.

7. මහා වර්ගය

හත්වෙනි මහා වර්ගය නිමා විය.

8. සමණබ්‍රාහ්මණ වර්ගය

අටවෙනි සමණබ්‍රාහ්මණ වර්ගය නිමා විය.

9. අන්තරා පෙය්‍යාලය

1. සත්වු වර්ගය

සත්වු වර්ගය නිමා විය.

2. සික්ඛා වර්ගය

3. යෝග වර්ගය

4. ඡන්ද වර්ගය

5. උස්සෝළ්හි වර්ගය

6. අප්පටිවානි වර්ගය

7. ආතප්ප වර්ගය

8. විරිය වර්ගය

9. සාතච්ච වර්ගය

10. සති වර්ගය

11. සම්පජඤ්ඤ වර්ගය

12. අප්පමාද වර්ගය

නවවෙනි අන්තරාපෙය්‍යාලය නිමා විය.

10. අභිසමය වර්ගය

දසවෙනි අභිසමය වර්ගය නිමා විය.
අභිසමය සංයුත්තය නිමා විය.

2. ධාතු සංයුත්තය

1. නානත්ත වර්ගය

පළමුවෙනි නානත්ත වර්ගය නිමා විය.

2. සත්තධාතු වර්ගය

දෙවෙනි සත්තධාතු වර්ගය නිමා විය.

3. කම්මපථ වර්ගය

තුන්වෙනි කම්මපථ වර්ගය නිමා විය.

4. චතුධාතු වර්ගය

හතරවෙනි චතුධාතු වර්ගය නිමා විය.
ධාතු සංයුත්තය නිමා විය.

3. අනමතග්ග සංයුත්තය
1. තිණකට්ඨ වර්ගය

පළමුවෙනි තිණකට්ඨ වර්ගය නිමා විය.

2. දුග්ගත වර්ගය

දෙවෙනි දුග්ගත වර්ගය නිමා විය.

අනමතග්ග සංයුත්තය නිමා විය.

4. කස්සප සංයුත්තය

1. කස්සප වර්ගය

පළමුවෙනි කස්සප වර්ගය නිමා විය.

කස්සප සංයුත්තය නිමා විය.

5. ලාභසක්කාර සංයුත්තය

1. දාරුණ වර්ගය

පළමුවෙනි දාරුණ වර්ගය නිමා විය.

2. පාති වර්ගය

හතරවෙනි සංඝභේද වර්ගය නිමා විය.

ලාභසක්කාර සංයුත්තය නිමා විය.

6. රාහුල සංයුත්තය

1. පළමු වර්ගය

පළමුවෙනි වර්ගය නිමා විය.

2. දෙවෙනි වර්ගය

දෙවෙනි වර්ගය නිමා විය.
රාහුල සංයුත්තය නිමා විය.

7. ලක්බණ සංයුත්තය

1. පළමු වර්ගය

පළමුවෙනි වර්ගය නිමා විය.

2. දෙවෙනි වර්ගය

දෙවෙනි වර්ගය නිමා විය.

ලක්ඛණ සංයුත්තය නිමා විය.

8. ඕපම්ම සංයුත්තය

1. පළමු වර්ගය

පළමුවෙනි වර්ගය නිමා විය.
ඕපම්ම සංයුත්තය නිමා විය.

9. භික්ඛු සංයුත්තය
1. පළමු වර්ගය

පළමුවෙනි වර්ගය නිමා විය.

භික්ඛු සංයුත්තය නිමා විය.

සංයුත්ත නිකායේ නිදාන වර්ගය නිමා විය.

දසබලසේලප්පභවා නිබ්බානමහාසමුද්දපරියන්තා
අට්ඨංග මග්ගසලිලා ජිනවචනනදී චිරං වහතූති

දසබලයන් වහන්සේ නමැති ශෛලමය පර්වතයෙන් පැන නැගී
අමා මහ නිවන නම් වූ මහා සාගරය අවසන් කොට ඇති
ආර්ය අෂ්ටාංගික මාර්ගය නම් වූ සිහිල් දිය දහරින් හෙබි
උතුම් ශ්‍රී මුඛ බුද්ධ වචන ගංගාව (ලෝ සතුන්ගේ සසර දුක් නිවාලමින්)
බොහෝ කල් ගලාබස්නා සේක්වා !

(සළායතන සංයුත්තය - උද්දාන ගාථා)

සූත්‍ර පිටකයට අයත්
සංයුත්ත නිකාය
දෙවන කොටස

නිදාන වර්ගය

නමෝ තස්ස භගවතෝ අරහතෝ සම්මාසම්බුද්ධස්ස
ඒ භාග්‍යවත් අරහත් සම්මා සම්බුදුරජාණන් වහන්සේට නමස්කාර වේවා!

සූත්‍ර පිටකයට අයත්

සංයුත්ත නිකාය
නිදාන වර්ගය

1. අභිසමය සංයුත්තය

1. බුද්ධ වර්ගය

1.1.1.
පටිච්චසමුප්පාද සූත්‍රය
පටිච්චසමුප්පාදය ගැන වදාළ දෙසුම

01. මා හට අසන්නට ලැබුණේ මේ විදිහටයි. ඒ දිනවල භාග්‍යවතුන් වහන්සේ වැඩසිටියේ සැවැත් නුවර ජේතවනය නම් වූ අනේපිඬු සිටුතුමාගේ ආරාමයේ. එදා භාග්‍යවතුන් වහන්සේ "පින්වත් මහණෙනි" කියා භික්ෂු සංඝයා ඇමතුවා "පින්වතුන් වහන්ස" කියා ඒ භික්ෂූන් වහන්සේලා භාග්‍යවතුන් වහන්සේට පිළිතුරු දුන්නා. ඒ මොහොතේදී තමයි භාග්‍යවතුන් වහන්සේ මේ දේශනාව වදාළේ.

"පින්වත් මහණෙනි, මා ඔබට පටිච්චසමුප්පාදය ගැන කියා දෙන්නම්. එය හොඳින් අහගන්න ඕන. ඒ ගැන නුවණින් මෙනෙහි කරන්න ඕන. මං කියා දෙන්නම්."

"එසේය, ස්වාමීනී" කියල ඒ භික්ෂූන් වහන්සේලා භාග්‍යවතුන් වහන්සේට පිළිතුරු දුන්නා. භාග්‍යවතුන් වහන්සේ ඒ මොහොතේදී පටිච්චසමුප්පාදය ගැන මෙම දේශනය වදාළා.

"පින්වත් මහණෙනි, පටිච්චසමුප්පාදය කියල කියන්නෙ මොකක්ද? පින්වත් මහණෙනි, අවිද්‍යාව හේතු කරගෙන සංස්කාර ඇතිවෙනවා. සංස්කාර හේතු කරගෙන විඤ්ඤාණය ඇතිවෙනවා. විඤ්ඤාණය හේතු කරගෙන නාම රූප ඇතිවෙනවා. නාමරූප හේතු කරගෙන ආයතන හය ඇතිවෙනවා. ආයතන හය හේතු කරගෙන ස්පර්ශය ඇතිවෙනවා. ස්පර්ශය හේතු කරගෙන විඳීම ඇතිවෙනවා. විඳීම හේතු කරගෙන තණ්හාව ඇතිවෙනවා. තණ්හාව හේතු කරගෙන බැඳීම ඇතිවෙනවා. බැඳීම හේතු කරගෙන විපාක පිණිස කර්ම සකස් වෙනවා. කර්ම සකස් වීම (භවය) හේතු කරගෙන ඉපදෙනවා. ඉපදීම හේතු කරගෙන ජරා-මරණ, සෝක, වැළපීම්, කායික දුක්, මානසික දුක්, සුසුම් හෙළීම් ආදිය හටගන්නවා. ඔන්න ඔය විදිහටයි මේ මුළු මහත් දුක් රැස ම හටගන්නේ. පින්වත් මහණෙනි, මේකට තමයි පටිච්චසමුප්පාදය කියල කියන්නේ.

අවිද්‍යාව සහමුලින්ම නැතිවෙලා නිරුද්ධ වීමෙන් සංස්කාර නිරුද්ධ වෙලා යනවා. සංස්කාර නිරුද්ධ වීමෙන් විඤ්ඤාණය නිරුද්ධ වෙලා යනවා. විඤ්ඤාණය නිරුද්ධ වීමෙන් නාමරූප නිරුද්ධ වෙලා යනවා. නාමරූප නිරුද්ධ වීමෙන් ආයතන හය නිරුද්ධ වෙලා යනවා. ආයතන හය නිරුද්ධ වීමෙන් ස්පර්ශය නිරුද්ධ වෙලා යනවා. ස්පර්ශය නිරුද්ධ වීමෙන් විඳීම නිරුද්ධ වෙලා යනවා. විඳීම නිරුද්ධ වීමෙන් තණ්හාව නිරුද්ධ වෙලා යනවා. තණ්හාව නිරුද්ධ වීමෙන් බැඳීම නිරුද්ධ වෙලා යනවා. බැඳීම නිරුද්ධ වීමෙන් විපාක පිණිස කර්ම සකස් වීම නිරුද්ධ වෙලා යනවා. විපාක පිණිස කර්ම සකස් වීම නිරුද්ධ වීමෙන් ඉපදීම නිරුද්ධ වෙලා යනවා. ඉපදීම නිරුද්ධ වීමෙන් ජරා-මරණ, සෝක, වැළපීම්, කායික දුක්, මානසික දුක්, සුසුම් හෙළීම් ආදිය නිරුද්ධ වෙලා යනවා. ඔය විදිහටයි මේ මුළු මහත් දුක් රැසම නිරුද්ධ වෙලා යන්නේ."

භාග්‍යවතුන් වහන්සේ මෙම දේශනාව වදාළා. ඒ භික්ෂූන් වහන්සේලා ඉතා සතුටු වුණා. භාග්‍යවතුන් වහන්සේගේ දේශනාව පිළිගත්තේ හරිම සතුටින්.

සාදු! සාදු!! සාදු!!!

පටිච්චසමුප්පාද සූත්‍රය නිමා විය.

1.1.2.
විභංග සූත්‍රය
පටිච්චසමුප්පාදය විග්‍රහ කොට වදාළ දෙසුම

02. සැවැත් නුවරදී....

"පින්වත් මහණෙනි, මා ඔබට පටිච්චසමුප්පාදය ගැන කියා දෙන්නම්. විස්තර වශයෙන් කියා දෙන්නම්. එය හොඳින් අහගන්න ඕන. ඒ ගැන නුවණින් මෙනෙහි කරන්න ඕන. මං කියා දෙන්නම්."

"එසේය, ස්වාමීනී" කියලා ඒ භික්ෂූන් වහන්සේලා භාග්‍යවතුන් වහන්සේට පිළිතුරු දුන්නා. ඒ මොහොතේදී භාග්‍යවතුන් වහන්සේ මෙම දේශනය වදාළා.

පින්වත් මහණෙනි, පටිච්චසමුප්පාදය කියල කියන්නෙ මොකක්ද? පින්වත් මහණෙනි, අවිද්‍යාව හේතු කරගෙන සංස්කාර ඇතිවෙනවා. සංස්කාර හේතු කරගෙන විඤ්ඤාණය ඇතිවෙනවා. විඤ්ඤාණය හේතු කරගෙන නාම රූප ඇතිවෙනවා. නාමරූප හේතු කරගෙන ආයතන හය ඇතිවෙනවා. ආයතන හය හේතු කරගෙන ස්පර්ශය ඇතිවෙනවා. ස්පර්ශය හේතු කරගෙන විඳීම ඇතිවෙනවා. විඳීම හේතු කරගෙන තණ්හාව ඇතිවෙනවා. තණ්හාව හේතු කරගෙන බැඳීම ඇතිවෙනවා. බැඳීම හේතු කරගෙන විපාක පිණිස කර්ම සකස් වෙනවා. කර්ම සකස් වීම (භවය) හේතු කරගෙන ඉපදෙනවා. ඉපදීම හේතු කරගෙන ජරා-මරණ, සෝක, වැළපීම්, කායික දුක්, මානසික දුක්, සුසුම් හෙළීම් ආදිය හටගන්නවා. ඔන්න ඔය විදිහටයි මේ මුළු මහත් දුක් රැසම හටගන්නේ. පින්වත් මහණෙනි, මේකට තමයි පටිච්චසමුප්පාදය කියල කියන්නේ.

පින්වත් මහණෙනි, ජරාව කියල කියන්නේ මොකක්ද? ඒ ඒ සත්ව ලෝකවල, ඒ ඒ සත්වයන්ගේ යම් ජරාවට පත්වීමක්, මහළු වී යාමක්, දත් වැටීමක්, කෙස් ඉදීමක්, ඇඟ පත රැළි වැටී යාමක්, ආයුෂ පිරිහී යාමක්, ඉන්ද්‍රියන්ගේ මෝරා යාමක් ඇද්ද, මේකට තමයි පින්වත් මහණෙනි, ජරාව කියන්නේ.

පින්වත් මහණෙනි, මරණය කියල කියන්නේ මොකක්ද? ඒ ඒ සත්ව ලෝකවලින් ඒ ඒ සත්වයන්ගේ යම් චුත වීමක්, චුතවන ස්වභාවයක්, බිඳී යාමක්, අතුරුදහන් වීමක්, මරණයට පත්වීමක්, කලුරිය කිරීමක්, ස්කන්ධයන්ගේ බිඳී යාමක්, සිරුර අත්හැර දැමීමක් ඇද්ද, ජීවිතින්ද්‍රියෙහි ගෙවී යෑමක් ඇද්ද, මේකට

තමයි මරණය කියන්නේ. ඉතින් මේ ජරාවත්, මේ මරණයත් කියන මේකට තමයි පින්වත් මහණෙනි, ජරා මරණ කියන්නේ.

පින්වත් මහණෙනි, ඉපදීම කියන්නේ මොකක්ද? ඒ ඒ සත්ව ලෝකවල, ඒ ඒ සත්වයන්ගේ යම් ඉපදීමක්, හටගැනීමක්, මව්කුසක බැසගැනීමක්, උපතක්, විශේෂ උපතක්, ස්කන්ධයන්ගේ පහළ වීමක්, ආයතන හයේ ලැබීමක් ඇද්ද, මේකට තමයි පින්වත් මහණෙනි, ඉපදීම කියන්නේ.

පින්වත් මහණෙනි, විපාක පිණිස කර්ම සකස් වීම (භවය) කියල කියන්නේ මොකක්ද? පින්වත් මහණෙනි, විපාක පිණිස කර්ම සකස් වීම් (භව) තුනක් තියෙනවා. කාම ධාතුවේ විපාක පිණිස කර්ම සකස් වෙනවා **(කාම භවය)**. රූප ධාතුවේ විපාක පිණිස කර්ම සකස් වෙනවා **(රූප භවය)**. අරූප ධාතුවේ විපාක පිණිස කර්ම සකස් වෙනවා **(අරූප භවය)**. මේකට තමයි පින්වත් මහණෙනි, භවය කියල කියන්නේ.

පින්වත් මහණෙනි, බැඳීයාම (උපාදාන) කියල කියන්නේ මොකක්ද? පින්වත් මහණෙනි, බැඳීයාම් සතරක් තියෙනවා. පංච කාමයට බැඳී යනවා. මතවාදවලට බැඳී යනවා. නොයෙක් සීල ව්‍රතවලට බැඳී යනවා. 'මම, මාගේ, මාගේ ආත්මය' යන හැඟීමට බැඳී යනවා. මේකට තමයි පින්වත් මහණෙනි, උපාදාන කියල කියන්නේ.

පින්වත් මහණෙනි, තණ්හාව කියන්නේ මොකක්ද? පින්වත් මහණෙනි, තණ්හාව හය ආකාරයකින් හටගන්නවා. රූප ගැන තණ්හාව ඇතිවෙනවා. ශබ්ද ගැන තණ්හාව ඇතිවෙනවා. ගඳ සුවඳ ගැන තණ්හාව ඇතිවෙනවා. රස ගැන තණ්හාව ඇතිවෙනවා. පහස ගැන තණ්හාව ඇතිවෙනවා. සිතේ ඇතිවෙන අරමුණු ගැන තණ්හාව ඇතිවෙනවා. මේකට තමයි පින්වත් මහණෙනි, තණ්හාව කියන්නේ.

පින්වත් මහණෙනි, විඳීම කියල කියන්නේ මොකක්ද? පින්වත් මහණෙනි, සය ආකාරයක විඳීමක් තියෙනවා. ඇසේ ස්පර්ශයෙන් හටගන්නා විඳීමක් තියෙනවා. කණේ ස්පර්ශයෙන් හටගන්නා විඳීමක් තියෙනවා. නාසයේ ස්පර්ශයෙන් හටගන්නා විඳීමක් තියෙනවා. දිවේ ස්පර්ශයෙන් හටගන්නා විඳීමක් තියෙනවා. කයේ ස්පර්ශයෙන් හටගන්නා විඳීමක් තියෙනවා. මනසේ ස්පර්ශයෙන් හටගන්නා විඳීමක් තියෙනවා. මේකට තමයි පින්වත් මහණෙනි, විඳීම කියලා කියන්නේ.

පින්වත් මහණෙනි, ස්පර්ශය කියල කියන්නේ මොකක්ද? පින්වත්

මහණෙනි, හය ආකාරයක ස්පර්ශයක් තියෙනවා. ඇසේ ස්පර්ශය, කණේ ස්පර්ශය, නාසයේ ස්පර්ශය, දිවේ ස්පර්ශය, කයේ ස්පර්ශය, මනසේ ස්පර්ශය. මේකට තමයි පින්වත් මහණෙනි, ස්පර්ශය කියල කියන්නේ.

පින්වත් මහණෙනි, ආයතන හය කියල කියන්නේ මොකක්ද? ඇස නම් වූ ආයතනයක් තියෙනවා. කණ නම් වූ ආයතනයක් තියෙනවා. නාසය නම් වූ ආයතනයක් තියෙනවා. දිව නම් වූ ආයතනයක් තියෙනවා. කය නම් වූ ආයතනයක් තියෙනවා. මනස නම් වූ ආයතනයක් තියෙනවා. මේකට තමයි පින්වත් මහණෙනි, ආයතන හය කියල කියන්නේ.

පින්වත් මහණෙනි, නාමරූප කියල කියන්නෙ මොකක්ද? විඳීම (වේදනා), හඳුනාගැනීම (සඤ්ඤා), චේතනා, ස්පර්ශය, මනසිකාරය කියන මේකට තමයි නාම කියල කියන්නේ. සතර මහා භූතත්, සතර මහා භූතයන්ගෙන් හටගත් රූපත් කියන මේකට තමයි රූප කියල කියන්නේ. ඉතින් මේ නාමත්, මේ රූපත් කියන මේකට තමයි පින්වත් මහණෙනි, නාමරූප කියල කියන්නේ.

පින්වත් මහණෙනි, විඤ්ඤාණය කියල කියන්නෙ මොකක්ද? පින්වත් මහණෙනි, සය ආකාරයක විඤ්ඤාණයක් තියෙනවා. ඇසේ ඇතිවෙන විඤ්ඤාණය, කණේ ඇතිවෙන විඤ්ඤාණය, නාසයේ ඇතිවෙන විඤ්ඤාණය, දිවේ ඇතිවෙන විඤ්ඤාණය, කයේ ඇතිවෙන විඤ්ඤාණය, මනසේ ඇතිවෙන විඤ්ඤාණය. මේකට තමයි පින්වත් මහණෙනි, විඤ්ඤාණය කියල කියන්නේ.

පින්වත් මහණෙනි, සංස්කාර කියල කියන්නේ මොකක්ද? පින්වත් මහණෙනි, මේ සංස්කාර තුන් ආකාරයි. කාය සංස්කාර, වචී සංස්කාර, චිත්ත සංස්කාර කියන මේවාට තමයි පින්වත් මහණෙනි, සංස්කාර කියල කියන්නේ.

පින්වත් මහණෙනි, අවිද්‍යාව කියල කියන්නේ මොකක්ද? පින්වත් මහණෙනි, දුක නම් වූ ආර්ය සත්‍යය ගැන යම් අවබෝධ නොවීමක්, දුකේ හටගැනීම නම් වූ ආර්ය සත්‍යය ගැන යම් අවබෝධ නොවීමක්, දුක නිරුද්ධ වීම නම් වූ ආර්ය සත්‍යය ගැන යම් අවබෝධ නොවීමක්, දුක නිරුද්ධ වන්නා වූ මාර්ගය නම් වූ ආර්ය සත්‍යය ගැන යම් අවබෝධ නොවීමක් ඇද්ද, මේකට තමයි පින්වත් මහණෙනි, අවිද්‍යාව කියල කියන්නේ.

පින්වත් මහණෙනි, ඔය විදිහට අවිද්‍යාව හේතු කරගෙන සංස්කාර ඇතිවෙනවා. සංස්කාර හේතු කරගෙන විඤ්ඤාණය ඇතිවෙනවා. ....(පෙ).... ඔන්න ඔය විදිහට තමයි මේ මුළු මහත් දුක් රැසම හටගන්නේ.

අවිද්‍යාව සහමුලින්ම නැතිවෙලා නිරුද්ධ වීමෙන් සංස්කාර නිරුද්ධ

වෙලා යනවා. සංස්කාර නිරුද්ධ වීමෙන් විඤ්ඤාණය නිරුද්ධ වෙලා යනවා. ....(පෙ).... ඔය විදිහට තමයි මේ මුළු මහත් දුක් රැසම නිරුද්ධ වෙලා යන්නේ.

සාදු! සාදු!! සාදු!!!

විභංග සූත්‍රය නිමා විය.

1.1.3.
පටිපදා සූත්‍රය
ප්‍රතිපදාව ගැන වදාළ දෙසුම

03. සැවැත් නුවරදී ....

"පින්වත් මහණෙනි, වැරදි වැඩපිළිවෙල ගැනත්, නිවැරදි වැඩපිළිවෙල ගැනත් මා ඔබට කියා දෙන්නම්. එය හොඳින් අහගන්න ඕන. ඉතා හොඳින් නුවණින් මෙනෙහි කරන්න ඕන. මං කියා දෙන්නම්."

"එසේය, ස්වාමීනී" කියලා ඒ භික්ෂූන් වහන්සේලා භාග්‍යවතුන් වහන්සේට පිළිතුරු දුන්නා. ඒ මොහොතේදී තමයි භාග්‍යවතුන් වහන්සේ මෙම දේශනය වදාළේ.

පින්වත් මහණෙනි, වැරදි වැඩපිළිවෙල කියල කියන්නේ මොකක්ද? පින්වත් මහණෙනි, අවිද්‍යාව හේතු කරගෙන සංස්කාර ඇතිවෙනවා. සංස්කාර හේතු කරගෙන විඤ්ඤාණය ඇතිවෙනවා. ....(පෙ).... ඔය විදිහට තමයි මේ මුළු මහත් දුක් රැසම හටගන්නේ. මේකට තමයි පින්වත් මහණෙනි, වැරදි වැඩපිළිවෙල කියල කියන්නේ.

පින්වත් මහණෙනි, නිවැරදි වැඩපිළිවෙල කියල කියන්නේ මොකක්ද? පින්වත් මහණෙනි, අවිද්‍යාව සහමුලින්ම නැතිවෙලා නිරුද්ධ වීමෙන් සංස්කාර නිරුද්ධ වෙලා යනවා. සංස්කාර නිරුද්ධ වීමෙන් විඤ්ඤාණය නිරුද්ධ වෙලා යනවා. ....(පෙ).... ඔය විදිහටයි මේ මුළු මහත් දුක් රැසම නිරුද්ධ වෙලා යන්නේ. මේකට තමයි පින්වත් මහණෙනි, නිවැරදි වැඩපිළිවෙල කියල කියන්නේ.

සාදු! සාදු!! සාදු!!!

පටිපදා සූත්‍රය නිමා විය.

1.1.4.
විපස්සී සූත්‍රය
විපස්සී බුදු සමිඳුන් මුල් කොට වදාළ දෙසුම

04. සැවැත් නුවරදී ....

"පින්වත් මහණෙනි, විපස්සී නම් වූ භාග්‍යවත් අරහත් සම්මා සම්බුදුරජාණන් වහන්සේට සම්බුදු බව ලබන්නට පෙර සිටම සම්බුදු නොවී සිටියදීම, බෝසත්ව සිටියදීම (බෝධි මූලයේදී) මේ අදහස ඇතිවුණා. 'අහෝ! මේ ලෝක සත්වයා දුකටමයි වැටිලා ඉන්නේ. ඉපදෙනවා, මහළුවෙනවා, මැරෙනවා, චුත වෙනවා, ආයෙමත් උපදිනවා. එහෙම වෙලත් මේ ජරා මරණ දුකින් නිදහස් වෙන ආකාරය දන්නේ නෑ. කවරදාක නම් (ලෝක සත්වයා) මේ ජරා මරණ දුකෙන් නිදහස් වී යාමක් දැනගනීවිද?'

ඉතින් පින්වත් මහණෙනි, එතකොට විපස්සී බෝධිසත්වයන් වහන්සේට මේ අදහස ඇතිවුණා. 'කුමක් තිබුණොත්ද ජරා මරණ ඇතිවෙන්නේ? කුමක් හේතු කරගෙනද ජරා මරණ ඇතිවෙන්නේ?' ඉතින් පින්වත් මහණෙනි, විපස්සී බෝධිසත්වයන් වහන්සේ ඉතා හොඳින් නුවණින් මෙනෙහි කරද්දී මේ කරුණ ප්‍රඥාවෙන් අවබෝධ වුණා. 'ඉපදීම තියෙන කොට තමයි ජරා මරණ ඇති වෙන්නේ. ඉපදීම හේතු කරගෙනයි ජරා මරණ ඇතිවෙන්නේ'

පින්වත් මහණෙනි, එතකොට විපස්සී බෝධිසත්වයන් වහන්සේට මේ අදහස ඇතිවුණා. 'කුමක් තිබුණොත්ද ඉපදීම ඇතිවෙන්නේ? කුමක් හේතු කරගෙනද ඉපදෙන්නේ?' ඉතින් පින්වත් මහණෙනි, විපස්සී බෝධිසත්වයන් වහන්සේ ඉතා හොඳින් නුවණින් මෙනෙහි කරද්දී මේ කරුණ ප්‍රඥාවෙන් අවබෝධ වුණා. 'භවය තියෙන කොට තමයි ඉපදීම ඇතිවෙන්නේ. භවය හේතු කරගෙනයි ඉපදීම ඇතිවෙන්නේ'

පින්වත් මහණෙනි, එතකොට විපස්සී බෝධිසත්වයන් වහන්සේට මේ අදහස ඇතිවුණා. 'කුමක් තිබුණොත්ද භවය ඇතිවෙන්නේ? කුමක් හේතු කරගෙනද භවය ඇතිවෙන්නේ?' ඉතින් පින්වත් මහණෙනි, විපස්සී බෝධිසත්වයන් වහන්සේ ඉතා හොඳින් නුවණින් මෙනෙහි කරද්දී මේ කරුණ ප්‍රඥාවෙන් අවබෝධ වුණා. 'බැඳීම් (උපාදාන) තියෙන කොට තමයි භවය ඇතිවන්නේ. බැඳීම් හේතු කරගෙනයි භවය ඇතිවෙන්නේ.'

පින්වත් මහණෙනි, එතකොට විපස්සී බෝධිසත්වයන් වහන්සේට මේ අදහස ඇතිවුණා. 'කුමක් තිබුණොත්ද බැඳීම් ඇතිවෙන්නේ? කුමක් හේතු කරගෙනද බැඳීම් ඇතිවෙන්නේ?' ඉතින් පින්වත් මහණෙනි, විපස්සී බෝධිසත්වයන් වහන්සේ ඉතා හොඳින් නුවණින් මෙනෙහි කරද්දී මේ කරුණ ප්‍රඥාවෙන් අවබෝධ වුණා. 'තණ්හාව තියෙන කොට තමයි බැඳීම් ඇතිවන්නේ. තණ්හාව හේතු කරගෙනයි බැඳීම් ඇතිවෙන්නේ'

පින්වත් මහණෙනි, එතකොට විපස්සී බෝධිසත්වයන් වහන්සේට මේ අදහස ඇතිවුණා. 'කුමක් තිබුණොත්ද තණ්හාව ඇතිවෙන්නේ? කුමක් හේතු කරගෙනද තණ්හාව ඇතිවෙන්නේ?' ඉතින් පින්වත් මහණෙනි, විපස්සී බෝධිසත්වයන් වහන්සේ ඉතා හොඳින් නුවණින් මෙනෙහි කරද්දී මේ කරුණ ප්‍රඥාවෙන් අවබෝධ වුණා. 'විඳීම් තියෙන කොට තමයි තණ්හාව ඇතිවන්නේ. විඳීම් හේතු කරගෙනයි තණ්හාව ඇතිවෙන්නේ'

පින්වත් මහණෙනි, එතකොට විපස්සී බෝධිසත්වයන් වහන්සේට මේ අදහස ඇතිවුණා. 'කුමක් තිබුණොත්ද විඳීම් ඇතිවෙන්නේ? කුමක් හේතු කරගෙනද විඳීම් ඇතිවෙන්නේ?' ඉතින් පින්වත් මහණෙනි, විපස්සී බෝධිසත්වයන් වහන්සේ ඉතා හොඳින් නුවණින් මෙනෙහි කරද්දී මේ කරුණ ප්‍රඥාවෙන් අවබෝධ වුණා. 'ස්පර්ශය තියෙන කොට තමයි විඳීම් ඇතිවන්නේ. ස්පර්ශය හේතු කරගෙනයි විඳීම් ඇතිවෙන්නේ'

පින්වත් මහණෙනි, එතකොට විපස්සී බෝධිසත්වයන් වහන්සේට මේ අදහස ඇතිවුණා. 'කුමක් තිබුණොත්ද ස්පර්ශය ඇතිවෙන්නේ? කුමක් හේතු කරගෙනද ස්පර්ශය ඇතිවෙන්නේ?' ඉතින් පින්වත් මහණෙනි, විපස්සී බෝධිසත්වයන් වහන්සේ ඉතා හොඳින් නුවණින් මෙනෙහි කරද්දී මේ කරුණ ප්‍රඥාවෙන් අවබෝධ වුණා. 'ආයතන හය තියෙන කොට තමයි ස්පර්ශය ඇතිවන්නේ. ආයතන හය හේතු කරගෙනයි ස්පර්ශය ඇතිවෙන්නේ'

පින්වත් මහණෙනි, එතකොට විපස්සී බෝධිසත්වයන් වහන්සේට මේ අදහස ඇතිවුණා. 'කුමක් තිබුණොත්ද ආයතන හය ඇතිවෙන්නේ? කුමක් හේතු කරගෙනද ආයතන හය ඇතිවෙන්නේ?' ඉතින් පින්වත් මහණෙනි, විපස්සී බෝධිසත්වයන් වහන්සේ ඉතා හොඳින් නුවණින් මෙනෙහි කරද්දී මේ කරුණ ප්‍රඥාවෙන් අවබෝධ වුණා. 'නාමරූප තියෙන කොට තමයි ආයතන හය ඇතිවන්නේ. නාමරූප හේතු කරගෙනයි ආයතන හය ඇතිවෙන්නේ'

පින්වත් මහණෙනි, එතකොට විපස්සී බෝධිසත්වයන් වහන්සේට මේ අදහස ඇතිවුණා. 'කුමක් තිබුණොත්ද නාමරූප ඇතිවෙන්නේ? කුමක්

හේතු කරගෙනද නාමරූප ඇතිවෙන්නේ?' ඉතින් පින්වත් මහණෙනි, විපස්සී බෝධිසත්වයන් වහන්සේ ඉතා හොඳින් නුවණින් මෙනෙහි කරද්දී මේ කරුණ ප්‍රඥාවෙන් අවබෝධ වුණා. 'විඤ්ඤාණය තියෙන කොට තමයි නාමරූප ඇතිවන්නේ. විඤ්ඤාණය හේතු කරගෙනයි නාමරූප ඇතිවෙන්නේ'

පින්වත් මහණෙනි, එතකොට විපස්සී බෝධිසත්වයන් වහන්සේට මේ අදහස ඇතිවුණා. 'කුමක් තිබුණොත්ද විඤ්ඤාණය ඇතිවෙන්නේ? කුමක් හේතු කරගෙනද විඤ්ඤාණය ඇතිවෙන්නේ?' ඉතින් පින්වත් මහණෙනි, විපස්සී බෝධිසත්වයන් වහන්සේ ඉතා හොඳින් නුවණින් මෙනෙහි කරද්දී මේ කරුණ ප්‍රඥාවෙන් අවබෝධ වුණා. 'සංස්කාර තියෙන කොට තමයි විඤ්ඤාණය ඇතිවන්නේ. සංස්කාර හේතු කරගෙනයි විඤ්ඤාණය ඇතිවෙන්නේ'

පින්වත් මහණෙනි, එතකොට විපස්සී බෝධිසත්වයන් වහන්සේට මේ අදහස ඇතිවුණා. 'කුමක් තිබුණොත්ද සංස්කාර ඇතිවෙන්නේ? කුමක් හේතු කරගෙනද සංස්කාර ඇතිවෙන්නේ?' ඉතින් පින්වත් මහණෙනි, විපස්සී බෝධිසත්වයන් වහන්සේ ඉතා හොඳින් නුවණින් මෙනෙහි කරද්දී මේ කරුණ ප්‍රඥාවෙන් අවබෝධ වුණා. 'අවිද්‍යාව තියෙන කොට තමයි සංස්කාර ඇතිවන්නේ. අවිද්‍යාව හේතු කරගෙනයි සංස්කාර ඇතිවෙන්නේ'

පින්වත් මහණෙනි, ඔය විදිහට අවිද්‍යාව හේතු කරගෙන සංස්කාර ඇතිවෙනවා. සංස්කාර හේතු කරගෙන විඤ්ඤාණය ඇතිවෙනවා. ....(පෙ).... ඔන්න ඔය විදිහට තමයි මේ මුළු මහත් දුක් රැසම හටගන්නේ. පින්වත් මහණෙනි, එතකොට විපස්සී බෝධිසත්වයන් වහන්සේට 'හේතූන් නිසයි හටගන්නේ! හේතූන් නිසයි හටගන්නේ!' කියල කවදාවත් අසා නැති මේ පටිච්චසමුප්පාද ධර්මය පිළිබඳව දහම් ඇස පහළ වුණා. නුවණ පහළ වුණා. ප්‍රඥාව පහළ වුණා. විද්‍යාව පහළ වුණා. ආලෝකය පහළ වුණා.

ඉතින් පින්වත් මහණෙනි, එතකොට විපස්සී බෝධිසත්වයන් වහන්සේට මේ අදහස ඇතිවුණා. 'කුමක් නිරුද්ධ වුණොත්ද ජරා මරණ නිරුද්ධ වෙන්නේ? කුමක නිරෝධයෙන්ද ජරා මරණ නිරුද්ධ වෙන්නේ?' ඉතින් පින්වත් මහණෙනි, විපස්සී බෝධිසත්වයන් වහන්සේ ඉතා හොඳින් නුවණින් මෙනෙහි කරද්දී මේ කරුණ ප්‍රඥාවෙන් අවබෝධ වුණා. 'ඉපදීම නිරුද්ධ වෙන කොට තමයි ජරා මරණ නිරුද්ධ වෙන්නේ. ඉපදීම නිරුද්ධ වීමෙනුයි ජරා මරණ නිරුද්ධ වෙන්නේ'

ඉතින් පින්වත් මහණෙනි, එතකොට විපස්සී බෝධිසත්වයන් වහන්සේට මේ අදහස ඇතිවුණා. 'කුමක් නිරුද්ධ වුණොත්ද ඉපදීම නිරුද්ධ වෙන්නේ?

කුමක නිරෝධයෙන්ද ඉපදීම නිරුද්ධ වෙන්නේ?' ඉතින් පින්වත් මහණෙනි, විපස්සී බෝධිසත්වයන් වහන්සේ ඉතා හොඳින් නුවණින් මෙනෙහි කරද්දී මේ කරුණ ප්‍රඥාවෙන් අවබෝධ වුණා. 'භවය නිරුද්ධ වෙන කොට තමයි ඉපදීම නිරුද්ධ වෙන්නේ. භවය නිරුද්ධ වීමෙනුයි ඉපදීම නිරුද්ධ වෙන්නේ'

ඉතින් පින්වත් මහණෙනි, එතකොට විපස්සී බෝධිසත්වයන් වහන්සේට මේ අදහස ඇතිවුණා. 'කුමක් නිරුද්ධ වුණොත්ද භවය නිරුද්ධ වෙන්නේ? කුමක නිරෝධයෙන්ද භවය නිරුද්ධ වෙන්නේ?' ඉතින් පින්වත් මහණෙනි, විපස්සී බෝධිසත්වයන් වහන්සේ ඉතා හොඳින් නුවණින් මෙනෙහි කරද්දී මේ කරුණ ප්‍රඥාවෙන් අවබෝධ වුණා. 'උපාදාන නිරුද්ධ වෙන කොට තමයි භවය නිරුද්ධ වන්නේ. උපාදාන නිරුද්ධ වීමෙනුයි භවය නිරුද්ධ වන්නේ'

ඉතින් පින්වත් මහණෙනි, එතකොට විපස්සී බෝධිසත්වයන් වහන්සේට මේ අදහස ඇතිවුණා. 'කුමක් නිරුද්ධ වුණොත්ද උපාදාන නිරුද්ධ වෙන්නේ? කුමක නිරෝධයෙන්ද උපාදාන නිරුද්ධ වෙන්නේ?' ඉතින් පින්වත් මහණෙනි, විපස්සී බෝධිසත්වයන් වහන්සේ ඉතා හොඳින් නුවණින් මෙනෙහි කරද්දී මේ කරුණ ප්‍රඥාවෙන් අවබෝධ වුණා. 'තණ්හාව නිරුද්ධ වෙන කොට තමයි උපාදාන නිරුද්ධ වෙන්නේ. තණ්හාව නිරුද්ධ වීමෙනුයි උපාදාන නිරුද්ධ වෙන්නේ'

ඉතින් පින්වත් මහණෙනි, එතකොට විපස්සී බෝධිසත්වයන් වහන්සේට මේ අදහස ඇතිවුණා. 'කුමක් නිරුද්ධ වුණොත්ද තණ්හාව නිරුද්ධ වෙන්නේ? කුමක නිරෝධයෙන්ද තණ්හාව නිරුද්ධ වෙන්නේ?' ඉතින් පින්වත් මහණෙනි, විපස්සී බෝධිසත්වයන් වහන්සේ ඉතා හොඳින් නුවණින් මෙනෙහි කරද්දී මේ කරුණ ප්‍රඥාවෙන් අවබෝධ වුණා. 'විඳීම නිරුද්ධ වෙන කොට තමයි තණ්හාව නිරුද්ධ වෙන්නේ. විඳීම නිරුද්ධ වීමෙනුයි තණ්හාව නිරුද්ධ වෙන්නේ'

ඉතින් පින්වත් මහණෙනි, එතකොට විපස්සී බෝධිසත්වයන් වහන්සේට මේ අදහස ඇතිවුණා. 'කුමක් නිරුද්ධ වුණොත්ද විඳීම නිරුද්ධ වෙන්නේ? කුමක නිරෝධයෙන්ද විඳීම් නිරුද්ධ වෙන්නේ?' ඉතින් පින්වත් මහණෙනි, විපස්සී බෝධිසත්වයන් වහන්සේ ඉතා හොඳින් නුවණින් මෙනෙහි කරද්දී මේ කරුණ ප්‍රඥාවෙන් අවබෝධ වුණා. 'ස්පර්ශය නිරුද්ධ වෙන කොට තමයි විඳීම නිරුද්ධ වෙන්නේ. ස්පර්ශය නිරුද්ධ වීමෙනුයි විඳීම නිරුද්ධ වෙන්නේ'

ඉතින් පින්වත් මහණෙනි, එතකොට විපස්සී බෝධිසත්වයන් වහන්සේට මේ අදහස ඇතිවුණා. 'කුමක් නිරුද්ධ වුණොත්ද ස්පර්ශය නිරුද්ධ වෙන්නේ? කුමක නිරෝධයෙන්ද ස්පර්ශය නිරුද්ධ වෙන්නේ?' ඉතින් පින්වත් මහණෙනි,

විපස්සී බෝධිසත්වයන් වහන්සේ ඉතා හොඳින් නුවණින් මෙනෙහි කරද්දී මේ කරුණ ප්‍රඥාවෙන් අවබෝධ වුණා. 'ආයතන හය නිරුද්ධ වෙන කොට තමයි ස්පර්ශය නිරුද්ධ වෙන්නේ. ආයතන හය නිරුද්ධ වීමෙනුයි ස්පර්ශය නිරුද්ධ වෙන්නේ'

ඉතින් පින්වත් මහණෙනි, එතකොට විපස්සී බෝධිසත්වයන් වහන්සේට මේ අදහස ඇතිවුණා. 'කුමක් නිරුද්ධ වුණොත්ද ආයතන හය නිරුද්ධ වෙන්නේ? කුමක නිරෝධයෙන්ද ආයතන හය නිරුද්ධ වෙන්නේ?' ඉතින් පින්වත් මහණෙනි, විපස්සී බෝධිසත්වයන් වහන්සේ ඉතා හොඳින් නුවණින් මෙනෙහි කරද්දී මේ කරුණ ප්‍රඥාවෙන් අවබෝධ වුණා. 'නාමරූප නිරුද්ධ වෙන කොට තමයි ආයතන හය නිරුද්ධ වෙන්නේ. නාමරූප නිරුද්ධ වීමෙනුයි ආයතන හය නිරුද්ධ වෙන්නේ'

ඉතින් පින්වත් මහණෙනි, එතකොට විපස්සී බෝධිසත්වයන් වහන්සේට මේ අදහස ඇතිවුණා. 'කුමක් නිරුද්ධ වුණොත්ද නාමරූප නිරුද්ධ වෙන්නේ? කුමක නිරෝධයෙන්ද නාමරූප නිරුද්ධ වෙන්නේ?' ඉතින් පින්වත් මහණෙනි, විපස්සී බෝධිසත්වයන් වහන්සේ ඉතා හොඳින් නුවණින් මෙනෙහි කරද්දී මේ කරුණ ප්‍රඥාවෙන් අවබෝධ වුණා. 'විඤ්ඤාණය නිරුද්ධ වෙන කොට තමයි නාමරූප නිරුද්ධ වෙන්නේ. විඤ්ඤාණය නිරුද්ධ වීමෙනුයි නාමරූප නිරුද්ධ වෙන්නේ'

ඉතින් පින්වත් මහණෙනි, එතකොට විපස්සී බෝධිසත්වයන් වහන්සේට මේ අදහස ඇතිවුණා. 'කුමක් නිරුද්ධ වුණොත්ද විඤ්ඤාණය නිරුද්ධ වෙන්නේ? කුමක නිරෝධයෙන්ද විඤ්ඤාණය නිරුද්ධ වෙන්නේ?' ඉතින් පින්වත් මහණෙනි, විපස්සී බෝධිසත්වයන් වහන්සේ ඉතා හොඳින් නුවණින් මෙනෙහි කරද්දී මේ කරුණ ප්‍රඥාවෙන් අවබෝධ වුණා. 'සංස්කාර නිරුද්ධ වෙන කොට තමයි විඤ්ඤාණය නිරුද්ධ වෙන්නේ. සංස්කාර නිරුද්ධ වීමෙනුයි විඤ්ඤාණය නිරුද්ධ වෙන්නේ'

ඉතින් පින්වත් මහණෙනි, එතකොට විපස්සී බෝධිසත්වයන් වහන්සේට මේ අදහස ඇතිවුණා. 'කුමක් නිරුද්ධ වුණොත්ද සංස්කාර නිරුද්ධ වෙන්නේ? කුමක නිරෝධයෙන්ද සංස්කාර නිරුද්ධ වෙන්නේ?' ඉතින් පින්වත් මහණෙනි, විපස්සී බෝධිසත්වයන් වහන්සේ ඉතා හොඳින් නුවණින් මෙනෙහි කරද්දී මේ කරුණ ප්‍රඥාවෙන් අවබෝධ වුණා. 'අවිද්‍යාව නිරුද්ධ වෙන කොට තමයි සංස්කාර නිරුද්ධ වෙන්නේ. අවිද්‍යාව නිරුද්ධ වීමෙනුයි සංස්කාර නිරුද්ධ වෙන්නේ'

ඔය විදිහට අවිද්‍යාව සහමුළින්ම නැතිවෙලා නිරුද්ධ වීමෙන් සංස්කාර නිරුද්ධ වෙලා යනවා. සංස්කාර නිරුද්ධ වීමෙන් විඤ්ඤාණය නිරුද්ධ වෙලා යනවා. ....(පෙ).... ඔය විදිහට තමයි මේ මුළු මහත් දුක් රැසම නිරුද්ධ වෙලා යන්නේ.

පින්වත් මහණෙනි, එතකොට විපස්සී බෝධිසත්වයන් වහන්සේට 'හේතූන් නැතිවීමෙනුයි නිරුද්ධ වෙන්නේ! හේතූන් නැතිවීමෙනුයි නිරුද්ධ වෙන්නේ!' කියල කවදාවත් අසා නැති මේ පටිච්චසමුප්පාද ධර්මය පිළිබඳව දහම් ඇස පහළ වුණා. නුවණ පහළ වුණා. ප්‍රඥාව පහළ වුණා. විද්‍යාව පහළ වුණා. ආලෝකය පහළ වුණා.

සාදු! සාදු!! සාදු!!!

විපස්සී සූත්‍රය නිමා විය.

(සත් බුදුරජාණන් වහන්සේලා ගැනම වදාළ දෙසුම් මේ අයුරින් තේරුම් ගත යුතුය.)

1.1.5.
සිඛී සූත්‍රය
සිඛී බුදු සමිඳුන් මුල් කොට වදාළ දෙසුම

05. පින්වත් මහණෙනි, සිඛී නම් වූ භාග්‍යවත් අරහත් සම්මා සම්බුදුරජාණන් වහන්සේට සම්බුදු බව ලබන්නට පෙර සිටම සම්බුදු නොවී සිටියදීම, බෝසත්ව සිටියදීම (බෝධි මූලයේදී) මේ අදහස ඇතිවුණා. ....(පෙ)....

සාදු! සාදු!! සාදු!!!

සිඛී සූත්‍රය නිමා විය.

1.1.6.
වෙස්සභූ සූත්‍රය
වෙස්සභූ බුදු සමිඳුන් මුල් කොට වදාළ දෙසුම

06. පින්වත් මහණෙනි, වෙස්සභූ නම් වූ භාග්‍යවත් අරහත් සම්මා

සම්බුදුරජාණන් වහන්සේට සම්බුදු බව ලබන්නට පෙර සිටම සම්බුදු නොවී සිටියදීම, බෝසත්ව සිටියදීම (බෝධි මූලයේදී) මේ අදහස ඇතිවුණා. ....(පෙ)....

සාදු! සාදු!! සාදු!!!

වෙස්සභූ සූත්‍රය නිමා විය.

1.1.7.
කකුසන්ධ සූත්‍රය
කකුසන්ධ බුදු සමිඳුන් මුල් කොට වදාළ දෙසුම

07.   පින්වත් මහණෙනි, කකුසන්ධ නම් වූ භාග්‍යවත් අරහත් සම්මා සම්බුදුරජාණන් වහන්සේට සම්බුදු බව ලබන්නට පෙර සිටම සම්බුදු නොවී සිටියදීම, බෝසත්ව සිටියදීම (බෝධි මූලයේදී) මේ අදහස ඇතිවුණා. ....(පෙ)....

සාදු! සාදු!! සාදු!!!

කකුසන්ධ සූත්‍රය නිමා විය.

1.1.8.
කෝණාගමන සූත්‍රය
කෝණාගමන බුදු සමිඳුන් මුල් කොට වදාළ දෙසුම

08.   පින්වත් මහණෙනි, කෝණාගමන නම් වූ භාග්‍යවත් අරහත් සම්මා සම්බුදුරජාණන් වහන්සේට සම්බුදු බව ලබන්නට පෙර සිටම සම්බුදු නොවී සිටියදීම, බෝසත්ව සිටියදීම (බෝධි මූලයේදී) මේ අදහස ඇතිවුණා. ....(පෙ)....

සාදු! සාදු!! සාදු!!!

කෝණාගමන සූත්‍රය නිමා විය.

1.1.9.
කස්සප සූත්‍රය
කාශ්‍යප බුදු සමිඳුන් මුල් කොට වදාළ දෙසුම

09. පින්වත් මහණෙනි, කාශ්‍යප නම් වූ භාග්‍යවත් අරහත් සම්මා සම්බුදුරජාණන් වහන්සේට සම්බුදු බව ලබන්නට පෙර සිටම සම්බුදු නොවී සිටියදීම, බෝසත්ව සිටියදීම (බෝධි මූලයේදී) මේ අදහස ඇතිවුණා. ....(පෙ)....

සාදු! සාදු!! සාදු!!!

කස්සප සූත්‍රය නිමා විය.

1.1.10.
ගෝතම සූත්‍රය
ගෞතම බුදු සමිඳුන් මුල් කොට වදාළ දෙසුම

10. පින්වත් මහණෙනි, මටත් සම්බුදු බව ලබන්නට පෙර සිටම සම්බුදු නොවී සිටියදීම, බෝසත්ව සිටියදීම (බෝධි මූලයේදී) මේ අදහස ඇතිවුණා. 'අහෝ! මේ ලෝක සත්වයා දුකටමයි වැටිලා ඉන්නේ. ඉපදෙනවා, මහළුවෙනවා, මැරෙනවා, චුත වෙනවා, ආයෙමත් උපදිනවා. එහෙම වෙලත් මේ ජරා මරණ දුකින් නිදහස් වෙන ආකාරය දන්නේ නෑ. කවරදාක නම් (ලෝක සත්වයා) මේ ජරා මරණ දුකෙන් නිදහස් වී යාමක් දැනගනීවිද?'

ඉතින් පින්වත් මහණෙනි, එතකොට මට මේ අදහස ඇතිවුණා. 'කුමක් තිබුණොත්ද ජරා මරණ ඇතිවෙන්නේ? කුමක් හේතු කරගෙනද ජරා මරණ ඇතිවෙන්නේ?' ඉතින් පින්වත් මහණෙනි, මම ඉතා හොඳින් නුවණින් මෙනෙහි කරද්දී මේ කරුණ ප්‍රඥාවෙන් අවබෝධ වුණා. 'ඉපදීම තියෙන කොට තමයි ජරා මරණ ඇති වන්නේ. ඉපදීම හේතු කරගෙනයි ජරා මරණ ඇතිවෙන්නේ'

පින්වත් මහණෙනි, එතකොට මට මේ අදහස ඇතිවුණා. 'කුමක් තිබුණොත්ද ඉපදීම ඇතිවෙන්නේ? කුමක් හේතු කරගෙනද ඉපදීම ඇතිවෙන්නේ?' ....(පෙ).... භවය ....(පෙ).... උපාදාන ....(පෙ).... තණ්හාව ....(පෙ).... විඳීම ....(පෙ).... ස්පර්ශය ....(පෙ).... ආයතන හය ....(පෙ).... නාමරූප ....(පෙ)....

විඤ්ඤාණය ....(පෙ).... 'කුමක් තිබුණොත්ද සංස්කාර ඇතිවෙන්නේ? කුමක් හේතු කරගෙනද සංස්කාර ඇතිවෙන්නේ?' ඉතින් පින්වත් මහණෙනි, මම ඉතා හොඳින් නුවණින් මෙනෙහි කරද්දී මේ කරුණ ප්‍රඥාවෙන් අවබෝධ වුණා. 'අවිද්‍යාව තියෙන කොට තමයි සංස්කාර ඇතිවන්නේ. අවිද්‍යාව හේතු කරගෙනයි සංස්කාර ඇතිවෙන්නේ'

පින්වත් මහණෙනි, ඔය විදිහට අවිද්‍යාව හේතු කරගෙන සංස්කාර ඇතිවෙනවා. සංස්කාර හේතු කරගෙන විඤ්ඤාණය ඇතිවෙනවා. ....(පෙ).... ඔන්න ඔය විදිහට තමයි මේ මුළු මහත් දුක් රැසම හටගන්නේ.

පින්වත් මහණෙනි, එතකොට මට 'හේතූන් නිසයි හටගන්නේ! හේතූන් නිසයි හටගන්නේ!' කියල කවදාවත් අසා නැති මේ පටිච්චසමුප්පාද ධර්මය පිළිබඳව දහම් ඇස පහළ වුණා. නුවණ පහළ වුණා. ප්‍රඥාව පහළ වුණා. විද්‍යාව පහළ වුණා. ආලෝකය පහළ වුණා.

ඉතින් පින්වත් මහණෙනි, එතකොට මට මේ අදහස ඇතිවුණා. 'කුමක් නිරුද්ධ වුණොත්ද ජරා මරණ නිරුද්ධ වෙන්නේ? කුමක නිරෝධයෙන්ද ජරා මරණ නිරුද්ධ වෙන්නේ?' ඉතින් පින්වත් මහණෙනි, මම ඉතා හොඳින් නුවණින් මෙනෙහි කරද්දී මේ කරුණ ප්‍රඥාවෙන් අවබෝධ වුණා. 'ඉපදීම නිරුද්ධ වෙන කොට තමයි ජරා මරණ නිරුද්ධ වෙන්නේ. ඉපදීම නිරුද්ධ වීමෙනුයි ජරා මරණ නිරුද්ධ වෙන්නේ'

ඉතින් පින්වත් මහණෙනි, එතකොට මට මේ අදහස ඇතිවුණා. 'කුමක් නිරුද්ධ වුණොත්ද ඉපදීම නිරුද්ධ වෙන්නේ? කුමක නිරෝධයෙන්ද ඉපදීම නිරුද්ධ වෙන්නේ?' ....(පෙ).... භවය ....(පෙ).... උපාදාන ....(පෙ).... තණ්හාව ....(පෙ).... විඳීම ....(පෙ).... ස්පර්ශය ....(පෙ).... ආයතන හය ....(පෙ).... නාමරූප ....(පෙ).... විඤ්ඤාණය ....(පෙ).... 'කුමක් නිරුද්ධ වුණොත්ද සංස්කාර නිරුද්ධ වෙන්නේ? කුමක නිරෝධයෙන්ද සංස්කාර නිරුද්ධ වෙන්නේ?' ඉතින් පින්වත් මහණෙනි, මම ඉතා හොඳින් නුවණින් මෙනෙහි කරද්දී මේ කරුණ ප්‍රඥාවෙන් අවබෝධ වුණා. 'අවිද්‍යාව නිරුද්ධ වෙන කොට තමයි සංස්කාර නිරුද්ධ වෙන්නේ. අවිද්‍යාව නිරුද්ධ වීමෙනුයි සංස්කාර නිරුද්ධ වෙන්නේ'

ඔය විදිහට අවිද්‍යාව සහමුලින්ම නැතිවෙලා නිරුද්ධ වීමෙන් සංස්කාර නිරුද්ධ වෙලා යනවා. සංස්කාර නිරුද්ධ වීමෙන් විඤ්ඤාණය නිරුද්ධ වෙලා යනවා. ....(පෙ).... ඔය විදිහට තමයි මේ මුළු මහත් දුක් රැසම නිරුද්ධ වෙලා යන්නේ.

පින්වත් මහණෙනි, එතකොට මට 'හේතුන් නැති වීමෙනුයි නිරුද්ධ වෙන්නේ! හේතුන් නැති වීමෙනුයි නිරුද්ධ වෙන්නේ!' කියල කවදාවත් අසා නැති මේ පටිච්චසමුප්පාද ධර්මය පිළිබඳව දහම් ඇස පහළ වුණා. නුවණ පහළ වුණා. ප්‍රඥාව පහළ වුණා. විද්‍යාව පහළ වුණා. ආලෝකය පහළ වුණා.

සාදු! සාදු!! සාදු!!!

ගෝතම සූත්‍රය නිමා විය.

පළමු වෙනි බුද්ධ වර්ගය අවසන් විය.

2. ආහාර වර්ගය

1.2.1.
ආහාර සූත්‍රය
ආහාර ගැන වදාළ දෙසුම

11. සැවැත් නුවර දී ....

පින්වත් මහණෙනි, උපන් සත්වයන්ගේ පැවැත්ම පිණිසත්, උපතක් කරා යන සත්වයන් හට රුකුල් දීම පිණිසත්, මේ ආහාර සතර හේතුවෙනවා. මොනවද මේ ආහාර සතර? ගොරෝසු හෝ සියුම් හෝ කබලිංකාර ආහාරය. දෙවෙනි ආහාරය ස්පර්ශ ආහාරයයි. මනෝසංචේතනාව තුන් වෙනි ආහාරයයි. සතර වන ආහාරය නම් විඤ්ඤාණයයි. පින්වත් මහණෙනි, මෙන්න මේ ආහාර සතර උපන් සත්වයන්ගේ පැවැත්ම පිණිසත්, උපතක් කරා යන සත්වයන් හට රුකුල් දීම පිණිසත් හේතු වෙනවා.

ඉතින් පින්වත් මහණෙනි, ඔය ආහාර සතරේ මුල මොකක්ද? මොකෙන්ද හටගන්නේ? මොකෙන්ද උපදින්නේ? මොකෙන්ද බිහිවෙන්නේ? ඔය ආහාර සතරේ මුල තණ්හාවයි. තණ්හාවෙනුයි හටගන්නේ. තණ්හාවෙනුයි උපදින්නේ. තණ්හාවෙනුයි බිහිවන්නේ.

පින්වත් මහණෙනි, ඔය තණ්හාවේ මුල මොකක්ද? මොකෙන්ද හටගන්නේ? මොකෙන්ද උපදින්නේ? මොකෙන්ද බිහිවෙන්නේ? ඔය තණ්හාවේ මුල විඳීමයි. විඳීමෙනුයි හටගන්නේ. විඳීමෙනුයි උපදින්නේ. විඳීමෙනුයි බිහිවන්නේ.

පින්වත් මහණෙනි, ඔය විඳීමේ මුල මොකක්ද? මොකෙන්ද හටගන්නේ? මොකෙන්ද උපදින්නේ? මොකෙන්ද බිහිවෙන්නේ? ඔය විඳීමේ මුල ස්පර්ශයයි. ස්පර්ශයෙනුයි හටගන්නේ. ස්පර්ශයෙනුයි උපදින්නේ. ස්පර්ශයෙනුයි බිහිවන්නේ.

පින්වත් මහණෙනි, ඔය ස්පර්ශයේ මුල මොකක්ද? මොකෙන්ද හටගන්නේ? මොකෙන්ද උපදින්නේ? මොකෙන්ද බිහිවෙන්නේ? ඔය ස්පර්ශයේ මුල ආයතන හයයි. ආයතන හයෙනුයි හටගන්නේ. ආයතන හයෙනුයි උපදින්නේ. ආයතන හයෙනුයි බිහිවන්නේ.

පින්වත් මහණෙනි, ඔය ආයතන හයේ මුල මොකක්ද? මොකෙන්ද හටගන්නේ? මොකෙන්ද උපදින්නේ? මොකෙන්ද බිහිවෙන්නේ? ඔය ආයතන හයේ මුල නාමරූපයි. නාමරූපයෙනුයි හටගන්නේ. නාමරූපයෙනුයි උපදින්නේ. නාමරූපයෙනුයි බිහිවන්නේ.

පින්වත් මහණෙනි, ඔය නාමරූපයේ මුල මොකක්ද? මොකෙන්ද හටගන්නේ? මොකෙන්ද උපදින්නේ? මොකෙන්ද බිහිවෙන්නේ? ඔය නාමරූපයේ මුල විඤ්ඤාණයයි. විඤ්ඤාණයෙනුයි හටගන්නේ. විඤ්ඤාණයෙනුයි උපදින්නේ. විඤ්ඤාණයෙනුයි බිහිවන්නේ.

පින්වත් මහණෙනි, ඔය විඤ්ඤාණයේ මුල මොකක්ද? මොකෙන්ද හටගන්නේ? මොකෙන්ද උපදින්නේ? මොකෙන්ද බිහිවෙන්නේ? ඔය විඤ්ඤාණයේ මුල සංස්කාරයි. සංස්කාරවලිනුයි හටගන්නේ. සංස්කාරවලිනුයි උපදින්නේ. සංස්කාරවලිනුයි බිහිවන්නේ.

පින්වත් මහණෙනි, ඔය සංස්කාරවල මුල මොකක්ද? මොකෙන්ද හටගන්නේ? මොකෙන්ද උපදින්නේ? මොකෙන්ද බිහිවෙන්නේ? ඔය සංස්කාරවල මුල අවිද්‍යාවයි. අවිද්‍යාවෙනුයි හටගන්නේ. අවිද්‍යාවෙනුයි උපදින්නේ. අවිද්‍යාවෙනුයි බිහිවන්නේ.

පින්වත් මහණෙනි, ඔය අවිද්‍යාව හේතු කරගෙන සංස්කාර ඇතිවෙනවා. සංස්කාර හේතු කරගෙන විඤ්ඤාණය ඇතිවෙනවා. ....(පෙ).... ඔය විදිහට තමයි මේ මුළු මහත් දුක් රැසම හටගන්නේ.

අවිද්‍යාව සහමුලින්ම නැතිවෙලා නිරුද්ධ වීමෙන් සංස්කාර නිරුද්ධ වෙලා යනවා. සංස්කාර නිරුද්ධ වීමෙන් විඤ්ඤාණය නිරුද්ධ වෙලා යනවා. ....(පෙ).... ඔය විදිහට තමයි මේ මුළු මහත් දුක් රැසම නිරුද්ධ වෙලා යන්නේ.

සාදු! සාදු!! සාදු!!!

ආහාර සූත්‍රය නිමා විය.

1.2.2.
මෝළියඵග්ගුන සූත්‍රය
මෝළියඵග්ගුන තෙරුන් හට වදාළ දෙසුම

12. සැවැත් නුවරදී ....

පින්වත් මහණෙනි, උපන් සත්වයන්ගේ පැවැත්ම පිණිසත්, උපතක් කරා යන සත්වයන් හට රැකුල් දීම පිණිසත්, මේ ආහාර සතර හේතුවෙනවා. මොනවද මේ ආහාර සතර? ගොරෝසු හෝ සියුම් හෝ කබලිංකාර ආහාරය. දෙවෙනි ආහාරය ස්පර්ශ ආහාරයයි. මනෝසංචේතනාව තුන් වෙනි ආහාරයයි. සතර වන ආහාරය නම් විඤ්ඤාණයයි. පින්වත් මහණෙනි, මෙන්න මේ ආහාර සතර උපන් සත්වයන්ගේ පැවැත්ම පිණිසත්, උපතක් කරා යන සත්වයන් හට රැකුල් දීම පිණිසත් හේතුවෙනවා.

(භාග්‍යවතුන් වහන්සේ) ඔය විදිහට වදාළ විට ආයුෂ්මත් මෝළියඵග්ගුන තෙරුන් භාග්‍යවතුන් වහන්සේගෙන් මෙකරුණ විමසුවා. "ස්වාමීනී, විඤ්ඤාණ ආහාරය අනුභව කරන කවුරුවත් ඉන්නවාද?" "ඕක අදාළ නැති ප්‍රශ්නයක්" කියලා භාග්‍යවතුන් වහන්සේ වදාළා.

"(ඔය ආහාර) අනුභව කරනවා කියල මම කියන්නේ නෑ. අනික (ඔය ආහාර කවුරුන් හෝ) අනුභව කරනවා කියල මම කියනවා නම්, එතකොට 'ස්වාමීනී, විඤ්ඤාණ ආහාරය අනුභව කරන කවුරුවත් ඉන්නවාද?' කියල ප්‍රශ්නය ඇසීම ඊට අදාළ දෙයක්. නමුත් මං එහෙම කියන්නේ නෑ. එහෙම නොකියන මගෙන් කවුරුන් හෝ ඇසුවොත් 'ස්වාමීනී, විඤ්ඤාණය කුමක් පිණිසද ආහාර වන්නේ?' කියල. අන්න ඒ ප්‍රශ්නය නම් අදාළ එකක්. ඒකට පැහැදිලි පිළිතුරකුත් තියෙනවා. ආයෙමත් පුනර්භවයක් තුළින් උපතක් ලැබීමට හේතු වන දෙයක් වශයෙනුයි විඤ්ඤාණ ආහාරය පවතින්නේ. එහෙම වෙලා ඉපදීමක් ඇති කල්හි තමයි ආයතන හය ඇතිවන්නේ. ආයතන හය හේතු කරගෙනයි ස්පර්ශය ඇතිවෙන්නේ."

"ස්වාමීනී, ස්පර්ශ කරන කවුරුවත් ඉන්නවාද?" "ඕක අදාළ නැති ප්‍රශ්නයක්" කියලා භාග්‍යවතුන් වහන්සේ වදාළා.

"(ඔය ස්පර්ශ ආහාරය) ස්පර්ශ කරනවා කියල මම කියන්නේ නෑ. අනික (ඔය ස්පර්ශ ආහාරය කවුරුන් හෝ) ස්පර්ශ කරනවා කියල මම කියනවා

නම්, එතකොට 'ස්වාමිනී, ස්පර්ශ කරන කවුරුවත් ඉන්නවාද?' කියල ප්‍රශ්නය ඇසීම ඊට අදාළ දෙයක්. නමුත් මං එහෙම කියන්නේ නෑ. එහෙම නොකියන මගෙන් කවුරුන් හෝ ඇසුවොත් 'ස්වාමීනී, ස්පර්ශය කුමක් හේතුකර ගෙනද ඇතිවන්නේ?' කියල. අන්න ඒ ප්‍රශ්නය නම් අදාළ එකක්. ඒකට පැහැදිළි පිළිතුරකුත් තියෙනවා. ආයතන හය හේතු කරගෙනයි ස්පර්ශය ඇතිවෙන්නේ. ස්පර්ශය හේතු කරගෙනයි විඳීම ඇතිවන්නේ."

"ස්වාමීනී, විඳින කවුරුවත් ඉන්නවාද?" "ඕක අදාළ නැති ප්‍රශ්නයක්" කියලා භාග්‍යවතුන් වහන්සේ වදාළා.

"(ඔය ස්පර්ශය) විඳිනවා කියල මම කියන්නේ නෑ. අනික (ස්පර්ශය කවුරුන් හෝ) විඳිනවා කියල මම කියනවා නම්, එතකොට 'ස්වාමිනී, විඳින කවුරුවත් ඉන්නවාද?' කියල ප්‍රශ්නය ඇසීම ඊට අදාළ දෙයක්. නමුත් මං එහෙම කියන්නේ නෑ. එහෙම නොකියන මගෙන් කවුරුන් හෝ ඇසුවොත් 'ස්වාමීනී, විඳීම කුමක් හේතුකර ගෙනද ඇතිවන්නේ?' කියල. අන්න ඒ ප්‍රශ්නය නම් අදාළ එකක්. ඒකට පැහැදිළි පිළිතුරකුත් තියෙනවා. ස්පර්ශය හේතු කරගෙ නයි විඳීම ඇතිවෙන්නේ. විඳීම හේතු කරගෙනයි තණ්හාව ඇතිවන්නේ."

"ස්වාමීනී, තණ්හාව ඇති කරගන්න කවුරුවත් ඉන්නවාද?" "ඕක අදාළ නැති ප්‍රශ්නයක්" කියලා භාග්‍යවතුන් වහන්සේ වදාළා.

"(ඔය විඳීමට) ආසා කරනවා කියල මම කියන්නේ නෑ. අනික (ඔය විඳීමට කවුරුන් හෝ) ආසා කරනවා කියල මම කියනවා නම්, එතකොට 'ස්වාමිනී, තණ්හාව ඇති කරගන්නා කවුරුවත් ඉන්නවාද?' කියල ප්‍රශ්නය ඇසීම ඊට අදාළ දෙයක්. නමුත් මං එහෙම කියන්නේ නෑ. එහෙම නොකියන මගෙන් කවුරුන් හෝ ඇසුවොත් 'ස්වාමීනී, තණ්හාව කුමක් හේතුකර ගෙනද ඇතිවන්නේ?' කියල. අන්න ඒ ප්‍රශ්නය නම් අදාළ එකක්. ඒකට පැහැදිළි පිළිතුරකුත් තියෙනවා. විඳීම හේතු කරගෙනයි තණ්හාව ඇතිවෙන්නේ. තණ්හාව හේතු කරගෙනයි බැඳීයාම ඇතිවන්නේ."

"ස්වාමීනී, බැඳීයාම ඇතිකරගන්න කවුරුවත් ඉන්නවාද?" "ඕක අදාළ නැති ප්‍රශ්නයක්" කියලා භාග්‍යවතුන් වහන්සේ වදාළා.

"(ඔය තණ්හාවට) බැඳීම ඇතිකරගන්නවා කියල මම කියන්නේ නෑ. අනික '(ඔය තණ්හාවට කවුරුන් හෝ) බැඳීම ඇති කර ගන්නවා' කියල මම කියනවා නම්, එතකොට 'ස්වාමීනී, බැඳීම ඇතිකරගන්නා කවුරුවත් ඉන්නවාද?' කියල ප්‍රශ්නය ඇසීම ඊට අදාළ දෙයක්. නමුත් මං එහෙම කියන්නේ නෑ. එහෙම නොකියන මගෙන් කවුරුන් හෝ ඇසුවොත් 'ස්වාමීනී, බැඳීම කුමක්

හේතුකර ගෙනද ඇතිවන්නේ?' කියල, අන්න ඒ ප්‍රශ්නය නම් අදාළ එකක්. ඒකට පැහැදිලි පිළිතුරකුත් තියෙනවා. තණ්හාව හේතු කරගෙනයි බැඳීම ඇතිවෙන්නේ. බැඳීම හේතු කරගෙනයි භවය ඇතිවන්නේ. ....(පෙ).... අන්න ඒ විදිහටයි මේ මුළු මහත් දුක් රැසම හටගන්නේ.

පින්වත් එග්ගුන, ඔය ස්පර්ශ ආයතන හය සහමුලින්ම නැතිවෙලා නිරුද්ධ වීමෙන් ස්පර්ශය නිරුද්ධ වෙලා යනවා. ස්පර්ශය නිරුද්ධ වීමෙන් විඳීම නිරුද්ධ වෙලා යනවා. විඳීම නිරුද්ධ වීමෙන් තණ්හාව නිරුද්ධ වෙලා යනවා. තණ්හාව නිරුද්ධ වීමෙන් බැඳීම නිරුද්ධ වෙලා යනවා. බැඳීම නිරුද්ධ වීමෙන් විපාක පිණිස කර්ම සකස්වීම නිරුද්ධ වෙලා යනවා. විපාක පිණිස කර්ම සකස් වීම නිරුද්ධ වීමෙන් ඉපදීම නිරුද්ධ වෙලා යනවා. ඉපදීම නිරුද්ධ වීමෙන් ජරා මරණ, සෝක, වැළපීම්, කායික දුක්, මානසික දුක්, සුසුම් හෙළීම් ආදිය නිරුද්ධ වෙලා යනවා. ඔය විදිහටයි මේ මුළු මහත් දුක් රැසම නිරුද්ධ වෙන්නේ."

සාදු! සාදු!! සාදු!!!

මෝළියඑග්ගුන සූත්‍රය නිමා විය.

1.2.3.
සමණබ්‍රාහ්මණ සූත්‍රය
ශ්‍රමණ බ්‍රාහ්මණයන් ගැන වදාළ දෙසුම

13. සැවැත් නුවරදී ....

"පින්වත් මහණෙනි, ජරා මරණ ගැන අවබෝධයක් නැති, ජරා මරණ හටගැනීම ගැන අවබෝධයක් නැති, ජරා මරණ නිරුද්ධ වීම ගැන අවබෝධයක් නැති, ජරා මරණ නිරුද්ධ වන්නා වූ ප්‍රතිපදාව ගැන අවබෝධයක් නැති යම්කිසි ශ්‍රමණ බ්‍රාහ්මණවරු ඉන්නවා නම්, ඉපදීම ගැන ....(පෙ).... භවය ගැන ....(පෙ).... උපාදාන ගැන ....(පෙ).... තණ්හාව ගැන ....(පෙ).... විඳීම ගැන ....(පෙ).... ස්පර්ශය ගැන ....(පෙ).... ආයතන හය ගැන ....(පෙ).... නාමරූප ගැන ....(පෙ).... විඤ්ඤාණය ගැන ....(පෙ).... සංස්කාර ගැන අවබෝධයක් නැති, සංස්කාර හටගැනීම ගැන අවබෝධයක් නැති, සංස්කාර නිරුද්ධවීම ගැන අවබෝධයක් නැති, සංස්කාර නිරුද්ධවන්නා වූ ප්‍රතිපදාව ගැන අවබෝධයක් නැති යම්කිසි ශ්‍රමණ බ්‍රාහ්මණවරු ඉන්නවා නම්,

පින්වත් මහණෙනි, ඒ ශ්‍රමණ බ්‍රාහ්මණවරු සැබෑම ශ්‍රමණයන් අතර ශ්‍රමණයන් බවට පත්වෙන්නේ නෑ. සැබෑම බ්‍රාහ්මණයන් අතර බ්‍රාහ්මණයන් බවට පත්වෙන්නෙත් නෑ. ඒ ආයුෂ්මත්වරුන් ශ්‍රමණ ජීවිතයේ අර්ථය හෝ බ්‍රාහ්මණ ජීවිතයේ අර්ථය හෝ මේ ජීවිතය තුළදීම තමන්ගේම විශිෂ්ට අවබෝධය තුළින් සාක්ෂාත් කරගෙන වාසය කරන්නේ නෑ.

පින්වත් මහණෙනි, ජරා මරණ ගැන අවබෝධයක් ඇති, ජරා මරණ හටගැනීම ගැන අවබෝධයක් ඇති, ජරා මරණ නිරුද්ධ වීම ගැන අවබෝධයක් ඇති, ජරා මරණ නිරුද්ධ වන්නා වූ ප්‍රතිපදාව ගැන අවබෝධයක් ඇති යම්කිසි ශ්‍රමණ බ්‍රාහ්මණවරු ඉන්නවා නම්, ඉපදීම ගැන ....(පෙ).... භවය ගැන ....(පෙ).... උපාදාන ගැන ....(පෙ).... තණ්හාව ගැන ....(පෙ).... විඳීම ගැන ....(පෙ).... ස්පර්ශය ගැන ....(පෙ).... ආයතන හය ගැන ....(පෙ).... නාමරූප ගැන ....(පෙ).... විඤ්ඤාණය ගැන ....(පෙ).... සංස්කාර ගැන අවබෝධයක් ඇති, සංස්කාර හටගැනීම ගැන අවබෝධයක් ඇති, සංස්කාර නිරුද්ධ වීම ගැන අවබෝධයක් ඇති, සංස්කාර නිරුද්ධවන්නා වූ ප්‍රතිපදාව ගැන අවබෝධයක් ඇති යම්කිසි ශ්‍රමණ බ්‍රාහ්මණවරු ඉන්නවා නම්,

පින්වත් මහණෙනි, ඒ ශ්‍රමණ බ්‍රාහ්මණවරු සැබෑම ශ්‍රමණයන් අතර ශ්‍රමණයන් බවට පත්වෙනවා. සැබෑම බ්‍රාහ්මණයන් අතර බ්‍රාහ්මණයන් බවට පත්වෙනවා. ඒ ආයුෂ්මත්වරුන් ශ්‍රමණ ජීවිතයේ අර්ථය හෝ බ්‍රාහ්මණ ජීවිතයේ අර්ථය හෝ මේ ජීවිතය තුළදීම තමන්ගේම විශිෂ්ට අවබෝධය තුළින් සාක්ෂාත් කරගෙන වාසය කරනවා.

සාදු! සාදු!! සාදු!!!

සමණබ්‍රාහ්මණ සූත්‍රය නිමා විය.

1.2.4.
දුතිය සමණබ්‍රාහ්මණ සූත්‍රය
ශ්‍රමණ බ්‍රාහ්මණයන් ගැන වදාළ දෙවෙනි දෙසුම

14.   සැවැත් නුවරදී ....

පින්වත් මහණෙනි, මේ දේවල් ගැන අවබෝධයක් නැති, මේ දේවල් හටගැනීම ගැන අවබෝධයක් නැති, මේ දේවල් නිරුද්ධ වීම ගැන අවබෝධයක්

නැති, මේ දේවල් නිරුද්ධ වන්නා වූ ප්‍රතිපදාව ගැන අවබෝධයක් නැති, යම්කිසි ශ්‍රමණ බ්‍රාහ්මණවරු ඉන්නවා නම්, කවර දේවල් ගැන අවබෝධයක් නැතුවද ඉන්නේ? කවර දේවල් හටගැනීම ගැන අවබෝධයක් නැතුවද ඉන්නේ? කවර දේවල් නිරුද්ධ වීම ගැන අවබෝධයක් නැතුවද ඉන්නේ? කවර දේවල් නිරුද්ධ වන්නා වූ ප්‍රතිපදාව ගැන අවබෝධයක් නැතුවද ඉන්නේ?

ජරා මරණ ගැනයි අවබෝධයක් නැත්තේ. ජරා මරණ හටගැනීම ගැනයි අවබෝධයක් නැත්තේ. ජරා මරණ නිරුද්ධ වීම ගැනයි අවබෝධයක් නැත්තේ. ජරා මරණ නිරුද්ධ වන්නා වූ ප්‍රතිපදාව ගැනයි අවබෝධයක් නැත්තේ. ඉපදීම ගැනයි ....(පෙ).... භවය ගැනයි ....(පෙ).... උපාදාන ගැනයි ....(පෙ).... තණ්හාව ගැනයි ....(පෙ).... විඳීම ගැනයි ....(පෙ).... ස්පර්ශය ගැනයි ....(පෙ).... ආයතන හය ගැනයි ....(පෙ).... නාමරූප ගැනයි ....(පෙ).... විඤ්ඤාණය ගැනයි ....(පෙ).... සංස්කාර ගැනයි අවබෝධයක් නැත්තේ. සංස්කාර හටගැනීම ගැනයි අවබෝධයක් නැත්තේ. සංස්කාර නිරුද්ධවීම ගැනයි අවබෝධයක් නැත්තේ. සංස්කාර නිරුද්ධවන්නා වූ ප්‍රතිපදාව ගැනයි අවබෝධයක් නැත්තේ.

පින්වත් මහණෙනි, මේ දේවල් ගැන අවබෝධයක් නැති නම්, මේ දේවල් හටගැනීම ගැන අවබෝධයක් නැති නම්, මේ දේවල් නිරුද්ධ වීම ගැන අවබෝධයක් නැති නම්, මේ දේවල් නිරුද්ධ වන්නා වූ ප්‍රතිපදාව ගැන අවබෝධයක් නැති නම්, පින්වත් මහණෙනි, ඒ ශ්‍රමණ බ්‍රාහ්මණවරු සැබෑම ශ්‍රමණයන් අතර ශ්‍රමණයන් බවට පත්වෙන්නේ නෑ. සැබෑම බ්‍රාහ්මණයන් අතර බ්‍රාහ්මණයන් බවට පත්වෙන්නෙත් නෑ. ඒ ආයුෂ්මත්වරුන් ශ්‍රමණ ජීවිතයේ අර්ථය හෝ බ්‍රාහ්මණ ජීවිතයේ අර්ථය හෝ මේ ජීවිතය තුළදීම තමන්ගේම විශිෂ්ට අවබෝධය තුළින් සාක්ෂාත් කරගෙන වාසය කරන්නේ නෑ.

පින්වත් මහණෙනි, මේ දේවල් ගැන අවබෝධයක් තියෙන, මේ දේවල් හටගැනීම ගැන අවබෝධයක් තියෙන, මේ දේවල් නිරුද්ධ වීම ගැන අවබෝධයක් තියෙන, මේ දේවල් නිරුද්ධ වන්නා වූ ප්‍රතිපදාව ගැන අවබෝධයක් තියෙන, යම්කිසි ශ්‍රමණ බ්‍රාහ්මණවරු ඉන්නවා නම්, කවර දේවල් ගැන අවබෝධයක් ඇතුවද ඉන්නේ? කවර දේවල් හටගැනීම ගැන අවබෝධයක් ඇතුවද ඉන්නේ? කවර දේවල් නිරුද්ධ වීම ගැන අවබෝධයක් ඇතුවද ඉන්නේ? කවර දේවල් නිරුද්ධ වන්නා වූ ප්‍රතිපදාව ගැන අවබෝධයක් ඇතුවද ඉන්නේ?

ජරා මරණ ගැනයි අවබෝධයක් තියෙන්නේ. ජරා මරණ හටගැනීම ගැනයි අවබෝධයක් තියෙන්නේ. ජරා මරණ නිරුද්ධ වීම ගැනයි අවබෝධයක් තියෙන්නේ. ජරා මරණ නිරුද්ධ වන්නා වූ ප්‍රතිපදාව ගැනයි අවබෝධයක්

තියෙන්නේ. ඉපදීම ගැනයි ....(පෙ).... භවය ගැනයි ....(පෙ).... උපාදාන ගැනයි ....(පෙ).... තණ්හාව ගැනයි ....(පෙ).... විඳීම ගැනයි ....(පෙ).... ස්පර්ශය ගැනයි ....(පෙ).... ආයතන හය ගැනයි ....(පෙ).... නාමරූප ගැනයි ....(පෙ).... විඤ්ඤාණය ගැනයි ....(පෙ).... සංස්කාර ගැනයි අවබෝධයක් තියෙන්නේ. සංස්කාර හටගැනීම ගැනයි අවබෝධයක් තියෙන්නේ. සංස්කාර නිරුද්ධවීම ගැනයි අවබෝධයක් තියෙන්නේ. සංස්කාර නිරුද්ධවන්නා වූ ප්‍රතිපදාව ගැනයි අවබෝධයක් තියෙන්නේ.

පින්වත් මහණෙනි, මේ දේවල් ගැන අවබෝධයක් තියෙනවා නම්, මේ දේවල් හටගැනීම ගැන අවබෝධයක් තියෙනවා නම්, මේ දේවල් නිරුද්ධ වීම ගැන අවබෝධයක් තියෙනවා නම්, මේ දේවල් නිරුද්ධ වන්නා වූ ප්‍රතිපදාව ගැන අවබෝධයක් තියෙනවා නම්, පින්වත් මහණෙනි, ඒ ශ්‍රමණ බ්‍රාහ්මණවරු සැබෑම ශ්‍රමණයන් අතර ශ්‍රමණයන් බවට පත්වෙනවා. සැබෑම බ්‍රාහ්මණයන් අතර බ්‍රාහ්මණයන් බවට පත්වෙනවා. ඒ ආයුෂ්මත්වරුන් ශ්‍රමණ ජීවිතයේ අර්ථය හෝ බ්‍රාහ්මණ ජීවිතයේ අර්ථය හෝ මේ ජීවිතය තුළදීම තමන්ගේම විශිෂ්ට අවබෝධය තුළින් සාක්ෂාත් කරගෙන වාසය කරනවා.

සාදු! සාදු!! සාදු!!!

දුතිය සමණබ්‍රාහ්මණ සූත්‍රය නිමා විය.

1.2.5.
කච්චානගොත්ත සූත්‍රය
කච්චානගොත්ත තෙරුන් හට වදාළ දෙසුම

15. සැවැත් නුවරදී ....

එදා ආයුෂ්මත් කච්චානගොත්ත තෙරුන් භාග්‍යවතුන් වහන්සේ ළඟට පැමිණියා. පැමිණිලා භාග්‍යවතුන් වහන්සේට වන්දනා කරලා එකත්පස්ව වාඩිවුණා. එකත්පස්ව වාඩිවුණු ආයුෂ්මත් කච්චානගොත්ත තෙරුන් භාග්‍යවතුන් වහන්සේගෙන් මෙකරුණ විමසුවා. "ස්වාමීනී, 'සම්මා දිට්ඨිය, සම්මා දිට්ඨිය' කියල කියනවා. ස්වාමීනී, සම්මා දිට්ඨිය ඇතිවන්නේ කොපමණකින්ද?"

"පින්වත් කච්චාන, මේ ලෝක සත්වයා බොහෝ සෙයින්ම (මරණින් මතු ස්ථිර වූ පැවැත්මක්) තිබෙන බවක්ද, (මරණින් මතු සත්වයා නැති වී

උච්ඡේදයට පත් වී) නැති වී යන බවක්ද, කියන මත දෙක ඇසුරු කරගෙනයි ඉන්නේ. එනමුත් පින්වත් කච්චාන, (ජීවිතය නම් වූ මේ) ලෝකයේ හටගැනීම ඒ ආකාරයෙන්ම දියුණු කරපු ප්‍රඥාවකින් දකිද්දී ලෝකය පිළිබඳව යම් නැතිවී යාමක් ගැන මතයක් තිබේ නම් ඒ මතය නැතිවෙලා යනවා. එමෙන්ම පින්වත් කච්චාන, (ජීවිතය නම් වූ මේ) ලෝකයේ නිරුද්ධ වීම ඒ ආකාරයෙන්ම දියුණු කරපු ප්‍රඥාවකින් දකිද්දී ලෝකය තිබෙන බවක් පිළිබඳව යම් මතයක් තිබේ නම් ඒ මතය නැතිවෙලා යනවා.

පින්වත් කච්චාන, මේ ලෝක සත්වයා බොහෝ සෙයින්ම ලෝකය තුළ බැසගෙන, එයටම බැඳී, එහිම ගැලී, එයින් ම බැඳී ගිහිල්ලයි සිටින්නේ. ඉතින් ඒ ආකාරයන් ලෝකය තුළ බැසගෙන, එයට බැඳී සිතින් අදිටන් කරගෙන, එහිම ගැලී, ඒ තුළම සිටින්නේ නැත්නම්, බැඳී යන්නේ නැත්නම්, 'මගේ ආත්මය' කියල අදිටන් කරගන්නේ නැත්නම්, උපදින විට උපදින්නේ දුකක්ම බවත්, නිරුද්ධ වන විට නිරුද්ධ වන්නෙත් දුක බවත් යන මේ කරුණ සැක කරන්නේ නැත්නම්, විචිකිච්ඡා කරන්නේ නැත්නම්, ඒ ගැන ඔහුට බාහිර උපකාරයකින් තොර වූ අවබෝධයක් තියෙනවා. පින්වත් කච්චාන, මෙපමණකින්ම සම්මා දිට්ඨිය ඇතිවෙනවා.

පින්වත් කච්චාන 'සියල්ල තිබෙනවා' යන මේ මතය එක අන්තයක්. 'සියල්ල නැත' යන මේ මතය දෙවන අන්තයයි. පින්වත් කච්චාන මේ අන්ත දෙකට නොපැමිණ මධ්‍යම ප්‍රතිපදාවෙනුයි තථාගතයන් වහන්සේ දහම් දෙසන්නේ. අවිද්‍යාව හේතු කරගෙන සංස්කාර ඇතිවෙනවා. සංස්කාර හේතු කරගෙන විඤ්ඤාණය ඇතිවෙනවා. ....(පෙ).... ඔන්න ඔය විදිහට තමයි මේ මුළු මහත් දුක් රැසම හටගන්නේ.

අවිද්‍යාව සහමුලින්ම නැතිවෙලා නිරුද්ධ වීමෙන් සංස්කාර නිරුද්ධ වෙලා යනවා. සංස්කාර නිරුද්ධ වීමෙන් විඤ්ඤාණය නිරුද්ධ වෙලා යනවා. ....(පෙ).... ඔය විදිහට තමයි මේ මුළු මහත් දුක් රැසම නිරුද්ධ වෙලා යන්නේ."

සාදු! සාදු!! සාදු!!!

කච්චානගොත්ත සූත්‍රය නිමා විය.

1.2.6.
ධම්මකථික සූත්‍රය
ධර්මකථික භික්ෂුව ගැන වදාළ දෙසුම

16. සැවැත් නුවරදී ....

එදා එක්තරා භික්ෂුවක් භාග්‍යවතුන් වහන්සේ ළඟට පැමිණියා. පැමිණිලා භාග්‍යවතුන් වහන්සේට වන්දනා කරලා එකත්පස්ව වාඩිවුණා. එකත්පස්ව වාඩිවුණු ඒ භික්ෂුව භාග්‍යවතුන් වහන්සේගෙන් මෙකරුණ විමසුවා. "ස්වාමීනී, ධර්ම කථිකයෙක් වන්නේ කොපමණකින්ද?"

"පින්වත් භික්ෂුව, ඉදින් භික්ෂුව ජරා මරණ පිළිබඳව කලකිරීම පිණිස, එහි නොඇල්ම පිණිස, එය නිරුද්ධ වීම පිණිස දහම් දෙසනවා නම් අන්න ඒ භික්ෂුවටයි 'ධර්ම කථිකයා' කියල කිවයුත්තේ.

පින්වත් භික්ෂුව, ඉදින් භික්ෂුවක් ජරා මරණ පිළිබඳව කලකිරීම පිණිස, එහි නොඇල්ම පිණිස, එය නිරුද්ධ වීම පිණිස ප්‍රතිපත්තියේ යෙදෙනවා නම් අන්න ඒ භික්ෂුවටයි 'ධර්මානුධර්ම ප්‍රතිපදාවෙන් යුතු කෙනා' කියල කිවයුත්තේ.

පින්වත් භික්ෂුව, ඉදින් භික්ෂුවක් ජරා මරණ පිළිබඳව කලකිරීමෙන්, එහි නොඇල්මෙන්, එය නිරුද්ධ වීමෙන්, උපාදාන රහිතව විමුක්තියට පත් වූයේ නම් අන්න ඒ භික්ෂුවටයි 'මෙලොවදීම නිවනට පත් වූ කෙනා' කියල කිවයුත්තේ.

පින්වත් භික්ෂුව, ඉදින් භික්ෂුව ඉපදීම පිළිබඳව ....(පෙ).... භවය පිළිබඳව ....(පෙ).... උපාදාන පිළිබඳව ....(පෙ).... තණ්හාව පිළිබඳව ....(පෙ).... විඳීම පිළිබඳව ....(පෙ).... ස්පර්ශය පිළිබඳව ....(පෙ).... ආයතන හය පිළිබඳව ....(පෙ).... නාමරූප පිළිබඳව ....(පෙ).... විඤ්ඤාණය පිළිබඳව ....(පෙ).... සංස්කාර පිළිබඳව ....(පෙ).... අවිද්‍යාව පිළිබඳව කලකිරීම පිණිස, එහි නොඇල්ම පිණිස, එය නිරුද්ධ වීම පිණිස දහම් දෙසනවා නම් අන්න ඒ භික්ෂුවටයි 'ධර්ම කථිකයා' කියල කිවයුත්තේ.

පින්වත් භික්ෂුව, ඉදින් භික්ෂුව ඉපදීම පිළිබඳව ....(පෙ).... අවිද්‍යාව පිළිබඳව කලකිරීම පිණිස, එහි නොඇල්ම පිණිස, එය නිරුද්ධ වීම පිණිස ප්‍රතිපත්තියේ යෙදෙනවා නම් අන්න ඒ භික්ෂුවටයි 'ධර්මානුධර්ම ප්‍රතිපදාවෙන් යුතු කෙනා' කියල කිවයුත්තේ.

පින්වත් භික්ෂුව, ඉදින් භික්ෂුවක් ඉපදීම පිළිබඳව ....(පෙ).... අවිද්‍යාව පිළිබඳව කලකිරීමෙන්, එහි නොඇල්මෙන්, එය නිරුද්ධ වීමෙන්, උපාදාන රහිතව විමුක්තියට පත් වූයේ නම් අන්න ඒ භික්ෂුවටයි 'මෙලොවදීම නිවනට පත් වූ කෙනා' කියල කිවයුත්තේ."

සාදු! සාදු!! සාදු!!!

ධර්මකථික සූත්‍රය නිමා විය.

1.2.7.
අචේලකස්සප සූත්‍රය
නිරුවත් කස්සප හට වදාළ දෙසුම

17. මා හට අසන්නට ලැබුණේ මේ විදිහටයි. ඒ දිනවල භාග්‍යවතුන් වහන්සේ වැඩසිටියේ රජගහ නුවර ලේනුන්ගේ අභය භූමියක් වූ වේළුවනාරාමයේ. එදා භාග්‍යවතුන් වහන්සේ උදේ වරුවේ සිවුරු පොරවා ගෙන, පා සිවුරු රැගෙන රජගහ නුවරට පිණ්ඩපාතයේ වැඩියා. එහිදී (නිරුවත් තවුසෙක් වූ) අචේලකස්සපට දුරින්ම වඩින භාග්‍යවතුන් වහන්සේව දැකගන්න ලැබුණා. දැකලා භාග්‍යවතුන් වහන්සේ ළඟට පැමිණුනා. පැමිණිලා භාග්‍යවතුන් වහන්සේ සමඟ පිළිසඳර කතා බස් කළා. පිළිසඳර කතාව අවසන් කළ අචේලකස්සප එකත්පස්ව හිටගත්තා. එකත්පස්ව සිටගත් අචේලකස්සප භාග්‍යවතුන් වහන්සේට මෙකරුණ සැළ කළා.

"භවත් ගෞතමයන් වහන්ස, ඉදින් අපට ප්‍රශ්නයක් අසන්නට අවසර දෙනවා නම්, අපි භවත් ගෞතමයන් වහන්සේගෙන් යම්කිසි කාරණයක් අසන්නට කැමතියි."

"පින්වත් කස්සප, මේ ප්‍රශ්න අසන වෙලාවක් නොවෙයි නේ. ගමට පිණ්ඩපාතේ පැමිණි වෙලාව නේ." එතකොට අචේලකස්සප දෙවෙනි වතාවටත් භාග්‍යවතුන් වහන්සේට මෙකරුණ සැළ කළා. "භවත් ගෞතමයන් වහන්ස, ඉදින් අපට ප්‍රශ්නයක් අසන්නට අවසර දෙනවා නම්, අපි භවත් ගෞතමයන් වහන්සේගෙන් යම්කිසි කාරණයක් අසන්නට කැමතියි."

"පින්වත් කස්සප, මේ ප්‍රශ්න අසන වෙලාවක් නොවෙයි නේ. ගමට පිණ්ඩපාතේ පැමිණි වෙලාව නේ." එතකොට අචේලකස්සප තුන්වෙනි වතාවටත් භාග්‍යවතුන් වහන්සේට මෙකරුණ සැළ කළා. "භවත් ගෞතමයන්

වහන්ස, ඉදින් අපට ප්‍රශ්නයක් අසන්නට අවසර දෙනවා නම්, අපි භවත් ගෞතමයන් වහන්සේගෙන් යම්කිසි කාරණයක් අසන්නට කැමතියි."

"පින්වත් කස්සප, මේ ප්‍රශ්න අසන වෙලාවක් නොවෙයි නේ. ගමට පිණ්ඩපාතේ පැමිණි වෙලාව නේ."

මෙසේ වදාළ විට අචේලකස්සප භාග්‍යවතුන් වහන්සේට මෙහෙම කිව්වා. "භවත් ගෞතමයන් වහන්ස, අපි බොහෝ කාරණා අසන්නට කැමැති නෑ."

"එහෙම නම් පින්වත් කස්සප, ඒ කැමැති වූ කරුණ අසන්න."

"භවත් ගෞතමයන් වහන්ස, ඇත්තෙන්ම දුක තමා විසින් හදපු දෙයක්ද?" "පින්වත් කස්සප, එහෙම කියන්න එපා!" කියල භාග්‍යවතුන් වහන්සේ වදාළා.

"භවත් ගෞතමයන් වහන්ස, ඇත්තෙන්ම දුක අනුන් විසින් හදපු දෙයක්ද?" "පින්වත් කස්සප, එහෙම කියන්න එපා!" කියල භාග්‍යවතුන් වහන්සේ වදාළා.

"භවත් ගෞතමයන් වහන්ස, ඇත්තෙන්ම දුක තමා විසිනුත්, අනුන් විසිනුත් හදපු දෙයක්ද?" "පින්වත් කස්සප, එහෙම කියන්න එපා!" කියල භාග්‍යවතුන් වහන්සේ වදාළා.

"භවත් ගෞතමයන් වහන්ස, ඇත්තෙන්ම දුක තමා විසිනුත් නොහදපු, අනුන් විසිනුත් නොහදපු, ඉබේ හටගත්තු දෙයක්ද?" "පින්වත් කස්සප, එහෙම කියන්න එපා!" කියල භාග්‍යවතුන් වහන්සේ වදාළා.

"භවත් ගෞතමයන් වහන්ස, ඇත්තෙන්ම එහෙනම් දුක නැද්ද?" "පින්වත් කස්සප, දුක නැතුවා නොවෙයි. පින්වත් කස්සප, ඇත්තෙන්ම දුක තියෙනවා" කියල වදාළා.

"එහෙනම් භවත් ගෞතමයන් වහන්සේ දුක දන්නේ නැද්ද? දුක දකින්නේ නැද්ද?" "පින්වත් කස්සප, මම දුක නොදන්න කෙනෙක් නොවේ. මම දුක නොදකින කෙනෙකුත් නොවේ. පින්වත් කස්සප, ඇත්තෙන්ම මම දුක දන්නවා. මම දුක දකිනවා."

"එහෙනම් භවත් ගෞතමයන් වහන්ස, ඇත්තෙන්ම දුක තමා විසින් හදපු දෙයක්ද?' කියල මා ඇසූ විට, 'පින්වත් කස්සප, එහෙම කියන්න එපා!' කියල භාග්‍යවතුන් වහන්සේ වදාළා.

'භවත් ගෞතමයන් වහන්ස, ඇත්තෙන්ම දුක අනුන් විසින් හදපු දෙයක්ද?' කියල මා ඇසූ විට, 'පින්වත් කස්සප, එහෙම කියන්න එපා!' කියල භාග්‍යවතුන් වහන්සේ වදාළා.

'භවත් ගෞතමයන් වහන්ස, ඇත්තෙන්ම දුක තමා විසිනුත්, අනුන් විසිනුත් හදපු දෙයක්ද?' කියල මා ඇසූ විට, 'පින්වත් කස්සප, එහෙම කියන්න එපා!' කියල භාග්‍යවතුන් වහන්සේ වදාළා.

'භවත් ගෞතමයන් වහන්ස, ඇත්තෙන්ම දුක තමා විසිනුත් නොහදපු, අනුන් විසිනුත් නොහදපු, ඉබේ හටගත්තු දෙයක්ද?' කියල මා ඇසූ විට, 'පින්වත් කස්සප, එහෙම කියන්න එපා!' කියල භාග්‍යවතුන් වහන්සේ වදාළා.

'භවත් ගෞතමයන් වහන්ස, ඇත්තෙන්ම එහෙනම් දුක නැද්ද?' කියල මා ඇසූ විට, 'පින්වත් කස්සප, දුක නැතුවා නොවෙයි. පින්වත් කස්සප, ඇත්තෙන්ම දුක තියෙනවා' කියල වදාළා.

'එහෙනම් භවත් ගෞතමයන් වහන්සේ දුක දන්නේ නැද්ද? දුක දකින්නේ නැද්ද?' කියල මා ඇසූ විට, 'පින්වත් කස්සප, මම දුක නොදන්න කෙනෙක් නොවේ. මම දුක නොදකින කෙනෙකුත් නොවේ. පින්වත් කස්සප, ඇත්තෙන්ම මම දුක දන්නවා. මම දුක දකිනවා' කියල වදාළා.

ස්වාමීනී, භාග්‍යවතුන් වහන්ස, මට දුක ගැන පවසන සේක්වා! ස්වාමීනී, භාග්‍යවතුන් වහන්ස, මට දුක ගැන දේශනා කරන සේක්වා!"

"පින්වත් කස්සප, 'ඔහු තමයි කරන්නේ, ඔහුමයි විඳින්නේ' යන අදහස නම් මුලින්ම තියෙන්නේ, එතකොට 'තමා විසින් කරපු දුකක් තිබේ' කියන (ස්ථිර යමක් තිබෙනවා යන) ශාස්වත දෘෂ්ටියට ඒක අයිති වෙනවා. ඒ වගේම පින්වත් කස්සප, 'කරන්නේ වෙනින් කෙනෙක්, විඳින්නේ වෙනින් කෙනෙක්' යන අදහසින් යුතුව වේදනාවෙන් පෙළෙන කෙනෙකුට 'අනුන් විසින් කරපු දුකක් තිබේ' කියා (ඒක නැත්තට නැති වී යනවා යන) උච්ඡේද දෘෂ්ටිය ලැබෙනවා.

පින්වත් කස්සප, ඔය අන්ත දෙකට නොපැමිණ තථාගතයන් වහන්සේ මධ්‍යම ප්‍රතිපදාවෙනුයි දහම් දෙසන්නේ. එනම් අවිද්‍යාව හේතු කරගෙන සංස්කාර ඇතිවෙනවා. සංස්කාර හේතු කරගෙන විඤ්ඤාණය ඇතිවෙනවා. ....(පෙ).... ඔන්න ඔය විදිහට තමයි මේ මුළු මහත් දුක් රැසම හටගන්නේ.

අවිද්‍යාව සහමුලින්ම නැතිවෙලා නිරුද්ධ වීමෙන් සංස්කාර නිරුද්ධ

වෙලා යනවා. සංස්කාර නිරුද්ධ වීමෙන් විඤ්ඤාණය නිරුද්ධ වෙලා යනවා. ....(පෙ).... ඔය විදිහට තමයි මේ මුළු මහත් දුක් රැසම නිරුද්ධ වෙලා යන්නේ'.

මෙසේ වදාළ විට අචේලකස්සප භාග්‍යවතුන් වහන්සේට මෙහෙම කියා සිටියා. "ස්වාමීනී, ඉතා සුන්දරයි! ස්වාමීනී, ඉතා සුන්දරයි! යටට හරවා තිබූ දෙයක් උඩු අතට හැරෙව්වා වගෙයි. ....(පෙ).... ඇස් ඇති උදවියට රූප දකින්න අඳුරෙහි තෙල් පහනක් දල්වා ගෙන දරා සිටිනවා වගෙයි. ඔය විදිහට භාග්‍යවතුන් වහන්සේ නොයෙක් අයුරින් ශ්‍රී සද්ධර්මය වදාළා. ස්වාමීනී, මේ මමත් භාග්‍යවතුන් වහන්සේව සරණ යනවා. ශ්‍රී සද්ධර්මයත්, ආර්ය මහා සංඝරත්නයත් සරණ යනවා. ස්වාමීනී, භාග්‍යවතුන් වහන්සේ ළඟ මට ද පැවිද්ද ලැබේවා! උපසම්පදාව ලැබේවා!"

"පින්වත් කස්සප, කලින් වෙන ආගමක හිටිය කෙනෙක් මේ ධර්ම විනය තුළ පැවිදි බව කැමති වෙනවා නම්, උපසම්පදාව කැමති වෙනවා නම්, ඔහු මාස හතරක පුහුණුවක් ලබන්නට ඕන. ඒ හාරමාසයේ පුහුණුවෙන් පසු භික්ෂූන් වහන්සේලා ඒ ගැන සතුටට පත්ව කැමති වුණොත් භික්ෂුභාවය පිණිස පැවිදි කරාවි. උපසම්පදා කරාවි."

"මම අවුරුදු හතරක් වුණත් පුහුණු වෙන්නම්. ඒ සතර අවුරුද්දේ පුහුණුවෙන් පසු භික්ෂූන් වහන්සේලා ඒ ගැන සතුටට පත්ව කැමති වුණොත් මාව භික්ෂුභාවය පිණිස පැවිදි කරන සේක්වා! උපසම්පදා කරන සේක්වා!"

ඉතින් අචේලකස්සප භාග්‍යවතුන් වහන්සේ ළඟ පැවිද්ද ලැබුවා. උපසම්පදාවත් ලැබුවා. උපසම්පදා වෙලා සුළු කලකින් ආයුෂ්මත් කස්සපයන් හුදෙකලා වුණා. පිරිසෙන් වෙන් වුණා. අප්‍රමාදී වුණා. කෙලෙස් තවන වීරිය ඇති කරගත්තා. දිවි දෙවෙනි කොට ධර්මයේ හැසිරෙන විට, යම් උතුම් අරහත්වය පිණිස කුලපුත්‍රයන් මැනැවින් ම ගිහි ගෙයින් නික්ම අනගාරික බුදු සසුනේ පැවිදි වෙනවා නම්, අන්න ඒ නිවන් මගේ කෙළවර වන අනුත්තර වූ අරහත්වය මේ ජීවිතයේදීම තමා තුළ ඇති කරගත් විශේෂ අවබෝධය තුළින් සාක්ෂාත් කරගෙන වාසය කළා. ඉපදීම ක්ෂය කළා. බඹසර වාසය සම්පූර්ණ කළා. කළ යුතු දේ කළා. ආයෙමත් උපතක් නැතැයි අවබෝධ වුණා. ආයුෂ්මත් අචේලකස්සප තෙරුන් රහතන් වහන්සේලා අතර කෙනෙක් වුණා.

සාදු! සාදු!! සාදු!!!

අචේලකස්සප සූත්‍රය නිමා විය.

1.2.8.
තිම්බරුක සූත්‍රය
තිම්බරුක හට වදාළ දෙසුම

18.   සැවැත් නුවරදී ....

එදා තිම්බරුක තාපසයා භාග්‍යවතුන් වහන්සේ ළඟට පැමිණියා. පැමිණිලා භාග්‍යවතුන් වහන්සේ සමඟ පිළිසඳර කතා බස් කළා. පිළිසඳර කතාව අවසන් කළ තිම්බරුක එකත්පස්ව හිටගත්තා. එකත්පස්ව සිටගත් තිම්බරුක භාග්‍යවතුන් වහන්සේට මෙකරුණ සැළ කළා.

"භවත් ගෞතමයන් වහන්ස, ඇත්තෙන්ම සැප දුක තමා විසින් හදපු දෙයක්ද?" "පින්වත් තිම්බරුක, එහෙම කියන්න එපා!" කියල භාග්‍යවතුන් වහන්සේ වදාළා.

"භවත් ගෞතමයන් වහන්ස, ඇත්තෙන්ම සැප දුක අනුන් විසින් හදපු දෙයක්ද?" "පින්වත් තිම්බරුක, එහෙම කියන්න එපා!" කියල භාග්‍යවතුන් වහන්සේ වදාළා.

"භවත් ගෞතමයන් වහන්ස, ඇත්තෙන්ම සැප දුක තමා විසිනුත්, අනුන් විසිනුත් හදපු දෙයක්ද?" "පින්වත් තිම්බරුක, එහෙම කියන්න එපා!" කියල භාග්‍යවතුන් වහන්සේ වදාළා.

"භවත් ගෞතමයන් වහන්ස, ඇත්තෙන්ම සැප දුක තමා විසිනුත් නොහදපු, අනුන් විසිනුත් නොහදපු, ඉබේ හටගත්තු දෙයක්ද?" "පින්වත් තිම්බරුක, එහෙම කියන්න එපා!" කියල භාග්‍යවතුන් වහන්සේ වදාළා.

"භවත් ගෞතමයන් වහන්ස, ඇත්තෙන්ම එහෙනම් සැප දුක නැද්ද?" "පින්වත් තිම්බරුක, සැප දුක නැතුවා නොවෙයි. පින්වත් තිම්බරුක, ඇත්තෙන්ම සැප දුක තියෙනවා" කියල වදාළා.

"එහෙනම් භවත් ගෞතමයන් වහන්සේ සැප දුක දන්නේ නැද්ද? සැප දුක දකින්නේ නැද්ද?" "පින්වත් තිම්බරුක, මම සැප දුක නොදන්න කෙනෙක් නොවේ. මම සැප දුක නොදකින කෙනෙකුත් නොවේ. පින්වත් තිම්බරුක, ඇත්තෙන්ම මම සැප දුක දන්නවා. මම සැප දුක දකිනවා."

"එහෙනම් භවත් ගෞතමයන් වහන්ස, ඇත්තෙන්ම සැප දුක තමා විසින් හදපු දෙයක්ද?' කියල මා ඇසූ විට, 'පින්වත් තිම්බරුක, එහෙම කියන්න එපා!' කියල භාග්‍යවතුන් වහන්සේ වදාළා.

'භවත් ගෞතමයන් වහන්ස, ඇත්තෙන්ම සැප දුක අනුන් විසින් හදපු දෙයක්ද?' කියල මා ඇසූ විට, 'පින්වත් තිම්බරුක, එහෙම කියන්න එපා!' කියල භාග්‍යවතුන් වහන්සේ වදාළා.

'භවත් ගෞතමයන් වහන්ස, ඇත්තෙන්ම සැප දුක තමා විසිනුත්, අනුන් විසිනුත් හදපු දෙයක්ද?' කියල මා ඇසූ විට, 'පින්වත් තිම්බරුක, එහෙම කියන්න එපා!' කියල භාග්‍යවතුන් වහන්සේ වදාළා.

'භවත් ගෞතමයන් වහන්ස, ඇත්තෙන්ම සැප දුක තමා විසිනුත් නොහදපු, අනුන් විසිනුත් නොහදපු, ඉබේ හටගත්තු දෙයක්ද?' කියල මා ඇසූ විට, 'පින්වත් තිම්බරුක, එහෙම කියන්න එපා!' කියල භාග්‍යවතුන් වහන්සේ වදාළා.

'භවත් ගෞතමයන් වහන්ස, ඇත්තෙන්ම එහෙනම් සැප දුක නැද්ද?' කියල මා ඇසූ විට, 'පින්වත් තිම්බරුක, සැප දුක නැතුවා නොවෙයි. පින්වත් තිම්බරුක, ඇත්තෙන්ම සැප දුක තියෙනවා' කියල වදාළා.

'එහෙනම් භවත් ගෞතමයන් වහන්සේ සැප දුක දන්නේ නැද්ද? සැප දුක දකින්නේ නැද්ද?' කියල මා ඇසූ විට, 'පින්වත් තිම්බරුක, මම සැප දුක නොදන්න කෙනෙක් නොවේ. මම සැප දුක නොදකින කෙනෙකුත් නොවේ. පින්වත් තිම්බරුක, ඇත්තෙන්ම මම සැප දුක දන්නවා. මම සැප දුක දකිනවා' කියල වදාළා.

ස්වාමීනී, භාග්‍යවතුන් වහන්ස, මට සැප දුක ගැන පවසන සේක්වා! ස්වාමීනී, භාග්‍යවතුන් වහන්ස, මට සැප දුක ගැන දේශනා කරන සේක්වා!"

"'ඒක තමයි විඳීම, එයා තමයි විඳින්නේ' කියල පින්වත් තිම්බරුක, මුලින්ම අදහසක් ඇතිවුණොත්, 'තමා විසින් කරපු සැප දුකක් තියෙනවා' කියන මතයට එනවා. මම එහෙම කියන්නේ නෑ. 'වේදනාව වෙන දෙයක්. විඳින්නේ වෙන කෙනෙක්' යන අදහසින් වේදනාවෙන් පෙළෙන කෙනෙකුට 'අනුන් විසින් කරපු සැප දුකක් තියෙනවා' යන මතය එනවා. මම එහෙම කියන්නෙත් නෑ.

පින්වත් තිම්බරුක, ඔය අන්ත දෙකට නොපැමිණ තථාගතයන් වහන්සේ මධ්‍යම ප්‍රතිපදාවෙනුයි දහම් දෙසන්නේ. එනම් අවිද්‍යාව හේතු කරගෙන සංස්කාර ඇතිවෙනවා. සංස්කාර හේතු කරගෙන විඤ්ඤාණය ඇතිවෙනවා. ....(පෙ).... ඔන්න ඔය විදිහට තමයි මේ මුළු මහත් දුක් රැසම හටගන්නේ.

අවිද්‍යාව සහමුලින්ම නැතිවෙලා නිරුද්ධ වීමෙන් සංස්කාර නිරුද්ධ වෙලා යනවා. සංස්කාර නිරුද්ධ වීමෙන් විඤ්ඤාණය නිරුද්ධ වෙලා යනවා. ....(පෙ).... ඔය විදිහට තමයි මේ මුළු මහත් දුක් රැසම නිරුද්ධ වෙලා යන්නේ'.

මෙසේ වදාළ විට තිම්බරුක භාග්‍යවතුන් වහන්සේට මෙහෙම කියා සිටියා. "ස්වාමීනී, ඉතා සුන්දරයි! ස්වාමීනී, ඉතා සුන්දරයි! යටට හරවා තිබූ දෙයක් උඩු අතට හැරෙව්වා වගෙයි. ....(පෙ).... ඇස් ඇති උදවියට රූප දකින්න අඳුරෙහි තෙල් පහනක් දල්වාගෙන දරා සිටිනවා වගෙයි. ඔය විදිහට භාග්‍යවතුන් වහන්සේ නොයෙක් අයුරින් ශ්‍රී සද්ධර්මය වදාළා. ස්වාමීනී, මේ මමත් භාග්‍යවතුන් වහන්සේව සරණ යනවා. ශ්‍රී සද්ධර්මයත්, ආර්ය මහා සංඝරත්නයත් සරණ යනවා. භවත් ගෞතමයන් වහන්සේ අද පටන් දිවිහිමියෙන් තෙරුවන් සරණ ගිය උපාසකයෙකු වශයෙන් මාව පිළිගන්නා සේක්වා!"

සාදු! සාදු!! සාදු!!!

තිම්බරුක සූත්‍රය නිමා විය.

1.2.9.
බාල පණ්ඩිත සූත්‍රය
බාලයාත්, පණ්ඩිතයාත් ගැන වදාළ දෙසුම

19. සැවැත් නුවරදී ....

පින්වත් මහණෙනි, අවිද්‍යාවෙන් අඳුරු වී ගිහින්, තණ්හාවෙන් යුක්තව සිටින බාලයාගේ මේ ජීවිතය හටගෙන තිබෙන්නේ මේ විදිහටයි. ඉතින් ඔය විදිහට මේ ජීවිතයත්, බාහිර නාමරූපත් කියන මේ කරුණු දෙක බැගින් හේතු කරගෙන ස්පර්ශය ඇතිවෙනවා. ආයතන හයත් තියෙනවා. මේවායින් හෝ මෙයින් එක්තරා දෙයකින් පහස ලබන කොට බාලයා සැප දුක් විඳිනවා.

"පින්වත් මහණෙනි, අවිද්‍යාවෙන් අඳුරු වී ගිහින්, තණ්හාවෙන් යුක්තව සිටින පණ්ඩිතයාගේ මේ ජීවිතය හටගෙන තිබෙන්නේ මේ විදිහටයි. ඉතින් ඔය විදිහට මේ ජීවිතයත්, බාහිර නාමරූපත් කියන මේ කරුණු දෙක බැගින් හේතු කරගෙන ස්පර්ශය ඇතිවෙනවා. ආයතන හයත් තියෙනවා. මේවායින් හෝ මෙයින් එක්තරා දෙයකින් පහස ලබන කොට පණ්ඩිතයා සැප දුක් විඳිනවා.

ඉතින් පින්වත් මහණෙනි, ඔය කරුණේදී බලයාගෙන් පණ්ඩිතයා වෙනස් වෙන්නේ කවර විශේෂයක් මතද? කවර ප්‍රයෝගයක් මතද? කවර වෙනස්කමක් මතද?"

"ස්වාමීනී, අපගේ ධර්මය තිබෙන්නේ භාග්‍යවතුන් වහන්සේ මුල් කොට ගෙනයි. භාග්‍යවතුන් වහන්සේ ප්‍රධාන කොට ගෙනයි. භාග්‍යවතුන් වහන්සේ පිළිසරණ කොට ගෙනයි. ස්වාමීනී, ඔය වදාළ කරුණෙහි අර්ථය භාග්‍යවතුන් වහන්සේට වැටහෙන සේක්වා! භාග්‍යවතුන් වහන්සේගෙන්ම අසා ගෙනමයි මේ භික්ෂූන් වහන්සේලා මතකයේ දරා සිටින්නේ."

"එහෙනම් පින්වත් මහණෙනි, හොඳින් අහගන්න ඕන. ඉතා හොඳින් නුවණින් මෙනෙහි කරන්න ඕන. මං කියා දෙන්නම්."

"එසේය, ස්වාමීනී" කියලා ඒ භික්ෂූන් වහන්සේලා භාග්‍යවතුන් වහන්සේට පිළිතුරු දුන්නා. භාග්‍යවතුන් වහන්සේ ඒ මොහොතේදී මෙම දේශනය වදාළා.

"පින්වත් මහණෙනි, යම් අවිද්‍යාවකින් බාලයා අඳුරු වෙලා ඉන්නවා නම්, යම් තණ්හාවකින් යුක්ත වෙලා ඉන්නවා නම්, ඔහුගේ ජීවිතය හටගත්තේ යමකින් ද, ඒ අවිද්‍යාවමයි බාලයාට ප්‍රහාණය වෙලා නැත්තේ. ඒ තණ්හාවමයි බාලයා තුළ ක්ෂය වෙලා නැත්තේ. ඒකට හේතුව මොකක්ද? මනා කොට දුක් ක්ෂය වීම පිණිස පවතින (ආර්ය අෂ්ටාංගික මාර්ගය නම් වූ) බඹසර ජීවිතයේ හැසිරිලා නෑ. ඒ නිසාම බාලයා කය බිඳී මැරී යාමෙන් පසු කයක් කරාම යනවා. කයක් කරා පැමිණි ඒ බාලයා ඉපදීමෙන් නිදහස් වෙන්නේ නෑ. ජරා මරණයෙන් නිදහස් වෙන්නේ නෑ. සෝක, වැළපීම්, කායික දුක්, මානසික දුක්, සුසුම් හෙළීම්වලින් නිදහස් වෙන්නේ නෑ. දුකෙන් නිදහස් වෙන්නෙ නෑ කියලයි මං කියන්නේ.

පින්වත් මහණෙනි, යම් අවිද්‍යාවකින් පණ්ඩිතයා අඳුරු වෙලා ඉන්නවා නම් යම් තණ්හාවකින් යුක්ත වෙලා ඉන්නවා නම්, ඔහුගේ ජීවිතය හටගත්තේ යමකින් ද, ඒ අවිද්‍යාවමයි පණ්ඩිතයාට ප්‍රහාණය වෙලා තියෙන්නේ. ඒ තණ්හාවමයි පණ්ඩිතයා තුළ ක්ෂය වෙලා තියෙන්නේ. ඒකට හේතුව මොකක්ද? මනා කොට දුක් ක්ෂය වීම පිණිස පවතින (ආර්ය අෂ්ටාංගික මාර්ගය නම් වූ) බඹසර ජීවිතයේ හැසිරුණ නිසා. ඒ නිසාම පණ්ඩිතයා කය බිඳී මැරී යාමෙන් පසු කයක් කරා එන්නේ නෑ. කයක් කරා නොපැමිණි ඒ පණ්ඩිතයා ඉපදීමෙන් නිදහස් වෙනවා. ජරා මරණයෙන් නිදහස් වෙනවා. සෝක, වැළපීම්, කායික දුක්, මානසික දුක්, සුසුම් හෙළීම්වලින් නිදහස් වෙනවා. දුකෙන් නිදහස් වෙනවා කියලයි මං කියන්නේ.

පින්වත් මහණෙනි, ඔය කරුණේදී බාලයාගෙන් පණ්ඩිතයා වෙනස් වෙන විශේෂත්වය මේකයි. ප්‍රයෝගය මේකයි. වෙනස්කම මේකයි. එනම් ආර්ය අෂ්ටාංගික මාර්ගය තුළ හැසිරීමයි.”

සාදු! සාදු!! සාදු!!!

බාල පණ්ඩිත සූත්‍රය නිමා විය.

1.2.10.
පච්චය පච්චයුප්පන්න සූත්‍රය
හේතු ඵල දහමත්, එයින් හටගත් දෙයත් ගැන වදාළ දෙසුම

20. සැවැත් නුවරදී ....

පින්වත් මහණෙනි, මා ඔබට පටිච්චසමුප්පාදයත් (හේතු ඵල දහමත්) හේතු ඵල දහමින් හටගත් දෙයත් ගැන කියා දෙන්නම්. එය හොඳින් අහගන්න ඕන. ඒ ගැන නුවණින් මෙනෙහි කරන්න ඕන. මං කියා දෙන්නම්.

“එසේය, ස්වාමීනී” කියල ඒ භික්ෂූන් වහන්සේලා භාග්‍යවතුන් වහන්සේට පිළිතුරු දුන්නා. භාග්‍යවතුන් වහන්සේ ඒ මොහොතේදී තමයි මේ දේශනය වදාළේ.

පින්වත් මහණෙනි, පටිච්චසමුප්පාදය කියල කියන්නෙ මොකක්ද? පින්වත් මහණෙනි, ඉපදීම හේතු කරගෙන ජරා මරණ ඇතිවෙනවා යන කරුණ තථාගතයන් වහන්සේලාගේ පහළ වීම ඇතත්, පහළ වීම නැතත් පවතින ධර්ම ස්වභාවයකි. ස්වභාව පැවැත්මකි. ධර්ම නියාමයකි. හේතුඵල ධර්මතාවකි. තථාගතයන් වහන්සේ ඔය කාරණය අවබෝධ කරගන්නවා. නුවණින් ප්‍රත්‍යක්ෂ කරගන්නවා. ඉතින් ඔය කාරණය අවබෝධ කරගෙන, නුවණින් ප්‍රත්‍යක්ෂ කරගෙන (ලෝක සත්වයාට) පෙන්වා දෙනවා. දේශනා කරනවා. හඳුන්වා දෙනවා. පිහිටුවනවා. විවෘත කරනවා. විග්‍රහ කොට දක්වනවා. ඉස්මතු කොට දක්වනවා. නුවණින් දැකගන්න කියල පවසනවා.

පින්වත් මහණෙනි, මේ විදිහට ඉපදීම හේතු කොට ගෙන ජරා මරණ ඇති වේ යන කරුණ සත්‍යක්මයි. අසත්‍ය බවට පත් නොවන දෙයක්මයි. නොවෙනස් වන දෙයක්මයි. හේතු ඵල ධර්මතාවක්මයි. පින්වත් මහණෙනි, මෙන්න මේකට තමයි පටිච්චසමුප්පාදය කියන්නේ.

පින්වත් මහණෙනි, භවය හේතුකොට ගෙන ඉපදීම සිදු වේ ....(පෙ).... පින්වත් මහණෙනි, උපාදාන හේතුකොට ගෙන භවය ඇති වේ ....(පෙ).... පින්වත් මහණෙනි, තණ්හාව හේතුකොට ගෙන උපාදාන ඇති වේ ....(පෙ).... පින්වත් මහණෙනි, විඳීම හේතුකොට ගෙන තණ්හාව ඇති වේ ....(පෙ).... පින්වත් මහණෙනි, ස්පර්ශය හේතුකොට ගෙන විඳීම ඇති වේ ....(පෙ).... පින්වත් මහණෙනි, ආයතන හය හේතුකොට ගෙන ස්පර්ශය ඇති වේ ....(පෙ).... පින්වත් මහණෙනි, නාමරූප හේතුකොට ගෙන ආයතන හය ඇති වේ ....(පෙ).... පින්වත් මහණෙනි, විඤ්ඤාණය හේතුකොට ගෙන නාමරූප ඇති වේ ....(පෙ).... පින්වත් මහණෙනි, සංස්කාර හේතුකොට ගෙන විඤ්ඤාණය ඇති වේ ....(පෙ)....

පින්වත් මහණෙනි, අවිද්‍යාව හේතු කරගෙන සංස්කාර ඇති වේ යන මෙකරුණ තථාගතයන් වහන්සේලාගේ පහළ වීම ඇතත්, පහළ වීම නැතත් පවතින ධර්ම ස්වභාවයකි. ස්වභාව පැවැත්මකි. ධර්ම නියාමයකි. හේතු ඵල ධර්මතාවකි. තථාගතයන් වහන්සේ ඔය කාරණය අවබෝධ කරගන්නවා. නුවණින් ප්‍රත්‍යක්ෂ කරගන්නවා. ඉතින් ඔය කාරණය අවබෝධ කරගෙන, නුවණින් ප්‍රත්‍යක්ෂ කරගෙන (ලෝක සත්වයාට) පෙන්වා දෙනවා. දේශනා කරනවා. හඳුන්වා දෙනවා. පිහිටුවනවා. විවෘත කරනවා. විග්‍රහ කොට දක්වනවා. ඉස්මතු කොට දක්වනවා. නුවණින් දැකගන්න කියල පවසනවා.

පින්වත් මහණෙනි, මේ විදිහට අවිද්‍යාව හේතු කොට ගෙන සංස්කාර ඇති වේ යන කරුණ සත්‍යක්මයි. අසත්‍ය බවට පත් නොවන දෙයක්මයි. නොවෙනස් වන දෙයක්මයි. හේතු ඵල ධර්මතාවක්මයි. පින්වත් මහණෙනි, මෙන්න මේකට තමයි පටිච්චසමුප්පාදය කියන්නේ.

පින්වත් මහණෙනි, හේතු ඵල දහමින් හටගත් දේවල් යනු මොනවාද? පින්වත් මහණෙනි, ජරා මරණ කියන්නේ අනිත්‍ය දෙයක්. සකස් වෙච්ච දෙයක්. හේතු ඵල දහමින් හටගත් දෙයක්. ක්ෂය වී යන දෙයක්. නැසී යන දෙයක්. නොඇලිය යුතු දෙයක්. ඇල්ම නිරුද්ධ කළ යුතු දෙයක්. පින්වත් මහණෙනි, ඉපදීම කියන්නේ අනිත්‍ය දෙයක්. සකස් වෙච්ච දෙයක්. හේතු ඵල දහමින් හටගත් දෙයක්. ක්ෂය වී යන දෙයක්. නැසී යන දෙයක්. නොඇලිය යුතු දෙයක්. ඇල්ම නිරුද්ධ කළ යුතු දෙයක්. පින්වත් මහණෙනි, භවය කියන්නේ අනිත්‍ය දෙයක්. සකස් වෙච්ච දෙයක්. හේතු ඵල දහමින් හටගත් දෙයක්. ක්ෂය වී යන දෙයක්. නැසී යන දෙයක්. නොඇලිය යුතු දෙයක්. ඇල්ම නිරුද්ධ කළ යුතු දෙයක්. පින්වත් මහණෙනි, උපාදාන ....(පෙ).... පින්වත් මහණෙනි, තණ්හාව ....(පෙ).... පින්වත් මහණෙනි, විඳීම ....(පෙ).... පින්වත් මහණෙනි, ස්පර්ශය

....(පෙ).... පින්වත් මහණෙනි, ආයතන හය ....(පෙ).... පින්වත් මහණෙනි, නාමරූප ....(පෙ).... පින්වත් මහණෙනි, විඤ්ඤාණය ....(පෙ).... පින්වත් මහණෙනි, සංස්කාර ....(පෙ).... පින්වත් මහණෙනි, අවිද්‍යාව කියන්නේ අනිත්‍ය දෙයක්. සකස් වෙච්ච දෙයක්. හේතු ඵල දහමින් හටගත් දෙයක්. ක්ෂය වී යන දෙයක්. නැසී යන දෙයක්. නොඇලිය යුතු දෙයක්. ඇල්ම නිරුද්ධ කළ යුතු දෙයක්. පින්වත් මහණෙනි, හේතු ඵල දහමින් හටගත් දේවල් කියන්නේ මේවාටයි.

පින්වත් මහණෙනි, යම් දවසක ආර්ය ශ්‍රාවකයාට මේ පටිච්චසමුප්පාදයත්, පටිච්චසමුප්පාදයෙන් හටගත් දේවලුත් ගැන දියුණු කරපු ප්‍රඥාවකින් ඒ ආකාරයෙන්ම අවබෝධ වුණොත්, කවදාවත්ම මේ අදහස් ඇතිවෙන්නේ නෑ. 'මං අතීතයේ ඉඳල තියෙනවාද? මං අතීතයේ ඉඳල නැද්ද? මං අතීතයේ කවුරු වෙලා ඉන්න ඇද්ද? මං අතීතයේ මොන විදිහට සිටින්නට ඇද්ද? මං අතීතයේ කවුරු කවුරු වෙලා ඉන්නට ඇද්ද?' කිය කියා කලින් ජීවිතයේ කෙළවර හොයන පූර්ව අන්තය කරා දුවන එක, ඒ ශ්‍රාවකයා කරනවා යන කරුණ කවදාවත් වෙන්න බැරි දෙයක්.

'මං අනාගතයේ ඉඳීවිද? මං අනාගතයේ ඉන්න එකක් නැද්ද? මං අනාගතයේ කවුරු වේවිද? මං අනාගතයේ කොහොම වේවිද? මං අනාගතයේ කවුරු කවුරු වේවිද?' කිය කිය ඉදිරි ජීවිතයේ කෙළවර හොයන අපර අන්තය කරා දුවන එක, ඒ ශ්‍රාවකයා කරනවා යන කරුණ කවදාවත් වෙන්න බැරි දෙයක්.

'ඇත්තෙන්ම මම කියල කෙනෙක් ඉන්නවද? මම කියල කෙනෙක් නැද්ද? මම කියල කෙනෙක් කොහොමද ඉන්නේ? මේ සත්වයා කොහෙන්ද ආවේ? මේ සත්වයා කොහේ යාවිද?' කිය කියා වර්තමානයේ තමන්ගේ ජීවිතය ගැන 'කෙසේද? කෙසේද?' කියන සැක සංකාවන් කරා ඒ ශ්‍රාවකයා යනවා යන කරුණ කවදාවත් වෙන්න බැරි දෙයක්.

ඒකට හේතුව මොකක්ද? පින්වත් මහණෙනි, මේ පටිච්චසමුප්පාදයත්, පටිච්චසමුප්පාදයෙන් හටගත් දේවලුත් ගැන ආර්ය ශ්‍රාවකයාට දියුණු කරපු ප්‍රඥාවෙන් ඒ ආකාරයෙන්ම අවබෝධ වුණහම එහෙම තමයි.

සාදු! සාදු!! සාදු!!!

පච්චය පච්චයුප්පන්න නිමා විය.

දෙවෙනි ආහාර වර්ගය අවසන් විය.

3. දසබල වර්ගය

1.3.1.
දසබල සූත්‍රය
දස බල ගැන වදාළ දෙසුම

21. සැවැත් නුවරදී ....

පින්වත් මහණෙනි, බල ධර්මයන් දහයකින් සමන්විත වූ විශාරද ඥාණ හතරකින් සමන්විත වූ තථාගතයන් වහන්සේ ලොව ශ්‍රේෂ්ඨම තැනටයි පත්ව සිටින්නේ. ඒ වගේම පිරිස් මැද අභීත ස්වරයෙන් කතා කරනවා (සිංහනාද කරනවා). උතුම් ධර්ම චක්‍රය පවත්වනවා. (ඒක කොහොමද කරන්නේ?) මෙය තමයි රූපය. මෙහෙමයි දිගින් දිගට රූපයේ පැවැත්ම හටගන්නේ. මේ විදිහටයි රූපය සදහටම නැති වී යන්නේ. මෙය තමයි විඳීම. මෙහෙමයි දිගින් දිගට විඳීමේ පැවැත්ම හටගන්නේ. මේ විදිහටයි විඳීම සදහටම නැති වී යන්නේ. මෙය තමයි සඤ්ඤාව. මෙහෙමයි දිගින් දිගට සඤ්ඤාවේ පැවැත්ම හටගන්නේ. මේ විදිහටයි සඤ්ඤාව සදහටම නැති වී යන්නේ. මේවා තමයි සංස්කාර. මෙහෙමයි දිගින් දිගට සංස්කාරවල පැවැත්ම හටගන්නේ. මේ විදිහටයි සංස්කාර සදහටම නැති වී යන්නේ. මෙය තමයි විඤ්ඤාණය. මෙහෙමයි දිගින් දිගට විඤ්ඤාණයේ පැවැත්ම හටගන්නේ. මේ විදිහටයි විඤ්ඤාණය සදහටම නැති වී යන්නේ.

ඔය විදිහට මෙය ඇති වන විට මෙය ඇතිවෙනවා. මෙය ඉපදෙන කොටයි මෙය උපදින්නේ. මෙය නැති වන විට මෙය නැතිවෙනවා. මෙය නිරුද්ධ වන විටයි මෙය නිරුද්ධ වන්නේ.

ඒ කියන්නේ අවිද්‍යාව හේතු කරගෙන සංස්කාර ඇතිවෙනවා. සංස්කාර හේතු කරගෙන විඤ්ඤාණය ඇතිවෙනවා. ....(පෙ).... ඔන්න ඔය විදිහටයි මේ මුළු මහත් දුක් රැසම හටගන්නේ. ඒ අවිද්‍යාව සහමුලින්ම නිරුද්ධ වීමෙන් සංස්කාර නිරුද්ධ වෙනවා. සංස්කාර නිරුද්ධ වීමෙන් විඤ්ඤාණය නිරුද්ධ

වෙනවා. ....(පෙ).... ඔන්න ඔය විදිහටයි මේ මුළු මහත් දුක් රැසම නිරුද්ධ වෙන්නේ'

සාදු! සාදු!! සාදු!!!

දසබල සූත්‍රය නිමා විය.

1.3.2.
දුතිය දසබල සූත්‍රය
දස බල ගැන වදාළ දෙවෙනි දෙසුම

22. සැවැත් නුවරදී ....

පින්වත් මහණෙනි, බල ධර්මයන් දහයකින් සමන්විත වූ විශාරද ඥාණ හතරකින් සමන්විත වූ තථාගතයන් වහන්සේ ලොව ශ්‍රේෂ්ඨම තැනටයි පත්ව සිටින්නේ. ඒ වගේම පිරිස් මැද අභීත ස්වරයෙන් කතා කරනවා (සිංහනාද කරනවා). උතුම් ධර්ම චක්‍රය පවත්වනවා. (ඒක කොහොමද කරන්නේ?) මෙය තමයි රූපය. මෙහෙමයි දිගින් දිගට රූපයේ පැවැත්ම හටගන්නේ. මේ විදිහටයි රූපය සදහටම නැති වී යන්නේ. මෙය තමයි විඳීම. මෙහෙමයි දිගින් දිගට විඳීමේ පැවැත්ම හටගන්නේ. මේ විදිහටයි විඳීම සදහටම නැති වී යන්නේ. මෙය තමයි සඤ්ඤාව. මෙහෙමයි දිගින් දිගට සඤ්ඤාවේ පැවැත්ම හටගන්නේ. මේ විදිහටයි සඤ්ඤාව සදහටම නැති වී යන්නේ. මේවා තමයි සංස්කාර. මෙහෙමයි දිගින් දිගට සංස්කාරවල පැවැත්ම හටගන්නේ. මේ විදිහටයි සංස්කාර සදහටම නැති වී යන්නේ. මෙය තමයි විඤ්ඤාණය. මෙහෙමයි දිගින් දිගට විඤ්ඤාණයේ පැවැත්ම හටගන්නේ. මේ විදිහටයි විඤ්ඤාණය සදහටම නැති වී යන්නේ.

ඔය විදිහට මෙය ඇති වන විට මෙය ඇතිවෙනවා. මෙය ඉපදෙන කොටයි මෙය උපදින්නේ. මෙය නැති වන විට මෙය නැතිවෙනවා. මෙය නිරුද්ධ වන විටයි මෙය නිරුද්ධ වන්නේ.

ඒ කියන්නේ අවිද්‍යාව හේතු කරගෙන සංස්කාර ඇතිවෙනවා. සංස්කාර හේතු කරගෙන විඤ්ඤාණය ඇතිවෙනවා. ....(පෙ).... ඔන්න ඔය විදිහටයි මේ මුළු මහත් දුක් රැසම හටගන්නේ. ඒ අවිද්‍යාව සහමුලින්ම නිරුද්ධ වීමෙන් සංස්කාර නිරුද්ධ වෙනවා. සංස්කාර නිරුද්ධ වීමෙන් විඤ්ඤාණය නිරුද්ධ

වෙනවා. ....(පෙ).... ඔන්න ඔය විදිහටයි මේ මුළු මහත් දුක් රැසම නිරුද්ධ වෙන්නේ.

පින්වත් මහණෙනි, මා මේ ධර්මය ඔය ආකාරයෙන් ඉතා මැනැවින් දේශනා කරලයි තියෙන්නේ. ඉස්මතු කොට දක්වලයි තියෙන්නේ. විවෘත කරලයි තියෙන්නේ. ප්‍රකාශ කරලයි තියෙන්නේ. මිත්‍යා දෘෂ්ටික රෙදි කඩමාලු ඉරා දමලයි තියෙන්නේ. එම නිසා පින්වත් මහණෙනි, මා මේ ධර්මය ඔය ආකාරයෙන් ඉතා මැනැවින් දේශනා කරල තියෙද්දී, ඉස්මතු කරලා දක්වලා තියෙද්දී, විවෘත කරලා තියෙද්දී, ප්‍රකාශ කරලා තියෙද්දී, මිත්‍යා දෘෂ්ටික රෙදි කඩමලු ඉරා දමල තියෙද්දී, ශ්‍රද්ධාවෙන් පැවිදි වුණු පින්වත් දරුවෙකුට වීරිය පටන් ගන්නට ඔය කරුණ හොඳටම ප්‍රමාණවත්. 'ඒකාන්තයෙන් ම මේ ශරීරයේ හමත්, නහර වැලුත්, ඇටත්, ඉතිරිවේවා! මස් ලේ වියැලී යේවා! පුරුෂ ධෛර්යයෙන්, පුරුෂ වීර්යයෙන්, පුරුෂ පරාක්‍රමයෙන් යම් නිවනක් සාක්ෂාත් කළ යුතුද, ඒ උතුම් ධර්මයට නොපැමිණ මේ උත්සාහය නම් අත්හරින්නේ නෑ' කියල වීර්යය පටන් ගන්නට හොඳටම ප්‍රමාණවත්.

පින්වත් මහණෙනි. ධර්මයේ හැසිරෙන්නට කම්මැලි කෙනා පාපී අකුසල ධර්මයන්ගෙන් ගැවැසුණු සිතින් යුක්තව දුකසේ ම යි ඉන්නේ. තමන්ගේ ජීවිතයට සළසා ගන්නට තියෙන අති විශාල යහපතක් පිරිහෙළා ගන්නවා. නමුත් පින්වත් මහණෙනි, ධර්මයේ හැසිරෙන්නට පටන් ගත් වීරියෙන් යුක්ත කෙනා පාපී අකුසල ධර්මයන්ගෙන් වෙන් වුණු සිතින් යුතුව සැපසේ ම යි ඉන්නේ. තමන්ගේ ජීවිතයට සළාසාගන්නට තිබෙන අති විශාල යහපත උදාකර ගන්නවා.

පින්වත් මහණෙනි. ළාමක වූ දෙයකින් ශ්‍රේෂ්ඨත්වයට පත්වෙන්නට පුළුවන් කමක් නෑ. ශ්‍රේෂ්ඨ වූ ශ්‍රද්ධා, වීරිය ආදියෙන් ම යි ශ්‍රේෂ්ඨත්වයට පත්වෙන්නේ. පින්වත් මහණෙනි, මේ ආර්ය අෂ්ටාංගික මාර්ගය ඉතා මිහිරි පැණි බීමක් වගේ රසවත්. ශාස්තෘන් වහන්සේ ඔබට දූන් මුණගැහිලයි තියෙන්නේ. එම නිසා පින්වත් මහණෙනි, නොපැමිණි අර්හත්වයට පැමිණීම පිණිස, අවබෝධ නොකළ ආර්ය සත්‍යය අවබෝධ කරගැනීම පිණිස, සාක්ෂාත් නොකළ ඒ අමා නිවන සාක්ෂාත් කිරීම පිණිස වීරියමයි කරන්න ඕන. 'අපගේ මේ පැවිදි ජීවිතය වඳ පීදුන එකක් වෙන්නේ නෑ. පල සහිත එකක්ම වෙනවා. දියුණු වෙන එකක්ම වෙනවා. අපි සැදැහැවතුන්ගෙන් ලැබෙන යම් සිවුරු, පිණ්ඩපාත, සෙනසුන්, ගිලන්පස, බෙහෙත් පිරිකර පාවිච්චි කරනවා නම්, අප වෙත කරන ඒ පින්වතුන්ගේ ඒ සත්කාරවලට මහත්ඵල මහානිශංසදායක පිනක් ලැබෙනවා ම යි.'

එම නිසා පින්වත් මහණෙනි, හික්මිය යුත්තේ ඔය විදිහට ම යි. පින්වත් මහණෙනි, තමාගේ යහපත අපේක්ෂා කරන කෙනා විසින් අප්‍රමාදීව ධර්මයේ ම යි හැසිරෙන්නට ඕන. අනුන්ගේ යහපත අපේක්ෂා කරන කෙනා විසිනුත් අප්‍රමාදීව ධර්මයේ ම යි හැසිරෙන්නට ඕන. තමාගේත් අනුන්ගේත් යහපත අපේක්ෂා කරන කෙනා විසිනුත් අප්‍රමාදීව ධර්මයේ ම යි හැසිරෙන්නට ඕන.

සාදු! සාදු!! සාදු!!!

දුතිය දසබල සූත්‍රය නිමා විය.

1.3.3.
උපනිස සූත්‍රය
කරුණු සහිතව ඇතිවීම ගැන වදාළ දෙසුම

23. සැවැත් නුවරදී ....

පින්වත් මහණෙනි, මා කෙලෙසුන්ගේ ප්‍රහාණය ගැන කියන්නේ එය දන්නා කෙනාට, දක්නා කෙනාට මිස නොදන්නා, නොදක්නා කෙනාට නම් නොවෙයි. පින්වත් මහණෙනි, කුමක් දන්නා, කුමක් දක්නා කෙනාගේද කෙලෙසුන් ප්‍රහාණය වී යන්නේ?

එනම්, 'මෙය තමයි රූපය, මෙහෙමයි දිගින් දිගට රූපයේ පැවැත්ම හටගන්නේ. මේ විදිහටයි රූපය සදහටම නැති වී යන්නේ. මෙය තමයි විදීම ....(පෙ).... මෙය තමයි සඤ්ඤාව ....(පෙ).... මේවා තමයි සංස්කාර ....(පෙ).... මෙය තමයි විඤ්ඤාණය, මෙහෙමයි දිගින් දිගට විඤ්ඤාණයේ පැවැත්ම හටගන්නේ. මේ විදිහටයි විඤ්ඤාණය සදහටම නැති වී යන්නේ' කියල පින්වත් මහණෙනි, ඔය විදිහට දන්නා කෙනාගේ, දක්නා කෙනාගේ තමයි කෙලෙසුන් ප්‍රහාණය වී යන්නේ.

පින්වත් මහණෙනි, අරහත්වය පිණිස ආශ්‍රවයන් ක්ෂය වී යද්දී ඇතිවෙන ආශ්‍රවයන් ක්ෂය වීම පිළිබඳව යම් ඤාණයක් ඇත්නම්, ඒ ඤාණය පවා කරුණු සහිතව ඇතිවෙනවා කියලයි මං කියන්නේ. කරුණු රහිතව නම් නොවේ. පින්වත් මහණෙනි, ආශ්‍රවයන් ක්ෂය වීම පිළිබඳ ඤාණය ලැබීමට හේතු වූ කරුණ කුමක්ද? එයට කිව යුත්තේ තණ්හාවෙන් නිදහස් වීම (විමුක්තිය) කියාය.

පින්වත් මහණෙනි, තණ්හාවෙන් නිදහස් වීම පවා කරුණු සහිතව

ඇතිවෙනවා කියලයි මං කියන්නේ. කරුණු රහිතව නම් නොවේ. පින්වත් මහණෙනි, තණ්හාවෙන් නිදහස් වීමට හේතු වූ කරුණ කුමක්ද? එයට කිව යුත්තේ නොඇලීම කියාය.

පින්වත් මහණෙනි, නොඇලීම පවා කරුණු සහිතව ඇතිවෙනවා කියලයි මං කියන්නේ. කරුණු රහිතව නම් නොවේ. පින්වත් මහණෙනි, නොඇලීමට හේතු වූ කරුණ කුමක්ද? එයට කිව යුත්තේ අවබෝධයෙන්ම කළකිරීම කියාය.

පින්වත් මහණෙනි, අවබෝධයෙන්ම කළකිරීම පවා කරුණු සහිතව ඇතිවෙනවා කියලයි මං කියන්නේ. කරුණු රහිතව නම් නොවේ. පින්වත් මහණෙනි, අවබෝධයෙන්ම කළකිරීමට හේතු වූ කරුණ කුමක්ද? එයට කිව යුත්තේ ඒ ආකාරයෙන්ම සැබෑ තත්වය දැකීම නම් වූ යථාභූත ඤාණදර්ශනය කියාය.

පින්වත් මහණෙනි, යථාභූත ඤාණදර්ශනය පවා කරුණු සහිතව ඇතිවෙනවා කියලයි මං කියන්නේ. කරුණු රහිතව නම් නොවේ. පින්වත් මහණෙනි, යථාභූත ඤාණදර්ශනයට හේතු වූ කරුණ කුමක්ද? එයට කිව යුත්තේ සමාධිය කියාය.

පින්වත් මහණෙනි, සමාධිය පවා කරුණු සහිතව ඇතිවෙනවා කියලයි මං කියන්නේ. කරුණු රහිතව නම් නොවේ. පින්වත් මහණෙනි, සමාධියට හේතු වූ කරුණ කුමක්ද? එයට කිව යුත්තේ සැපය කියාය.

පින්වත් මහණෙනි, සැපය පවා කරුණු සහිතව ඇතිවෙනවා කියලයි මං කියන්නේ. කරුණු රහිතව නම් නොවේ. පින්වත් මහණෙනි, සැපයට හේතු වූ කරුණ කුමක්ද? එයට කිව යුත්තේ කායික මානසික සැහැල්ලු බව කියාය.

පින්වත් මහණෙනි, කායික මානසික සැහැල්ලු බව පවා කරුණු සහිතව ඇතිවෙනවා කියලයි මං කියන්නේ. කරුණු රහිතව නම් නොවේ. පින්වත් මහණෙනි, කායික මානසික සැහැල්ලු බවට හේතු වූ කරුණ කුමක්ද? එයට කිව යුත්තේ ප්‍රීතිය කියාය.

පින්වත් මහණෙනි, ප්‍රීතිය පවා කරුණු සහිතව ඇතිවෙනවා කියලයි මං කියන්නේ. කරුණු රහිතව නම් නොවේ. පින්වත් මහණෙනි, ප්‍රීතියට හේතු වූ කරුණ කුමක්ද? එයට කිව යුත්තේ ප්‍රමුදිත බව කියාය.

පින්වත් මහණෙනි, ප්‍රමුදිත බව පවා කරුණු සහිතව ඇතිවෙනවා කියලයි මං කියන්නේ. කරුණු රහිතව නම් නොවේ. පින්වත් මහණෙනි, ප්‍රමුදිත බවට

හේතු වූ කරුණ කුමක්ද? එයට කිව යුත්තේ ශ්‍රද්ධාව කියාය.

පින්වත් මහණෙනි, ශ්‍රද්ධාව පවා කරුණු සහිතව ඇතිවෙනවා කියලයි මං කියන්නේ. කරුණු රහිතව නම් නොවේ. පින්වත් මහණෙනි, ශ්‍රද්ධාවට හේතු වූ කරුණ කුමක්ද? එයට කිව යුත්තේ දුක කියාය.

පින්වත් මහණෙනි, දුක පවා කරුණු සහිතව ඇතිවෙනවා කියලයි මං කියන්නේ. කරුණු රහිතව නම් නොවේ. පින්වත් මහණෙනි, දුකට හේතු වූ කරුණ කුමක්ද? එයට කිව යුත්තේ ඉපදීම කියාය.

පින්වත් මහණෙනි, ඉපදීම පවා කරුණු සහිතව ඇතිවෙනවා කියලයි මං කියන්නේ. කරුණු රහිතව නම් නොවේ. පින්වත් මහණෙනි, ඉපදීමට හේතු වූ කරුණ කුමක්ද? එයට කිව යුත්තේ භවය කියාය.

පින්වත් මහණෙනි, භවය පවා කරුණු සහිතව ඇතිවෙනවා කියලයි මං කියන්නේ. කරුණු රහිතව නම් නොවේ. පින්වත් මහණෙනි, භවයට හේතු වූ කරුණ කුමක්ද? එයට කිව යුත්තේ උපාදාන කියාය.

පින්වත් මහණෙනි, උපාදාන පවා කරුණු සහිතව ඇතිවෙනවා කියලයි මං කියන්නේ. කරුණු රහිතව නම් නොවේ. පින්වත් මහණෙනි, උපාදානයට හේතු වූ කරුණ කුමක්ද? එයට කිව යුත්තේ තණ්හාව කියාය.

පින්වත් මහණෙනි, තණ්හාව පවා කරුණු සහිතව ඇතිවෙනවා කියලයි මං කියන්නේ. කරුණු රහිතව නම් නොවේ. පින්වත් මහණෙනි, තණ්හාවට හේතු වූ කරුණ කුමක්ද? එයට කිව යුත්තේ විඳීම කියාය.

පින්වත් මහණෙනි, විඳීම පවා කරුණු සහිතව ඇතිවෙනවා කියලයි මං කියන්නේ. කරුණු රහිතව නම් නොවේ. පින්වත් මහණෙනි, විඳීමට හේතු වූ කරුණ කුමක්ද? එයට කිව යුත්තේ ස්පර්ශය කියාය.

පින්වත් මහණෙනි, ස්පර්ශය පවා කරුණු සහිතව ඇතිවෙනවා කියලයි මං කියන්නේ. කරුණු රහිතව නම් නොවේ. පින්වත් මහණෙනි, ස්පර්ශයට හේතු වූ කරුණ කුමක්ද? එයට කිව යුත්තේ ආයතන හය කියාය.

පින්වත් මහණෙනි, ආයතන හය පවා කරුණු සහිතව ඇතිවෙනවා කියලයි මං කියන්නේ. කරුණු රහිතව නම් නොවේ. පින්වත් මහණෙනි, ආයතන හයට හේතු වූ කරුණ කුමක්ද? එයට කිව යුත්තේ නාමරූප කියාය.

පින්වත් මහණෙනි, නාමරූප පවා කරුණු සහිතව ඇතිවෙනවා කියලයි

මං කියන්නේ. කරුණු රහිතව නම් නොවේ. පින්වත් මහණෙනි, නාමරූපයට හේතු වූ කරුණ කුමක්ද? එයට කිව යුත්තේ විඤ්ඤාණය කියාය.

පින්වත් මහණෙනි, විඤ්ඤාණය පවා කරුණු සහිතව ඇතිවෙනවා කියලයි මං කියන්නේ. කරුණු රහිතව නම් නොවේ. පින්වත් මහණෙනි, විඤ්ඤාණයට හේතු වූ කරුණ කුමක්ද? එයට කිව යුත්තේ සංස්කාර කියාය.

පින්වත් මහණෙනි, සංස්කාර පවා කරුණු සහිතව ඇතිවෙනවා කියලයි මං කියන්නේ. කරුණු රහිතව නම් නොවේ. පින්වත් මහණෙනි, සංස්කාරවලට හේතු වූ කරුණ කුමක්ද? එයට කිව යුත්තේ අවිද්‍යාව කියාය.

පින්වත් මහණෙනි, ඔන්න ඔය විදිහට අවිද්‍යාව හේතු කරගෙනයි සංස්කාර ඇතිවෙන්නේ. සංස්කාර හේතු කරගෙනයි විඤ්ඤාණය ඇතිවෙන්නේ. විඤ්ඤාණය හේතු කරගෙනයි නාමරූප ඇතිවෙන්නේ. නාමරූප හේතු කරගෙනයි ආයතන හය ඇතිවෙන්නේ. ආයතන හය හේතු කරගෙනයි ස්පර්ශය ඇතිවෙන්නේ. ස්පර්ශය හේතු කරගෙනයි විඳීම ඇතිවෙන්නේ. විඳීම හේතු කරගෙනයි තණ්හාව ඇතිවෙන්නේ. තණ්හාව හේතු කරගෙනයි උපාදාන ඇතිවෙන්නේ. උපාදාන හේතු කරගෙනයි භවය ඇතිවෙන්නේ. භවය හේතු කරගෙනයි ඉපදීම ඇතිවෙන්නේ. ඉපදීම හේතු කරගෙනයි දුක ඇතිවෙන්නේ. දුක හේතු කරගෙනයි ශ්‍රද්ධාව ඇතිවෙන්නේ. ශ්‍රද්ධාව හේතු කරගෙනයි ප්‍රමුදිත බව ඇතිවෙන්නේ. ප්‍රමුදිත බව හේතු කරගෙනයි ප්‍රීතිය ඇතිවෙන්නේ. ප්‍රීතිය හේතු කරගෙනයි කායික මානසික සැහැල්ලු බව ඇතිවෙන්නේ. කායික මානසික සැහැල්ලු බව හේතු කරගෙනයි සැපය ඇතිවෙන්නේ. සැපය හේතු කරගෙනයි සමාධිය ඇතිවෙන්නේ. සමාධිය හේතු කරගෙනයි යථාභූත ඤාණදර්ශනය ඇතිවෙන්නේ. යථාභූත ඤාණදර්ශනය හේතු කරගෙනයි අවබෝධයෙන්ම කලකිරීම ඇතිවෙන්නේ. අවබෝධයෙන්ම කලකිරීම හේතු කරගෙනයි නොඇලීම ඇතිවෙන්නේ. නොඇලීම හේතු කරගෙනයි තණ්හාවෙන් නිදහස් වීම ඇතිවෙන්නේ. තණ්හාවෙන් නිදහස් වීම හේතු කරගෙනයි ආශ්‍රවයන් ක්ෂය වීම පිළිබඳව ඤාණය ඇතිවෙන්නේ.

පින්වත් මහණෙනි, කන්දක් මුදුනට ලොකු දිය බිංදු ඇති වැස්සක් වහිද්දී ඒ වතුර පහත් බිමට ගලාගෙන එනවා. ඒ වතුරෙන් කන්දේ දිය ඇලි පිරෙනවා. දිය අගල් පිරෙනවා. කන්දේ දිය ඇලි පිරෙන කොට, දිය අගල් පිරෙන කොට කුඩා වැව් පිරෙනවා. කුඩා වැව් පිරෙන කොට මහ වැව් පිරෙනවා. මහ වැව් පිරෙන කොට කුඩා ගංගා පිරෙනවා. කුඩා ගංගා පිරෙන කොට මහා ගංගා පිරෙනවා. මහා ගංගා පිරෙන කොට මහා සාගරය පිරෙනවා.

පින්වත් මහණෙනි, ඔන්න ඔය විදිහට අවිද්‍යාව හේතු කරගෙනයි සංස්කාර ඇතිවෙන්නේ. සංස්කාර හේතු කරගෙනයි විඤ්ඤාණය ඇතිවෙන්නේ. විඤ්ඤාණය හේතු කරගෙනයි නාමරූප ඇතිවෙන්නේ. නාමරූප හේතු කරගෙනයි ආයතන හය ඇතිවෙන්නේ. ආයතන හය හේතු කරගෙනයි ස්පර්ශය ඇතිවෙන්නේ. ස්පර්ශය හේතු කරගෙනයි විඳීම ඇතිවෙන්නේ. විඳීම හේතු කරගෙනයි තණ්හාව ඇතිවෙන්නේ. තණ්හාව හේතු කරගෙනයි උපාදාන ඇතිවෙන්නේ. උපාදාන හේතු කරගෙනයි භවය ඇතිවෙන්නේ. භවය හේතු කරගෙනයි ඉපදීම ඇතිවෙන්නේ. ඉපදීම හේතු කරගෙනයි දුක ඇතිවෙන්නේ. දුක හේතු කරගෙනයි ශ්‍රද්ධාව ඇතිවෙන්නේ. ශ්‍රද්ධාව හේතු කරගෙනයි ප්‍රමුදිත බව ඇතිවෙන්නේ. ප්‍රමුදිත බව හේතු කරගෙනයි ප්‍රීතිය ඇතිවෙන්නේ. ප්‍රීතිය හේතු කරගෙනයි කායික මානසික සැහැල්ලු බව ඇතිවෙන්නේ. කායික මානසික සැහැල්ලු බව හේතු කරගෙනයි සැපය ඇතිවෙන්නේ. සැපය හේතු කරගෙනයි සමාධිය ඇතිවෙන්නේ. සමාධිය හේතු කරගෙනයි යථාභූත ඤාණදර්ශනය ඇතිවෙන්නේ. යථාභූත ඤාණදර්ශනය හේතු කරගෙනයි අවබෝධයෙන්ම කලකිරීම ඇතිවෙන්නේ. අවබෝධයෙන්ම කලකිරීම හේතු කරගෙනයි නොඇලීම ඇතිවෙන්නේ. නොඇලීම හේතු කරගෙනයි තණ්හාවෙන් නිදහස් වීම ඇතිවෙන්නේ. තණ්හාවෙන් නිදහස් වීම හේතු කරගෙනයි ආශ්‍රවයන් ක්ෂය වීම පිළිබඳව ඤාණය ඇතිවෙන්නේ.

සාදු! සාදු!! සාදු!!!

උපනිස සූත්‍රය නිමා විය.

1.3.4.
අඤ්ඤතිත්ථිය සූත්‍රය
අන්‍යාගමිකයන් ගැන වදාළ දෙසුම

24. රජගහ නුවරදී ....

එදා ආයුෂ්මත් සාරිපුත්ත තෙරුන් උදේ වරුවේ සිවුරු පොරොවාගෙන පාත්‍ර සිවුරු අරගෙන රජගහ නුවරට පිණ්ඩපාතෙ වැඩියා. එතකොට ආයුෂ්මත් සාරිපුත්තයන් වහන්සේට මෙහෙම සිතුණා. 'රජගහ නුවර පිණ්ඩපාතෙ හැසිරෙන්නට තවම වේලාසන වැඩියි. ඒ නිසා මං අන්‍යාගම්කාර තවුසන්ගේ වාසස්ථානයට ගොඩ වුණොත් හොඳයි' කියලා. ඉතින් ආයුෂ්මත් සාරිපුත්තයන්

වහන්සේ ඒ අන්‍යාගම්කාර තවුසන්ගේ වාසස්ථානයට වැඩියා. වැඩම කරලා අන්‍යාගම්කාර තවුසන් සමඟ පිළිසඳර කතා බහේ යෙදුණා. එකත්පස්ව වාඩිවුණා. එකත්පස්ව වැඩිසිටිය ආයුෂ්මත් සාරිපුත්තයන් වහන්සේට ඒ අන්‍යාග ම්කාර තවුසන් මෙහෙම කිව්වා.

"ප්‍රිය ආයුෂ්මත් සාරිපුත්තයන් වහන්ස, සමහර ශ්‍රමණ බ්‍රාහ්මණයින් කර්මය පිළිගන්නවා. ඔවුන් කියා සිටින්නේ දුක තමා විසින් කරපු දෙයක් බවයි. ඒ වගේම ප්‍රිය ආයුෂ්මත් සාරිපුත්තයන් වහන්ස, කර්මය පිළිගන්නා සමහර ශ්‍රමණ බ්‍රාහ්මණයින් කියා සිටින්නේ දුක අනුන් විසින් කරපු දෙයක් බවයි. ඒ වගේම ප්‍රිය ආයුෂ්මත් සාරිපුත්තයන් වහන්ස, කර්මය පිළිගන්නා සමහර ශ්‍රමණ බ්‍රාහ්මණයින් කියා සිටින්නේ දුක තමා විසිනුත්, අනුන් විසිනුත් කරපු දෙයක් බවයි. ඒ වගේම ප්‍රිය ආයුෂ්මත් සාරිපුත්තයන් වහන්ස, කර්මය පිළිග න්නා සමහර ශ්‍රමණ බ්‍රාහ්මණයින් කියා සිටින්නේ දුක තමා විසිනුත් නොකරපු අනුන් විසිනුත් නොකරපු ඉබේ හටගත් දෙයක් බවයි.

ඉතින් ප්‍රිය ආයුෂ්මත් සාරිපුත්තයන් වහන්ස, දුක පිළිබඳව ශ්‍රමණ ගෞතමයන් වහන්සේ දරන්නේ මොන වගේ අදහසක්ද? පවසන්නේ මොන වගේ දෙයක්ද? ඔය කාරණය ගැන අපි මොන වගේ පිළිතුරක් දුන්නොත්ද, ශ්‍රමණ ගෞතමයන් වහන්සේ පැවසූ දෙයක් වන්නේ? අනික, අපි ශ්‍රමණ ගෞතමයන් වහන්සේට අභූත චෝදනා නොකළා වන්නේ? උන්වහන්සේගේ ධර්මයට ගැලපෙන දෙයක් පැවසුවා වන්නේ? කරුණු සහිතව දහම් කරුණු ප්‍රකාශ වෙද්දී ගර්හාවට ලක් නොවන්නේ?"

"ප්‍රිය ආයුෂ්මතුනි, මේ දුක වනාහී හේතුඵල දහමින් හටගත් දෙයක් බවයි භාග්‍යවතුන් වහන්සේ වදාළේ. දුකේ හේතුව මොකක්ද? ස්පර්ශය හේතු කරගෙනයි දුක ඇතිවෙන්නේ. ඔය විදිහට පැවසුවොත් නම් භාග්‍යවතුන් වහන්සේ වදාළ දෙයක්ම පවසන කෙනෙක් වෙනවා. භාග්‍යවතුන් වහන්සේට අභූත චෝදනාවක් කෙරෙන්නේ නෑ. උන්වහන්සේ වදාළ ධර්මයට එකඟ වූ දෙයක් පැවසුවා වෙනවා. කරුණු සහිතව දහම් කරුණු ප්‍රකාශ වෙද්දී ගර්හාවට ලක් වෙන්නේ නෑ.

ප්‍රිය ආයුෂ්මතුනි, කර්මය පිළිගන්නා ඔය ශ්‍රමණ බ්‍රාහ්මණවරුන්ගෙන් යමෙක් දුක තමා විසින් කරපු දෙයක් කියා පැවසුවත්, ස්පර්ශය ප්‍රත්‍යයන්මයි ඒ දුකත් හටගන්නේ. කර්මය පිළිගන්නා ඔය ශ්‍රමණ බ්‍රාහ්මණවරුන්ගෙන් යමෙක් දුක අනුන් විසින් කරපු දෙයක් කියා පැවසුවත් ස්පර්ශය ප්‍රත්‍යයෙන්මයි ඒ දුකත් හටගන්නේ. කර්මය පිළිගන්නා ඔය ශ්‍රමණ බ්‍රාහ්මණවරුන්ගෙන්

යමෙක් දුක තමා විසිනුත්, අනුන් විසිනුත් කරපු දෙයක් කියා පැවසුවත්, ස්පර්ශය ප්‍රත්‍යයෙන්මයි ඒ දුකත් හටගන්නේ. කර්මය පිළිගන්නා ඔය ශ්‍රමණ බ්‍රාහ්මණවරුන්ගෙන් යමෙක් දුක තමා විසිනුත් නොකරපු, අනුන් විසිනුත් නොකරපු ඉබේ හටගත් දෙයක් කියා පැවසුවත්, ස්පර්ශය ප්‍රත්‍යයෙන්මයි ඒ දුකත් හටගන්නේ.

ප්‍රිය ආයුෂ්මතුනි, කර්මය පිළිගන්නා ඔය ශ්‍රමණ බ්‍රාහ්මණවරුන්ගෙන් යමෙක් දුක තමා විසින් කරපු දෙයක් කියා පැවසුවත්, ඒ කාටවත් ඒකාන්තයෙන්ම ස්පර්ශයෙන් තොරව විඳීමක් ඇතිවෙනවා කියන කරුණ කවදාවත් සිදුනොවන දෙයක්. කර්මය පිළිගන්නා ඔය ශ්‍රමණ බ්‍රාහ්මණවරුන්ගෙන් යමෙක් දුක අනුන් විසින් කරපු දෙයක් කියා පැවසුවත් ඒ කාටවත් ඒකාන්තයෙන්ම ස්පර්ශයෙන් තොරව විඳීමක් ඇතිවෙනවා කියන කරුණ කවදාවත් සිදු නොවන දෙයක්. කර්මය පිළිගන්නා ඔය ශ්‍රමණ බ්‍රාහ්මණවරුන්ගෙන් යමෙක් දුක තමා විසිනුත් අනුන් විසිනුත් කරපු දෙයක් කියා පැවසුවත්, ඒ කාටවත් ඒකාන්තයෙන්ම ස්පර්ශයෙන් තොරව විඳීමක් ඇතිවෙනවා කියන කරුණ කවදාවත් සිදු නොවන දෙයක්. කර්මය පිළිගන්නා ඔය ශ්‍රමණ බ්‍රාහ්මණවරුන්ගෙන් යමෙක් දුක තමා විසිනුත් නොකරපු, අනුන් විසිනුත් නොකරපු ඉබේ හටගත් දෙයක් කියා පැවසුවත්, ඒ කාටවත් ඒකාන්තයෙන්ම ස්පර්ශයෙන් තොරව විඳීමක් ඇතිවෙනවා කියන කරුණ කවදාවත් සිදු නොවන දෙයක්."

ඒ වෙලාවේ ආයුෂ්මත් සාරිපුත්තයන් වහන්සේ අන්‍යාගමික පූජකවරුන් සමඟ මේ කරපු කතා බහ ආයුෂ්මත් ආනන්දයන් වහන්සේත් අසාගෙන සිටියා. ඉතින් ඊට පස්සේ ආයුෂ්මත් ආනන්දයන් වහන්සේ රජගහ නුවර පිණ්ඩපාතෙ වැඩල දන් වළඳල භාග්‍යවතුන් වහන්සේ වෙත පැමිණුනා. පැමිණිලා භාග්‍යවතුන් වහන්සේට වන්දනා කරලා එකත්පස්ව වාඩිවුණා. එකත්පස්ව වාඩිවුණ ආයුෂ්මත් ආනන්දයන් වහන්සේ ඒ අන්‍යාගම්කාර පූජකවරුන් සමඟ ආයුෂ්මත් සාරිපුත්තයන් වහන්සේ කරපු කතා බහ ගැන සියලු තොරතුරු භාග්‍යවතුන් වහන්සේට සැළ කළා.

"සාදු! සාදු! පින්වත් ආනන්ද, නියම විදිහට ඒ කරුණු කිව යුතු නම් ඒ විදිහටමයි සාරිපුත්තයන් කියා තියෙන්නේ. පින්වත් ආනන්ද, මේ දුක වනාහී හේතුඵල දහමින් හටගත් දෙයක් බවයි මා පවසා තිබෙන්නේ. දුකේ හේතුව මොකක්ද? ස්පර්ශය හේතු කොට ගෙනයි දුක ඇතිවෙන්නේ. ඔය විදිහට පවසන කෙනා මා පැවසූ දෙයක්ම කියන කෙනෙක්. මට අභූතයෙන් චෝදනා කරන්නේ නෑ. මා පැවසූ දහමට එකඟ වූ දෙයක්මයි කියන්නේ. කරුණු සහිතව දහම ප්‍රකාශ වෙද්දී ගර්හාවට ලක්වෙන්නේ නෑ.

පින්වත් ආනන්ද, කර්මය පිළිගන්නා ඔය ශ්‍රමණ බ්‍රාහ්මණවරුන්ගෙන් යමෙක්, දුක තමා විසින් කරපු දෙයක් කියා පැවසුවත්, ස්පර්ශය ප්‍රත්‍යයෙන්මයි ඒ දුකත් හටගන්නේ ....(පෙ).... කර්මය පිළිගන්නා ඔය ශ්‍රමණ බ්‍රාහ්මණවරුන්ගෙන් යමෙක්, දුක තමා විසිනුත් නොකරපු, අනුන් විසිනුත් නොකරපු, ඉබේ හටගත් දෙයක් කියා පැවසුවත් ස්පර්ශය ප්‍රත්‍යයෙන්මයි ඒ දුකත් හටගන්නේ.

පින්වත් ආනන්ද, කර්මය පිළිගන්නා ඔය ශ්‍රමණ බ්‍රාහ්මණවරුන්ගෙන් යමෙක් දුක තමා විසින් කරපු දෙයක් කියා පැවසුවත්, ඒ කාටවත් ඒකාන්තයෙන්ම ස්පර්ශයෙන් තොරව විඳීමක් ඇතිවෙනවාය කියන කරුණ කවදාවත් සිදු නොවන දෙයක් ....(පෙ).... කර්මය පිළිගන්නා ඔය ශ්‍රමණ බ්‍රාහ්මණවරුන්ගෙන් යමෙක් දුක තමා විසිනුත් නොකරපු, අනුන් විසිනුත් නොකරපු, ඉබේ හටගත් දෙයක් කියා පැවසුවත්, ඒ කාටවත් ඒකාන්තයෙන්ම ස්පර්ශයෙන් තොරව විඳීමක් ඇතිවෙනවා කියන කරුණ කවදාවත් සිදු නොවන දෙයක්.

පින්වත් ආනන්ද, එක කාලෙක මේ රජගහ නුවරම ලෙහෙනුන්ගේ අභය භූමිය වූ වේළුවනාරාමයේ මං හිටියේ. ඉතින් පින්වත් ආනන්ද, එදා උදේ වරුවේ මං සිවුරු පොරවාගෙන පා සිවුරු අරගෙන රජගහ නුවරට පිණ්ඩපාතේ වැඩියා. එතකොට පින්වත් ආනන්ද, මට මෙහෙම හිතුණා. 'රජගහ නුවර පිණ්ඩපාතේ හැසිරෙන්න තාම වෙලාව වැඩියි. ඒ නිසා මං අන්‍යාගම්කාර තවුසන්ගේ වාසස්ථානයට යන්න ඕන කියලා. ඉතින් පින්වත් ආනන්ද, මං ඒ අන්‍යාගම්කාර තවුසන්ගේ වාසස්ථානයට ගියා. ගිහින් ඒ අන්‍යාගම්කාර තවුසන් සමඟ පිළිසඳර කතා බහේ යෙදුණා. ඊට පස්සේ එකත්පස්ව වාඩිවුණා. පින්වත් ආනන්ද, එකත්පස්ව වාඩිවුණ මට ඒ අන්‍යාගම්කාර තවුසෝ මෙහෙම කිව්වා.

'ප්‍රිය ආයුෂ්මත් ගෞතමයන් වහන්ස, සමහර ශ්‍රමණ බ්‍රාහ්මණයන් කර්මය පිළිගන්නවා. ඔවුන් කියා සිටින්නේ දුක තමා විසින් කරපු දෙයක් බවයි. ඒ වගේම ප්‍රිය ආයුෂ්මත් ගෞතමයන් වහන්ස, කර්මය පිළිගන්නා සමහර ශ්‍රමණ බ්‍රාහ්මණයින් කියා සිටින්නේ දුක අනුන් විසින් කරපු දෙයක් බවයි. ඒ වගේම ප්‍රිය ආයුෂ්මත් ගෞතමයන් වහන්ස, කර්මය පිළිගන්නා සමහර ශ්‍රමණ බ්‍රාහ්මණයින් කියා සිටින්නේ දුක තමා විසිනුත් අනුන් විසිනුත් කරපු දෙයක් බවයි. ඒ වගේම ප්‍රිය ආයුෂ්මත් ගෞතමයන් වහන්ස, කර්මය පිළිගන්නා සමහර ශ්‍රමණ බ්‍රාහ්මණයන් කියා සිටින්නේ දුක තමා විසිනුත් නොකරපු, අනුන් විසිනුත් නොකරපු ඉබේ හටගත් දෙයක් බවයි.

ඉතින් ප්‍රිය ආයුෂ්මත් ගෞතමයන් වහන්ස, දුක පිළිබඳව ආයුෂ්මත් ගෞතමයන් වහන්සේ දරන්නේ මොන වගේ අදහසක්ද? පවසන්නේ මොන වගේ දෙයක්ද? ඔය කාරණය ගැන අපි මොන වගේ පිළිතුරක් දුන්නොත්ද ආයුෂ්මත් ගෞතමයන් වහන්සේ පැවසූ දෙයක් පැවසුවා වන්නේ? අනික අපි ආයුෂ්මත් ගෞතමයන් වහන්සේට අභූත චෝදනා නොකළා වන්නේ? ආයුෂ්මත් ගෞතමයන් වහන්සේගේ ධර්මයට ගැලපෙන දෙයක් පැවසුවා වන්නේ? කරුණු සහිතව දහම් කරුණු ප්‍රකාශ වෙද්දී ගර්හාවට ලක් නොවන්නේ?

පින්වත් ආනන්ද, මං මේ විදිහට ප්‍රකාශ කරල ඒ අන්‍යාගම්කාර තවුසන්ට මෙන්න මෙහෙම පැහැදිලි කළා. එම්බා ආයුෂ්මත්වරුනි, මේ දුක වනාහී හේතුඵල දහමින් හටගත් දෙයක් බවයි මං පවසන්නේ. දුකේ හේතුව මොකක්ද? ස්පර්ශය හේතු කරගෙනයි දුක ඇතිවෙන්නේ. ඔය විදිහට පැවසුවොත් නම් මං පැවසූ දෙයක්ම පවසන කෙනෙක් වෙනවා. මට අභූත චෝදනාවක් කෙරෙන්නේ නෑ. මාගේ ධර්මයට එකඟ වූ දෙයක් පැවසුවා වෙනවා. කරුණු සහිතව දහම් කරුණු ප්‍රකාශ වෙද්දී ගර්හාවට ලක්වෙන්නේ නෑ.

එම්බා ආයුෂ්මත්වරුනි, මේ කාරණයේදී කර්මය පිළිගන්නා ඔය ශ්‍රමණ බ්‍රාහ්මණවරුන්ගෙන් යමෙක් දුක තමා විසින් කරපු දෙයක් කියා පැවසුවත්, ස්පර්ශය ප්‍රත්‍යයෙන්මයි ඒ දුකත් හටගන්නේ. ....(පෙ).... කර්මය පිළිගන්නා ඔය ශ්‍රමණ බ්‍රාහ්මණවරුන්ගෙන් යමෙක් දුක තමා විසිනුත් නොකරපු, අනුන් විසිනුත් නොකරපු, ඉබේ හටගත් දෙයක් කියා පැවසුවත්, ස්පර්ශය ප්‍රත්‍යයෙන්මයි ඒ දුකත් හටගන්නේ.

එම්බා ආයුෂ්මත්වරුනි, මේ කාරණයේදී කර්මය පිළිගන්නා ඔය ශ්‍රමණ බ්‍රාහ්මණවරුන්ගෙන් යමෙක් දුක තමා විසින් කරපු දෙයක් කියා පැවසුවත්, ඒ කාටවත් ඒකාන්තයෙන්ම ස්පර්ශයෙන් තොරව විඳීමක් ඇතිවෙනවා කියන කරුණ කවදාවත් සිදු නොවන දෙයක්. ....(පෙ).... කර්මය පිළිගන්නා ඔය ශ්‍රමණ බ්‍රාහ්මණවරුන්ගෙන් යමෙක් දුක තමා විසිනුත් නොකරපු, අනුන් විසිනුත් නොකරපු, ඉබේ හටගත් දෙයක් කියා පැවසුවත්, ඒ කාටවත් ඒකාන්තයෙන්ම ස්පර්ශයෙන් තොරව විඳීමක් ඇතිවෙනවා කියන කරුණ කවදාවත් සිදු නොවන දෙයක්.

"ස්වාමීනී, ආශ්චර්යයි! ස්වාමීනී, පුදුම සහගතයි! (ස්පර්ශය නම් වූ) එකම දහම් පදයකින් සියලුම අර්ථ මතුකර දෙන්න පුළුවන්කම තියෙනවා. ස්වාමීනී, ඔය අර්ථයම විස්තර වශයෙන් පවසද්දී තව තවත් ගැඹුරට අර්ථ මතුවේවි නේද? ගැඹුරු වැටහීමක්ම ඇතිවේවි නේද?"

"එහෙම නම් පින්වත් ආනන්ද, ඔය කාරණය ඔබටම වැටහෙන්නට පුළුවනි."

"ස්වාමීනී, ඉතින් යම් කෙනෙක් මගෙන් මේ විදිහට ඇසුවොත් 'ආයුෂ්මත් ආනන්ද, ජරා මරණයෙන් මුල මොකක්ද? හටගැනීම මොකක්ද? උපත මොකක්ද? ප්‍රභවය මොකක්ද?' කියලා, එතකොට ස්වාමීනී, ඔය ප්‍රශ්නයට මං මේ විදිහට උත්තර දෙනවා. 'ප්‍රිය ආයුෂ්මත්නි, ජරා මරණයේ මුල වනාහී ඉපදීමයි. ඉපදීමෙනුයි හටගන්නේ. ඉපදීමෙනුයි උපදින්නේ. ඉපදීමෙනුයි ප්‍රභවය වන්නේ' කියලා.

ස්වාමීනී, ඉදින් යම් කෙනෙක් මගෙන් මේ විදිහට ඇහුවොත්, 'ආයුෂ්මත් ආනන්ද, ඉපදීමේ මුල මොකක්ද? හටගැනීම මොකක්ද? උපත මොකක්ද? ප්‍රභවය මොකක්ද?' කියලා, එතකොට ස්වාමීනී, ඔය ප්‍රශ්නයට මං මේ විදිහට උත්තර දෙනවා. 'ප්‍රිය ආයුෂ්මත්නි, ඉපදීමේ මුල වනාහී භවයයි. භවයෙනුයි හටගන්නේ. භවයෙනුයි උපදින්නේ. භවයෙනුයි ප්‍රභවය වන්නේ' කියලා.

ස්වාමීනී, ඉදින් යම් කෙනෙක් මගෙන් මේ විදිහට ඇහුවොත්, 'ආයුෂ්මත් ආනන්ද, භවයේ මුල මොකක්ද? හටගැනීම මොකක්ද? උපත මොකක්ද? ප්‍රභවය මොකක්ද?' කියලා, එතකොට ස්වාමීනී, ඔය ප්‍රශ්නයට මං මේ විදිහට උත්තර දෙනවා. 'ප්‍රිය ආයුෂ්මත්නි, භවයේ මුල වනාහී උපාදානයයි. උපාදානයෙනුයි හටගන්නේ. උපාදානයෙනුයි උපදින්නේ. උපාදානයෙනුයි ප්‍රභවය වන්නේ' කියලා.

ස්වාමීනී, ඉදින් යම් කෙනෙක් මගෙන් මේ විදිහට ඇහුවොත්, 'ආයුෂ්මත් ආනන්ද, උපාදානයේ ....(පෙ).... තණ්හාවේ ....(පෙ).... විඳීමේ ....(පෙ).... ස්වාමීනී, ඉදින් යම් කෙනෙක් මගෙන් මේ විදිහට ඇහුවොත්, 'ආයුෂ්මත් ආනන්ද, ස්පර්ශයේ මුල මොකක්ද? හටගැනීම මොකක්ද? උපත මොකක්ද? ප්‍රභවය මොකක්ද?' කියලා, එතකොට ස්වාමීනී, ඔය ප්‍රශ්නයට මං මේ විදිහට උත්තර දෙනවා. 'ප්‍රිය ආයුෂ්මත්නි, ස්පර්ශයේ මුල වනාහී ආයතන හයයි. ආයතන හයෙනුයි හටගන්නේ. ආයතන හයෙනුයි උපදින්නේ. ආයතන හයෙනුයි ප්‍රභවය වන්නේ' කියලා.

ප්‍රිය ආයුෂ්මතුනි, ස්පර්ශ ආයතන හය සහමුලින්ම නිරුද්ධ වීමෙන් ස්පර්ශය නිරුද්ධ වෙනවා. ස්පර්ශය නිරුද්ධ වීමෙන් විඳීම නිරුද්ධ වෙනවා. විඳීම නිරුද්ධ වීමෙන් තණ්හාව නිරුද්ධ වෙනවා. තණ්හාව නිරුද්ධ වීමෙන් උපාදාන නිරුද්ධ වෙනවා. උපාදාන නිරුද්ධ වීමෙන් භවය නිරුද්ධ වෙනවා. භවය නිරුද්ධ වීමෙන් ඉපදීම නිරුද්ධ වෙනවා. ඉපදීම නිරුද්ධ වීමෙන් ජරා

මරණ, සෝක, වැලපීම්, කායික දුක්, මානසික දුක්, සුසුම් හෙළීම් නිරුද්ධ වෙනවා. ඔය ආකාරයට මේ මුළුමහත් දුක් රැසම නිරුද්ධ වෙලා යනවා. ස්වාමීනී, ඔය ප්‍රශ්නයට මං පිළිතුරු දෙන්නේ ඔය විදිහටයි."

සාදු! සාදු!! සාදු!!!

අඤ්ඤතිත්ථිය සූත්‍රය නිමා විය.

1.3.5.
භූමිජ සූත්‍රය
භූමිජ තෙරුන් අරහයා වදාළ දෙසුම

25. සැවැත් නුවරදී ....

එදා ආයුෂ්මත් භූමිජ තෙරුන් සවස් වරුවේ භාවනාවෙන් නැගිටලා ආයුෂ්මත් සාරිපුත්තයන් වහන්සේ ළඟට පැමිණියා. පැමිණිලා ආයුෂ්මත් සාරිපුත්තයන් වහන්සේ සමඟ පිළිසඳර කතා බහේ යෙදුණා. පිළිසඳර කථාවෙන් පසු එකත්පස්ව වාඩිවුණා. එකත්පස්ව වාඩිවුණ ආයුෂ්මත් භූමිජ තෙරුන් ආයුෂ්මත් සාරිපුත්තයන් වහන්සේගෙන් මෙහෙම විමසුවා.

"ප්‍රිය ආයුෂ්මත් සාරිපුත්තයන් වහන්ස, සමහර ශ්‍රමණ බ්‍රාහ්මණයින් කර්මය පිළිගන්නවා. ඔවුන් කියා සිටින්නේ දුක තමා විසින් කරපු දෙයක් බවයි. ඒ වගේම ප්‍රිය ආයුෂ්මත් සාරිපුත්තයන් වහන්ස, කර්මය පිළිගන්නා සමහර ශ්‍රමණ බ්‍රාහ්මණයින් කියා සිටින්නේ දුක අනුන් විසින් කරපු දෙයක් බවයි. ඒ වගේම ප්‍රිය ආයුෂ්මත් සාරිපුත්තයන් වහන්ස, කර්මය පිළිගන්නා සමහර ශ්‍රමණ බ්‍රාහ්මණයින් කියා සිටින්නේ දුක තමා විසිනුත්, අනුන් විසිනුත් කරපු දෙයක් බවයි. ඒ වගේම ප්‍රිය ආයුෂ්මත් සාරිපුත්තයන් වහන්ස, කර්මය පිළිග න්නා සමහර ශ්‍රමණ බ්‍රාහ්මණයින් කියා සිටින්නේ දුක තමා විසිනුත් නොකරපු, අනුන් විසිනුත් නොකරපු, ඉබේ හටගත් දෙයක් බවයි.

ඉතින් ප්‍රිය ආයුෂ්මත් සාරිපුත්තයන් වහන්ස, දුක පිළිබඳව භාග්‍යවතුන් වහන්සේ දරන්නේ මොන වගේ අදහසක්ද? පවසන්නේ මොන වගේ දෙයක්ද? ඔය කාරණය ගැන අපි මොන වගේ පිළිතුරක් දුන්නොත්ද, භාග්‍යවතුන් වහන්සේ පැවසූ දෙයක් පැවසුවා වන්නේ? අනික, අපි භාග්‍යවතුන් වහන්සේට අභූත චෝදනා නොකළා වන්නේ? භාග්‍යවතුන් වහන්සේගේ ධර්මයට ගැලපෙන

දෙයක් පැවසුවා වන්නේ? කරුණු සහිතව දහම් කරුණු ප්‍රකාශ වෙද්දී ගර්හාවට ලක් නොවන්නේ?"

"ප්‍රිය ආයුෂ්මතුනි, මේ දුක වනාහී හේතුඵල දහමින් හටගත් දෙයක් බවයි භාග්‍යවතුන් වහන්සේ වදාළේ. දුකේ හේතුව මොකක්ද? ස්පර්ශය හේතු කරගෙනයි දුක ඇතිවෙන්නේ. ඔය විදිහට පැවසුවොත් නම් භාග්‍යවතුන් වහන්සේ වදාළ දෙයක්ම පවසන කෙනෙක් වෙනවා. භාග්‍යවතුන් වහන්සේට අභූත චෝදනාවක් කෙරෙන්නේ නෑ. උන්වහන්සේ වදාළ ධර්මයට එකඟ වූ දෙයක් පැවැසුවා වෙනවා. කරුණු සහිතව දහම් කරුණු ප්‍රකාශ වෙද්දී ගර්හාවට ලක් වෙන්නේ නෑ.

ප්‍රිය ආයුෂ්මතුනි, කර්මය පිළිගන්නා ඔය ශ්‍රමණ බ්‍රාහ්මණවරුන්ගෙන් යමෙක් දුක තමා විසින් කරපු දෙයක් කියා පැවසුවත්, ස්පර්ශය ප්‍රත්‍යයන්මයි ඒ දුකත් හටගන්නේ ....(පෙ).... කර්මය පිළිගන්නා ඔය ශ්‍රමණ බ්‍රාහ්මණවරුන්ගෙන් යමෙක් දුක තමා විසිනුත් නොකරපු, අනුන් විසිනුත් නොකරපු, ඉබේ හටගත් දෙයක් කියා පැවසුවත්, ස්පර්ශය ප්‍රත්‍යයන්මයි ඒ දුකත් හටගන්නේ.

ප්‍රිය ආයුෂ්මතුනි, කර්මය පිළිගන්නා ඔය ශ්‍රමණ බ්‍රාහ්මණවරුන්ගෙන් යමෙක් දුක තමා විසින් කරපු දෙයක් කියා පැවසුවත්, ඒ කාටවත් ඒකාන්තයෙන්ම ස්පර්ශයෙන් තොරව විඳීමක් ඇතිවෙනවා කියන කරුණ කවදාවත් සිදුනොවන දෙයක්. ....(පෙ).... කර්මය පිළිගන්නා ඔය ශ්‍රමණ බ්‍රාහ්මණවරුන්ගෙන් යමෙක් දුක තමා විසිනුත් නොකරපු, අනුන් විසිනුත් නොකරපු, ඉබේ හටගත් දෙයක් කියා පැවසුවත්, ඒ කාටවත් ඒකාන්තයෙන්ම ස්පර්ශයෙන් තොරව විඳීමක් ඇතිවෙනවා කියන කරුණ කවදාවත් සිදුනොවන දෙයක්.

ඒ වෙලාවේ ආයුෂ්මත් සාරිපුත්තයන් වහන්සේ ආයුෂ්මත් භූමිජ තෙරුන් සමඟ මේ කරපු කතා බහ ආයුෂ්මත් ආනන්දයන් වහන්සේත් අසාගෙන සිටියා. ඉතින් ඊට පස්සේ ආයුෂ්මත් ආනන්දයන් වහන්සේ භාග්‍යවතුන් වහන්සේ වෙත පැමිණුනා. පැමිණිලා භාග්‍යවතුන් වහන්සේට වන්දනා කරලා එකත්පස්ව වාඩිවුණා. එකත්පස්ව වාඩිවුණ ආයුෂ්මත් ආනන්දයන් වහන්සේ ආයුෂ්මත් භූමිජ තෙරුන් සමඟ ආයුෂ්මත් සාරිපුත්තයන් වහන්සේ කරපු කතා බහ ගැන සියලු තොරතුරු භාග්‍යවතුන් වහන්සේට සැළ කළා.

"සාදු! සාදු! පින්වත් ආනන්ද, නියම විදිහට ඒ කරුණු කිව යුතු නම් ඒ විදිහටමයි සාරිපුත්තයන් කියා තියෙන්නේ. පින්වත් ආනන්ද, මේ දුක වනාහී හේතුඵල දහමින් හටගත් දෙයක් බවයි මා පවසා තිබෙන්නේ. දුකේ හේතුව මොකක්ද? ස්පර්ශය හේතු කොට ගෙනයි දුක ඇතිවෙන්නේ. ඔය විදිහට

පවසන කෙනා මා පැවසූ දෙයක්ම කියන කෙනෙක්. මට අභූතයෙන් චෝදනා කරන්නේ නෑ. මා පැවසූ දහමට එකඟ වූ දෙයක්මයි කියන්නේ. කරුණු සහිතව දහම ප්‍රකාශ වෙද්දී ගර්හාවට ලක්වෙන්නේ නෑ.

පින්වත් ආනන්ද, කර්මය පිළිගන්නා ඔය ශ්‍රමණ බ්‍රාහ්මණවරුන්ගෙන් යමෙක්, දුක තමා විසින් කරපු දෙයක් කියා පැවසුවත්, ස්පර්ශය ප්‍රත්‍යයෙන්මයි ඒ දුකත් හටගන්නේ ....(පෙ).... කර්මය පිළිගන්නා ඔය ශ්‍රමණ බ්‍රාහ්මණවරුන්ගෙන් යමෙක්, දුක තමා විසිනුත් නොකරපු, අනුන් විසිනුත් නොකරපු, ඉබේ හටගත් දෙයක් කියා පැවසුවත්, ස්පර්ශය ප්‍රත්‍යයෙන්මයි ඒ දුකත් හටගන්නේ.

පින්වත් ආනන්ද, කර්මය පිළිගන්නා ඔය ශ්‍රමණ බ්‍රාහ්මණවරුන්ගෙන් යමෙක් දුක තමා විසින් කරපු දෙයක් කියා පැවසුවත්, ඒ කාටවත් ඒකාන්තයෙන්ම ස්පර්ශයෙන් තොරව විඳීමක් ඇතිවෙනවා කියන කරුණ කවදාවත් සිදු නොවන දෙයක් ....(පෙ).... කර්මය පිළිගන්නා ඔය ශ්‍රමණ බ්‍රාහ්මණවරුන්ගෙන් යමෙක්, දුක තමා විසිනුත් නොකරපු, අනුන් විසිනුත් නොකරපු, ඉබේ හටගත් දෙයක් කියා පැවසුවත්, ඒ කාටවත් ඒකාන්තයෙන්ම ස්පර්ශයෙන් තොරව විඳීමක් ඇතිවෙනවා කියන කරුණ කවදාවත් සිදු නොවන දෙයක්.

පින්වත් ආනන්ද කයක් තිබෙන විට කය මුල් කොට චේතනා ඇති වීම හේතුවෙන් තමා තුළ සැප දුක් ඇතිවෙනවා. පින්වත් ආනන්ද, ඒ වගේම වචන තිබෙන විට වචන මුල් කොට චේතනා ඇතිවීම හේතුවෙනුත් තමා තුළ සැප දුක් ඇතිවෙනවා. මනසක් තිබෙන විට මනස මුල් කොට චේතනා ඇතිවීම හේතුවෙන් සැප දුක් ඇතිවෙනවා. අවිද්‍යාව හේතු කොට ගෙනත් ඇතිවෙනවා.

යමක් හේතු කොට ගෙන කෙනෙකුට තමා තුළ ඒ සැප දුක් උපදිනවා නම්, පින්වත් ආනන්ද, ඒ කාය සංස්කාර තමන් හෝ රැස් කරනවා. පින්වත් ආනන්ද, යමක් හේතු කොට ගෙන කෙනෙකුට තමා තුළ ඒ සැප දුක් උපදිනවා නම්, අනුන් හෝ ඒ කාය සංස්කාර රැස් කරනවා. යම් හේතු කොට ගෙන කෙනෙකුට තමා තුළ ඒ සැප දුක් උපදිනවා නම්, පින්වත් ආනන්ද, තමන් දැනුවත්ව හෝ ඒ කාය සංස්කාර රැස් කරනවා. යමක් හේතු කොට ගෙන කෙනෙකුට තමා තුළ ඒ සැප දුක් උපදිනවා නම් පින්වත් ආනන්ද, තමන් නොදැනුවත්ව හෝ ඒ කාය සංස්කාර රැස් කරනවා.

යමක් හේතු කොට ගෙන කෙනෙකුට තමා තුළ ඒ සැප දුක් උපදිනවා නම්, පින්වත් ආනන්ද, ඒ වචී සංස්කාර තමන් හෝ රැස් කරනවා. පින්වත් ආනන්ද, යමක් හේතු කොට ගෙන කෙනෙකුට තමා තුළ ඒ සැප දුක් උපදිනවා නම්, අනුන් හෝ ඒ වචී සංස්කාර රැස් කරනවා. යම් හේතු කොට

ගෙන කෙනෙකුට තමා තුළ ඒ සැප දුක් උපදිනවා නම්, පින්වත් ආනන්ද, තමන් දැනුවත්ව හෝ ඒ වචී සංස්කාර රැස් කරනවා. යමක් හේතු කොට ගෙන කෙනෙකුට තමා තුළ ඒ සැප දුක් උපදිනවා නම්, පින්වත් ආනන්ද, තමන් නොදැනුවත්ව හෝ ඒ වචී සංස්කාර රැස් කරනවා.

යමක් හේතු කොට ගෙන කෙනෙකුට තමා තුළ ඒ සැප දුක් උපදිනවා නම්, පින්වත් ආනන්ද, ඒ මනෝ සංස්කාර තමන් හෝ රැස් කරනවා. පින්වත් ආනන්ද, යමක් හේතු කොට ගෙන කෙනෙකුට තමා තුළ ඒ සැප දුක් උපදිනවා නම්, අනුන් හෝ ඒ මනෝ සංස්කාර රැස් කරනවා. යම් හේතු කොට ගෙන කෙනෙකුට තමා තුළ ඒ සැප දුක් උපදිනවා නම්, පින්වත් ආනන්ද, තමන් දැනුවත්ව හෝ ඒ මනෝ සංස්කාර රැස් කරනවා. යමක් හේතු කොට ගෙන කෙනෙකුට තමා තුළ ඒ සැප දුක් උපදිනවා නම් පින්වත් ආනන්ද, තමන් නොදැනුවත්ව හෝ ඒ මනෝ සංස්කාර රැස් කරනවා. පින්වත් ආනන්ද, ඔය (කාය සංස්කාර, වචී සංස්කාර, මනෝ සංස්කාර, චේතනා) කරුණු සියල්ලම අවිද්‍යාව තුළයි තියෙන්නේ.

පින්වත් ආනන්ද, ඒ අවිද්‍යාවම ඉතුරු නැතිව නිරුද්ධ වීමෙන් යමක් හේතු කොට ගෙන කෙනෙකුට තමා තුළ ඒ සැප දුක් උපදිනවා නම්, ඒ කය නැති වෙලා යනවා. යමක් හේතු කොට ගෙන කෙනෙකුට තමා තුළ ඒ සැප දුක් උපදිනවා නම් ඒ වචන නැතිවෙලා යනවා. යමක් හේතු කොටගෙන කෙනෙකුට තමා තුළ ඒ සැප දුක් උපදිනවා නම්, ඒ මනස නැතිවෙලා යනවා. ඒ ක්ෂේත්‍රය නැතිවෙලා යනවා ....(පෙ).... ඒ කරුණ නැතිවෙලා යනවා ....(පෙ).... ඒ ආයතනය නැතිවෙලා යනවා ....(පෙ).... යමක් හේතු කොටගෙන කෙනෙකුට තමා තුළ ඒ සැප දුක් උපදිනවා නම්, ඒ ආරවුල නැතිවෙලා යනවා.

සාදු! සාදු!! සාදු!!!

භූමිජ සූත්‍රය නිමා විය.

1.3.6.
උපවාන සූත්‍රය
උපවාන තෙරුන් අරහයා වදාළ දෙසුම

26. සැවැත් නුවරදී ....

එදා ආයුෂ්මත් උපවාන තෙරුන් භාග්‍යවතුන් වහන්සේ ළඟට පැමිණුනා. පැමිණිලා භාග්‍යවතුන් වහන්සේට වන්දනා කරලා එකත්පස්ව වාඩිවුණා.

එකත්පස්ව වාඩිවුණ ආයුෂ්මත් උපවාන තෙරුන් භාග්‍යවතුන් වහන්සේගෙන් මෙකරුණ විමසුවා.

"භාග්‍යවතුන් වහන්ස, සමහර ශ්‍රමණ බ්‍රාහ්මණයින් කර්මය පිළිගන්නවා. ඔවුන් කියා සිටින්නේ දුක තමා විසින් කරපු දෙයක් බවයි. ඒ වගේම භාග්‍යවතුන් වහන්ස, කර්මය පිළිගන්නා සමහර ශ්‍රමණ බ්‍රාහ්මණයින් කියා සිටින්නේ දුක අනුන් විසින් කරපු දෙයක් බවයි. ඒ වගේම භාග්‍යවතුන් වහන්ස, කර්මය පිළිග න්නා සමහර ශ්‍රමණ බ්‍රාහ්මණයින් කියා සිටින්නේ දුක තමා විසිනුත්, අනුන් විසිනුත් කරපු දෙයක් බවයි. ඒ වගේම භාග්‍යවතුන් වහන්ස, කර්මය පිළිග න්නා සමහර ශ්‍රමණ බ්‍රාහ්ණයින් කියා සිටින්නේ දුක තමා විසිනුත් නොකරපු, අනුන් විසිනුත් නොකරපු, ඉබේ හට ගත් දෙයක් බවයි.

ඉතින් භාග්‍යවතුන් වහන්ස, දුක පිළිබඳව භාග්‍යවතුන් වහන්සේ දරන්නේ මොන වගේ අදහසක්ද? පවසන්නේ මොන වගේ දෙයක්ද? ඔය කාරණය ගැන අපි මොන වගේ පිළිතුරක් දුන්නොත්ද භාග්‍යවතුන් වහන්සේ වදාළ දෙයක් වන්නේ? අනික අපි භාග්‍යවතුන් වහන්සේට අභූත චෝදනා නොකළා වන්නේ? භාග්‍යවතුන් වහන්සේගේ ධර්මයට ගැලපෙන දෙයක් පැවසුවා වන්නේ? කරුණු සහිතව දහම් කරුණු ප්‍රකාශ වෙද්දී ගර්හාවට ලක් නොවන්නේ?"

"පින්වත් උපවාන, මේ දුක වනාහී හේතුඵල දහමින් හටගත් දෙයක් බවයි මං පවසන්නේ. දුකේ හේතුව මොකක්ද? ස්පර්ශය හේතු කරගෙනයි දුක ඇතිවෙන්නේ. ඔය විදිහට පැවසුවොත් නම් මං පැවසූ දෙයක්ම පවසන කෙනෙක් වෙනවා. මට අභූත චෝදනාවක් කෙරෙන්නේ නෑ. මාගේ ධර්මයට එකඟ වූ දෙයක් පැවසුවා වෙනවා. කරුණු සහිතව දහම් කරුණු ප්‍රකාශ වෙද්දී ගර්හාවට ලක් වෙන්නේ නෑ.

පින්වත් උපවාන, මේ කාරණයේදී කර්මය පිළිගන්නා ඔය ශ්‍රමණ බ්‍රාහ්මණවරුන්ගෙන් යමෙක්, දුක තමා විසින් කරපු දෙයක් කියා පැවසුවත්, ස්පර්ශය ප්‍රත්‍යයෙන්මයි ඒ දුකත් හටගන්නේ ....(පෙ).... කර්මය පිළිගන්නා ඔය ශ්‍රමණ බ්‍රාහ්මණවරුන්ගෙන් යමෙක්, දුක තමා විසිනුත් නොකරපු, අනුන් විසිනුත් නොකරපු, ඉබේ හටගත් දෙයක් කියා පැවසුවත්, ස්පර්ශය ප්‍රත්‍යයෙන්මයි ඒ දුකත් හටගන්නේ.

පින්වත් උපවාන, මේ කාරණයේදී කර්මය පිළිගන්නා ඔය ශ්‍රමණ බ්‍රාහ්මණවරුන්ගෙන් යමෙක් දුක තමා විසින් කරපු දෙයක් කියා පැවසුවත්, ඒ කාටවත් ඒකාන්තයෙන්ම ස්පර්ශයෙන් තොරව විඳීමක් ඇතිවෙනවා කියන කරුණ කවදාවත් සිදු නොවන දෙයක් ....(පෙ).... කර්මය පිළිගන්නා ඔය ශ්‍රමණ

බ්‍රාහ්මණවරුන්ගෙන් යමෙක්, දුක තමා විසිනුත් නොකරපු, අනුන් විසිනුත් නොකරපු, ඉබේ හටගත් දෙයක් කියා පැවසුවත්, ඒ කාටවත් ඒකාන්තයෙන්ම ස්පර්ශයෙන් තොරව විඳීමක් ඇතිවෙනවා කියන කරුණ කවදාවත් සිදු නොවන දෙයක්.

සාදු! සාදු!! සාදු!!!

උපවාණ සූත්‍රය නිමා විය.

1.3.7.
පච්චය සූත්‍රය
හේතූන් ගැන වදාළ දෙසුම

27. සැවැත් නුවරදී ....

පින්වත් මහණෙනි, අවිද්‍යාව හේතු කරගෙන සංස්කාර ඇතිවෙනවා. සංස්කාර හේතු කරගෙන විඤ්ඤාණය ඇතිවෙනවා. ....(පෙ).... ඔන්න ඔය විදිහටයි මේ මුළු මහත් දුක් රැසම හටගන්නේ.

පින්වත් මහණෙනි, ජරා මරණ කියන්නේ මොකක්ද? ඒ ඒ සත්ව ලෝකවල සිටින ඒ ඒ සත්වයන්ගේ දිරා යාමක්, මහලු වන ස්වභාවයක්, දත් වැටීමක්, කෙස් පැහීමක්, ඇඟපත රැළි වැටීමක්, ආයුෂ පිරිහී යාමක් ඇද්ද, ඇස්, කණ ආදී ඉඳුරන්ගේ මෝරා යාමක් ඇද්ද, මේකට තමයි ජරාව කියල කියන්නේ.

ඒ ඒ සත්වයන් ඒ ඒ සත්ව ලෝකවලින් යම් චුත වීමක්, චුත වන ස්වභාවයක්, බිඳීයාමක්, අතුරුදහන් වීමක්, මරණයට පත්වීමක්, කළුරිය කිරීමක්, ස්කන්ධයන්ගේ බිඳීයාමක්, සිරුර අත්හැර දැමීමක් ඇද්ද, ජීවිතය නම් වූ ඉන්ද්‍රියෙහි යම් බිඳී යාමක් ඇද්ද, මේකට තමයි මරණය කියන්නේ. මේ විදිහට මේ ජරාවත්, මේ මරණයත් කියන මෙයටයි, පින්වත් මහණෙනි, ජරා මරණ කියන්නේ.

ඉපදීම හටගැනීමෙනුයි ජරා මරණ හටගන්නේ. ඉපදීම නිරුද්ධ වීමෙනුයි ජරා මරණ නිරුද්ධ වන්නේ. ජරා මරණ නිරුද්ධ වීම පිණිස පවතින වැඩපිළිවෙල නම්, මේ ආර්ය අෂ්ටාංගික මාර්ගයමයි. එනම්, සම්මා දිට්ඨි, සම්මා සංකප්ප, සම්මා වාචා, සම්මා කම්මන්ත, සම්මා ආජීව, සම්මා වායාම, සම්මා සති, සම්මා සමාධි යන මෙයයි.

පින්වත් මහණෙනි, ඉපදීම කියන්නේ මොකක්ද? ඒ ඒ සත්ව ලෝක තුළ ඒ ඒ සත්වයන්ගේ යම් ඉපදීමක් ඇද්ද, විශේෂ උපතක් ඇද්ද, මව් කුසක බැසගැනීමක් ඇද්ද, උපතක් ඇද්ද, විශේෂයෙන් උපදින බවක් ඇද්ද, ස්කන්ධයන්ගේ පහළ වීමක් ඇද්ද, ඇස් කණ් ආදී ආයතනයන්ගේ ලැබීමක් ඇද්ද, මෙයටයි පින්වත් මහණෙනි, ඉපදීම කියන්නේ.

භවය හටගැනීමෙනුයි ඉපදීම හටගන්නේ. භවය නිරුද්ධ වීමෙනුයි ඉපදීම නිරුද්ධ වන්නේ. ඉපදීම නිරුද්ධ වීම පිණිස පවතින වැඩපිළිවෙල නම්, මේ ආර්ය අෂ්ටාංගික මාර්ගයමයි. එනම්, සම්මා දිට්ඨි, සම්මා සංකප්ප, සම්මා වාචා, සම්මා කම්මන්ත, සම්මා ආජීව, සම්මා වායාම, සම්මා සති, සම්මා සමාධි යන මෙයයි.

පින්වත් මහණෙනි, භවය කියන්නේ මොකක්ද? ....(පෙ).... පින්වත් මහණෙනි, උපාදාන කියන්නේ මොකක්ද? ....(පෙ).... පින්වත් මහණෙනි, තණ්හාව කියන්නේ මොකක්ද? ....(පෙ).... පින්වත් මහණෙනි, විඳීම කියන්නේ මොකක්ද? ....(පෙ).... පින්වත් මහණෙනි, ස්පර්ශය කියන්නේ මොකක්ද? ....(පෙ).... පින්වත් මහණෙනි, ආයතන හය කියන්නේ මොකක්ද? ....(පෙ).... පින්වත් මහණෙනි, නාමරූප කියන්නේ මොකක්ද? ....(පෙ).... පින්වත් මහණෙනි, විඤ්ඤාණය කියන්නේ මොකක්ද? ....(පෙ).... පින්වත් මහණෙනි, සංස්කාර කියන්නේ මොනවාද? පින්වත් මහණෙනි, තුන් ආකාරයක සංස්කාර තියෙනවා. එනම්, කාය සංස්කාර, වචී සංස්කාර, චිත්ත සංස්කාර යන මෙයයි.

අවිද්‍යාව හටගැනීමෙනුයි සංස්කාර හටගන්නේ. අවිද්‍යාව නිරුද්ධ වීමෙනුයි සංස්කාර නිරුද්ධ වන්නේ. අවිද්‍යාව නිරුද්ධ වීම පිණිස පවතින වැඩපිළිවෙල නම්, මේ ආර්ය අෂ්ටාංගික මාර්ගයමයි. එනම්, සම්මා දිට්ඨි, සම්මා සංකප්ප, සම්මා වාචා, සම්මා කම්මන්ත, සම්මා ආජීව, සම්මා වායාම, සම්මා සති, සම්මා සමාධි යන මෙයයි.

පින්වත් මහණෙනි, යම් දවසක ආර්ය ශ්‍රාවකයාට ඔය විදිහට හේතූන් පිළිබඳව අවබෝධ වුණොත්, ඔය විදිහට හේතූන්ගේ හටගැනීම පිළිබඳව අවබෝධ වුණොත්, ඔය විදිහට හේතූන්ගේ නිරුද්ධ වීම පිළිබඳව අවබෝධ වුණොත්, ඔය විදිහට හේතූන් නිරුද්ධ වීම පිණිස පවතින වැඩපිළිවෙල පිළිබඳව අවබෝධ වුණොත් පින්වත් මහණෙනි, මේ ආර්ය ශ්‍රාවකයාටයි සම්මා දිට්ඨියෙන් යුක්ත කෙනා කියලා කියන්නේ. ආර්ය සත්‍යය දර්ශනයෙන් යුක්ත කෙනා කියන්නේ. මේ සද්ධර්මය වෙත පැමිණුන කෙනා කියන්නේ. මේ සද්ධර්මය දකින කෙනා කියන්නේ. ආර්ය මාර්ගයෙහි හික්මෙන නුවණැත්තා

කියන්නේ. ආර්ය මාර්ගය ගැන අවබෝධය තිබෙන කෙනා කියන්නේ. මේ දහම් සැඩ පහරට පැමිණුන කෙනා කියන්නේ. ආර්ය භාවයට පත්කරවන කළකිරීමෙන් යුතු කෙනා කියන්නේ. ඒ අමා නිවන් දොරෙහි වැදි වැදී සිටින කෙනා කියන්නේ.

සාදු! සාදු!! සාදු!!!

පච්චය සූත්‍රය නිමා විය.

1.3.8.
භික්ඛු සූත්‍රය
භික්ෂුව ගැන වදාළ දෙසුම

28. සැවැත් නුවරදී ....

එදා භාග්‍යවතුන් වහන්සේ 'පින්වත් මහණෙනි' කියා භික්ෂූන් වහන්සේලා අමතා වදාළා. 'ස්වාමීනී' කියා ඒ භික්ෂූන් වහන්සේලාද භාග්‍යවතුන් වහන්සේට පිළිතුරු දුන්නා. භාග්‍යවතුන් වහන්සේ ඒ මොහොතේදී තමයි මේ දේශනාව වදාළේ.

පින්වත් මහණෙනි, මේ බුදු සසුනේ භික්ෂුව ජරා මරණය ගැන දන්නවා. ජරා මරණ හටගැනීම ගැන දන්නවා. ජරා මරණ නිරුද්ධ වීම ගැන දන්නවා. ජරා මරණ නිරුද්ධ වීම පිණිස පවතින වැඩපිළිවෙල ගැන දන්නවා. ඉපදීම ගැන දන්නවා ....(පෙ).... භවය ගැන දන්නවා ....(පෙ).... උපාදාන ගැන දන්නවා ....(පෙ).... තණ්හාව ගැන දන්නවා ....(පෙ).... විඳීම ගැන දන්නවා ....(පෙ).... ස්පර්ශය ගැන දන්නවා ....(පෙ).... ආයතන හය ගැන දන්නවා ....(පෙ).... නාමරූප ගැන දන්නවා ....(පෙ).... විඤ්ඤාණය ගැන දන්නවා ....(පෙ).... සංස්කාර ගැන දන්නවා. සංස්කාර හටගැනීම ගැන දන්නවා. සංස්කාර නිරුද්ධ වීම ගැන දන්නවා. සංස්කාර නිරුද්ධ වීම පිණිස පවතින වැඩපිළිවෙල ගැන දන්නවා.

පින්වත් මහණෙනි, ජරා මරණ කියන්නේ මොකක්ද? ඒ ඒ සත්ව ලෝකවල සිටින ඒ ඒ සත්වයන්ගේ දිරා යාමක්, මහළු වන ස්වභාවයක්, දත් වැටීමක්, කෙස් පැහීමක්, ඇඟපත රැළි වැටීමක්, ආයුෂ පිරිහී යාමක් ඇද්ද, ඇස්, කණ් ආදී ඉඳුරන්ගේ මෝරා යාමක් ඇද්ද, මේකට තමයි ජරාව කියල කියන්නේ.

ඒ ඒ සත්වයන් ඒ ඒ සත්ව ලෝකවලින් යම් චුත වීමක්, චුත වන ස්වභාවයක්, බිඳීයාමක්, අතුරුදහන් වීමක්, මරණයට පත්වීමක්, කළුරිය කිරීමක්, ස්කන්ධයන්ගේ බිඳීයාමක්, සිරුර අත්හැර දැමීමක් ඇද්ද, මේකට තමයි මරණය කියන්නේ. මේ විදිහට මේ ජරාවත්, මේ මරණයත් කියන මෙයටයි, පින්වත් මහණෙනි, ජරා මරණ කියන්නේ.

ඉපදීම හටගැනීමෙනුයි ජරා මරණ හටගන්නේ. ඉපදීම නිරුද්ධ වීමෙනුයි ජරා මරණ නිරුද්ධ වන්නේ. ජරා මරණ නිරුද්ධ වීම පිණිස පවතින වැඩපිළිවෙල නම්, මේ ආර්ය අෂ්ටාංගික මාර්ගයමයි. එනම්, සම්මා දිට්ඨි, සම්මා සංකප්ප, සම්මා වාචා, සම්මා කම්මන්ත, සම්මා ආජීව, සම්මා වායාම, සම්මා සති, සම්මා සමාධි යන මෙයයි.

පින්වත් මහණෙනි, ඉපදීම කියන්නේ මොකක්ද? ....(පෙ).... පින්වත් මහණෙනි, භවය කියන්නේ මොකක්ද? ....(පෙ).... පින්වත් මහණෙනි, උපාදාන කියන්නේ මොකක්ද? ....(පෙ).... පින්වත් මහණෙනි, තණ්හාව කියන්නේ මොකක්ද? ....(පෙ).... පින්වත් මහණෙනි, විඳීම කියන්නේ මොකක්ද? ....(පෙ).... පින්වත් මහණෙනි, ස්පර්ශය කියන්නේ මොකක්ද? ....(පෙ).... පින්වත් මහණෙනි, ආයතන හය කියන්නේ මොකක්ද? ....(පෙ).... පින්වත් මහණෙනි, නාමරූප කියන්නේ මොකක්ද? ....(පෙ).... පින්වත් මහණෙනි, විඤ්ඤාණය කියන්නේ මොකක්ද? ....(පෙ).... පින්වත් මහණෙනි, සංස්කාර කියන්නේ මොනවාද? පින්වත් මහණෙනි, තුන් ආකාරයක සංස්කාර තියෙනවා. එනම් කාය සංස්කාර, වචී සංස්කාර, චිත්ත සංස්කාර යන මේවායි. අවිද්‍යාව හටගැනීමෙනුයි සංස්කාර හටගන්නේ. අවිද්‍යාව නිරුද්ධ වීමෙනුයි සංස්කාර නිරුද්ධ වන්නේ. සංස්කාර නිරුද්ධ වීම පිණිස පවතින වැඩපිළිවෙල නම්, මේ ආර්ය අෂ්ටාංගික මාර්ග යමයි. එනම්, සම්මා දිට්ඨි, සම්මා සංකප්ප, සම්මා වාචා, සම්මා කම්මන්ත, සම්මා ආජීව, සම්මා වායාම, සම්මා සති, සම්මා සමාධි යන මෙයයි.

පින්වත් මහණෙනි, යම් දවසක භික්ෂුව ඔය විදිහට ජරා මරණ ගැන දන්නවා නම්, ජරා මරණ හට ගැනීම ගැන දන්නවා නම්, ජරා මරණ නිරුද්ධ වීම ගැන දන්නවා නම්, ජරා මරණ නිරුද්ධ වීම පිණිස පවතින වැඩපිළිවෙල ගැන දන්නවා නම්, ඉපදීම ගැන දන්නවා නම්, ...(පෙ).... භවය ගැන දන්නවා නම්, ...(පෙ).... උපාදාන ගැන දන්නවා නම්, ...(පෙ).... තණ්හාව ගැන දන්නවා නම්, ...(පෙ).... විඳීම ගැන දන්නවා නම්, ...(පෙ).... ස්පර්ශය ගැන දන්නවා නම්, ...(පෙ).... ආයතන හය ගැන දන්නවා නම්, ...(පෙ).... නාමරූප ගැන දන්නවා නම්, ...(පෙ).... විඤ්ඤාණය ගැන දන්නවා නම්, ...(පෙ).... සංස්කාර ගැන දන්නවා නම්, සංස්කාර හටගැනීම ගැන දන්නවා නම්, සංස්කාර නිරුද්ධ වීම

ගැන දන්නවා නම්, සංස්කාර නිරුද්ධ වීම පිණිස පවතින වැඩපිළිවෙල ගැන දන්නවා නම්, පින්වත් මහණෙනි, මේ භික්ෂුවට සම්මා දිට්ඨියෙන් යුක්ත කෙනා කියන්නේ. ආර්ය සත්‍යය දර්ශයෙන් යුක්ත කෙනා කියන්නේ. මේ සද්ධර්මය වෙත පැමිණුන කෙනා කියන්නේ. මේ සද්ධර්මය දකින කෙනා කියන්නේ. ආර්ය මාර්ගයෙහි හික්මෙන නුවණැත්තා කියන්නේ. ආර්ය මාර්ගය ගැන අවබෝධය තිබෙන කෙනා කියන්නේ. මේ දහම් සැඩ පහරට පැමිණුන කෙනා කියන්නේ. ආර්ය භාවයට පත්කරවන කළකිරීමෙන් යුතු කෙනා කියන්නේ. ඒ අමා නිවන් දොරෙහි වැදි වැදී සිටින කෙනා කියන්නේ.

සාදු! සාදු!! සාදු!!!

භික්ඛු සූත්‍රය නිමා විය.

1.3.9.
සමණබ්‍රාහ්මණ සූත්‍රය
ශ්‍රමණ බ්‍රාහ්මණයන් ගැන වදාළ දෙසුම

29. සැවැත් නුවරදී ....

එදා භාග්‍යවතුන් වහන්සේ 'පින්වත් මහණෙනි' කියා භික්ෂූන් වහන්සේලා අමතා වදාළා. 'ස්වාමීනී' කියා ඒ භික්ෂූන් වහන්සේලාද භාග්‍යවතුන් වහන්සේට පිළිතුරු දුන්නා. භාග්‍යවතුන් වහන්සේ ඒ මොහොතේදී තමයි මේ දේශනාව වදාළේ.

පින්වත් මහණෙනි, යම්කිසි ශ්‍රමණයෙකුට හෝ බ්‍රාහ්මණයෙකුට හෝ ජරා මරණ ගැන පරිපූර්ණ අවබෝධයක් නැත්නම්, ජරා මරණ හටගැනීම ගැන පරිපූර්ණ අවබෝධයක් නැත්නම්, ජරා මරණ නිරුද්ධ වීම ගැන පරිපූර්ණ අවබෝධයක් නැත්නම්, ජරා මරණ නිරුද්ධ වීම පිණිස පවතින වැඩපිළිවෙල ගැන සම්පූර්ණ අවබෝධයක් නැත්නම්, ඉපදීම ගැන සම්පූර්ණ අවබෝධයක් නැත්නම්, ...(පෙ).... භවය ගැන සම්පූර්ණ අවබෝධයක් නැත්නම්, ...(පෙ).... උපාදාන ගැන සම්පූර්ණ අවබෝධයක් නැත්නම්, ...(පෙ).... තණ්හාව ගැන සම්පූර්ණ අවබෝධයක් නැත්නම්, ...(පෙ).... විඳීම ගැන සම්පූර්ණ අවබෝධයක් නැත්නම්, ...(පෙ).... ස්පර්ශය ගැන සම්පූර්ණ අවබෝධයක් නැත්නම්, ...(පෙ).... ආයතන හය ගැන සම්පූර්ණ අවබෝධයක් නැත්නම්, ...(පෙ).... නාමරූප ගැන සම්පූර්ණ අවබෝධයක් නැත්නම්, ...(පෙ).... විඤ්ඤාණය ගැන සම්පූර්ණ

අවබෝධයක් නැත්නම්, ...(පෙ).... සංස්කාර ගැන සම්පූර්ණ අවබෝධයක් නැත්නම්, සංස්කාර හටගැනීම ගැන සම්පූර්ණ අවබෝධයක් නැත්නම්, සංස්කාර නිරුද්ධ වීම ගැන සම්පූර්ණ අවබෝධයක් නැත්නම්, සංස්කාර නිරුද්ධ වීම පිණිස පවතින වැඩපිළිවෙල ගැන සම්පූර්ණ අවබෝධයක් නැත්නම්,

පින්වත් මහණෙනි, ඒ ශ්‍රමණයන් හෝ බ්‍රාහ්මණයන් හෝ සැබෑම ශ්‍රමණයන් අතර ශ්‍රමණයෝ වෙන්නේ නෑ. සැබෑම බ්‍රාහ්මණයන් අතර බ්‍රාහ්මණයෝ වෙන්නෙත් නෑ. ඒ ආයුෂ්මත්වරු ශ්‍රමණ බවේ අර්ථය හෝ බ්‍රාහ්මණ බවේ අර්ථය හෝ මේ ජීවිතය තුළදීම තමා තුළ ඇතිවුණ විශේෂ අවබෝධයෙන් සාක්ෂාත් කරගෙන වාසය කරන්නෙත් නෑ. නමුත් පින්වත් මහණෙනි, යම්කිසි ශ්‍රමණයෙකුට හෝ බ්‍රාහ්මණයෙකුට හෝ ජරා මරණ ගැන පරිපූර්ණ අවබෝධයක් තියෙනවා නම්, ජරා මරණ හටගැනීම ගැන පරිපූර්ණ අවබෝධයක් තියෙනවා නම්, ජරා මරණ නිරුද්ධ වීම ගැන පරිපූර්ණ අවබෝධයක් තියෙනවා නම්, ජරා මරණ නිරුද්ධ වීම පිණිස පවතින වැඩපිළිවෙල ගැන සම්පූර්ණ අවබෝධයක් තියෙනවා නම්, ඉපදීම ගැන සම්පූර්ණ අවබෝධයක් තියෙනවා නම්, ...(පෙ).... භවය ගැන සම්පූර්ණ අවබෝධයක් තියෙනවා නම්, ...(පෙ).... උපාදාන ගැන සම්පූර්ණ අවබෝධයක් තියෙනවා නම්, ...(පෙ).... තණ්හාව ගැන සම්පූර්ණ අවබෝධයක් තියෙනවා නම්, ...(පෙ).... විඳීම ගැන සම්පූර්ණ අවබෝධයක් තියෙනවා නම්, ...(පෙ).... ස්පර්ශය ගැන සම්පූර්ණ අවබෝධයක් තියෙනවා නම්, ...(පෙ).... ආයතන හය ගැන සම්පූර්ණ අවබෝධයක් තියෙනවා නම්, ...(පෙ).... නාමරූප ගැන සම්පූර්ණ අවබෝධයක් තියෙනවා නම්, ...(පෙ).... විඤ්ඤාණය ගැන සම්පූර්ණ අවබෝධයක් තියෙනවා නම්, ...(පෙ).... සංස්කාර ගැන සම්පූර්ණ අවබෝධයක් තියෙනවා නම්, සංස්කාර හටගැනීම ගැන සම්පූර්ණ අවබෝධයක් තියෙනවා නම්, සංස්කාර නිරුද්ධ වීම ගැන සම්පූර්ණ අවබෝධයක් තියෙනවා නම්, සංස්කාර නිරුද්ධ වීම පිණිස පවතින වැඩපිළිවෙල ගැන සම්පූර්ණ අවබෝධයක් තියෙනවා නම්,

පින්වත් මහණෙනි, ඒ ශ්‍රමණයන් හෝ බ්‍රාහ්මණයන් හෝ සැබෑම ශ්‍රමණයන් අතර ශ්‍රමණයෝ බවට පත්වෙනවා. සැබෑම බ්‍රාහ්මණයන් අතර බ්‍රාහ්මණයෝ බවට පත්වෙනවා. ඒ ආයුෂ්මත්වරු ශ්‍රමණ බවේ අර්ථය හෝ බ්‍රාහ්මණ බවේ අර්ථය හෝ මේ ජීවිතය තුළදීම තමා තුළ ඇතිවුණ විශේෂ අවබෝධයෙන් සාක්ෂාත් කරගෙන වාසය කරනවා.

සාදු! සාදු!! සාදු!!!

සමණ බ්‍රාහ්මණ සූත්‍රය නිමා විය.

1.3.10.
දුතිය සමණබ්‍රාහ්මණ සූත්‍රය
ශ්‍රමණ බ්‍රාහ්මණයන් ගැන වදාළ දෙවෙනි දෙසුම

30. සැවැත් නුවරදී ....

එදා භාග්‍යවතුන් වහන්සේ 'පින්වත් මහණෙනි' කියා භික්ෂූන් වහන්සේලා අමතා වදාළා. 'ස්වාමීනී' කියා ඒ භික්ෂූන් වහන්සේලාද භාග්‍යවතුන් වහන්සේට පිළිතුරු දුන්නා. භාග්‍යවතුන් වහන්සේ ඒ මොහොතේදී තමයි මේ දේශනාව වදාළේ.

පින්වත් මහණෙනි, යම්කිසි ශ්‍රමණයෙකුට හෝ බ්‍රාහ්මණයෙකුට හෝ ජරා මරණ ගැන අවබෝධයක් නැත්නම්, ජරා මරණ හටගැනීම ගැන අවබෝධයක් නැත්නම්, ජරා මරණ නිරුද්ධ වීම ගැන අවබෝධයක් නැත්නම්, ජරා මරණ නිරුද්ධ වීම පිණිස පවතින වැඩපිළිවෙල ගැන අවබෝධයක් නැත්නම්, ඒ ශ්‍රමණ බ්‍රාහ්මණයන් ඒකාන්තයෙන්ම ජරාමරණ ඉක්මවා ගිය බවට පත්වන්නේය යන කරුණ කිසි දවසක වෙන්නට පුළුවන් දෙයක් නොවෙයි.

ඉපදීම ගැන අවබෝධයක් නැත්නම්, ...(පෙ).... භවය ගැන අවබෝධයක් නැත්නම්, ...(පෙ).... උපාදාන ගැන අවබෝධයක් නැත්නම්, ...(පෙ).... තණ්හාව ගැන අවබෝධයක් නැත්නම්, ...(පෙ).... විඳීම ගැන අවබෝධයක් නැත්නම්, ...(පෙ).... ස්පර්ශය ගැන අවබෝධයක් නැත්නම්, ...(පෙ).... ආයතන හය ගැන අවබෝධයක් නැත්නම්, ...(පෙ).... නාමරූප ගැන අවබෝධයක් නැත්නම්, ...(පෙ).... විඤ්ඤාණය ගැන අවබෝධයක් නැත්නම්, ...(පෙ).... සංස්කාර ගැන අවබෝධයක් නැත්නම්, සංස්කාර හටගැනීම ගැන අවබෝධයක් නැත්නම්, සංස්කාර නිරුද්ධ වීම ගැන අවබෝධයක් නැත්නම්, සංස්කාර නිරුද්ධ වීම පිණිස පවතින වැඩපිළිවෙල ගැන අවබෝධයක් නැත්නම්, ඒ ශ්‍රමණ බ්‍රාහ්මණයන් ඒකාන්තයෙන්ම ජරාමරණ ඉක්මවා ගිය බවට පත්වන්නේය යන කරුණ කිසි දවසක වෙන්නට පුළුවන් දෙයක් නොවෙයි.

නමුත් පින්වත් මහණෙනි, යම්කිසි ශ්‍රමණයෙකුට හෝ බ්‍රාහ්මණයෙකුට හෝ ජරා මරණ ගැන අවබෝධයක් තියෙනවා නම්, ජරා මරණ හටගැනීම ගැන අවබෝධයක් තියෙනවා නම්, ජරා මරණ නිරුද්ධ වීම ගැන අවබෝධයක් තියෙනවා නම්, ජරා මරණ නිරුද්ධ වීම පිණිස පවතින වැඩපිළිවෙල ගැන

අවබෝධයක් තියෙනවා නම්, ඒ ශ්‍රමණ බ්‍රාහ්මණයන් ඒකාන්තයෙන්ම ජරාමරණ ඉක්මවා ගිය බවට පත්වන්නේය යන කරුණ විය හැකි දෙයක්මයි.

ඉපදීම ගැන අවබෝධයක් තියෙනවා නම්, ...(පෙ).... භවය ගැන අවබෝධයක් තියෙනවා නම්, ...(පෙ).... උපාදාන ගැන අවබෝධයක් තියෙනවා නම්, ...(පෙ).... තණ්හාව ගැන අවබෝධයක් තියෙනවා නම්, ...(පෙ).... විඳීම ගැන අවබෝධයක් තියෙනවා නම්, ...(පෙ).... ස්පර්ශය ගැන අවබෝධයක් තියෙනවා නම්, ...(පෙ).... ආයතන හය ගැන අවබෝධයක් තියෙනවා නම්, ...(පෙ).... නාමරූප ගැන අවබෝධයක් තියෙනවා නම්, ...(පෙ).... විඤ්ඤාණය ගැන අවබෝධයක් තියෙනවා නම්, ...(පෙ).... සංස්කාර ගැන අවබෝධයක් තියෙනවා නම්, සංස්කාර හටගැනීම ගැන අවබෝධයක් තියෙනවා නම්, සංස්කාර නිරුද්ධ වීම ගැන අවබෝධයක් තියෙනවා නම්, සංස්කාර නිරුද්ධ වීම පිණිස පවතින වැඩපිළිවෙල ගැන අවබෝධයක් තියෙනවා නම්, ඒ ශ්‍රමණ බ්‍රාහ්මණයන් ඒකාන්තයෙන්ම ජරාමරණ ඉක්මවා ගිය බවට පත්වන්නේය යන කරුණ විය හැකි දෙයක්මයි.

සාදු! සාදු!! සාදු!!!

දුතිය සමණ බ්‍රාහ්මණ සූත්‍රය නිමා විය.

තුන්වෙනි දසබල වර්ගය අවසන් විය.

4. කළාරඛත්තිය වර්ගය

1.4.1.

භූත සූත්‍රය

හටගත් සත්වයන් ගැන වදාළ දෙසුම

31. සැවැත් නුවරදී ....

එදා භාග්‍යවතුන් වහන්සේ ආයුෂ්මත් සාරිපුත්තයන් වහන්සේ අමතා මෙසේ වදාළා. "පින්වත් සාරිපුත්ත, මේ කාරණය කියැවෙන්නේ පාරායණ වර්ගයේ අජිත ප්‍රශ්නයේදී. 'මේ සසුනෙහි පරිපූර්ණව සදහම් අවබෝධ කරගත් යම් අරහත් ශ්‍රාවකයෙක් ඉන්නවා නම්, ඒ වගේම ආර්ය මාර්ගයෙහි හික්මෙන අනෙක් මාර්ගඵල ලාභී තව බොහෝ ශ්‍රාවකයන් ඉන්නවා නම්, පින්වත් නිදුකාණන් වහන්ස, මං මේ අහන්නේ උන්වහන්සේලාගේ ජීවිත පවත්වන ආකාරය ගැනයි. ඒ ගැන මට වදාළ මැනැව' කියලා.

ඉතින් පින්වත් සාරිපුත්ත, සංක්ෂේපයෙන් කියපු ඔය කාරණයේ අර්ථය විස්තර වශයෙන් දැනගත යුත්තේ කොහොමද?" එතකොට ආයුෂ්මත් සාරිපුත්තයන් වහන්සේ නිශ්ශබ්ද වුණා. දෙවෙනි වතාවටත් භාග්‍යවතුන් වහන්සේ සාරිපුත්තයන් වහන්සේ අමතා වදාළා. ....(පෙ).... දෙවෙනි වතාවටත් ආයුෂ්මත් සාරිපුත්තයන් වහන්සේ නිශ්ශබ්ද වුණා. තුන්වෙනි වතාවටත් භාග්‍යවතුන් වහන්සේ ආයුෂ්මත් සාරිපුත්තයන් වහන්සේ අමතා වදාළා, "පින්වත් සාරිපුත්ත, මේ කාරණය කියැවෙන්නේ පාරායණ වර්ගයේ අජිත ප්‍රශ්නයේදී. 'මේ සසුනෙහි පරිපූර්ණව සදහම් අවබෝධ කරගත් යම් අරහත් ශ්‍රාවකයෙක් ඉන්නවා නම්, ඒ වගේම ආර්ය මාර්ගයෙහි හික්මෙන අනෙක් මාර්ගඵල ලාභී තව බොහෝ ශ්‍රාවකයන් ඉන්නවා නම්, පින්වත් නිදුකාණන් වහන්ස, මං මේ අහන්නේ උන්වහන්සේලාගේ ජීවිත පවත්වන ආකාරය ගැනයි. ඒ ගැන මට වදාළ මැනැව' කියලා.

ඉතින් පින්වත් සාරිපුත්ත, සංක්ෂේපයෙන් කියපු ඔය කාරණයේ අර්ථය විස්තර වශයෙන් දැනගත යුත්තේ කොහොමද?" එතකොට තුන්වෙනි වතාවටත් ආයුෂ්මත් සාරිපුත්තයන් වහන්සේ නිශ්ශබ්ද වුණා.

"පින්වත් සාරිපුත්ත, 'මේ වනාහී හටගත් සත්වයෙක්' කියලයි දැක්ක යුත්තේ."

"ස්වාමීනී, මේ වනාහී හටගත් සත්වයෙක් කියල දියුණු කරපු ප්‍රඥාවෙන් යථාභූත ඤාණයෙන් දැකගන්නවා. මේ වනාහී හටගත් සත්වයෙක් කියල දියුණු කරපු ප්‍රඥාවෙන් යථාභූත ඤාණයෙන් දැකගෙන ඒ ගැන කලකිරීම පිණිස, ඇල්ම දුරුවීම පිණිස, ඇල්ම නිරුද්ධ වීම පිණිස ප්‍රතිපත්තියෙහි යෙදෙනවා.

මෙ සත්වයා ආහාරයෙන් හටගෙන තිබෙන බව දියුණු කරපු ප්‍රඥාවෙන් යථාභූත ඤාණයෙන් දැකගන්නවා. මේ සත්වයා ආහාරයෙන් හටගෙන තිබෙන බව දියුණු කරපු ප්‍රඥාවෙන් යථාභූත ඤාණයෙන් දැකගෙන ආහාරයෙන් හටගැනීම ගැන කලකිරීම පිණිස, ඇල්ම දුරුවීම පිණිස, ඇල්ම නිරුද්ධ වීම පිණිස ප්‍රතිපත්තියෙහි යෙදෙනවා.

හටගත්තා වූ යම් සත්වයෙක් ඇද්ද, එයට උපකාරී වූ ඒ ආහාර නිරුද්ධ වීමෙන් නිරුද්ධ වී යන ස්වභාවයෙන් යුක්තයි කියලා දියුණු කරපු ප්‍රඥාවෙන් යථාභූත ඤාණයෙන් දැකගන්නවා. හටගත්තා වූ යම් සත්වයෙක් ඇද්ද, එයට උපකාරී වූ ඒ ආහාර නිරුද්ධ වීමෙන් නිරුද්ධ වී යන ස්වභාවයෙන් යුක්තයි කියලා දියුණු කරපු ප්‍රඥාවෙන් යථාභූත ඤාණයෙන් දැකගෙන ඒ නිරුද්ධ වන ස්වභාවයට අයිති දේ ගැන කලකිරීම පිණිස, ඇල්ම දුරුවීම පිණිස, ඇල්ම නිරුද්ධ වීම පිණිස ප්‍රතිපත්තියෙහි යෙදෙනවා. ස්වාමීනී, ඔය විදිහටයි ආර්ය මාර්ගයෙහි හික්මෙන (සේඛ) කෙනෙක් වෙන්නේ.

ස්වාමීනී, පරිපූර්ණව සදහම් අවබෝධ කරගත් යම් අරහත් ශ්‍රාවකයෙක් වෙන්නේ කොහොමද? ස්වාමීනී, මේ වනාහී හටගත් සත්වයෙක් කියල දියුණු කරපු ප්‍රඥාවෙන් යථාභූත ඤාණයෙන් දැකගන්නවා. මේ වනාහී හටගත් සත්වයෙක් කියල දියුණු කරපු ප්‍රඥාවෙන් යථාභූත ඤාණයෙන් දැකගෙන ඒ ගැන කලකිරිලා, ඇල්ම දුරුවෙලා, ඇල්ම නිරුද්ධ වෙලා උපාදාන රහිත වෙලා දුකෙන් නිදහස් වෙලයි ඉන්නේ.

මෙ සත්වයා ආහාරයෙන් හටගෙන තිබෙන බව දියුණු කරපු ප්‍රඥාවෙන් යථාභූත ඤාණයෙන් දැකගන්නවා. මේ සත්වයා ආහාරයෙන් හටගෙන තිබෙන බව දියුණු කරපු ප්‍රඥාවෙන් යථාභූත ඤාණයෙන් දැකගෙන ආහාරයෙන් හටගැනීම ගැන කලකිරිලා, ඇල්ම දුරුවෙලා, ඇල්ම නිරුද්ධ වෙලා උපාදාන රහිත වෙලා දුකෙන් නිදහස් වෙලයි ඉන්නේ.

හටගත්තා වූ යම් සත්වයෙක් ඇද්ද, එයට උපකාරී වූ ඒ ආහාර නිරුද්ධ වීමෙන් නිරුද්ධ වී යන ස්වභාවයෙන් යුක්තයි කියලා දියුණු කරපු ප්‍රඥාවෙන් යථාභූත ඤාණයෙන් දකගන්නවා. හටගත්තා වූ යම් සත්වයෙක් ඇද්ද, එයට උපකාරී වූ ඒ ආහාර නිරුද්ධ වීමෙන් නිරුද්ධ වී යන ස්වභාවයෙන් යුක්තයි කියලාදියුණු කරපු ප්‍රඥාවෙන් යථාභූත ඤාණයෙන් දකගෙන ඒ නිරුද්ධ වන ස්වභාවයට අයිති දේ ගැන කලකිරිලා, ඇල්ම දුරුවෙලා, ඇල්ම නිරුද්ධ වෙලා උපාදාන රහිත වෙලා දුකෙන් නිදහස් වෙලයි ඉන්නේ. ස්වාමීනී, සදහම් පරිපූර්ණව අවබෝධ කරගත් රහතන් වහන්සේ නමක් වෙන්නේ ඔය විදිහටයි.

ඉතින් ස්වාමීනී, (සුත්ත නිපාතයට අයත්) පරායණ වර්ගයේ අජිත ප්‍රශ්නයේදී, 'මේ සසුනෙහි පරිපූර්ණව සදහම් අවබෝධ කරගත් යම් අරහත් ශ්‍රාවකයෙක් ඉන්නවා නම්, ඒ වගේම ආර්ය මාර්ගයෙහි හික්මෙන අනෙක් මාර්ගඵල ලාභී තව බොහෝ ශ්‍රාවකයන් ඉන්නවා නම්, පින්වත් නිදුකාණන් වහන්ස, මං මේ අහන්නේ උන්වහන්සේලාගේ ජීවිත පවත්වන ආකාරය ගැනයි. ඒ ගැන මට වදාළ මැනැව' කියලා යම් කරුණක් පවසා තිබෙනවාද, ස්වාමීනී, ඔය සංක්ෂේපයෙන් පැවසූ කරුණ ගැන ඔය ආකාරයටයි විස්තර වශයෙන් මට අර්ථ වැටහෙන්නේ."

"සාදු! සාදු! පින්වත් සාරිපුත්ත, මේ වනාහී හටගත් සත්වයෙක් කියල දියුණු කරපු ප්‍රඥාවෙන් යථාභූත ඤාණයෙන් දකගන්නවා. මේ වනාහී හටගත් සත්වයෙක් කියල දියුණු කරපු ප්‍රඥාවෙන් යථාභූත ඤාණයෙන් දකගෙන ඒ ගැන කලකිරීම පිණිස, ඇල්ම දුරුවීම පිණිස, ඇල්ම නිරුද්ධ වීම පිණිස ප්‍රතිපත්තියෙහි යෙදෙනවා.

මෙ සත්වයා ආහාරයෙන් හටගෙන තිබෙන බව දියුණු කරපු ප්‍රඥාවෙන් යථාභූත ඤාණයෙන් දකගන්නවා. මේ සත්වයා ආහාරයෙන් හටගෙන තිබෙන බව දියුණු කරපු ප්‍රඥාවෙන් යථාභූත ඤාණයෙන් දකගෙන ආහාරයෙන් හටගැනීම ගැන කලකිරීම පිණිස, ඇල්ම දුරුවීම පිණිස, ඇල්ම නිරුද්ධ වීම පිණිස ප්‍රතිපත්තියෙහි යෙදෙනවා.

හටගත්තා වූ යම් සත්වයෙක් ඇද්ද, එයට උපකාරී වූ ඒ ආහාර නිරුද්ධ වීමෙන් නිරුද්ධ වී යන ස්වභාවයෙන් යුක්තයි කියලා දියුණු කරපු ප්‍රඥාවෙන් යථාභූත ඤාණයෙන් දකගන්නවා. හටගත්තා වූ යම් සත්වයෙක් ඇද්ද, එයට උපකාරී වූ ඒ ආහාර නිරුද්ධ වීමෙන් නිරුද්ධ වී යන ස්වභාවයෙන් යුක්තයි කියලා දියුණු කරපු ප්‍රඥාවෙන් යථාභූත ඤාණයෙන් දකගෙන ඒ නිරුද්ධ වන ස්වභාවයට අයිති දේ ගැන කලකිරීම පිණිස, ඇල්ම දුරුවීම පිණිස, ඇල්ම නිරුද්ධ වීම පිණිස ප්‍රතිපත්තියෙහි යෙදෙනවා. පින්වත් සාරිපුත්ත, ඔය විදිහටයි

ආර්ය මාර්ගයෙහි හික්මෙන (සේඛ) කෙනෙක් වෙන්නේ.

පින්වත් සාරිපුත්ත, පරිපූර්ණව සදහම් අවබෝධ කරගත් යම් අරහත් ශ්‍රාවකයෙක් වෙන්නේ කොහොමද? පින්වත් සාරිපුත්ත, මේ වනාහී හටගත් සත්වයෙක් කියල දියුණු කරපු ප්‍රඥාවෙන් යථාභූත ඥාණයෙන් දැකගන්නවා. මේ වනාහී හටගත් සත්වයෙක් කියල දියුණු කරපු ප්‍රඥාවෙන් යථාභූත ඥාණයෙන් දැකගෙන ඒ ගැන කලකිරිලා, ඇල්ම දුරුවෙලා, ඇල්ම නිරුද්ධ වෙලා උපාදාන රහිත වෙලා දුකෙන් නිදහස් වෙලයි ඉන්නේ.

මේ සත්වයා ආහාරයෙන් හටගෙන තිබෙන බව දියුණු කරපු ප්‍රඥාවෙන් යථාභූත ඥාණයෙන් දැකගන්නවා. මේ සත්වයා ආහාරයෙන් හටගෙන තිබෙන බව දියුණු කරපු ප්‍රඥාවෙන් යථාභූත ඥාණයෙන් දැකගෙන ආහාරයෙන් හටගැනීම ගැන කලකිරිලා, ඇල්ම දුරුවෙලා, ඇල්ම නිරුද්ධ වෙලා උපාදාන රහිත වෙලා දුකෙන් නිදහස් වෙලයි ඉන්නේ.

හටගත්තා වූ යම් සත්වයෙක් ඇද්ද, එයට උපකාරී වූ ඒ ආහාර නිරුද්ධ වීමෙන් නිරුද්ධ වී යන ස්වභාවයෙන් යුක්තයි කියලා දියුණු කරපු ප්‍රඥාවෙන් යථාභූත ඥාණයෙන් දැකගන්නවා. හටගත්තා වූ යම් සත්වයෙක් ඇද්ද, එයට උපකාරී වූ ඒ ආහාර නිරුද්ධ වීමෙන් නිරුද්ධ වී යන ස්වභාවයෙන් යුක්තයි කියලා දියුණු කරපු ප්‍රඥාවෙන් යථාභූත ඥාණයෙන් දැකගෙන ඒ නිරුද්ධ වන ස්වභාවයට අයිති දේ ගැන කලකිරිලා, ඇල්ම දුරුවෙලා, ඇල්ම නිරුද්ධ වෙලා උපාදාන රහිත වෙලා දුකෙන් නිදහස් වෙලයි ඉන්නේ. පින්වත් සාරිපුත්ත, සදහම් පරිපූර්ණව අවබෝධ කරගත් රහතන් වහන්සේ නමක් වෙන්නේ ඔය විදිහටයි.

ඉතින් පින්වත් සාරිපුත්ත, (සුත්ත නිපාතයට අයත්) පරායණ වර්ගයේ අජිත ප්‍රශ්නයේදී, 'මේ සසුනෙහි පරිපූර්ණව සදහම් අවබෝධ කරගත් යම් අරහත් ශ්‍රාවකයෙක් ඉන්නවා නම්, ඒ වගේම ආර්ය මාර්ගයෙහි හික්මෙන අනෙක් මාර්ගඵල ලාභී තව බොහෝ ශ්‍රාවකයන් ඉන්නවා නම්, පින්වත් නිදුකාණන් වහන්ස, මං මේ අහන්නේ උන්වහන්සේලාගේ ජීවිත පවත්වන ආකාරය ගැනයි. ඒ ගැන මට වදාළ මැනැව' කියලා යම් කරුණක් පවසා තිබෙනවාද, පින්වත් සාරිපුත්ත, ඔය සංක්ෂේපයෙන් පැවසූ කරුණ ගැන ඔය ආකාරයටයි විස්තර වශයෙන් අර්ථ වටහාගත යුත්තේ.

සාදු! සාදු!! සාදු!!!

භූත සූත්‍රය නිමා විය.

1.4.2.

කළාර සූත්‍රය

කළාරඛත්තිය භික්ෂුවට වදාළ දෙසුම

32. සැවැත් නුවරදී ....

එදා කළාරඛත්තිය භික්ෂුව ආයුෂ්මත් සාරිපුත්ත තෙරුන් ළඟට පැමිණියා. පැමිණිලා පිළිසඳර කතා බහේ යෙදුණා. පිළිසඳර කතාවෙන් පස්සේ එකත්පස්ව වාඩිවුණා. එකත්පස්ව වාඩිවුණ කළාරඛත්තිය භික්ෂුව ආයුෂ්මත් සාරිපුත්තයන් වහන්සේට මේ විදිහට සැලකළා.

"ප්‍රිය ආයුෂ්මත් සාරිපුත්තයන් වහන්ස, මෝළියඵග්ගුන භික්ෂුව මේ ශාසනයේ ශික්ෂාපදවල හික්මීම ප්‍රතික්ෂේප කරලා, (සිවුරු හැරලා) ලාමක ගිහි බවට පත්වුණානේ. අනේ! ඒ ආයුෂ්මතුන් හට මේ බුදු සසුනෙන් පිළිසරණක් ලබාගන්න බැරිවුණානේ. ඒ වුණාට ප්‍රිය ආයුෂ්මත් සාරිපුත්තයන් වහන්සේට නම් මේ බුදු සසුනේ පිළිසරණක් ලබාගන්න පුළුවන් වුණා."

(ආයුෂ්මත් සාරිපුත්ත තෙරුන්) "ප්‍රිය ආයුෂ්මතුනි, මම නම් (මේ බුදු සසුන ගැන) සැක කරන්නේ නෑ."

"ප්‍රිය ආයුෂ්මතුන් වහන්ස, අනාගත උපත ගැන කොහොමද?"

"ප්‍රිය ආයුෂ්මතුනි, ඒ ගැනත් මම සැක කරන්නේ නෑ."

එතකොට කළාරඛත්තිය භික්ෂුව ඒ ආසනයෙන් නැගිට්ටා. භාග්‍යවතුන් වහන්සේ ළඟට ගියා. ගිහින් භාග්‍යවතුන් වහන්සේට වන්දනා කළා. එකත්පස්ව වාඩිවුණා. එකත්පස්ව වාඩිවුණ කළාරඛත්තිය භික්ෂුව භාග්‍යවතුන් වහන්සේට මෙහෙම කිව්වා.

"ස්වාමීනී, ආයුෂ්මත් සාරිපුත්තයන් වහන්සේ අරහත්වය ප්‍රකාශ කළා. ඉපදීම ක්ෂය වුණාලු. බඹසර වාසය සම්පූර්ණ කළාලු. කළ යුතු දේ කළාලු. ආයෙමත් වෙන කළ යුතු දෙයක් නැති බව දන්නවාලු."

ඒ මොහොතේ භාග්‍යවතුන් වහන්සේ එක්තරා භික්ෂුවකට අමතා වදාළා. "පින්වත් භික්ෂුව, මෙහි එන්න. මගේ වචනයෙන් සාරිපුත්තයන් අමතන්න.

'ප්‍රිය ආයුෂ්මත් සාරිපුත්තයන් වහන්ස, අන්න ශාස්තෘන් වහන්සේ ඔබට අමතා වදාළා' කියලා." "එසේය, ස්වාමීනී" කියල ඒ භික්ෂුව භාග්‍යවතුන් වහන්සේට පිළිතුරු දීලා ආයුෂ්මත් සාරිපුත්තයන් වහන්සේ ළඟට ගියා. ගිහින් ආයුෂ්මත් සාරිපුත්තයන් වහන්සේට මෙහෙම කිව්වා. "ප්‍රිය ආයුෂ්මත් සාරිපුත්තයන් වහන්ස, අන්න ශාස්තෘන් වහන්සේ ඔබට අමතා වදාළා" කියලා.

එතකොට ආයුෂ්මත් සාරිපුත්තයන් වහන්සේ "එසේය, ආයුෂ්මතුනි" කියලා ඒ භික්ෂුවට පිළිතුරු දීලා භාග්‍යවතුන් වහන්සේ ළඟට වැඩියා. වැඩම කරලා භාග්‍යවතුන් වහන්සේට වන්දනා කළා. එකත්පස්ව වාඩිවුණා. එකත්පස්ව වාඩිවුණ ආයුෂ්මත් සාරිපුත්තයන් වහන්සේගෙන් භාග්‍යවතුන් වහන්සේ මේ විදිහට අසා වදාළා.

"හැබෑද පින්වත් සාරිපුත්තයෙනි, ඔබ අරහත්වය ප්‍රකාශ කළා කියන්නේ? ඉපදීම ක්ෂය වුනාලු. බඹසර වාසය සම්පූර්ණ කළාලු. කළ යුතු දේ කළාලු. ආයෙමත් වෙන කළයුතු දෙයක් නැති බව දන්නවලු කියල."

"ස්වාමීනී, ඔය වචනවලින්, ඔය කියුම්වලින් මං අරහත්වය ප්‍රකාශ කළේ නෑ. නමුත් මං ඒ අර්ථය මතුවෙන විදිහට කිව්වා."

"පින්වත් සාරිපුත්ත, මේ සසුනේ කුලපුත්‍රයා යම්කිසි ක්‍රමයකින් අරහත්වය ප්‍රකාශ කරනවා තමයි. නමුත් තමන් ප්‍රකාශ කරපු දෙය ප්‍රකාශ කරපු බව දැනගත යුතුයි."

"ස්වාමීනී, මම මේ විදිහටවත් නොකිව යුතුද? 'ස්වාමීනී, ඔය වචනවලින් ඔය කියුම්වලින් මං අරහත්වය ප්‍රකාශ කළේ නෑ. නමුත් මං ඒ අර්ථය මතුවෙන විදිහට කිව්වා' කියලා."

"එහෙම නම් පින්වත් සාරිපුත්ත, ඔබෙන් මෙන්න මේ විදිහට ඇහුවොත්, 'ප්‍රිය ආයුෂ්මත් සාරිපුත්තයන් වහන්ස, ඉපදීම ක්ෂය වුණා, බඹසර වාසය සම්පූර්ණ කළා, කළ යුතු දේ කළා, ආයෙමත් වෙන කළ යුතු දෙයක් නැති බව දන්නවා කියල අරහත්වය ප්‍රකාශ කරන්නෙ කොහොම දැනගෙනද? කොහොම දැකගෙනද?' කියලා. ඔය විදිහට අසද්දී පින්වත් සාරිපුත්ත, ඔබ කොහොමද පිළිතුරු දෙන්නේ?"

"ස්වාමීනී, මගෙන් කවුරුහරි කෙනෙක් මෙන්න මේ විදිහට ඇහුවොත්, 'ප්‍රිය ආයුෂ්මත් සාරිපුත්තයන් වහන්ස, ඉපදීම ක්ෂය වුණා, බඹසර වාසය සම්පූර්ණ කළා, කළ යුතු දේ කළා, ආයෙමත් වෙන කළ යුතු දෙයක් නැති බව දන්නවා කියල අරහත්වය ප්‍රකාශ කරන්නෙ කොහොම දැනගෙනද? කොහොම

දැකගෙනද?' කියලා. ඔය විදිහට අසද්දී භාග්‍යවතුන් වහන්ස, මං පිළිතුරු දෙන්නේ මෙහෙමයි.

ප්‍රිය ආයුෂ්මතුනි, ඉපදීමට යමක් මුල් වුණාද, අන්න ඒ ඉපදීමට මුල් වුණ කාරණය ක්ෂය වීමෙන්, ඉපදීම ක්ෂය වෙච්ච බව මට අවබෝධ වුණා. (ඉපදීමට මුල් වුණ කාරණය) ක්ෂය වුණ නිසා ක්ෂය වුණ බව අවබෝධ වෙලයි 'ඉපදීම ක්ෂය වුණා, බඹසර වාසය සම්පූර්ණ කළා, කළ යුතු දේ කළා, ආයෙමත් වෙන කළ යුතු දෙයක් නෑ' කියල කියන්නේ. ස්වාමීනී, ඔය විදිහට ඇහුවොත් මං මෙහෙම තමයි උත්තර දෙන්නේ."

"එතකොට පින්වත් සාරිපුත්ත, ඔබෙන් මේ විදිහට ඇහුවොත්, 'ප්‍රිය ආයුෂ්මත් සාරිපුත්තයන් වහන්ස, ඔය ඉපදීම තියෙන්නේ කුමක මුල් කොට ගෙනද? කුමක හටගැනීමෙන්ද? කුමක ඉපදීමෙන්ද? කුමක ප්‍රභවයෙන්ද?' කියලා පින්වත් සාරිපුත්ත, ඔය ප්‍රශ්නයේදී ඔබ උත්තර දෙන්නේ කොහොමද?"

"ස්වාමීනී, කවුරුහරි කෙනෙක් මගෙන් මෙහෙම ඇහුවොත්, 'ප්‍රිය ආයුෂ්මත් සාරිපුත්තයන් වහන්ස, ඔය ඉපදීම තියෙන්නේ කුමක මුල් කොට ගෙනද? කුමක හටගැනීමෙන්ද? කුමක ඉපදීමෙන්ද? කුමක ප්‍රභවයෙන්ද?' කියලා, ස්වාමීනී, මං එතකොට මේ විදිහට උත්තර දෙනවා.

'ප්‍රිය ආයුෂ්මතුනි, භවය මුල් කරගෙනයි, භවය හටගැනීමෙනුයි, භවය ඉපදීමෙනුයි, භවය ප්‍රභවය වීමෙනුයි ඉපදීම තියෙන්නේ' කියලා. ස්වාමීනී, ඔන්න ඔය විදිහටයි ඔය ප්‍රශ්නයට උත්තර දෙන්නේ."

"එතකොට පින්වත් සාරිපුත්ත, ඔබෙන් මේ විදිහට ඇහුවොත්, 'ප්‍රිය ආයුෂ්මත් සාරිපුත්තයන් වහන්ස, ඔය භවය තියෙන්නේ කුමක මුල් කොට ගෙනද? කුමක හටගැනීමෙන්ද? කුමක ඉපදීමෙන්ද? කුමක ප්‍රභවයෙන්ද?' කියලා පින්වත් සාරිපුත්ත, ඔය ප්‍රශ්නයේදී ඔබ උත්තර දෙන්නේ කොහොමද?"

"ස්වාමීනී, කවුරුහරි කෙනෙක් මගෙන් මෙහෙම ඇහුවොත්, 'ප්‍රිය ආයුෂ්මත් සාරිපුත්තයන් වහන්ස, ඔය භවය තියෙන්නේ කුමක් මුල් කොට ගෙනද? කුමක් හටගැනීමෙන්ද? කුමක් ඉපදීමෙන්ද? කුමක් ප්‍රභවයෙන්ද?' කියලා, ස්වාමීනී, මං එතකොට මේ විදිහට උත්තර දෙනවා.

'ප්‍රිය ආයුෂ්මතුනි, උපාදාන මුල් කරගෙනයි, උපාදාන හටගැනීමෙනුයි, උපාදාන ඉපදීමෙනුයි, උපාදාන ප්‍රභවය වීමෙනුයි භවය තියෙන්නේ' කියලා. ස්වාමීනී, ඔන්න ඔය විදිහටයි ඔය ප්‍රශ්නයට උත්තර දෙන්නේ."

"එතකොට පින්වත් සාරිපුත්ත, ඔබෙන් මේ විදිහට ඇහුවොත්, 'ප්‍රිය ආයුෂ්මත් සාරිපුත්තයන් වහන්ස, ඔය උපාදාන තියෙන්නේ කුමක් මුල් කොට ගෙනද? කුමක් හටගැනීමෙන්ද? කුමක් ඉපදීමෙන්ද? කුමක් ප්‍රභවයෙන්ද?' කියලා පින්වත් සාරිපුත්ත, ඔය ප්‍රශ්නයේදී ඔබ උත්තර දෙන්නේ කොහොමද?"

"ස්වාමීනී, කවුරුහරි කෙනෙක් මගෙන් මෙහෙම ඇහුවොත්, 'ප්‍රිය ආයුෂ්මත් සාරිපුත්තයන් වහන්ස, ඔය උපාදාන තියෙන්නේ කුමක් මුල් කොට ගෙනද? කුමක් හටගැනීමෙන්ද? කුමක් ඉපදීමෙන්ද? කුමක් ප්‍රභවයෙන්ද?' කියලා, ස්වාමීනී, මං එතකොට මේ විදිහට උත්තර දෙනවා.

'ප්‍රිය ආයුෂ්මතුනි, තණ්හාව මුල් කරගෙනයි, තණ්හාව හටගැනීමෙනුයි, තණ්හාව ඉපදීමෙනුයි, තණ්හාව ප්‍රභවය වීමෙනුයි උපාදාන තියෙන්නේ' කියලා. ස්වාමීනී, ඔන්න ඔය විදිහටයි ඔය ප්‍රශ්නයට උත්තර දෙන්නේ."

"එතකොට පින්වත් සාරිපුත්ත, ඔබෙන් මේ විදිහට ඇහුවොත්, 'ප්‍රිය ආයුෂ්මත් සාරිපුත්තයන් වහන්ස, ඔය තණ්හාව තියෙන්නේ කුමක් මුල් කොට ගෙනද? කුමක් හටගැනීමෙන්ද? කුමක් ඉපදීමෙන්ද? කුමක් ප්‍රභවයෙන්ද?' කියලා පින්වත් සාරිපුත්ත, ඔය ප්‍රශ්නයේදී ඔබ උත්තර දෙන්නේ කොහොමද?"

"ස්වාමීනී, කවුරුහරි කෙනෙක් මගෙන් මෙහෙම ඇහුවොත්, 'ප්‍රිය ආයුෂ්මත් සාරිපුත්තයන් වහන්ස, ඔය තණ්හාව තියෙන්නේ කුමක් මුල් කොට ගෙනද? කුමක් හටගැනීමෙන්ද? කුමක් ඉපදීමෙන්ද? කුමක් ප්‍රභවයෙන්ද?' කියලා, ස්වාමීනී, මං එතකොට මේ විදිහට උත්තර දෙනවා.

'ප්‍රිය ආයුෂ්මතුනි, විඳීම මුල් කරගෙනයි, විඳීම හටගැනීමෙනුයි, විඳීම ඉපදීමෙනුයි, විඳීම ප්‍රභවය වීමෙනුයි තණ්හාව තියෙන්නේ' කියලා. ස්වාමීනී, ඔන්න ඔය විදිහටයි ඔය ප්‍රශ්නයට උත්තර දෙන්නේ."

"එතකොට පින්වත් සාරිපුත්ත, ඔබෙන් මේ විදිහට ඇහුවොත්, 'ප්‍රිය ආයුෂ්මත් සාරිපුත්තයන් වහන්ස, ඔය විඳීම තියෙන්නේ කුමක් මුල් කොට ගෙනද? කුමක් හටගැනීමෙන්ද? කුමක් ඉපදීමෙන්ද? කුමක් ප්‍රභවයෙන්ද?' කියලා පින්වත් සාරිපුත්ත, ඔය ප්‍රශ්නයේදී ඔබ උත්තර දෙන්නේ කොහොමද?"

"ස්වාමීනී, කවුරුහරි කෙනෙක් මගෙන් මෙහෙම ඇහුවොත්, 'ප්‍රිය ආයුෂ්මත් සාරිපුත්තයන් වහන්ස, ඔය විඳීම තියෙන්නේ කුමක් මුල් කොට ගෙනද? කුමක් හටගැනීමෙන්ද? කුමක් ඉපදීමෙන්ද? කුමක් ප්‍රභවයෙන්ද?' කියලා, ස්වාමීනී, මං එතකොට මේ විදිහට උත්තර දෙනවා.

'ප්‍රිය ආයුෂ්මතුනි, ස්පර්ශය මුල් කරගෙනයි, ස්පර්ශය හටගැනීමෙනුයි, ස්පර්ශය ඉපදීමෙනුයි, ස්පර්ශය ප්‍රභවය වීමෙනුයි විඳීම තියෙන්නේ' කියලා. ස්වාමීනී, ඔන්න ඔය විදිහටයි ඔය ප්‍රශ්නයට උත්තර දෙන්නේ."

"එතකොට පින්වත් සාරිපුත්ත, ඔබෙන් කවුරුහරි මෙහෙම ඇහුවොත්, 'ප්‍රිය ආයුෂ්මත් සාරිපුත්තයන් වහන්ස, විඳීම් පිළිබඳව යම් ආසාවක් ඇත්නම්, අන්න ඒ ආසාව නොපිහිටන්නේ කොහොම දැනගන්නා විටද? කොහොම දැකගන්නා විටද?' කියලා පින්වත් සාරිපුත්ත, ඔය ප්‍රශ්නයට ඔබට උත්තර දෙන්නේ කොහොමද?"

"ස්වාමීනී, මගෙන් කවුරුහරි මෙහෙම ඇහුවොත්, 'ප්‍රිය ආයුෂ්මත් සාරිපුත්තයන් වහන්ස, විඳීම් පිළිබඳව යම් ආසාවක් ඇත්නම්, අන්න ඒ ආසාව නොපිහිටන්නේ කොහොම දැනගන්නා විටද? කොහොම දැකගන්නා විටද?' කියලා, මං ඔය ප්‍රශ්නයට මෙහෙම උත්තර දෙනවා.

'ප්‍රිය ආයුෂ්මතුනි, විඳීම් තුනක් තියෙනවා. මොනවද ඒ විඳීම් තුන? එනම් සැප විඳීම, දුක් විඳීම, දුක් සැප රහිත (මැදහත්) විඳීම යන තුනයි. ප්‍රිය ආයුෂ්මත්නි, මේ විඳීම් තුනම අනිත්‍යයයි. යමක් අනිත්‍ය නම් ඒක දුකක් බව අවබෝධ වුණා. එම නිසා විඳීම් පිළිබඳව යම් ආසාවක් තිබුණාද, එය දැන් පිහිටන්නේ නෑ.' ස්වාමීනී, ඔය ප්‍රශ්නයට මං ඔය විදිහට තමයි උත්තර දෙන්නේ."

"සාදු! සාදු! පින්වත් සාරිපුත්ත, විඳින්නා වූ යම්කිසි විඳීමක් ඇද්ද, ඒක දුකක්ය යන අර්ථය හකුළුවා පැවසීමට ඕකත් ක්‍රමයක් තමයි.

එතකොට පින්වත් සාරිපුත්ත, කවුරු හරි ඔබෙන් මෙහෙම ඇහුවොත්, 'ප්‍රිය ආයුෂ්මත් සාරිපුත්තයන් වහන්ස, ඉපදීම ක්ෂය වුණා, බඹසර වාසය සම්පූර්ණ කළා, කළ යුතු දේ කළා, ආයෙමත් වෙන උපතක් නැති බව දන්නවා'කියලා අරහත්වය ප්‍රකාශ කළේ කොයි ආකාර විමෝක්ෂයකින්ද?' කියලා ඔය ප්‍රශ්නයට පින්වත් සාරිපුත්ත, ඔබ උත්තර දෙන්නේ කොහොමද?"

"ස්වාමීනී, කවුරු හරි මගෙන් මෙහෙම ඇහුවොත්, 'ප්‍රිය ආයුෂ්මත් සාරිපුත්තයන් වහන්ස, ඉපදීම ක්ෂය වුණා, බඹසර වාසය සම්පූර්ණ කළා, කළ යුතු දේ කළා, ආයෙමත් වෙන උපතක් නැති බව දන්නවා කියලා අරහත්වය ප්‍රකාශ කළේ කොයි ආකාර විමෝක්ෂයකින්ද?' කියලා, ස්වාමීනී, මං ඒකට උත්තර දෙන්නෙ මෙහෙමයි.

'ප්‍රිය ආයුෂ්මතුනි, හැම උපාදානයක්ම ක්ෂය වීම නිසා මම ආධ්‍යාත්මය තුළ විමෝක්ෂයට (නිවනට) පත්වෙලා ඉන්නවා. යම් විදිහකින් සිහියෙන් වාසය

කරද්දී ආශ්‍රවයන් පවතින්නේ නැත්නම්, අන්න ඒ විදිහට තමයි මම සිහියෙන් ඉන්නේ. තමන්ට අවමන් කරගැනීමක් මා තුළ නෑ' කියලා. ස්වාමීනී, මං ඔය විදිහටයි ඔය ප්‍රශ්නයට උත්තර දෙන්නේ."

"සාදු! සාදු! පින්වත් සාරිපුත්ත, (ශාක්‍ය මුනීන්ද්‍ර වූ) ශ්‍රමණයන් වහන්සේ ආශ්‍රව කියා යමක් වදාළා ද, ඒ ආශ්‍රව ගැන මං සැක කරන්නේ නෑ. ඒ ආශ්‍රවයන් මට ප්‍රහාණය වී තිබෙන බවත් මං සැක කරන්නේ කියලා. පින්වත් සාරිපුත්ත, ඔය කාරණයෙහි අර්ථය මේ විදිහටත් හකුළුවා කියන්නට පුළුවනි." භාග්‍යවතුන් වහන්සේ මෙය වදාළා. මෙය වදාළ සුගතයන් වහන්සේ අසුනෙන් නැගිටලා කුටියට වැඩියා.

භාග්‍යවතුන් වහන්සේ වැඩිය නොබෝ වේලාවකින් ආයුෂ්මත් සාරිපුත්තයන් වහන්සේ භික්ෂූන් ඇමතුවා.

"ප්‍රිය ආයුෂ්මත්වරුනි, භාග්‍යවතුන් වහන්සේ මගෙන් අසා වදාළේ මං කලින් හිතුපු නැති ප්‍රශ්නයක්. ඉතින් ඒ වේලාවේ මට පොඩි පසුබෑමක් නම් ඇතිවුණා. නමුත් ප්‍රිය ආයුෂ්මත්වරුනි, ඒ පළමු ප්‍රශ්නයට මං දීපු පිළිතුර භාග්‍යවතුන් වහන්සේ අනුමෝදන් වී වදාළා නේ. එතකොට ප්‍රිය ආයුෂ්මත්වරුනි, මට මේ විදිහට හිතුණා.

ඉදින් භාග්‍යවතුන් වහන්සේ දහවලක් පුරාවට වෙනස් වෙනස් කියුම් වලින්, වෙනස් වෙනස් ක්‍රමවලින් ඔය අර්ථය මගෙන් විමසනවා නම් ඒ දහවල පුරාවට ම මටත් වෙනස් වෙනස් කියුම්වලින්, වෙනස් වෙනස් ක්‍රමවලින් උත්තර දෙන්න පුළුවනි කියලා.

ඒ වගේම භාග්‍යවතුන් වහන්සේ රැයක් පුරාවට වෙනස් වෙනස් කියුම් වලින්, වෙනස් වෙනස් ක්‍රමවලින් ඔය අර්ථය මගෙන් විමසනවා නම් ඒ රැය පුරාවට ම මටත් වෙනස් වෙනස් කියුම්වලින්, වෙනස් වෙනස් ක්‍රමවලින් උත්තර දෙන්න පුළුවනි කියලා.

ඉදින් භාග්‍යවතුන් වහන්සේ රෑ දහවල් පුරාවට වෙනස් වෙනස් කියුම් වලින්, වෙනස් වෙනස් ක්‍රමවලින් ඔය අර්ථය මගෙන් විමසනවා නම් ඒ රෑ දහවල පුරාවට ම මටත් වෙනස් වෙනස් කියුම්වලින්, වෙනස් වෙනස් ක්‍රමවලින් උත්තර දෙන්න පුළුවනි කියලා.

ඉදින් භාග්‍යවතුන් වහන්සේ රෑ දහවල් දෙකක් පුරාවට වෙනස් වෙනස් කියුම් වලින්, වෙනස් වෙනස් ක්‍රමවලින් ඔය අර්ථය මගෙන් විමසනවා නම් ඒ රෑ දහවල දෙකක් පුරාවට ම මටත් වෙනස් වෙනස් කියුම්වලින්, වෙනස් වෙනස් ක්‍රමවලින් උත්තර දෙන්න පුළුවනි කියලා.

ඉදින් භාග්‍යවතුන් වහන්සේ රෑ දහවල් තුනක් පුරාවට ....(පෙ).... රෑ දහවල් හතරක් පුරාවට ....(පෙ).... රෑ දහවල් පහක් පුරාවට ....(පෙ).... රෑ දහවල් හයක් පුරාවට ....(පෙ).... රෑ දහවල් හතක් පුරාවට වෙනස් වෙනස් කියුම් වලින්, වෙනස් වෙනස් ක්‍රමවලින් ඔය අර්ථය මගෙන් විමසනවා නම් ඒ රෑ දහවල හතක් පුරාවටම මටත් වෙනස් වෙනස් කියුම්වලින්, වෙනස් වෙනස් ක්‍රමවලින් උත්තර දෙන්න පුළුවනි කියලා."

එතකොට කළාරඛත්තිය භික්ෂුව අසුනෙන් නැගිට භාග්‍යවතුන් වහන්සේ ළඟට පැමිණියා. ....(පෙ).... එකත්පස්ව වාඩි වූ කළාරඛත්තිය භික්ෂුව භාග්‍යවතුන් වහන්සේට මෙහෙම පැවසුවා.

"ස්වාමීනී, ආයුෂ්මත් සාරිපුත්තයන් වහන්සේ විසින් සිංහනාදයක් නද දුන්නා. 'ප්‍රිය ආයුෂ්මත්වරුනි, භාග්‍යවතුන් වහන්සේ මගෙන් අසා වදාළේ මං කලින් හිතුපු නැති ප්‍රශ්නයක්. ඉතින් ඒ වේලාවේ මට පොඩි පසුබෑමක් නම් ඇතිවුණා. නමුත් ප්‍රිය ආයුෂ්මත්වරුනි, ඒ පළමු ප්‍රශ්නයට මං දීපු පිළිතුර භාග්‍යවතුන් වහන්සේ අනුමෝදන් වී වදාළා නේ. එතකොට ප්‍රිය ආයුෂ්මත්වරුනි, මට මේ විදිහට හිතුණා.

ඉදින් භාග්‍යවතුන් වහන්සේ දහවලක් පුරාවට වෙනස් වෙනස් කියුම් වලින්, වෙනස් වෙනස් ක්‍රමවලින් ඔය අර්ථය මගෙන් විමසනවා නම් ඒ දහවල පුරාවටම මටත් වෙනස් වෙනස් කියුම්වලින්, වෙනස් වෙනස් ක්‍රමවලින් උත්තර දෙන්න පුළුවනි කියලා.

ඒ වගේම භාග්‍යවතුන් වහන්සේ රයක් පුරාවට වෙනස් වෙනස් කියුම් වලින්, වෙනස් වෙනස් ක්‍රමවලින් ඔය අර්ථය මගෙන් විමසනවා නම් ඒ රය පුරාවටම මටත් වෙනස් වෙනස් කියුම්වලින්, වෙනස් වෙනස් ක්‍රමවලින් උත්තර දෙන්න පුළුවනි කියලා.

ඉදින් භාග්‍යවතුන් වහන්සේ රෑ දහවල් පුරාවට වෙනස් වෙනස් කියුම් වලින්, වෙනස් වෙනස් ක්‍රමවලින් ඔය අර්ථය මගෙන් විමසනවා නම් ඒ රෑ දහවල පුරාවටම මටත් වෙනස් වෙනස් කියුම්වලින්, වෙනස් වෙනස් ක්‍රමවලින් උත්තර දෙන්න පුළුවනි කියලා.

ඉදින් භාග්‍යවතුන් වහන්සේ රෑ දහවල් දෙකක් පුරාවට වෙනස් වෙනස් කියුම් වලින්, වෙනස් වෙනස් ක්‍රමවලින් ඔය අර්ථය මගෙන් විමසනවා නම් ඒ රෑ දහවල දෙකක් පුරාවටම මටත් වෙනස් වෙනස් කියුම්වලින්, වෙනස් වෙනස් ක්‍රමවලින් උත්තර දෙන්න පුළුවනි කියලා.

ඉදින් භාග්‍යවතුන් වහන්සේ රෑ දහවල් තුනක් පුරාවට ....(පෙ).... රෑ

දහවල් හතරක් පුරාවට ....(පෙ).... රෑ දහවල් පහක් පුරාවට ....(පෙ).... රෑ දහවල් හයක් පුරාවට ....(පෙ).... රෑ දහවල් හතක් පුරාවට වෙනස් වෙනස් කියුම් වලින්, වෙනස් වෙනස් ක්‍රමවලින් ඔය අර්ථය මගෙන් විමසනවා නම් ඒ රෑ දහවල හතක් පුරාවටම මටත් වෙනස් වෙනස් කියුම්වලින්, වෙනස් වෙනස් ක්‍රමවලින් උත්තර දෙන්න පුළුවනි කියලා."

"පින්වත් භික්ෂුව, ඔය පින්වත් සාරිපුත්තයන් හට ඒ ධර්ම ස්වභාවය හොඳ හැටියට අවබෝධ වෙලයි තියෙන්නේ. යමෙක් තුළ ඒ ධර්ම ධාතුව මනාකොට අවබෝධ වෙලා තියෙනවද, අන්න ඒ නිසා දහවල පුරාවට පින්වත් සාරිපුත්තයන්ගෙන් ඔය කාරණය ගැන වෙනස් වෙනස් කියුම් වලින්, වෙනස් වෙනස් ක්‍රමවලින් ඔය අර්ථය මම විමසනවා නම්, ඒ දහවල පුරාවටම පින්වත් සාරිපුත්තයන් හටත් වෙනස් වෙනස් කියුම්වලින්, වෙනස් වෙනස් ක්‍රමවලින් උත්තර දෙන්න පුළුවනි.

රැයක් පුරාවට පින්වත් සාරිපුත්තයන්ගෙන් ඔය කාරණය ගැන වෙනස් වෙනස් කියුම් වලින්, වෙනස් වෙනස් ක්‍රමවලින් ඔය අර්ථය මම විමසනවා නම්, ඒ රැය පුරාවටම පින්වත් සාරිපුත්තයන් හටත් වෙනස් වෙනස් කියුම්වලින්, වෙනස් වෙනස් ක්‍රමවලින් උත්තර දෙන්න පුළුවනි.

රෑ දහවලක් පුරාවට පින්වත් සාරිපුත්තයන්ගෙන් ඔය කාරණය ගැන වෙනස් වෙනස් කියුම් වලින්, වෙනස් වෙනස් ක්‍රමවලින් ඔය අර්ථය මම විමසනවා නම්, ඒ රෑ දහවල පුරාවටම පින්වත් සාරිපුත්තයන් හටත් වෙනස් වෙනස් කියුම්වලින්, වෙනස් වෙනස් ක්‍රමවලින් උත්තර දෙන්න පුළුවනි.

රෑ දහවල් දෙකක් පුරාවට පින්වත් සාරිපුත්තයන්ගෙන් ඔය කාරණය ගැන වෙනස් වෙනස් කියුම් වලින්, වෙනස් වෙනස් ක්‍රමවලින් ඔය අර්ථය මම විමසනවා නම්, ඒ රෑ දහවල් දෙක පුරාවටම පින්වත් සාරිපුත්තයන් හටත් වෙනස් වෙනස් කියුම්වලින්, වෙනස් වෙනස් ක්‍රමවලින් උත්තර දෙන්න පුළුවනි.

රෑ දහවල් තුනක් පුරාවට ....(පෙ).... රෑ දහවල් හතරක් පුරාවට ....(පෙ).... රෑ දහවල් පහක් පුරාවට ....(පෙ).... රෑ දහවල් හයක් පුරාවට ....(පෙ).... රෑ දහවල් හතක් පුරාවට පින්වත් සාරිපුත්තයන්ගෙන් ඔය කාරණය ගැන වෙනස් වෙනස් කියුම් වලින්, වෙනස් වෙනස් ක්‍රමවලින් ඔය අර්ථය මම විමසනවා නම් ඒ රෑ දහවල් හත පුරාවටම පින්වත් සාරිපුත්තයන් හටත් වෙනස් වෙනස් කියුම්වලින්, වෙනස් වෙනස් ක්‍රමවලින් උත්තර දෙන්න පුළුවනි."

සාදු! සාදු!! සාදු!!!

කළාර සූත්‍රය නිමා විය.

1.4.3.
ඤාණවත්ථු සූත්‍රය
ඤාණය ලැබීමේ කරුණු ගැන වදාළ දෙසුම

33. සැවැත් නුවරදී ....

"පින්වත් මහණෙනි, ඤාණය ලැබීමේ කරුණු හතළිස් හතරක් ගැන මා ඔබට දේශනා කරන්නම්. එයා හොඳින් අහගන්න ඕන. ....(පෙ).... පින්වත් මහණෙනි, ඤාණය ලැබීමේ කරුණු හතළිස් හතර මොනවාද?

ජරා මරණ ගැන දන්නා නුවණ. ජරා මරණ හටගැනීම ගැන දන්නා නුවණ. ජරා මරණ නිරුද්ධ වීම ගැන දන්නා නුවණ. ජරා මරණ නිරුද්ධ වීමේ මග ගැන දන්නා නුවණ.

ඉපදීම ගැන දන්නා නුවණ. ඉපදීම හටගැනීම ගැන දන්නා නුවණ. ඉපදීම නිරුද්ධ වීම ගැන දන්නා නුවණ. ඉපදීම නිරුද්ධ වීමේ මග ගැන දන්නා නුවණ.

භවය ගැන දන්නා නුවණ. භවය හටගැනීම ගැන දන්නා නුවණ. භවය නිරුද්ධ වීම ගැන දන්නා නුවණ. භවය නිරුද්ධ වීමේ මග ගැන දන්නා නුවණ.

උපාදාන ගැන දන්නා නුවණ ....(පෙ).... තණ්හාව ගැන දන්නා නුවණ ....(පෙ).... විඳීම ගැන දන්නා නුවණ ....(පෙ).... ස්පර්ශය ගැන දන්නා නුවණ ....(පෙ).... ආයතන හය ගැන දන්නා නුවණ ....(පෙ).... නාමරූප ගැන දන්නා නුවණ ....(පෙ).... විඤ්ඤාණය ගැන දන්නා නුවණ ....(පෙ).... සංස්කාර ගැන දන්නා නුවණ. සංස්කාර හටගැනීම ගැන දන්නා නුවණ. සංස්කාර නිරුද්ධ වීම ගැන දන්නා නුවණ. සංස්කාර නිරුද්ධ වීමේ මග ගැන දන්නා නුවණ.

පින්වත් මහණෙනි, ජරා මරණ කියන්නේ මොකක්ද? ඒ ඒ සත්ව ලෝකවල සිටින ඒ ඒ සත්වයන්ගේ දිරා යාමක්, මහළු වන ස්වභාවයක්, දත් වැටීමක්, කෙස් පැහීමක්, ඇඟපත රැළි වැටීමක්, ආයුෂ පිරිහී යාමක් ඇද්ද, ඇස්, කණ් ආදී ඉඳුරන්ගේ මෝරා යාමක් ඇද්ද, මේකට තමයි ජරාව කියල කියන්නේ.

ඒ ඒ සත්වයන් ඒ ඒ සත්ව ලෝකවලින් යම් චුත වීමක්, චුත වන

ස්වභාවයක්, බිඳීයාමක්, අතුරුදහන් වීමක්, මරණයට පත්වීමක්, කළුරිය කිරීමක්, ස්කන්ධයන්ගේ බිඳීයාමක්, සිරුර අත්හැර දැමීමක් ඇද්ද, මේකට තමයි මරණය කියන්නේ. මේ විදිහට මේ ජරාවත්, මේ මරණයත් කියන මෙයටයි, පින්වත් මහණෙනි, ජරා මරණ කියන්නේ.

ඉපදීම හටගැනීමෙනුයි ජරා මරණ හටගන්නේ. ඉපදීම නිරුද්ධ වීමෙනුයි ජරා මරණ නිරුද්ධ වන්නේ. ජරා මරණ නිරුද්ධ වීම පිණිස පවතින වැඩපිළිවෙල නම්, මේ ආර්ය අෂ්ටාංගික මාර්ගයමයි. එනම්, සම්මා දිට්ඨි, සම්මා සංකප්ප, සම්මා වාචා, සම්මා කම්මන්ත, සම්මා ආජීව, සම්මා වායාම, සම්මා සති, සම්මා සමාධි යන මෙයයි.

පින්වත් මහණෙනි, යම් දවසක ආර්ය ශ්‍රාවකයා ඔය විදිහට ජරා මරණ ගැන දන්නවා නම්, ජරා මරණ හටගැනීම ගැන දන්නවා නම්, ජරා මරණ නිරුද්ධ වීම ගැන දන්නවා නම්, ජරා මරණ නිරුද්ධ වීමේ මාර්ගය ගැන දන්නවා නම්, ඒක තමයි ධර්මය පිළිබඳව ඔහුගේ නුවණ. **(ඉදමස්ස ධම්මේ ඤාණං)** ඔහු විසින් දැකපු, අවබෝධ කරපු, අකාලික වූ, තමා විසින් පැමිණුන, බැසගත්ත මේ ධර්මයෙන් අතීතයත්, අනාගතයත් එම දහම් ක්‍රමයට අනුවම ගලපා බලයි.

අතීතයේ සිටිය යම්කිසි ශ්‍රමණයන් හෝ බ්‍රාහ්මණයන් හෝ ජරා මරණ ගැන අවබෝධ කරගත්තා නම්, ජරා මරණ හටගැනීම ගැන අවබෝධ කරගත්තා නම්, ජරා මරණ නිරුද්ධ වීම ගැන අවබෝධ කරගත්තා නම්, ජරා මරණ නිරුද්ධ වීමේ මාර්ගය ගැන අවබෝධ කරගත්තා නම්, ඒ සියලු දෙනාම මං දැන් අවබෝධ කරන්නේ යම් ආකාරයෙන්ද, ඒ ආකාරයටමයි අවබෝධ කරගෙන තියෙන්නේ.

අනාගතයේ ඇතිවන්නා වූ යම්කිසි ශ්‍රමණයන් හෝ බ්‍රාහ්මණයන් හෝ ජරා මරණ ගැන අවබෝධ කරගන්නවා නම්, ජරා මරණ හටගැනීම ගැන අවබෝධ කරගන්නවා නම්, ජරා මරණ නිරුද්ධ වීම ගැන අවබෝධ කරගන්නවා නම්, ජරා මරණ නිරුද්ධ වීමේ මාර්ගය ගැන අවබෝධ කරගන්නවා නම්, ඒ සියලු දෙනාම මං දැන් අවබෝධ කරන්නේ යම් ආකාරයකින්ද, ඒ ආකාරයටමයි අවබෝධ කරගන්නේ. මේක තමයි ධර්මයට අනුව ගලපා බැලීමෙන් ලත් ඔහුගේ නුවණ. **(ඉදමස්ස අන්වයේ ඤාණං)**

පින්වත් මහණෙනි, යම් දවසක ආර්ය ශ්‍රාවකයා හට ධම්මේ ඤාණයත්, අන්වයේ ඤාණයත් යන මේ ඤාණ දෙක පිරිසිදු විදිහට, පැහැබර විදිහට අවබෝධ වුණොත් පින්වත් මහණෙනි, මේ ආර්ය ශ්‍රාවකයාටයි සම්මා

දිට්ඨියෙන් යුක්ත කෙනා කියන්නේ. ආර්ය සත්‍යය දර්ශනයෙන් යුක්ත කෙනා කියෙන්නේ. මේ සද්ධර්මය වෙත පැමිණුන කෙනා කියන්නේ. මේ සද්ධර්මය දකින කෙනා කියන්නේ. ආර්ය මාර්ගයෙහි හික්මෙන නුවණැත්තා කියන්නේ. ආර්ය මාර්ගය ගැන අවබෝධය තිබෙන කෙනා කියන්නේ. මේ දහම් සැඩ පහරට පැමිණුන කෙනා කියන්නේ. ආර්යභාවයට පත්කරවන කළකිරීමෙන් යුතු කෙනා කියන්නේ. ඒ අමා නිවන් දොරෙහි වැදි වැදී සිටින කෙනා කියන්නේ.

පින්වත් මහණෙනි, ඉපදීම කියන්නේ මොකක්ද? ඒ ඒ සත්ව කොට්ඨාශ තුළ ඒ ඒ ....(පෙ).... පින්වත් මහණෙනි, භවය කියන්නේ මොකක්ද? ....(පෙ).... පින්වත් මහණෙනි, උපාදාන කියන්නේ මොකක්ද? ....(පෙ).... පින්වත් මහණෙනි, තණ්හාව කියන්නේ මොකක්ද? ....(පෙ).... පින්වත් මහණෙනි, විඳීම කියන්නේ මොකක්ද? ....(පෙ).... පින්වත් මහණෙනි, ස්පර්ශය කියන්නේ මොකක්ද? ....(පෙ).... පින්වත් මහණෙනි, ආයතන හය කියන්නේ මොකක්ද? ....(පෙ).... පින්වත් මහණෙනි, නාමරූප කියන්නේ මොකක්ද? ....(පෙ).... පින්වත් මහණෙනි, විඤ්ඤාණය කියන්නේ මොකක්ද? ....(පෙ).... පින්වත් මහණෙනි, සංස්කාර කියන්නේ මොනවාද? පින්වත් මහණෙනි, සංස්කාර තුනක් තියෙනවා. ඒවාට තමයි කාය සංස්කාර, වචී සංස්කාර, චිත්ත සංස්කාර කියන්නේ. පින්වත් මහණෙනි, මේවාට තමයි සංස්කාර කියන්නේ. අවිද්‍යාව හටගැනීමෙනුයි සංස්කාර හටගන්නේ. අවිද්‍යාව නිරුද්ධ වීමෙනුයි සංස්කාර නිරුද්ධ වන්නේ. සංස්කාර නිරුද්ධ වීම පිණිස පවතින වැඩපිළිවෙල නම්, මේ ආර්ය අෂ්ටාංගික මාර්ගයමයි. එනම්, සම්මා දිට්ඨි, සම්මා සංකප්ප, සම්මා වාචා, සම්මා කම්මන්ත, සම්මා ආජීව, සම්මා වායාම, සම්මා සති, සම්මා සමාධි යන මෙයයි.

පින්වත් මහණෙනි, යම් දවසක ආර්ය ශ්‍රාවකයා ඔය විදිහට සංස්කාර ගැන දන්නවා නම්, සංස්කාර හටගැනීම ගැන දන්නවා නම්, සංස්කාර නිරුද්ධ වීම ගැන දන්නවා නම්, සංස්කාර නිරුද්ධ වීමේ මාර්ගය ගැන දන්නවා නම්, ඒක තමයි ධර්මය පිළිබඳව ඔහුගේ නුවණ. **(ඉදමස්ස ධම්මේ ඤාණං)** ඔහු විසින් දැකපු, අවබෝධ කරපු, අකාලික වූ, තමා විසින් පැමිණුන, බැසගත්ත මේ ධර්මයෙන් අතීතයත්, අනාගතයත් එම දහම් ක්‍රමයට අනුවම ගලපා බලයි.

අතීතයේ සිටිය යම්කිසි ශ්‍රමණයන් හෝ බ්‍රාහ්මණයන් හෝ සංස්කාර ගැන අවබෝධ කරගත්තා නම්, සංස්කාර හටගැනීම ගැන අවබෝධ කරගත්තා නම්, සංස්කාර නිරුද්ධ වීම ගැන අවබෝධ කරගත්තා නම්, සංස්කාර නිරුද්ධ වීමේ මාර්ගය ගැන අවබෝධ කරගත්තා නම්, ඒ සියලු දෙනාම මං දැන් අවබෝධ කරන්නේ යම් ආකාරයෙන්ද, ඒ ආකාරයටමයි අවබෝධ කරගෙන තියෙන්නේ.

අනාගතයේ ඇතිවන්නා වූ යම්කිසි ශ්‍රමණයන් හෝ බ්‍රාහ්මණයන් හෝ සංස්කාර ගැන අවබෝධ කරගන්නවා නම්, සංස්කාර හටගැනීම ගැන අවබෝධ කරගන්නවා නම්, සංස්කාර නිරුද්ධ වීම ගැන අවබෝධ කරගන්නවා නම්, සංස්කාර නිරුද්ධ වීමේ මාර්ගය ගැන අවබෝධ කරගන්නවා නම්, ඒ සියලු දෙනාම මං දැන් අවබෝධ කරන්නේ යම් ආකාරයකින්ද, ඒ ආකාරයටමයි අවබෝධ කරගන්නේ. මේක තමයි ධර්මයට අනුව ගලපා බැලීමෙන් ලත් ඔහුගේ නුවණ. **(ඉදමස්ස අන්වයේ ඤාණං)**

පින්වත් මහණෙනි, යම් දවසක ආර්ය ශ්‍රාවකයා හට ධම්මේ ඤාණයත්, අන්වයේ ඤාණයත් යන මේ ඤාණ දෙක පිරිසිදු විදිහට, පැහැබර විදිහට අවබෝධ වුණොත් පින්වත් මහණෙනි, මේ ආර්ය ශ්‍රාවකයාටයි සම්මා දිට්ඨියෙන් යුක්ත කෙනා කියන්නේ. ආර්ය සත්‍යය දර්ශනයෙන් යුක්ත කෙනා කියෙන්නේ. මේ සද්ධර්මය වෙත පැමිණුන කෙනා කියන්නේ. මේ සද්ධර්මය දකින කෙනා කියන්නේ. ආර්ය මාර්ගයෙහි හික්මෙන නුවණැත්තා කියන්නේ. ආර්ය මාර්ගය ගැන අවබෝධය තිබෙන කෙනා කියන්නේ. මේ දහම් සැඩ පහරට පැමිණුන කෙනා කියන්නේ. ආර්යභාවයට පත්කරවන කළකිරීමෙන් යුතු කෙනා කියන්නේ. ඒ අමා නිවන් දොරෙහි වැදි වැදී සිටින කෙනා කියන්නේ.

සාදු! සාදු!! සාදු!!!

ඤාණවත්ථු සූත්‍රය නිමා විය.

1.4.4.

දුතිය ඤාණවත්ථු සූත්‍රය

ඤාණය ලැබීමේ කරුණු ගැන වදාළ දෙවෙනි දෙසුම

34. සැවැත් නුවරදී ....

පින්වත් මහණෙනි, ඤාණය ලැබීමේ කරුණු හැත්තෑ හතක් ගැන මා ඔබට දේශනා කරන්නම්. එයා හොඳින් අහගන්න ඕන. ....(පෙ).... පින්වත් මහණෙනි, ඤාණය ලැබීමේ කරුණු හැත්තෑ හත මොනවාද?

ඉපදීම හේතු කොටගෙන ජරා මරණ ඇති වන බව දන්නා නුවණ. ඉපදීමක් නැත්නම් ජරා මරණ නැති බව දන්නා නුවණ. අතීතයේදී ජරා මරණ

ඇති වූයේ ඉපදීම හේතු කොට ගෙන බව දන්නා නුවණ. අතීතයේදීත් ජරා මරණ නැති වූයේ ඉපදීම නැති වීමෙන් බව දන්නා නුවණ. අනාගතයේදී ජරා මරණ ඇති වන්නේ ඉපදීම හේතු කොට ගෙන බව දන්නා නුවණ. අනාගතයේදීත් ජරා මරණ නැති වන්නේ ඉපදීම නැති වීමෙන් බව දන්නා නුවණ. මේ පටිච්චසමුප්පාද ධර්මයන්ගේ පැවැත්ම ගැන යම් අවබෝධයක් ඇද්ද, එය ද ක්ෂය වී යන ස්වභාවයෙන් යුක්තය. වැනැසී යන ස්වභාවයෙන් යුක්තය. නොඇලිය යුතු ස්වභාවයෙන් යුක්තය. ඇල්ම නිරුද්ධ කළ යුතු ස්වභාවයෙන් යුක්තයැයි දන්නා නුවණ.

භවය හේතු කොටගෙන ඉපදීම ඇති වන බව දන්නා නුවණ ....(පෙ).... උපාදාන හේතු කොටගෙන භවය ඇති වන බව දන්නා නුවණ ....(පෙ).... තණ්හාව හේතු කොටගෙන උපාදාන ඇති වන බව දන්නා නුවණ ....(පෙ).... විඳීම හේතු කොටගෙන තණ්හාව ඇති වන බව දන්නා නුවණ ....(පෙ).... ස්පර්ශය හේතු කොටගෙන විඳීම ඇති වන බව දන්නා නුවණ ....(පෙ).... ආයතන හය හේතු කොටගෙන ස්පර්ශය ඇති වන බව දන්නා නුවණ ....(පෙ).... නාමරූප හේතු කොටගෙන ආයතන හය ඇති වන බව දන්නා නුවණ ....(පෙ).... විඤ්ඤාණය හේතු කොටගෙන නාමරූප ඇති වන බව දන්නා නුවණ ....(පෙ).... සංස්කාර හේතු කොටගෙන විඤ්ඤාණ ඇති වන බව දන්නා නුවණ ....(පෙ).... අවිද්‍යාව හේතු කොටගෙන සංස්කාර ඇති වන බව දන්නා නුවණ. අවිද්‍යාව නැත්නම් සංස්කාර නැති බව දන්නා නුවණ. අතීතයේදී සංස්කාර ඇති වූයේ අවිද්‍යාව හේතු කොට ගෙන බව දන්නා නුවණ. අතීතයේදීත් සංස්කාර නැති වූයේ අවිද්‍යාව නැති වීමෙන් බව දන්නා නුවණ. අනාගතයේදී සංස්කාර ඇති වන්නේ අවිද්‍යාව හේතු කොට ගෙන බව දන්නා නුවණ. අනාගතයේදීත් සංස්කාර නැති වන්නේ අවිද්‍යාව නැති වීමෙන් බව දන්නා නුවණ. මේ පටිච්චසමුප්පාද ධර්මයන්ගේ පැවැත්ම ගැන යම් අවබෝධයක් ඇද්ද, එය ද ක්ෂය වී යන ස්වභාවයෙන් යුක්තය. වැනැසී යන ස්වභාවයෙන් යුක්තය. නොඇලිය යුතු ස්වභාවයෙන් යුක්තය. ඇල්ම නිරුද්ධ කළ යුතු ස්වභාවයෙන් යුක්තයැයි දන්නා නුවණ.

පින්වත් මහණෙනි, මේවාට කියන්නේ නුවණ ලැබීමේ කාරණා හැත්තෑ හත කියාය.

සාදු! සාදු!! සාදු!!!

දුතිය ඤාණවත්ථු සූත්‍රය නිමා විය.

1.4.5.
අවිජ්ජාදී පච්චය දේසනා සූත්‍රය
අවිද්‍යා ආදී හේතු ධර්මයන් ගැන වදාළ දෙසුම

35. සැවැත් නුවරදී ....

"පින්වත් මහණෙනි, අවිද්‍යාව හේතු කොට ගෙන සංස්කාර ඇතිවේ. සංස්කාර හේතු කොට ගෙන විඤ්ඤාණය ඇති වේ. ....(පෙ).... ඔය ආකාරයට මේ මුළු මහත් දුක් රැසේ හටගැනීම සිදුවේ."

ඔය විදිහට පවසා වදාළ වෙලාවේ එක්තරා භික්ෂුවක් භාග්‍යවතුන් වහන්සේගෙන් මෙහෙම ඇසුවා.

"ස්වාමීනී, ජරා මරණ කියන්නේ මොනවාද? මේ ජරා මරණ කාගේද?"

"ඕක අදාළ නැති ප්‍රශ්නයක්" කියල භාග්‍යවතුන් වහන්සේ වදාළා. " පින්වත් භික්ෂුව, යමෙක් මෙහෙම කියනවා. 'ජරා මරණ කියන්නේ මොනවාද? මේ ජරා මරණ කාගෙද?' පින්වත් භික්ෂුව, තව කෙනෙක් මෙහෙම කියනවා, 'ජරා මරණ කියන්නේ වෙන දෙයක්. මේ ජරා මරණ වෙන කෙනෙකුගේ දෙයක්' කියලා. කියන ක්‍රමය වෙනස් වුණාට ඔය දෙකේම අර්ථය එකයි.

පින්වත් භික්ෂුව, 'එයමයි ජීවය, එයමයි ශරීරය' කියන දෘෂ්ටිය තිබුණොත් නම් මේ නිවන් මගේ ප්‍රතිඵල ලබන්නට බෑ. ඒ වගේම පින්වත් භික්ෂුව, 'ජීවය වෙන එකක්. ශරීරය වෙන එකක්' කියන දෘෂ්ටිය තිබුණොත් එතකොටත් මේ නිවන් මගේ ප්‍රතිඵල ලබන්නට බෑ. පින්වත් භික්ෂුව, තථාගතයන් වහන්සේ ඔය අන්ත දෙකට නොපැමිණ මධ්‍යම මාර්ගයෙනුයි දහම් දෙසන්නේ. 'ඉපදීම හේතු කොට ගෙන ජරා මරණ ඇතිවෙනවා' කියලා.

"ස්වාමීනී, ඉපදීම කියන්නේ මොනවාද? මේ ඉපදීම කාගෙද?"

"ඕක අදාළ නැති ප්‍රශ්නයක්" කියල භාග්‍යවතුන් වහන්සේ වදාළා. " පින්වත් භික්ෂුව, යමෙක් මෙහෙම කියනවා. 'ඉපදීම කියන්නේ මොනවාද? මේ ඉපදීම කාගෙද?' පින්වත් භික්ෂුව, තව කෙනෙක් මෙහෙම කියනවා, 'ඉපදීම කියන්නේ වෙන දෙයක්. මේ ඉපදීම වෙන කෙනෙකුගේ දෙයක්' කියලා. කියන ක්‍රමය වෙනස් වුණාට ඔය දෙකේම අර්ථය එකයි.

පින්වත් භික්ෂුව, 'එයමයි ජීවය, එයමයි ශරීරය' කියන දෘෂ්ටිය තිබුණොත් නම් මේ නිවන් මගේ ප්‍රතිඵල ලබන්නට බෑ. ඒ වගේම පින්වත් භික්ෂුව, 'ජීවය වෙන එකක්. ශරීරය වෙන එකක්' කියන දෘෂ්ටිය තිබුණොත් එතකොටත් මේ නිවන් මගේ ප්‍රතිඵල ලබන්නට බෑ. පින්වත් භික්ෂුව, තථාගතයන් වහන්සේ ඔය අන්ත දෙකට නොපැමිණ මධ්‍යම මාර්ගයෙනුයි දහම් දෙසන්නේ. 'භවය හේතු කොට ගෙන ඉපදීම ඇතිවෙනවා' කියලා.

"ස්වාමීනී, භවය කියන්නේ මොකක්ද? මේ භවය කාගෙද?"

"ඕක අදාළ නැති ප්‍රශ්නයක්" කියල භාග්‍යවතුන් වහන්සේ වදාළා. "පින්වත් භික්ෂුව, යමෙක් මෙහෙම කියනවා. 'භවය කියන්නේ මෙකක්ද? මේ භවය කාගෙද?' පින්වත් භික්ෂුව, තව කෙනෙක් මෙහෙම කියනවා, 'භවය කියන්නේ වෙන දෙයක්. මේ භවය වෙන කෙනෙකුගේ දෙයක්' කියලා. කියන ක්‍රමය වෙනස් වුණාට ඔය දෙකේම අර්ථය එකයි.

පින්වත් භික්ෂුව, 'එයමයි ජීවය, එයමයි ශරීරය' කියන දෘෂ්ටිය තිබුණොත් නම් මේ නිවන් මගේ ප්‍රතිඵල ලබන්නට බෑ. ඒ වගේම පින්වත් භික්ෂුව, 'ජීවය වෙන එකක්. ශරීරය වෙන එකක්' කියන දෘෂ්ටිය තිබුණොත් එතකොටත් මේ නිවන් මගේ ප්‍රතිඵල ලබන්නට බෑ. පින්වත් භික්ෂුව, තථාගතයන් වහන්සේ ඔය අන්ත දෙකට නොපැමිණ මධ්‍යම මාර්ගයෙනුයි දහම් දෙසන්නේ. උපාදාන හේතු කොට ගෙන භවය ඇතිවෙනවා කියලා. ....(පෙ).... තණ්හාව හේතු කොට ගෙන උපාදාන ඇතිවෙනවා කියලා. ....(පෙ).... විඳීම හේතු කොට ගෙන තණ්හාව ඇතිවෙනවා කියලා ....(පෙ).... ස්පර්ශය හේතු කොට ගෙන විඳීම ඇතිවෙනවා කියලා ....(පෙ).... ආයතන හය හේතු කොට ගෙන ස්පර්ශය ඇතිවෙනවා කියලා ....(පෙ).... නාමරූප හේතු කොට ගෙන ආයතන හය ඇතිවෙනවා කියලා ....(පෙ).... විඤ්ඤාණය හේතු කොට ගෙන නාමරූප ඇතිවෙනවා කියලා ....(පෙ).... සංස්කාර හේතු කොට ගෙන විඤ්ඤාණය ඇතිවෙනවා කියලා ....(පෙ)....

"ස්වාමීනී, සංස්කාර කියන්නේ මොනවාද? මේ සංස්කාර කාගෙද?"

"ඕක අදාළ නැති ප්‍රශ්නයක්" කියල භාග්‍යවතුන් වහන්සේ වදාළා. "පින්වත් භික්ෂුව, යමෙක් මෙහෙම කියනවා. 'සංස්කාර කියන්නේ මොනවාද? මේ සංස්කාර කාගෙද?' පින්වත් භික්ෂුව, තව කෙනෙක් මෙහෙම කියනවා, 'සංස්කාර කියන්නේ වෙන දෙයක්. මේ සංස්කාර වෙන කෙනෙකුගේ දෙයක්' කියලා. කියන ක්‍රමය වෙනස් වුණාට ඔය දෙකේම අර්ථය එකයි.

පින්වත් භික්ෂුව, 'එයමයි ජීවය, එයමයි ශරීරය' කියන දෘෂ්ටිය තිබුණොත් නම් මේ නිවන් මගේ ප්‍රතිඵල ලබන්නට බෑ. ඒ වගේම පින්වත් භික්ෂුව, 'ජීවය වෙන එකක්. ශරීරය වෙන එකක්' කියන දෘෂ්ටිය තිබුණොත් එතකොටත් මේ නිවන් මගේ ප්‍රතිඵල ලබන්නට බෑ. පින්වත් භික්ෂුව, තථාගතයන් වහන්සේ ඔය අන්ත දෙකට නොපැමිණ මධ්‍යම මාර්ගයෙනුයි දහම් දෙසන්නේ. 'අවිද්‍යාව හේතු කොට ගෙන සංස්කාර ඇතිවෙනවා' කියලා.

පින්වත් භික්ෂුව, ඒ අවිද්‍යාව සහමුලින්ම ඉතිරි නැතිව නිරුද්ධ වීමෙන් යම්කිසි යවුල් වැනි දෘෂ්ටි ඇත්නම්, පටලැවෙන මතවාද ඇත්නම්, කම්පා වන මතවාද ඇත්නම්, ඔය එක එක දේවල්, ඒ කියන්නේ 'ජරා මරණ කියන්නේ මොනවද? මේ ජරා මරණ කාගෙද?' කියල හරි, 'ජරා මරණ වෙන දෙයක්. ජරා මරණ වෙන කෙනෙකුගේ දෙයක්' කියල හරි, 'එයයි ජීවය. එයයි ශරීරය' කියල හරි, 'ජීවය වෙන එකක්. ශරීරය වෙන එකක්' කියල හරි මතවාද ඇත්නම්, ඒ හැම දෙයක්ම ඔහුට ප්‍රහාණය වෙලා යනවා. මුලින්ම සිඳිලා යනවා. කරටිය කැඩිච්ච තල් ගහක් වගේ වෙලා යනවා. අභාවයට පත්වෙලා යනවා. ආයෙ කවදාවත්ම හට නොගන්නා ස්වභාවයට පත්වෙලා යනවා.

පින්වත් භික්ෂුව, ඒ අවිද්‍යාව සහමුලින්ම ඉතිරි නැතිව නිරුද්ධ වීමෙන් යම්කිසි යවුල් වැනි දෘෂ්ටි ඇත්නම්, පටලැවෙන මතවාද ඇත්නම්, කම්පා වන මතවාද ඇත්නම්, ඔය එක එක දේවල්, ඒ කියන්නේ 'ඉපදීම කියන්නේ මොකක්ද? මේ ඉපදීම කාගෙද?' කියල හරි, 'ඉපදීම වෙන දෙයක්. ඉපදීම වෙන කෙනෙකුගේ දෙයක්' කියල හරි, 'එයයි ජීවය. එයයි ශරීරය' කියල හරි, 'ජීවය වෙන එකක්. ශරීරය වෙන එකක්' කියල හරි මතවාද ඇත්නම්, ඒ හැම දෙයක්ම ඔහුට ප්‍රහාණය වෙලා යනවා. මුලින්ම සිඳිලා යනවා. කරටිය කැඩිච්ච තල් ගහක් වගේ වෙලා යනවා. අභාවයට පත්වෙලා යනවා. ආයෙ කවදාවත්ම හට නොගන්නා ස්වභාවයට පත්වෙලා යනවා.

පින්වත් භික්ෂුව, ඒ අවිද්‍යාව සහමුලින්ම ඉතිරි නැතිව නිරුද්ධ වීමෙන් යම්කිසි යවුල් වැනි දෘෂ්ටි ඇත්නම්, පටලැවෙන මතවාද ඇත්නම්, කම්පා වන මතවාද ඇත්නම්, ඔය එක එක දේවල්, ඒ කියන්නේ 'භවය කියන්නේ මොකක්ද? මේ භවය කාගෙද?' කියල හරි, 'භවය වෙන දෙයක්. භවය වෙන කෙනෙකුගේ දෙයක්' කියල හරි, 'එයයි ජීවය. එයයි ශරීරය' කියල හරි, 'ජීවය වෙන එකක්. ශරීරය වෙන එකක්' කියල හරි මතවාද ඇත්නම්, ඒ හැම දෙයක්ම ඔහුට ප්‍රහාණය වෙලා යනවා. මුලින්ම සිඳිලා යනවා. කරටිය කැඩිච්ච තල් ගහක් වගේ වෙලා යනවා. අභාවයට පත්වෙලා යනවා. ආයෙ කවදාවත්ම හට නොගන්නා ස්වභාවයට පත්වෙලා යනවා.

පින්වත් භික්ෂුව, ඒ අවිද්‍යාව සහමුලින්ම ඉතිරි නැතිව නිරුද්ධ වීමෙන් යම්කිසි යවුල් වැනි දෘෂ්ටි ඇත්නම්, පටලැවෙන මතවාද ඇත්නම්, කම්පා වන මතවාද ඇත්නම්, ඔය එක එක දේවල්, ඒ කියන්නේ උපාදාන කියන්නේ මොකක්ද? ....(පෙ).... තණ්හාව කියන්නේ මොකක්ද? ....(පෙ).... විඳීම කියන්නේ මොකක්ද? ....(පෙ).... ස්පර්ශය කියන්නේ මොකක්ද? ....(පෙ).... ආයතන හය කියන්නේ මොකක්ද? ....(පෙ).... නාමරූප කියන්නේ මොකක්ද? ....(පෙ).... විඤ්ඤාණය කියන්නේ මොකක්ද? ....(පෙ)....

පින්වත් භික්ෂුව, ඒ අවිද්‍යාව සහමුලින්ම ඉතිරි නැතිව නිරුද්ධ වීමෙන් යම්කිසි යවුල් වැනි දෘෂ්ටි ඇත්නම්, පටලැවෙන මතවාද ඇත්නම්, කම්පා වන මතවාද ඇත්නම්, ඔය එක එක දේවල්, ඒ කියන්නේ 'සංස්කාර කියන්නේ මොනවාද? මේ සංස්කාර කාගෙද? කියලා හරි, 'සංස්කාර වෙන දෙයක්. සංස්කාර වෙන කෙනෙකුගේ දෙයක්' කියල හරි, 'එයයි ජීවය. එයයි ශරීරය' කියල හරි, 'ජීවය වෙන එකක්. ශරීරය වෙන එකක්' කියල හරි මතවාද ඇත්නම්, ඒ හැම දෙයක්ම ඔහුට ප්‍රහාණය වෙලා යනවා. මුලින්ම සිඳිලා යනවා. කරටිය කැඩිච්ච තල් ගහක් වගේ වෙලා යනවා. අභාවයට පත්වෙලා යනවා. ආයෙ කවදාවත්ම හට නොගන්නා ස්වභාවයට පත්වෙලා යනවා.

සාදු! සාදු!! සාදු!!!

අවිජ්ජාදී පච්චය දේසනා සූත්‍රය නිමා විය.

1.4.6.

දුතිය අවිජ්ජාදී පච්චය සූත්‍රය

අවිද්‍යා ආදී හේතු ධර්මයන් ගැන වදාළ දෙවෙනි දෙසුම

36. සැවැත් නුවරදී ....

පින්වත් මහණෙනි, අවිද්‍යාව හේතු කොට ගෙන සංස්කාර ඇතිවේ. සංස්කාර හේතු කොට ගෙන විඤ්ඤාණය ඇති වේ. ....(පෙ).... ඔය ආකාරයට මේ මුළු මහත් දුක් රැසේ හටගැනීම සිදු වේ.

පින්වත් මහණෙනි, යමෙක් මෙහෙම කියනවා. 'ජරා මරණ කියන්නේ මොනවාද? මේ ජරා මරණ කාගෙද?' පින්වත් මහණෙනි, තව කෙනෙක් මෙහෙම කියනවා, 'ජරා මරණ කියන්නේ වෙන දෙයක්. මේ ජරා මරණ වෙන

කෙනෙකුගේ දෙයක්' කියලා. කියන ක්‍රමය වෙනස් වුණාට ඔය දෙකේම අර්ථය එකයි.

පින්වත් මහණෙනි, 'එයමයි ජීවය, එයමයි ශරීරය' කියන දෘෂ්ටිය තිබුණොත් නම් මේ නිවන් මගේ ප්‍රතිඵල ලබන්නට බෑ. ඒ වගේම පින්වත් මහණෙනි, 'ජීවය වෙන එකක්. ශරීරය වෙන එකක්' කියන දෘෂ්ටිය තිබුණොත් එතකොටත් මේ නිවන් මගේ ප්‍රතිඵල ලබන්නට බෑ. පින්වත් මහණෙනි, තථාගතයන් වහන්සේ ඔය අන්ත දෙකට නොපැමිණ මධ්‍යම මාර්ගයෙනුයි දහම් දෙසන්නේ. 'ඉපදීම හේතු කොට ගෙන ජරා මරණ ඇතිවෙනවා' කියලා.

ඉපදීම කියන්නේ මොකක්ද? ....(පෙ).... භවය කියන්නේ මොකක්ද? ....(පෙ).... උපාදාන කියන්නේ මොකක්ද? ....(පෙ).... තණ්හාව කියන්නේ මොකක්ද? ....(පෙ).... විඳීම කියන්නේ මොකක්ද? ....(පෙ).... ස්පර්ශය කියන්නේ මොකක්ද? ....(පෙ).... ආයතන හය කියන්නේ මොකක්ද? ....(පෙ).... නාමරූප කියන්නේ මොකක්ද? ....(පෙ).... විඤ්ඤාණය කියන්නේ මොකක්ද? ....(පෙ)....

පින්වත් මහණෙනි, යමෙක් මෙහෙම කියනවා. 'සංස්කාර කියන්නේ මොනවාද? මේ සංස්කාර කාගෙද?' පින්වත් මහණෙනි, තව කෙනෙක් මෙහෙම කියනවා, 'සංස්කාර කියන්නේ වෙන දෙයක්. මේ සංස්කාර වෙන කෙනෙකුගේ දෙයක්' කියලා. කියන ක්‍රමය වෙනස් වුණාට ඔය දෙකේම අර්ථය එකයි.

පින්වත් මහණෙනි, 'එයමයි ජීවය, එයමයි ශරීරය' කියන දෘෂ්ටිය තිබුණොත් නම් මේ නිවන්- මගේ ප්‍රතිඵල ලබන්නට බෑ. ඒ වගේම පින්වත් මහණෙනි, 'ජීවය වෙන එකක්. ශරීරය වෙන එකක්' කියන දෘෂ්ටිය තිබුණොත් එතකොටත් මේ නිවන් මගේ ප්‍රතිඵල ලබන්නට බෑ. පින්වත් මහණෙනි, තථාගතයන් වහන්සේ ඔය අන්ත දෙකට නොපැමිණ මධ්‍යම මාර්ගයෙනුයි දහම් දෙසන්නේ. 'අවිද්‍යාව හේතු කොට ගෙන සංස්කාර ඇතිවෙනවා' කියලා.

පින්වත් මහණෙනි, ඒ අවිද්‍යාව සහමුලින්ම ඉතිරි නැතිව නිරුද්ධ වීමෙන් යම්කිසි යවුල් වැනි දෘෂ්ටි ඇත්නම්, පටලැවෙන මතවාද ඇත්නම්, කම්පා වන මතවාද ඇත්නම්, ඔය එක එක දේවල්, ඒ කියන්නේ 'ජරා මරණ කියන්නේ මොනවද? මේ ජරා මරණ කාගෙද?' කියල හරි, 'ජරා මරණ වෙන දෙයක්. ජරා මරණ වෙන කෙනෙකුගේ දෙයක්' කියල හරි, 'එයයි ජීවය. එයයි ශරීරය' කියල හරි, 'ජීවය වෙන එකක්. ශරීරය වෙන එකක්' කියල හරි මතවාද ඇත්නම්, ඒ හැම දෙයක්ම ඔහුට ප්‍රහාණය වෙලා යනවා. මුලින්ම සිඳිලා යනවා. කරටිය කැඩිච්ච තල් ගහක් වගේ වෙලා යනවා. අභාවයට පත්වෙලා යනවා. ආයෙ කවදාවත්ම හට නොගන්නා ස්වභාවයට පත්වෙලා යනවා.

පින්වත් මහණෙනි, ඒ අවිද්‍යාව සහමුලින්ම ඉතිරි නැතිව නිරුද්ධ වීමෙන් යම්කිසි යවුල් වැනි දෘෂ්ටි ඇත්නම්, පටලැවෙන මතවාද ඇත්නම්, කම්පා වන මතවාද ඇත්නම්, ඔය එක එක දේවල්, ඒ කියන්නේ 'ඉපදීම කියන්නේ මොකක්ද? ....(පෙ).... භවය කියන්නේ මොකක්ද? ....(පෙ).... උපාදාන කියන්නේ මොකක්ද? ....(පෙ).... තණ්හාව කියන්නේ මොකක්ද? ....(පෙ).... විඳීම කියන්නේ මොකක්ද? ....(පෙ).... ස්පර්ශය කියන්නේ මොකක්ද? ....(පෙ).... ආයතන හය කියන්නේ මොකක්ද? ....(පෙ).... නාමරූප කියන්නේ මොකක්ද? ....(පෙ).... විඤ්ඤාණය කියන්නේ මොකක්ද? ....(පෙ)....

පින්වත් මහණෙනි, ඒ අවිද්‍යාව සහමුලින්ම ඉතිරි නැතිව නිරුද්ධ වීමෙන් යම්කිසි යවුල් වැනි දෘෂ්ටි ඇත්නම්, පටලැවෙන මතවාද ඇත්නම්, කම්පා වන මතවාද ඇත්නම්, ඔය එක එක දේවල්, ඒ කියන්නේ 'සංස්කාර කියන්නේ මොනවාද? මේ සංස්කාර කාගෙද? කියලා හරි, 'සංස්කාර වෙන දෙයක්. සංස්කාර වෙන කෙනෙකුගේ දෙයක්' කියල හරි, 'එයයි ජීවය. එයයි ශරීරය' කියල හරි, 'ජීවය වෙන එකක්. ශරීරය වෙන එකක්' කියල හරි මතවාද ඇත්නම්, ඒ හැම දෙයක්ම ඔහුට ප්‍රහාණය වෙලා යනවා. මුලින්ම සිඳිලා යනවා. කරටිය කැඩිච්ච තල් ගහක් වගේ වෙලා යනවා. අභාවයට පත්වෙලා යනවා. ආයෙ කවදාවත්ම හට නොගන්නා ස්වභාවයට පත්වෙලා යනවා.

සාදු! සාදු!! සාදු!!!

දුතිය අවිජ්ජාදී පච්චය දේසනා සූත්‍රය නිමා විය.

1.4.7.

න තුම්හ සූත්‍රය

'ඔබගේ නොවේ' යනුවෙන් වදාළ දෙසුම

37. සැවැත් නුවරදී ....

පින්වත් මහණෙනි, මේ කය ඔබගේ නොවේ. වෙන කෙනෙකුගේත් නොවේ. පින්වත් මහණෙනි, මේක පැරණි කර්මයක්. විශේෂයෙන් සකස් වුණ දෙයක්. චේතනාව මුල් කොට සකස් වුණ දෙයක්. විඳීමෙන්ම දැන ගත යුතු දෙයක්.

ඔය ගැන පින්වත් මහණෙනි, ශ්‍රැතවත් ආර්ය ශ්‍රාවකයා කරන්නේ පටිච්චසමුප්පාදයම මනා කොට සිහි කිරීම මයි. ඔය විදිහට මෙය තිබුණොත් තමයි මෙය ඇතිවෙන්නේ. මෙය ඉපදීමෙන් තමයි මෙය උපදින්නේ. මෙය නැති වුණොත් මෙය නැතිවෙලා යනවා. මෙය නිරුද්ධ වෙන කොට මෙය නිරුද්ධ වෙලා යනවා.

ඒ කියන්නේ අවිද්‍යාව හේතු කොට ගන සංස්කාර ඇතිවෙනවා. සංස්කාර හේතු කොට ගෙන විඤ්ඤාණය ඇතිවෙනවා ....(පෙ).... ඔය ආකාරයටයි මේ මුළු මහත් දුක් රැසම හටගන්නේ. ඒ අවිද්‍යාවම සහමුළින්ම නොඇල්මෙන් නිරුද්ධ වීමෙන් සංස්කාර නිරුද්ධ වෙලා යනවා. සංස්කාර නිරුද්ධ වීමෙන් විඤ්ඤාණය නිරුද්ධ වෙලා යනවා ....(පෙ).... ඔය ආකාරයටයි මේ මුළු මහත් දුක් රැසම නිරුද්ධ වෙලා යන්නේ.

සාදු! සාදු!! සාදු!!!

න තුම්හ සූත්‍රය නිමා විය.

1.4.8.

චේතනා සූත්‍රය

චේතනාව ගැන වදාළ දෙසුම

38. සැවැත් නුවර දී ....

පින්වත් මහණෙනි, යමක් ගැන සිතනවා නම්, යමක් ගැන කල්පනා කරනවා නම්, යම් දෙයක් චිත්තාභ්‍යන්තරයේ පවත්වනවා නම්, විඤ්ඤාණය පවතින්න අරමුණක් වන්නේ ඒකමයි. අරමුණක් තිබුණොත් තමයි විඤ්ඤාණයේ පැවැත්මට පිහිටක් තියෙන්නේ. ඒ අරමුණ තුළ පිහිටි විඤ්ඤාණය තමයි වර්ධනය වෙලා ආයෙමත් අනාගතයට භවයක් හැදිලා උපතක් පිණිස සකස් වෙන්නේ. ආයෙමත් අනාගතයට භවයක් හැදිලා උපතක් පිණිස සකස් වුණොත් තමයි ආයෙමත් ඉපදීම, ජරා මරණ, සෝක, වැළපීම්, කායික දුක්, මානසික දුක්, සුසුම් හෙළීම් හටගන්නේ. ඔන්න ඔය ආකාරයටයි මේ මුළු මහත් දුක් රැසේම හටගැනීම සිදුවන්නේ.

පින්වත් මහණෙනි, යමක් ගැන සිතන්නෙ නැත්නම්, යමක් ගැන කල්පනා කරන්නෙත් නැත්නම්, නමුත් යම් දෙයක් චිත්තාභ්‍යන්තරයේ

පවත්වනවා නම්, විඤ්ඤාණය පවතින්ට අරමුණක් වන්නේ ඒකමයි. අරමුණක් තිබුණොත් තමයි විඤ්ඤාණයේ පැවැත්මට පිහිටක් තියෙන්නේ. ඒ අරමුණ තුළ පිහිටි විඤ්ඤාණය තමයි වර්ධනය වෙලා ආයෙමත් අනාගතයට භවයක් හැදිලා උපතක් පිණිස සකස් වෙන්නේ. ආයෙමත් අනාගතයට භවයක් හැදිලා උපතක් පිණිස සකස් වුණොත් තමයි ආයෙමත් ඉපදීම, ජරා මරණ, සෝක, වැළපීම්, කායික දුක්, මානසික දුක්, සුසුම් හෙළීම් හටගන්නේ. ඔන්න ඔය ආකාරයටයි මේ මුළු මහත් දුක් රැසේම හටගැනීම සිදුවන්නේ.

පින්වත් මහණෙනි, යමක් ගැන සිතන්නෙ නැත්නම්, යමක් ගැන කල්පනා කරන්නෙත් නැත්නම්, ඒ වගේම යම් දෙයක් චිත්තාභ්‍යන්තරයේ පවත්වන්නෙත් නැත්නම්, විඤ්ඤාණය පවතින්නට ඒක අරමුණක් වෙන්නේ නෑ. අරමුණක් නොතිබෙන නිසා විඤ්ඤාණයේ පැවැත්මට පිහිටක් නෑ. ඒ අරමුණ තුළ නොපිහිටි විඤ්ඤාණය තමයි වර්ධනය නොවී ආයෙමත් අනාගතයට භවයක් හැදිලා උපතක් පිණිස සකස් නොවන්නේ. ආයෙමත් අනාගතයට භවයක් හැදිලා උපතක් පිණිස සකස් නොවීමෙන් තමයි අනාගතයේ ඉපදීම, ජරා මරණ, සෝක, වැළපීම්, කායික දුක්, මානසික දුක්, සුසුම් හෙළීම් නිරුද්ධ වන්නේ. ඔන්න ඔය ආකාරයටයි මේ මුළු මහත් දුක් රැසම නිරුද්ධ වෙලා යන්නේ.

සාදු! සාදු!! සාදු!!!

චේතනා සූත්‍රය නිමා විය.

1.4.9.

දුතිය චේතනා සූත්‍රය

චේතනාව ගැන වදාළ දෙවෙනි දෙසුම

39. සැවැත් නුවර දී ....

පින්වත් මහණෙනි, යමක් ගැන සිතනවා නම්, යමක් ගැන කල්පනා කරනවා නම්, යම් දෙයක් චිත්තාභ්‍යන්තරයේ පවත්වනවා නම්, විඤ්ඤාණය පවතින්න අරමුණක් වන්නේ ඒකමයි. අරමුණක් තිබුණොත් තමයි විඤ්ඤාණයේ පැවැත්මට පිහිටක් තියෙන්නේ. ඒ අරමුණ තුළ පිහිටි විඤ්ඤාණය තමයි වර්ධනය වෙලා නාමරූපය තුළ බැසගන්නේ. නාමරූප හේතු කොටගෙන ආයතන හය

ඇතිවෙනවා. ආයතන හය හේතු කොට ගෙන ස්පර්ශය ඇතිවෙනවා. ස්පර්ශය හේතු කොට ගෙන විඳීම ඇතිවෙනවා. ....(පෙ).... තණ්හාව ....(පෙ).... උපාදාන ....(පෙ).... භවය ....(පෙ).... ඉපදීම ....(පෙ).... ජරාමරණ, සෝක වැළපීම්, කායික දුක්, මානසික දුක්, සුසුම් හෙළීම් හටගන්නවා. ඔය ආකාරයටයි මේ මුළු මහත් දුක් රැසම හටගන්නේ.

පින්වත් මහණෙනි, යමක් ගැන සිතන්නෙ නැත්නම්, යමක් ගැන කල්පනා කරන්නෙත් නැත්නම්, නමුත් යම් දෙයක් චිත්තාභ්‍යන්තරයේ පවත්වනවා නම්, විඤ්ඤාණය පවතින්නට අරමුණක් වන්නේ ඒකමයි. අරමුණක් තිබුණොත් තමයි විඤ්ඤාණයේ පැවැත්මට පිහිටක් තියෙන්නේ. ඒ අරමුණ තුළ පිහිටි විඤ්ඤාණය තමයි වර්ධනය වෙලා නාමරූපය තුළ බැස ගන්නේ. නාමරූප හේතු කොට ගෙන ආයතන හය ඇතිවෙනවා. ....(පෙ).... ඔය ආකාරයටයි මේ මුළු මහත් දුක් රැසම හටගන්නේ.

පින්වත් මහණෙනි, යමක් ගැන සිතන්නෙ නැත්නම්, යමක් ගැන කල්පනා කරන්නෙත් නැත්නම්, ඒ වගේම යම් දෙයක් චිත්තාභ්‍යන්තරයේ පවත්වන්නෙත් නැත්නම්, විඤ්ඤාණය පවතින්න ඒක අරමුණක් වෙන්නේ නෑ. අරමුණක් නොතිබෙන නිසා විඤ්ඤාණයේ පැවැත්මට පිහිටක් නෑ. ඒ අරමුණ තුළ නොපිහිටි විඤ්ඤාණය තමයි වර්ධනය නොවීමෙන් නාමරූපයෙහි නොබැස ගන්නේ. නාමරූප නිරුද්ධ වීමෙන් ආයතන හය නිරුද්ධ වෙලා යනවා. ....(පෙ).... ඔය ආකාරයටයි මේ මුළු මහත් දුක් රැසම නිරුද්ධ වෙලා යන්නේ.

සාදු! සාදු!! සාදු!!!

දුතිය චේතනා සූත්‍රය නිමා විය.

1.4.10.

තතිය චේතනා සූත්‍රය

චේතනාව ගැන වදාළ තෙවෙනි දෙසුම

40. සැවැත් නුවර දී ....

පින්වත් මහණෙනි, යමක් ගැන සිතනවා නම්, යමක් ගැන කල්පනා

කරනවා නම්, යම් දෙයක් චිත්තාභ්‍යන්තරයේ පවත්වනවා නම්, විඤ්ඤාණය පවතින්න අරමුණක් වන්නේ ඒකමයි. අරමුණක් තිබුණොත් තමයි විඤ්ඤාණයේ පැවැත්මට පිහිටක් තියෙන්නේ. ඒ අරමුණ තුළ පිහිටි විඤ්ඤාණය වර්ධනය වීමෙන් තමයි තණ්හාව ඇතිවෙන්නේ. තණ්හාව තිබුණොත් තමයි ඒමක් යෑමක් තියෙන්නේ. ඒමක් යෑමක් තිබුණොත් තමයි චුතියක් උපතක් තියෙන්නේ. චුතියක් උපතක් තිබුණොත් තමයි ඉපදීම, ජරා මරණ, සෝක, වැළපීම්, කායික දුක්, මානසික දුක්, සුසුම් හෙළීම් හටගන්නේ. ඔන්න ඔය ආකාරයටයි මේ මුළු මහත් දුක් රැසේම හටගැනීම සිදුවන්නේ.

පින්වත් මහණෙනි, යමක් ගැන සිතන්නෙ නැත්නම්, යමක් ගැන කල්පනා කරන්නෙත් නැත්නම්, නමුත් යම් දෙයක් චිත්තාභ්‍යන්තරයේ පවත්වනවා නම්, විඤ්ඤාණය පවතින්නට අරමුණක් වන්නේ ඒකමයි. අරමුණක් තිබුණොත් තමයි විඤ්ඤාණයේ පැවැත්මට පිහිටක් තියෙන්නේ. ඒ අරමුණ තුළ පිහිටි විඤ්ඤාණය වර්ධනය වීමෙන් තමයි තණ්හාව ඇතිවෙන්නේ. තණ්හාව තිබුණොත් තමයි ඒමක් යෑමක් තියෙන්නේ. ඒමක් යෑමක් තිබුණොත් තමයි චුතියක් උපතක් තියෙන්නේ. චුතියක් උපතක් තිබුණොත් තමයි ඉපදීම, ජරා මරණ, සෝක, වැළපීම්, කායික දුක්, මානසික දුක්, සුසුම් හෙළීම් හටගන්නේ. ඔන්න ඔය ආකාරයටයි මේ මුළු මහත් දුක් රැසේම හටගැනීම සිදුවන්නේ.

පින්වත් මහණෙනි, යමක් ගැන සිතන්නෙ නැත්නම්, යමක් ගැන කල්පනා කරන්නෙත් නැත්නම්, ඒ වගේම යම් දෙයක් චිත්තාභ්‍යන්තරයේ පවත්වන්නෙත් නැත්නම්, විඤ්ඤාණයේ පැවැත්මට අරමුණක් නැතුව යනවා. අරමුණක් නොතිබීමෙන් විඤ්ඤාණයේ පැවැත්මට පිහිටක් නැතුව යනවා. ඒ අරමුණ තුළ නොපිහිටි විඤ්ඤාණය වර්ධනය නොවීමෙන් තමයි තණ්හාව නැතුව යන්නේ. තණ්හාව නැතිවීමෙන් ඒමක් යෑමක් නැතුව යනවා. ඒමක් යෑමක් නොතිබීමෙන් චුතියක් උපතක් නැතුව යනවා. චුතියක් උපතක් නොතිබීමෙන් ඉපදීම, ජරා මරණ, සෝක, වැළපීම්, කායික දුක්, මානසික දුක්, සුසුම් හෙළීම් නිරුද්ධ වෙනවා. ඔන්න ඔය ආකාරයටයි මේ මුළු මහත් දුක් රැ සම නිරුද්ධ වෙලා යන්නේ.

සාදු! සාදු!! සාදු!!!
තතිය චේතනා සූත්‍රය නිමා විය.

හතරවෙනි කළාරඛත්තිය වර්ගය අවසන් විය

5. ගහපති වර්ගය

1.5.1.

පඤ්ච භයවේර සූත්‍රය

පස් ආකාර බිය හා වෛර ගැන වදාළ දෙසුම

41.   සැවැත් නුවර දී ....

එදා අනාථපිණ්ඩික ගෘහපතිතුමා භාග්‍යවතුන් වහන්සේව බැහැදකින්නට ආවා. ඇවිදින් භාග්‍යවතුන් වහන්සේට වන්දනා කළා. එකත්පස්ව වාඩිවුණා. එකත්පස්ව වාඩිවුණ අනාථපිණ්ඩික ගෘහපතිතුමාට භාග්‍යවතුන් වහන්සේ මෙය වදාළා.

පින්වත් ගෘහපතිය, යම් දවසක ආර්ය ශ්‍රාවකයා හට පස් ආකාර බිය හා වෛරයන් සංසිඳී ගියොත්, සෝතාපත්ති අංග හතරෙන් යුක්ත වුණොත්, ඒ වගේම ආර්ය න්‍යාය ප්‍රඥාවෙන් අවබෝධ වෙලා, ඉතා හොඳින් අවබෝධ වෙලා තිබුණොත්, ඔහුට කැමති නම් තමන් විසින්ම තමන් ගැන ප්‍රකාශ කරන්න පුළුවනි, 'මම නම් නිරය ක්ෂය වෙලා ගිය කෙනෙක්. තිරිසන් යෝනිය ක්ෂය වෙලා ගිය කෙනෙක්. ප්‍රේත ලෝකය ක්ෂය වෙලා ගිය කෙනෙක්. අපාය නම් වූ දුගතියට වැටෙන ස්වභාවය ක්ෂය වෙලා ගිය කෙනෙක්. මම සෝතාපන්න කෙනෙක්. අපායට නොයන ස්වභාවයෙන් යුක්ත කෙනෙක්. නියත වශයෙන්ම ආර්ය සත්‍යාවබෝධය කරගන්නා කෙනෙක්'ය කියලා.

සංසිඳී යන පස් ආකාර වූ භය වෛරයන් මොනවාද?

පින්වත් ගෘහපතිය, සතුන් මරණ කෙනා සතුන් මැරීම හේතු කරගෙන මෙලොවදීම යම් භයක්, වෛරයක් රැස් කරගන්නවා නම්, පරලොවදීත් යම් භයක්, වෛරයක් රැස් කරගන්නවා නම්, මානසිකවත් යම් දුකක්, දොම්නසක් විඳිනවා නම් මෙබඳු වූ ඒ භයත්, වෛරයත් සතුන් මැරීමෙන් වෙන්වුණ කෙනෙකුට සංසිඳී යනවා.

පින්වත් ගෘහපතිය, සොරකම් කරන කෙනා සොරකම් කිරීම හේතු කරගෙන මෙලොවදීම යම් භයක්, වෛරයක් රැස් කරගන්නවා නම්, පරලොවදිත් යම් භයක්, වෛරයක් රැස් කරගන්නවා නම්, මානසිකවත් යම් දුකක්, දොම්නසක් විඳිනවා නම් මෙබඳු වූ ඒ භයත්, වෛරයත් සොරකම් කිරීමෙන් වෙන්වුණ කෙනෙකුට සංසිඳී යනවා.

පින්වත් ගෘහපතිය, වැරදි කාම සේවනයේ යෙදෙන කෙනා වැරදි කාම සේවනයේ යෙදීම හේතු කරගෙන මෙලොවදීම යම් භයක්, වෛරයක් රැස් කරගන්නවා නම්, පරලොවදිත් යම් භයක්, වෛරයක් රැස් කරගන්නවා නම්, මානසිකවත් යම් දුකක්, දොම්නසක් විඳිනවා නම් මෙබඳු වූ ඒ භයත්, වෛරයත් වැරදි කාම සේවනයේ යෙදීමෙන් වෙන්වුණ කෙනෙකුට සංසිඳී යනවා.

පින්වත් ගෘහපතිය, බොරු කියන කෙනා බොරු කීම හේතු කරගෙන මෙලොවදීම යම් භයක්, වෛරයක් රැස් කරගන්නවා නම්, පරලොවදිත් යම් භයක්, වෛරයක් රැස් කරගන්නවා නම්, මානසිකවත් යම් දුකක්, දොම්නසක් විඳිනවා නම් මෙබඳු වූ ඒ භයත්, වෛරයත් බොරු කීමෙන් වෙන්වුණ කෙනෙකුට සංසිඳී යනවා.

පින්වත් ගෘහපතිය, මත් වීමටත්, ප්‍රමාද වීමටත් හේතුවන සුරාව හා මත් ද්‍රව්‍ය පානය කරන කෙනා මත් වීමටත්, ප්‍රමාද වීමටත් හේතුවන සුරාව හා මත් ද්‍රව්‍ය පානය කිරීම හේතු කරගෙන මෙලොවදීම යම් භයක්, වෛරයක් රැස් කරගන්නවා නම්, පරලොවදිත් යම් භයක්, වෛරයක් රැස් කරගන්නවා නම්, මානසිකවත් යම් දුකක්, දොම්නසක් විඳිනවා නම් මෙබඳු වූ ඒ භයත්, වෛරයත් මත් වීමටත්, ප්‍රමාද වීමටත් හේතුවන සුරාව හා මත්ද්‍රව්‍ය පානය කිරීමෙන් වෙන් වුන කෙනෙකුට සංසිඳී යනවා.

මෙන්න මේ භය වෛරයන් පහ තමයි සංසිඳී යන්නේ.

කොයි ආකාර වූ සෝතාපත්ති අංග හතරකින්ද යුක්ත වුණේ?

පින්වත් ගෘහපතිය, මේ ශාසනයෙහි ආර්ය ශ්‍රාවකයා 'ඒ භාග්‍යවතුන් වහන්සේ මේ මේ කරුණු නිසා අරහං වන සේක! සම්මා සම්බුද්ධ වන සේක! විද්‍යාවෙන් හා චරණ දහමෙන් සමන්විත වන සේක! සුගත වන සේක! සකල ලෝකයන් ගැනම දන්නා සේක! පුරුෂයන් දමනය කිරීමෙහි අනුත්තර වූ නායකයාණන් වන සේක! දෙවියන්ගේත් මිනිසුන්ගේත් ශාස්තෘවරයාණන් වන සේක! තමන් වහන්සේ අවබෝධ කළ ධර්මය අන් අයටත් පවසාලන සේක! භාග්‍යවන්ත වන සේක!' කියලා බුදු සමිඳාණන් ගැන අවබෝධාත්මක පැහැදීමකිනුයි යුක්තව සිටින්නේ.

'මේ ධර්මය නම් භාග්‍යවතුන් වහන්සේ විසින් මනා කොට වදාළ දෙයක්! මේ ජීවිතයේදීම අවබෝධ කරගන්න පුළුවන්! අකාලිකයි! ඇවිත් බලන්න කියලා පෙන්වා දෙන්න පුළුවන්! තමා තුළ දියුණු කරගන්න පුළුවන්! බුද්ධිමත් උදවියට වෙන් වෙන් වශයෙන් ප්‍රත්‍යක්ෂ කරගන්න පුළුවන්!' කියලා ශ්‍රී සද්ධර්මය ගැනත් අවබෝධාත්මක පැහැදීමකින්මයි ඉන්නේ.

'භාග්‍යවතුන් වහන්සේගේ ශ්‍රාවක සඟරුවන රාග, ද්වේෂ, මෝහ නසාලන පිළිවෙතට බැස ගත් සේක! භාග්‍යවතුන් වහන්සේගේ ශ්‍රාවක සඟරුවන ඍජු වූ ආර්ය මාර්ගයෙහි බැස ගත් සේක! භාග්‍යවතුන් වහන්සේගේ ශ්‍රවක සඟරුවන සත්‍යාවබෝධයෙහි බැස ගත් සේක! භාග්‍යවතුන් වහන්සේගේ ශ්‍රාවක සඟරුවන යහපත් දහම් පිළිසඳරෙහි බැස ගත් සේක! මාර්ගඵල ලාභී ආර්ය පුද්ගලයන් යුගල වශයෙන් සතරක්ද, මාර්ගයේ සිටින හා ඵලයට පත් වූ පුද්ගලයන් වශයෙන් අටක් ද වන සේක! භාග්‍යවතුන්ගේ මේ සඟරුවන දුර සිට දන් පැන් ගෙනවිත් පිළිගන්වන්නට සුදුසු වන සේක! ආගන්තුක සත්කාරයට සුදුසු වන සේක! පින් සළකා දෙන පුද පූජාවන් ලැබීමට සුදුසු වන සේක! වැඳුම් පිදුම් ලැබීමට සුදුසු වන සේක! ලෝකයාගේ අනුත්තර වූ පින් කෙත වන සේක!' කියලා ශ්‍රාවක සඟරුවන ගැනත් අවබෝධාත්මක පැහැදීමකින්මයි ඉන්නේ.

ඒ වගේම කැඩිලා නැති, සිදුරු නැති, කැළැල් නැති, ගර්හා නැති, නිදහස් වූ, නුවණැත්තන් විසින් පසසන, මිත්‍යා දෘෂ්ටිවලින් බැහැර වූ, සමාධිය පිණිස පවතින්නා වූ ආර්යකාන්ත සීලයෙනුත් යුක්ත වෙලයි ඉන්නේ.

ඔන්න ඔය සෝතාපත්ති අංග හතරෙන් තමයි යුක්ත වෙලා ඉන්නේ.

ඔහුට කොයි ආකාරයේ ආර්ය න්‍යායක් ද අවබෝධ වෙලා තියෙන්නේ. විශේෂයෙන් අවබෝධ වෙලා තියෙන්නේ?

පින්වත් ගෘහපතිය, මේ ශාසනයෙහි ආර්ය ශ්‍රාවකයා පටිච්චසමුප්පාදයමයි ඉතා හොඳින් නුවණින් මෙනෙහි කරන්නේ. ඔය විදිහට 'මෙය තිබුණොත් තමයි මෙය ඇතිවෙන්නේ. මෙය ඉපදීමෙන් තමයි මෙය උපදින්නේ. මෙය නැති වුණොත් මෙය නැති වෙලා යනවා. මෙය නිරුද්ධ වෙන කොට මෙය නිරුද්ධ වෙලා යනවා' කියලා.

ඒ කියන්නේ අවිද්‍යාව හේතු කොට ගෙන සංස්කාර ඇතිවෙනවා. සංස්කාර හේතු කොට ගෙන විඤ්ඤාණය ඇතිවෙනවා. ....(පෙ).... ඔය ආකාරයටයි මේ මුළු මහත් දුක් රැසම හටගන්නේ. ඒ අවිද්‍යාව සහමුලින්ම නොඇල්මෙන් නිරුද්ධ වීමෙන් සංස්කාර නිරුද්ධ වෙලා යනවා. සංස්කාර

නිරුද්ධ වීමෙන් විඤ්ඤාණය නිරුද්ධ වෙලා යනවා. ....(පෙ).... ඔය ආකාරයටයි මේ මුළු මහත් දුක් රැසම නිරුද්ධ වෙලා යන්නේ. මෙන්න මේ ආර්ය න්‍යාය ඔහු තුළ අවබෝධ වෙලා තියෙන්නේ. විශේෂයෙන් අවබෝධ වෙලා තියෙන්නේ.

පින්වත් ගෘහපතිය, යම් දවසක ආර්ය ශ්‍රාවකයා හට මෙන්න මේ පස් ආකාර බිය හා වෛරයන් සංසිඳී ගියොත්, මේ සෝතාපත්ති අංග හතරෙන් යුක්ත වුණොත්, ඒ වගේම මේ ආර්ය න්‍යායත් ප්‍රඥාවෙන් අවබෝධ වෙලා, ඉතා හොඳින් අවබෝධ වෙලා තිබුණොත්, ඔහුට කැමති නම් තමන් විසින්ම තමන් ගැන ප්‍රකාශ කරන්න පුළුවනි, 'මම නම් නිරය ක්ෂය වෙලා ගිය කෙනෙක්. තිරිසන් යෝනිය ක්ෂය වෙලා ගිය කෙනෙක්. ප්‍රේත ලෝකය ක්ෂය වෙලා ගිය කෙනෙක්. අපාය නම් වූ දුගතියට වැටෙන ස්වභාවය ක්ෂය වෙලා ගිය කෙනෙක්. මම සෝතාපන්න කෙනෙක්. අපායට නොයන ස්වභාවයෙන් යුක්ත කෙනෙක්. නියත වශයෙන්ම ආර්ය සත්‍යාවබෝධය කරගන්නා කෙනෙක්'ය කියලා.

සාදු! සාදු!! සාදු!!!

පඤ්ච භයවේර සූත්‍රය නිමා විය.

1.5.2.

දුතිය පඤ්ච භයවේර සූත්‍රය

පස් ආකාර බිය හා වෛර ගැන වදාළ දෙවෙනි දෙසුම

42. සැවැත් නුවරදී ....

එදා බොහෝ භික්ෂූන් වහන්සේලා භාග්‍යවතුන් වහන්සේව බැහැදකින්නට ආවා. ඇවිදින් භාග්‍යවතුන් වහන්සේට වන්දනා කළා. එකත්පස්ව වාඩිවුණා. එකත්පස්ව වාඩිවුණ ඒ භික්ෂූන්ට භාග්‍යවතුන් වහන්සේ මෙය වදාළා.

පින්වත් මහණෙනි, යම් දවසක ආර්ය ශ්‍රාවකයා හට පස් ආකාර බිය හා වෛරයන් සංසිඳී ගියොත්, සෝතාපත්ති අංග හතරෙන් යුක්ත වුණොත්, ඒ වගේම ආර්ය න්‍යාය ප්‍රඥාවෙන් අවබෝධ වෙලා, ඉතා හොඳින් අවබෝධ වෙලා තිබුණොත්, ඔහුට කැමති නම් තමන් විසින්ම තමන් ගැන ප්‍රකාශ කරන්න පුළුවනි, 'මම නම් නිරය ක්ෂය වෙලා ගිය කෙනෙක්. තිරිසන් යෝනිය ක්ෂය

වෙලා ගිය කෙනෙක්. ප්‍රේත ලෝකය ක්ෂය වෙලා ගිය කෙනෙක්. අපාය නම් වූ දුගතියට වැටෙන ස්වභාවය ක්ෂය වෙලා ගිය කෙනෙක්. මම සෝතාපන්න කෙනෙක්. අපායට නොයන ස්වභාවයෙන් යුක්ත කෙනෙක්. නියත වශයෙන්ම ආර්ය සත්‍යාවබෝධයට පිහිටක් ඇති කර ගත් කෙනෙක්'ය කියලා.

සංසිඳී යන පස් ආකාර වූ භය වෛරයන් මොනවාද?

පින්වත් මහණෙනි, සතුන් මරණ කෙනා ....(පෙ).... මෙලොවදීම යම් භයක්, වෛරයක් රැස් කරගන්නවා නම්, සොරකම් කරන කෙනා ....(පෙ).... යම් භයක්, වෛරයක් රැස් කරගන්නවා නම්, වැරදි කාම සේවනයේ යෙදෙන කෙනා ....(පෙ).... යම් භයක්, වෛරයක් රැස් කරගන්නවා නම්, බොරු කියන කෙනා ....(පෙ).... යම් භයක්, වෛරයක් රැස් කරගන්නවා නම්, පින්වත් මහණෙනි, මත් වීමටත්, ප්‍රමාද වීමටත් හේතුවන සුරාව හා මත් ද්‍රව්‍ය පානය කරන කෙනා මත් වීමටත්, ප්‍රමාද වීමටත් හේතුවන සුරාව හා මත් ද්‍රව්‍ය පානය කිරීම හේතු කරගෙන මෙලොවදීම යම් භයක්, වෛරයක් රැස් කරගන්නවා නම්, පරලොවදිත් යම් භයක්, වෛරයක් රැස් කරගන්නවා නම්, මානසිකවත් යම් දුකක්, දොම්නසක් විඳිනවා නම් මෙබඳු වූ ඒ භයත්, වෛරයත් මත් වීමටත්, ප්‍රමාද වීමටත් හේතුවන සුරාව හා මත්ද්‍රව්‍ය පානය කිරීමෙන් වෙන් වුණ කෙනෙකුට සංසිඳී යනවා. මෙන්න මේ භය, වෛරයන් පහ තමයි සංසිඳී යන්නේ.

කොයි ආකාර වූ සෝතාපත්ති අංග හතරකින්ද යුක්ත වුණේ?

පින්වත් මහණෙනි, මේ ශාසනයෙහි ආර්ය ශ්‍රාවකයා 'ඒ භාග්‍යවතුන් වහන්සේ මේ මේ කරුණු නිසා අරහං වන සේක! ....(පෙ).... කියල බුදු සමිඳාණන් ගැන අවබෝධාත්මක පැහැදීමකිනුයි යුක්තව සිටින්නේ. මේ ධර්මය නම් භාග්‍යවතුන් වහන්සේ විසින් මනාකොට වදාළ දෙයක්! ....(පෙ).... කියල ශ්‍රී සද්ධර්මය ගැනත් අවබෝධාත්මක පැහැදීමකිනුයි යුක්තව සිටින්නේ. භාග්‍යවතුන් වහන්සේගේ ශ්‍රාවක සඟරුවන රාග, ද්වේෂ, මෝහ නසාලන පිළිවෙතට බැසගත් සේක! ....(පෙ).... කියල ශ්‍රාවක සඟරුවන ගැනත් අවබෝධාත්මක පැහැදීමකිනුයි යුක්තව සිටින්නේ. ඒ වගේම කැඩිලා නැති, ...(පෙ).... ආර්යකාන්ත සීලයෙනුත් යුක්ත වෙලයි ඉන්නේ. ඔන්න ඔය සෝතාපත්ති අංග හතරෙන් තමයි යුක්ත වෙලා ඉන්නේ.

ඔහු තුළ කොයි ආකාරයේ ආර්ය න්‍යායක්ද අවබෝධ වෙලා තියෙන්නේ. විශේෂයෙන් අවබෝධ වෙලා තියෙන්නේ?

පින්වත් මහණෙනි, මේ ශාසනයෙහි ආර්ය ශ්‍රාවකයා පටිච්චසමුප්පාදය ම යි ඉතා හොඳින් නුවණින් මෙනෙහි කරන්නේ. ....(පෙ).... මෙන්න මේ ආර්ය න්‍යාය ඔහු තුළ අවබෝධ වෙලා තියෙන්නේ. විශේෂයෙන් අවබෝධ වෙලා තියෙන්නේ.

පින්වත් මහණෙනි, යම් දවසක ආර්ය ශ්‍රාවකයා හට මෙන්න මේ පස් ආකාර බිය හා වෛරයන් සංසිඳී ගියොත්, මේ සෝතාපත්ති අංග හතරෙන් යුක්ත වුණොත්, ඒ වගේම මේ ආර්ය න්‍යායත් ප්‍රඥාවෙන් අවබෝධ වෙලා, ඉතා හොඳින් අවබෝධ වෙලා තිබුණොත්, ඔහුට කැමති නම් තමන් විසින්ම තමන් ගැන ප්‍රකාශ කරන්න පුළුවනි, 'මම නම් නිරය ක්ෂය වෙලා ගිය කෙනෙක්. තිරිසන් යෝනිය ක්ෂය වෙලා ගිය කෙනෙක්. ප්‍රේත ලෝකය ක්ෂය වෙලා ගිය කෙනෙක්. අපාය නම් වූ දුගතියට වැටෙන ස්වභාවය ක්ෂය වෙලා ගිය කෙනෙක්. මම සෝතාපන්න කෙනෙක්. අපායට නොයන ස්වභාවයෙන් යුක්ත කෙනෙක්. නියත වශයෙන්ම ආර්ය සත්‍යාවබෝධයට පිහිටක් ඇති කර ගත් කෙනෙක්'ය කියලා.

සාදු! සාදු!! සාදු!!!

දුතිය පඤ්ච භයවේර සූත්‍රය නිමා විය.

1.5.3.

දුක්ඛ සූත්‍රය

දුක ගැන වදාළ දෙසුම

43. සැවැත් නුවරදී ....

"පින්වත් මහණෙනි, දුකේ හටගැනීම ගැනත්, දුකේ නැතිවීම ගැනත් මා ඔබට දේශනා කරන්නම්. එය හොඳින් අසා ගන්න. ....(පෙ)....

පින්වත් මහණෙනි, දුකේ හටගැනීම කියන්නේ මොකක්ද? ඇසත්, රූපත් හේතු කොට ගෙන ඇසේ විඤ්ඤාණය උපදිනවා. ඒ තුනේ එකතු වීම ස්පර්ශයයි. ස්පර්ශය හේතු කොට ගෙන විඳීම ඇති වේ. විඳීම හේතු කොට ගෙන තණ්හාව ඇති වේ. පින්වත් මහණෙනි, දුකේ හටගැනීම කියන්නේ මේකටයි.

කනත්, ශබ්දයත් හේතු කොට ගෙන ....(පෙ).... නාසයත්, ගඳ සුවඳත් හේතු කොට ගෙන ....(පෙ).... දිවත්, රසයත් හේතු කොට ගෙන ....(පෙ).... කයත්, පහසත් හේතු කොට ගෙන ....(පෙ).... මනසත්, අරමුණුත් හේතු කොට ගෙන මනසේ විඤ්ඤාණය උපදිනවා. ඒ තුනේ එකතු වීම ස්පර්ශයයි. ස්පර්ශය හේතු කොට ගෙන විඳීම ඇති වේ. විඳීම හේතු කොට ගෙන තණ්හාව ඇති වේ. පින්වත් මහණෙනි, දුකේ හටගැනීම කියන්නේ මේකටයි.

පින්වත් මහණෙනි, දුකේ නැතිවීම කියන්නේ මොකක්ද? ඇසත්, රූපත් හේතු කොට ගෙන ඇසේ විඤ්ඤාණය උපදිනවා. ඒ තුනේ එකතු වීම ස්පර්ශයයි. ස්පර්ශය හේතු කොට ගෙන විඳීම ඇති වේ. විඳීම හේතු කොට ගෙන තණ්හාව ඇති වේ. ඒ තණ්හාව සහමුලින්ම නොඇල්මෙන් නිරුද්ධ වීමෙන් උපාදාන නිරුද්ධ වෙලා යනවා. උපාදාන නිරුද්ධ වීමෙන් භවය නිරුද්ධ වෙලා යනවා. භවය නිරුද්ධ වීමෙන් ඉපදීමෙන් ඉපදීම නිරුද්ධ වෙලා යනවා. ඉපදීම නිරුද්ධ වීමෙන් ජරා මරණ, සෝක, වැළපීම්, කායික දුක්, මානසික දුක්, සුසුම් හෙළීම් නිරුද්ධ වෙලා යනවා. ඔය ආකාරයටයි මේ මුළු මහත් දුක් රැසම නිරුද්ධ වෙලා යන්නේ. පින්වත් මහණෙනි, දුකේ නැතිවීම කියන්නේ මේකටයි.

කනත්, ශබ්දයත් හේතු කොට ගෙන ....(පෙ).... නාසයත්, ගඳ සුවඳත් හේතු කොට ගෙන ....(පෙ).... දිවත්, රසයත් හේතු කොට ගෙන ....(පෙ).... කයත්, පහසත් හේතු කොට ගෙන ....(පෙ).... මනසත්, අරමුණුත් හේතු කොට ගෙන මනසේ විඤ්ඤාණය උපදිනවා. ඒ තුනේ එකතු වීම ස්පර්ශයයි. ස්පර්ශය හේතු කොට ගෙන විඳීම ඇති වේ. විඳීම හේතු කොට ගෙන තණ්හාව ඇති වේ. ඒ තණ්හාව සහමුලින්ම නොඇල්මෙන් නිරුද්ධ වීමෙන් උපාදාන නිරුද්ධ වෙලා යනවා. උපාදාන නිරුද්ධ වීමෙන් භවය නිරුද්ධ වෙලා යනවා. භවය නිරුද්ධ වීමෙන් ඉපදීමෙන් ඉපදීම නිරුද්ධ වෙලා යනවා. ඉපදීම නිරුද්ධ වීමෙන් ජරා මරණ, සෝක, වැළපීම්, කායික දුක්, මානසික දුක්, සුසුම් හෙළීම් නිරුද්ධ වෙලා යනවා. ඔය ආකාරයටයි මේ මුළු මහත් දුක් රැසම නිරුද්ධ වෙලා යන්නේ. පින්වත් මහණෙනි, දුකේ නැතිවීම කියන්නේ මේකටයි.

සාදු! සාදු!! සාදු!!!

දුක්ඛ සූත්‍රය නිමා විය.

1.5.4.

ලෝක සූත්‍රය

ලෝකය ගැන වදාළ දෙසුම

44. සැවැත් නුවරදී ....

පින්වත් මහණෙනි, ලෝකයේ හටගැනීම ගැනත්, ලෝකයේ නැතිවීම ගැනත් මා ඔබට දේශනා කරන්නම්. එය හොඳින් අසා ගන්න. ....(පෙ)....

පින්වත් මහණෙනි, ලෝකයේ හටගැනීම කියන්නේ මොකක්ද? ඇසත්, රූපත් හේතු කොට ගෙන ඇසේ විඤ්ඤාණය උපදිනවා. ඒ තුනේ එකතු වීම ස්පර්ශයයි. ස්පර්ශය හේතු කොට ගෙන විඳීම ඇති වේ. විඳීම හේතු කොට ගෙන තණ්හාව ඇති වේ. තණ්හාව හේතු කොට ගෙන උපාදාන ඇති වේ. උපාදාන හේතු කොට ගෙන භවය ඇති වේ. භවය හේතු කොට ගෙන ඉපදීම ඇති වේ. ඉපදීම හේතු කොට ගෙන ජරා මරණ, සෝක, වැළපීම්, කායික දුක්, මානසික දුක්, සුසුම් හෙළීම් හටගන්නවා. ඔය ආකාරයටයි මේ මුළු මහත් දුක් රැසම හටගන්නේ. පින්වත් මහණෙනි, ලෝකයේ හටගැනීම කියන්නේ මේකටයි.

කනත්, ශබ්දයත් හේතු කොට ගෙන ....(පෙ).... නාසයත්, ගඳ සුවඳත් හේතු කොට ගෙන ....(පෙ).... දිවත්, රසයත් හේතු කොට ගෙන ....(පෙ).... කයත්, පහසත් හේතු කොට ගෙන ....(පෙ).... මනසත්, අරමුණුත් හේතු කොට ගෙන මනසේ විඤ්ඤාණය උපදිනවා. ඒ තුනේ එකතු වීම ස්පර්ශයයි. ස්පර්ශය හේතු කොට ගෙන විඳීම ඇති වේ. විඳීම හේතු කොට ගෙන තණ්හාව ඇති වේ. තණ්හාව හේතු කොට ගෙන උපාදාන ඇති වේ. උපාදාන හේතු කොට ගෙන භවය ඇති වේ. භවය හේතු කොට ගෙන ඉපදීම ඇති වේ. ඉපදීම හේතු කොට ගෙන ජරා මරණ, සෝක, වැළපීම්, කායික දුක්, මානසික දුක්, සුසුම් හෙළීම් හටගන්නවා. ඔය ආකාරයටයි මේ මුළු මහත් දුක් රැසම හටගන්නේ. පින්වත් මහණෙනි, ලෝකයේ හටගැනීම කියන්නේ මේකටයි.

පින්වත් මහණෙනි, ලෝකයේ නැතිවීම කියන්නේ මොකක්ද? ඇසත්, රූපත් හේතු කොට ගෙන ඇසේ විඤ්ඤාණය උපදිනවා. ඒ තුනේ එකතු වීම ස්පර්ශයයි. ස්පර්ශය හේතු කොට ගෙන විඳීම ඇති වේ. විඳීම හේතු කොට

ගෙන තණ්හාව ඇති වේ. ඒ තණ්හාව සහමුලින්ම නොඇල්මෙන් නිරුද්ධ වීමෙන් උපාදාන නිරුද්ධ වෙලා යනවා. උපාදාන නිරුද්ධ වීමෙන් භවය නිරුද්ධ වෙලා යනවා. භවය නිරුද්ධ වීමෙන් ඉපදීම නිරුද්ධ වෙලා යනවා. ඉපදීම නිරුද්ධ වීමෙන් ජරා මරණ, සෝක, වැළපීම්, කායික දුක්, මානසික දුක්, සුසුම් හෙළීම් නිරුද්ධ වෙලා යනවා. ඔය ආකාරයටයි මේ මුළු මහත් දුක් රැස නිරුද්ධ වෙලා යන්නේ. පින්වත් මහණෙනි, ලෝකයේ නැතිවීම කියන්නේ මේකටයි.

කනත්, ශබ්දයත් හේතු කොට ගෙන ....(පෙ).... නාසයත්, ගඳ සුවඳත් හේතු කොට ගෙන ....(පෙ).... දිවත්, රසයත් හේතු කොට ගෙන ....(පෙ).... කයත්, පහසත් හේතු කොට ගෙන ....(පෙ).... මනසත්, අරමුණුත් හේතු කොට ගෙන මනසේ විඤ්ඤාණය උපදිනවා. ඒ තුනේ එකතු වීම ස්පර්ශයයි. ස්පර්ශය හේතු කොට ගෙන විඳීම ඇති වේ. විඳීම හේතු කොට ගෙන තණ්හාව ඇති වේ. ඒ තණ්හාව සහමුලින්ම නොඇල්මෙන් නිරුද්ධ වීමෙන් උපාදාන නිරුද්ධ වෙලා යනවා. උපාදාන නිරුද්ධ වීමෙන් භවය නිරුද්ධ වෙලා යනවා. භවය නිරුද්ධ වීමෙන් ඉපදීම නිරුද්ධ වෙලා යනවා. ඉපදීම නිරුද්ධ වීමෙන් ජරා මරණ, සෝක, වැළපීම්, කායික දුක්, මානසික දුක්, සුසුම් හෙළීම් නිරුද්ධ වෙලා යනවා. ඔය ආකාරයටයි මේ මුළු මහත් දුක් රැසම නිරුද්ධ වෙලා යන්නේ. පින්වත් මහණෙනි, ලෝකයේ නැතිවීම කියන්නේ මේකටයි.

සාදු! සාදු!! සාදු!!!

ලෝක සූත්‍රය නිමා විය.

1.5.5.

ඤාතික සූත්‍රය

ඤාතික ගමේදී වදාළ දෙසුම

45. මා හට අසන්නට ලැබුණේ මෙ විදිහටයි. ඒ දිනවල භාග්‍යවතුන් වහන්සේ වැඩසිටියේ ඤාතික ගමේ ගඩොලින් කළ ආවාසයකයි. එදා භාග්‍යවතුන් වහන්සේ හුදෙකලාවේ විවේකයෙන් වැඩ ඉඳගෙන මේ දහම් ක්‍රමය වදාළා.

'ඇසත්, රූපත් හේතු කොට ගෙන ඇසේ විඤ්ඤාණය උපදිනවා. ඒ තුනේ එකතු වීම ස්පර්ශයයි. ස්පර්ශය හේතු කොට ගෙන විඳීම ඇති වේ. විඳීම

හේතු කොට ගෙන තණ්හාව ඇති වේ. තණ්හාව හේතු කොට ගෙන උපාදාන ඇති වේ ....(පෙ).... ඔය ආකාරයටයි මේ මුළු මහත් දුක් රැසම හටගන්නේ.

කනත්, ශබ්දයත් හේතු කොට ගෙන ....(පෙ).... නාසයත්, ගඳ සුවඳත් හේතු කොට ගෙන ....(පෙ).... දිවත්, රසයත් හේතු කොට ගෙන ....(පෙ).... කයත්, පහසත් හේතු කොට ගෙන ....(පෙ).... මනසත්, අරමුණුත් හේතු කොට ගෙන මනසේ විඤ්ඤාණය උපදිනවා. ඒ තුනේ එකතු වීම ස්පර්ශයයි. ස්පර්ශය හේතු කොට ගෙන විඳීම ඇති වේ. විඳීම හේතු කොට ගෙන තණ්හාව ඇති වේ. තණ්හාව හේතු කොට ගෙන උපාදාන ඇති වේ. ...(පෙ).... ඔය ආකාරයටයි මේ මුළු මහත් දුක් රැසම හටගන්නේ.

ඇසත්, රූපත් හේතු කොට ගෙන ඇසේ විඤ්ඤාණය උපදිනවා. ඒ තුනේ එකතු වීම ස්පර්ශයයි. ස්පර්ශය හේතු කොට ගෙන විඳීම ඇති වේ. විඳීම හේතු කොට ගෙන තණ්හාව ඇති වේ. ඒ තණ්හාව සහමුලින්ම නොඇල්මෙන් නිරුද්ධ වීමෙන් උපාදාන නිරුද්ධ වෙලා යනවා. උපාදාන නිරුද්ධ වීමෙන් භවය නිරුද්ධ වෙලා යනවා. ...(පෙ).... ඔය ආකාරයටයි මේ මුළු මහත් දුක් රැසම නිරුද්ධ වෙලා යන්නේ.

කනත්, ශබ්දයත් හේතු කොට ගෙන ....(පෙ).... නාසයත්, ගඳ සුවඳත් හේතු කොට ගෙන ....(පෙ).... දිවත්, රසයත් හේතු කොට ගෙන ....(පෙ).... කයත්, පහසත් හේතු කොට ගෙන ....(පෙ).... මනසත්, අරමුණුත් හේතු කොට ගෙන මනසේ විඤ්ඤාණය උපදිනවා. ඒ තුනේ එකතු වීම ස්පර්ශයයි. ස්පර්ශය හේතු කොට ගෙන විඳීම ඇති වේ. විඳීම හේතු කොට ගෙන තණ්හාව ඇති වේ. ඒ තණ්හාව සහමුලින්ම නොඇල්මෙන් නිරුද්ධ වීමෙන් උපාදාන නිරුද්ධ වෙලා යනවා. උපාදාන නිරුද්ධ වීමෙන් භවය නිරුද්ධ වෙලා යනවා. ...(පෙ).... ඔය ආකාරයටයි මේ මුළු මහත් දුක් රැසම නිරුද්ධ වෙලා යන්නේ.

ඒ වෙලාවේ එක්තරා භික්ෂුවක් භාග්‍යවතුන් වහන්සේ වදාළ මේ ධර්මය ඇසෙන සීමාවෙහි හිටියා. භාග්‍යවතුන් වහන්සේ තමන් වහන්සේගේ ඇසෙන සීමාවෙහි සිටිය ඒ භික්ෂුව දැක වදාළා. දැක ඒ භික්ෂුවට මෙහෙම වදාළා.

"පින්වත් භික්ෂුව, ඔබට මේ දහම් ක්‍රමය ඇසුණාද?"

"එසේය, ස්වාමීනී"

"පින්වත් භික්ෂුව, ඔබ මේ දහම් ක්‍රමය ඉගෙන ගන්න. පින්වත් භික්ෂුව, ඔබ මේ දහම් ක්‍රමය පාඩම් කරගන්න. පින්වත් භික්ෂුව, ඔබ මේ දහම් ක්‍රමය හිතේ දරා ගන්න. පින්වත් භික්ෂුව, මේ දහම් ක්‍රමය ඉතාම ප්‍රයෝජනවත්. මේ

බඹසර ජීවිතයට මූලික වන දෙයක්.”

සාදු! සාදු!! සාදු!!!

ඤාතික සූත්‍රය නිමා විය.

1.5.6.

අඤ්ඤතර බ්‍රාහ්මණ සූත්‍රය

එක්තරා බ්‍රාහ්මණයෙකුට වදාළ දෙසුම

46. සැවැත් නුවරදී ....

එදා එක්තරා බ්‍රාහ්මණයෙක් භාග්‍යවතුන් වහන්සේ බැහැදකින්නට ආවා. ඇවිදින් භාග්‍යවතුන් වහන්සේ සමඟ පිළිසඳර කතා බහේ යෙදුණා. පිළිසඳර කතා බහේ යෙදිලා එකත්පස්ව වාඩි වුණා. එකත්පස්ව වාඩි වුණ ඒ බ්‍රාහ්මණයා භාග්‍යවතුන් වහන්සේට මෙහෙම කිව්වා.

“භවත් ගෞතමයන් වහන්ස, ඇත්තෙන්ම කරන්නෙත් ඔහු ද? විඳින්නෙත් ඔහුද?”

“පින්වත් බ්‍රාහ්මණය, ඔහු කරයි, ඔහු විඳියි යන මේ මතය එක අන්තයක්.”

“එහෙම නම් භවත් ගෞතමයන් වහන්ස, කරන්නේ වෙන කෙනෙක්ද? විඳින්නෙත් වෙන කෙනෙක්ද?”

“පින්වත් බ්‍රාහ්මණය, වෙන කෙනෙක් කරයි, වෙන කෙනෙක් විඳියි යන මේ මතය දෙවෙනි අන්තයයි.

පින්වත් බ්‍රාහ්මණය, තථාගතයන් වහන්සේ ඔය අන්ත දෙකට නොපැමිණ මධ්‍යම මාර්ගයෙනුයි දහම් දෙසෙන්නේ. අවිද්‍යාව හේතු කොට ගෙන සංස්කාර ඇති වෙනවා. සංස්කාර හේතු කොට ගෙන විඤ්ඤාණය ඇතිවෙනවා. ....(පෙ).... ඔය ආකාරයටයි මේ මුළු මහත් දුක් රැස ම හටගන්නේ. ඒ අවිද්‍යාව සහමුලින්ම නැතිවෙලා නිරුද්ධ වීමෙන් සංස්කාර නිරුද්ධ වෙලා යනවා. සංස්කාර නිරුද්ධ වීමෙන් විඤ්ඤාණය නිරුද්ධ වෙලා යනවා. ....(පෙ).... ඔය ආකාරයටයි මේ මුළු මහත් දුක් රැස ම නිරුද්ධ වෙලා යන්නේ.

ඔහොම වදාළ විට ඒ බ්‍රාහ්මණයා භාග්‍යවතුන් වහන්සේට මේ විදිහට

පැවසුවා. "භවත් ගෞතමයන් වහන්ස, ඉතාමත්ම සුන්දරයි! ....(පෙ).... භවත් ගෞතමයන් වහන්සේ අද පටන් මා ගැන දිවි හිමියෙන් තෙරුවන් සරණ ගිය උපාසකයෙක් වශයෙන් පිළිගන්නා සේක්වා!"

සාදු! සාදු!! සාදු!!!

අඤ්ඤතර බ්‍රාහ්මණ සූත්‍රය නිමා විය.

1.5.7.

ජාණුස්සෝණි සූත්‍රය

ජාණුස්සෝණි බ්‍රාහ්මණයාට වදාළ දෙසුම

47. සැවැත් නුවරදී ....

එදා ජාණුස්සෝණි බ්‍රාහ්මණයා භාග්‍යවතුන් වහන්සේ බැහැදකින්නට ආවා. ඇවිදින් භාග්‍යවතුන් වහන්සේ සමඟ පිළිසඳර කතා බහේ යෙදුණා. පිළිසඳර කතා බහේ යෙදිලා එකත්පස්ව වාඩිවුණා. එකත්පස්ව වාඩිවුණ ජාණුස්සෝණි බ්‍රාහ්මණයා භාග්‍යවතුන් වහන්සේට මෙහෙම කිව්වා.

"භවත් ගෞතමයන් වහන්ස, ඇත්තෙන්ම හැම දෙයක්ම තියෙනවද?"

"පින්වත් බ්‍රාහ්මණය, හැම දෙයක්ම තියෙනවා යන මේ මතය එක අන්තයක්."

"එහෙම නම් භවත් ගෞතමයන් වහන්ස, හැම දෙයක්ම නැද්ද?"

"පින්වත් බ්‍රාහ්මණය, සියල්ල නැත යන මේ මතය දෙවෙනි අන්තයයි.

පින්වත් බ්‍රාහ්මණය, තථාගතයන් වහන්සේ ඔය අන්ත දෙකට නොපැමිණ මධ්‍යම මාර්ගයෙනුයි දහම් දෙසෙන්නේ. අවිද්‍යාව හේතු කොට ගෙන සංස්කාර ඇති වෙනවා. සංස්කාර හේතු කොට ගෙන විඤ්ඤාණය ඇතිවෙනවා. ....(පෙ).... ඔය ආකාරයටයි මේ මුළු මහත් දුක් රැසම හටගන්නේ. ඒ අවිද්‍යාව සහමුලින්ම නැතිවෙලා නිරුද්ධ වීමෙන් සංස්කාර නිරුද්ධ වෙලා යනවා. සංස්කාර නිරුද්ධ වීමෙන් විඤ්ඤාණය නිරුද්ධ වෙලා යනවා. ....(පෙ).... ඔය ආකාරයටයි මේ මුළු මහත් දුක් රැසම නිරුද්ධ වෙලා යන්නේ.

ඔහොම වදාළ විට ඒ බ්‍රාහ්මණයා භාග්‍යවතුන් වහන්සේට මේ විදිහට පැවසුවා. "භවත් ගෞතමයන් වහන්ස, ඉතාමත්ම සුන්දරයි! ....(පෙ).... භවත් ගෞතමයන් වහන්සේ අද පටන් මා ගැන දිවි හිමියෙන් තෙරුවන් සරණ ගිය උපාසකයෙක් වශයෙන් පිළිගන්නා සේක්වා!"

සාදු! සාදු!! සාදු!!!

ජාණුස්සෝණි සූත්‍රය නිමා විය.

1.5.8.

ලෝකායතික සූත්‍රය

ලෝකායතික බ්‍රාහ්මණයාට වදාළ දෙසුම

48. සැවැත් නුවරදී ....

එදා ලෝකායතික බ්‍රාහ්මණයා භාග්‍යවතුන් වහන්සේ බැහැදකින්නට ආවා. ඇවිදින් භාග්‍යවතුන් වහන්සේ සමඟ පිළිසඳර කතා බහේ යෙදුණා. පිළිසඳර කතා බහේ යෙදිලා එකත්පස්ව වාඩි වුණා. එකත්පස්ව වාඩි වුණ ඒ බ්‍රාහ්මණයා භාග්‍යවතුන් වහන්සේට මෙහෙම කිව්වා.

"භවත් ගෞතමයන් වහන්ස, ඇත්තෙන්ම හැම දෙයක්ම තියෙනවාද?"

"පින්වත් බ්‍රාහ්මණය, හැම දෙයක්ම තියෙනවා යන මේ මතය ප්‍රධාන ලෝකායතයක්. (ලෝකයේ තිබෙන දෘෂ්ටියක්)"

"එහෙම නම් භවත් ගෞතමයන් වහන්ස, හැමදේම නැද්ද?"

"පින්වත් බ්‍රාහ්මණය, සියල්ල නැත යන මේ මතය දෙවෙනි ලෝකායතයයි."

"භවත් ගෞතමයන් වහන්ස, හැම දෙයක්ම එකම ස්වභාවයකට අයත්ද?"

"පින්වත් බ්‍රාහ්මණය, හැම දෙයක්ම එකම ස්වභාවයකට අයත් ය යන මේ මතය තුන්වෙනි ලෝකායතයයි."

"භවත් ගෞතමයන් වහන්ස, හැම දෙයක්ම නා නා ස්වභාවයන්ට අයත්ද?"

"පින්වත් බ්‍රාහ්මණය, හැමදෙයක්ම නා නා ස්වභාවයන්ට අයත් ය යන මේ මතය හතර වෙනි ලෝකායතයයි.

පින්වත් බ්‍රාහ්මණය, තථාගතයන් වහන්සේ ඔය අන්ත දෙකට නොපැමිණ මධ්‍යම මාර්ගයෙනුයි දහම් දෙසෙන්නේ. අවිද්‍යාව හේතු කොට ගෙන සංස්කාර ඇති වෙනවා. සංස්කාර හේතු කොට ගෙන විඤ්ඤාණය ඇතිවෙනවා. ....(පෙ).... ඔය ආකාරයටයි මේ මුළු මහත් දුක් රැසම හටගන්නේ. ඒ අවිද්‍යාව සහමුලින්ම නැතිවෙලා නිරුද්ධ වීමෙන් සංස්කාර නිරුද්ධ වෙලා යනවා. සංස්කාර නිරුද්ධ වීමෙන් විඤ්ඤාණය නිරුද්ධ වෙලා යනවා. ....(පෙ).... ඔය ආකාරයටයි මේ මුළු මහත් දුක් රැසම නිරුද්ධ වෙලා යන්නේ.

ඔහොම වදාළ විට ලෝකායතික බ්‍රාහ්මණයා භාග්‍යවතුන් වහන්සේට මේ විදිහට පැවසුවා. "භවත් ගෞතමයන් වහන්ස, ඉතාමත්ම සුන්දරයි! ....(පෙ).... භවත් ගෞතමයන් වහන්සේ අද පටන් මා ගැන දිවි හිමියෙන් තෙරුවන් සරණ ගිය උපාසකයෙක් වශයෙන් පිළිගන්නා සේක්වා!"

සාදු! සාදු!! සාදු!!!
ලෝකායතික සූත්‍රය නිමා විය.

1.5.9.

පඨම අරියසාවක සූත්‍රය

ආර්ය ශ්‍රාවකයා ගැන වදාළ පළමු දෙසුම

49. සැවැත් නුවරදී ....

පින්වත් මහණෙනි, ශ්‍රැතවත් ආර්ය ශ්‍රාවකයා හට මෙහෙම හිතෙන්නේ නෑ.

ඒ කියන්නේ 'ඇත්තෙන්ම කුමක් ඇති කල්හි කුමක් වෙයිද? කුමක් ඉපදීමෙන් කුමක් උපදීද? කුමක් ඇති කල්හිද සංස්කාර ඇතිවන්නේ? කුමක් ඇති කල්හිද විඤ්ඤාණය ඇතිවන්නේ? කුමක් ඇති කල්හිද නාමරූප ඇතිවන්නේ? කුමක් ඇති කල්හිද ආයතන හය ඇතිවන්නේ? කුමක් ඇති කල්හිද ස්පර්ශය ඇතිවන්නේ? කුමක් ඇති කල්හිද විඳීම ඇතිවන්නේ? කුමක් ඇති කල්හිද තණ්හාව ඇතිවන්නේ? කුමක් ඇති කල්හිද උපාදාන ඇතිවන්නේ? කුමක් ඇති

කල්හිද භවය ඇතිවන්නේ? කුමක් ඇති කල්හිද ඉපදීම ඇතිවන්නේ? කුමක් ඇති කල්හිද ජරාමරණ ඇතිවන්නේ' කියලා.

නමුත් පින්වත් මහණෙනි, ශ්‍රැතවත් ආර්ය ශ්‍රාවකයා හට මේ පිළිබඳව අනුන්ගේ උපකාරයකින් තොර වූ අවබෝධ ඤාණයක් තියෙනවා.

'මෙය ඇති කල්හි මෙය වේ. මෙය ඉපදීමෙන් තමයි මෙය උපදින්නේ. අවිද්‍යාව තිබෙන විටයි සංස්කාර ඇතිවන්නේ. සංස්කාර තිබෙන විටයි විඤ්ඤාණය ඇතිවන්නේ. විඤ්ඤාණය තිබෙන විටයි නාමරූප ඇතිවන්නේ. ....(පෙ).... ඉපදීම තිබෙන විටයි ජරා මරණ ඇතිවන්නේ. මෙන්න මෙහෙමයි මේ ලෝකය හටගන්නේ' කියලා ඔහු ඔය විදිහට දැනගන්නවා.

පින්වත් මහණෙනි, ශ්‍රැතවත් ආර්ය ශ්‍රාවකයා හට මෙහෙම හිතෙන්නේ නෑ. ඒ කියන්නේ, 'ඇත්තෙන්ම කුමක් නැති කල්හි කුමක් නැති වෙයිද? කුමක නිරුද්ධ වීමෙන් කුමක් නිරුද්ධ වෙයිද? කුමක් නැති කල්හිද සංස්කාර නැතිවන්නේ? කුමක් නැති කල්හිද විඤ්ඤාණය නැතිවන්නේ? කුමක් නැති කල්හිද නාමරූප නැතිවන්නේ? කුමක් නැති කල්හිද ආයතන හය නැතිවන්නේ? කුමක් නැති කල්හිද ස්පර්ශය නැතිවන්නේ? කුමක් නැති කල්හිද විඳීම නැතිවන්නේ? කුමක් නැති කල්හිද තණ්හාව නැතිවන්නේ? කුමක් නැති කල්හිද උපාදාන නැතිවන්නේ? කුමක් නැති කල්හිද භවය නැතිවන්නේ? කුමක් නැති කල්හිද ඉපදීම නැතිවන්නේ? කුමක් නැති කල්හිද ජරාමරණ නැතිවන්නේ?' කියලා.

නමුත් පින්වත් මහණෙනි, ශ්‍රැතවත් ආර්ය ශ්‍රාවකයා හට මේ පිළිබඳව අනුන්ගේ උපකාරයකින් තොර වූ අවබෝධ ඤාණයක් තියෙනවා.

'මෙය නැති කල්හි මෙය නැති වේ. මෙය නිරුද්ධ වීමෙන් තමයි මෙය නිරුද්ධ වන්නේ. අවිද්‍යාව නැති වෙන විටයි, සංස්කාර නැතිවන්නේ. සංස්කාර නැතිවන විටයි විඤ්ඤාණය නැතිවන්නේ. විඤ්ඤාණය නැතිවන විටයි නාමරූප නැතිවන්නේ. ....(පෙ).... ඉපදීම නැතිවෙන විටයි ජරා මරණ නැතිවන්නේ. මෙන්න මෙහෙමයි මේ ලෝකය නිරුද්ධ වන්නේ' කියලා ඔහු ඔය විදිහට දැනගන්නවා.

පින්වත් මහණෙනි, යම් දවසක ආර්ය ශ්‍රාවකයා හට ඔය ආකාරයෙන් ලෝකයේ හටගැනීමත්, ලෝකයේ නැතිවීමත් යථාර්ථ වශයෙන්ම අවබෝධ වුණොත්, පින්වත් මහණෙනි, මේ ආර්ය ශ්‍රාවකයාටයි සම්මා දිට්ඨියෙන් යුතු කෙනා කියන්නේ. ....(පෙ).... අමා නිවන් දොරෙහි වැදි වැදී සිටින කෙනා

කියන්නේ.

සාදු! සාදු!! සාදු!!!

පඨම අරියසාවක සූත්‍රය නිමා විය.

1.5.10.

දුතිය අරියසාවක සූත්‍රය

ආර්ය ශ්‍රාවකයා ගැන වදාළ දෙවෙනි දෙසුම

50. සැවැත් නුවරදී ....

පින්වත් මහණෙනි, ශ්‍රැතවත් ආර්ය ශ්‍රාවකයා හට මෙහෙම හිතෙන්නේ නෑ.

ඒ කියන්නේ 'ඇත්තෙන්ම කුමක් ඇති කල්හි කුමක් වෙයිද? කුමක ඉපදීමෙන් කුමක් උපදීද? කුමක් ඇති කල්හිද සංස්කාර ඇතිවන්නේ? කුමක් ඇති කල්හිද විඤ්ඤාණය ඇතිවන්නේ? කුමක් ඇති කල්හිද නාමරූප ඇතිවන්නේ? කුමක් ඇති කල්හිද ආයතන හය ඇතිවන්නේ? කුමක් ඇති කල්හිද ස්පර්ශය ඇතිවන්නේ? කුමක් ඇති කල්හිද විඳීම ඇතිවන්නේ? කුමක් ඇති කල්හිද තණ්හාව ඇතිවන්නේ? කුමක් ඇති කල්හිද උපාදාන ඇතිවන්නේ? කුමක් ඇති කල්හිද භවය ඇතිවන්නේ? කුමක් ඇති කල්හිද ඉපදීම ඇතිවන්නේ? කුමක් ඇති කල්හිද ජරාමරණ ඇතිවන්නේ' කියලා.

නමුත් පින්වත් මහණෙනි, ශ්‍රැතවත් ආර්ය ශ්‍රාවකයා හට මේ පිළිබඳව අනුන්ගේ උපකාරයකින් තොර වූ අවබෝධ ඤාණයක් තියෙනවා.

'මෙය ඇති කල්හි මෙය වේ. මෙය ඉපදීමෙන් තමයි මෙය උපදින්නේ. අවිද්‍යාව තිබෙන විටයි සංස්කාර ඇතිවන්නේ. සංස්කාර තිබෙන විටයි විඤ්ඤාණය ඇතිවන්නේ. විඤ්ඤාණය තිබෙන විටයි නාමරූප ඇතිවන්නේ. ....(පෙ).... ඉපදීම තිබෙන විටයි ජරා මරණ ඇතිවන්නේ. මෙන්න මෙහෙමයි මේ ලෝකය හටගන්නේ' කියලා ඔහු ඔය විදිහට දැනගන්නවා.

පින්වත් මහණෙනි, ශ්‍රැතවත් ආර්ය ශ්‍රාවකයා හට මෙහෙම හිතෙන්නේ නෑ. ඒ කියන්නේ, 'ඇත්තෙන්ම කුමක් නැති කල්හි කුමක් නැති වෙයිද?

කුමක නිරුද්ධ වීමෙන් කුමක් නිරුද්ධ වෙයිද? කුමක් නැති කල්හිද සංස්කාර නැතිවන්නේ? කුමක් නැති කල්හිද විඤ්ඤාණය නැතිවන්නේ? කුමක් නැති කල්හිද නාමරූප නැතිවන්නේ? කුමක් නැති කල්හිද ආයතන හය නැතිවන්නේ? කුමක් නැති කල්හිද ස්පර්ශය නැතිවන්නේ? කුමක් නැති කල්හිද විඳීම නැතිවන්නේ? කුමක් නැති කල්හිද තණ්හාව නැතිවන්නේ? කුමක් නැති කල්හිද උපාදාන නැතිවන්නේ? කුමක් නැති කල්හිද භවය නැතිවන්නේ? කුමක් නැති කල්හිද ඉපදීම නැතිවන්නේ? කුමක් නැති කල්හිද ජරාමරණ නැතිවන්නේ?' කියලා.

නමුත් පින්වත් මහණෙනි, ශ්‍රැතවත් ආර්ය ශ්‍රාවකයා හට මේ පිළිබඳව අනුන්ගේ උපකාරයකින් තොර වූ අවබෝධ ඤාණයක් තියෙනවා.

'මෙය නැති කල්හි මෙය නැති වේ. මෙය නිරුද්ධ වීමෙන් තමයි මෙය නිරුද්ධ වන්නේ. අවිද්‍යාව නැති වෙන විටයි, සංස්කාර නැතිවන්නේ. සංස්කාර නැතිවන විටයි විඤ්ඤාණය නැතිවන්නේ. විඤ්ඤාණය නැතිවන විටයි නාමරූප නැතිවන්නේ. ....(පෙ).... ඉපදීම නැතිවෙන විටයි ජරා මරණ නැතිවන්නේ. මෙන්න මෙහෙමයි මේ ලෝකය නිරුද්ධ වන්නේ' කියලා ඔහු ඔය විදිහට දැනගන්නවා.

පින්වත් මහණෙනි, යම් දවසක ආර්ය ශ්‍රාවකයා හට ඔය ආකාරයෙන් ලෝකයේ හටගැනීමත්, ලෝකයේ නැතිවීමත් යථාර්ථ වශයෙන්ම අවබෝධ වුණොත්, පින්වත් මහණෙනි, මේ ආර්ය ශ්‍රාවකයාටයි සම්මා දිට්ඨියෙන් යුතු කෙනා කියන්නේ. ආර්ය සත්‍යය දර්ශනයෙන් යුක්ත කෙනා කියන්නේ. මේ සද්ධර්මය වෙත පැමිණුන කෙනා කියන්නේ. මේ සද්ධර්මය දකින කෙනා කියන්නේ. ආර්ය මාර්ගයෙහි හික්මෙන නුවණැත්තා කියන්නේ. ආර්ය මාර්ගය ගැන අවබෝධය තිබෙන කෙනා කියන්නේ. මේ දහම් සැඩ පහරට පැමිණුන කෙනා කියන්නේ. ආර්යභාවයට පත්කරවන කළකිරීමෙන් යුතු කෙනා කියන්නේ. ඒ අමා නිවන් දොරෙහි වැදි වැදී සිටින කෙනා කියන්නේ.

සාදු! සාදු!! සාදු!!!

දුතිය අරියසාවක සූත්‍රය නිමා විය.

පස්වෙනි ගහපති වර්ගය අවසන් විය.

6. දුක්ඛ වර්ගය

1.6.1.
පරිවීමංසන සූත්‍රය
නුවණින් විමසීම ගැන වදාළ දෙසුම

51. මා හට අසන්නට ලැබුණේ මේ විදිහටයි. එදා භාග්‍යවතුන් වහන්සේ වැඩසිටියේ සැවැත් නුවර ජේතවනය නම් වූ අනේපිඬු සිටුතුමාගේ ආරාමයේය. එහිදී භාග්‍යවතුන් වහන්සේ "පින්වත් මහණෙනි" කියා භික්ෂූන් අමතා වදාළා. ඒ භික්ෂූන් වහන්සේලා ද "පින්වතුන් වහන්ස" කියා භාග්‍යවතුන් වහන්සේට පිළිතුරු දුන්නා. භාග්‍යවතුන් වහන්සේ ඒ මොහොතේදී තමයි මේ දේශනය වදාළේ.

"පින්වත් මහණෙනි, භික්ෂුවක් සෑම විදිහකින්ම මනාකොට මේ දුක් ක්ෂය වෙලා යන පරිද්දෙන් නුවණින් විමසනවා නම් විමසන්නේ කොපමණකින්ද?"

"ස්වාමීනී, අපගේ මේ ධර්මය භාග්‍යවතුන් වහන්සේ මුල් කරගෙනයි තියෙන්නේ. භාග්‍යවතුන් වහන්සේ පිළිසරණ කරගෙනයි තියෙන්නේ. භාග්‍යවතුන් වහන්සේ ප්‍රධාන කරගෙනයි තියෙන්නේ. භාග්‍යවතුන් වහන්සේටම ඔය වදාළ කරුණෙහි අර්ථය වැටහෙන සේක්වා! භාග්‍යවතුන් වහන්සේගෙන් අසාගෙනයි මේ භික්ෂූන් සිත්හි දරා ගන්නේ."

"එහෙම නම් පින්වත් මහණෙනි, හොඳින් අසන්න ඕන. ඉතා හොඳින් නුවණින් මෙනෙහි කරන්න ඕන. මා කියා දෙන්නම්."

"එසේය, ස්වාමීනී" කියා ඒ භික්ෂූන් භාග්‍යවතුන් වහන්සේට පිළිතුරු දුන්නා. භාග්‍යවතුන් වහන්සේ ඒ මොහොතේදී මෙය වදාළා.

"පින්වත් මහණෙනි, මේ සසුනෙහි භික්ෂුව නුවණින් විමසද්දී මෙහෙමයි විමසන්නේ. 'නොයෙක් ආකාර වූ නා නා ප්‍රකාර වූ යම් දුකක් මේ ජරා මරණ ලෝකයෙහි උපදිනවා නම්, මේ දුක උපදින්නේ කුමක් මුල් වෙලාද? කුමක් හට අරගෙනද? කුමක ඉපදීමෙන්ද? කුමක් ප්‍රභවය වීමෙන්ද? කුමක් තියෙන

කොට ද ජරා මරණ තියෙන්නේ? කුමක් නොතිබෙන කොට ද ජරා මරණ නොතිබෙන්නේ?'

එතකොට ඒ භික්ෂුව නුවණින් විමසද්දී මේ විදිහට අවබෝධ කරගන්නවා. 'නොයෙක් ආකාර වූ නා නා ප්‍රකාර වූ යම් දුකක් මේ ජරා මරණ ලෝකයෙහි උපදිනවා නම්, මේ දුක උපදින්නේ ඉපදීම මුල් වෙලයි. ඉපදීම හටගැනීමෙනුයි. ඉපදීම ඉපදීමෙනුයි. ඉපදීම ප්‍රභවය වීමෙනුයි. ඉපදීම තියෙන කොට තමයි ජරාමරණ තියෙන්නේ. ඉපදීම නොතිබෙන කොට තමයි ජරාමරණ නොතිබෙන්නේ.'

ඔහු ජරාමරණත් අවබෝධ කරනවා. ජරාමරණ හටගැනීමත් අවබෝධ කරනවා. ජරාමරණ නිරුද්ධ වීමත් අවබෝධ කරනවා. ජරාමරණ නිරුද්ධ වීම පිණිස උපකාරී වන යම් වැඩපිළිවෙලක් ඇත්නම් ඒ ගැනත් අවබෝධයක් ඇති කරගන්නවා. ඒ ධර්මානුකූල හැසිරීමෙන් යුක්තව ඒ ප්‍රතිපත්තියෙහි බැස ගන්නවා.

පින්වත් මහණෙනි, ඔය භික්ෂුවටයි කියන්නේ 'සෑම අයුරින්ම මනාකොට දුක් ක්ෂය කිරීම පිණිස, ජරා මරණ නිරුද්ධ වීම පිණිස ප්‍රතිපත්තියෙහි බැසගත් කෙනා' කියලා.

ඒ වගේම තවදුරටත් නුවණින් විමසද්දී විමසන්නේ, මේ ඉපදීම තියෙන්නේ කුමක් මුල් කරගෙනද? කුමක් හටගැනීමෙන්ද? කුමක ඉපදීමෙන්ද? කුමක් ප්‍රභවය වීමෙන්ද? කුමක් තිබුණොත් ද ඉපදීම තියෙන්නේ? කුමක් නොතිබුණොත් ද ඉපදීම නොතිබෙන්නේ?' කියලා.

එතකොට ඔහු නුවණින් විමසද්දී අවබෝධ කරගන්නේ මෙහෙමයි. 'ඉපදීම තියෙන්නේ භවය මුල් කරගෙනයි. භවය හටගැනීමෙනුයි. භවය ඉපදීමෙනුයි. භවය ප්‍රභවය වීමෙනුයි. භවය තියෙන කොට තමයි ඉපදීම තියෙන්නේ. භවය නොතිබෙන කොට තමයි ඉපදීම නොතිබෙන්නේ'

ඔහු ඉපදීමත් අවබෝධ කරනවා. ඉපදීම හටගැනීමත් අවබෝධ කරනවා. ඉපදීම නිරුද්ධ වීමත් අවබෝධ කරනවා. ඉපදීම නිරුද්ධ වීම පිණිස උපකාරී වන යම් වැඩපිළිවෙලක් ඇත්නම් ඒ ගැනත් අවබෝධයක් ඇති කරගන්නවා. ඒ ධර්මානුකූල හැසිරීමෙන් යුක්තව ඒ ප්‍රතිපත්තියෙහි බැස ගන්නවා.

පින්වත් මහණෙනි, ඔය භික්ෂුවටයි කියන්නේ 'සෑම අයුරින්ම මනාකොට දුක් ක්ෂය කිරීම පිණිස, ඉපදීම නිරුද්ධ වීම පිණිස ප්‍රතිපත්තියෙහි බැසගත් කෙනා' කියලා.

ඒ වගේම තවදුරටත් නුවණින් විමසද්දී විමසන්නේ, මේ භවය තියෙන්නේ කුමක් මුල් කරගෙනද? කුමක් හටගැනීමෙන්ද? කුමක ඉපදීමෙන්ද? කුමක් ප්‍රභවය වීමෙන්ද? කුමක් තිබණොත් ද භවය තියෙන්නේ? කුමක් නොතිබුණොත් ද භවය නොතිබෙන්නේ?' කියලා.

එතකොට ඔහු නුවණින් විමසද්දී අවබෝධ කරගන්නේ මෙහෙමයි. 'භවය තියෙන්නේ උපාදාන මුල් කරගෙනයි. උපාදාන හටගැනීමෙනුයි. උපාදාන ඉපදීමෙනුයි. උපාදාන ප්‍රභවය වීමෙනුයි. උපාදාන තියෙන කොට තමයි භවය තියෙන්නේ. උපාදාන නොතිබෙන කොට තමයි භවය නොතිබෙන්නේ'

ඔහු භවයත් අවබෝධ කරනවා. භවය හටගැනීමත් අවබෝධ කරනවා. භවය නිරුද්ධ වීමත් අවබෝධ කරනවා. භවය නිරුද්ධ වීම පිණිස උපකාරී වන යම් වැඩපිළිවෙලක් ඇත්නම් ඒ ගැනත් අවබෝධයක් ඇති කරගන්නවා. ඒ ධර්මානුකූල හැසිරීමෙන් යුක්තව ඒ ප්‍රතිපත්තියෙහි බැස ගන්නවා.

පින්වත් මහණෙනි, ඔය භික්ෂුවටයි කියන්නේ 'සෑම අයුරින්ම මනාකොට දුක් ක්ෂය කිරීම පිණිස, භවය නිරුද්ධ වීම පිණිස ප්‍රතිපත්තියෙහි බැසගත් කෙනා' කියලා.

ඒ වගේම තවදුරටත් නුවණින් විමසද්දී විමසන්නේ, මේ උපාදාන තියෙන්නේ කුමක් මුල් කරගෙනද? ....(පෙ).... මේ තණ්හාව තියෙන්නේ කුමක් මුල් කරගෙනද? ....(පෙ).... මේ විඳීම තියෙන්නේ කුමක් මුල් කරගෙනද? ....(පෙ).... මේ ස්පර්ශය තියෙන්නේ කුමක් මුල් කරගෙනද? ....(පෙ).... මේ ආයතන හය තියෙන්නේ කුමක් මුල් කරගෙනද? ....(පෙ).... මේ නාමරූප තියෙන්නේ කුමක් මුල් කරගෙනද? ....(පෙ).... මේ විඤ්ඤාණය තියෙන්නේ කුමක් මුල් කරගෙනද? ....(පෙ).... ඒ වගේම තවදුරටත් නුවණින් විමසද්දී මේ සංස්කාර තියෙන්නේ කුමක් මුල් කරගෙනද? කුමක් හටගැනීමෙන්ද? කුමක් ඉපදීමෙන්ද? කුමක් ප්‍රභවය වීමෙන්ද? කුමක් තිබණොත් ද සංස්කාර තියෙන්නේ? කුමක් නොතිබුණොත් ද සංස්කාර නොතිබෙන්නේ?' කියලා.

එතකොට ඔහු නුවණින් විමසද්දී අවබෝධ කරගන්නේ මෙහෙමයි. 'සංස්කාර තියෙන්නේ අවිද්‍යාව මුල් කරගෙනයි. අවිද්‍යාව හටගැනීමෙනුයි. අවිද්‍යාව ඉපදීමෙනුයි. අවිද්‍යාව ප්‍රභවය වීමෙනුයි. අවිද්‍යාව තියෙන කොට තමයි සංස්කාර තියෙන්නේ. අවිද්‍යාව නොතිබෙන කොට තමයි සංස්කාර නොතිබෙන්නේ'

ඔහු සංස්කාරත් අවබෝධ කරනවා. සංස්කාර හටගැනීමත් අවබෝධ

කරනවා. සංස්කාර නිරුද්ධ වීමත් අවබෝධ කරනවා. සංස්කාර නිරුද්ධ වීම පිණිස උපකාරී වන යම් වැඩපිළිවෙළක් ඇත්නම් ඒ ගැනත් අවබෝධයක් ඇති කරගන්නවා. ඒ ධර්මානුකූල හැසිරීමෙන් යුක්තව ඒ ප්‍රතිපත්තියෙහි බැස ගන්නවා.

පින්වත් මහණෙනි, ඔය භික්ෂුවටයි කියන්නේ 'සෑම අයුරින්ම මනාකොට දුක් ක්ෂය කිරීම පිණිස, සංස්කාර නිරුද්ධ වීම පිණිස ප්‍රතිපත්තියෙහි බැසගත් කෙනා' කියලා.

පින්වත් මහණෙනි, අවිද්‍යාව තුළ ඉන්න මේ පුද්ගලයා යම් හෙයකින් රැස් කරන්නේ පුණ්‍ය වූ සංස්කාරයක් නම්, විඤ්ඤාණය ඒ පිනට අනුව සකස් වෙනවා. යම් හෙයකින් රැස් කරන්නේ අපුණ්‍ය වූ සංස්කාරයක් නම්, විඤ්ඤාණය ඒ පවට අනුව සකස් වෙනවා. යම් හෙයකින් රැස් කරන්නේ ආනෙඤ්ජ වූ සංස්කාරයක් නම්, ඒ විඤ්ඤාණය ඒ ආනෙඤ්ජයට අනුව සකස් වෙනවා. (මෙහි ආනෙඤ්ජ සංස්කාර යනු ධ්‍යානවලින් හටගන්නා කර්මයට කියන නමකි.)

පින්වත් මහණෙනි, යම් දවසක භික්ෂුවගේ අවිද්‍යාව ප්‍රහාණය වෙලා ගියා නම්, විද්‍යාව පහළ වුණා නම්, අවිද්‍යාව දුරු වුණ නිසා, විද්‍යාව ඉපදුණ නිසා ඔහු පුණ්‍ය වූ සංස්කාර රැස් කරන්නේ නෑ. අපුණ්‍ය වූ සංස්කාර රැස් කරන්නෙත් නෑ. ආනෙඤ්ජ වූ සංස්කාර රැස් කරන්නෙත් නෑ. සංස්කාර රැස් නොකර ඉන්න කොට, චේතනාව සකස් නොකර ඉන්න කොට ලෝකයේ කිසි දේකට බැඳෙන්නෙ නෑ. නොබැඳෙන නිසා තැති ගන්නෙ නෑ. තැති නොග ැනීම නිසා තමන් තුළම පිරිනිවීමට පත්වෙනවා. 'ඉපදීම ක්ෂය වුණා. බඹසර වාසය සම්පූර්ණ කළා. කළ යුතු දේ කළා. ආයෙත් නම් නැවත උපතක් නැතැ'යි කියලා අවබෝධ වෙනවා.

ඔහු (ඒ රහතන් වහන්සේ) යම් හෙයකින් විඳින්නේ සැප විඳීමක් නම් ඒක අනිත්‍යයි කියලා දන්නවා. ඒකෙ සිත බැසගන්නෙ නෑ කියල දන්නවා. ඒක සිතින් පිළිගන්නෙ නෑ කියලත් දන්නවා. යම් හෙයකින් විඳින්නේ දුක් විඳීමක් නම් ඒක අනිත්‍යයි කියලා දන්නවා. ඒකෙ සිත බැසගන්නෙ නෑ කියල දන්නවා. ඒක සිතින් පිළිගන්නෙ නෑ කියලත් දන්නවා. යම් හෙයකින් විඳින්නේ දුක් සැප රහිත විඳීමක් නම් ඒක අනිත්‍යයි කියල දන්නවා. ඒකෙ සිත බැසග න්නෙ නෑ කියල දන්නවා. ඒක සිතින් පිළිගන්නෙ නෑ කියලත් දන්නවා.

ඔහු යම් හෙයකින් විඳින්නේ සැප විඳීමක් නම් ඒ විඳීම විඳින්නේ එය හා එක් නොවුණ සිතින්මයි. යම් හෙයකින් විඳින්නේ දුක් විඳීමක් නම් ඒ විඳීම

විඳින්නේ එය හා එක් නොවුණ සිතින්මයි. යම් හෙයකින් විඳින්නේ දුක් සැප රහිත විඳීමක් නම් ඒ විඳීම විඳින්නේ එය හා එක් නොවුණ සිතින්මයි.

ඔහු කය පවතින තාක් විඳින විඳීම විඳිද්දී, මං කය පවතින තාක් විඳින විඳීමක් තමයි විඳින්නේ කියල දැනගන්නවා. ජීවිතය පවතින තාක් විඳින විඳීම විඳිද්දී, මං ජීවිතය පවතින තාක් විඳින විඳීමක් තමයි විඳින්නේ කියල දැනගන්නවා.

කය බිඳී ගොස් ජීවිතය අවසන් වන්නට කලින්ම තමා විසින් නොපිළිග ත්නා ලද ඒ සියලු විඳීම් මෙලොවදීම සිහිල් වෙලා යනවා කියලා, ශරීරය විතරක් ඉතුරු වෙනවා කියලා දැනගන්නවා.

පින්වත් මහණෙනි, ඒක හරියට කුඹල්කරුවෙක් උණුසුම් කළයක් උඳුනෙන් අයින් කරලා බිම තිබ්බා වගෙයි. ඒ කලයේ යම්කිසි රස්නෙ ගතියක් තිබුණා නම්, ඒක එතනම සංසිඳිලා යනවා. වළං කැබැල්ල විතරක් ඉතුරු වෙනවා. පින්වත් මහණෙනි, මේකත් ඒ වගේමයි. භික්ෂුව කය පවතින තාක් විඳින විඳීම විඳිද්දී, මං කය පවතින තාක් විඳින විඳීමක් තමයි විඳින්නේ කියල දැනගන්නවා. ජීවිතය පවතින තාක් විඳින විඳීම විඳිද්දී, මං ජීවිතය පවතින තාක් විඳින විඳීමක් තමයි විඳින්නේ කියල දැනගන්නවා.

කය බිඳී ගොස් ජීවිතය අවසන් වන්නට කලින්ම තමා විසින් නොපිළිග ත්නා ලද ඒ සියලු විඳීම් මෙලොවදීම සිහිල් වෙලා යනවා කියලා, ශරීරය විතරක් ඉතුරු වෙනවා කියලා දැනගන්නවා.

පින්වත් මහණෙනි, මොකක්ද මේ ගැන හිතන්නේ? ආශ්‍රවයන් ක්ෂය කරපු රහත් භික්ෂුව පුණ්‍ය වූ සංස්කාරවත් රැස් කරනවාද? අපුණ්‍ය වූ සංස්කාර වත් රැස් කරනවාද? ආනෙඤ්ජ වූ සංස්කාරවත් රැස් කරනවාද?"

"ස්වාමීනී, මෙය වෙන්නෙම නෑ."

"ඒ සංස්කාර මුළුමනින්ම නැතිනම්, සංස්කාර නිරුද්ධ වීමෙන් විඤ්ඤාණයේ පැවැත්මක් දකින්න තිබෙනවාද?"

"ස්වාමීනී, මෙය වෙන්නෙම නෑ."

"ඒ විඤ්ඤාණය මුළුමනින්ම නැතිනම්, විඤ්ඤාණය නිරුද්ධ වීමෙන් නාමරූපයක පැවැත්මක් දකින්න තිබෙනවාද?"

"ස්වාමීනී, මෙය වෙන්නෙම නෑ."

"ඒ නාමරූප මුළුමනින්ම නැතිනම්, නාමරූප නිරුද්ධ වීමෙන් ආයතන හයක පැවැත්මක් දකින්න තිබෙනවාද?"

"ස්වාමීනී, මෙය වෙන්නෙම නෑ."

"ඒ ආයතන හය මුළුමනින්ම නැතිනම්, ආයතන හය නිරුද්ධ වීමෙන් ස්පර්ශයක පැවැත්මක් දකින්න තිබෙනවාද?"

"ස්වාමීනී, මෙය වෙන්නෙම නෑ."

"ඒ ස්පර්ශය මුළුමනින්ම නැතිනම්, ස්පර්ශය නිරුද්ධ වීමෙන් විඳීමක පැවැත්මක් දකින්න තිබෙනවාද?"

"ස්වාමීනී, මෙය වෙන්නෙම නෑ."

"ඒ විඳීම මුළුමනින්ම නැතිනම්, විඳීම නිරුද්ධ වීමෙන් තණ්හාවක පැවැත්මක් දකින්න තිබෙනවාද?"

"ස්වාමීනී, මෙය වෙන්නෙම නෑ."

"ඒ තණ්හාව මුළුමනින්ම නැතිනම්, තණ්හාව නිරුද්ධ වීමෙන් උපාදානයක පැවැත්මක් දකින්න තිබෙනවාද?"

"ස්වාමීනී, මෙය වෙන්නෙම නෑ."

"ඒ උපාදාන මුළුමනින්ම නැතිනම්, උපාදාන නිරුද්ධ වීමෙන් භවයක පැවැත්මක් දකින්න තිබෙනවාද?"

"ස්වාමීනී, මෙය වෙන්නෙම නෑ."

"ඒ භවය මුළුමනින්ම නැතිනම්, භවය නිරුද්ධ වීමෙන් ඉපදීමක පැවැත්මක් දකින්න තිබෙනවාද?"

"ස්වාමීනී, මෙය වෙන්නෙම නෑ."

"ඒ ඉපදීම මුළුමනින්ම නැතිනම්, ඉපදීම නිරුද්ධ වීමෙන් ජරාමරණවල පැවැත්මක් දකින්න තිබෙනවාද?"

"ස්වාමීනී, මෙය වෙන්නෙම නෑ."

"සාදු! සාදු! පින්වත් මහණෙනි, ඔය විදිහටමයි ඕක වෙන්නේ. පින්වත් මහණෙනි, වෙන විදිහකට ඕක වෙන්නෙ නෑ. පින්වත් මහණෙනි, ඔය විදිහටමයි

ඕක වෙන්නේ කියලා ශ්‍රද්ධාවමයි ඇති කරගන්න ඕන. මේ ගැන විශ්වාසයක්මයි ඇති කරගන්න ඕන. නිසැක බවක්මයි ඇති කරගන්න ඕන. ඕකමයි මේ දුකේ කෙළවර (එනම් නිවනයි)."

සාදු! සාදු!! සාදු!!!

පරිවීමංසන සූත්‍රය නිමා විය.

1.6.2.

උපාදාන සූත්‍රය

බැඳීයාම ගැන වදාළ දෙසුම

52. සැවැත් නුවරදී ....

පින්වත් මහණෙනි, බැඳීයාම ඇතිවෙන දේවල් ගැන ආශ්වාදය අනුව බල බලා සිටින කෙනෙකුට තණ්හාවයි වැඩෙන්නේ. තණ්හාව හේතු කොට ගෙන බැඳීයාම ඇතිවෙනවා. බැඳීයාම හේතු කොටගෙන භවය ඇතිවෙනවා. භවය හේතු කොටගෙන ඉපදෙනවා. ඉපදීම හේතු කොට ගෙන ජරාමරණ, සෝක, වැළපීම්, කායික දුක්, මානසික දුක්, සුසුම් හෙළීම් ඇතිවෙනවා. ඔය ආකාරයට මේ මුළු මහත් දුක් රැසම හටගන්නවා.

පින්වත් මහණෙනි, ඒක මේ වගේ දෙයක්. දර පුරවපු ගැල් දහයක හරි, විස්සක හරි, තිහක හරි, හතළිහක හරි මහා ගිනි ජාලාවක් ඇවිලෙමින් තියෙනවා කියල හිතන්න. ඉතින් මිනිහෙක් ඇවිදින් කලින් කලට වේලිච්ච තණකොළත් ඒ ගින්නට දානවා නම්, වේලිච්ච ගොමත් දානවා නම්, වේලිච්ච දරත් දානවා නම් පින්වත් මහණෙනි, ඔය විදිහට ඒ මහා ගිනි ජාලාව ඒ ආහාරයෙන්, ඒ උපාදානයෙන් බොහෝ කලක් ඇවිලි ඇවිලී තියෙනවා.

පින්වත් මහණෙනි, ඔය විදිහමයි. බැඳීයාම ඇතිවෙන දේවල් ගැන ආශ්වාදය අනුව බල බලා සිටින කෙනෙකුට තණ්හාවයි වැඩෙන්නේ. තණ්හාව හේතු කොට ගෙන බැඳීයාම ඇතිවෙනවා. බැඳීයාම හේතු කොටගෙන භවය ඇතිවෙනවා. භවය හේතු කොටගෙන ඉපදෙනවා. ඉපදීම හේතු කොට ගෙන ජරාමරණ, සෝක, වැළපීම්, කායික දුක්, මානසික දුක්, සුසුම් හෙළීම් ඇතිවෙනවා. ඔය ආකාරයට මේ මුළු මහත් දුක් රැසම හටගන්නවා.

පින්වත් මහණෙනි, බැඳීයාම ඇතිවෙන දේවල් ගැන ආදීනව අනුව

බල බලා සිටින කෙනෙකුට තණ්හාවයි නිරුද්ධ වෙන්නේ. තණ්හාව නිරුද්ධ වීමෙන් බැඳීයාම නිරුද්ධ වෙනවා. බැඳීයාම නිරුද්ධ වීමෙන් භවය නිරුද්ධ වෙනවා. භවය නිරුද්ධ වීමෙන් ඉපදීම නිරුද්ධ වෙනවා. ඉපදීම නිරුද්ධ වීමෙන් ජරාමරණ, සෝක, වැළපීම්, කායික දුක්, මානසික දුක්, සුසුම් හෙළීම් නිරුද්ධ වෙනවා. ඔය ආකාරයට මේ මුළු මහත් දුක් රැසම නිරුද්ධ වෙනවා.

පින්වත් මහණෙනි, ඒක මේ වගේ දෙයක්. දර පුරවපු ගැල් දහයක හරි, විස්සක හරි, තිහක හරි, හතළිහක හරි මහා ගිනි ජාලාවක් ඇවිලෙමින් තියෙනවා කියල හිතන්න. ඉතින් මිනිහෙක් ඇවිදින් කලින් කලට වේලිච්ච තණකොළත් ඒ ගින්නට දාන්නෙ නැත්නම්, වේලිච්ච ගොමත් දාන්නෙ නැත්නම්, වේලිච්ච දරත් දාන්නෙ නැත්නම් පින්වත් මහණෙනි, ඔය විදිහට ඒ මහා ගිනි ජාලාව කලින් තිබුණු දර අවසන් වීමෙන් අනිත් දර එක් නොවුණ නිසාත් ආහාර රහිත වීමෙන් නිවිලා යනවා.

පින්වත් මහණෙනි, ඔන්න ඔය විදිහමයි. බැඳීයාම ඇතිවෙන දේවල් ගැන ආදීනව අනුව බල බලා සිටින කෙනෙකුට තණ්හාවයි නිරුද්ධ වෙන්නේ. තණ්හාව නිරුද්ධ වීමෙන් බැඳීයාම නිරුද්ධ වෙනවා. බැඳීයාම නිරුද්ධ වීමෙන් භවය නිරුද්ධ වෙනවා. භවය නිරුද්ධ වීමෙන් ඉපදීම නිරුද්ධ වෙනවා. ඉපදීම නිරුද්ධ වීමෙන් ජරාමරණ, සෝක, වැළපීම්, කායික දුක්, මානසික දුක්, සුසුම් හෙළීම් නිරුද්ධ වෙනවා. ඔය ආකාරයට මේ මුළු මහත් දුක් රැසම නිරුද්ධ වෙනවා.

සාදු! සාදු!! සාදු!!!
උපාදාන සූත්‍රය නිමා විය.

1.6.3.
සංයෝජන සූත්‍රය
බන්ධනය ගැන වදාළ දෙසුම

53. සැවැත් නුවරදී ....

පින්වත් මහණෙනි, බන්ධනයන් ඇතිවෙන දේවල් ගැන ආශ්වාදය අනුව බල බලා සිටින කෙනෙකුට තණ්හාවයි වැඩෙන්නේ. තණ්හාව හේතු කොට ගෙන බැඳීයාම ඇතිවෙනවා. ....(පෙ).... ඔය ආකාරයට මේ මුළු මහත් දුක් රැ සම හටගන්නවා.

පින්වත් මහණෙනි, ඒක මේ වගේ දෙයක්. තෙලුත් නිසා වැටියත් නිසා තෙල් පහනක් දැල්වෙනවා කියල හිතමු. එතකොට එක මනුස්සයෙක් කලින් කලට ඇවිදින් ඒ පහනට තෙල් වක්කරනවා නම්, වැටි දමනවා නම්, පින්වත් මහණෙනි, ඒ විදිහට ඒ තෙල් පහන ඒ ආහාරයෙන්ම ඒ උපාදානයෙන්ම බොහෝ කලක් දැල්වි දැල්වී තියෙනවා.

පින්වත් මහණෙනි, ඔය විදිහමයි. බන්ධනයන් ඇතිවෙන දේවල් ගැන ආශ්වාදය අනුව බල බලා සිටින කෙනෙකුට තණ්හාවයි වැඩෙන්නේ. තණ්හාව හේතු කොට ගෙන බැඳීයාම ඇතිවෙනවා. ....(පෙ).... ඔය ආකාරයට මේ මුළු මහත් දුක් රැසම හටගන්නවා.

පින්වත් මහණෙනි, බන්ධනයන් ඇතිවෙන දේවල් ගැන ආදීනව අනුව බල බලා සිටින කෙනෙකුට තණ්හාවයි නිරුද්ධ වෙන්නේ. තණ්හාව නිරුද්ධ වීමෙන් බැඳීයාම නිරුද්ධ වෙනවා. ....(පෙ).... ඔය ආකාරයට මේ මුළු මහත් දුක් රැසම නිරුද්ධ වෙනවා.

පින්වත් මහණෙනි, ඒක මේ වගේ දෙයක්. තෙලුත් නිසා වැටියත් නිසා තෙල් පහනක් දැල්වෙනවා කියල හිතමු. එතකොට එක මනුස්සයෙක් කලින් කලට අවිදින් ඒ පහනට තෙල් වක්කරන්නේ නැත්නම්, වැටි දමන්නේ නැත්නම්, පින්වත් මහණෙනි, ඒ විදිහට ඒ තෙල් පහන කලින් දාපු තෙල් අවසන් වීමෙන් අලුතින් තෙල් නැති වීමෙන් ආහාර රහිතව නිවිලා යනවා.

පින්වත් මහණෙනි, ඔන්න ඔය විදිහමයි. බන්ධනයන් ඇතිවෙන දේවල් ගැන ආදීනව අනුව බල බලා සිටින කෙනෙකුට තණ්හාවයි නිරුද්ධ වෙන්නේ. තණ්හාව නිරුද්ධ වීමෙන් බැඳීයාම නිරුද්ධ වෙනවා .....(පෙ).... ඔය ආකාරයට මේ මුළු මහත් දුක් රැසම නිරුද්ධ වෙනවා.

සාදු! සාදු!! සාදු!!!
සංයෝජන සූත්‍රය නිමා විය.

1.6.4.
දුතිය සංයෝජන සූත්‍රය
බන්ධනය ගැන වදාළ දෙවෙනි දෙසුම

54. සැවැත් නුවරදී ....

පින්වත් මහණෙනි, ඒක මේ වගේ දෙයක්. තෙලුත් නිසා වැටියත් නිසා

තෙල් පහනක් දැල්වෙනවා කියල හිතමු. එතකොට එක මනුස්සයෙක් කලින් කලට ඇවිදින් ඒ පහනට තෙල් වක්කරනවා නම්, වැටි දමනවා නම්, පින්වත් මහණෙනි, ඒ විදිහට ඒ තෙල් පහන ඒ ආහාරයෙන්ම ඒ උපාදානයෙන්ම බොහෝ කලක් දැල්වි දැල්වී තියෙනවා.

පින්වත් මහණෙනි, ඔය විදිහමයි. බන්ධනයන් ඇතිවෙන දේවල් ගැන ආශ්වාදය අනුව බල බලා සිටින කෙනෙකුට තණ්හාවයි වැඩෙන්නේ. තණ්හාව හේතු කොට ගෙන බැඳීයාම ඇතිවෙනවා. ....(පෙ).... ඔය ආකාරයට මේ මුළු මහත් දුක් රැසම හටගන්නවා.

පින්වත් මහණෙනි, ඒක මේ වගේ දෙයක්. තෙලුත් නිසා වැටියත් නිසා තෙල් පහනක් දැල්වෙනවා කියල හිතමු. එතකොට එක මනුස්සයෙක් කලින් කලට අවිදින් ඒ පහනට තෙල් වක්කරන්නේ නැත්නම්, වැටි දමන්නේ නැත්නම්, පින්වත් මහණෙනි, ඒ විදිහට ඒ තෙල් පහන කලින් දාපු තෙල් අවසන් වීමෙන් අලුතින් තෙල් නැති වීමෙන් ආහාර රහිතව නිවිලා යනවා.

පින්වත් මහණෙනි, ඔන්න ඔය විදිහමයි. බන්ධනයන් ඇතිවෙන දේවල් ගැන ආදීනව අනුව බල බලා සිටින කෙනෙකුට තණ්හාවයි නිරුද්ධ වෙන්නේ. තණ්හාව නිරුද්ධ වීමෙන් බැඳීයාම නිරුද්ධ වෙනවා. .....(පෙ).... ඔය ආකාරයට මේ මුළු මහත් දුක් රැසම නිරුද්ධ වෙනවා.

සාදු! සාදු!! සාදු!!!
දුතිය සංයෝජන සූත්‍රය නිමා විය.

1.6.5.
මහා රුක්ඛ සූත්‍රය
මහා වෘක්ෂය ගැන වදාළ දෙසුම

55. සැවැත් නුවරදී ....

පින්වත් මහණෙනි, බැඳීයාම ඇතිවෙන දේවල් ගැන ආශ්වාදය අනුව බල බලා සිටින කෙනෙකුට තණ්හාවයි වැඩෙන්නේ. තණ්හාව හේතු කොට ගෙන බැඳීයාම ඇතිවෙනවා. ....(පෙ).... ඔය ආකාරයට මේ මුළු මහත් දුක් රැසම හටගන්නවා.

පින්වත් මහණෙනි, මහා වෘක්ෂයක් තියෙනවා කියල හිතමු. ඉතින්

ඒකෙ යටට බහින මුල් තියෙනවා නම්, හරස් අතට යන මුල් තියෙනවා නම්, ඒ සැම මුලක්ම කරන්නේ උඩු අතට ඕජස් අදින එකයි. පින්වත් මහණෙනි, ඔය විදිහටයි ඒ මහා වෘක්ෂය ඒ ආහාරයෙන්, ඒ උපාදානයෙන් බොහෝ දීර්ඝ කාලයක් පවතින්නේ.

පින්වත් මහණෙනි, ඔය විදිහමයි. බැඳීයාම ඇතිවෙන දේවල් ගැන ආශ්වාදය අනුව බල බලා සිටින කෙනෙකුට තණ්හාවයි වැඩෙන්නේ. තණ්හාව හේතු කොට ගෙන බැඳීයාම ඇතිවෙනවා. ....(පෙ).... ඔය ආකාරයට මේ මුළු මහත් දුක් රැසම හටගන්නවා.

පින්වත් මහණෙනි, බැඳීයාම ඇතිවෙන දේවල් ගැන ආදීනව අනුව බල බලා සිටින කෙනෙකුට තණ්හාවයි නිරුද්ධ වෙන්නේ. තණ්හාව නිරුද්ධ වීමෙන් බැඳීයාම නිරුද්ධ වෙනවා. .....(පෙ).... ඔය ආකාරයට මේ මුළු මහත් දුක් රැසම නිරුද්ධ වෙනවා.

පින්වත් මහණෙනි, මහා වෘක්ෂයක් තියෙනවා කියල හිතමු. ඉතින් එතැනට උදැල්ලකුයි කූඩයකුයි අරගෙන එක මනුස්සයෙක් එනවා. ඒ පුද්ගලයා ඒ වෘක්ෂය මුලින්ම කපනවා. මුලින්ම කපලා ගහ වටේ යටට හාරනවා. ගහ වටේ යටට හාරලා අඩු ගණනේ සැවැන්දරා මුලක් තරම් වත් මුලක් ඉතුරු නොකොට හැම මුලක්ම උදුරනවා. ඊට පස්සේ ඒ පුද්ගලයා ඒ වෘක්ෂය කෑලි කෑලිවලට කපනවා. කෑලි කෑලිවලට කපල පලනවා. පලලා කොටස් කොටස් කරනවා. කොටස් කොටස් කරලා අව්වේ වේලනවා. අව්වේ වේලලා ගිනි තියනවා. ගිනි තියලා අළු බවට පත් කරනවා. අළු බවට පත් කරලා මහා සුළඟේ විසුරුවා හරිනවා. එහෙමත් නැත්නම් සැඩ දිය කඳ ඇති ගඟේ පා කොට හරිනවා. එතකොට පින්වත් මහණෙනි, ඔන්න ඔය විදිහට ඒ මහා වෘක්ෂය මුලින්ම සිඳිලා යනවා. කරටිය කැඩිච්ච තල් ගසක් වගේ වෙලා යනවා. අභාවයට පත් වෙලා යනවා. ආයෙ කිසිදාක හට නොගන්නා ස්වභාවයට පත්වෙනවා.

පින්වත් මහණෙනි, ඔන්න ඔය විදිහමයි. බැඳීයාම ඇතිවෙන දේවල් ගැන ආදීනව අනුව බල බලා සිටින කෙනෙකුට තණ්හාවයි නිරුද්ධ වෙන්නේ. තණ්හාව නිරුද්ධ වීමෙන් බැඳීයාම නිරුද්ධ වෙනවා. .....(පෙ).... ඔය ආකාරයට මේ මුළු මහත් දුක් රැසම නිරුද්ධ වෙනවා.

සාදු! සාදු!! සාදු!!!

මහා රුක්ඛ සූත්‍රය නිමා විය.

1.6.6.
දුතිය මහා රුක්ඛ සූත්‍රය
මහා වෘක්ෂය ගැන වදාළ දෙවෙනි දෙසුම

56. සැවැත් නුවරදී ....

පින්වත් මහණෙනි, මහා වෘක්ෂයක් තියෙනවා කියල හිතමු. ඉතින් ඒකෙ යටට බහින මුල් තියෙනවා නම්, හරස් අතට යන මුල් තියෙනවා නම්, ඒ සැම මුලක්ම කරන්නේ උඩු අතට ඕජස් අදින එකයි. පින්වත් මහණෙනි, ඔය විදිහටයි ඒ මහා වෘක්ෂය ඒ ආහාරයෙන්, ඒ උපාදානයෙන් බොහෝ දීර්ඝ කාලයක් පවතින්නේ.

පින්වත් මහණෙනි, ඔය විදිහමයි. බැඳීයාම ඇතිවෙන දේවල් ගැන ආශ්වාදය අනුව බල බලා සිටින කෙනෙකුට තණ්හාවයි වැඩෙන්නේ. තණ්හාව හේතු කොට ගෙන බැඳීයාම ඇතිවෙනවා. ....(පෙ).... ඔය ආකාරයට මේ මුළු මහත් දුක් රැසම හටගන්නවා.

පින්වත් මහණෙනි, මහා වෘක්ෂයක් තියෙනවා කියල හිතමු. ඉතින් එතැනට උදැල්ලකුයි කුඩයකුයි අරගෙන එක මනුස්සයෙක් එනවා. ඒ පුද්ගලයා ඒ වෘක්ෂය මුලින්ම කපනවා. මුලින්ම කපලා ගහ වටේ යටට හාරනවා. ගහ වටේ යටට හාරලා අඩු ගණනේ සැවැන්දරා මුලක් තරම් වත් මුලක් ඉතුරු නොකොට හැම මුලක්ම උදුරනවා. ....(පෙ).... එහෙමත් නැතිනම් සැඩ දිය කඳ ඇති ගඟේ පා කොට හරිනවා. එතකොට පින්වත් මහණෙනි, ඔන්න ඔය විදිහට ඒ මහා වෘක්ෂය මුලින්ම සිඳිලා යනවා. කරටිය කැඩිච්ච තල් ගහක් වගේ වෙලා යනවා. අභාවයට පත්වෙලා යනවා. ආයෙ කිසිදාක හටනොග න්නා ස්වභාවයට පත්වෙලා යනවා.

පින්වත් මහණෙනි, ඔය විදිහමයි. බැඳීයාම ඇතිවෙන දේවල් ගැන ආදීනව අනුව බල බලා සිටින කෙනෙකුට තණ්හාවයි නිරුද්ධ වෙන්නේ. තණ්හාව නිරුද්ධ වීමෙන් බැඳීයාම නිරුද්ධ වෙනවා. ....(පෙ).... ඔය ආකාරයට මේ මුළු මහත් දුක් රැසම නිරුද්ධ වෙනවා.

සාදු! සාදු!! සාදු!!!

දුතිය මහා රුක්ඛ සූත්‍රය නිමා විය.

1.6.7.
තරුණ රුක්ඛ සූත්‍රය
හොඳින් වැඩෙන වෘක්ෂය ගැන වදාළ දෙසුම

57. සැවැත් නුවරදී ....

පින්වත් මහණෙනි, බන්ධනයන් ඇතිවෙන දේවල් ගැන ආශ්වාදය අනුව බල බලා සිටින කෙනෙකුට තණ්හාවයි වැඩෙන්නේ. තණ්හාව හේතු කොට ගෙන බැඳීයාම ඇතිවෙනවා. ....(පෙ).... ඔය ආකාරයට මේ මුළු මහත් දුක් රැසම හටගන්නවා.

පින්වත් මහණෙනි, හොඳින් වැඩෙන වෘක්ෂයක් තියෙනවා. එතැනට මනුස්සයෙක් ඇවිදින් කලින් කලට ඒ ගහේ මුල පිරිසිදු කරනවා. කලින් කලට පස් දානවා. කලින් කලට වතුර දානවා. ඔය විදිහට පින්වත් මහණෙනි, ඒ හොඳින් වැඩෙන වෘක්ෂය ඒ ආහාරයෙන්, ඒ උපාදානයෙන් තවදුරටත් හොඳට මුල් ඇදලා, හොඳට වැඩිලා විශාල ගහක් බවට පත්වෙනවා.

පින්වත් මහණෙනි, ඔය විදිහමයි. බන්ධනයන් ඇතිවෙන දේවල් ගැන ආශ්වාදය අනුව බල බලා සිටින කෙනෙකුට තණ්හාවයි වැඩෙන්නේ. තණ්හාව හේතු කොට ගෙන බැඳීයාම ඇතිවෙනවා. ....(පෙ).... ඔය ආකාරයට මේ මුළු මහත් දුක් රැසම හටගන්නවා.

පින්වත් මහණෙනි, බන්ධනයන් ඇතිවෙන දේවල් ගැන ආදීනව අනුව බල බලා සිටින කෙනෙකුට තණ්හාවයි නිරුද්ධ වෙන්නේ. තණ්හාව නිරුද්ධ වීමෙන් බැඳීයාම නිරුද්ධ වෙනවා. ....(පෙ).... ඔය ආකාරයට මේ මුළු මහත් දුක් රැසම නිරුද්ධ වෙනවා.

පින්වත් මහණෙනි, හොඳන් වැඩෙන වෘක්ෂයක් තියෙනවා කියල හිතමු. ඉතින් එතැනට උදැල්ලකුයි කූඩයකුයි අරගෙන එක මනුස්සයෙක් එනවා. ඒ පුද්ගලයා ඒ වෘක්ෂය මුලින්ම කපනවා. මුලින්ම කපලා ගහ වටේ යටට හාරනවා. ගහ වටේ යටට හාරලා අඩු ගණනේ සැවැන්දරා මුලක් තරම් වත් මුලක් ඉතුරු නොකොට හැම මුලක්ම උදුරනවා. ඊට පස්සේ ඒ පුද්ගලයා ඒ වෘක්ෂය කෑලි කෑලිවලට කපනවා. කෑලි කෑලිවලට කපල පලනවා. පලලා කොටස් කොටස් කරනවා. කොටස් කොටස් කරලා අව්වේ වේලනවා. අව්වේ වේලලා ගිනි තියනවා. ගිනි තියලා අළු බවට පත් කරනවා. අළු බවට පත්

කරලා මහා සුළඟේ විසුරුවා හරිනවා. එහෙමත් නැත්නම් සැඩ දිය කඳ ඇති ගඟේ පා කොට හරිනවා. එතකොට පින්වත් මහණෙනි, ඔන්න ඔය විදිහට ඒ හොඳින් වැඩෙන වෘක්ෂය මුලින්ම සිඳිලා යනවා. කරටිය කැඩිච්ච තල් ගසක් වගේ වෙලා යනවා. අභාවයට පත්වෙලා යනවා. ආයෙ කිසිදාක හට නොග න්නා ස්වභාවයට පත්වෙනවා.

පින්වත් මහණෙනි, ඔන්න ඔය විදිහමයි. බැඳීයාම ඇතිවෙන දේවල් ගැන ආදීනව අනුව බල බලා සිටින කෙනෙකුට තණ්හාවයි නිරුද්ධ වෙන්නේ. තණ්හාව නිරුද්ධ වීමෙන් බැඳීයාම නිරුද්ධ වෙනවා.....(පෙ).... ඔය ආකාරයට මේ මුළු මහත් දුක් රැසම නිරුද්ධ වෙනවා.

සාදු! සාදු!! සාදු!!!
තරුණ රුක්ඛ සූත්‍රය නිමා විය.

1.6.8.
නාමරූප සූත්‍රය
නාමරූප ගැන වදාළ දෙසුම

58. සැවැත් නුවරදී ....

පින්වත් මහණෙනි, බන්ධනයන් ඇතිවෙන දේවල් ගැන ආශ්වාදය අනුව බල බලා සිටින කෙනෙකුට නාමරූපවල බැසගැනීම ඇතිවෙනවා. නාමරූප හේතු කොටගෙන ආයතන හය ඇතිවෙනවා. ....(පෙ).... ඔය ආකාරයට මේ මුළු මහත් දුක් රැසම හටගන්නවා.

පින්වත් මහණෙනි, මහා වෘක්ෂයක් තියෙනවා කියල හිතමු. ඉතින් ඒකෙ යටට බහින මුල් තියෙනවා නම්, හරස් අතට යන මුල් තියෙනවා නම්, ඒ සෑම මුලක්ම කරන්නේ උඩු අතට ඕජස් අදින එකයි. පින්වත් මහණෙනි, ඔය විදිහටයි ඒ මහා වෘක්ෂය ඒ ආහාරයෙන්, ඒ උපාදානයෙන් බොහෝ දීර්ඝ කාලයක් පවතින්නේ.

පින්වත් මහණෙනි, ඔය විදිහමයි. බන්ධනයන් ඇතිවෙන දේවල් ගැන ආශ්වාදය අනුව බල බලා සිටින කෙනෙකුට නාමරූපවල බැසගැනීම ඇතිවෙනවා. නාමරූප හේතු කොටගෙන ආයතන හය ඇතිවෙනවා. ....(පෙ).... ඔය ආකාරයට මේ මුළු මහත් දුක් රැසම හටගන්නවා.

පින්වත් මහණෙනි, බන්ධනයන් ඇතිවෙන දේවල් ගැන ආදීනව අනුව බල බලා සිටින කෙනෙකුට නාමරූපවල බැසගැනීම නැතිවෙනවා. නාමරූප නිරුද්ධ වීමෙන් ආයතන හය නිරුද්ධ වෙනවා. ...(පෙ).... ඔය ආකාරයට මේ මුළු මහත් දුක් රැසම නිරුද්ධ වෙනවා.

පින්වත් මහණෙනි, මහා වෘක්ෂයක් තියෙනවා කියල හිතමු. ඉතින් එතැනට උදැල්ලකුයි කූඩයකුයි අරගෙන එක මනුස්සයෙක් එනවා. ...(පෙ).... ආයෙමත් කිසිදාක හට නොගන්නා ස්වභාවයට පත්වෙලා යනවා.

පින්වත් මහණෙනි, ඔන්න ඔය විදිහමයි. බන්ධනයන් ඇතිවෙන දේවල් ගැන ආදීනව අනුව බල බලා සිටින කෙනෙකුට නාමරූපවල බැසගැනීම නැතිවෙනවා. නාමරූප නිරුද්ධ වීමෙන් ආයතන හය නිරුද්ධ වෙනවා....(පෙ).... ඔය ආකාරයට මේ මුළු මහත් දුක් රැසම නිරුද්ධ වෙනවා.

සාදු! සාදු!! සාදු!!!
නාමරූප සූත්‍රය නිමා විය.

1.6.9.
විඤ්ඤාණ සූත්‍රය
විඤ්ඤාණය ගැන වදාළ දෙසුම

59. සැවැත් නුවරදී ....

පින්වත් මහණෙනි, බන්ධනයන් ඇතිවෙන දේවල් ගැන ආශ්වාදය අනුව බල බලා සිටින කෙනෙකුට විඤ්ඤාණයේ බැසගැනීම ඇතිවෙනවා. විඤ්ඤාණය හේතු කොටගෙන නාමරූප ඇතිවෙනවා. ....(පෙ).... ඔය ආකාරයට මේ මුළු මහත් දුක් රැසම හටගන්නවා.

පින්වත් මහණෙනි, මහා වෘක්ෂයක් තියෙනවා කියල හිතමු. ඉතින් ඒකෙ යටට බහින මුල් තියෙනවා ....(පෙ).... ඒ උපාදානයෙන් බොහෝ දීර්ඝ කාලයක් පවතින්නේ.

පින්වත් මහණෙනි, ඔය විදිහමයි. බන්ධනයන් ඇතිවෙන දේවල් ගැන ආශ්වාදය අනුව බල බලා සිටින කෙනෙකුට විඤ්ඤාණයේ බැසගැනීම ඇතිවෙනවා. විඤ්ඤාණය හේතු කොටගෙන නාමරූප ඇතිවෙනවා. ....(පෙ).... ඔය ආකාරයට මේ මුළු මහත් දුක් රැසම හටගන්නවා.

පින්වත් මහණෙනි, බන්ධනයන් ඇතිවෙන දේවල් ගැන ආදීනව අනුව බල බලා සිටින කෙනෙකුට විඤ්ඤාණයේ බැසගැනීම නැතිවෙනවා. විඤ්ඤාණය නිරුද්ධ වීමෙන් නාමරූප නිරුද්ධ වෙනවා. ...(පෙ).... ඔය ආකාරයට මේ මුළු මහත් දුක් රැසම නිරුද්ධ වෙනවා.

පින්වත් මහණෙනි, මහා වෘක්ෂයක් තියෙනවා කියල හිතමු. ඉතින් එතැනට උදැල්ලකුයි කූඩයකුයි අරගෙන එක මනුස්සයෙක් එනවා ....(පෙ).... ආයෙමත් කිසිදාක හට නොගන්නා ස්වභාවයට පත්වෙලා යනවා.

පින්වත් මහණෙනි, ඔන්න ඔය විදිහමයි. බන්ධනයන් ඇතිවෙන දේවල් ගැන ආදීනව අනුව බල බලා සිටින කෙනෙකුට විඤ්ඤාණයේ බැසගැනීම නැතිවෙනවා. විඤ්ඤාණය නිරුද්ධ වීමෙන් නාමරූප නිරුද්ධ වෙනවා. ....(පෙ).... ඔය ආකාරයට මේ මුළු මහත් දුක් රැසම නිරුද්ධ වෙනවා.

සාදු! සාදු!! සාදු!!!

විඤ්ඤාණ සූත්‍රය නිමා විය.

1.6.10.

නිදාන (පටිච්චසමුප්පාද) සූත්‍රය

මූලික කරුණ (පටිච්චසමුප්පාදය) ගැන වදාළ දෙසුම

60. ඒ දිනවල භාග්‍යවතුන් වහන්සේ වැඩසිටියේ කුරු රට කම්මාස්සදම්ම කියන කුරු ජනපදවාසීන්ගේ කුඩා නගරයේ. එදා ආයුෂ්මත් ආනන්ද තෙරුන් භාග්‍යවතුන් වහන්සේ ළඟට පැමිණියා. පැමිණිලා භාග්‍යවතුන් වහන්සේට වන්දනා කරලා එකත්පස්ව වාඩිවුණා. එකත්පස්ව වාඩිවුණ ආයුෂ්මත් ආනන්ද තෙරුන් භාග්‍යවතුන් වහන්සේට මෙසේ පැවසුවා.

"ස්වාමීනී, ආශ්චර්යයි! ස්වාමීනී අද්භූතයි! ස්වාමීනී, මේ පටිච්චසමුප්පාද ධර්මය ඉතා ගැඹුරුයි නෙව. ගැඹුරු වැටහීම් ඇති දෙයක් නෙව. නමුත් ස්වාමීනී, මට නම් පැහැදිලි සරල දෙයක් හැටියටයි වැටහෙන්නේ."

"පින්වත් ආනන්ද, එහෙම කියන්න එපා! පින්වත් ආනන්ද, එහෙම කියන්න එපා! පින්වත් ආනන්ද, මේ පටිච්චසමුප්පාද ධර්මය ඉතාමත් ගැඹුරු දෙයක්. ගැඹුරු වැටහීම් ඇති දෙයක්. පින්වත් ආනන්ද, මේ පටිච්චසමුප්පාද ධර්මය පිළිබඳව නොදැනීම නිසාමයි, අවබෝධ නොවීම නිසාමයි, වටහා නොග

ැනීම නිසාමයි මේ සත්ව ප්‍රජාව මේ ආකාරයෙන් අවුල් වූ නූල් පන්දුවක් වගේ ඉන්නේ. අවුල් වූ නූල් ගොඩක් වගේ ඉන්නේ. අවුල් වූ මුඤ්ජ තණකොළ, බබුස් තණකොළ ගොඩක් වගේ ඉන්නේ. ඒ නිසාමයි අපායේ දුගතියේ වැටි වැටී යන මේ සංසාර ගමන ඉක්මවා ගත නොහැකිව ඉන්නේ.

පින්වත් ආනන්ද, බැඳීයාම ඇතිවෙන දේවල් ගැන ආශ්වාදය අනුව බල බලා සිටින කෙනෙකුට තණ්හාවයි වැඩෙන්නේ. තණ්හාව හේතු කොට ගෙන බැඳීයාම ඇතිවෙනවා. බැඳීයාම හේතු කොට ගෙන භවය ඇතිවෙනවා. ....(පෙ).... ඔය ආකාරයට මේ මුළු මහත් දුක් රැසම හටගන්නවා.

පින්වත් ආනන්ද, මහා වෘක්ෂයක් තියෙනවා කියල හිතමු. ඉතින් ඒකෙ යටට බහින මුල් තියෙනවා නම්, හරස් අතට යන මුල් තියෙනවා නම්, ඒ සෑම මුලක්ම කරන්නේ උඩු අතට ඕජස් අදින එකයි. පින්වත් ආනන්ද, ඔය විදිහටයි ඒ මහා වෘක්ෂය ඒ ආහාරයෙන්, ඒ උපාදානයෙන් බොහෝ දීර්ඝ කාලයක් පවතින්නේ.

පින්වත් ආනන්ද, ඔන්න ඔය විදිහමයි. බැඳීයාම ඇතිවෙන දේවල් ගැන ආශ්වාදය අනුව බල බලා සිටින කෙනෙකුට තණ්හාවයි වැඩෙන්නේ. තණ්හාව හේතු කොට ගෙන බැඳීයාම ඇතිවෙනවා. බැඳීයාම හේතු කොට ගෙන භවය ඇතිවෙනවා. ....(පෙ).... ඔය ආකාරයට මේ මුළු මහත් දුක් රැසම හටගන්නවා.

පින්වත් ආනන්ද, බැඳීයාම ඇතිවෙන දේවල් ගැන ආදීනව අනුව බල බලා සිටින කෙනෙකුට තණ්හාවයි නිරුද්ධ වෙන්නේ. තණ්හාව නිරුද්ධ වීමෙන් බැඳීයාම නිරුද්ධ වෙනවා. ....(පෙ).... ඔය ආකාරයට මේ මුළු මහත් දුක් රැසම නිරුද්ධ වෙනවා.

පින්වත් ආනන්ද, මහා වෘක්ෂයක් තියෙනවා කියල හිතමු. ඉතින් එතැනට උදැල්ලකුයි කූඩයකුයි අරගෙන එක මනුස්සයෙක් එනවා. ඒ පුද්ගලයා ඒ වෘක්ෂය මුලින්ම කපනවා. මුලින්ම කපලා ගහ වටේ යටට හාරනවා. ගහ වටේ යටට හාරලා අඩු ගණනේ සැවැන්දරා මූලක් තරම් වත් මූලක් ඉතුරු නොකොට හැම මුලක්ම උදුරනවා. ඊට පස්සේ ඒ පුද්ගලයා ඒ වෘක්ෂය කෑලි කෑලිවලට කපනවා. කෑලි කෑලිවලට කපල පලනවා. පලලා කොටස් කොටස් කරනවා. කොටස් කොටස් කරලා අව්වේ වේලනවා. අව්වේ වේලලා ගිනි තියනවා. ගිනි තියලා අළු බවට පත් කරනවා. අළු බවට පත් කරලා මහා සුළගේ විසුරුවා හරිනවා. එහෙමත් නැත්නම් සැඩ දිය කඳ ඇති ගඟේ පා කොට හරිනවා. එතකොට පින්වත් මහණෙනි, ඔන්න ඔය විදිහට ඒ මහා වෘක්ෂය මුලින්ම සිඳිලා යනවා. කරටිය කැඩිච්ච තල් ගසක් වගේ වෙලා යනවා. අභාවයට පත්

වෙලා යනවා. ආයෙ කිසිදාක හට නොගන්නා ස්වභාවයට පත්වෙනවා.

පින්වත් ආනන්ද, ඔන්න ඔය විදිහමයි. බැඳීයාම ඇතිවෙන දේවල් ගැන ආදීනව අනුව බල බලා සිටින කෙනෙකුට තණ්හාවයි නිරුද්ධ වෙන්නේ. තණ්හාව නිරුද්ධ වීමෙන් බැඳීයාම නිරුද්ධ වෙනවා. බැඳීයාම නිරුද්ධ වීමෙන් භවය නිරුද්ධ වෙනවා. භවය නිරුද්ධ වීමෙන් ඉපදීම නිරුද්ධ වෙනවා. ඉපදීම නිරුද්ධ වීමෙන් ජරා, මරණ, ශෝක, වැළපීම්, කායික දුක්, මානසික දුක්, සුසුම් හෙලීම් නිරුද්ධ වෙනවා. ඔය ආකාරයට මේ මුළු මහත් දුක් රැසම නිරුද්ධ වෙනවා.

සාදු! සාදු!! සාදු!!!

නිදාන (පටිච්චසමුප්පාද) සූත්‍රය නිමා විය.

හයවෙනි දුක්ඛ වර්ගය අවසන් විය.

7. මහා වර්ගය

1.7.1.
අස්සුතවන්තු සූත්‍රය
අශ්‍රැතවත් පෘථග්ජනයා ගැන වදාළ දෙසුම

61. මා හට අසන්නට ලැබුණේ මේ විදිහටයි. ඒ දිනවල භාග්‍යවතුන් වහන්සේ වැඩසිටියේ සැවැත් නුවර ජේතවනය නම් වූ අනේපිඬු සිටුතුමාගේ ආරාමයේය. එහිදී ....(පෙ).... මෙය වදාළා.

"පින්වත් මහණෙනි, අශ්‍රැතවත් පෘථග්ජනයාට සතර මහා භූතයන්ගෙන් හටගත් මේ ශරීරය ගැන නම් කළකිරිලාත් යනවා. එපාත් වෙනවා. නිදහස් වෙන්නත් හිතෙනවා. ඒකට හේතුව මොකක්ද? පින්වත් මහණෙනි, සතර මහා භූතයන්ගෙන් හටගත් මේ ශරීරයේ වැඩීමත්, පිරිහීයාමත්, අල්ලා ගැනීමත්, අත්හැරීමත් දකින්නට ලැබෙනවා. අශ්‍රැතවත් පෘථග්ජනයා මේ ශරීරය ගැන කළකිරෙන්නෙත්, එපා වෙන්නෙත්, නිදහස් වෙන්න හිතන්නෙත් ඒ නිසාමයි.

නමුත් පින්වත් මහණෙනි, මේ හිත කියල, මනස කියල, විඤ්ඤාණය කියලා යම් දෙයකට කියනවා නම්, අන්න ඒ ගැන නම් අශ්‍රැතවත් පෘථග [P]ජනයා කළකිරෙන්නට විදිහක් නෑ. එපා වෙන්නට විදිහක් නෑ. නිදහස් වීමට හිතන්නට විදිහක් නෑ. ඒකට හේතුව මොකක්ද? පින්වත් මහණෙනි, අශ්‍රැතවත් පෘථග්ජනයා විසින් දීර්ඝ කාලයක් මුළුල්ලේ 'මේක මගේ, මේ තමයි මම, මේ තමයි මගේ ආත්මය' කියලා ඒ කෙරෙහි බැසගෙන ඉන්නවා. මමත්වයෙන් ඉන්නවා. වැළඳගෙන ඉන්නවා. පින්වත් මහණෙනි, අශ්‍රැතවත් පෘථග්ජනයාට ඒ ගැන කළකිරෙන්නට බැරි, එපා වෙන්නට බැරි, නිදහස් වීමට හිතන්නට බැරි ඒ නිසාමයි.

පින්වත් මහණෙනි, අශ්‍රැතවත් පෘථග්ජනයාට ආත්මය කියලා යමක් ඕනම නම් සතර මහා භූතයන්ගෙන් හටගත් මේ ශරීරය ගැන එහෙම සළකන එක හොඳයි. නමුත් සිත එලෙස ගැනීම සුදුසු නෑ. ඒකට හේතුව මොකක්ද? පින්වත් මහණෙනි, සතර මහා භූතයන්ගෙන් හටගත් මේ ශරීරය එක අවුරුද්දක් පුරාම

තියෙනවා දකින්නට ලැබෙනවා. අවුරුදු දෙකක් පුරාම තියෙනවා දකින්නට ලැබෙනවා. අවුරුදු තුනක් පුරාම තියෙනවා දකින්නට ලැබෙනවා. අවුරුදු හතරක් පුරාම තියෙනවා දකින්නට ලැබෙනවා. අවුරුදු පහක් පුරාම තියෙනවා දකින්නට ලැබෙනවා. අවුරුදු දහයක් පුරාම තියෙනවා දකින්නට ලැබෙනවා. අවුරුදු විස්සක් පුරාම තියෙනවා දකින්නට ලැබෙනවා. අවුරුදු තිහක් පුරාම තියෙනවා දකින්නට ලැබෙනවා. අවුරුදු හතළිහක් පුරාම තියෙනවා දකින්නට ලැබෙනවා. අවුරුදු පනහක් පුරාම තියෙනවා දකින්නට ලැබෙනවා. අවුරුදු සීයක් පුරාම තියෙනවා දකින්නට ලැබෙනවා. අවුරුදු සීයකට වැඩිය තියෙනවා වුණත් දකින්නට ලැබෙනවා.

නමුත් පින්වත් මහණෙනි, මේ හිත කියලා, මනස කියලා, විඤ්ඤාණය කියලා යම් දෙයකට කියනවා නම් අන්න ඒ දෙය දවල්ටත්, රෑටත් වෙන එකක්ම උපදිනවා. වෙන එකක්ම නිරුද්ධ වෙනවා.

පින්වත් මහණෙනි, ඒක මේ වගේ දෙයක්. මහා වනාන්තරයක හැසිරෙන වඳුරෙක් ගැන හිතමු. ඔය වඳුරා වනයේ හැසිරෙද්දී අත්තක් අල්ල ගන්නවා. ඒ අත්ත අත්හැරලා ඊළඟ අත්ත අල්ල ගන්නවා. ඒ අත්ත අත්හැරලා වෙන අත්තක් අල්ල ගන්නවා. පින්වත් මහණෙනි, මේ හිත කියලා, මනස කියලා, විඤ්ඤාණය කියලා යම් දෙයකට කියනවා නම්, අන්න ඒකත් ඔය වගේම දෙයක්. දවල්ටත් රෑටත් එකක්ම උපදිනවා. වෙන එකක්ම නිරුද්ධ වෙනවා.

ඔය ගැන පින්වත් මහණෙනි, ශ්‍රැතවත් ආර්ය ශ්‍රාවකයා කරන්නේ පටිච්චසමුප්පාදයම මනා කොට සිහි කිරීම මයි. ඔය විදිහට මෙය තිබුණොත් තමයි මෙය ඇතිවන්නේ. මෙය ඉපදීමෙන් තමයි මෙය උපදින්නේ. මෙය නැති වුණොත් මෙය නැති වෙලා යනවා. මෙය නිරුද්ධ වෙන කොට මෙය නිරුද්ධ වෙලා යනවා.

ඒ කියන්නේ අවිද්‍යාව හේතු කොට ගෙන සංස්කාර ඇතිවෙනවා. සංස්කාර හේතු කොට ගෙන විඤ්ඤාණය ඇතිවෙනවා. ....(පෙ).... ඔය ආකාරයටයි මේ මුළු මහත් දුක් රැසම හටගන්නේ.

ඒ අවිද්‍යාවම සහමුලින්ම නොඇල්මෙන් නිරුද්ධ වීමෙන් සංස්කාර නිරුද්ධ වෙලා යනවා. සංස්කාර නිරුද්ධ වීමෙන් විඤ්ඤාණය නිරුද්ධ වෙලා යනවා. ....(පෙ).... ඔය ආකාරයටයි මේ මුළු මහත් දුක් රැසම නිරුද්ධ වෙලා යන්නේ.

පින්වත් මහණෙනි, ඔය විදිහට දකින ශ්‍රැතවත් ආර්ය ශ්‍රාවකයා රූපය

ගැනත් අවබෝධයෙන්ම කළකිරෙනවා. විඳීම ගැනත් අවබෝධයෙන්ම කළකිරෙනවා. සඤ්ඤාව ගැනත් අවබෝධයෙන්ම කළකිරෙනවා. සංස්කාර ගැනත් අවබෝධයෙන්ම කළකිරෙනවා. විඤ්ඤාණය ගැනත් අවබෝධයෙන්ම කළකිරෙනවා. කළකිරීම නිසා ඇල්ම නැතුව යනවා. ඇල්ම නැතිවීම නිසා එයින් නිදහස් වෙනවා. නිදහස් වුණාට පස්සේ තමන් අවබෝධයෙන්ම දන්නවා තමන් නිදහස් වුණ බව. 'ඉපදීම ක්ෂය වුණා. බඹසර වාසය සම්පූර්ණ කළා. කළ යුත්ත කළා. වෙන කළ යුතු කිසිවක් නැතැ'යි දැනගන්නවා.

සාදු! සාදු!! සාදු!!!

අස්සුතවන්තු සූත්‍රය නිමා විය.

1.7.2.
දුතිය අස්සුතවන්තු සූත්‍රය
අශ්‍රැතවත් පෘථග්ජනයා ගැන වදාළ දෙවෙනි දෙසුම

62. සැවැත් නුවරදී ....

පින්වත් මහණෙනි, අශ්‍රැතවත් පෘථග්ජනයාට සතර මහා භූතයන් ගෙන් හටගත් මේ ශරීරය ගැන නම් කළකිරිලාත් යනවා. එපාත් වෙනවා. නිදහස් වෙන්නත් හිතෙනවා. ඒකට හේතුව මොකක්ද? පින්වත් මහණෙනි, සතර මහා භූතයන්ගෙන් හටගත් මේ ශරීරයේ වැඩීමත්, පිරිහීයාමත්, අල්ලා ගැනීමත්, අත්හැරීමත් දකින්නට ලැබෙනවා. අශ්‍රැතවත් පෘථග්ජනයා මේ ශරීරය ගැන කළකිරෙන්නෙත්, එපා වෙන්නෙත්, නිදහස් වෙන්න හිතන්නෙත් ඒ නිසාමයි.

නමුත් පින්වත් මහණෙනි, මේ හිත කියල, මනස කියල, විඤ්ඤාණය කියලා යම් දෙයකට කියනවා නම්, අන්න ඒ ගැන නම් අශ්‍රැතවත් පෘථග්ජනයා කළකිරෙන්නට විදිහක් නෑ. එපා වෙන්නට විදිහක් නෑ. නිදහස් වීමට හිතන්නට විදිහක් නෑ. ඒකට හේතුව මොකක්ද? පින්වත් මහණෙනි, අශ්‍රැතවත් පෘථග්ජනයා විසින් දීර්ඝ කාලයක් මුළුල්ලේ 'මේක මගේ, මෙ තමයි මම, මේ තමයි මගේ ආත්මය' කියලා ඒ කෙරෙහි බැසගෙන ඉන්නවා. මමත්වයෙන් ඉන්නවා. වැළඳගෙන ඉන්නවා. පින්වත් මහණෙනි, අශ්‍රැතවත් පෘථග්ජනයාට ඒ ගැන කළකිරෙන්නට බැරි, එපා වෙන්නට බැරි, නිදහස් වීමට හිතන්නට බැරි ඒ නිසාමයි.

පින්වත් මහණෙනි, අශ්‍රැතවත් පෘථග්ජනයාට ආත්මය කියලා යමක් ඕනම නම් සතර මහා භූතයන්ගෙන් හටගත් මේ ශරීරය ගැන එහෙම සළකන එක

හොඳයි. නමුත් සිත එලෙස ගැනීම සුදුසු නෑ. ඒකට හේතුව මොකක්ද? පින්වත් මහණෙනි, සතර මහා භූතයන්ගෙන් හටගත් මේ ශරීරය එක අවුරුද්දක් පුරාම තියෙනවා දකින්නට ලැබෙනවා. අවුරුදු දෙකක් පුරාම තියෙනවා දකින්නට ලැබෙනවා. අවුරුදු තුනක් ....(පෙ).... අවුරුදු හතරක් ....(පෙ).... අවුරුදු පහක් ....(පෙ).... අවුරුදු දහයක් ....(පෙ).... අවුරුදු විස්සක් ....(පෙ).... අවුරුදු තිහක් ....(පෙ).... අවුරුදු හතළිහක් ....(පෙ).... අවුරුදු පනහක් ....(පෙ).... අවුරුදු සීයක් ....(පෙ).... අවුරුදු සීයකට වැඩිය තියෙනවා වුණත් දකින්නට ලැබෙනවා.

නමුත් පින්වත් මහණෙනි, මේ හිත කියලා, මනස කියලා, විඤ්ඤාණය කියලා යම් දෙයකට කියනවා නම් අන්න ඒ දෙය දවල්ටත් රෑටත් වෙන එකක්ම උපදිනවා. වෙන එකක්ම නිරුද්ධ වෙනවා.

ඔය ගැන පින්වත් මහණෙනි, ශ්‍රැතවත් ආර්ය ශ්‍රාවකයා කරන්නේ පටිච්චසමුප්පාදයම මනා කොට සිහි කිරීමමයි. ඔය විදිහට මෙය තිබුණොත් තමයි මෙය ඇතිවන්නේ. මෙය ඉපදීමෙන් තමයි මෙය උපදින්නේ. මෙය නැති වුණොත් මෙය නැති වෙලා යනවා. මෙය නිරුද්ධ වෙන කොට මෙය නිරුද්ධ වෙලා යනවා.

පින්වත් මහණෙනි, සැප විඳීමකට හේතුවන ස්පර්ශය නිසයි සැප විඳීම හටගන්නේ. සැප විඳීමට හේතු වූ ස්පර්ශය නිරුද්ධ වීමෙන් ඊට අනුරූප වූ යම් විඳීමක් තිබුණා නම්, ඒ සැප විඳීමට හේතු වූ ස්පර්ශයෙන් උපන් ඒ සැප විඳීම නිරුද්ධ වෙලා යනවා. එය සංසිඳිලා යනවා.

පින්වත් මහණෙනි, දුක් විඳීමකට හේතුවන ස්පර්ශය නිසයි දුක් විඳීම හටගන්නේ. දුක් විඳීමට හේතු වූ ස්පර්ශය නිරුද්ධ වීමෙන් ඊට අනුරූප වූ යම් විඳීමක් තිබුණා නම්, ඒ දුක් විඳීමට හේතු වූ ස්පර්ශයෙන් උපන් ඒ දුක් විඳීම නිරුද්ධ වෙලා යනවා. එය සංසිඳිලා යනවා.

පින්වත් මහණෙනි, මැදහත් විඳීමකට හේතුවන ස්පර්ශය නිසයි මැදහත් විඳීම හටගන්නේ. මැදහත් විඳීමට හේතු වූ ස්පර්ශය නිරුද්ධ වීමෙන් ඊට අනුරූප වූ යම් විඳීමක් තිබුණා නම්, ඒ මැදහත් විඳීමට හේතු වූ ස්පර්ශයෙන් උපන් ඒ මැදහත් විඳීම නිරුද්ධ වෙලා යනවා. එය සංසිඳිලා යනවා.

පින්වත් මහණෙනි, දර කැබලි දෙකක් එකට හේත්තු වෙලා, ඇතිල්ලිලා, ගැටීමෙන් යම් උණුසුමක් උපදිනවා, ගින්නක් උපදිනවා කියලා හිතමු. ඉතින් ඒ දර කැබලි දෙක දෙපැත්තට වෙන් වීමෙන්, බැහැර වීමෙන්, එයින් හට ගත් යම් උණුසුමක් තිබුණා නම්, ඒක නිවිලා යනවා. සංසිඳිලා යනවා.

පින්වත් මහණෙනි, ඔන්න ඔය විදිහමයි සැප විඳීමකට හේතුවන ස්පර්ශය නිසයි සැප විඳීම හටගන්නේ. සැප විඳීමට හේතු වූ ස්පර්ශය නිරුද්ධ වීමෙන් ඊට අනුරූප වූ යම් විඳීමක් තිබුණා නම්, ඒ සැප විඳීමට හේතු වූ ස්පර්ශයෙන් උපන් ඒ සැප විඳීම නිරුද්ධ වෙලා යනවා. එය සංසිඳිලා යනවා.

පින්වත් මහණෙනි, දුක් විඳීමකට ....(පෙ).... ඒ දුක් විඳීම නිරුද්ධ වෙලා යනවා. එය සංසිඳිලා යනවා. පින්වත් මහණෙනි, මැදහත් විඳීමකට ....(පෙ).... ඒ මැදහත් විඳීම නිරුද්ධ වෙලා යනවා. එය සංසිඳිලා යනවා.

පින්වත් මහණෙනි, ඔය විදිහට දකින ශ්‍රැතවත් ආර්ය ශ්‍රාවකයා ස්පර්ශය ගැනත් අවබෝධයෙන්ම කළකිරෙනවා. විඳීම ගැනත් අවබෝධයෙන්ම කළකිරෙනවා. සඤ්ඤාව ගැනත් අවබෝධයෙන්ම කළකිරෙනවා. සංස්කාර ගැනත් අවබෝධයෙන්ම කළකිරෙනවා. විඤ්ඤාණය ගැනත් අවබෝධයෙන්ම කළකිරෙනවා. කළකිරීම නිසා ඇල්ම නැතුව යනවා. ඇල්ම නැතිවීම නිසා එයින් නිදහස් වෙනවා. නිදහස් වුණාට පස්සේ තමන් අවබෝධයෙන්ම දන්නවා තමන් නිදහස් වුණ බව. 'ඉපදීම ක්ෂය වුණා. බඹසර වාසය සම්පූර්ණ කළා. කළ යුත්ත කළා. ආයෙත් නම් නැවත උපතක් නැතැ'යි දැනගන්නවා.

සාදු! සාදු!! සාදු!!!

දුතිය අස්සුතවන්තු සූත්‍රය නිමා විය.

1.7.3.
පුත්තමංස සූත්‍රය
පුත්‍ර මාංශය උපමා කොට වදාළ දෙසුම

63. සැවැත් නුවරදී ....

පින්වත් මහණෙනි, උපන් සත්වයන්ගේ පැවැත්ම පිණිසත්, උපදින්නට සිටින සත්වයන්ට අනුග්‍රහ පිණිසත් හේතු වෙන මේ ආහාර හතරකි. ඒ ආහාර හතර මොනවාද?ගොරෝසු හෝ සියුම් හෝ කබලිංකාර ආහාරයක් තියෙනවා. ස්පර්ශ නම් වූ දෙවෙනි ආහාරයක් තියෙනවා. මනෝසංචේතනාව කියලා තුන්වෙනි ආහාරයක් තියෙනවා. විඤ්ඤාණය තමයි හතරවෙනි ආහාරය. පින්වත් මහණෙනි, උපන් සත්වයන්ගේ පැවැත්ම පිණිසත්, උපදින්නට සිටින සත්වයන්ට අනුග්‍රහ පිණිසත් මේ ආහාර හතර හේතු වෙනවා.

පින්වත් මහණෙනි, කබලිංකාර ආහාරය ගැන දැනගත යුත්තේ කොයි ආකාරයෙන්ද? පින්වත් මහණෙනි, ඒක මේ වගේ දෙයක්. අඹුසැමි යුවලක් ඉන්නවා කියල හිතමු. ඉතින් මේ යුවල කෑමබීම ස්වල්පයක් අරගෙන කාන්තාර මගකට බැසගන්නවා. එයාලට ඉතා ප්‍රියමනාප එකම එක පුතෙක් ඉන්නවා. ඉතින් පින්වත් මහණෙනි, කාන්තාර මගට බැසගත් මේ අඹුසැමි යුවල, අරගෙන ආපු අර කෑමබීම ස්වල්පය ඉවර වෙලා ගියා. නමුත් තවම කාන්තාරයෙන් එතෙර වෙලත් නෑ.

එතකොට පින්වත් මහණෙනි, ඔය අඹුසැමි යුවල මෙහෙම කතා වුණා. 'අපි අරගෙන ආවේ කෑමබීම ස්වල්පයයි. දැන් ඒවා ඉවර වුණා. තව අපට කාන්තාරයෙන් එතෙර නොවුණ මග ඉතිරි වෙලා තියෙනවා. ඒ නිසා අපි මේ ප්‍රියමනාප වූ එකම පුතාව මරමු. මසුයි, කටුයි වෙන් කරලා හිට, ඒ පුත්‍ර මාංශ කකා ඉතිරි වෙලා තියෙන කාන්තාර ගමනින් එතෙර වෙන එකයි හොඳ. අනේ, අපි තුන් දෙනාවම මැරිලා යන්න එපා!' කියලා. ඉතින් පින්වත් මහණෙනි, ඒ අඹු සැමි යුවල තමන්ට මේ සා ප්‍රියමනාප වූ පුතාව මරලා මසුයි, කටුයි වෙන් කරලා ඒ පුත්‍ර මාංශය කමින් ඉතිරි වෙලා තිබුණු කාන්තාර ගමනින් එතෙර වුණා. ඔවුන් පුත්‍ර මාංශය කෑවා තමයි. නමුත් 'අයියෝ! එකම පුතා කෝ? අයියෝ! එකම පුතා කෝ?' කිය කියා පපුවට ගහ ගත්තා.

පින්වත් මහණෙනි, ඔබ මොකක්ද මේ ගැන හිතන්නේ? අර අඹු සැමි යුවල ඇඟේ පතේ හයිය දියුණු කරන්න අර ආහාරය ගනීවිද? ක්‍රීඩා පිණිස අර ආහාරය ගනීවිද? ඇඟපත සරසන්නට අර ආහාරය ගනීවිද? ලස්සන වෙන්න හිතාගෙන අර ආහාරය ගනීවිද? "ස්වාමීනී, ඒක වෙන්නෙ නෑ මයි."

පින්වත් මහණෙනි, ඒ දෙන්නා කාන්තාරයෙන් එතෙර වීම පිණිස විතරක් නොවෙයිද ඒ ආහාරය ගත්තේ? "එසේය, ස්වාමීනී"

පින්වත් මහණෙනි, කබලිංකාර ආහාරය ගැන දැනගත යුත්තේ ඔන්න ඔය විදිහටම කියලයි මං කියන්නේ.

පින්වත් මහණෙනි, කබලංකාර ආහාර ගැන සම්පූර්ණයෙන් අවබෝධ කළොත්, පංච කාම ගුණ පිළිබඳ තිබෙන රාගය සම්පූර්ණයෙන්ම අවබෝධ වෙනවා. පංච කාම ගුණ පිළිබඳ තිබෙන රාගය සම්පූර්ණ වුණොත් ආර්ය ශ්‍රාවකයා මේ කාම ලෝකයට ආයෙමත් එන යම් සංයෝජනයක් තිබුණා නම් ඒ සංයෝජනය නැති වෙලා යනවා.

පින්වත් මහණෙනි, ස්පර්ශ ආහාරය ගැන දැනගත යුත්තේ කොයි විදිහටද?

පින්වත් මහණෙනි, ඒක මේ වගේ දෙයක්. හම ගලවා දැමූ ගවදෙනක් ඉන්නවා කියලා හිතමු. ඉතින් මේ ගවදෙන බිත්තියකට හේත්තු වෙලා ඉන්නවා නම්, ඒ බිත්තිය ඇසුරු කොට ඉන්නා සත්තු ඒ ගවදෙනව කන්න පටන් ගන්නවා. ගහකට හේත්තු වෙලා නම් ඉන්නේ ගහ ඇසුරු කොට ඉන්නා සත්තුත් ඒ ගවදෙනව කන්න පටන් ගන්නවා. වතුරක බැහැගෙන නම් ඉන්නේ, ඒ වතුර ඇසුරු කොට ඉන්නා සත්තුත් ඒ ගවදෙනව කන්න පටන් ගන්නවා. එළිමහනක නම් ඉන්නේ, එළිමහනේ ඉන්න සත්තුත් ඒ ගවදෙනව කන්න පටන් ගන්නවා. පින්වත් මහණෙනි, හම ගලවපු ගවදෙන ඇසුරු කරන්නේ යම් යම් දෙයක්ද ඒ ඒ ආශ්‍රිතව ඉන්න සත්තු ඒ ගවදෙනව කන්න පටන් ගන්නවා. පින්වත් මහණෙනි, ස්පර්ශ ආහාරය ගැන දැන ගත යුත්තේ ඔන්න ඔය විදිහටයි කියලා මං කියන්නේ.

පින්වත් මහණෙනි, ස්පර්ශ ආහාරය ගැන සම්පූර්ණයෙන්ම අවබෝධ කළොත්, ත්‍රිවිධ වේදනාවම සම්පූර්ණයෙන්ම අවබෝධ වෙනවා. ත්‍රිවිධ වේදනාව සම්පූර්ණයෙන්ම අවබෝධ වුණොත් ඒ ආර්ය ශ්‍රාවකයා හට නිවන පිණිස අමුතුවෙන් කළ යුතු කිසිවක් නැහැ කියලයි මං කියන්නේ.

පින්වත් මහණෙනි, මනෝ සංචේතනා ආහාරය ගැන දැනගත යුත්තේ කොයි විදිහටද? පින්වත් මහණෙනි, ඒක මේ වගේ දෙයක්. පින්වත් මහණෙනි, පුරුෂයෙකුගේ ප්‍රමාණයට වඩා ගැඹුරු ඇති ගිනි සිළු නැති දුම් නැති ගිනි අඟුරු වළක් තියෙනවා කියලා හිතමු. ඉතින් මෙතැනට පුරුෂයෙක් එනවා. ඔහු ජීවත් වෙන්න කැමතියි. මැරෙන්න කැමති නෑ. සැපයටයි කැමති. දුක පිළිකුල් කරනවා. ඉතින් ඔතැනට ශක්ති සම්පන්න පුරුෂයො දෙන්නෙක් ඇවිදින් අර පුද්ගලයාව වෙන වෙනම අතින් ඇදගෙන ඒ අඟුරු වළට ඇදගෙන යනවා. පින්වත් මහණෙනි, එතකොට අර පුද්ගලයා තුළ තියෙන්නේ ඒ අඟුරු වලෙන් ඈත්වෙන අදහසමයි. දුරුවෙන පැතුමමයි. දුරුවෙන අපේක්ෂාවමයි. ඒකට හේතුව මොකක්ද? පින්වත් මහණෙනි, අර පුද්ගලයා දන්නවා මං මේ ගිනි අඟුරු වළට වැටුණොත් එක්කො මං මැරිලා යාවි. එක්කො මට මාරාන්තික දුක් වේදනා විඳ විඳ ඉන්න වේවි. පින්වත් මහණෙනි, මනෝසංචේතනා ආහාරය ගැන දැනගත යුත්තේ ඔන්න ඔය විදිහට කියලයි මං කියන්නේ.

පින්වත් මහණෙනි, මනෝසංචේතනා ආහාරය ගැන සම්පූර්ණයෙන්ම අවබෝධ කළොත් ත්‍රිවිධ තණ්හාව සම්පූර්ණයෙන්ම අවබෝධ වෙනවා. ත්‍රිවිධ තණ්හාව සම්පූර්ණයෙන් අවබෝධ වුණොත්, ඒ ආර්ය ශ්‍රාවකයා හට නිවන පිණිස අමුතුවෙන් කළ යුතු කිසිදෙයක් නැහැ කියලයි මං කියන්නේ.

පින්වත් මහණෙනි, විඤ්ඤාණ ආහාරය ගැන දැන ගත යුත්තේ කොයි විදිහටද? පින්වත් මහණෙනි, ඒක මේ විදිහේ දෙයක්. වරදකට අහුවෙච්ච හොරෙක් ඉන්නවා කියලා හිතමු. ඉතින් මේ හොරාව රජතුමාට පෙන්වනවා. 'දේවයන් වහන්ස, මෙන්න වරදට අහුවෙච්ච ඔබවහන්සේ හොයන හොරා! මොහුට යම් දඬුවමක් දෙන්න කැමති නම් එය නියම කළ මැනැව' එතකොට රජතුමා ඔහු ගැන මෙහෙම කියනවා. 'භවත්නි, යව්! මේ පුරුෂයාට උදේ වරුවේ සැත් පහරවල් සියයකින් වධ දෙවු!'

ඉතින් දවල් කාලයේ ඒ රජතුමා මෙහෙම අහනවා, 'එම්බා මිනිසුනි, අර හොරාට දැන් කොහොමද?' 'දේවයන් වහන්ස, හොරා තාම ජීවත් වෙනවා.' එතකොට රජතුමා මෙහෙම කියනවා. 'භවත්නි, යවු! ඒ හොරාට දහවලටත් සැත් පහරවල් සියයකින් වධ දෙවු!' ඉතින් සවස් කාලයේ ඒ රජතුමා මෙහෙම අහනවා, 'එම්බා මිනිසුනි, අර හොරාට දැන් කොහොමද?' 'දේවයන් වහන්ස, හොරා තාම ජීවත් වෙනවා.' එතකොට රජතුමා මෙහෙම කියනවා. 'භවත්නි, යවු! ඒ හොරාට සවසටත් සැත් පහරවල් සියයකින් වධ දෙවු!' කියලා.

පින්වත් මහණෙනි, ඒ ගැන ඔබ මොකක්ද හිතන්නේ? ඒ හොරා දවස මුළුල්ලේ සැත් පහරවල් තුන් සියයකින් වධ විඳිද්දී ඒ හේතුවෙන් දුක් දොම්නස් වින්දේ නැද්ද? "ස්වාමීනී, එක සැත් පහරකින් වධ විඳින කොට ඒ හේතුවෙන් දුක් දොම්නස් විඳින එකේ සැත් පහරවල් තුන්සියයකින් වධ විඳින්නට ගියොත් ඒ හේතුවෙන් විඳින දුක් දොම්නස් ගැන ආයෙ කතා කරන්න දෙයක් නෑ."

පින්වත් මහණෙනි, විඤ්ඤාණ ආහාරය ගැන දැන ගත යුත්තේ ඔය විදිහට කියලයි මං කියන්නේ.

පින්වත් මහණෙනි, විඤ්ඤාණ ආහාරය ගැන සම්පූර්ණයෙන්ම අවබෝධ කළොත් නාමරූප සම්පූර්ණයෙන්ම අවබෝධ වෙනවා. නාමරූප සම්පූර්ණයෙන් අවබෝධ වුණොත්, ඒ ආර්ය ශ්‍රාවකයා හට නිවන පිණිස අමුතුවෙන් කළ යුතු කිසිදෙයක් නැහැ කියලයි මං කියන්නේ.

සාදු! සාදු!! සාදු!!!

පුත්තමංස සූත්‍රය නිමා විය.

1.7.4.
අත්ථිරාග සූත්‍රය
'රාගය තිබුණොත්' කියා වදාළ දෙසුම

64. සැවැත් නුවරදී ....

පින්වත් මහණෙනි, උපන් සත්වයන්ගේ පැවැත්ම පිණිසත්, උපදින්නට සිටින සත්වයන්ට අනුග්‍රහ පිණිසත් හේතු වෙන මේ ආහාර හතරකි. ඒ ආහාර හතර මොනවාද? ගොරෝසු හෝ සියුම් හෝ කබලිංකාර ආහාරයක් තියෙනවා. ස්පර්ශය නම් වූ දෙවෙනි ආහාරයක් තියෙනවා. මනෝසංචේතනාව කියලා තුන්වෙනි ආහාරයක් තියෙනවා. විඤ්ඤාණය තමයි හතරවෙනි ආහාරය. පින්වත් මහණෙනි, උපන් සත්වයන්ගේ පැවැත්ම පිණිසත්, උපදින්නට සිටින සත්වයන්ට අනුග්‍රහ පිණිසත් මේ ආහාර හතර හේතු වෙනවා.

පින්වත් මහණෙනි, යම් හෙයකින් කබලිංකාර ආහාරය ගැන රාගය තිබුණොත්, ආශාව තිබුණොත්, තණ්හාව තිබුණොත්, එතැන විඤ්ඤාණය පිහිටනවා. වැඩෙනවා. යම් තැනක විඤ්ඤාණය පිහිටයි ද, වැඩෙයි ද, එතැන නාමරූපයේ බැසගැනීම තියෙනවා. යම් තැනක නාමරූපයේ බැසග ැනීම තියෙනවා නම්, එතැන සංස්කාරයන්ගේ වර්ධනයක් තියෙනවා. යම් තැනක සංස්කාරයන්ගේ වර්ධනයක් තියෙනවා නම්, එතැන තමයි ආයෙමත් පුනර්භවයක් හැදිලා ඉපදීම තියෙන්නේ. යම් තැනක ආයෙමත් පුනර්භවයක් හැදිලා ඉපදීම තියෙනවා නම්, එතැන තමයි ආයෙමත් ඉපදීමත්, ජරා මරණත් තියෙන්නේ. යම් තැනක ආයෙ ඉපදීමකුත් ජරාමරණත් තියෙනවා නම්, පින්වත් මහණෙනි, එය ඉතා සෝක සහිත පීඩා සහිත දෙයක් කියලයි, මහත් ආයාසකර දෙයක් කියලයි මං කියන්නේ.

පින්වත් මහණෙනි, යම් හෙයකින් ස්පර්ශ ආහාරය ගැන ....(පෙ).... පින්වත් මහණෙනි, යම් හෙයකින් මනෝ සංචේතනා ආහාරය ගැන ....(පෙ).... පින්වත් මහණෙනි, යම් හෙයකින් විඤ්ඤාණ ආහාරය ගැන රාගය තිබුණොත්, ආශාව තිබුණොත්, තණ්හාව තිබුණොත්, එතැන විඤ්ඤාණය පිහිටනවා. වැඩෙනවා. යම් තැනක විඤ්ඤාණය පිහිටයි ද, වැඩෙයි ද, එතැන නාමරූපයේ බැසගැනීම තියෙනවා. යම් තැනක නාමරූපයේ බැසගැනීම තියෙනවා නම්, එතැන සංස්කාරයන්ගේ වර්ධනයක් තියෙනවා. යම් තැනක සංස්කාරයන්ගේ වර්ධනයක් තියෙනවා නම්, එතැන තමයි ආයෙමත් පුනර්භවයක් හැදිලා ඉපදීම තියෙන්නේ. යම් තැනක ආයෙමත් පුනර්භවයක් හැදිලා ඉපදීම තියෙනවා

නම්, එතැන තමයි ආයෙමත් ඉපදීමත්, ජරා මරණත් තියෙන්නේ. යම් තැනක ආයෙ ඉපදීමකුත් ජරාමරණත් තියෙනවා නම්, පින්වත් මහණෙනි, එය ඉතා සෝක සහිත, පීඩා සහිත දෙයක් කියලයි, මහත් ආයාසකර දෙයක් කියලයි මං කියන්නේ.

පින්වත් මහණෙනි, ඒක මේ වගේ දෙයක්. රෙදි ඩයි කරන කෙනෙක් හෝ සිත්තරෙක් හෝ ඉන්නවා කියල හිතමු. ඉතින් ඔවුන් මටසිළිටි පුවරුවක හෝ බිත්තියක හෝ වස්ත්‍රයක හෝ පඬුවලින් හරි, ලාකඩවලින් හරි, කහ පටින් හරි, නිල් පාටින් හරි, මදටිය පාටින් හරි, එක්කෝ ගෑනු කෙනෙකුගේ, එක්කෝ පිරිමියෙකුගේ සියලු අඟපසඟ ඇතුව චිත්‍රයක් මවනවා.

පින්වත් මහණෙනි, ඔන්න ඔය විදිහමයි, යම් හෙයකින් කබලිංකාර ආහාරය ගැන රාගය තිබුණොත්, ආශාව තිබුණොත්, තණ්හාව තිබුණොත්, එතැන විඤ්ඤාණය පිහිටනවා. වැඩෙනවා. යම් තැනක විඤ්ඤාණය පිහිටයි ද, වැඩෙයි ද, එතැන නාමරූපයේ බැසගැනීම තියෙනවා. යම් තැනක නාමරූපයේ බැසගැනීම තියෙනවා නම්, එතැන සංස්කාරයන්ගේ වර්ධනයක් තියෙනවා. යම් තැනක සංස්කාරයන්ගේ වර්ධනයක් තියෙනවා නම්, එතැන තමයි ආයෙමත් පුනර්භවයක් හැදිලා ඉපදීම තියෙන්නේ. යම් තැනක ආයෙමත් පුනර්භවයක් හැදිලා ඉපදීම තියෙනවා නම්, එතැන තමයි ආයෙමත් ඉපදීමත්, ජරා මරණත් තියෙන්නේ. යම් තැනක ආයෙ ඉපදීමකුත්, ජරාමරණත් තියෙනවා නම්, පින්වත් මහණෙනි, එය ඉතා සෝක සහිත, පීඩා සහිත දෙයක් කියලයි, මහත් ආයාසකර දෙයක් කියලයි මං කියන්නේ.

පින්වත් මහණෙනි, යම් හෙයකින් ස්පර්ශ ආහාරය ගැන ....(පෙ).... පින්වත් මහණෙනි, යම් හෙයකින් මනෝ සංචේතනා ආහාරය ගැන ....(පෙ).... පින්වත් මහණෙනි, යම් හෙයකින් විඤ්ඤාණ ආහාරය ගැන රාගය තිබුණොත්, ආශාව තිබුණොත්, තණ්හාව තිබුණොත්, එතැන විඤ්ඤාණය පිහිටනවා. වැඩෙනවා. යම් තැනක විඤ්ඤාණය පිහිටයි ද, වැඩෙයි ද, එතැන නාමරූපයේ බැසගැනීම තියෙනවා. යම් තැනක නාමරූපයේ බැසගැනීම තියෙනවා නම්, එතැන සංස්කාරයන්ගේ වර්ධනයක් තියෙනවා. යම් තැනක සංස්කාරයන්ගේ වර්ධනයක් තියෙනවා නම්, එතැන තමයි ආයෙමත් පුනර්භවයක් හැදිලා ඉපදීම තියෙන්නේ. යම් තැනක ආයෙමත් පුනර්භවයක් හැදිලා ඉපදීම තියෙනවා නම්, එතැන තමයි ආයෙමත් ඉපදීමත්, ජරා මරණත් තියෙන්නේ. යම් තැනක ආයෙ ඉපදීමකුත්, ජරාමරණත් තියෙනවා නම්, පින්වත් මහණෙනි, එය ඉතා සෝක සහිත, පීඩා සහිත දෙයක් කියලයි, මහත් ආයාසකර දෙයක් කියලයි මං කියන්නේ.

නමුත් පින්වත් මහණෙනි, යම් හෙයකින් කබලිංකාර ආහාරය ගැන රාගය නැත්නම්, ආශාව නැත්නම්, තණ්හාව නැත්නම්, එතැන විඤ්ඤාණය පිහිටන්නේ නෑ. වැඩෙන්නේ නෑ. යම් තැනක විඤ්ඤාණය නොපිහිටයි ද, නොවැඩෙයි ද, එතැන නාමරූපයේ බැසගැනීමක් නෑ. යම් තැනක නාමරූපයේ බැසගැනීමක් නැත්නම්, එතැන සංස්කාරයන්ගේ වර්ධනයක් නෑ. යම් තැනක සංස්කාරයන්ගේ වර්ධනයක් නැත්නම්, එතැන ආයෙමත් පුනර්භවයක් හැදිලා ඉපදීමක් නෑ. යම් තැනක ආයෙමත් පුනර්භවයක් හැදිලා ඉපදීමක් නැතිනම්, එතැන ආයෙමත් ඉපදීමත් ජරා මරණත්, නෑ. යම් තැනක ආයෙ ඉපදීමකුත් ජරා මරණත් නැත්නම් පින්වත් මහණෙනි, එය සෝක රහිත, පීඩා රහිත දෙයක් කියලයි, මහත් ආයාසකර දෙයින් තොර වූවක් කියලයි මං කියන්නේ.

නමුත් පින්වත් මහණෙනි, යම් හෙයකින් ස්පර්ශ ආහාරය ගැන ....(පෙ).... පින්වත් මහණෙනි, යම් හෙයකින් මනෝ සංචේතනා ආහාරය ගැන ....(පෙ).... පින්වත් මහණෙනි, යම් හෙයකින් විඤ්ඤාණ ආහාරය ගැන රාගය නැත්නම්, ආශාව නැත්නම්, තණ්හාව නැත්නම්, එතැන විඤ්ඤාණය පිහිටන්නේ නෑ. වැඩෙන්නේ නෑ. යම් තැනක විඤ්ඤාණය නොපිහිටයි ද, නොවැඩෙයි ද, එතැන නාමරූපයේ බැසගැනීමක් නෑ. යම් තැනක නාමරූපයේ බැසගැනීමක් නැත්නම්, එතැන සංස්කාරයන්ගේ වර්ධනයක් නෑ. යම් තැනක සංස්කාරයන්ගේ වර්ධනයක් නැත්නම්, එතැන ආයෙමත් පුනර්භවයක් හැදිලා ඉපදීමක් නෑ. යම් තැනක ආයෙමත් පුනර්භවයක් හැදිලා ඉපදීමක් නැතිනම්, එතැන ආයෙමත් ඉපදීමත් ජරා මරණත්, නෑ. යම් තැනක ආයෙ ඉපදීමකුත් ජරා මරණත් නැත්නම් පින්වත් මහණෙනි, එය සෝක රහිත, පීඩා රහිත දෙයක් කියලයි, මහත් ආයාසකර දෙයින් තොර වූවක් කියලයි මං කියන්නේ.

පින්වත් මහණෙනි. ඒක මේ වගේ දෙයක්. මුදුන් වහල ඇති කූටාග ාරයක් (උස් ගොඩනැගිල්ලක්) හෝ කූටාගාර ශාලාවක් හෝ තියෙනවා කියල හිතමු. එහි උතුරු පැත්තෙ හරි, දකුණු පැත්තෙ හරි, නැගෙනහිර පැත්තෙ හරි ජනෙල් තියෙනවා. එතකොට හිරු නැගෙද්දී ඒ ජනේලයෙන් හිරු රැස් ඇවිදින් කොයි පැත්තටද වැටෙන්නේ?"

"ස්වාමීනී, බටහිර පැත්තේ බිත්තියටයි ඒ හිරු රැස් වැටෙන්නේ."

"පින්වත් මහණෙනි, බටහිර පැත්තේ බිත්තිය නොතිබුණොත් හිරු ර ැස් වැටෙන්නේ කොහේටද?"

"ස්වාමීනී, පොළොවටයි."

"පින්වත් මහණෙනි, යම් හෙයකින් පොළොවත් නොතිබුණොත් හිරු රැස් වැටෙන්නේ කොහේටද?"

"ස්වාමීනී, ජලයටයි."

"පින්වත් මහණෙනි, යම් හෙයකින් ජලයත් නොතිබුණොත් හිරු රැස් වැටෙන්නේ කොහේටද?"

"ස්වාමීනී, හිරු රැස් කොහේවත් පිහිටන්නේ නෑ."

"පින්වත් මහණෙනි, ඔන්න ඔය විදිහමයි. යම් හෙයකින් කබලිංකාර ආහාරය ගැන රාගය නැත්නම්, ආශාව නැත්නම්, තණ්හාව නැත්නම්, ...(පෙ).... පින්වත් මහණෙනි, යම් හෙයකින් ස්පර්ශ ආහාරය ගැන ....(පෙ).... පින්වත් මහණෙනි, යම් හෙයකින් මනෝ සංචේතනා ආහාරය ගැන ....(පෙ).... පින්වත් මහණෙනි, යම් හෙයකින් විඤ්ඤාණ ආහාරය ගැන රාගය නැත්නම්, ආශාව නැත්නම්, තණ්හාව නැත්නම්, එතැන විඤ්ඤාණය පිහිටන්නේ නෑ. වැඩෙන්නේ නෑ. යම් තැනක විඤ්ඤාණය නොපිහිටයි ද, නොවැඩෙයි ද, එතැන නාමරූපයේ බැසගැනීමක් නෑ. යම් තැනක නාමරූපයේ බැසගැනීමක් නැත්නම්, එතැන සංස්කාරයන්ගේ වර්ධනයක් නෑ. යම් තැනක සංස්කාරයන්ගේ වර්ධනයක් නැත්නම්, එතැන ආයෙමත් පුනර්භවයක් හැදිලා ඉපදීමක් නෑ. යම් තැනක ආයෙමත් පුනර්භවයක් හැදිලා ඉපදීමක් නැතිනම්, එතැන ආයෙමත් ඉපදීමත් ජරා මරණත්, නෑ. යම් තැනක ආයෙ ඉපදීමකුත් ජරා මරණත් නැත්නම් පින්වත් මහණෙනි, එය සෝක රහිත, පීඩා රහිත දෙයක් කියලයි, මහත් ආයාසකර දෙයින් තොර වූවක් කියලයි මං කියන්නේ.

සාදු! සාදු!! සාදු!!!

අත්ථිරාග සූත්‍රය නිමා විය

1.7.5.

නගර සූත්‍රය

නගරයක් සොයා ගැනීම ගැන වදාළ දෙසුම

65. සැවැත් නුවරදී ....

පින්වත් මහණෙනි, සම්බුද්ධත්වයට කලින්, සම්බුද්ධත්වයට පත් නොවී සිටියදී, බෝසත්ව සිටියදීම (බෝධි මූලයේදී) මා හට මේ විදිහට හිතුණා. 'අහෝ!

මේ ලෝක සත්වයා ඒකාන්තයෙන්ම දුකට වැටිලයි ඉන්නේ. ඉපදෙනවා, මහළු වෙනවා, මැරෙනවා, චුත වෙනවා, ආයෙමත් උපදිනවා. එහෙම වෙලත් මේ ජරා මරණ දුකින් නිදහස් වීමක් ගැන දන්නේ නෑ. කවරදාක නම් මේ ජරා මරණ දුකෙන් නිදහස් වීමක් දැකගන්නට ලැබේවිද?'

ඉතින් පින්වත් මහණෙනි, එතකොට මට මෙහෙම හිතුණා. 'කුමක් තිබුණොත්ද ජරා මරණ ඇතිවෙන්නේ? කුමක් හේතු කරගෙනද ජරා මරණ ඇතිවෙන්නේ?' ඉතින් පින්වත් මහණෙනි, මම ඉතා හොඳින් නුවණින් මෙනෙහි කරද්දී මේ කරුණ ප්‍රඥාවෙන් අවබෝධ වුණා. 'ඉපදීම තියෙන කොට තමයි ජරා මරණ ඇති වෙන්නේ. ඉපදීම හේතු කරගෙනයි ජරා මරණ ඇතිවෙන්නේ'

පින්වත් මහණෙනි, මට මෙහෙම හිතුණා. 'කුමක් තිබුණොත්ද ඉපදීම තිබෙන්නේ? ....(පෙ).... භවය තිබෙන්නේ? ....(පෙ).... උපාදාන තිබෙන්නේ? ....(පෙ).... තණ්හාව තිබෙන්නේ? ....(පෙ).... විඳීම තිබෙන්නේ? ....(පෙ).... ස්පර්ශය තිබෙන්නේ? ....(පෙ).... ආයතන හය තිබෙන්නේ? ....(පෙ).... නාමරූප තිබෙන්නේ? කුමක් හේතු කොටගෙනද නාමරූප ඇතිවන්නේ? පින්වත් මහණෙනි, ඒ ගැන නුවණින් මෙනෙහි කරන මට ප්‍රඥාවෙන් අවබෝධ වුණා, විඤ්ඤාණය තිබුණොත් තමයි නාමරූප තිබෙන්නේ. විඤ්ඤාණය හේතු කොටගෙනයි නාමරූප ඇතිවන්නේ. ඉතින් පින්වත් මහණෙනි, මට මෙහෙම හිතුණා. කුමක් තිබුණොත්ද විඤ්ඤාණය තිබෙන්නේ? කුමක් හේතු කොට ගෙනද විඤ්ඤාණය ඇතිවෙන්නේ? පින්වත් මහණෙනි, ඒ ගැන නුවණින් මෙනෙහි කරන මට ප්‍රඥාවෙන් අවබෝධ වුණා. නාමරූප තිබුණොත් තමයි විඤ්ඤාණය තිබෙන්නේ. නාමරූප හේතු කොට ගෙනයි විඤ්ඤාණය ඇතිවෙන්නේ.

ඉතින් පින්වත් මහණෙනි, මට මෙහෙම හිතුණා. මේ විඤ්ඤාණය එතැනටමයි කැරකිලා එන්නේ. නාමරූපයෙන් බැහැරට නම් යන්නෙ නෑ. එපමණකින්මයි ඉපදීමක් තියෙන්නේ. මහළුවීමකුත් තියෙන්නේ. මරණයකුත් තියෙන්නේ. චුතවීමකුත් තියෙන්නේ. ආයෙමත් ඉපදීමකුත් තියෙන්නේ. ඒ කියන්නේ නාමරූප හේතු කොටගෙන විඤ්ඤාණය ඇතිවෙනවා. විඤ්ඤාණය හේතු කොටගෙන නාමරූප ඇතිවෙනවා. නාමරූප හේතු කොටගෙන ආයතන හය ඇතිවෙනවා. ආයතන හය හේතු කොට ගෙන ස්පර්ශය ඇතිවෙනවා. ....(පෙ).... ඔන්න ඔය විදිහටයි මේ මුළු මහත් දුක් රැසම හටගන්නේ.

පින්වත් මහණෙනි, (මේ දුක) හටගන්නවා! හටගන්නවා! කියල කවදාවත් අසා නැති මේ පටිච්චසමුප්පාද ධර්මය පිළිබඳව දහම් ඇස පහළ වුණා. නුවණ පහළ වුණා. ප්‍රඥාව පහළ වුණා. විද්‍යාව පහළ වුණා. ආලෝකය පහළ වුණා.

ඉතින් පින්වත් මහණෙනි, එතකොට මට මෙහෙම හිතුණා. 'කුමක් නැති වුණොත්ද ජරා මරණ නැති වෙන්නේ? කුමක් නිරෝධයෙන්ද ජරා මරණ නිරුද්ධ වෙන්නේ?' ඉතින් පින්වත් මහණෙනි, මම ඉතා හොඳින් නුවණින් මෙනෙහි කරද්දී මේ කරුණ ප්‍රඥාවෙන් අවබෝධ වුණා. 'ඉපදීම නිරුද්ධ වෙන කොට තමයි ජරා මරණ නැති වෙන්නේ. ඉපදීම නිරුද්ධ වෙන කොටයි ජරා මරණ නිරුද්ධ වෙන්නේ'

ඉතින් පින්වත් මහණෙනි, මට මෙහෙම හිතුණා. 'කුමක් නැති වුණොත්ද ඉපදීම නැති වෙන්නේ? ....(පෙ).... භවය නැති වෙන්නේ? ....(පෙ).... උපාදාන නැති වෙන්නේ? ....(පෙ).... තණ්හාව නැති වෙන්නේ? ....(පෙ).... විඳීම නැති වෙන්නේ? ....(පෙ).... ස්පර්ශය නැති වෙන්නේ? ....(පෙ).... ආයතනය හය නැති වෙන්නේ? ....(පෙ).... නාමරූප නැති වෙන්නේ? කුමක් නිරුද්ධ වීමෙන්ද නාමරූප නිරුද්ධ වෙන්නේ? පින්වත් මහණෙනි, ඒ ගැන නුවණින් මෙනෙහි කරන මට ප්‍රඥාවෙන් අවබෝධ වුණා, 'විඤ්ඤාණය නැතිවුණොත් තමයි නාමරූප නැතිවෙන්නේ. විඤ්ඤාණය නිරුද්ධ වෙන කොටයි නාමරූප නිරුද්ධ වෙන්නේ' කියලා.

ඉතින් පින්වත් මහණෙනි, මට මෙහෙම හිතුණා. කුමක් නැතිවුණොත් ද විඤ්ඤාණය නැතිවෙන්නේ? කුමක් නිරුද්ධ වීමෙන්ද විඤ්ඤාණය නිරුද්ධ වන්නේ? පින්වත් මහණෙනි, ඒ ගැන නුවණින් මෙනෙහි කරන මට ප්‍රඥාවෙන් අවබෝධ වුණා. නාමරූප නැතිවුණොත් තමයි විඤ්ඤාණය නැතිවෙන්නේ. නාමරූප නිරුද්ධ වෙනකොටයි විඤ්ඤාණය නිරුද්ධ වෙන්නේ.

පින්වත් මහණෙනි, මට මෙහෙම හිතුණා. ආර්ය සත්‍යාවබෝධය පිණිස පවතින මේ මාර්ගය මං අවබෝධ කරගත්තා. ඒ කියන්නේ නාමරූප නිරුද්ධ වීමෙන් විඤ්ඤාණය නිරුද්ධ වෙනවා. විඤ්ඤාණය නිරුද්ධ වීමෙන් නාමරූප නිරුද්ධ වෙනවා. නාමරූප නිරුද්ධ වීමෙන් ආයතන හය නිරුද්ධ වෙනවා. ආයතන හය නිරුද්ධ වීමෙන් ස්පර්ශය නිරුද්ධ වෙනවා. ....(පෙ).... ඔන්න ඔය ආකාරයටයි මේ මුළු මහත් දුක් රැසම නිරුද්ධ වන්නේ.

පින්වත් මහණෙනි, (මේ දුක) නිරුද්ධ වෙනවා! නිරුද්ධ වෙනවා! කියල කලින් නොඇසූ විරූ මේ ධර්මයන් ගැන දහම් ඇස පහළ වුණා. ඤාණය පහළ වුණා. ප්‍රඥාව පහළ වුණා. විද්‍යාව පහළ වුණා. ආලෝකය පහළ වුණා.

පින්වත් මහණෙනි, ඒක මේ වගේ දෙයක්. මහ වනාන්තරයක ඇවිදගෙන යන පුරුෂයෙක් ඉන්නවා කියලා හිතමු. ඉතින් මේ පුරුෂයාට පුරාණයේ හිටපු මිනිසුන් භාවිතා කරපු පැරණි මාර්ගයක්, පැරණි මාවතක් හමුවෙනවා. ඉතින්

ඒ පුරුෂයා ඒ පාර දිගේම යනවා. ඒ පාර දිගේම යන කොට පුරාණයේ හිටපු මිනිසුන් වාසය කරපු පුරාණ නගරයක්, පුරාණ රාජධානියක් හමුවෙනවා. ඒක වන උයන් තියෙන, මල් උයන් තියෙන, පොකුණු පවුරු තියෙන ලස්සන තැනක්. ඉතින් පින්වත් මහණෙනි, ඔය පුරුෂයා රජතුමාට හරි රාජ මහා අමාත්‍යයෙකුට හරි මේ ගැන දැනුම් දෙනවා. 'භවත් හිමියෙනි, ඔබ දන්නවාද? මං මහා වනයේ ඇවිදගෙන යද්දී පුරාණයේ හිටපු මිනිසුන් භාවිතා කරපු පැරණි මාර්ගයක්, පැරණි මාවතක් හමුවුණා. ඉතින් මං ඒ පාර දිගේම ගියා. ඒ පාර දිගේම යන කොට පුරාණයේ හිටපු මිනිසුන් වාසය කරපු පුරාණ නගරයක්, පුරාණ රාජධානියක් හමුවුණා. ඒක වන උයන් තියෙන, මල් උයන් තියෙන, පොකුණු පවුරු තියෙන ලස්සන තැනක්. හිමියෙනි, ඒක නගරයක් කළ මැනැව' කියලා.

එතකොට පින්වත් මහණෙනි, ඒ රජතුමා හරි, ඒ රාජ මහා අමාත්‍යයා හරි එතැන නගරයක් නිර්මාණය කරනවා. කලක් යනකොට ඒ නගරය සමෘද්ධිමත් වෙනවා. සියලු සැප සම්පතින් පිරෙනවා. බොහෝ ජනයාගෙන් පිරී ඉතිරී යනවා. මහත් සැප ලැබෙන ඉතා දියුණු තත්වයට පත්වෙනවා.

පින්වත් මහණෙනි, අන්න ඒ විදිහමයි. මමත් පුරාණයේ වැඩසිටි සම්බුදුවරයන් වහන්සේලා අනුගමනය කරපු පැරණි මාර්ගයක්, පැරණි මාවතක් දැකගත්තා.

පින්වත් මහණෙනි, පුරාණයේ වැඩිසිටි සම්බුදුවරයන් වහන්සේලා අනුගමනය කරපු ඒ පැරණි මාර්ගය, ඒ පැරණි මාවත මොකක්ද? එය නම් මේ ආර්ය අෂ්ටාංගික මාර්ගමයි. එනම් සම්මා දිට්ඨි ....(පෙ).... සම්මා සමාධියයි. පින්වත් මහණෙනි, පුරාණයේ වැඩිසිටි සම්බුදුවරයන් වහන්සේලා අනුගමනය කරපු ඒ පැරණි මාර්ගය, ඒ පැරණි මාවත නම් මෙයයි.

මං ඒ මාර්ගයේ ගමන් කළා. මං ඒ මාර්ගයේ ගමන් කරද්දී ජරා මරණ අවබෝධ කළා. ජරා මරණයේ හට ගැනීම අවබෝධ කළා. ජරා මරණ නිරුද්ධ වීම අවබෝධ කළා. ජරා මරණ නිරුද්ධ වීම පිණිස පවතින ප්‍රතිපදාව අවබෝධ කළා. මං ඒ මාර්ගයේ ගමන් කළා. මං ඒ මාර්ගයේ ගමන් කරද්දී ඉපදීම අවබෝධ කළා ....(පෙ).... භවය අවබෝධ කළා ....(පෙ).... උපාදාන අවබෝධ කළා ....(පෙ).... තණ්හාව අවබෝධ කළා ....(පෙ).... විඳීම අවබෝධ කළා ....(පෙ).... ස්පර්ශය අවබෝධ කළා ....(පෙ).... ආයතන හය අවබෝධ කළා ....(පෙ).... නාමරූප අවබෝධ කළා ....(පෙ).... විඤ්ඤාණය අවබෝධ කළා ....(පෙ).... විඤ්ඤාණය නිරුද්ධ වීම පිණිස පවතින ප්‍රතිපදාව අවබෝධ කළා. මං ඒ මාර්ගයේ ගමන් කළා. මං ඒ මාර්ගයේ ගමන් කරද්දී සංස්කාර

අවබෝධ කළා. සංස්කාරවල හට ගැනීම අවබෝධ කළා. සංස්කාර නිරුද්ධ වීම අවබෝධ කළා. සංස්කාර නිරුද්ධ වීම පිණිස පවතින ප්‍රතිපදාව අවබෝධ කළා.

පින්වත් මහණෙනි, මං ඒ විදිහට අවබෝධ කරගෙන, භික්ෂූන්ටත් භික්ෂුණීන්ටත් උපාසකයන්ටත් උපාසිකාවන්ටත් ප්‍රකාශ කළා. පින්වත් මහණෙනි, ඉතින් ඒ මේ බඹසර දූන් සමෘද්ධිමත් වෙලා තියෙනවා. සියලු යහපතින් පිරිලා තියෙනවා. පැතිරිලා තියෙනවා. බොහෝ ජනයා අතර පුළුල්ව පැතිරිලා තියෙනවා. යම්තාක් බුද්ධිමත් මිනිසුන් විසින් ප්‍රකාශ කරලත් තියෙනවා.

සාදු! සාදු!! සාදු!!!
නගර සූත්‍රය නිමා විය.

1.7.6.
සම්මසන සූත්‍රය
නුවණින් විමසීම ගැන වදාළ දෙසුම

66. මා හට අසන්නට ලැබුණේ මේ විදිහටයි. ඒ දිනවල භාග්‍යවතුන් වහන්සේ වැඩසිටියේ කුරු රට කම්මාස්සදම්ම කියන කුරු ජනපදවාසීන්ගේ කුඩා නගරයේ. එහිදී භාග්‍යවතුන් වහන්සේ "පින්වත් මහණෙනි" කියා භික්ෂූන් අමතා වදාළා. ඒ භික්ෂූන් වහන්සේලා ද "පින්වතුන් වහන්ස" කියා භාග්‍යවතුන් වහන්සේට පිළිතුරු දුන්නා. භාග්‍යවතුන් වහන්සේ ඒ මොහොතේදී තමයි මේ දේශනය වදාළේ.

"පින්වත් මහණෙනි, ඔබ අභ්‍යන්තර ජීවිතය ගැන නුවණින් විමසනවාද?" මෙසේ විමසා වදාළ විට එක්තරා භික්ෂුවක් භාග්‍යවතුන් වහන්සේට මෙසේ පැවසුවා. "ස්වාමීනී, මම නම් අභ්‍යන්තර ජීවිතය ගැන නුවණින් විමසනවා." "පින්වත් භික්ෂුව, ඔබ කොයි ආකාරයෙන් ද අභ්‍යන්තර ජීවිතය ගැන නුවණින් විමසන්නේ?" එතකොට ඒ භික්ෂුව තම අදහස ප්‍රකාශ කළා. ඒ භික්ෂුව යම් විදිහකින් එය පැවසූ නමුත්, ඒ භික්ෂුව ඒ තුළින් භාග්‍යවතුන් වහන්සේව සතුටට පත් කළේ නෑ.

එතකොට ආයුෂ්මත් ආනන්ද තෙරුන් භාග්‍යවතුන් වහන්සේට මේ විදිහට සැළ කළා. "භාග්‍යවතුන් වහන්ස, මේ එයට කාලයයි. සුගතයන් වහන්ස,

මේ එයට කාලයයි. භාග්‍යවතුන් වහන්සේ අභ්‍යන්තර ජීවිතය නුවණින් විමසීම ගැන යමක් වදාළ සේක් නම්, භාග්‍යවතුන් වහන්සේගෙන් අසාගෙන භික්ෂූන් සිතෙහි දරා ගන්නවා."

"එසේ නම් පින්වත් ආනන්ද, හොඳින් අහගන්න ඕන. ඉතා හොඳින් නුවණින් මෙනෙහි කරන්න ඕන. මා කියා දෙන්නම්." "එසේය, ස්වාමීනී" කියලා භාග්‍යවතුන් වහන්සේට පිළිතුරු දුන්නා. ඒ මොහොතේදී තමයි භාග්‍යවතුන් වහන්සේ මේ දේශනය වදාළේ.

පින්වත් මහණෙනි, මේ සසුනෙහි භික්ෂුව නුවණින් විමසද්දී අභ්‍යන්තර ජීවිතය ගැනයි නුවණින් විමසන්නේ. අනේක ප්‍රකාර වූ නා නා ප්‍රකාර වූ යම් මේ ජරා මරණ දුකක් ලෝකයෙහි උපදිනවා නම් ඒ දුකට මුල මොකක්ද? හටගැනීම මොකක්ද? ඉපදීම මොකක්ද? ප්‍රභවය මොකක්ද? මොකක් තිබීමෙන්ද ජරාමරණ තිබෙන්නේ? මොකක් නැතිවීමෙන් ද ජරාමරණ නැතිවන්නේ? කියලා.

එතකොට ඒ භික්ෂුව නුවණින් විමසද්දී මේ විදිහට අවබෝධ කරනවා. 'අනේක ප්‍රකාර වූ නා නා ප්‍රකාර වූ යම් මේ ජරාමරණ දුකක් ලෝකයෙහි උපදිනවා නම් ඒ දුකට මුල කෙලෙස් සහිත කර්මයි. කෙලෙස් සහිත කර්ම හටගැනීමෙනුයි, කෙලෙස් සහිත කර්ම ඉපදීමෙනුයි, කෙලෙස් සහිත කර්මය ප්‍රභවයෙනුයි ජරාමරණ හටගන්නේ. කෙලෙස් සහිත කර්ම තිබුණොත් තමයි ජරා මරණ තිබෙන්නේ. කෙලෙස් සහිත කර්ම නැතිවීමෙන් තමයි ජරා මරණ නැතිවෙන්නේ.

එතකොට ඒ භික්ෂුව ජරා මරණත් අවබෝධ කරනවා. ජරාමරණ හටගැනීමත් අවබෝධ කරනවා. ජරාමරණ නිරුද්ධ වීමත් අවබෝධ කරනවා. ජරාමරණ නිරුද්ධ වීම පිණිස පවතින යම් ප්‍රතිපදාවක් ඇත්නම් එයත් අවබෝධ කරනවා. ඒ ප්‍රතිපත්තියෙහි යෙදෙමින් ධර්මයට අනුව හැසිරෙනවා. පින්වත් මහණෙනි, මේ භික්ෂුවටයි කියන්නේ සර්වප්‍රකාරයෙන්ම මැනැවින්ම ජරාමරණ දුක් ක්ෂය වීම පිණිස පිළිපන් භික්ෂුව කියලා.

තවදුරටත් නුවණින් විමසද්දී අභ්‍යන්තර ජීවිතය ගැනයි නුවණින් විමසන්නේ. මේ කෙලෙස් සහිත කර්මයේ මුල මොකක්ද? හටගැනීම මොකක්ද? ඉපදීම මොකක්ද? ප්‍රභවය මොකක්ද? මොකක් තිබීමෙන් ද කෙලෙස් සහිත කර්ම තිබෙන්නේ? මොකක් නැතිවීමෙන් ද කෙලෙස් සහිත කර්ම නැතිවෙන්නේ? කියලා.

එතකොට ඒ භික්ෂුව නුවණින් විමසද්දී මේ විදිහට අවබෝධ කරනවා. 'මේ කෙලෙස් සහිත කර්මයේ මුල තණ්හාවයි. තණ්හාව හටගැනීමෙනුයි,

තණ්හාව ඉපදීමෙනුයි, තණ්හාව ප්‍රභවයෙනුයි කෙලෙස් සහිත කර්ම හටගන්නේ. තණ්හාව තිබුණොත් තමයි කෙලෙස් සහිත කර්ම තිබෙන්නේ. තණ්හාව නැතිවීමෙන් තමයි කෙලෙස් සහිත කර්ම නැතිවෙන්නේ.

එතකොට ඒ භික්ෂුව කෙලෙස් සහිත කර්මත් අවබෝධ කරනවා. කෙලෙස් සහිත කර්ම හටගැනීමත් අවබෝධ කරනවා. කෙලෙස් සහිත කර්ම නිරුද්ධ වීමත් අවබෝධ කරනවා. කෙලෙස් සහිත කර්ම නිරුද්ධ වීම පිණිස පවතින යම් ප්‍රතිපදාවක් ඇත්නම් එයත් අවබෝධ කරනවා. ඒ ප්‍රතිපත්තියෙහි යෙදෙමින් ධර්මයට අනුව හැසිරෙනවා. පින්වත් මහණෙනි, මේ භික්ෂුවටයි කියන්නේ සර්වප්‍රකාරයෙන්ම මැනැවින්ම කෙලෙස් සහිත කර්ම ක්ෂය වීම පිණිස පිළිපන් භික්ෂුව කියලා.

තවදුරටත් නුවණින් විමසද්දී අභ්‍යන්තර ජීවිතය ගැනයි නුවණින් විමසන්නේ. මේ තණ්හාව උපදිනවා නම් කොහේද උපදින්නේ? පවතිනවා නම් කොහේද පවතින්නේ? කියලා. එතකොට ඒ භික්ෂුව නුවණින් විමසද්දී මේ විදිහට අවබෝධ කරනවා. 'මේ ලෝකයේ ප්‍රිය ස්වරූප ඇති මිහිරි ස්වරූප ඇති යමක් තිබේ නම් අන්න එතැන තමයි මේ තණ්හාව උපදිනවා නම් උපදින්නේ. අන්න එතැන තමයි පවතිනවා නම් පවතින්නේ. ලෝකයෙහි තිබෙන ප්‍රිය ස්වරූප වූ මිහිරි ස්වරූප වූ දෙය මොකක්ද? ඇස ලෝකයෙහි තිබෙන ප්‍රිය ස්වරූප වූ මිහිරි ස්වරූප වූ දෙයකි. අන්න එතැන තමයි මේ තණ්හාව උපදිනවා නම් උපදින්නේ. අන්න එතැන තමයි පවතිනවා නම් පවතින්නේ. කණ ලෝකයෙහි තිබෙන ප්‍රිය ස්වරූප වූ මිහිරි ස්වරූප වූ දෙයකි. ....(පෙ).... නාසය ලෝකයෙහි තිබෙන ප්‍රිය ස්වරූප වූ මිහිරි ස්වරූප වූ දෙයකි. ....(පෙ).... දිව ලෝකයෙහි තිබෙන ප්‍රිය ස්වරූප වූ මිහිරි ස්වරූප වූ දෙයකි. ....(පෙ).... කය ලෝකයෙහි තිබෙන ප්‍රිය ස්වරූප වූ මිහිරි ස්වරූප වූ දෙයකි. ....(පෙ).... මනස ලෝකයෙහි තිබෙන ප්‍රිය ස්වරූප වූ මිහිරි ස්වරූප වූ දෙයකි. අන්න එතැන තමයි මේ තණ්හාව උපදිනවා නම් උපදින්නේ. අන්න එතැනමයි පවතිනවා නම් පවතින්නේ.

පින්වත් මහණෙනි, අතීතයේ හිටපු යම්කිසි ශ්‍රමණයන් හෝ බ්‍රාහ්මණයන් ලෝකයෙහි ප්‍රිය ස්වරූප වූ මිහිරි ස්වරූප වූ යමක් ඇත්නම් එය නිත්‍ය වශයෙන් දැක්කා නම්, සැප වශයෙන් දැක්කා නම්, ආත්ම වශයෙන් දැක්කා නම්, ආරෝග්‍ය වශයෙන් දැක්කා නම්, ආරක්ෂිත තැනක් වශයෙන් දැක්කා නම් ඔවුන් වර්ධනය කරගත්තේ තණ්හාවයි. යමෙක් වැඩුවේ තණ්හාව නම් ඔවුන් වර්ධනය කරගෙන තිබෙන්නේ කෙලෙස් සහිත කර්මයි. යමෙක් වැඩුවේ කෙලෙස් සහිත කර්ම නම්, ඔවුන් වැඩුවේ දුකයි. යමෙක් වැඩුවේ දුක නම්, ඔවුන් ඉපදීමෙන්, ජරා

මරණයෙන්, සෝකවලින්, වැළපීමෙන්, කායික දුකින්, මානසික දුකින්, සුසුම් හෙළීම්වලින් නම් නිදහස් වුණේ නෑ. ඔවුන් දුකින් නම් නිදහස් වුණේ නෑ කියලයි මං කියන්නේ.

පින්වත් මහණෙනි, අනාගතයේ පහළ වන්නා වූ යම්කිසි ශ්‍රමණයන් හෝ බ්‍රාහ්මණයන් ලෝකයෙහි ප්‍රිය ස්වරූප වූ මිහිරි ස්වරූප වූ යමක් ඇත්නම් එය නිත්‍ය වශයෙන් දකිනවා නම්, සැප වශයෙන් දකිනවා නම්, ආත්ම වශයෙන් දකිනවා නම්, ආරෝග්‍ය වශයෙන් දකිනවා නම්, ආරක්ෂිත තැනක් වශයෙන් දකිනවා නම් ඔවුන් වර්ධනය කරගන්නේ තණ්හාවයි. යමෙක් වඩන්නේ තණ්හාව නම් ඔවුන් වර්ධනය කරගන්නේ කෙලෙස් සහිත කර්මයි. යමෙක් වඩන්නේ කෙලෙස් සහිත කර්ම නම්, ඔවුන් වඩන්නේ දුකයි. යමෙක් වඩන්නේ දුක නම්, ඔවුන් ඉපදීමෙන්, ජරා මරණයෙන්, සෝකවලින්, වැළපීමෙන්, කායික දුකින්, මානසික දුකින්, සුසුම් හෙළීම්වලින් නම් නිදහස් වෙන්නේ නෑ. ඔවුන් දුකින් නම් නිදහස් වෙන්නේ නෑ කියලයි මං කියන්නේ.

පින්වත් මහණෙනි, වර්තමානයේ සිටින්නා වූ යම්කිසි ශ්‍රමණයන් හෝ බ්‍රාහ්මණයන් ලෝකයෙහි ප්‍රිය ස්වරූප වූ මිහිරි ස්වරූප වූ යමක් ඇත්නම් එය නිත්‍ය වශයෙන් දකිනවා නම්, සැප වශයෙන් දකිනවා නම්, ආත්ම වශයෙන් දකිනවා නම්, ආරෝග්‍ය වශයෙන් දකිනවා නම්, ආරක්ෂිත තැනක් වශයෙන් දකිනවා නම් ඔවුන් වර්ධනය කරගන්නේ තණ්හාවයි. යමෙක් වඩන්නේ තණ්හාව නම් ඔවුන් වර්ධනය කරගන්නේ කෙලෙස් සහිත කර්මයි. යමෙක් වඩන්නේ කෙලෙස් සහිත කර්ම නම්, ඔවුන් වඩන්නේ දුකයි. යමෙක් වඩන්නේ දුක නම්, ඔවුන් ඉපදීමෙන්, ජරා මරණයෙන්, සෝකවලින්, වැළපීමෙන්, කායික දුකින්, මානසික දුකින්, සුසුම් හෙළීම්වලින් නම් නිදහස් වෙන්නේ නෑ. ඔවුන් දුකින් නම් නිදහස් වෙන්නේ නෑ කියලයි මං කියන්නේ.

පින්වත් මහණෙනි, ඒක මේ වගේ දෙයක්. රසවත් බීමක් තියෙනවා කියල හිතමු. ඒකෙ පැහැයත් ලස්සනයි. සුවඳත් මිහිරියි. ඒ වගේම ප්‍රණීත රසයක් තියෙනවා. නමුත් ඒ බීමට භයානක විසක් මිශ්‍ර වෙලා තියෙන්නේ. ඔතැනට මනුස්සයෙක් එනවා. ඔහු පෑවිල්ලෙන් පීඩා විඳලා, පෑවිල්ලෙන්ම තැවිලා, කලන්තෙ හැදිලා, හොඳටම පිපාසයෙනුයි ඉන්නේ. ඔහුට කෙනෙක් මෙහෙම කියනවා. 'එම්බා පුරුෂය, මෙන්න ඔබට රසවත් බීමක්! හැබැයි මේකෙ පැහැය නම් ලස්සනයි. සුවඳත් මිහිරියි. ඒ වගේම ප්‍රණීත රසයක් තියෙනවා. භයානක විසකුත් මිශ්‍රවෙලයි තියෙන්නේ. කැමති නම් බොන්න' කියලා.

එතකොට ඒ පෙනුම නිසා, ඒ සුවඳ නිසා, ඒ රසය නිසා, බොන වෙලාවට ගොඩාක් කැමති වේවි. නමුත් ඒක බිව්වට පස්සේ ඒ හේතුව නිසාම ඔබ

මරණයට පත්වේවි. එක්කො මාරාන්තික වේදනා විඳින්නට සිදු වේවි. එතකොට ඔහු ඒ කියමන ගණන් ගන්නේ නෑ. ඒ බීම බොනවා මිස බැහැර කරන්නේ නෑ. ඒ හේතුව නිසාම ඔහු මරණයට පත්වෙනවා. එක්කො මාරාන්තික වේදනා විඳින්නට සිදුවෙනවා.

පින්වත් මහණෙනි, ඔන්න ඔය විදිහමයි. අතීතයේ හිටපු යම්කිසි ශ්‍රමණයන් හෝ බ්‍රාහ්මණයන් ලෝකයෙහි ප්‍රිය ස්වරූප වූ මිහිරි ස්වරූප වූ යමක් ඇත්නම් එය නිත්‍ය වශයෙන් දැක්කා නම්, සැප වශයෙන් දැක්කා නම්, ආත්ම වශයෙන් දැක්කා නම්, ආරෝග්‍ය වශයෙන් දැක්කා නම්, ආරක්ෂිත තැනක් වශයෙන් දැක්කා නම් ඔවුන් වර්ධනය කරගත්තේ තණ්හාවයි. යමෙක් වැඩුවේ තණ්හාව නම් ....(පෙ).... ඔවුන් වැඩුවේ දුකයි. යමෙක් වැඩුවේ දුක නම්, ඔවුන් ඉපදීමෙන්, ජරා මරණයෙන්, සෝකවලින්, වැළපීම් වලින්, කායික දුකින්, මානසික දුකින්, සුසුම් හෙළීම්වලින් නම් නිදහස් වුණේ නෑ. ඔවුන් දුකින් නම් නිදහස් වුණේ නෑ කියලයි මං කියන්නේ.

පින්වත් මහණෙනි, අනාගතයේ පහළ වන්නා වූ යම්කිසි ශ්‍රමණයන් හෝ බ්‍රාහ්මණයන් ලෝකයෙහි ප්‍රිය ස්වරූප වූ මිහිරි ස්වරූප වූ යමක් ඇත්නම් එය නිත්‍ය වශයෙන් දකිනවා නම්, සැප වශයෙන් දකිනවා නම්, ආත්ම වශයෙන් දකිනවා නම්, ආරෝග්‍ය වශයෙන් දකිනවා නම්, ආරක්ෂිත තැනක් වශයෙන් දකිනවා නම් ඔවුන් වර්ධනය කරගන්නේ තණ්හාවයි. යමෙක් වඩන්නේ තණ්හාව නම් ....(පෙ).... ඔවුන් වඩන්නේ දුකයි. යමෙක් වඩන්නේ දුක නම්, ඔවුන් ඉපදීමෙන්, ජරා මරණයෙන්, සෝකවලින්, වැළපීමෙන්, කායික දුකින්, මානසික දුකින්, සුසුම් හෙළීම්වලින් නම් නිදහස් වෙන්නේ නෑ. ඔවුන් දුකින් නම් නිදහස් වෙන්නේ නෑ කියලයි මං කියන්නේ.

පින්වත් මහණෙනි, වර්තමානයේ සිටින්නා වූ යම්කිසි ශ්‍රමණයන් හෝ බ්‍රාහ්මණයන් ලෝකයෙහි ප්‍රිය ස්වරූප වූ මිහිරි ස්වරූප වූ යමක් ඇත්නම් එය නිත්‍ය වශයෙන් දකිනවා නම්, සැප වශයෙන් දකිනවා නම්, ආත්ම වශයෙන් දකිනවා නම්, ආරෝග්‍ය වශයෙන් දකිනවා නම්, ආරක්ෂිත තැනක් වශයෙන් දකිනවා නම් ඔවුන් වර්ධනය කරගන්නේ තණ්හාවයි. යමෙක් වඩන්නේ තණ්හාව නම්....(පෙ).... ඔවුන් වඩන්නේ දුකයි. යමෙක් වඩන්නේ දුක නම්, ඔවුන් ඉපදීමෙන්, ජරා මරණයෙන්, සෝකවලින්, වැළපීමෙන්, කායික දුකින්, මානසික දුකින්, සුසුම් හෙළීම්වලින් නම් නිදහස් වෙන්නේ නෑ. ඔවුන් දුකින් නම් නිදහස් වෙන්නේ නෑ කියලයි මං කියන්නේ.

පින්වත් මහණෙනි, අතීතයේ හිටපු යම්කිසි ශ්‍රමණයන් හෝ බ්‍රාහ්මණයන් ලෝකයෙහි ප්‍රිය ස්වරූප වූ මිහිරි ස්වරූප වූ යමක් ඇත්නම් එය අනිත්‍ය

වශයෙන් දැක්කා නම්, දුක් වශයෙන් දැක්කා නම්, අනාත්ම වශයෙන් දැක්කා නම්, රෝග වශයෙන් දැක්කා නම්, අනාරක්ෂිත තැනක් වශයෙන් දැක්කා නම් ඔවුන් අත්හැර ගත්තේ තණ්හාවයි. යමෙක් අත්හැරියේ තණ්හාව නම් ඔවුන් අත්හැර තිබෙන්නේ කෙලෙස් සහිත කර්මයි. යමෙක් අත්හැරියේ කෙලෙස් සහිත කර්ම නම්, ඔවුන් අත්හැරියේ දුකයි. යමෙක් අත්හැරියේ දුක නම්, ඔවුන් ඉපදීමෙන්, ජරා මරණයෙන්, සෝකවලින්, වැළපීමෙන්, කායික දුකින්, මානසික දුකින්, සුසුම් හෙලීම්වලින් නිදහස් වෙලා ගියා. ඔවුන් දුකින් නිදහස් වෙලා ගියා කියලයි මං කියන්නේ.

පින්වත් මහණෙනි, අනාගතයේ පහළ වන්නා වූ යම්කිසි ශ්‍රමණයන් හෝ බ්‍රාහ්මණයන් ලෝකයෙහි ප්‍රිය ස්වරූප වූ මිහිරි ස්වරූප වූ යමක් ඇත්නම් එය අනිත්‍ය වශයෙන් දකිනවා නම්, දුක් වශයෙන් දකිනවා නම්, අනාත්ම වශයෙන් දකිනවා නම්, රෝග වශයෙන් දකිනවා නම්, අනාරක්ෂිත තැනක් වශයෙන් දකිනවා නම් ඔවුන් අත්හැර ගන්නේ තණ්හාවයි. යමෙක් අත්හැර දමන්නේ තණ්හාව නම් ....(පෙ).... ඔවුන් අත්හැර දමන්නේ දුකයි. යමෙක් අත්හැර දමන්නේ දුක නම්, ඔවුන් ඉපදීමෙන්, ජරා මරණයෙන්, සෝකවලින්, වැළපීමෙන්, කායික දුකින්, මානසික දුකින්, සුසුම් හෙලීම්වලින් නිදහස් වෙලා යනවා. ඔවුන් දුකින් නිදහස් වෙලා යනවා කියලයි මං කියන්නේ.

පින්වත් මහණෙනි, වර්තමානයේ සිටින්නා වූ යම්කිසි ශ්‍රමණයන් හෝ බ්‍රාහ්මණයන් ලෝකයෙහි ප්‍රිය ස්වරූප වූ මිහිරි ස්වරූප වූ යමක් ඇත්නම් එය අනිත්‍ය වශයෙන් දකිනවා නම්, දුක් වශයෙන් දකිනවා නම්, අනාත්ම වශයෙන් දකිනවා නම්, රෝග වශයෙන් දකිනවා නම්, අනාරක්ෂිත තැනක් වශයෙන් දකිනවා නම් ඔවුන් අත්හැර දමන්නේ තණ්හාවයි. යමෙක් අත්හැර දමන්නේ තණ්හාව නම් ....(පෙ).... ඔවුන් අත්හැර දමන්නේ දුකයි. යමෙක් අත්හැර දමන්නේ දුක නම්, ඔවුන් ඉපදීමෙන්, ජරා මරණයෙන්, සෝකවලින්, වැළපීමෙන්, කායික දුකින්, මානසික දුකින්, සුසුම් හෙලීම්වලින් නිදහස් වෙනවා. ඔවුන් දුකින් නිදහස් වෙනවා කියලයි මං කියන්නේ.

පින්වත් මහණෙනි, ඒක මේ වගේ දෙයක්. රසවත් බීමක් තියෙනවා කියලා හිතමු. ඒකෙ පැහැයත් ලස්සනයි. සුවඳත් මිහිරියි. ඒ වගේම ප්‍රණීත රසයක් තියෙනවා. නමුත් ඒ බීමට භයානක විසක් මිශ්‍ර වෙලා තියෙන්නේ. ඔතැනට මනුස්සයෙක් එනවා. ඔහු පැවිල්ලෙන් පීඩා විඳලා, පැවිල්ලෙන්ම තැවිලා, කලන්තේ හැදිලා, හොඳටම පිපාසයෙනුයි ඉන්නේ. ඔහුට කෙනෙක් මෙහෙම කියනවා. 'එම්බා පුරුෂය, මෙන්න ඔබට රසවත් බීමක්! හැබැයි මේකෙ පැහැය නම් ලස්සනයි. සුවඳත් මිහිරියි. ඒ වගේම ප්‍රණීත රසයක් තියෙනවා. භයානක විසකුත් මිශ්‍රවෙලයි තියෙන්නේ. කැමති නම් බොන්න' කියලා.

එතකොට ඒ පෙනුම නිසා, ඒ සුවඳ නිසා, ඒ රසය නිසා, බොන වෙලාවට ගොඩක් කැමති වේවි. නමුත් ඒක බිව්වට පස්සේ ඒ හේතුව නිසාම ඔබ මරණයට පත්වේවි. එක්කො මාරාන්තික වේදනා විඳින්නට සිදුවේවි. එතකොට ඔහු ඒ කියමන හිතට ගන්නවා. මෙහෙම හිතනවා. 'මට මේ සුරා පානයට තියෙන ආශාව ඇල්වතුර බීලා නැති කරගන්න පුළුවන් නෙව. එහෙමත් නැත්නම් මෝරු බීලා හරි නැති කරගන්න පුළුවන් නෙව. ලුණු කැඳෙන් හරි නැති කරගන්න පුළුවන් නෙව. ලුණු කාඩි වතුරෙන් හරි නැති කරගන්න පුළුවන් නෙව. මට බොහෝ කාලයක් අහිත පිණිස, දුක් පිණිස, පවතින දෙයක් මට බොන්න ඕන කමක් නෑ' කියලා. ඒ පුද්ගලයා නුවණින් සළකලා ඒ මධුවිත බොන්නේ නෑ. බැහැර කරනවා. ඒ හේතුව නිසාම ඔහු මැරෙන්නෙත් නෑ. මාරාන්තික දුක් වේදනා විඳින්නෙත් නෑ.

පින්වත් මහණෙනි, ඔන්න ඔය විදිහමයි. අතීතයේ හිටපු යම්කිසි ශ්‍රමණයන් හෝ බ්‍රාහ්මණයන් ලෝකයෙහි ප්‍රිය ස්වරූප වූ මිහිරි ස්වරූප වූ යමක් ඇත්නම් එය අනිත්‍ය වශයෙන් දැක්කා නම්, දුක් වශයෙන් දැක්කා නම්, අනාත්ම වශයෙන් දැක්කා නම්, රෝග වශයෙන් දැක්කා නම්, අනාරක්ෂිත තැනක් වශයෙන් දැක්කා නම් ඔවුන් අත්හැර ගත්තේ තණ්හාවයි. යමෙක් අත්හැරියේ තණ්හාව නම් ....(පෙ).... ඔවුන් අත්හැරියේ දුකයි. යමෙක් අත්හැරියේ දුක නම්, ඔවුන් ඉපදීමෙන්, ජරා මරණයෙන්, සෝකවලින්, වැළපීමෙන්, කායික දුකින්, මානසික දුකින්, සුසුම් හෙලීම්වලින් නිදහස් වෙලා ගියා. ඔවුන් දුකින් නිදහස් වෙලා ගියා කියලයි මං කියන්නේ.

පින්වත් මහණෙනි, අනාගතයේ පහළ වන්නා වූ යම්කිසි ශ්‍රමණයන් හෝ බ්‍රාහ්මණයන් ලෝකයෙහි ප්‍රිය ස්වරූප වූ මිහිරි ස්වරූප වූ යමක් ඇත්නම් එය අනිත්‍ය වශයෙන් දකිනවා නම්, දුක් වශයෙන් දකිනවා නම්, අනාත්ම වශයෙන් දකිනවා නම්, රෝග වශයෙන් දකිනවා නම්, අනාරක්ෂිත තැනක් වශයෙන් දකිනවා නම් ඔවුන් අත්හැර දමන්නේ තණ්හාවයි. යමෙක් අත්හැර දමන්නේ තණ්හාව නම් ....(පෙ).... ඔවුන් අත්හැර දමන්නේ දුකයි. යමෙක් අත්හැර දමන්නේ දුක නම්, ඔවුන් ඉපදීමෙන්, ජරා මරණයෙන්, සෝකවලින්, වැළපීමෙන්, කායික දුකින්, මානසික දුකින්, සුසුම් හෙලීම්වලින් නිදහස් වෙලා යනවා. ඔවුන් දුකින් නිදහස් වෙලා යනවා කියලයි මං කියන්නේ.

පින්වත් මහණෙනි, වර්තමානයේ සිටින්නා වූ යම්කිසි ශ්‍රමණයන් හෝ බ්‍රාහ්මණයන් ලෝකයෙහි ප්‍රිය ස්වරූප වූ මිහිරි ස්වරූප වූ යමක් ඇත්නම් එය අනිත්‍ය වශයෙන් දකිනවා නම්, දුක් වශයෙන් දකිනවා නම්, අනාත්ම වශයෙන් දකිනවා නම්, රෝග වශයෙන් දකිනවා නම්, අනාරක්ෂිත තැනක්

වශයෙන් දකිනවා නම් ඔවුන් අත්හැර දමන්නේ තණ්හාවයි. යමෙක් අත්හැර දමන්නේ තණ්හාව නම් ....(පෙ).... ඔවුන් අත්හැර දමන්නේ දුකයි. යමෙක් අත්හැර දමන්නේ දුක නම්, ඔවුන් ඉපදීමෙන්, ජරා මරණයෙන්, සෝකවලින්, වැළපීමෙන්, කායික දුකින්, මානසික දුකින්, සුසුම් හෙලීම්වලින් නිදහස් වෙනවා. ඔවුන් දුකින් නිදහස් වෙනවා කියලයි මං කියන්නේ.

සාදු! සාදු!! සාදු!!!
සම්මසන සූත්‍රය නිමා විය.

1.7.7.
නළකලාප සූත්‍රය
බට මිටිය ගැන වදාළ දෙසුම

67. ඒ දිනවල ආයුෂ්මත් සාරිපුත්තයන් වහන්සේත් ආයුෂ්මත් මහා කොට්ඨිතයන් වහන්සේත් වැඩසිටියේ බරණැස ඉසිපතන මිගදායේ. එදා ආයුෂ්මත් මහා කොට්ඨිතයන් වහන්සේ සවස් වරුවේ භාවනාවෙන් නැගිටලා ආයුෂ්මත් සාරිපුත්තයන් වහන්සේ ළඟට පැමිණියා. පැමිණිලා ආයුෂ්මත් සාරිපුත්තයන් වහන්සේ සමඟ පිළිසඳර කතාබහේ යෙදුණා. පිළිසඳර කතා බහෙන් පසු එකත්පස්ව වාඩිවුණා. එකත්පස්ව වාඩිවුණ ආයුෂ්මත් මහා කොට්ඨිතයන් වහන්සේ ආයුෂ්මත් සාරිපුත්තයන් වහන්සේගෙන් මෙහෙම ඇහුවා.

"කිමද ප්‍රිය ආයුෂ්මත් සාරිපුත්තයෙනි, ජරා මරණ යනු තමා විසින් කරපු දෙයක්ද? ජරාමරණ යනු අනුන් විසින් කරපු දෙයක්ද? ජරාමරණ යනු තමා විසිනුත් කරපු, අනුන් විසිනුත් කරපු දෙයක්ද? ජරාමරණ යනු තමා විසිනුත් නොකරපු අනුන් විසිනුත් නොකරපු ඉබේ හටගත් දෙයක්ද?"

"ප්‍රිය ආයුෂ්මත් කොට්ඨිත, ජරා මරණ යනු තමා විසින් කරපු දෙයක් ද නොවේ. ජරාමරණ යනු අනුන් විසින් කරපු දෙයක් ද නොවේ. ජරාමරණ යනු තමා විසිනුත් කරපු, අනුන් විසිනුත් කරපු දෙයක් ද නොවේ. ජරාමරණ යනු තමා විසිනුත් නොකරපු අනුන් විසිනුත් නොකරපු ඉබේ හටගත් දෙයකුත් නොවේ. ඇත්තෙන්ම ජරාමරණ හටගන්නේ ඉපදීම හේතු කොට ගෙනයි."

"කිමද ප්‍රිය ආයුෂ්මත් සාරිපුත්තයෙනි, ඉපදීම යනු තමා විසින් කරපු දෙයක්ද? ඉපදීම යනු අනුන් විසින් කරපු දෙයක්ද? ඉපදීම යනු තමා විසිනුත්

කරපු, අනුන් විසිනුත් කරපු දෙයක්ද? ඉපදීම යනු තමා විසිනුත් නොකරපු අනුන් විසිනුත් නොකරපු ඉබේ හටගත් දෙයක්ද?"

"ප්‍රිය ආයුෂ්මත් කොට්ඨිත, ඉපදීම යනු තමා විසින් කරපු දෙයක් ද නොවේ. ඉපදීම යනු අනුන් විසින් කරපු දෙයක් ද නොවේ. ඉපදීම යනු තමා විසිනුත් කරපු, අනුන් විසිනුත් කරපු දෙයක් ද නොවේ. ඉපදීම යනු තමා විසිනුත් නොකරපු අනුන් විසිනුත් නොකරපු ඉබේ හටගත් දෙයකුත් නොවේ. ඇත්තෙන්ම ඉපදීම හටගන්නේ භවය හේතු කොට ගෙනයි."

"කිමද ප්‍රිය ආයුෂ්මත් සාරිපුත්තයෙනි, භවය යනු තමා විසින් කරපු දෙයක්ද? භවය යනු අනුන් විසින් කරපු දෙයක්ද? භවය යනු තමා විසිනුත් කරපු, අනුන් විසිනුත් කරපු දෙයක්ද? භවය යනු තමා විසිනුත් නොකරපු අනුන් විසිනුත් නොකරපු ඉබේ හටගත් දෙයක්ද?"

"ප්‍රිය ආයුෂ්මත් කොට්ඨිත, භවය යනු තමා විසින් කරපු දෙයක් ද නොවේ. භවය යනු අනුන් විසින් කරපු දෙයක් ද නොවේ. භවය යනු තමා විසිනුත් කරපු, අනුන් විසිනුත් කරපු දෙයක් ද නොවේ. භවය යනු තමා විසිනුත් නොකරපු අනුන් විසිනුත් නොකරපු ඉබේ හටගත් දෙයකුත් නොවේ. ඇත්තෙන්ම භවය හටගන්නේ උපාදාන හේතු කොට ගෙනයි."

"කිමද ප්‍රිය ආයුෂ්මත් සාරිපුත්තයෙනි, උපාදාන යනු තමා විසින් කරපු දෙයක්ද? ....(පෙ).... තණ්හාව යනු තමා විසින් කරපු දෙයක්ද? ....(පෙ).... විඳීම යනු තමා විසින් කරපු දෙයක්ද? ....(පෙ).... ස්පර්ශය යනු තමා විසින් කරපු දෙයක්ද? ....(පෙ).... ආයතන හය යනු තමා විසින් කරපු දෙයක්ද? ....(පෙ).... නාමරූප යනු තමා විසින් කරපු දෙයක්ද? නාමරූප යනු අනුන් විසින් කරපු දෙයක්ද? නාමරූප යනු තමා විසිනුත් කරපු, අනුන් විසිනුත් කරපු දෙයක්ද? නාමරූප යනු තමා විසිනුත් නොකරපු අනුන් විසිනුත් නොකරපු ඉබේ හටගත් දෙයක්ද?"

"ප්‍රිය ආයුෂ්මත් කොට්ඨිත, නාමරූප යනු තමා විසින් කරපු දෙයක් ද නොවේ. නාමරූප යනු අනුන් විසින් කරපු දෙයක් ද නොවේ. නාමරූප යනු තමා විසිනුත් කරපු, අනුන් විසිනුත් කරපු දෙයක් ද නොවේ. නාමරූප යනු තමා විසිනුත් නොකරපු අනුන් විසිනුත් නොකරපු ඉබේ හටගත් දෙයකුත් නොවේ. ඇත්තෙන්ම නාමරූප හටගන්නේ විඤ්ඤාණය හේතු කොට ගෙනයි."

"කිමද ප්‍රිය ආයුෂ්මත් සාරිපුත්තයෙනි, විඤ්ඤාණය යනු තමා විසින් කරපු දෙයක්ද? විඤ්ඤාණය යනු අනුන් විසින් කරපු දෙයක්ද? විඤ්ඤාණය

යනු තමා විසිනුත් කරපු, අනුන් විසිනුත් කරපු දෙයක්ද? විඤ්ඤාණය යනු තමා විසිනුත් නොකරපු අනුන් විසිනුත් නොකරපු ඉබේ හටගත් දෙයක්ද?"

"ප්‍රිය ආයුෂ්මත් කොට්ඨිත, විඤ්ඤාණය යනු තමා විසින් කරපු දෙයක් ද නොවේ. විඤ්ඤාණය යනු අනුන් විසින් කරපු දෙයක් ද නොවේ. විඤ්ඤාණය යනු තමා විසිනුත් කරපු, අනුන් විසිනුත් කරපු දෙයක් ද නොවේ. විඤ්ඤාණය යනු තමා විසිනුත් නොකරපු අනුන් විසිනුත් නොකරපු ඉබේ හටගත් දෙයකුත් නොවේ. ඇත්තෙන්ම විඤ්ඤාණය හටගන්නේ නාමරූප හේතු කොට ගෙනයි."

"දැන් ඉතින් ප්‍රිය ආයුෂ්මත් සාරිපුත්තයන්ගේ ප්‍රකාශයට අනුව අපි දන්නේ මෙහෙමයි. 'ප්‍රිය ආයුෂ්මත් කොට්ඨිත, නාමරූප යනු තමා විසින් කරපු දෙයක්ද නොවේ. නාමරූප යනු අනුන් විසින් කරපු දෙයක්ද නොවේ. නාමරූප යනු තමා විසිනුත් කරපු, අනුන් විසිනුත් කරපු දෙයක්ද නොවේ. නාමරූප යනු තමා විසිනුත් නොකරපු අනුන් විසිනුත් නොකරපු ඉබේ හටගත් දෙයකුත් නොවේ. ඇත්තෙන්ම නාමරූප හටගන්නේ විඤ්ඤාණය හේතු කොට ගෙනයි' කියලා.

ඒ වගේම දැන් ඉතින් ප්‍රිය ආයුෂ්මත් සාරිපුත්තයන්ගේ ප්‍රකාශයට අනුව අපි දන්නේ මෙහෙමයි. 'ප්‍රිය ආයුෂ්මත් කොට්ඨිත, විඤ්ඤාණය යනු තමා විසින් කරපු දෙයක්ද නොවේ. විඤ්ඤාණය යනු අනුන් විසින් කරපු දෙයක්ද නොවේ. විඤ්ඤාණය යනු තමා විසිනුත් කරපු, අනුන් විසිනුත් කරපු දෙයක්ද නොවේ. විඤාඤණය යනු තමා විසිනුත් නොකරපු අනුන් විසිනුත් නොකරපු ඉබේ හටගත් දෙයකුත් නොවේ. ඇත්තෙන්ම විඤ්ඤාණය හටගන්නේ නාමරූප හේතු කොට ගෙනයි' කියලා.

ප්‍රිය ආයුෂ්මත් සාරිපුත්තයෙනි, ඔය ප්‍රකාශයේ අර්ථය අපි අවබෝධ කරගත යුත්තේ කොයි ආකාරයෙන්ද?"

"එහෙම නම් ප්‍රිය ආයුෂ්මතුනි, මං මේ ගැන උපමාවක් කියා දෙන්නම්. බුද්ධිමත් කෙනෙකුට මෙහිදී උපමාවකින් පවා යම් ප්‍රකාශයක අර්ථය අවබෝධ කරගන්න පුළුවනි.

ප්‍රිය ආයුෂ්මතුනි, එකිනෙකට හේත්තු කරපු බට මිටි දෙකක් තියෙනවා කියල හිතමු. ප්‍රිය ආයුෂ්මතුනි, නාමරූප හේතු කොට ගෙන විඤ්ඤාණය පවතින්නෙත්, විඤ්ඤාණය හේතු කොටගෙන නාමරූප පවතින්නෙත් ඔන්න ඔය විදිහටමයි. නාමරූප හේතු කොටගෙන ආයතන හය ඇතිවෙනවා. ආයතන හය හේතු කොටගෙන ස්පර්ශය ඇතිවෙනවා. ....(පෙ).... ඔන්න ඔය ආකාරයටයි මේ මුළු මහත් දුක් රැසම හටගන්නේ. ප්‍රිය ආයුෂ්මතුනි, ඒ බට මිටි දෙකෙන්

එකක් ඉවත් කරපු ගමන් අනිත් බට මිටිය වැටෙනවා. අනිත් බට මිටිය ඉවත් කරපු ගමන් ඒ බට මිටිය වැටෙනවා.

ප්‍රිය ආයුෂ්මතුනි, නාමරූප නිරුද්ධ වීමෙන් විඤ්ඤාණය නිරුද්ධ වෙන්නෙත්, විඤ්ඤාණය නිරුද්ධ වීමෙන් නාමරූප නිරුද්ධ වෙන්නෙත් ඔන්න ඔය විදිහටමයි. නාමරූප නිරුද්ධ වීමෙන් ආයතන හය නිරුද්ධ වෙනවා. ආයතන හය නිරුද්ධ වීමෙන් ස්පර්ශය නිරුද්ධ වෙනවා. ....(පෙ).... ඔන්න ඔය විදිහටයි මේ මුළු මහත් දුක් රැසම නිරුද්ධ වෙලා යන්නේ."

"ප්‍රිය ආයුෂ්මත් සාරිපුත්තයෙනි, ආශ්චර්යයි! ප්‍රිය ආයුෂ්මත් සාරිපුත්තයෙනි, අද්භූතයි! ප්‍රිය ආයුෂ්මත් සාරිපුත්තයන් විසින් කොයිතරම් සොඳුරු දෙයක්ද මේ පැවසුවේ. ඉතින් ප්‍රිය ආයුෂ්මත් සාරිපුත්තයන් විසින් ඉතා සොඳුරු ලෙස පවසන ලද මේ ප්‍රකාශය අපි තිස් හය කරුණකින් අනුමෝදන් වෙනවා.

ප්‍රිය ආයුෂ්මත්නි, ඉදින් භික්ෂුව ජරාමරණ ගැන කළකිරීම පිණිසත්, නොඇල්ම පිණිසත්, ඇල්ම නිරුද්ධ වීම පිණිසත් දහම් දෙසනවා නම් අන්න ඒ භික්ෂුව ධර්ම කථික භික්ෂුවක් වශයෙන්ම හඳුන්වන්න පුළුවනි.

ප්‍රිය ආයුෂ්මත්නි, ඉදින් භික්ෂුව ජරාමරණ ගැන කළකිරීම පිණිසත්, නොඇල්ම පිණිසත්, ඇල්ම නිරුද්ධ වීම පිණිසත් ප්‍රතිපත්තියෙහි යෙදෙනවා නම් අන්න ඒ භික්ෂුව ධම්මානුධම්ම පටිපන්න භික්ෂුවක් වශයෙන්ම හඳුන්වන්න පුළුවනි.

ප්‍රිය ආයුෂ්මත්නි, ඉදින් භික්ෂුව ජරාමරණ ගැන කළකිරීමෙන්, නොඇල්මෙන්, ඇල්ම නිරුද්ධ වීමෙන් උපාදාන රහිතව නිදහස් වුණා නම් අන්න ඒ භික්ෂුව මේ ජීවිතයේදීම ඒ අමා නිවන අවබෝධ කළ භික්ෂුවක් වශයෙන්ම හඳුන්වන්න පුළුවනි.

ප්‍රිය ආයුෂ්මත්නි, ඉදින් භික්ෂුව ඉපදීම ගැන ....(පෙ).... භවය ගැන ....(පෙ).... උපාදාන ගැන ....(පෙ).... තණ්හාව ගැන ....(පෙ).... විඳීම ගැන ....(පෙ).... ස්පර්ශය ගැන ....(පෙ).... ආයතන හය ගැන ....(පෙ).... නාමරූප ගැන ....(පෙ).... විඤ්ඤාණය ගැන ....(පෙ).... සංස්කාර ගැන ....(පෙ).... උපාදාන රහිතව නිදහස් වුණා නම් අන්න ඒ භික්ෂුව මේ ජීවිතයේදීම ඒ අමා නිවන අවබෝධ කළ භික්ෂුවක් වශයෙන්ම හඳුන්වන්න පුළුවනි.

ප්‍රිය ආයුෂ්මත්නි, ඉදින් භික්ෂුව අවිද්‍යාව ගැන කළකිරීම පිණිසත්, නොඇල්ම පිණිසත්, ඇල්ම නිරුද්ධ වීම පිණිසත් දහම් දෙසනවා නම් අන්න

ඒ භික්ෂුව ධර්ම කථික භික්ෂුවක් වශයෙන්ම හඳුන්වන්න පුළුවනි.

ප්‍රිය ආයුෂ්මත්නි, ඉදින් භික්ෂුව අවිද්‍යාව ගැන කළකිරීම පිණිසත්, නොඇල්ම පිණිසත්, ඇල්ම නිරුද්ධ වීම පිණිසත් ප්‍රතිපත්තියෙහි යෙදෙනවා නම් අන්න ඒ භික්ෂුව ධම්මානුධම්ම පටිපන්න භික්ෂුවක් වශයෙන්ම හඳුන්වන්න පුළුවනි.

ප්‍රිය ආයුෂ්මත්නි, ඉදින් භික්ෂුව අවිද්‍යාව ගැන කළකිරීමෙන්, නොඇල්මෙන්, ඇල්ම නිරුද්ධ වීමෙන් උපාදාන රහිතව නිදහස් වුණා නම් අන්න ඒ භික්ෂුව මේ ජීවිතයේදීම ඒ අමා නිවන අවබෝධ කළ භික්ෂුවක් වශයෙන්ම හඳුන්වන්න පුළුවනි.”

සාදු! සාදු!! සාදු!!!

නළකලාප සූත්‍රය නිමා විය.

1.7.8.

කෝසම්බිය සූත්‍රය

කොසඹෑ නුවරදී වදාළ දෙසුම

68. ඒ දිනවල ආයුෂ්මත් මූසිල තෙරුන්ද, ආයුෂ්මත් සවිට්ඨ තෙරුන්ද, ආයුෂ්මත් නාරද තෙරුන් ද, ආයුෂ්මත් ආනන්ද තෙරුන්ද වැඩසිටියේ කොසඹෑ නුවර ඝෝෂිතාරාමයේ.

එදා ආයුෂ්මත් සවිට්ඨ තෙරුන් ආයුෂ්මත් මූසිල තෙරුන්ගෙන් මෙහෙම ඇහුවා. “ප්‍රිය ආයුෂ්මත් මූසිල, හුදු ශ්‍රද්ධාවකින් තොරවම, රුචියකින් තොරවම, ඇසූ පමණකින් තොරවම, කරුණු සලකා බැලීම් පමණකින් තොරවම, මතවාදයකට ආ පමණින් තොරවම ඉපදීම හේතු කොට ගෙන ජරාමරණ ඇති වෙන බවට ආයුෂ්මත් මූසිලයන් හට තමා තුළින්ම ඇතිවෙච්ච අවබෝධයක් තියෙනවාද?”

“ප්‍රිය ආයුෂ්මත් සවිට්ඨ, හුදු ශ්‍රද්ධාවකින් තොරවම, රුචියකින් තොරවම, ඇසූ පමණකින් තොරවම, කරුණු සලකා බැලීම් පමණකින් තොරවම, මතවාදයකට ආ පමණින් තොරවම ඉපදීම හේතු කොට ගෙන ජරාමරණ ඇති වෙනවා යන ඔය කාරණය මං දකිනවා. ඒ වගේම මං දන්නවා.”

“ප්‍රිය ආයුෂ්මත් මූසිල, හුදු ශ්‍රද්ධාවකින් තොරවම, රුචියකින් තොරවම,

ඇසූ පමණකින් තොරවම, කරුණු සලකා බැලීම් පමණකින් තොරවම, මතවාදයකට ආ පමණින් තොරවම භවය හේතු කොට ගෙන ඉපදීම ඇති වෙන බවට ....(පෙ).... උපාදාන හේතු කොට ගෙන භවය ඇති වෙන බවට ....(පෙ).... තණ්හාව හේතු කොට ගෙන උපාදාන ඇති වෙන බවට ....(පෙ).... විඳීම හේතු කොට ගෙන තණ්හාව ඇති වෙන බවට ....(පෙ).... ස්පර්ශය හේතු කොට ගෙන විඳීම ඇති වෙන බවට ....(පෙ).... ආයතන හය හේතු කොට ගෙන ස්පර්ශය ඇති වෙන බවට ....(පෙ).... නාමරූප හේතු කොට ගෙන ආයතන හය ඇති වෙන බවට ....(පෙ).... විඤ්ඤාණය හේතු කොට ගෙන නාමරූප ඇති වෙන බවට ....(පෙ).... සංස්කාර හේතු කොට ගෙන විඤ්ඤාණය ඇති වෙන බවට ....(පෙ).... අවිද්‍යාව හේතු කොට ගෙන සංස්කාර ඇති වෙන බවට ආයුෂ්මත් මූසිලයන් හට තමා තුළින්ම ඇතිවෙච්ච අවබෝධයක් තියෙනවාද?"

"ප්‍රිය ආයුෂ්මත් සවිට්ඨ, හුදු ශ්‍රද්ධාවකින් තොරවම, රුචියකින් තොරවම, ඇසූ පමණකින් තොරවම, කරුණු සලකා බැලීම් පමණකින් තොරවම, මතවාදයකට ආ පමණින් තොරවම අවිද්‍යාව හේතු කොට ගෙන සංස්කාර ඇති වෙනවා යන ඔය කාරණය මං දකිනවා. ඒ වගේම මං දන්නවා."

"ප්‍රිය ආයුෂ්මත් මූසිල, හුදු ශ්‍රද්ධාවකින් තොරවම, රුචියකින් තොරවම, ඇසූ පමණකින් තොරවම, කරුණු සලකා බැලීම් පමණකින් තොරවම, මතවාදයකට ආ පමණින් තොරවම ඉපදීම නිරුද්ධ වීමෙන් ජරාමරණ නිරුද්ධ වෙන බවට ආයුෂ්මත් මූසිලයන් හට තමා තුළින්ම ඇතිවෙච්ච අවබෝධයක් තියෙනවද?"

"ප්‍රිය ආයුෂ්මත් සවිට්ඨ, හුදු ශ්‍රද්ධාවකින් තොරවම, රුචියකින් තොරවම, ඇසූ පමණකින් තොරවම, කරුණු සලකා බැලීම් පමණකින් තොරවම, මතවාදයකට ආ පමණින් තොරවම ඉපදීම නිරුද්ධ වීමෙන් ජරා මරණ නිරුද්ධ වෙනවා යන ඔය කාරණය මං දකිනවා. ඒ වගේම මං දන්නවා."

"ප්‍රිය ආයුෂ්මත් මූසිල, හුදු ශ්‍රද්ධාවකින් තොරවම, රුචියකින් තොරවම, ඇසූ පමණකින් තොරවම, කරුණු සලකා බැලීම් පමණකින් තොරවම, මතවාදයකට ආ පමණින් තොරවම භවය නිරුද්ධ වීමෙන් ඉපදීම වෙන බවට ....(පෙ).... උපාදාන නිරුද්ධ වීමෙන් භවය නිරුද්ධ වෙන බවට ....(පෙ).... තණ්හාව නිරුද්ධ වීමෙන් උපාදාන නිරුද්ධ වෙන බවට ....(පෙ).... විඳීම නිරුද්ධ වීමෙන් තණ්හාව නිරුද්ධ වෙන බවට ....(පෙ).... ස්පර්ශය නිරුද්ධ වීමෙන් විඳීම නිරුද්ධ වෙන බවට ....(පෙ).... ආයතන හය නිරුද්ධ වීමෙන් ස්පර්ශය නිරුද්ධ වෙන බවට ....(පෙ).... නාමරූප නිරුද්ධ වීමෙන් ආයතන හය නිරුද්ධ

වෙන බවට ....(පෙ).... විඤ්ඤාණය නිරුද්ධ වීමෙන් නාමරූප නිරුද්ධ වෙන බවට ....(පෙ).... සංස්කාර නිරුද්ධ වීමෙන් විඤ්ඤාණය නිරුද්ධ වෙන බවට ....(පෙ).... අවිද්‍යාව නිරුද්ධ වීමෙන් සංස්කාර නිරුද්ධ වෙන බවට ආයුෂ්මත් මූසිලයන් හට තමා තුළින්ම ඇතිවෙච්ච අවබෝධයක් තියෙනවාද?"

"ප්‍රිය ආයුෂ්මත් සවිට්ඨ, හුදු ශ්‍රද්ධාවකින් තොරවම, රුචියකින් තොරවම, ඇසූ පමණකින් තොරවම, කරුණු සලකා බැලීම් පමණකින් තොරවම, මතවාදයකට ආ පමණින් තොරවම අවිද්‍යාව නිරුද්ධ වීමෙන් සංස්කාර නිරුද්ධ වෙනවා යන ඔය කාරණය මං දකිනවා. ඒ වගේම මං දන්නවා."

"ප්‍රිය ආයුෂ්මත් මූසිල, හුදු ශ්‍රද්ධාවකින් තොරවම, රුචියකින් තොරවම, ඇසූ පමණකින් තොරවම, කරුණු සලකා බැලීම් පමණකින් තොරවම, මතවාදයකට ආ පමණින් තොරවම ඒ අමා නිවන යනු භව නිරෝධයමයි කියලා ආයුෂ්මත් මූසිලයන් හට තමා තුළින්ම ඇතිවෙච්ච අවබෝධයක් තියෙනවද?"

"ප්‍රිය ආයුෂ්මත් සවිට්ඨ, හුදු ශ්‍රද්ධාවකින් තොරවම, රුචියකින් තොරවම, ඇසූ පමණකින් තොරවම, කරුණු සලකා බැලීම් පමණකින් තොරවම, මතවාදයකට ආ පමණින් තොරවම ඒ අමා නිවන යනු භව නිරෝධයමයි යන ඔය කාරණය මං දකිනවා. ඒ වගේම මං දන්නවා."

"එහෙම නම් ප්‍රිය ආයුෂ්මත් මූසිලයන් ක්ෂීණාශ්‍රව වූ රහතන් වහන්සේ නමක් නෙව." එහෙම පවසන කොට ආයුෂ්මත් මූසිල තෙරුන් නිශ්ශබ්ද වුණා.

එතකොට ආයුෂ්මත් නාරද තෙරුන් ආයුෂ්මත් සවිට්ඨ තෙරුන්ට මෙහෙම කිව්වා.

"ප්‍රිය ආයුෂ්මත් සවිට්ඨයෙනි, ඔය ප්‍රශ්නය මගෙන් අසනවාටත් මං කැමතියි. ඒ නිසා ඔය ප්‍රශ්නය මා වෙතිනුත් අසනු මැනැව. මමත් ඔබට උත්තර දෙන්නම්." "ප්‍රිය ආයුෂ්මත් නාරදයන් ද මේ ප්‍රශ්නයට යොමු වේවා. මම ප්‍රිය ආයුෂ්මත් නාරදයන්ගෙන් දූන් මේ ප්‍රශ්නය අසන්නම්. ප්‍රිය ආයුෂ්මත් නාරදයන් ද මෙය විසඳාලුව මැනැව."

"ප්‍රිය ආයුෂ්මත් නාරද, හුදු ශ්‍රද්ධාවකින් තොරවම, රුචියකින් තොරවම, ඇසූ පමණකින් තොරවම, කරුණු සලකා බැලීම් පමණකින් තොරවම, මතවාදයකට ආ පමණින් තොරවම ඉපදීම හේතු කොට ගෙන ජරාමරණ ඇති වෙන බවට ආයුෂ්මත් නාරදයන් හට තමා තුළින්ම ඇතිවෙච්ච අවබෝධයක් තියෙනවද?"

"ප්‍රිය ආයුෂ්මත් සවිට්ඨ, හුදු ශ්‍රද්ධාවකින් තොරවම, රුචියකින් තොරවම, ඇසූ පමණකින් තොරවම, කරුණු සලකා බැලීම් පමණකින් තොරවම, මතවාදයකට ආ පමණින් තොරවම ඉපදීම හේතු කොට ගෙන ජරාමරණ ඇති වෙනවා යන ඔය කාරණය මං දකිනවා. ඒ වගේම මං දන්නවා."

"ප්‍රිය ආයුෂ්මත් නාරද, හුදු ශ්‍රද්ධාවකින් තොරවම, රුචියකින් තොරවම, ඇසූ පමණකින් තොරවම, කරුණු සලකා බැලීම් පමණකින් තොරවම, මතවාදයකට ආ පමණින් තොරවම භවය හේතු කොට ගෙන ඉපදීම ඇති වෙන බවට ....(පෙ).... උපාදාන හේතු කොට ගෙන භවය ඇති වෙන බවට ....(පෙ).... තණ්හාව හේතු කොට ගෙන උපාදාන ඇති වෙන බවට ....(පෙ).... විඳීම හේතු කොට ගෙන තණ්හාව ඇති වෙන බවට ....(පෙ).... ස්පර්ශය හේතු කොට ගෙන විඳීම ඇති වෙන බවට ....(පෙ).... ආයතන හය හේතු කොට ගෙන ස්පර්ශය ඇති වෙන බවට ....(පෙ).... නාමරූප හේතු කොට ගෙන ආයතන හය ඇති වෙන බවට ....(පෙ).... විඤ්ඤාණය හේතු කොට ගෙන නාමරූප ඇති වෙන බවට ....(පෙ).... සංස්කාර හේතු කොට ගෙන විඤ්ඤාණය ඇති වෙන බවට ....(පෙ).... අවිද්‍යාව හේතු කොට ගෙන සංස්කාර ඇති වෙන බවට ආයුෂ්මත් නාරදයන් හට තමා තුළින්ම ඇතිවෙච්ච අවබෝධයක් තියෙනවාද?"

"ප්‍රිය ආයුෂ්මත් සවිට්ඨ, හුදු ශ්‍රද්ධාවකින් තොරවම, රුචියකින් තොරවම, ඇසූ පමණකින් තොරවම, කරුණු සලකා බැලීම් පමණකින් තොරවම, මතවාදයකට ආ පමණින් තොරවම අවිද්‍යාව හේතු කොට ගෙන සංස්කාර ඇති වෙනවා යන ඔය කාරණය මං දකිනවා. ඒ වගේම මං දන්නවා."

"ප්‍රිය ආයුෂ්මත් නාරද, හුදු ශ්‍රද්ධාවකින් තොරවම, රුචියකින් තොරවම, ඇසූ පමණකින් තොරවම, කරුණු සලකා බැලීම් පමණකින් තොරවම, මතවාදයකට ආ පමණින් තොරවම ඉපදීම නිරුද්ධ වීමෙන් ජරාමරණ නිරුද්ධ වෙන බවට ආයුෂ්මත් නාරදයන් හට තමා තුළින්ම ඇතිවෙච්ච අවබෝධයක් තියෙනවද?"

"ප්‍රිය ආයුෂ්මත් සවිට්ඨ, හුදු ශ්‍රද්ධාවකින් තොරවම, රුචියකින් තොරවම, ඇසූ පමණකින් තොරවම, කරුණු සලකා බැලීම් පමණකින් තොරවම, මතවාදයකට ආ පමණින් තොරවම ඉපදීම නිරුද්ධ වීමෙන් ජරා මරණ නිරුද්ධ වෙනවා යන ඔය කාරණය මං දකිනවා. ඒ වගේම මං දන්නවා."

"ප්‍රිය ආයුෂ්මත් නාරද, හුදු ශ්‍රද්ධාවකින් තොරවම, රුචියකින් තොරවම, ඇසූ පමණකින් තොරවම, කරුණු සලකා බැලීම් පමණකින් තොරවම, මතවාදයකට ආ පමණින් තොරවම භවය නිරුද්ධ වීමෙන් ඉපදීම වෙන බවට

....(පෙ).... උපාදාන නිරුද්ධ වීමෙන් භවය නිරුද්ධ වෙන බවට ....(පෙ).... තණ්හාව නිරුද්ධ වීමෙන් උපාදාන නිරුද්ධ වෙන බවට ....(පෙ).... විඳීම නිරුද්ධ වීමෙන් තණ්හාව නිරුද්ධ වෙන බවට ....(පෙ).... ස්පර්ශය නිරුද්ධ වීමෙන් විඳීම නිරුද්ධ වෙන බවට ....(පෙ).... ආයතන හය නිරුද්ධ වීමෙන් ස්පර්ශය නිරුද්ධ වෙන බවට ....(පෙ).... නාමරූප නිරුද්ධ වීමෙන් ආයතන හය නිරුද්ධ වෙන බවට ....(පෙ).... විඤ්ඤාණය නිරුද්ධ වීමෙන් නාමරූප නිරුද්ධ වෙන බවට ....(පෙ).... සංස්කාර නිරුද්ධ වීමෙන් විඤ්ඤාණය නිරුද්ධ වෙන බවට ....(පෙ).... අවිද්‍යාව නිරුද්ධ වීමෙන් සංස්කාර නිරුද්ධ වෙන බවට ආයුෂ්මත් නාරදයන් හට තමා තුළින්ම ඇතිවෙච්ච අවබෝධයක් තියෙනවාද?"

"ප්‍රිය ආයුෂ්මත් සවිට්ඨ, හුදු ශ්‍රද්ධාවකින් තොරවම, රුචියකින් තොරවම, ඇසූ පමණකින් තොරවම, කරුණු සලකා බැලීම් පමණකින් තොරවම, මතවාදයකට ආ පමණින් තොරවම අවිද්‍යාව නිරුද්ධ වීමෙන් සංස්කාර නිරුද්ධ වෙනවා යන ඔය කාරණය මං දකිනවා. ඒ වගේම මං දන්නවා."

"ප්‍රිය ආයුෂ්මත් නාරද, හුදු ශ්‍රද්ධාවකින් තොරවම, රුචියකින් තොරවම, ඇසූ පමණකින් තොරවම, කරුණු සලකා බැලීම් පමණකින් තොරවම, මතවාදයකට ආ පමණින් තොරවම ඒ අමා නිවන යනු භව නිරෝධයමයි කියලා ආයුෂ්මත් නාරදයන් හට තමා තුළින්ම ඇතිවෙච්ච අවබෝධයක් තියෙනවද?"

"ප්‍රිය ආයුෂ්මත් සවිට්ඨ, හුදු ශ්‍රද්ධාවකින් තොරවම, රුචියකින් තොරවම, ඇසූ පමණකින් තොරවම, කරුණු සලකා බැලීම් පමණකින් තොරවම, මතවාදයකට ආ පමණින් තොරවම ඒ අමා නිවන යනු භව නිරෝධයමයි කියන ඔය කාරණය මං දකිනවා. ඒ වගේම මං දන්නවා."

"එහෙම නම් ප්‍රිය ආයුෂ්මත් නාරදයන් ක්ෂීණාශ්‍රව වූ රහතන් වහන්සේ නමක් නෙව."

"ප්‍රිය ආයුෂ්මත්නි, ඒ අමා නිවන යනු භව නිරෝධමයි කියන ඔය කාරණය දියුණු කරපු ප්‍රඥාවෙන් මනා කොට අවබෝධ වෙලයි තියෙන්නේ. නමුත් මං තාවම ක්ෂීණාශ්‍රව වූ රහතන් වහන්සේ නමක් නොවෙයි.

ප්‍රිය ආයුෂ්මත්නි, ඒක මේ වගේ දෙයක්. කාන්තාර මාර්ගයක ළිඳක් තියෙනවා කියල හිතමු. නමුත් වතුර ගන්න ලණුවක් වත් භාජනයක් වත් නෑ. ඔතනට මනුස්සයෙක් එනවා. ඔහු පැවිල්ලට අහුවෙලා, පැවිල්ලෙන් පීඩා විඳ විඳ, කලන්තෙ හැදිලා, පිපාසයෙන් පෙළෙමින් ඉන්නේ. ඔහු හොඳට ළං වෙලා ළිඳ ඇතුළ බලනවා. මේ තියෙන්නේ වතුර කියලා ඔහුට අවබෝධයක් ඇතිවෙනවා. නමුත් ඒ වතුර කයෙන් ස්පර්ශ කරලා නෑ.

ප්‍රිය ආයුෂ්මතුනි, ඔන්න ඔය විදිහමයි. ඒ අමා නිවන යනු භව නිරෝධමයි කියන ඔය කාරණය දියුණු කරපු ප්‍රඥාවෙන් මනා කොට අවබෝධ වෙලයි තියෙන්නේ. නමුත් මං තවම ක්ෂීණාශ්‍රව වූ රහතන් වහන්සේ නමක් නොවෙයි.

එසේ පැවසූ විට ආයුෂ්මත් ආනන්ද තෙරුන් ආයුෂ්මත් සවිට්ඨ තෙරුන්ගෙන් මෙහෙම ඇහුවා. "ප්‍රිය ආයුෂ්මත් සවිට්ඨයෙනි, ඔය විදිහට කියන ඔබ ආයුෂ්මත් නාරදයන් ගැන මොකක්ද කියන්නේ?" "ප්‍රිය ආයුෂ්මත් ආනන්දයෙනි, එහෙම කියන මම ප්‍රිය ආයුෂ්මත් නාරදයන් ගැන යහපත මිස, කුසලය මිස වෙන මොකවත් කියන්නේ නෑ."

සාදු! සාදු!! සාදු!!!
කෝසම්බිය සූත්‍රය නිමා විය.

1.7.9.
උපයන්ති සූත්‍රය
පිරී ඉතිරී යාම ගැන වදාළ දෙසුම

69. සැවැත් නුවරදී ....

පින්වත් මහණෙනි, මහ මුහුද පිරී ඉතිරී යන කොට මහා ගංගා පිරී ඉතිරී යනවා. මහා ගංගා පිරී ඉතිරී යන කොට අතු ගංගා පිරී ඉතිරී යනවා. අතු ගංගා පිරී ඉතිරී යන කොට මහා ජලාශ පිරී ඉතිරී යනවා. මහා ජලාශ පිරී ඉතිරී යන කොට කුඩා ජලාශ පිරී ඉතිරී යනවා.

පින්වත් මහණෙනි, ඔන්න ඔය විදිහමයි. අවිද්‍යාව වැඩීගෙන යන කොට සංස්කාර වැඩෙනවා. සංස්කාර වැඩීගෙන යන කොට විඤ්ඤාණය වැඩෙනවා. විඤ්ඤාණය වැඩීගෙන යන කොට නාමරූප වැඩෙනවා. නාමරූප වැඩීගෙන යන කොට ආයතන හය වැඩෙනවා. ආයතන හය වැඩීගෙන යන කොට ස්පර්ශය වැඩෙනවා. ස්පර්ශය වැඩීගෙන යන කොට විඳීම වැඩෙනවා. විඳීම වැඩීගෙන යන කොට තණ්හාව වැඩෙනවා. තණ්හාව වැඩීගෙන යනකොට උපාදාන වැඩෙනවා. උපාදාන වැඩීගෙන යන කොට භවය වැඩෙනවා. භවය වැඩීගෙන යන කොට ඉපදීම වැඩෙනවා. ඉපදීම වැඩීගෙන යන කොට ජරාමරණ වැඩෙනවා.

පින්වත් මහණෙනි, මහ මුහුද බැස යන කොට මහා ගංගා බැස යනවා. මහා ගංගා බැස යන කොට අතු ගංගා බැස යනවා. අතු ගංගා බැස යන

කොට මහා ජලාශ බැස යනවා. මහා ජලාශ බැස යන කොට කුඩා ජලාශ බැස යනවා.

පින්වත් මහණෙනි, ඔන්න ඔය විදිහමයි. අවිද්‍යාව බැහැර වෙන කොට සංස්කාර බැහැර වෙනවා. සංස්කාර බැහැර වෙන කොට විඤ්ඤාණය බැහැර වෙනවා. විඤ්ඤාණය බැහැර වෙන කොට නාමරූප බැහැර වෙනවා. නාමරූප බැහැර වෙන කොට ආයතන හය බැහැර වෙනවා. ආයතන හය බැහැර වෙන කොට ස්පර්ශය බැහැර වෙනවා. ස්පර්ශය බැහැර වෙන කොට විඳීම බැහැර වෙනවා. විඳීම බැහැර වෙන කොට තණ්හාව බැහැර වෙනවා. තණ්හාව බැහැර වෙන කොට උපාදාන බැහැර වෙනවා. උපාදාන බැහැර වෙන කොට භවය බැහැර වෙනවා. භවය බැහැර වෙන කොට ඉපදීම බැහැර වෙනවා. ඉපදීම බැහැර වෙන කොට ජරාමරණ බැහැර වෙනවා.

සාදු! සාදු!! සාදු!!!
උපයන්ති සූත්‍රය නිමා විය.

1.7.10.
සුසීම සූත්‍රය
සුසීම තෙරුන්ට වදාළ දෙසුම

70. මා හට අසන්නට ලැබුණේ මේ විදිහටයි. ඒ දිනවල භාග්‍යවතුන් වහන්සේ වැඩසිටියේ රජගහ නුවර ලෙහෙනුන්ගේ අභයභූමිය වූ වේළුවනාරාමයේ. ඒ කාලයේ භාග්‍යවතුන් වහන්සේට බොහෝ ලාභ සත්කාර ලැබුණා. ගෞරවාදර ලැබුණා. ගරු බුහුමන් ලැබුණා. වැඳුම් පිදුම් ලැබුණා. යටහත් පහත්කම් ලැබුණා. ඒ වගේම සිවුරු පිණ්ඩපාත සේනාසන ගිලන්පස ලැබුණා. භික්ෂු සංඝයා වහන්සේටත් බොහෝ ලාභ සත්කාර ලැබුණා. ගෞරවාදර ලැබුණා. ගරු බුහුමන් ලැබුණා. වැඳුම් පිදුම් ලැබුණා. යටහත් පහත්කම් ලැබුණා. ඒ වගේම සිවුරු පිණ්ඩපාත සේනාසන ගිලන්පස ලැබුණා.

නමුත් අන්‍යාගම්කාර තාපසාදීන්ට ලාභ සත්කාර ලැබුණේ නෑ. ගෞරවාදර ලැබුණේ නෑ. ගරු බුහුමන් ලැබුණේ නෑ. වැඳුම් පිදුම් ලැබුණේ නෑ. යටහත් පහත්කම් ලැබුණේ නෑ. ඒ වගේම සිවුරු පිණ්ඩපාත සේනාසන ගිලන්පස ලැබුණේ නෑ.

ඒ කාලයේ සුසීම කියන තාපසයත් විශාල තාපස පිරිසක් සමඟ රජගහ

නුවරමයි හිටියේ. එතකොට සුසීම තවුසාගේ පිරිස සුසීම තවුසාට මෙහෙම කිව්වා. "ආයුෂ්මත් සුසීමයෙනි, මෙහෙ එන්න. දැන් ඔබ ශ්‍රමණ ගෞතමයන් ළඟ මහණ වෙන්න ඕන. ඊට පස්සේ ඔබ එතැනින් ධර්මය ඉගෙන ගෙන ඇවිත් අපිට උගන්වන්න. එතකොට අපි ඒ ධර්මය ඉගෙන ගෙන ගිහියන්ට බණ කියමු. එතකොට අපිත් බොහෝ ලාභසත්කාර ලබමු. ගෞරවාදර ලබමු. ගරු බුහුමන් ලබමු. වැඳුම් පිදුම් ලබමු. යටහත් පහත්කම් ලබමු. ඒ වගේම සිවුරු පිණ්ඩපාත සේනාසන ගිලන්පස ලබමු." "එසේය, ආයුෂ්මතුනි" කියලා සිය පිරිසට පිළිතුරු දීපු සුසීම තවුසා ආයුෂ්මත් ආනන්ද තෙරුන් ළඟට ගියා. ගිහින් ආයුෂ්මත් ආනන්ද තෙරුන් සමඟ පිළිසඳර කතාබහේ යෙදුණා. පිළිසඳර කතාබහේ යෙදිලා එකත්පස්ව වාඩිවුණා. එකත්පස්ව වාඩිවුණ සුසීම තවුසා ආයුෂ්මත් ආනන්ද තෙරුන්ට මෙහෙම කිව්වා. "ප්‍රිය ආයුෂ්මත් ආනන්දයන් වහන්ස, මමත් ඔය ශාසනය තුළ ධර්ම විනයේ හැසිරෙන්නට හරිම කැමතියි" කිව්වා.

එතකොට ආයුෂ්මත් ආනන්ද තෙරුන් සුසීම තවුසාත් කැටුව භාග්‍යවතුන් වහන්සේ ළඟට පැමිණියා. පැමිණිලා භාග්‍යවතුන් වහන්සේට වන්දනා කරලා එකත්පස්ව වාඩිවුණා. එකත්පස්ව වාඩිවුණ ආයුෂ්මත් ආනන්ද තෙරුන් භාග්‍යවතුන් වහන්සේට මෙහෙම කිව්වා. "ස්වාමීනී, මේ සුසීම තවුසා මෙහෙම කියනවා. 'ප්‍රිය ආයුෂ්මත් ආනන්දයන් වහන්ස, මමත් ඔය ශාසනය තුළ ධර්ම විනයේ හැසිරෙන්නට හරිම කැමතියි' කියලා." "එහෙම නම් පින්වත් ආනන්ද, ඔය සුසීමව පැවිදි කරන්න" ඉතින් සුසීම තවුසා භාග්‍යවතුන් වහන්සේ ළඟ පැවිදි වුණා. උපසම්පදා වුණා.

ඒ කාලයේ බොහෝ භික්ෂූන් වහන්සේලා භාග්‍යවතුන් වහන්සේ වෙත පැමිණ අරහත්වය ප්‍රකාශ කරනවා. 'ඉපදීම ක්ෂය වුණා. බඹසර වාසය සම්පූර්ණ කළා. කළ යුතු දේ කළා. ආයෙමත් නිවන පිණිස යළි කළ යුතු දෙයක් නැතැ'යි කියලා. ඉතින් ආයුෂ්මත් සුසීමයන්ට ද බොහෝ භික්ෂූන් වහන්සේලා භාග්‍යවතුන් වහන්සේ සමීපයේ 'ඉපදීම ක්ෂය වුණා, බඹසර වාසය සම්පූර්ණ කළා, කළ යුතු දේ කළා, ආයෙමත් නිවන පිණිස යළි කළ යුතු දෙයක් නැතැ'යි කියලා අරහත්වය ප්‍රකාශ කිරීම අසන්නට ලැබුණා.

එතකොට ආයුෂ්මත් සුසීමයන් ඒ භික්ෂූන් ළඟට ගියා. ගිහින් ඒ භික්ෂූන් සමඟ පිළිසඳර කතාබහේ යෙදුණා. පිළිසඳර කතාබහෙන් පසු එකත්පස්ව වාඩි වුණා. එකත්පස්ව වාඩිවුණ ආයුෂ්මත් සුසීමයන් ඒ භික්ෂූන්ගෙන් මෙහෙම අහනවා. "ප්‍රිය ආයුෂ්මතුන් වහන්සේලා භාග්‍යවතුන් වහන්සේ සමීපයේ 'ඉපදීම ක්ෂය වුණා. බඹසර වාසය සම්පූර්ණ කළා. කළ යුතු දේ කළා. ආයෙමත් නිවන

පිණිස යළි කළ යුතු දෙයක් නැතැ'යි කියලා අරහත්වය ප්‍රකාශ කළා නෙව. ඒක ඇත්තක්ද?" "එසේය, ප්‍රිය ආයුෂ්මතුනි"

"එහෙම නම් ඔය ආයුෂ්මතුන් වහන්සේලා ඔය විදිහට දන්නවා නම්, ඔය විදිහට දකිනවා නම් නොයෙක් ආකාර වූ ඍද්ධි බලයනුත් ලබල ඇති නේද? ඒ කියන්නේ එක්කෙනෙක්ව ඉඳගෙන බොහෝ දෙනෙක් වගේ පෙනී හිටින්න පුළුවන්ද? බොහෝ දෙනෙක්ව ඉඳගෙන එක්කෙනෙක් වගේ පෙනී හිටින්න පුළුවන්ද? පෙනිලාත් නොපෙනිලාත් බිත්ති හරහට පවුරු හරහට ඒවායේ වැදෙන්නේ නැතුව ආකාසේ යනවා වගේ යන්න පුළුවන්ද? මහ පොළොවෙත් වතුරේ ගිලෙනවා මතුවෙනවා වගේ කිමිදෙන්න පුළුවන්ද? කුරුල්ලෙක් ඉගිලෙනවා වගේ පළඟක් බැඳගෙන අහසින් යන්න පුළුවන්ද? මේ සා මහානුභාව සම්පන්න ඉරත්, හඳත් අතින් පිරිමදින්න පුළුවන්ද? බ්‍රහ්ම ලෝකය දක්වාම මේ කයෙන් අධිපති භාවයක් පවත්වන්නට පුළුවන්ද?" "අනේ නෑ! ප්‍රිය ආයුෂ්මතුනි."

"එහෙම නම් ඔය ආයුෂ්මතුන් වහන්සේලා ඔය විදිහට දන්නවා නම්, ඔය විදිහට දකිනවා නම්, මිනිස් හැකියාව ඉක්මවා ගිය දිව්‍ය ශ්‍රවණය මගින් දුර වූත්, ළඟ වූත් දිව්‍ය මනුෂ්‍ය ශබ්ද අසන්නට පුළුවන්ද?" "අනේ නෑ! ප්‍රිය ආයුෂ්මතුනි."

"එහෙම නම් ඔය ආයුෂ්මතුන් වහන්සේලා ඔය විදිහට දන්නවා නම්, ඔය විදිහට දකිනවා නම් අනිත් සත්වයන්ගේ අනිත් උදවියගේ සිත විනිවිද දකිනවා ඇති නේද? ඒ කියන්නේ සරාගී සිත සරාගී සිතක්ය කියලා දන්නවා නේද? විරාගී සිත විරාගී සිතක්ය කියලා දන්නවා නේද? ද්වේෂ සහිත සිත ද්වේෂ සහිත සිතක්ය කියලා දන්නවා නේද? මෝහ සහිත සිත මෝහ සහිත සිතක්ය කියලා දන්නවා නේද? මෝහ රහිත සිත මෝහ රහිත සිතක්ය කියලා දන්නවා නේද? හැකිලුන සිත හැකිලුන සිතක්ය කියලා දන්නවා නේද? විසිරුණු සිත විසිරුණු සිතක්ය කියලා දන්නව නේද? ධ්‍යාන සහිත සිත ධ්‍යාන සහිත සිතක්ය කියලා දන්නවා නේද? ධ්‍යාන රහිත සිත ධ්‍යාන රහිත සිතක්ය කියලා දන්නවා නේද? ශ්‍රේෂ්ඨ සිත ශ්‍රේෂ්ඨ සිතක්ය කියලා දන්නවා නේද? උසස් සිත උසස් සිතක්ය කියලා දන්නවා නේද? වඩාත් උසස් සිත වඩාත් උසස් සිතක්ය කියලා දන්නවා නේද? සමාහිත සිත සමාහිත සිතක්ය කියලා දන්නවා නේද? අසමාහිත සිත අසමාහිත සිතක්ය කියලා දන්නවා නේද? විමුක්තියට පත් සිත විමුක්තියට පත් සිතක්ය කියලා දන්නවා නේද? විමුක්තියට පත් නොවුණ සිත විමුක්තියට පත් නොවුණ සිතක්ය කියලා දන්නවා නේද?" "අනේ නෑ! ප්‍රිය ආයුෂ්මතුනි."

"එහෙම නම් ඔය ආයුෂ්මතුන් වහන්සේලා ඔය විදිහට දන්නවා නම්, ඔය විදිහට දකිනවා නම් නොයෙක් ආකාර වූ කලින් ගත කරපු ජීවිත ගැන සිහි කරන්න පුළුවන් ඇති නේද? ඒ කියන්නේ, එක ජීවිතයක්, ජීවිත දෙකක්, ජීවිත තුනක්, ජීවිත හතරක්, ජීවිත පහක්, ජීවිත දහයක්, ජීවිත විස්සක්, ජීවිත තිහක්, ජීවිත හතළිහක්, ජීවිත පනහක්, ජීවිත සියයක්, ජීවිත දහසක්, ජීවිත ලක්ෂයක්, නොයෙක් ආකාර වූ වැනසීගෙන යන කල්පත්, නොයෙක් ආකාර වූ වැඩීගෙන යන කල්පත්, නොයෙක් ආකාර වූ වැනැසී ගෙන යන්නා වූද, වැඩෙන්නා වූද කල්පයන් ගැන සිහි කරන්නට පුළුවන් නේද? ඒ කාලෙ මගේ නම මේකයි, මගේ කුලය මේකයි, මගේ හැඩරුව මෙහෙමයි, මේවා තමයි කෑවෙ බිව්වේ. සැප දුක් වින්දේ මෙහෙමයි. මැරිල ගියේ මෙහෙමයි. එතැනින් චුත වෙලා අසවල් තැන උපන්නා. එතකොට ඒ කාලෙ මගේ නම මේකයි. මගේ කුලය මේකයි. මගේ හැඩරුව මෙහෙමයි. මේවා තමයි කෑවෙ, බිව්වේ. සැප දුක් වින්දේ මෙහෙමයි. මැරිල ගියේ මෙහෙමයි. එතැනින් චුත වෙලා මෙතැන උපන්නා කියලා කරුණු සහිතව වැටහීම් සහිතව නොයෙක් ආකාරයෙන් කලින් ගත කරපු ජීවිත ගැන සිහි කරන්න පුළුවන් නේද?" "අනේ නෑ! ප්‍රිය ආයුෂ්මතුනි."

"එහෙම නම් ඔය ආයුෂ්මතුන් වහන්සේලා ඔය විදිහට දන්නවා නම්, ඔය විදිහට දකිනවා නම් මිනිස් දර්ශන පථය ඉක්මවා ගිය දිවැස් නුවණින්, චුත වෙන උපදින සත්වයන්ව දකින්නට පුළුවන් නේද? පහත් වූත්, උසස් වූත්, ලස්සන වූත්, කැත වූත්, යහපත් ගති ඇත්තා වූත්, අයහපත් ගති ඇත්තා වූත්, කර්මානුරූපව ගමනක් යන සත්වයන්ව දකින්නට පුළුවන් නේද? ඒකාන්තයෙන්ම මේ සත්වයන් කයින් පව් කරගෙන, වචනයෙන් පව් කරගෙන, මනසින් පව් කරගෙන ආර්යයන් වහන්සේලාට අපහාස කරලා, මිත්‍යා දෘෂ්ටික වෙලා, මිත්‍යා දෘෂ්ටික වැඩපිළිවෙලක යෙදිලා කය බිඳී මරණයට පත්වෙලා සැප රහිත වූ නපුරු ගති ඇති යටට වැටෙන නරකාදියේ ඉපදිලා ඉන්නවා නෙව. ඒකාන්තයෙන්ම මේ සත්වයන් කයින් පින් කරගෙන, වචනයෙන් පින් කරගෙන, මනසින් පින් කරගෙන, ආර්යයන් වහන්සේලාට උපස්ථාන කරලා, සම්‍යක් දෘෂ්ටික වෙලා, සම්‍යක් දෘෂ්ටික වැඩපිළිවෙලක යෙදිලා කය බිඳී මරණයට පත්වෙලා සුන්දර ගති ඇති සුගතියේ ඉපදිලා ඉන්නවා නෙව කියලා ඔය විදිහට මිනිස් දර්ශන පථය ඉක්මවා ගිය දිවැස් නුවණින් චුත වෙන උපදින සත්වයන්ව දකින්නට පුළුවන් නේද? පහත් වූත්, උසස් වූත් ලස්සන වූත්, කැත වූත් යහපත් ගති ඇත්තා වූත් අයහපත් ගති ඇත්තා වූත් කර්මානුරූපව ගමනක් යන සත්වයන්ව දකින්නට පුළුවන් නේද?" "අනේ නෑ! ප්‍රිය ආයුෂ්මතුනි."

"එහෙම නම් ඔය ආයුෂ්මතුන් වහන්සේලා ඔය විදිහට දන්නවා නම්, ඔය විදිහට දකිනවා නම් රූප ධ්‍යාන ඉක්මවා ගිය අරූපී වූ ශාන්ත විමෝක්ෂයක් වේ නම් අන්න ඒ සමාධීන් ඔබ විසින් කයින් ස්පර්ශ කරගෙන ද ඉන්නේ?" "අනේ නෑ! ප්‍රිය ආයුෂ්මතුනි."

"එහෙම නම් දැන් ඔය ආයුෂ්මතුන් වහන්සේලා කියපු මේ කාරණයට අනුව ඔය තත්ව එකක්වත් ඇති කරගෙන නෑ. එතකොට ප්‍රිය ආයුෂ්මතුනි, ඕක කොහොමද වුණේ?" "ප්‍රිය ආයුෂ්මත් සුසීම, අපි කවුරුත් ප්‍රඥා විමුක්ත උදවියයි." "අනේ ප්‍රිය ආයුෂ්මතුනි, ඔබවහන්සේලා ඔය කෙටියෙන් කියපු කාරණාවේ අර්ථය විස්තර වශයෙන් මට තේරෙන්නේ නෑ. මට ඔය ආයුෂ්මතුන් වහන්සේලා කෙටියෙන් පැවසූ කාරණාවේ අර්ථය විස්තර වශයෙන් දැනගැනීම පිණිස ආයුෂ්මතුන් වහන්සේලා අනේ ඒ විදිහට කියා දෙනු මැනැව." "ප්‍රිය ආයුෂ්මත් සුසීම, ඔබ තේරුම් ගත්තා හෝ වේවා, ඔබ තේරුම් නොගත්තා හෝ වේවා කොහොම වුණත් අපි ප්‍රඥා විමුක්ත උදවියයි."

එතකොට ආයුෂ්මත් සුසීමයන් අසුනෙන් නැගිටලා භාග්‍යවතුන් වහන්සේ වෙත ගියා. ගිහින් භාග්‍යවතුන් වහන්සේට වන්දනා කරලා එකත්පස්ව වාඩිවුණා. එකත්පස්ව වාඩිවුණු ආයුෂ්මත් සුසීමයන් ඒ භික්ෂූන් සමග යම්තාක් කතා බහ කළා නම්, ඒ සියල්ලම භාග්‍යවතුන් වහන්සේට සැළ කළා.

"පින්වත් සුසීම, ඉස්සෙල්ලාම ඇතිවෙන්නේ ධම්මට්ඨිති ඤාණයයි. ඊට පස්සේ තමයි නිවන අවබෝධ වෙන්නේ." "ස්වාමීනී, භාග්‍යවතුන් වහන්සේ විසින් ඔය කෙටියෙන් පවසා වදාළ කාරණාවේ අර්ථය විස්තර වශයෙන් මට තේරෙන්නේ නෑ. මට ඔය භාග්‍යවතුන් වහන්සේ කෙටියෙන් පවසා වදාළ කාරණාවේ අර්ථය විස්තර වශයෙන් දැනගැනීම පිණිස භාග්‍යවතුන් වහන්සේ අනේ ඒ විදිහට කියා දෙන සේක්වා!"

"පින්වත් සුසීම, ඔබ තේරුම් ගත්තා හෝ වේවා, ඔබ තේරුම් නොගත්තා හෝ වේවා කොහොම වුණත් ඉස්සෙල්ලාම ඇතිවෙන්නේ ධම්මට්ඨිති ඤාණයයි. ඊට පස්සේ තමයි නිවන අවබෝධ වෙන්නේ.

පින්වත් සුසීම, මේ ගැන ඔබ මොකක්ද හිතන්නේ? රූපය නිත්‍යයයිද? අනිත්‍යයිද?" "ස්වාමීනී, අනිත්‍යයි." "යමක් අනිත්‍ය නම්, ඒක දුකක්ද? නැත්නම් සැපක්ද?" "ස්වාමීනී, දුකයි." "යමක් අනිත්‍ය නම්, දුක නම්, වෙනස් වෙන ස්වභාවයට අයිති නම්, ඒ දෙය 'මේක මගේ, මේ තමයි මම, මේ තමයි මගේ ආත්මය' කියලා මුළාවෙන් ගන්න එක හරිද?" "අනේ ස්වාමීනී, ඒක වැරදියි."

"වේදනාව නිත්‍යද? අනිත්‍යද?" "ස්වාමීනී, අනිත්‍යයි." ....(පෙ).... "සඤ්ඤාව නිත්‍යද? අනිත්‍යද?" "ස්වාමීනී, අනිත්‍යයි." ....(පෙ).... "සංස්කාර නිත්‍යද? අනිත්‍යද?" "ස්වාමීනී, අනිත්‍යයි." ....(පෙ).... "විඤ්ඤාණය නිත්‍යද? අනිත්‍යද?" "ස්වාමීනී, අනිත්‍යයි." "යමක් අනිත්‍ය නම්, ඒක දුකක්ද? නැත්නම් සැපක්ද?" "ස්වාමීනී, දුකයි." "යමක් අනිත්‍ය නම්, දුක නම්, වෙනස් වෙන ස්වභාවයට අයිති නම්, ඒ දෙය 'මේක මගේ, මේ තමයි මම, මේ තමයි මගේ ආත්මය' කියලා මුළාවෙන් ගන්න එක හරිද?" "අනේ ස්වාමීනී, ඒක වැරදියි."

"එහෙම නම් පින්වත් සුසීම, අතීත අනාගත වර්තමාන වූ යම්කිසි රූපයක් ඇත්නම්, තමා තුළ වේවා, බාහිර හෝ වේවා, ගොරෝසු හෝ වේවා, සියුම් හෝ වේවා, පහත් හෝ වේවා, උසස් හෝ වේවා, දුර හෝ වේවා, ළඟ හෝ වේවා, ඒ සියලු රූප 'මේක මගේ දෙයක් නොවෙයි. මේ මම නම් නොවෙයි. මේක මගේ ආත්මය නොවෙයි' කියලා දියුණු කරපු ප්‍රඥාවෙන් අවබෝධ කරගන්න ඕන.

අතීත අනාගත වර්තමාන වූ යම්කිසි වේදනාවක් ඇත්නම් ....(පෙ).... අතීත අනාගත වර්තමාන වූ යම්කිසි සඤ්ඤාවක් ඇත්නම් ....(පෙ).... අතීත අනාගත වර්තමාන වූ යම්කිසි සංස්කාර ඇත්නම් ....(පෙ).... අතීත අනාගත වර්තමාන වූ යම්කිසි විඤ්ඤාණයක් ඇත්නම් තමා තුළ වේවා, බාහිර හෝ වේවා, ගොරෝසු හෝ වේවා, සියුම් හෝ වේවා, පහත් හෝ වේවා, උසස් හෝ වේවා, දුර හෝ වේවා, ළඟ හෝ වේවා, ඒ සියලු විඤ්ඤාණ 'මේක මගේ දෙයක් නොවෙයි. මේ මම නම් නොවෙයි. මේක මගේ ආත්මය නොවෙයි' කියලා දියුණු කරපු ප්‍රඥාවෙන් අවබෝධ කරගන්න ඕන.

පින්වත් සුසීම, ඔය විදිහට දකින ශ්‍රැතවත් ආර්ය ශ්‍රාවකයා රූපය ගැනත් අවබෝධයෙන්ම කළකිරෙනවා. වේදනාව ගැනත් අවබෝධයෙන්ම කළකිරෙනවා. සඤ්ඤාව ගැනත් අවබෝධයෙන්ම කළකිරෙනවා. සංස්කාර ගැනත් අවබෝධයෙන්ම කළකිරෙනවා. විඤ්ඤාණය ගැනත් අවබෝධයෙන්ම කළකිරෙනවා. කළකිරීම නිසා නොඇලී යනවා. නොඇලීම නිසා නිදහස් වෙනවා. නිදහස් වුණ විට මං දැන් නිදහස් කියලා අවබෝධයෙන්ම දන්නවා. ඉපදීම ක්ෂය වුණා. බඹසර වාසය සම්පූර්ණ කළා. කළ යුතු දේ කළා. ආයෙමත් නිවන පිණිස යළි කළ යුතු දෙයක් නැතැයි කියලා අවබෝධ වෙනවා.

පින්වත් සුසීම, ජරාමරණ තියෙන්නේ ඉපදීම හේතු කොටගෙන බව දකිනවා නේද?" "එහෙමයි ස්වාමීනී" "ඉපදීම තියෙන්නේ භවය හේතු කොටගෙන බව දකිනවා නේද?" "එහෙමයි ස්වාමීනී" "භවය තියෙන්නේ

උපාදාන හේතු කොටගෙන බව දකිනවා නේද?" "එහෙමයි ස්වාමීනී" "උපාදාන තියෙන්නේ තණ්හාව හේතු කොටගෙන බව දකිනවා නේද?" "එහෙමයි ස්වාමීනී" "තණ්හාව තියෙන්නේ විඳීම හේතු කොටගෙන බව දකිනවා නේද?" "එහෙමයි ස්වාමීනී" "විඳීම තියෙන්නේ ස්පර්ශය හේතු කොටගෙන බව ....(පෙ).... ස්පර්ශය තියෙන්නේ ආයතන හය හේතු කොටගෙන බව ....(පෙ).... ආයතන හය තියෙන්නේ නාමරූප හේතු කොටගෙන බව ....(පෙ).... නාමරූප තියෙන්නේ විඤ්ඤාණය හේතු කොටගෙන බව ....(පෙ).... විඤ්ඤාණය තියෙන්නේ සංස්කාර හේතු කොටගෙන බව ....(පෙ).... සංස්කාර තියෙන්නේ අවිද්‍යාව හේතු කොටගෙන බව දකිනවා නේද?" "එහෙමයි ස්වාමීනී"

"පින්වත් සුසීම, ජරාමරණ නිරුද්ධ වන්නේ ඉපදීම නිරුද්ධ වීමෙන් බව දකිනවා නේද?" "එහෙමයි, ස්වාමීනී" "ඉපදීම නිරුද්ධ වන්නේ භවය නිරුද්ධ වීමෙන් බව දකිනවා නේද?" "එහෙමයි, ස්වාමීනී" "භවය නිරුද්ධ වන්නේ උපාදාන නිරුද්ධ වීමෙන් බව දකිනවා නේද?" "එහෙමයි, ස්වාමීනී" "උපාදාන නිරුද්ධ වන්නේ තණ්හාව නිරුද්ධ වීමෙන් බව දකිනවා නේද?" "එහෙමයි, ස්වාමීනී" "තණ්හාව නිරුද්ධ වන්නේ විඳීම නිරුද්ධ වීමෙන් බව දකිනවා නේද?" "එහෙමයි, ස්වාමීනී" "විඳීම නිරුද්ධ වන්නේ ස්පර්ශය නිරුද්ධ වීමෙන් බව ....(පෙ).... ස්පර්ශය නිරුද්ධ වන්නේ ආයතන හය නිරුද්ධ වීමෙන් බව ....(පෙ).... ආයතන හය නිරුද්ධ වන්නේ නාමරූප නිරුද්ධ වීමෙන් බව ....(පෙ).... නාමරූප නිරුද්ධ වන්නේ විඤ්ඤාණය නිරුද්ධ වීමෙන් බව ....(පෙ).... විඤ්ඤාණය නිරුද්ධ වන්නේ සංස්කාර නිරුද්ධ වීමෙන් බව ....(පෙ).... සංස්කාර නිරුද්ධ වන්නේ අවිද්‍යාව නිරුද්ධ වීමෙන් බව දකිනවා නේද?" "එහෙමයි, ස්වාමීනී"

"එහෙම නම් පින්වත් සුසීම, ඔය විදිහට දන්නවා නම්, ඔය විදිහට දකිනවා නම් නොයෙක් ආකාර වූ ඍද්ධි බලයනුත් ලබල ඇති නේද? ඒ කියන්නේ එක්කෙනෙක්ව ඉඳගෙන බොහෝ දෙනෙක් වගේ පෙනී හිටින්න පුළුවන්ද? බොහෝ දෙනෙක්ව ඉඳගෙන එක්කෙනෙක් වගේ පෙනී හිටින්න පුළුවන්ද? පෙනිලාත් නොපෙනිලාත් බිත්ති හරහට පවුරු හරහට ඒවායේ වැදෙන්නේ නැතුව ආකාසේ යනවා වගේ යන්න පුළුවන්ද? මහ පොළොවෙත් වතුරේ ගිලෙනවා මතුවෙනවා වගේ කිමිදෙන්න පුළුවන්ද? කුරුල්ලෙක් ඉගිලෙනවා වගේ පළඟක් බැඳගෙන අහසින් යන්න පුළුවන්ද? මේ සා මහානුභාව සම්පන්න ඉරත්, හඳත් අතින් පිරිමදින්න පුළුවන්ද? බ්‍රහ්ම ලෝකය දක්වාම කයෙන් අධිපති භාවයක් පවත්වන්නට පුළුවන්ද?" "අනේ නෑ! ස්වාමීනී."

"එහෙම නම් පින්වත් සුසීම, ඔය විදිහට දන්නවා නම්, ඔය විදිහට දකිනවා නම්, මිනිස් හැකියාව ඉක්මවා ගිය දිව්‍ය ශ්‍රවණය මගින් දුර වූත්, ළඟ

වූත් දිව්‍ය මනුෂ්‍ය ශබ්ද අසන්නට පුළුවන්ද?" "අනේ නෑ! ස්වාමීනී."

"එහෙම නම් පින්වත් සුසීම, ඔය විදිහට දන්නවා නම්, ඔය විදිහට දකිනවා නම් අනිත් සත්වයන්ගේ අනිත් උදවියගේ සිත විනිවිද දකිනවා ඇති නේද? ඒ කියන්නේ සරාගී සිත සරාගී සිතක්ය කියලා දන්නවා නේද? ....(පෙ).... විමුක්තියට පත් නොවුණ සිත විමුක්තියට පත් නොවුණ සිතක්ය කියලා දන්නවා නේද?" "අනේ නෑ! ස්වාමීනී."

"එහෙම නම් පින්වත් සුසීම, ඔය විදිහට දන්නවා නම්, ඔය විදිහට දකිනවා නම් නොයෙක් ආකාර වූ කලින් ගත කරපු ජීවිත ගැන සිහි කරන්න පුළුවන් ඇති නේද? ඒ කියන්නේ, එක ජීවිතයක්, ...(පෙ).... කරුණු සහිතව වැටහීම් සහිතව නොයෙක් ආකාරයෙන් කලින් ගත කරපු ජීවිත ගැන සිහි කරන්න පුළුවන් නේද?" "අනේ නෑ! ස්වාමීනී."

"එහෙම නම් පින්වත් සුසීම, ඔය විදිහට දන්නවා නම්, ඔය විදිහට දකිනවා නම් මිනිස් දර්ශන පථය ඉක්මවා ගිය දිවැස් නුවණින්, චුත වෙන උපදින සත්වයන්ව දකින්නට පුළුවන් නේද? ....(පෙ).... කර්මානුරූපව ගමනක් යන සත්වයන්ව දකින්නට පුළුවන් නේද?" "අනේ නෑ! ස්වාමීනී."

"එහෙම නම් පින්වත් සුසීම, ඔය විදිහට දන්නවා නම්, ඔය විදිහට දකිනවා නම් රූප ධ්‍යාන ඉක්මවා ගිය අරූපී වූ ශාන්ත විමෝක්ෂයක් වේ නම් අන්න ඒ සමාධීන් ඔබ විසින් කයින් ස්පර්ශ කරගෙන ද ඉන්නේ?" "අනේ නෑ! ස්වාමීනී."

"එහෙම නම්, දැන් පින්වත් සුසීම කියපු මේ කාරණයට අනුව ඔය තත්ව එකක්වත් ඇති කරගෙන නෑ. එතකොට සුසීම, ඕක කොහොමද වුණේ?"

එතකොට ආයුෂ්මත් සුසීමයන් භාග්‍යවතුන් වහන්සේගේ සිරිපා ඉදිරියේ සිරසින් වැඳ වැටුණා. "අනේ ස්වාමීනී, මගේ අතින් වරදක් සිදුවුණා. අඥාන බාලයෙක් වගේ, මෝඩයෙක් වගේ, අදක්ෂයෙක් වගේ ඒ වරද මාව යට කරගෙන ගියා. මේ වගේ ඉතා යහපත් ලෙස දේශනා කොට වදාළ ධර්ම විනය තිබෙන ශාසනයේ මං මහණ වුණේ ධර්මය සොරකම් කරන්නෙක් හැටියටයි. අනේ, ස්වාමීනී, භාග්‍යවතුන් වහන්ස, මගෙන් සිදුවෙච්ච ඒ වරදට මාගේ ඉදිරි සංවරය පිණිස වරදක් වශයෙන් පිළිගන්නා සේක්වා!"

"පින්වත් සුසීම, ඇත්තෙන්ම ඔබ අඥාන බාලයෙක් වගේ, මෝඩයෙක් වගේ, අදක්ෂයෙක් වගේ ඒ වරද ඔබව යට කරගෙන ගියා. මේ වගේ ඉතා යහපත් ලෙස දේශනා කොට වදාළ ධර්ම විනය තිබෙන ශාසනයේ ඔබ මහණ වුණේ ධර්මය සොරකම් කරන්නෙක් හැටියට නෙව.

පින්වත් සුසීම, ඕක මේ වගේ දෙයක්. අපරාධ කරපු සොරෙක්ව රජතුමාට පෙන්නනවා කියලා හිතමු. 'දේවයන් වහන්ස, මෙන්න ඔබවහන්සේට වරද කරපු ඒ සොරා. මොහුට කැමති දඬුවමක් නියම කළ මැනැව. එතකොට රජතුමා ඔහුට මෙහෙම කියනවා. 'ඒයි! භවතිනි, යවු. දැන් මේ මිනිහව දැඩි වරපටින් දෑත් පිටුපසට කොට බැඳලා, හිස බූ ගාලා, නපුරු හඬ ඇති බෙර වාදනය කරමින් පාරක් පාරක් ගානේ හංදියක් හංදියක් ගානේ අරගෙන ගිහින් දකුණු දොරටුවෙන් නික්මිලා, නුවරට දකුණු පැත්තේ දී හිස ගසා දමාපල්ලා' කියලා. එතකොට රාජ පුරුෂයෝ මේ මිනිහව දැඩි වරපටින් දෑත් පිටුපසට කොට බැඳලා, හිස බූ ගාලා, නපුරු හඬ ඇති බෙර වාදනය කරමින් පාරක් පාරක් ගානේ, හංදියක් හංදියක් ගානේ අරගෙන ගිහින් දකුණු දොරටුවෙන් නික්මිලා නුවරට දකුණු පැත්තෙදි හිස ගසා දමනවා.

පින්වත් සුසීම, ඔබ මොකක්ද ඒ ගැන හිතන්නේ? අර පුද්ගලයා ඒ කාරණය මුල් කොට දුක් දොම්නස් විඳිනවා නේද?" "එහෙමයි, ස්වාමීනී"

"පින්වත් සුසීම, අර පුද්ගලයා ඒ කාරණය මුල් කොට යම් දුකක් දොම්නසක් විඳිනවා නම්, මේ වගේ ඉතා යහපත් ලෙස දේශනා කොට ඇති ධර්ම විනය ඇති මේ ශාසනයේ ධර්මය සොරකම් කරන කෙනෙකුගේ යම් පැවිද්දක් වෙයි නම්, ඒ හේතුවෙන් අර දුකටත් වඩා භයානක විපාකවලට මුහුණ දෙන්නට සිදු වෙනවා. අනික, නිරයේ ඉපදීමටත් හේතු වෙනවා.

නමුත් පින්වත් සුසීම, ඔබ වරද, වරද වශයෙන්ම දැකලා ධර්මයට අනුකූලව පිළියම් කරනවා නෙව. ඔබගේ ඒ වරද අපි පිළිගන්නවා. පින්වත් සුසීම, යම් කෙනෙක් වරද, වරද වශයෙන් දැකලා ධර්මයට අනුකූල විදිහට පිළියම් කරනවා නම්, මත්තෙහි සංවරභාවය පත්වෙනවා නම් ඒක මේ ආර්ය විනයෙහි අභිවෘද්ධියක්මයි.

සාදු! සාදු!! සාදු!!!

සුසීම සූත්‍රය නිමා විය.

හත් වෙනි මහා වර්ගය අවසන් විය.

8. සමණ බ්‍රාහ්මණ වර්ගය

1.8.1.
ජරා මරණ සූත්‍රය
ජරා මරණ ගැන වදාළ දෙසුම

71. මා හට අසන්නට ලැබුණේ මේ විදිහටයි. ඒ දිනවල භාග්‍යවතුන් වහන්සේ වැඩසිටියේ සැවැත් නුවර ජේතවනය නම් වූ අනේපිඬු සිටුතුමාගේ ආරාමයේය. එදා භාග්‍යවතුන් වහන්සේ ....(පෙ).... මෙම දේශනය වදාළා.

පින්වත් මහණෙනි, යම්කිසි ශ්‍රමණයන් වේවා, බ්‍රාහ්මණයන් වේවා, ජරා මරණ ගැන අවබෝධයක් නැත්නම්, ජරා මරණ හටගැනීම ගැන අවබෝධයක් නැත්නම්, ජරා මරණ නිරුද්ධ වීම ගැන අවබෝධයක් නැත්නම්, ජරා මරණ නිරුද්ධ වීම පිණිස පවතින ප්‍රතිපදාව ගැන අවබෝධයක් නැත්නම්, පින්වත් මහණෙනි, ඒ ශ්‍රමණයන් වේවා, බ්‍රාහ්මණයන් වේවා සැබෑම ශ්‍රමණයන් අතර ශ්‍රමණයන් බවට සම්මත වෙන්නේ නෑ. සැබෑම බ්‍රාහ්මණයන් අතර බ්‍රාහ්මණයන් බවට සම්මත වෙන්නේ නෑ. ඒ ආයුෂ්මත්වරුන්ට ශ්‍රමණ ජීවිතයේ ප්‍රතිඵලයක් හෝ බ්‍රාහ්මණ ජීවිතයේ ප්‍රතිඵලයක් හෝ මේ ජීවිතය තුළ නම් තමන්ගේම අවබෝධ ඤාණයෙන් සාක්ෂාත් කරගෙන වාසය කරන්න ලැබෙන්නේ නෑ.

පින්වත් මහණෙනි, යම්කිසි ශ්‍රමණයන් වේවා, බ්‍රාහ්මණයන් වේවා, ජරා මරණ ගැන අවබෝධයක් තියෙනවා නම්, ජරා මරණ හටගැනීම ගැන අවබෝධයක් තියෙනවා නම්, ජරා මරණ නිරුද්ධ වීම ගැන අවබෝධයක් තියෙනවා නම්, ජරා මරණ නිරුද්ධ වීම පිණිස පවතින ප්‍රතිපදාව ගැන අවබෝධයක් තියෙනවා නම්, පින්වත් මහණෙනි, ඒ ශ්‍රමණයන් වේවා, බ්‍රාහ්මණයන් වේවා සැබෑම ශ්‍රමණයන් අතර ශ්‍රමණයන් බවට සම්මත වෙනවා. සැබෑම බ්‍රාහ්මණයන් අතර බ්‍රාහ්මණයන් බවට සම්මත වෙනවා. ඒ ආයුෂ්මත්වරුන්ට ශ්‍රමණ ජීවිතයේ ප්‍රතිඵලයක් හෝ බ්‍රාහ්මණ ජීවිතයේ ප්‍රතිඵලයක් හෝ මේ ජීවිතය තුළ තමන්ගේම අවබෝධ ඤාණයෙන් සාක්ෂාත්

කරගෙන වාසය කරන්න ලැබෙනවා.

සාදු! සාදු!! සාදු!!!
ජරා මරණ සූත්‍රය නිමා විය.

1.8.2.
ජාති සූත්‍රය
ඉපදීම ගැන වදාළ දෙසුම

72.   පින්වත් මහණෙනි, යම්කිසි ශ්‍රමණයන් වේවා, බ්‍රාහ්මණයන් වේවා, ඉපදීම ගැන අවබෝධයක් නැත්නම්, ...(පෙ).... ලැබෙන්නේ නෑ.

පින්වත් මහණෙනි, යම්කිසි ශ්‍රමණයන් වේවා, බ්‍රාහ්මණයන් වේවා, ඉපදීම ගැන අවබෝධයක් තියෙනවා නම්, ...(පෙ).... ලැබෙනවා.

සාදු! සාදු!! සාදු!!!
ජාති සූත්‍රය නිමා විය.

1.8.3.
භව සූත්‍රය
භවය ගැන වදාළ දෙසුම

73.   පින්වත් මහණෙනි, යම්කිසි ශ්‍රමණයන් වේවා, බ්‍රාහ්මණයන් වේවා, භවය ගැන අවබෝධයක් නැත්නම්, ...(පෙ).... ලැබෙන්නේ නෑ.

පින්වත් මහණෙනි, යම්කිසි ශ්‍රමණයන් වේවා, බ්‍රාහ්මණයන් වේවා, භවය ගැන අවබෝධයක් තියෙනවා නම්, ...(පෙ).... ලැබෙනවා.

සාදු! සාදු!! සාදු!!!
භව සූත්‍රය නිමා විය.

1.8.4.
උපාදාන සූත්‍රය
උපාදාන ගැන වදාළ දෙසුම

74.   පින්වත් මහණෙනි, යම්කිසි ශ්‍රමණයන් වේවා, බ්‍රාහ්මණයන් වේවා, උපාදාන ගැන අවබෝධයක් නැත්නම්, ...(පෙ).... ලැබෙන්නේ නෑ.

පින්වත් මහණෙනි, යම්කිසි ශ්‍රමණයන් වේවා, බ්‍රාහ්මණයන් වේවා, උපාදාන ගැන අවබෝධයක් තියෙනවා නම් ....(පෙ).... ලැබෙනවා.

සාදු! සාදු!! සාදු!!!
උපාදාන සූත්‍රය නිමා විය.

1.8.5.
තණ්හා සූත්‍රය
තණ්හාව ගැන වදාළ දෙසුම

75.   පින්වත් මහණෙනි, යම්කිසි ශ්‍රමණයන් වේවා, බ්‍රාහ්මණයන් වේවා, තණ්හාව ගැන අවබෝධයක් නැත්නම්, ...(පෙ).... ලැබෙන්නේ නෑ.

පින්වත් මහණෙනි, යම්කිසි ශ්‍රමණයන් වේවා, බ්‍රාහ්මණයන් වේවා, තණ්හාව ගැන අවබෝධයක් තියෙනවා නම්, ...(පෙ).... ලැබෙනවා.

සාදු! සාදු!! සාදු!!!
තණ්හාව සූත්‍රය නිමා විය.

1.8.6.
වේදනා සූත්‍රය
වේදනාව ගැන වදාළ දෙසුම

76.   පින්වත් මහණෙනි, යම්කිසි ශ්‍රමණයන් වේවා, බ්‍රාහ්මණයන් වේවා,

වේදනාව ගැන අවබෝධයක් නැත්නම්, ...(පෙ).... ලැබෙන්නේ නෑ.

පින්වත් මහණෙනි, යම්කිසි ශ්‍රමණයන් වේවා, බ්‍රාහ්මණයන් වේවා, වේදනාව ගැන අවබෝධයක් තියෙනවා නම්, ...(පෙ).... ලැබෙනවා.

සාදු! සාදු!! සාදු!!!
වේදනා සූත්‍රය නිමා විය.

1.8.7.
ඵස්ස සූත්‍රය
ස්පර්ශය ගැන වදාළ දෙසුම

77. පින්වත් මහණෙනි, යම්කිසි ශ්‍රමණයන් වේවා, බ්‍රාහ්මණයන් වේවා, ස්පර්ශය ගැන අවබෝධයක් නැත්නම්, ...(පෙ).... ලැබෙන්නේ නෑ.

පින්වත් මහණෙනි, යම්කිසි ශ්‍රමණයන් වේවා, බ්‍රාහ්මණයන් වේවා, ස්පර්ශය ගැන අවබෝධයක් තියෙනවා නම්, ...(පෙ).... ලැබෙනවා.

සාදු! සාදු!! සාදු!!!
ඵස්ස සූත්‍රය නිමා විය.

1.8.8.
සළායතන සූත්‍රය
ආයතන හය ගැන වදාළ දෙසුම

78. පින්වත් මහණෙනි, යම්කිසි ශ්‍රමණයන් වේවා, බ්‍රාහ්මණයන් වේවා, ආයතන හය ගැන අවබෝධයක් නැත්නම්, ...(පෙ).... ලැබෙන්නේ නෑ.

පින්වත් මහණෙනි, යම්කිසි ශ්‍රමණයන් වේවා, බ්‍රාහ්මණයන් වේවා, ආයතන හය ගැන අවබෝධයක් තියෙනවා නම්, ...(පෙ).... ලැබෙනවා.

සාදු! සාදු!! සාදු!!!
සළායතන සූත්‍රය නිමා විය.

1.8.9.
නාමරූප සූත්‍රය
නාමරූප ගැන වදාළ දෙසුම

79.   පින්වත් මහණෙනි, යම්කිසි ශ්‍රමණයන් වේවා, බ්‍රාහ්මණයන් වේවා, නාමරූප ගැන අවබෝධයක් නැත්නම්, ...(පෙ).... ලැබෙන්නේ නෑ.

පින්වත් මහණෙනි, යම්කිසි ශ්‍රමණයන් වේවා, බ්‍රාහ්මණයන් වේවා, නාමරූප ගැන අවබෝධයක් තියෙනවා නම්, ...(පෙ).... ලැබෙනවා.

සාදු! සාදු!! සාදු!!!
නාමරූප සූත්‍රය නිමා විය.

1.8.10.
විඤ්ඤාණ සූත්‍රය
විඤ්ඤාණය ගැන වදාළ දෙසුම

80.   පින්වත් මහණෙනි, යම්කිසි ශ්‍රමණයන් වේවා, බ්‍රාහ්මණයන් වේවා, විඤ්ඤාණය ගැන අවබෝධයක් නැත්නම්, ...(පෙ).... ලැබෙන්නේ නෑ.

පින්වත් මහණෙනි, යම්කිසි ශ්‍රමණයන් වේවා, බ්‍රාහ්මණයන් වේවා, විඤ්ඤාණය ගැන අවබෝධයක් තියෙනවා නම්,....(පෙ).... ලැබෙනවා.

සාදු! සාදු!! සාදු!!!
විඤ්ඤාණ සූත්‍රය නිමා විය.

1.8.11.
සංඛාර සූත්‍රය
සංස්කාර ගැන වදාළ දෙසුම

81.   පින්වත් මහණෙනි, යම්කිසි ශ්‍රමණයන් වේවා, බ්‍රාහ්මණයන් වේවා, සංස්කාර ගැන අවබෝධයක් නැත්නම්, සංස්කාර හටගැනීම ගැන අවබෝධයක්

නැත්නම්, සංස්කාර නිරුද්ධ වීම ගැන අවබෝධයක් නැත්නම්, සංස්කාර නිරුද්ධ වීම පිණිස පවතින ප්‍රතිපදාව ගැන අවබෝධයක් නැත්නම්, පින්වත් මහණෙනි, ඒ ශ්‍රමණයන් වේවා, බ්‍රාහ්මණයන් වේවා සැබෑම ශ්‍රමණයන් අතර ශ්‍රමණයන් බවට සම්මත වෙන්නේ නෑ. සැබෑම බ්‍රාහ්මණයන් අතර බ්‍රාහ්මණයන් බවට සම්මත වෙන්නේ නෑ. ඒ ආයුෂ්මත්වරුන්ට ශ්‍රමණ ජීවිතයේ ප්‍රතිඵලයක් හෝ බ්‍රාහ්මණ ජීවිතයේ ප්‍රතිඵලයක් හෝ මේ ජීවිතය තුළ නම් තමන්ගේම අවබෝධ ඤාණයෙන් සාක්ෂාත් කරගෙන වාසය කරන්න ලැබෙන්නේ නෑ.

පින්වත් මහණෙනි, යම්කිසි ශ්‍රමණයන් වේවා, බ්‍රාහ්මණයන් වේවා, සංස්කාර ගැන අවබෝධයක් තියෙනවා නම්, සංස්කාර හටගැනීම ගැන අවබෝධයක් තියෙනවා නම්, සංස්කාර නිරුද්ධ වීම ගැන අවබෝධයක් තියෙනවා නම්, සංස්කාර නිරුද්ධ වීම පිණිස පවතින ප්‍රතිපදාව ගැන අවබෝධයක් තියෙනවා නම්, පින්වත් මහණෙනි, ඒ ශ්‍රමණයන් වේවා, බ්‍රාහ්මණයන් වේවා සැබෑම ශ්‍රමණයන් අතර ශ්‍රමණයන් බවට සම්මත වෙනවා. සැබෑම බ්‍රාහ්මණයන් අතර බ්‍රාහ්මණයන් බවට සම්මත වෙනවා. ඒ ආයුෂ්මත්වරුන්ට ශ්‍රමණ ජීවිතයේ ප්‍රතිඵලයක් හෝ බ්‍රාහ්මණ ජීවිතයේ ප්‍රතිඵලයක් හෝ මේ ජීවිතය තුළ තමන්ගෙ ේම අවබෝධ ඤාණයෙන් සාක්ෂාත් කරගෙන වාසය කරන්න ලැබෙනවා.

සාදු! සාදු!! සාදු!!!

සංඛාර සූත්‍රය නිමා විය.

අට වෙනි සමණ බ්‍රාහ්මණ වර්ගය අවසන් විය.

9. අන්තර පෙය්‍යාලය

1. සත්ථු වර්ගය

1.9.1.1
ජරා මරණ සූත්‍රය
ජරා මරණ ගැන වදාළ දෙසුම

82. සැවැත් නුවරදී ....

පින්වත් මහණෙනි, ජරා මරණ ගැන ඒ ආකාරයෙන්ම අවබෝධ නොකළ, දැක නොගත් කෙනා විසින් ජරා මරණ පිළිබඳව යථාභූත ඤාණය ලබා ගැනීම පිණිසයි ශාස්තෘවරයෙක් සොයා යා යුත්තේ. ජරා මරණ හටගැනීම ගැන ඒ ආකාරයෙන්ම අවබෝධ නොකළ, දැක නොගත් කෙනා විසින් ජරා මරණ හටගැනීම පිළිබඳව යථාභූත ඤාණය ලබා ගැනීම පිණිසයි ශාස්තෘවරයෙක් සොයා යා යුත්තේ. ජරා මරණ නිරුද්ධ වීම ගැන ඒ ආකාරයෙන්ම අවබෝධ නොකළ, දැක නොගත් කෙනා විසින් ජරා මරණ නිරුද්ධ වීම පිළිබඳව යථාභූත ඤාණය ලබා ගැනීම පිණිසයි ශාස්තෘවරයෙක් සොයා යා යුත්තේ. ජරා මරණ නිරුද්ධ වීම පිණිස පවතින ප්‍රතිපදාව ගැන ඒ ආකාරයෙන්ම අවබෝධ නොකළ, දැක නොගත් කෙනා විසින් ජරා මරණ නිරුද්ධ වීම පිණිස පවතින ප්‍රතිපදාව පිළිබඳව යථාභූත ඤාණය ලබාගැනීම පිණිසයි ශාස්තෘවරයෙක් සොයා යා යුත්තේ.

(සියල්ල පිළිබඳව පෙය්‍යාලය ඔය ආකාරයට විස්තර කරගත යුතුය.)

සාදු! සාදු!! සාදු!!!

ජරා මරණ සූත්‍රය නිමා විය.

1.9.1.2.
ජාති සූත්‍රය
ඉපදීම ගැන වදාළ දෙසුම

83. පින්වත් මහණෙනි, ඉපදීම ගැන ඒ ආකාරයෙන්ම නොදන්නා නොදක්නා කෙනා විසින් ....(පෙ).... යථාභූත ඥාණය ලබා ගැනීම පිණිසයි ශාස්තෘවරයෙක් සොයා යා යුත්තේ.

සාදු! සාදු!! සාදු!!!

ජාති සූත්‍රය නිමා විය.

1.9.1.3.
භව සූත්‍රය
භවය ගැන වදාළ දෙසුම

84. පින්වත් මහණෙනි, භවය ගැන ඒ ආකාරයෙන්ම නොදන්නා නොදක්නා කෙනා විසින් ....(පෙ).... යථාභූත ඥාණය ලබා ගැනීම පිණිසයි ශාස්තෘවරයෙක් සොයා යා යුත්තේ.

සාදු! සාදු!! සාදු!!!

භව සූත්‍රය නිමා විය.

1.9.1.4.
උපාදාන සූත්‍රය
උපාදාන ගැන වදාළ දෙසුම

85. පින්වත් මහණෙනි, උපාදාන ගැන ඒ ආකාරයෙන්ම නොදන්නා නොදක්නා කෙනා විසින් ....(පෙ).... යථාභූත ඥාණය ලබා ගැනීම පිණිසයි

ශාස්තෘවරයෙක් සොයා යා යුත්තේ.

සාදු! සාදු!! සාදු!!!

උපාදාන සූත්‍රය නිමා විය.

1.9.1.5.
තණ්හා සූත්‍රය
තණ්හා ගැන වදාළ දෙසුම

86. පින්වත් මහණෙනි, තණ්හාව ගැන ඒ ආකාරයෙන්ම නොදන්නා නොදක්නා කෙනා විසින් ....(පෙ).... යථාභූත ඤාණය ලබා ගැනීම පිණිසයි ශාස්තෘවරයෙක් සොයා යා යුත්තේ.

සාදු! සාදු!! සාදු!!!

තණ්හා සූත්‍රය නිමා විය.

1.9.1.6.
වේදනා සූත්‍රය
වේදනාව ගැන වදාළ දෙසුම

87. පින්වත් මහණෙනි, වේදනාව ගැන ඒ ආකාරයෙන්ම නොදන්නා නොදක්නා කෙනා විසින් ....(පෙ).... යථාභූත ඤාණය ලබා ගැනීම පිණිසයි ශාස්තෘවරයෙක් සොයා යා යුත්තේ.

සාදු! සාදු!! සාදු!!!

වේදනා සූත්‍රය නිමා විය.

1.9.1.7.
ඵස්ස සූත්‍රය
ස්පර්ශය ගැන වදාළ දෙසුම

88. පින්වත් මහණෙනි, ස්පර්ශය ගැන ඒ ආකාරයෙන්ම නොදන්නා නොදක්නා කෙනා විසින් ....(පෙ).... යථාභූත ඤාණය ලබා ගැනීම පිණිසයි ශාස්තෘවරයෙක් සොයා යා යුත්තේ.

සාදු! සාදු!! සාදු!!!
ඵස්ස සූත්‍රය නිමා විය.

1.9.1.8.
සළායතන සූත්‍රය
ආයතන හය ගැන වදාළ දෙසුම

89. පින්වත් මහණෙනි, ආයතන හය ගැන ඒ ආකාරයෙන්ම නොදන්නා නොදක්නා කෙනා විසින් ....(පෙ).... යථාභූත ඤාණය ලබා ගැනීම පිණිසයි ශාස්තෘවරයෙක් සොයා යා යුත්තේ.

සාදු! සාදු!! සාදු!!!
සළායතන සූත්‍රය නිමා විය.

1.9.1.9.
නාමරූප සූත්‍රය
නාමරූප ගැන වදාළ දෙසුම

90. පින්වත් මහණෙනි, නාමරූප ගැන ඒ ආකාරයෙන්ම නොදන්නා නොදක්නා කෙනා විසින් ....(පෙ).... යථාභූත ඤාණය ලබා ගැනීම පිණිසයි ශාස්තෘවරයෙක් සොයා යා යුත්තේ.

සාදු! සාදු!! සාදු!!!
නාමරූප සූත්‍රය නිමා විය.

1.9.1.10.
විඤ්ඤාණ සූත්‍රය
විඤ්ඤාණය ගැන වදාළ දෙසුම

91. පින්වත් මහණෙනි, විඤ්ඤාණය ගැන ඒ ආකාරයෙන්ම නොදන්නා නොදක්නා කෙනා විසින් ....(පෙ).... යථාභූත ඤාණය ලබාගැනීම පිණිසයි ශාස්තෘවරයෙක් සොයා යා යුත්තේ.

සාදු! සාදු!! සාදු!!!

විඤ්ඤාණය සූත්‍රය නිමා විය.

1.9.1.11.
සංඛාර සූත්‍රය
සංස්කාර ගැන වදාළ දෙසුම

92. පින්වත් මහණෙනි, සංස්කාර ගැන ඒ ආකාරයෙන්ම අවබෝධ නොකළ, දැක නොගත් කෙනා විසින් සංස්කාර පිළිබඳව යථාභූත ඤාණය ලබාගැනීම පිණිසයි ශාස්තෘවරයෙක් සොයා යා යුත්තේ. සංස්කාර හටගැනීම ගැන ඒ ආකාරයෙන්ම අවබෝධ නොකළ, දැක නොගත් කෙනා විසින් සංස්කාර හටගැනීම පිළිබඳව යථාභූත ඤාණය ලබාගැනීම පිණිසයි ශාස්තෘවරයෙක් සොයා යා යුත්තේ. සංස්කාර නිරුද්ධ වීම ගැන ඒ ආකාරයෙන්ම අවබෝධ නොකළ, දැක නොගත් කෙනා විසින් සංස්කාර නිරුද්ධ වීම පිළිබඳව යථාභූත ඤාණය ලබාගැනීම පිණිසයි ශාස්තෘවරයෙක් සොයා යා යුත්තේ. සංස්කාර නිරුද්ධ වීම පිණිස පවතින ප්‍රතිපදාව ගැන ඒ ආකාරයෙන්ම අවබෝධ නොකළ, දැක නොගත් කෙනා විසින් සංස්කාර නිරුද්ධ වීම පිණිස පවතින ප්‍රතිපදාව පිළිබඳ යථාභූත ඤාණය ලබා ගැනීම පිණිසයි ශාස්තෘවරයෙක් සොයා යා යුත්තේ.

සාදු! සාදු!! සාදු!!!

සංඛාර සූත්‍රය නිමා විය.

පළමු වෙනි සත්ථු වර්ගය අවසන් විය.

2. සික්ඛා වර්ගය

1.9.2.1-11
ජරා මරණාදී සූත්‍ර
ජරා මරණාදිය ගැන වදාළ දෙසුම්

93-103. පින්වත් මහණෙනි, ජරා මරණ ගැන ඒ ආකාරයෙන්ම නොදන්නා, නොදක්නා තැනැත්තා විසින් ඒ ජරා මරණ පිළිබඳව යථාභූත ඤාණය ලබා ගැනීම පිණිසයි සීල සමාධි ආදී ශික්ෂාවන්හි හික්මිය යුත්තේ ....(පෙ)....

(සියල්ලම චතුරාර්ය සත්‍යයට ගලපා තේරුම් ගත යුතුය.)

සාදු! සාදු!! සාදු!!!

ජරා මරණාදී සූත්‍ර නිමා විය.

3. යෝග වර්ගය

1.9.3.1-11
ජරා මරණාදී සූත්‍ර
ජරා මරණාදිය ගැන වදාළ දෙසුම්

104-114. පින්වත් මහණෙනි, ජරා මරණ ගැන ඒ ආකාරයෙන්ම නොදන්නා, නොදක්නා තැනැත්තා විසින් ඒ ජරා මරණ පිළිබඳව යථාභූත ඤාණය ලබා ගැනීම පිණිසයි සතර සතිපට්ඨානාදී භාවනා වැඩිය යුත්තේ .....(පෙ).... ජරා මරණ නිරුද්ධ වීම පිණිස පවතින ප්‍රතිපදාව ගැන ඒ ආකාරයෙන්ම නොදන්නා, නොදක්නා තැනැත්තා විසින් ඒ ජරා මරණ නිරුද්ධ වීම පිණිස පවතින ප්‍රතිපදාව පිළිබඳව යථාභූත ඤාණය ලබා ගැනීම පිණිසයි සතර සතිපට්ඨානාදී භාවනා වැඩිය යුත්තේ.

(සියල්ලම චතුරාර්ය සත්‍යයට ගලපා තේරුම් ගත යුතුය.)

සාදු! සාදු!! සාදු!!!

ජරා මරණාදී සූත්‍ර නිමා විය.

4. ඡන්ද වර්ගය

1.9.4.1-11
ජරා මරණාදී සූත්‍ර
ජරා මරණාදිය ගැන වදාළ දෙසුම්

115-125. පින්වත් මහණෙනි, ජරා මරණ ගැන ඒ ආකාරයෙන්ම නොදන්නා, නොදක්නා තැනැත්තා විසින් ඒ ජරා මරණ පිළිබඳව යථාභූත ඤාණය ලබා ගැනීම පිණිසයි සතර සතිපට්ඨානාදී භාවනා වැඩීමට කැමැත්ත ඇතිකරගත යුත්තේ ....(පෙ).... ජරා මරණ නිරුද්ධ වීම පිණිස පවතින ප්‍රතිපදාව ගැන ඒ ආකාරයෙන්ම නොදන්නා, නොදක්නා තැනැත්තා විසින් ඒ ජරා මරණ නිරුද්ධ වීම පිණිස පවතින ප්‍රතිපදාව පිළිබඳව යථාභූත ඤාණය ලබාගැනීම පිණිසයි සතර සතිපට්ඨානාදී භාවනා වැඩීමට කැමැත්ත ඇතිකරගත යුත්තේ.

(සියල්ලම චතුරාර්ය සත්‍යයට ගලපා තේරුම් ගත යුතුය.)

සාදු! සාදු!! සාදු!!!

ජරා මරණාදී සූත්‍ර නිමා විය.

5. උස්සෝළ්හි වර්ගය

1.9.5.1-11
ජරා මරණාදී සූත්‍ර
ජරා මරණාදිය ගැන වදාළ දෙසුම්

126-136. පින්වත් මහණෙනි, ජරා මරණ ගැන ඒ ආකාරයෙන්ම නොදන්නා,

නොදක්නා තැනැත්තා විසින් ඒ ජරා මරණ පිළිබඳව යථාභූත ඤාණය ලබා ගැනීම පිණිසයි සතර සතිපට්ඨානාදිය වැඩීමට අධික උත්සාහයක් ගත යුත්තේ .....(පෙ).... ජරා මරණ නිරුද්ධ වීම පිණිස පවතින ප්‍රතිපදාව ගැන ඒ ආකාරයෙන්ම නොදන්නා, නොදක්නා තැනැත්තා විසින් ඒ ජරා මරණ නිරුද්ධ වීම පිණිස පවතින ප්‍රතිපදාව පිළිබඳව යථාභූත ඤාණය ලබා ගැනීම පිණිසයි සතර සතිපට්ඨානාදිය වැඩීමට අධික උත්සාහයක් ගත යුත්තේ."

(සියල්ලම චතුරාර්ය සත්‍යයට ගලපා තේරුම් ගත යුතුය.)

සාදු! සාදු!! සාදු!!!

ජරා මරණාදී සූත්‍ර නිමා විය.

6. අප්පටිවානී වර්ගය

1.9.6.1-11
ජරා මරණාදී සූත්‍ර
ජරා මරණාදිය ගැන වදාළ දෙසුම

137-147. පින්වත් මහණෙනි, ජරා මරණ ගැන ඒ ආකාරයෙන්ම නොදන්නා, නොදක්නා තැනැත්තා විසින් ඒ ජරා මරණ පිළිබඳව යථාභූත ඤාණය ලබා ගැනීම පිණිසයි සතර සතිපට්ඨානාදී භාවනා වැඩීමට නොපසුබට උත්සාහයක් ගත යුත්තේ .....(පෙ).... ජරා මරණ නිරුද්ධ වීම පිණිස පවතින ප්‍රතිපදාව ගැන ඒ ආකාරයෙන්ම නොදන්නා, නොදක්නා තැනැත්තා විසින් ඒ ජරා මරණ නිරුද්ධ වීම පිණිස පවතින ප්‍රතිපදාව පිළිබඳව යථාභූත ඤාණය ලබා ගැනීම පිණිසයි සතර සතිපට්ඨානාදී භාවනා වැඩීමට නොපසුබට උත්සාහයක් ගත යුත්තේ.

(සියල්ලම චතුරාර්ය සත්‍යයට ගලපා තේරුම් ගත යුතුය.)

සාදු! සාදු!! සාදු!!!

ජරා මරණාදී සූත්‍ර නිමා විය.

7. ආතප්ප වර්ගය

1.9.7.1-11
ජරා මරණාදී සූත්‍ර
ජරා මරණාදිය ගැන වදාළ දෙසුම

148-158. පින්වත් මහණෙනි, ජරා මරණ ගැන ඒ ආකාරයෙන්ම නොදන්නා, නොදක්නා තැනැත්තා විසින් ඒ ජරා මරණ පිළිබඳව යථාභූත ඥාණය ලබා ගැනීම පිණිසයි කෙලෙස් තවන වීරියක් ගත යුත්තේ .....(පෙ).... ජරා මරණ නිරුද්ධ වීම පිණිස පවතින ප්‍රතිපදාව ගැන ඒ ආකාරයෙන්ම නොදන්නා, නොදක්නා තැනැත්තා විසින් ඒ ජරා මරණ නිරුද්ධ වීම පිණිස පවතින ප්‍රතිපදාව පිළිබඳව යථාභූත ඥාණය ලබා ගැනීම පිණිසයි කෙලෙස් තවන වීරියක් ගත යුත්තේ.

(සියල්ලම චතුරාර්ය සත්‍යයට ගලපා තේරුම් ගත යුතුය.)

සාදු! සාදු!! සාදු!!!

ජරා මරණාදී සූත්‍ර නිමා විය.

8. විරිය වර්ගය

1.9.8.1-11
ජරා මරණාදී සූත්‍ර
ජරා මරණාදිය ගැන වදාළ දෙසුම

159-169. පින්වත් මහණෙනි, ජරා මරණ ගැන ඒ ආකාරයෙන්ම නොදන්නා, නොදක්නා තැනැත්තා විසින් ඒ ජරා මරණ පිළිබඳව යථාභූත ඥාණය ලබා ගැනීම පිණිසයි සතර සතිපට්ඨානය වැඩීමට වීරිය ගත යුත්තේ .....(පෙ).... ජරා මරණ නිරුද්ධ වීම පිණිස පවතින ප්‍රතිපදාව ගැන ඒ ආකාරයෙන්ම නොදන්නා,

නොදක්නා තැනැත්තා විසින් ඒ ජරා මරණ නිරුද්ධ වීම පිණිස පවතින ප්‍රතිපදාව පිළිබඳව යථාභූත ඤාණය ලබාගැනීම පිණිසයි සතර සතිපට්ඨානාදී භාවනා වැඩීමට වීරියක් ගත යුත්තේ.

(සියල්ලම චතුරාර්ය සත්‍යයට ගලපා තේරුම් ගත යුතුය.)

සාදු! සාදු!! සාදු!!!

ජරා මරණාදී සූත්‍ර නිමා විය.

9. සාතච්ච වර්ගය

1.9.9.1-11
ජරා මරණාදී සූත්‍ර
ජරා මරණාදිය ගැන වදාළ දෙසුම

170-180. පින්වත් මහණෙනි, ජරා මරණ ගැන ඒ ආකාරයෙන්ම නොදන්නා, නොදක්නා තැනැත්තා විසින් ඒ ජරා මරණ පිළිබඳව යථාභූත ඤාණය ලබා ගැනීම පිණිසයි නිතර නිතරම සතර සතිපට්ඨානය වැඩිය යුත්තේ .....(පෙ).... ජරා මරණ නිරුද්ධ වීම පිණිස පවතින ප්‍රතිපදාව ගැන ඒ ආකාරයෙන්ම නොදන්නා, නොදක්නා තැනැත්තා විසින් ඒ ජරා මරණ නිරුද්ධ වීම පිණිස පවතින ප්‍රතිපදාව පිළිබඳව යථාභූත ඤාණය ලබාගැනීම පිණිසයි නිතර නිතරම සතර සතිපට්ඨානාදී භාවනා වැඩිය යුත්තේ.

(සියල්ලම චතුරාර්ය සත්‍යයට ගලපා තේරුම් ගත යුතුය.)

සාදු! සාදු!! සාදු!!!

ජරා මරණාදී සූත්‍ර නිමා විය.

10. සති වර්ගය

1.9.10.1-11
ජරා මරණාදී සූත්‍ර
ජරා මරණාදිය ගැන වදාළ දෙසුම

181-191. පින්වත් මහණෙනි, ජරා මරණ ගැන ඒ ආකාරයෙන්ම නොදන්නා, නොදක්නා තැනැත්තා විසින් ඒ ජරා මරණ පිළිබඳව යථාභූත ඤාණය ලබා ගැනීම පිණිසයි සතර සතිපට්ඨානය වැඩිය යුත්තේ .....(පෙ).... ජරා මරණ නිරුද්ධ වීම පිණිස පවතින ප්‍රතිපදාව ගැන ඒ ආකාරයෙන්ම නොදන්නා, නොදක්නා තැනැත්තා විසින් ඒ ජරා මරණ නිරුද්ධ වීම පිණිස පවතින ප්‍රතිපදාව පිළිබඳව යථාභූත ඤාණය ලබාගැනීම පිණිසයි සතර සතිපට්ඨානාදී භාවනා වැඩිය යුත්තේ.

(සියල්ලම චතුරාර්ය සත්‍යයට ගලපා තේරුම් ගත යුතුය.)

සාදු! සාදු!! සාදු!!!

ජරා මරණාදී සූත්‍ර නිමා විය.

11. සම්පජඤ්ඤ වර්ගය

1.9.11.1-11
ජරා මරණාදී සූත්‍ර
ජරා මරණාදිය ගැන වදාළ දෙසුම

192-202. පින්වත් මහණෙනි, ජරා මරණ ගැන ඒ ආකාරයෙන්ම නොදන්නා, නොදක්නා තැනැත්තා විසින් ඒ ජරා මරණ පිළිබඳව යථාභූත ඤාණය ලබා ගැනීම පිණිසයි ඉතා නුවණින් යුතුව සතර සතිපට්ඨානය වැඩිය යුත්තේ .....(පෙ).... ජරා මරණ නිරුද්ධ වීම පිණිස පවතින ප්‍රතිපදාව ගැන ඒ

ආකාරයෙන්ම නොදන්නා, නොදක්නා තැනැත්තා විසින් ඒ ජරා මරණ නිරුද්ධ වීම පිණිස පවතින ප්‍රතිපදාව පිළිබඳව යථාභූත ඤාණය ලබාගැනීම පිණිසයි ඉතා නුවණින් යුතුව සතර සතිපට්ඨානාදී භාවනා වැඩිය යුත්තේ.

(සියල්ලම චතුරාර්ය සත්‍යයට ගලපා තේරුම් ගත යුතුය.)

සාදු! සාදු!! සාදු!!!

ජරා මරණාදී සූත්‍ර නිමා විය.

12. අප්පමාද වර්ගය

1.9.12.1-11
ජරා මරණාදී සූත්‍ර
ජරා මරණාදිය ගැන වදාළ දෙසුම

203-213. පින්වත් මහණෙනි, ජරා මරණ ගැන ඒ ආකාරයෙන්ම නොදන්නා, නොදක්නා තැනැත්තා විසින් ඒ ජරා මරණ පිළිබඳව යථාභූත ඤාණය ලබා ගැනීම පිණිසයි අප්‍රමාදීව සතර සතිපට්ඨානය වැඩිය යුත්තේ .....(පෙ).... ජරා මරණ නිරුද්ධ වීම පිණිස පවතින ප්‍රතිපදාව ගැන ඒ ආකාරයෙන්ම නොදන්නා, නොදක්නා තැනැත්තා විසින් ඒ ජරා මරණ නිරුද්ධ වීම පිණිස පවතින ප්‍රතිපදාව පිළිබඳව යථාභූත ඤාණය ලබා ගැනීම පිණිසයි අප්‍රමාදීව සතර සතිපට්ඨානාදී භාවනා වැඩිය යුත්තේ.

(සියල්ලම චතුරාර්ය සත්‍යයට ගලපා තේරුම් ගත යුතුය.)

සාදු! සාදු!! සාදු!!!

ජරා මරණාදී සූත්‍ර නිමා විය.

අන්තරා පෙය්‍යාලය අවසන් විය.

10. අභිසමය වර්ගය

1.10.1.
නඛසිඛා සූත්‍රය
නියසිළ මුල්කොට වදාළ දෙසුම

214. මා හට අසන්නට ලැබුණේ මේ විදිහටයි. ඒ දිනවල භාග්‍යවතුන් වහන්සේ වැඩසිටියේ සැවැත් නුවර ජේතවනය නම් වූ අනේපිඬු සිටුතුමාගේ ආරාමයේය. එදා භාග්‍යවතුන් වහන්සේ පස් ස්වල්පයක් නියසිළ මත තබා භික්ෂූන් හට දක්වා වදාළා,

"පින්වත් මහණෙනි, මේ ගැන ඔබ කුමක්ද හිතන්නේ? මෙතැන බොහෝ වැඩි කුමක්ද? දූන් මා මේ නියසිළ මතට ගත් පස් ස්වල්පයද? මේ මහා පොළොවද?"

"ස්වාමීනී, මේ මහා පොළොවේ යම් පසක් වේ නම් මේ පස්මයි ඉතා වැඩි. භාග්‍යවතුන් වහන්සේ විසින් ඔය නියසිළ මත රඳවා තිබෙන පස් ප්‍රමාණය නම් ඉතාමත්ම ස්වල්පයකි. මහ පොළොවත් සමඟ ඔය පස් ස්වල්පය සසඳා බැලීමේදී භාග්‍යවතුන් වහන්සේ විසින් නියසිළ මතට ගත් මේ පස් බිඳ සියවන කලාවටත් සසඳන්න බෑ. දහස්වන කලාවටත් සසඳන්න බෑ. ලක්ෂයේ කලාවටත් සසඳන්න බෑ."

"පින්වත් මහණෙනි, ඔන්න ඔය විදිහමයි. චතුරාර්ය සත්‍යය අවබෝධ කළ (සෝතාපන්න වූ) සම්මා දිට්ඨියෙන් යුතු ආර්ය ශ්‍රාවක පුද්ගලයා විසින් යම් දුකක් ක්ෂය කළා නම්, යම් දුකක් අවසන් කළා නම් ඒ දුක ඉතාමත්ම වැඩියි. ඔහුට විඳින්නට ඉතිරි වී ඇති දුක නම් ඉතාමත්ම ස්වල්පයකි. ගෙවී ගිය, අවසන් කළ ඒ පළමු දුක හා ආත්ම භාව හතක් උපරිම කොට විඳීමට ඉතිරි වී ඇති දුක සසඳා බැලීමේදී සියවන කලාවටත් සසඳන්න බෑ. දහස්වන කලාවටත් සසඳන්න බෑ. ලක්ෂයේ කලාවටත් සසඳන්න බෑ.

පින්වත් මහණෙනි, ධර්මාවබෝධය ඔය ආකාරයෙන් අතිවිශාල යහපතක් සළසා දෙනවා. ධම්මචක්ඛු ප්‍රතිලාභයෙන් ඔය ආකාරයට අතිවිශාල යහපතක්

සළසා දෙනවා.

සාදු! සාදු!! සාදු!!!

නඛසිඛා සූත්‍රය නිමා විය.

1.10.2.
පොක්ඛරණී සූත්‍රය
පොකුණ මුල්කොට වදාළ දෙසුම

215. සැවැත් නුවරදී ....

"පින්වත් මහණෙනි, ඒක මේ වගේ දෙයක්. යොදුන් පනහක් දිග, යොදුන් පනහක් පළල, යොදුන් පනහක් ගැඹුර ඇති පොකුණක් තියෙනවා. ඒකේ ජලය කපුටන්ට වුණත් බොන්න පුළුවන් විදිහට කට ගාවටම පිරිලා තියෙනවා. එතැනට මනුස්සයෙක් එනවා. ඇවිදින් ඒ පොකුණෙන් ජලය ස්වල්පයක් කුස තණ අගින් ගන්නවා. පින්වත් මහණෙනි, ඔබ කුමක්ද මේ ගැන හිතන්නේ? අර කුස තණ අගින් ගත්තු ජලය ස්වල්පය ද වැඩි? පොකුණේ තියෙන ජලය ද වැඩි?"

"ස්වාමීනී, පොකුණේ තියෙන ජලයමයි වැඩි. කුස තණ අගින් ගත්තු ජලය නම් ඉතාමත්ම ස්වල්පයයි. පොකුණේ තියෙන ජලය සමඟ තණ අගින් ගත් ජලය සසඳා බැලීමේදී සියවන කලාවටත් සසඳන්න බෑ. දහස්වන කලාවටත් සසඳන්න බෑ. ලක්ෂයේ කලාවටත් සසඳන්න බෑ."

"පින්වත් මහණෙනි, ඔන්න ඔය විදිහමයි. චතුරාර්ය සත්‍යය අවබෝධ කළ (සෝතාපන්න වූ) සම්මා දිට්ඨියෙන් යුතු ආර්ය ශ්‍රාවක පුද්ගලයා විසින් යම් දුකක් ක්ෂය කළා නම්, යම් දුකක් අවසන් කළා නම් ඒ දුක ඉතාමත්ම වැඩියි. ඔහුට විඳින්නට ඉතිරි වී ඇති දුක නම් ඉතාමත්ම ස්වල්පයකි. ගෙවී ගිය, අවසන් කළ ඒ පළමු දුක හා ආත්ම භාව හතක් උපරිම කොට උපත ලැබීම සසඳා බැලීමේදී සියවන කලාවටත් සසඳන්න බෑ. දහස්වන කලාවටත් සසඳන්න බෑ. ලක්ෂයේ කලාවටත් සසඳන්න බෑ.

පින්වත් මහණෙනි, ධර්මාවබෝධය ඔය ආකාරයෙන් අතිවිශාල යහපතක් සළසා දෙනවා. ධම්මචක්ඛු ප්‍රතිලාභයෙන් ඔය ආකාරයට අතිවිශාල යහපතක්

සළසා දෙනවා.

සාදු! සාදු!! සාදු!!!

පොක්ඛරණී සූත්‍රය නිමා විය.

1.10.3.
සම්භෙජ්ජඋදක සූත්‍රය
එක් රැස් වූ ජලය මුල්කොට වදාළ දෙසුම

216. සැවැත් නුවරදී ....

"පින්වත් මහණෙනි, ඒක මේ වගේ දෙයක්. මහා ගංගාවල් එකට එකතු වෙලා යම් තැනක ගලා බසිනවා නම්, එකට එක් වෙනවා නම්, ඒ ගංගා තමයිඃ ගංගා, යමුනා, අචිරවතී, සරභූ, මහී කියලා කියන්නේ. ඉතින් ඔතැනට මනුස්සයෙක් එනවා. ඇවිදින් ජල බිංදු දෙක තුනක් උඩට ගන්නවා. පින්වත් මහණෙනි, මේ ගැන ඔබ කුමක්ද හිතන්නේ? ඒ ජලයෙන් උඩට ගත්තු ජල බිංදු දෙක තුන ද වැඩි? ඒ එක් රැස් වූ ගංගා ජලය ද වැඩි?"

"ස්වාමීනී, ගංගාවල තියෙන ජලයමයි වැඩි. උඩට ගත්තු ජල බිංදු දෙක තුන නම් ඉතාමත් ස්වල්පයයි. ගංගාවල තියෙන ජලය සමඟ උඩට ගත් ජල බිංදු දෙක තුන සසඳා බැලීමේදී සියවන කලාවටත් සසඳන්න බෑ. දහස්වන කලාවටත් සසඳන්න බෑ. ලක්ෂයේ කලාවටත් සසඳන්න බෑ."

"පින්වත් මහණෙනි, ඔන්න ඔය විදිහමයි. චතුරාර්ය සත්‍යය අවබෝධ කළ (සෝතාපන්න වූ) සම්මා දිට්ඨියෙන් යුතු ආර්ය ශ්‍රාවක පුද්ගලයා විසින් යම් දුකක් ක්ෂය කළා නම්, යම් දුකක් අවසන් කළා නම් ඒ දුක ඉතාමත්ම වැඩියි. ....(පෙ).... ලක්ෂයේ කලාවටත් සසඳන්න බෑ.

පින්වත් මහණෙනි, ධර්මාවබෝධය ඔය ආකාරයෙන් අතිවිශාල යහපතක් සළසා දෙනවා. ධම්මචක්ඛු ප්‍රතිලාභයෙන් ඔය ආකාරයට අතිවිශාල යහපතක් සළසා දෙනවා.

සාදු! සාදු!! සාදු!!!

සම්භෙජ්ජඋදක සූත්‍රය නිමා විය.

1.10.4.
දුතිය සම්භෙජ්ජඋදක සූත්‍රය
එක් රැස් වූ ජලය මුල්කොට වදාළ දෙවෙනි දෙසුම

217. සැවැත් නුවරදී ....

"පින්වත් මහණෙනි, ඒක මේ වගේ දෙයක්. මහා ගංගාවල් එකට එකතු වෙලා යම් තැනක ගලා බසිනවා නම්, එකට එක් වෙනවා නම්, ඒ ගංගා තමයි: ගංගා, යමුනා, අචිරවතී, සරභූ, මහී කියලා කියන්නේ. ඉතින් ජල බිංදු දෙක තුනක් විතරක් ඉතුරු වෙලා අනිත් ජලය සිඳිලා යනවා කියලා හිතමු. එතකොට පින්වත් මහණෙනි, ඔබ මේ ගැන කුමක්ද හිතන්නේ? ගොඩක් වැඩි කොයි ජලය ද? එක් රැස් වෙලා තිබිලා හිඳිලා ගිය ජලය ද? ඉතුරු වෙච්ච ජල බිංදු දෙක තුන ද?"

"ස්වාමීනී, එක් රැස් වෙලා තිබිලා සිඳිලා ගිය ජලයමයි වැඩි. ඉතිරි වුණ ජල බිංදු දෙක තුන නම් ඉතාමත්ම ස්වල්පයයි. එක් රැස් වෙලා තිබිලා සිඳිලා ගිය ජලය සමඟ ඉතිරි වුණ ජල බිංදු දෙක තුන සසඳා බැලීමේ දී සියවන කලාවටත් සසඳන්න බෑ. දහස්වන කලාවටත් සසඳන්න බෑ. ලක්ෂයේ කලාවටත් සසඳන්න බෑ."

"පින්වත් මහණෙනි, ඔන්න ඔය විදිහමයි. චතුරාර්ය සත්‍යය අවබෝධ කළ (සෝතාපන්න වූ) සම්මා දිට්ඨියෙන් යුතු ආර්ය ශ්‍රාවක පුද්ගලයා විසින් යම් දුකක් ක්ෂය කළා නම්, යම් දුකක් අවසන් කළා නම් ඒ දුක ඉතාමත්ම වැඩියි. ....(පෙ).... ලක්ෂයේ කලාවටත් සසඳන්න බෑ.

පින්වත් මහණෙනි, ධර්මාවබෝධය ඔය ආකාරයෙන් අතිවිශාල යහපතක් සළසා දෙනවා. ධම්මචක්ඛු ප්‍රතිලාභයෙන් ඔය ආකාරයට අතිවිශාල යහපතක් සළසා දෙනවා.

සාදු! සාදු!! සාදු!!!

දුතිය සම්භෙජ්ජඋදක සූත්‍රය නිමා විය.

1.10.5.
පඨවි සූත්‍රය
පොළොව මුල්කොට වදාළ දෙසුම

218. සැවැත් නුවරදී ....

"පින්වත් මහණෙනි, පුරුෂයෙක් මේ මහා පොළොවෙන් වෙරළු ගෙඩි හතක ප්‍රමාණයේ ගුලි හතක් වෙන් කරනවා කියල හිතමු. පින්වත් මහණෙනි, මේ ගැන ඔබ කුමක්ද සිතන්නේ? වඩාත් වැඩි මොනවාද? අර වෙන් කරපු වෙරළු ගෙඩි ප්‍රමාණයේ ගුලි හතද? මේ මහා පොළොවද?"

"ස්වාමීනී, මේ මහා පොළොවේ පස්මයි වැඩි. වෙන් කරපු වෙරළු ගෙඩි ප්‍රමාණයේ ගුලි නම් ඉතාමත්ම ස්වල්පයයි. මේ මහා පොළොවේ පස් සමඟ වෙන් කරපු වෙරළු ගෙඩි ප්‍රමාණයේ ගුලි සසඳා බැලීමේදී සියවන කලාවටත් සසඳන්න බෑ. දහස්වන කලාවටත් සසඳන්න බෑ. ලක්ෂයේ කලාවටත් සසඳන්න බෑ."

"පින්වත් මහණෙනි, ඔන්න ඔය විදිහමයි. චතුරාර්ය සත්‍යය අවබෝධ කළ (සෝතාපන්න වූ) සම්මා දිට්ඨියෙන් යුතු ආර්ය ශ්‍රාවක පුද්ගලයා විසින් යම් දුකක් ක්ෂය කළා නම්, යම් දුකක් අවසන් කළා නම් ඒ දුක ඉතාමත්ම වැඩියි. ....(පෙ).... ලක්ෂයේ කලාවටත් සසඳන්න බෑ.

පින්වත් මහණෙනි, ධර්මාවබෝධය ඔය ආකාරයෙන් අතිවිශාල යහපතක් සළසා දෙනවා. ධම්මචක්ඛු ප්‍රතිලාභයෙන් ඔය ආකාරයට අතිවිශාල යහපතක් සළසා දෙනවා.

සාදු! සාදු!! සාදු!!!

පඨවි සූත්‍රය නිමා විය.

1.10.6.
දුතිය පඨවි සූත්‍රය
පොළොව මුල්කොට වදාළ දෙවෙනි දෙසුම

219. සැවැත් නුවරදී ....

"පින්වත් මහණෙනි, මේ මහා පොළොවේ වෙරළු ගෙඩි හතක ප්‍රමාණයේ ගුලි හතක් ඉතිරි වෙලා, මුළු මහ පොළොවම ක්ෂය වෙනවා, අවසන් වෙනවා කියල හිතමු. පින්වත් මහණෙනි, මේ ගැන ඔබ කුමක්ද සිතන්නේ? වඩාත් වැඩි මොනවාද? අර ඉතිරි වුණ වෙරළු ගෙඩි ප්‍රමාණයේ ගුලි හතද? ක්ෂය වෙලා අවසන් වෙලා ගිය මේ මහා පොළොව ද?"

"ස්වාමීනී, ක්ෂය වෙලා අවසන් වෙලා ගිය මේ මහා පොළොවේ පස්මයි වැඩි. ඉතිරි වුණ වෙරළු ගෙඩි ප්‍රමාණයේ ගුලි නම් ඉතාමත්ම ස්වල්පයයි. ක්ෂය වෙලා අවසන් වෙලා ගිය මේ මහා පොළොවේ පස් සමඟ ඉතිරි වුණ වෙරළු ගෙඩි ප්‍රමාණයේ ගුලි සසඳා බැලීමේ දී සියවන කලාවටත් සසඳන්න බෑ. දහස්වන කලාවටත් සසඳන්න බෑ. ලක්ෂයේ කලාවටත් සසඳන්න බෑ."

"පින්වත් මහණෙනි, ඔන්න ඔය විදිහමයි. චතුරාර්ය සත්‍යය අවබෝධ කළ (සෝතාපන්න වූ) සම්මා දිට්ඨියෙන් යුතු ආර්ය ශ්‍රාවක පුද්ගලයා විසින් යම් දුකක් ක්ෂය කළා නම්, යම් දුකක් අවසන් කළා නම් ඒ දුක ඉතාමත්ම වැඩියි. ....(පෙ).... ලක්ෂයේ කලාවටත් සසඳන්න බෑ.

පින්වත් මහණෙනි, ධර්මාවබෝධය ඔය ආකාරයෙන් අතිවිශාල යහපතක් සළසා දෙනවා. ධම්මචක්ඛු ප්‍රතිලාභයෙන් ඔය ආකාරයට අතිවිශාල යහපතක් සළසා දෙනවා.

සාදු! සාදු!! සාදු!!!

දුතිය පඨවි සූත්‍රය නිමා විය.

1.10.7.
සමුද්ද සූත්‍රය
සාගරය මුල්කොට වදාළ දෙසුම

220. සැවැත් නුවරදී ....

"පින්වත් මහණෙනි, පුරුෂයෙක් මහා සාගරයෙන් ජල බිංදු දෙක තුනක් උඩට ගත්තා කියලා හිතමු. පින්වත් මහණෙනි, ඔබ මේ ගැන කුමක්ද සිතන්නේ? වඩාත් වැඩි මොනවාද? සාගර දියෙන් උඩට ගත් ජල බිංදු දෙක තුන ද? මහ සයුරේ දිය කඳ ද?"

"ස්වාමීනී, මහ සයුරේ දියමයි වැඩි. උඩට ගත් ජල බිංදු දෙක තුන නම් ඉතාමත්ම ස්වල්පයයි. මහ සයුරේ දිය කඳ සමඟ උඩට ගත් ජල බිංදු දෙක තුන සසඳා බැලීමේදී සියවන කලාවටත් සසඳන්න බෑ. දහස්වන කලාවටත් සසඳන්න බෑ. ලක්ෂයේ කලාවටත් සසඳන්න බෑ."

"පින්වත් මහණෙනි, ඔන්න ඔය විදිහමයි. චතුරාර්ය සත්‍යය අවබෝධ කළ (සෝතාපන්න වූ) සම්මා දිට්ඨියෙන් යුතු ආර්ය ශ්‍රාවක පුද්ගලයා විසින් යම් දුකක් ක්ෂය කළා නම්, යම් දුකක් අවසන් කළා නම් ඒ දුක ඉතාමත්ම වැඩියි. ....(පෙ).... ලක්ෂයේ කලාවටත් සසඳන්න බෑ.

පින්වත් මහණෙනි, ධර්මාවබෝධය ඔය ආකාරයෙන් අතිවිශාල යහපතක් සළසා දෙනවා. ධම්මචක්ඛු ප්‍රතිලාභයෙන් ඔය ආකාරයට අතිවිශාල යහපතක් සළසා දෙනවා.

සාදු! සාදු!! සාදු!!!

සමුද්ද සූත්‍රය නිමා විය.

1.10.8.
දුතිය සමුද්ද සූත්‍රය
සාගරය මුල්කොට වදාළ දෙවෙනි දෙසුම

221. සැවැත් නුවරදී ....

"පින්වත් මහණෙනි, මේ මහා සාගරයෙන් ජල බිංදු දෙක තුනක් ඉතිරි වෙලා, මුළු මහා සාගරයම ක්ෂය වෙනවා, අවසන් වෙනවා කියලා හිතමු. පින්වත් මහණෙනි, ඔබ මේ ගැන කුමක්ද සිතන්නේ? වඩාත් වැඩි මොනවාද? අර ඉතිරි වුණ ජල බිංදු දෙක තුනද? ක්ෂය වෙලා අවසන් වෙලා ගිය මේ මහා සාගරය ද?"

"ස්වාමීනී, ක්ෂය වෙලා අවසන් වෙලා ගිය මේ මහා සාගරයේ දිය කඳමයි වැඩි. ඉතිරි වුණ ජල බිංදු දෙක තුන නම් ඉතාමත්ම ස්වල්පයයි. ක්ෂය

වෙලා අවසන් වෙලා ගිය මේ මහා සාගරයේ දිය කඳ සමඟ ඉතිරි වුණ ජල බිංදු දෙක තුන සසඳා බැලීමේ දී සියවන කලාවටත් සසඳන්න බෑ. දහස්වන කලාවටත් සසඳන්න බෑ. ලක්ෂයේ කලාවටත් සසඳන්න බෑ."

"පින්වත් මහණෙනි, ඔන්න ඔය විදිහමයි. චතුරාර්ය සත්‍යය අවබෝධ කළ (සෝතාපන්න වූ) සම්මා දිට්ඨියෙන් යුතු ආර්ය ශ්‍රාවක පුද්ගලයා විසින් යම් දුකක් ක්ෂය කළා නම්, යම් දුකක් අවසන් කළා නම් ඒ දුක ඉතාමත්ම වැඩියි. ....(පෙ).... ලක්ෂයේ කලාවටත් සසඳන්න බෑ.

පින්වත් මහණෙනි, ධර්මාවබෝධය ඔය ආකාරයෙන් අතිවිශාල යහපතක් සළසා දෙනවා. ධම්මචක්ඛු ප්‍රතිලාභයෙන් ඔය ආකාරයට අතිවිශාල යහපතක් සළසා දෙනවා.

සාදු! සාදු!! සාදු!!!

දුතිය සමුද්ද සූත්‍රය නිමා විය.

1.10.9.
පබ්බතූපම සූත්‍රය
පර්වතය මුල්කොට වදාළ දෙසුම

222. සැවැත් නුවරදී ....

"පින්වත් මහණෙනි, පුරුෂයෙක් මේ හිමාල පර්වත රාජයාගෙන් අබ ඇට ප්‍රමාණයේ ගල් කැබලි හතක් වෙන් කරනවා කියල හිතමු. පින්වත් මහණෙනි, මේ ගැන ඔබ කුමක්ද සිතන්නේ? වඩාත් වැඩි මොනවාද? අර වෙන් කරපු අබ ඇට ප්‍රමාණයේ ගල් කැබලි හත ද? මේ හිමාල පර්වත රාජයා ද?"

"ස්වාමීනී, මේ හිමාල පර්වත රාජයාමයි වැඩි. වෙන් කරපු අබ ඇට ප්‍රමාණයේ ගල් කැබලි නම් ඉතාමත්ම ස්වල්පයයි. මේ හිමාල පර්වත රාජයා සමඟ වෙන් කරපු අබ ඇට ප්‍රමාණයේ ගල් කැබලි සසඳා බැලීමේදී සියවන කලාවටත් සසඳන්න බෑ. දහස්වන කලාවටත් සසඳන්න බෑ. ලක්ෂයේ කලාවටත් සසඳන්න බෑ."

"පින්වත් මහණෙනි, ඔන්න ඔය විදිහමයි. චතුරාර්ය සත්‍යය අවබෝධ කළ (සෝතාපන්න වූ) සම්මා දිට්ඨියෙන් යුතු ආර්ය ශ්‍රාවක පුද්ගලයා විසින්

යම් දුකක් ක්ෂය කළා නම්, යම් දුකක් අවසන් කළා නම් ඒ දුක ඉතාමත්ම වැඩියි. ....(පෙ).... ලක්ෂයේ කලාවටත් සසඳන්න බෑ.

පින්වත් මහණෙනි, ධර්මාවබෝධය ඔය ආකාරයෙන් අතිවිශාල යහපතක් සළසා දෙනවා. ධම්මචක්ඛු ප්‍රතිලාභයෙන් ඔය ආකාරයට අතිවිශාල යහපතක් සළසා දෙනවා.

සාදු! සාදු!! සාදු!!!

පබ්බතූපම සූත්‍රය නිමා විය.

1.10.10.
දුතිය පබ්බතූපම සූත්‍රය
පර්වතය මුල්කොට වදාළ දෙවනි දෙසුම

223. සැවැත් නුවරදී ....

"පින්වත් මහණෙනි, පුරුෂයෙක් මේ හිමාල පර්වත රාජයාගෙන් අබ ඇට හතක ප්‍රමාණයේ ගල් කැබලි ඉතිරි වෙලා මුළු මහත් හිමාල පර්වත රාජයාම ක්ෂය වෙනවා, අවසන් වෙනවා කියල හිතමු. පින්වත් මහණෙනි, මේ ගැන ඔබ කුමක්ද සිතන්නේ? වඩාත් වැඩි මොනවාද? අර ඉතිරි වුණ අබ ඇට ප්‍රමාණයේ ගල් කැබලි හත ද? ක්ෂය වෙලා අවසන් වෙලා ගිය මේ හිමාල පර්වත රාජයා ද?"

"ස්වාමීනී, ක්ෂය වෙලා අවසන් වෙලා ගිය මේ හිමාල පර්වත රාජයාමයි වැඩි. ඉතිරි වුණ අබ ඇට ප්‍රමාණයේ ගල් කැබලි නම් ඉතාමත්ම ස්වල්පයයි. ක්ෂය වෙලා අවසන් වෙලා ගිය මේ හිමාල පර්වත රාජයා සමඟ ඉතුරු වුණ අබ ඇට ප්‍රමාණයේ ගල් කැබලි හත සසඳා බැලීමේදී සියවන කලාවටත් සසඳන්න බෑ. දහස්වන කලාවටත් සසඳන්න බෑ. ලක්ෂයේ කලාවටත් සසඳන්න බෑ."

"පින්වත් මහණෙනි, ඔන්න ඔය විදිහමයි. චතුරාර්ය සත්‍යය අවබෝධ කළ (සෝතාපන්න වූ) සම්මා දිට්ඨියෙන් යුතු ආර්ය ශ්‍රාවක පුද්ගලයා විසින් යම් දුකක් ක්ෂය කළා නම්, යම් දුකක් අවසන් කළා නම් ඒ දුක ඉතාමත්ම වැඩියි. ....(පෙ).... ලක්ෂයේ කලාවටත් සසඳන්න බෑ.

පින්වත් මහණෙනි, ධර්මාවබෝධය ඔය ආකාරයෙන් අතිවිශාල යහපතක් සළසා දෙනවා. ධම්මචක්ඛු ප්‍රතිලාභයෙන් ඔය ආකාරයට අතිවිශාල යහපතක්

සළසා දෙනවා.

සාදු! සාදු!! සාදු!!!

දුතිය පබ්බතූපම සූත්‍රය නිමා විය.

1.10.11.
තතිය පබ්බතූපම සූත්‍රය
පර්වතය මුල්කොට වදාළ තුන්වෙනි දෙසුම

224. සැවැත් නුවරදී ....

"පින්වත් මහණෙනි, පුරුෂයෙක් මේ සිනේරු පර්වත රාජයාගෙන් මුං ඇට ප්‍රමාණයේ ගල් කැබලි හතක් වෙන් කරනවා කියල හිතමු. පින්වත් මහණෙනි, මේ ගැන ඔබ කුමක්ද සිතන්නේ? වඩාත් වැඩි මොනවාද? අර වෙන් කරපු මුං ඇට ප්‍රමාණයේ ගල් කැබලි හත ද? මේ සිනේරු පර්වත රාජයා ද?"

"ස්වාමීනී, මේ සිනේරු පර්වත රාජයාමයි වැඩි. වෙන් කරපු මුං ඇට ප්‍රමාණයේ ගල් කැබලි නම් ඉතාමත්ම ස්වල්පයයි. මේ සිනේරු පර්වත රාජයා සමඟ වෙන් කරපු මුං ඇට ප්‍රමාණයේ ගල් කැබලි සසඳා බැලීමේදී සියවන කලාවටත් සසඳන්න බෑ. දහස්වන කලාවටත් සසඳන්න බෑ. ලක්ෂයේ කලාවටත් සසඳන්න බෑ."

"පින්වත් මහණෙනි, ඔන්න ඔය විදිහමයි. චතුරාර්ය සත්‍යය අවබෝධ කළ (සෝතාපන්න වූ) සම්මා දිට්ඨියෙන් යුතු ආර්ය ශ්‍රාවක පුද්ගලයාගේ අවබෝධය සමඟ අන්‍යාගමික පූජකයන්ගේ අවබෝධය සසඳා බැලීමේදී සියවන කලාවටවත් ඔවුන්ගේ අවබෝධය සසඳන්න බෑ. දහස්වන කලාවටවත් සසඳන්න බෑ. ලක්ෂයේ කලාවටත් සසඳන්න බෑ.

පින්වත් මහණෙනි, සම්මා දිට්ඨියට පත් වූ පුද්ගලයා ඔය ආකාරයෙන් අතිවිශාල අවබෝධයකින් යුක්තයි. ඔය ආකාරයෙන් විශිෂ්ට ඥාණයකින් යුක්තයි.

සාදු! සාදු!! සාදු!!!

තතිය පබ්බතූපම සූත්‍රය නිමා විය.

දස වෙනි අභිසමය වර්ගය අවසන් විය.

අභිසමය සංයුත්තය නිමා විය.

2. ධාතු සංයුත්තය

1. නානත්ත වර්ගය

2.1.1.
ධාතු නානත්ත සූත්‍රය
ධාතුවල වෙනස්කම් ගැන වදාළ දෙසුම

225. සැවැත් නුවරදී ....

"පින්වත් මහණෙනි, මා ඔබට ධාතුවල වෙනස්කම් ගැන කියා දෙන්නම්. එය හොඳින් අහගන්න ඕන. ඉතා හොඳින් නුවණින් මෙනෙහි කරන්න ඕන. කියා දෙන්නම්." "එසේය, ස්වාමීනී" කියලා ඒ භික්ෂූන් වහන්සේලා භාග්‍යවතුන් වහන්සේට පිළිතුරු දුන්නා. ඒ මොහොතේදී තමයි භාග්‍යවතුන් වහන්සේ මේ දේශනාව වදාළේ.

පින්වත් මහණෙනි, ධාතුවල වෙනස්කම් කියන්නේ මොකක්ද? ඇස ධාතු ස්වභාවයක්. රූප ධාතු ස්වභාවයක්. ඇසේ හටගන්නා විඤ්ඤාණය ධාතු ස්වභාවයක්. කණ ධාතු ස්වභාවයක්. ශබ්ද ධාතු ස්වභාවයක්. කණේ හටගන්නා විඤ්ඤාණය ධාතු ස්වභාවයක්. නාසය ධාතු ස්වභාවයක්. ගඳසුවඳ ධාතු ස්වභාවයක්. නාසයේ හටගන්නා විඤ්ඤාණය ධාතු ස්වභාවයක්. දිව ධාතු ස්වභාවයක්. රසය ධාතු ස්වභාවයක්. දිවේ හටගන්නා විඤ්ඤාණය ධාතු ස්වභාවයක්. කය ධාතු ස්වභාවයක්. පහස ධාතු ස්වභාවයක්. කයේ හටගන්නා විඤ්ඤාණය ධාතු ස්වභාවයක්. මනස ධාතු ස්වභාවයක්. මනසට සිතෙන අරමුණු ධාතු ස්වභාවයක්. මනසේ හටගන්නා විඤ්ඤාණය ධාතු ස්වභාවයක්. පින්වත් මහණෙනි, ඔන්න ඕකටයි ධාතුවල වෙනස්කම් කියලා කියන්නේ.

සාදු! සාදු!! සාදු!!!

ධාතු නානත්ත සූත්‍රය නිමා විය.

2.1.2.
ඵස්ස නානත්ත සූත්‍රය
ස්පර්ශවල වෙනස්කම් ගැන වදාළ දෙසුම

226. සැවැත් නුවරදී ....

පින්වත් මහණෙනි, ධාතුවල වෙනස්කම් හේතු කොට ගෙනයි ස්පර්ශවල වෙනස්කම් ඇතිවෙන්නේ. පින්වත් මහණෙනි, ධාතුවල වෙනස්කම් කියන්නේ මොකක්ද? ඇස ධාතු ස්වභාවයක්. කණ ධාතු ස්වභාවයක්. නාසය ධාතු ස්වභාවයක්. දිව ධාතු ස්වභාවයක්. කය ධාතු ස්වභාවයක්. මනස ධාතු ස්වභාවයක්. පින්වත් මහණෙනි, ධාතුවල වෙනස්කම් කියන්නේ මේකටයි.

කොහොමද පින්වත් මහණෙනි, ධාතුවල වෙනස්කම් හේතු කොට ගෙන ස්පර්ශවල වෙනස්කම් ඇතිවෙන්නේ? පින්වත් මහණෙනි, ඇස නම් වූ ධාතු ස්වභාවය හේතු කොට ගෙන ඇසේ ස්පර්ශය හටගන්නවා. කණ නම් වූ ධාතු ස්වභාවය හේතු කොට ගෙන කණේ ස්පර්ශය හටගන්නවා. නාසය නම් වූ ධාතු ස්වභාවය හේතු කොට ගෙන නාසයේ ස්පර්ශය හටගන්නවා. දිව නම් වූ ධාතු ස්වභාවය හේතු කොට ගෙන දිවේ ස්පර්ශය හටගන්නවා. කය නම් වූ ධාතු ස්වභාවය හේතු කොට ගෙන කයේ ස්පර්ශය හටගන්නවා. මනස නම් වූ ධාතු ස්වභාවය හේතු කොට ගෙන මනසේ ස්පර්ශය හටගන්නවා. පින්වත් මහණෙනි, ඔන්න ඔය ආකාරයටයි ධාතුවල වෙනස්කම් හේතු කොටගෙන ස්පර්ශවල වෙනස්කම් හටගන්නේ.

සාදු! සාදු!! සාදු!!!

ඵස්ස නානත්ත සූත්‍රය නිමා විය.

2.1.3.
නෝ ඵස්සනානත්ත සූත්‍රය
ස්පර්ශ නානත්වයෙන් නොවේ කියා වදාළ දෙසුම

227. සැවැත් නුවරදී ....

පින්වත් මහණෙනි, ධාතු නානත්වය හේතු කොටගෙනයි ස්පර්ශ

නානත්වය ඇතිවෙන්නේ. ස්පර්ශ නානත්වය හේතු කොටගෙන නම් ධාතු නානත්වය ඇති වෙන්නේ නෑ.

පින්වත් මහණෙනි, ධාතු නානත්වය කියන්නේ මොකක්ද? ඇස ධාතු ස්වභාවයක්. ....(පෙ).... මනස ධාතු ස්වභාවයක්. පින්වත් මහණෙනි, ධාතු නාන්තවය කියන්නෙ මේකටයි.

පින්වත් මහණෙනි, ධාතු නානත්වය හේතු කොටගෙන ස්පර්ශ නානත්වය ඇතිවන්නේත්, ස්පර්ශ නානත්වය හේතු කොට ගෙන ධාතු නානත්වයක් ඇති නොවන්නේත් කොහොමද?

පින්වත් මහණෙනි, ඇස නම් වූ ධාතු ස්වභාවය හේතු කොට ගෙන ඇසේ ස්පර්ශය හටගන්නවා. ඇසේ ස්පර්ශය හේතු කොටගෙන ඇස නම් වූ ධාතු ස්වභාවය හටගන්නේ නෑ. ....(පෙ).... මනස නම් වූ ධාතු ස්වභාවය හේතු කොට ගෙන මනසේ ස්පර්ශය හටගන්නවා. මනසේ ස්පර්ශය හේතු කොටගෙන මනස නම් වූ ධාතු ස්වභාවය හටගන්නේ නෑ.

පින්වත් මහණෙනි, ඔන්න ඔය ආකාරයට ධාතු නානත්වය හේතු කොටගෙන ස්පර්ශවල නානත්වය හටගන්නවා මිසක්, ස්පර්ශ නානත්වය හේතු කොට ගෙන ධාතු නානත්වයක් හටගන්නේ නෑ.

සාදු! සාදු!! සාදු!!!

නෝ ඵස්සනානත්ත සූත්‍රය නිමා විය.

2.1.4.
වේදනා නානත්ත සූත්‍රය
විඳීම්වල වෙනස්කම් ගැන වදාළ දෙසුම

228. සැවැත් නුවරදී ....

පින්වත් මහණෙනි, ධාතුවල වෙනස්කම් හේතු කොටගෙනයි ස්පර්ශවල නානත්වය ඇතිවෙන්නේ. ස්පර්ශවල වෙනස්කම් හේතු කොටගෙනයි වේදනාවල වෙනස්කම් ඇතිවන්නේ. පින්වත් මහණෙනි, ධාතුවල වෙනස්කම් කියන්නේ මොකක්ද? ඇස ධාතු ස්වභාවයක්. ....(පෙ).... මනස ධාතු ස්වභාවයක්. පින්වත් මහණෙනි, ධාතුවල වෙනස්කම් කියන්නේ මේකටයි.

පින්වත් මහණෙනි, ධාතුවල වෙනස්කම් හේතු කොටගෙන ස්පර්ශවල වෙනස්කම් ඇතිවන්නේත්, ස්පර්ශවල වෙනස්කම් හේතු කොට ගෙන විඳීම්වල වෙනස්කම් ඇතිවන්නේත් කොහොමද?

පින්වත් මහණෙනි, ඇස නම් වූ ධාතු ස්වභාවය හේතු කොට ගෙන ඇසේ ස්පර්ශය හටගන්නවා. ඇසේ ස්පර්ශය හේතු කොට ගෙන ඇසේ ස්පර්ශයෙන් හටගන්නා විඳීම් ඇතිවෙනවා. ....(පෙ).... මනස නම් වූ ධාතු ස්වභාවය හේතු කොට ගෙන මනසේ ස්පර්ශය හටගන්නවා. මනසේ ස්පර්ශය හේතු කොට ගෙන මනසේ ස්පර්ශයෙන් හටගන්නා විඳීම් ඇතිවෙනවා.

පින්වත් මහණෙනි, ඔන්න ඔය ආකාරයටයි ධාතුවල වෙනස්කම් හේතු කොටගෙන ස්පර්ශවල වෙනස්කම් හටගන්නේ. ස්පර්ශවල වෙනස්කම් හේතු කොටගෙන විඳීම්වල වෙනස්කම් හටගන්නේ.

සාදු! සාදු!! සාදු!!!

වේදනා නානත්ත සූත්‍රය නිමා විය.

2.1.5.
නෝ වේදනානානත්ත සූත්‍රය
විඳීම්වල වෙනස්කම් නොවේ කියා වදාළ දෙසුම

229. සැවැත් නුවරදී ....

පින්වත් මහණෙනි, ධාතු වෙනස්කම් හේතු කොට ගෙනයි ස්පර්ශවල වෙනස්කම් ඇතිවෙන්නේ. ස්පර්ශවල වෙනස්කම් හේතු කොට ගෙන වේදනාවල වෙනස්කම් ඇතිවෙනවා. වේදනාවල වෙනස්කම් හේතු කොට ගෙන ස්පර්ශවල වෙනස්කම් නම් හටගන්නේ නෑ. ඒ වගේම ස්පර්ශවල වෙනස්කම් හේතු කොට ගෙන ධාතුවල වෙනස්කම් නම් හටගන්නේ නෑ.

පින්වත් මහණෙනි, ධාතුවල වෙනස්කම් කියන්නේ මොකක්ද? ඇස ධාතු ස්වභාවයක්. ....(පෙ).... මනස ධාතු ස්වභාවයක්. පින්වත් මහණෙනි, ධාතුවල වෙනස්කම් කියන්නේ මේකටයි.

පින්වත් මහණෙනි, ධාතුවල වෙනස්කම් හේතු කොට ගෙන ස්පර්ශවල වෙනස්කම් ඇතිවන්නේත්, ස්පර්ශවල වෙනස්කම් හේතු කොට ගෙන

වේදනාවල වෙනස්කම් ඇතිවන්නේත්, වේදනාවල වෙනස්කම් හේතු කොට ගෙන ස්පර්ශවල වෙනස්කම් ඇති නොවන්නේත් ස්පර්ශවල වෙනස්කම් හේතු කොටගෙන ධාතුවල වෙනස්කම් ඇති නොවන්නේත් කොහොමද?

පින්වත් මහණෙනි, ඇස නම් වූ ධාතු ස්වභාවය හේතු කොට ගෙන ඇසේ ස්පර්ශය හටගන්නවා. ඇසේ ස්පර්ශය හේතු කොට ගෙන ඇසේ ස්පර්ශයෙන් හටගන්නා විඳීම් ඇතිවෙනවා. නමුත් ඇසේ ස්පර්ශයෙන් හටගන්නා විඳීම හේතු කොටගෙන ඇසේ ස්පර්ශය නම් හටගන්නේ නෑ. ඇසේ ස්පර්ශය හේතු කොට ගෙන ඇස නම් වූ ධාතු ස්වභාවය හටගන්නේ නෑ. ....(පෙ).... මනස නම් වූ ධාතු ස්වභාවය හේතු කොට ගෙන මනසේ ස්පර්ශය හටගන්නවා. මනසේ ස්පර්ශය හේතු කොට ගෙන මනසේ ස්පර්ශයෙන් හටගන්නා විඳීම් ඇතිවෙනවා. නමුත් මනසේ ස්පර්ශයෙන් හටගන්නා විඳීම හේතු කොටගෙන මනසේ ස්පර්ශය නම් හටගන්නේ නෑ. මනසේ ස්පර්ශය හේතු කොට ගෙන මනස නම් වූ ධාතු ස්වභාවය හටගන්නේ නෑ.

පින්වත් මහණෙනි, ඔන්න ඔය ආකාරයට ධාතුවල වෙනස්කම් හේතු කොටගෙන ස්පර්ශවල වෙනස්කම් හටගන්නවා. ස්පර්ශවල වෙනස්කම් නිසා වේදනාවල වෙනස්කම් හටගන්නවා. නමුත් වේදනාවල වෙනස්කම් හේතු කොට ගෙන ස්පර්ශවල වෙනස්කම් හටගන්නෙත් නෑ. ඒ වගේම ස්පර්ශවල වෙනස්කම් හේතු කොට ගෙන ධාතුවල වෙනස්කම් හටගන්නෙත් නෑ.

සාදු! සාදු!! සාදු!!!

නෝ වේදනා නානත්ත සූත්‍රය නිමා විය.

2.1.6.
බාහිර ධාතු නානත්ත සූත්‍රය
බාහිර ධාතුවල වෙනස්කම් ගැන වදාළ දෙසුම

230. සැවැත් නුවරදී ....

පින්වත් මහණෙනි, මා ඔබට ධාතුවල වෙනස්කම් ගැන කියා දෙන්නම්. එය හොඳින් අහගන්න ඕන. ඉතා හොඳින් නුවණින් මෙනෙහි කරන්න ඕන. ....(පෙ).... කියා දෙන්නම්.

පින්වත් මහණෙනි, ධාතුවල වෙනස්කම් කියන්නේ මොකක්ද? රූප

ධාතු ස්වභාවයක්. ශබ්ද ධාතු ස්වභාවයක්. ගඳ සුවඳ ධාතු ස්වභාවයක්. රස ධාතු ස්වභාවයක්. පහස ධාතු ස්වභාවයක්. මනසට සිතෙන අරමුණු ධාතු ස්වභාවයක්. මනසේ හටගන්නා විඤ්ඤාණය ධාතු ස්වභාවයක්.

පින්වත් මහණෙනි, ඔන්න ඕකටයි බාහිර ධාතුවල වෙනස්කම් කියලා කියන්නේ.

සාදු! සාදු!! සාදු!!!

බාහිර ධාතු නානත්ත සූත්‍රය නිමා විය.

2.1.7.
පරියේසනා නානත්ත සූත්‍රය
සෙවීම්වල වෙනස්කම් ගැන වදාළ දෙසුම

231. සැවැත් නුවරදී ....

පින්වත් මහණෙනි, ධාතුවල වෙනස්කම් හේතු කොට ගෙනයි සඤ්ඤාවල වෙනස්කම් උපදින්නේ. සඤ්ඤාවල වෙනස්කම් හේතු කොටගෙනයි සංකල්වල වෙනස්කම් උපදින්නේ. සංකල්පවල වෙනස්කම් හේතු කොටගෙනයි කැමති දේවල්වල වෙනස්කම් උපදින්නේ. කැමති දේවල්වල වෙනස්කම් හේතු කොට ගෙනයි නැතුව බැරි දේවල්වල වෙනස්කම් උපදින්නේ. නැතුව බැරි දේවල්වල වෙනස්කම් හේතු කොටගෙනයි සෙවීම්වල වෙනස්කම් උපදින්නේ.

පින්වත් මහණෙනි, මොකක්ද මේ ධාතුවල වෙනස්කම්? එනම් රූප ධාතු ස්වභාවයක්. ....(පෙ).... මනසට සිතෙන අරමුණු ධාතු ස්වභාවයක්. පින්වත් මහණෙනි, ධාතුවල වෙනස්කම් කියන්නේ මේකටයි.

පින්වත් මහණෙනි, ධාතුවල වෙනස්කම් හේතු කොට ගෙන සඤ්ඤාවල වෙනස්කම් උපදින්නෙත්, සඤ්ඤාවල වෙනස්කම් හේතු කොට ගෙන සංකල්පවල වෙනස්කම් උපදින්නෙත්, සංකල්පවල වෙනස්කම් හේතු කොට ගෙන කැමති දේවල්වල වෙනස්කම් උපදින්නෙත්, කැමති දේවල්වල වෙනස්කම් හේතු කොට ගෙන නැතුව බැරි දේවල්වල වෙනස්කම් උපදින්නෙත්, නැතුව බැරි දේවල්වල වෙනස්කම් හේතු කොට ගෙන සෙවීම්වල වෙනස්කම් උපදින්නෙත් කොහොමද?

පින්වත් මහණෙනි, රූප නම් වූ ධාතු ස්වභාවය හේතු කොට ගෙනයි රූප සඤ්ඤා උපදින්නේ. රූප සඤ්ඤා හේතු කොට ගෙනයි රූප ගැන සංකල්ප උපදින්නේ. රූප සංකල්ප හේතු කොට ගෙනයි රූප ගැන කැමැත්ත උපදින්නේ. රූප ගැන කැමැත්ත හේතු කොට ගෙනයි රූප නැතුව බැරි තත්වයක් උපදින්නේ. රූප නැතුව බැරි තත්වය හේතු කොට ගෙනයි රූප සෙවීම උපදින්නේ. පින්වත් මහණෙනි, ශබ්ද නම් වූ ධාතු ස්වභාවය හේතු කොට ගෙනයි ....(පෙ).... පින්වත් මහණෙනි, මනසට සිතෙන අරමුණු නම් වූ ධාතු ස්වභාවය හේතු කොට ගෙනයි අරමුණු සඤ්ඤා උපදින්නේ. අරමුණු සඤ්ඤා හේතු කොට ගෙනයි අරමුණු සංකල්ප උපදින්නේ. අරමුණු සංකල්ප හේතු කොට ගෙනයි අරමුණු ගැන කැමැත්ත උපදින්නේ. අරමුණු ගැන කැමැත්ත හේතු කොට ගෙනයි අරමුණු නැතුව බැරි තත්වයක් උපදින්නේ. අරමුණු නැතුව බැරි තත්වය හේතු කොට ගෙනයි අරමුණු සෙවීම උපදින්නේ.

පින්වත් මහණෙනි, ඔන්න ඔය ආකාරයට ධාතුවල වෙනස්කම් හේතු කොට ගෙනයි සඤ්ඤාවල වෙනස්කම් උපදින්නේ. සඤ්ඤාවල වෙනස්කම් හේතු කොට ගෙනයි සංකල්පවල වෙනස්කම් උපදින්නේ. සංකල්පවල වෙනස්කම් හේතු කොට ගෙනයි කැමති දේවල්වල වෙනස්කම් උපදින්නේ. කැමති දේවල්වල වෙනස්කම් හේතු කොට ගෙනයි නැතුව බැරි දේවල්වල වෙනස්කම් උපදින්නේ. නැතුව බැරි දේවල්වල වෙනස්කම් හේතු කොට ගෙනයි සෙවීම්වල වෙනස්කම් උපදින්නේ.

සාදු! සාදු!! සාදු!!!

පරියේසනා නානත්ත සූත්‍රය නිමා විය.

2.1.8.
නෝ පරියේසනා නානත්ත සූත්‍රය
සෙවීම්වල වෙනස්කම් නොවේ කියා වදාළ දෙසුම

232. සැවැත් නුවරදී ....

පින්වත් මහණෙනි, ධාතුවල වෙනස්කම් හේතු කොට ගෙනයි සඤ්ඤාවල වෙනස්කම් උපදින්නේ. සඤ්ඤාවල වෙනස්කම් හේතු කොට ගෙනයි සංකල්වල වෙනස්කම් උපදින්නේ. සංකල්පවල වෙනස්කම් හේතු කොට ගෙනයි කැමති දේවල්වල වෙනස්කම් උපදින්නේ. කැමති දේවල්වල වෙනස්කම් හේතු කොට

ගෙනයි නැතුව බැරි දේවල්වල වෙනස්කම් උපදින්නේ. නැතුව බැරි දේවල්වල වෙනස්කම් හේතු කොට ගෙනයි සෙවීම්වල වෙනස්කම් උපදින්නේ.

සෙවීම්වල වෙනස්කම් හේතු කොට ගෙන නැතුවම බැරි දේවල්වල වෙනස්කම් උපදින්නේ නෑ. නැතුවම බැරි දේවල්වල වෙනස්කම් හේතු කොට ගෙන කැමති දේවල්වල වෙනස්කම් උපදින්නේ නෑ. කැමැති දේවල්වල වෙනස්කම් හේතු කොට ගෙන සංකල්පවල වෙනස්කම් උපදින්නේ නෑ. සංකල්පවල වෙනස්කම් හේතු කොට ගෙන සඤ්ඤාවල වෙනස්කම් උපදින්නේ නෑ. සඤ්ඤාවල වෙනස්කම් හේතු කොට ගෙන ධාතුවල වෙනස්කම් උපදින්නේ නෑ.

පින්වත් මහණෙනි, ධාතුවල වෙනස්කම් යනු කුමක්ද? රූප නම් වූ ධාතු ස්වභාවයක් තියෙනවා. ....(පෙ).... මනසට සිතෙන අරමුණු නම් වූ ධාතු ස්වභාවයක් තියෙනවා. පින්වත් මහණෙනි, මේවාට තමයි ධාතුවල වෙනස්කම් කියල කියන්නේ.

පින්වත් මහණෙනි, ධාතුවල වෙනස්කම් හේතු කොට ගෙන සඤ්ඤාවල වෙනස්කම් උපදින්නෙත් ....(පෙ).... සෙවීම්වල වෙනස්කම් උපදින්නෙත්, සෙවීම්වල වෙනස්කම් හේතු කොට ගෙන නැතුවම බැරි දේවල්වල වෙනස්කම් නූපදින්නෙත්, නැතුවම බැරි දේවල්වල වෙනස්කම් හේතු කොට ගෙන කැමති දේවල්වල වෙනස්කම් නූපදින්නෙත්, කැමති දේවල්වල වෙනස්කම් හේතු කොට ගෙන සංකල්පවල වෙනස්කම් නූපදින්නෙත්, සංකල්පවල වෙනස්කම් හේතු කොට ගෙන සඤ්ඤාවල වෙනස්කම් නූපදින්නෙත්, සඤ්ඤාවල වෙනස්කම් හේතු කොට ගෙන ධාතුවල වෙනස්කම් නූපදින්නෙත් කොහොමද?

පින්වත් මහණෙනි, රූප නම් වූ ධාතු ස්වභාවය හේතු කොට ගෙනයි රූප සඤ්ඤා උපදින්නේ. රූප සඤ්ඤා හේතු කොට ගෙනයි රූප සංකල්ප උපදින්නේ. රූප සංකල්ප හේතු කොට ගෙනයි රූප ගැන කැමැත්ත උපදින්නේ. රූප ගැන කැමැත්ත හේතු කොට ගෙනයි රූප නැතුව බැරි තත්වයක් උපදින්නේ. රූප නැතුව බැරි තත්වය හේතු කොට ගෙනයි රූප සෙවීම උපදින්නේ. රූප සෙවීම හේතු කොට ගෙන රූප නැතුවම බැරි බව උපදින්නේ නෑ. රූප නැතුවම බැරි බව හේතු කොට ගෙන රූප ගැන කැමැත්ත උපදින්නේ නෑ. රූප ගැන කැමැත්ත හේතු කොට ගෙන රූප ගැන සංකල්ප උපදින්නේ නෑ. රූප ගැන සංකල්ප හේතු කොට ගෙන රූප සඤ්ඤා උපදින්නේ නෑ. රූප සඤ්ඤා හේතු කොට ගෙන රූප ධාතු උපදින්නේ නෑ.

පින්වත් මහණෙනි, ශබ්ද නම් වූ ධාතු ස්වභාවය හේතු කොට ගෙන ....(පෙ).... පින්වත් මහණෙනි, අරමුණු නම් වූ ධාතු ස්වභාවය හේතු කොට

ගෙනයි අරමුණු සඤ්ඤා උපදින්නේ. අරමුණු සඤ්ඤා හේතු කොට ගෙනයි අරමුණු සංකල්ප උපදින්නේ. අරමුණු සංකල්ප හේතු කොට ගෙනයි අරමුණු ගැන කැමැත්ත උපදින්නේ. අරමුණු ගැන කැමැත්ත හේතු කොට ගෙනයි අරමුණු නැතුව බැරි තත්වයක් උපදින්නේ. අරමුණු නැතුව බැරි තත්වය හේතු කොට ගෙනයි අරමුණු සෙවීම උපදින්නේ. අරමුණු සෙවීම හේතු කොට ගෙන අරමුණු නැතුවම බැරි බව උපදින්නේ නෑ. අරමුණු නැතුවම බැරි බව හේතු කොට ගෙන අරමුණු ගැන කැමැත්ත උපදින්නේ නෑ. අරමුණු ගැන කැමැත්ත හේතු කොට ගෙන අරමුණු ගැන සංකල්ප උපදින්නේ නෑ. අරමුණු ගැන සංකල්ප හේතු කොට ගෙන අරමුණු සඤ්ඤා උපදින්නේ නෑ. අරමුණු සඤ්ඤා හේතු කොට ගෙන අරමුණු ධාතු උපදින්නේ නෑ.

ඔන්න ඔය ආකාරයටයි, පින්වත් මහණෙනි, ධාතුවල වෙනස්කම් හේතු කොට ගෙනයි සඤ්ඤාවල වෙනස්කම් උපදින්නේ. ....(පෙ).... සෙවීම්වල වෙනස්කම් උපදින්නේ. සෙවීම්වල වෙනස්කම් හේතු කොට ගෙන නැතුවම බැරි දේවල්වල වෙනස්කම් උපදින්නේ නෑ. නැතුවම බැරි දේවල්වල වෙනස්කම් හේතු කොට ගෙන කැමති දේවල්වල වෙනස්කම් උපදින්නේ නෑ. කැමැති දේවල්වල වෙනස්කම් හේතු කොට ගෙන සංකල්පවල වෙනස්කම් උපදින්නේ නෑ. සංකල්පවල වෙනස්කම් හේතු කොට ගෙන සඤ්ඤාවල වෙනස්කම් උපදින්නේ නෑ. සඤ්ඤාවල වෙනස්කම් හේතු කොට ගෙන ධාතුවල වෙනස්කම් උපදින්නේ නෑ.

සාදු! සාදු!! සාදු!!!

නෝ පරියේසනා නානත්ත සූත්‍රය නිමා විය.

2.1.9.
ලාභ නානත්ත සූත්‍රය
ලැබීම්වල වෙනස්කම් ගැන වදාළ දෙසුම

233. සැවැත් නුවරදී ....

පින්වත් මහණෙනි, ධාතුවල වෙනස්කම් හේතු කොට ගෙනයි සඤ්ඤාවල වෙනස්කම් උපදින්නේ. සඤ්ඤාවල වෙනස්කම් හේතු කොට ගෙනයි සංකල්වල වෙනස්කම් උපදින්නේ. සංකල්පවල වෙනස්කම් හේතු කොට ගෙනයි ස්පර්ශවල වෙනස්කම් උපදින්නේ. ස්පර්ශවල වෙනස්කම් හේතු කොට ගෙනයි විඳීම්වල

වෙනස්කම් උපදින්නේ. විඳීම්වල වෙනස්කම් හේතු කොට ගෙනයි කැමති දේවල්වල වෙනස්කම් උපදින්නේ. කැමති දේවල්වල වෙනස්කම් හේතු කොට ගෙනයි නැතුව බැරි දේවල්වල වෙනස්කම් උපදින්නේ. නැතුව බැරි දේවල්වල වෙනස්කම් හේතු කොට ගෙනයි සෙවීම්වල වෙනස්කම් උපදින්නේ. සෙවීම්වල වෙනස්කම් හේතු කොට ගෙනයි ලැබීම්වල වෙනස්කම් උපදින්නේ.

පින්වත් මහණෙනි, ධාතුවල වෙනස්කම් යනු කුමක්ද? රූප නම් වූ ධාතු ස්වභාවයක් තියෙනවා. ....(පෙ).... මනසට සිතෙන අරමුණු නම් වූ ධාතු ස්වභාවයක් තියෙනවා. පින්වත් මහණෙනි, මේවාට තමයි ධාතුවල වෙනස්කම් කියලා කියන්නේ.

පින්වත් මහණෙනි, ධාතුවල වෙනස්කම් හේතු කොට ගෙන සඤ්ඤාවල වෙනස්කම් උපදින්නෙත්, සඤ්ඤාවල වෙනස්කම් හේතු කොට ගෙන ....(පෙ).... ලැබීම්වල වෙනස්කම් උපදින්නේත් කොහොමද?

පින්වත් මහණෙනි, රූප නම් වූ ධාතු ස්වභාවය හේතු කොට ගෙනයි රූප සඤ්ඤා උපදින්නේ. රූප සඤ්ඤා හේතු කොට ගෙනයි රූප සංකල්ප උපදින්නේ. රූප සංකල්ප හේතු කොට ගෙනයි රූප ස්පර්ශය උපදින්නේ. රූප ස්පර්ශය හේතු කොට ගෙනයි රූප ස්පර්ශයෙන් හටගත් විඳීම් උපදින්නේ. රූප ස්පර්ශයෙන් හටගත් විඳීම හේතු කොට ගෙනයි රූප ගැන කැමැත්ත උපදින්නේ. රූප ගැන කැමැත්ත හේතු කොට ගෙනයි රූප නැතුව බැරි තත්වයක් උපදින්නේ. රූප නැතුව බැරි තත්වයක් හේතු කොට ගෙනයි රූප සෙවීම උපදින්නේ. රූප සෙවීම හේතු කොට ගෙනයි රූප ලැබීම උපදින්නේ.

පින්වත් මහණෙනි, ශබ්ද නම් වූ ධාතු ස්වභාවය හේතු කොට ගෙන ....(පෙ).... පින්වත් මහණෙනි, අරමුණු නම් වූ ධාතු ස්වභාවය හේතු කොට ගෙනයි අරමුණු සඤ්ඤා උපදින්නේ. අරමුණු සඤ්ඤා හේතු කොට ගෙනයි අරමුණු සංකල්ප උපදින්නේ. අරමුණු සංකල්ප හේතු කොට ගෙනයි අරමුණු ගැන ස්පර්ශය උපදින්නේ. අරමුණු ගැන ස්පර්ශය හේතු කොට ගෙනයි අරමුණු ගැන ස්පර්ශයෙන් හටගත් විඳීම් උපදින්නේ. අරමුණු ගැන ස්පර්ශයෙන් හටගත් විඳීම හේතු කොට ගෙනයි අරමුණු ගැන කැමැත්ත උපදින්නේ. අරමුණු ගැන කැමැත්ත හේතු කොට ගෙනයි අරමුණු නැතුව බැරි තත්වයක් උපදින්නේ. අරමුණු නැතුව බැරි තත්වයක් හේතු කොට ගෙනයි අරමුණු සෙවීම උපදින්නේ. අරමුණු සෙවීම හේතු කොට ගෙනයි අරමුණු ලැබීම උපදින්නේ.

ඔන්න ඔය විදිහටයි, පින්වත් මහණෙනි, ධාතුවල වෙනස්කම් හේතු කොට ගෙනයි සඤ්ඤාවල වෙනස්කම් උපදින්නේ. සඤ්ඤාවල වෙනස්කම්

හේතු කොට ගෙන ....(පෙ).... ලැබීම්වල වෙනස්කම් උපදින්නේ.

සාදු! සාදු!! සාදු!!!

ලාභ නානත්ත සූත්‍රය නිමා විය.

2.1.10.
නෝ ලාභ නානත්ත සූත්‍රය
ලැබීම්වල වෙනස්කම් නොවේ කියා වදාළ දෙසුම

234. සැවැත් නුවරදී ....

පින්වත් මහණෙනි, ධාතුවල වෙනස්කම් හේතු කොට ගෙනයි සඤ්ඤාවල වෙනස්කම් උපදින්නේ. සඤ්ඤාවල වෙනස්කම් හේතු කොට ගෙනයි සංකල්වල ....(පෙ).... ස්පර්ශවල ....(පෙ).... විඳීම්වල ....(පෙ).... කැමති දේවල්වල ....(පෙ).... නැතුව බැරි දේවල්වල ....(පෙ).... සෙවීම්වල වෙනස්කම් උපදින්නේ. සෙවීම්වල වෙනස්කම් හේතු කොට ගෙනයි ලැබීම්වල වෙනස්කම් උපදින්නේ.

ලැබීම්වල වෙනස්කම් හේතු කොටගෙන සෙවීම්වල වෙනස්කම් උපදින්නේ නෑ. සෙවීම්වල වෙනස්කම් හේතු කොට ගෙන නැතුවම බැරි දේවල්වල වෙනස්කම් උපදින්නේ නෑ. නැතුවම බැරි දේවල්වල ....(පෙ).... කැමති දේවල්වල ....(පෙ).... විඳීම්වල ....(පෙ).... ස්පර්ශවල ....(පෙ).... සංකල්පවල ....(පෙ).... සඤ්ඤාවල වෙනස්කම් උපදින්නේ නෑ. සඤ්ඤාවල වෙනස්කම් හේතුකොට ගෙන ධාතුවල වෙනස්කම් උපදින්නේ නෑ.

පින්වත් මහණෙනි, ධාතුවල වෙනස්කම් යනු කුමක්ද? රූප නම් වූ ධාතු ස්වභාවයක් තියෙනවා. ....(පෙ).... මනසට සිතෙන අරමුණු නම් වූ ධාතු ස්වභාවයක් තියෙනවා. පින්වත් මහණෙනි, මේවාට තමයි ධාතුවල වෙනස්කම් කියලා කියන්නේ.

පින්වත් මහණෙනි, ධාතුවල වෙනස්කම් හේතු කොට ගෙන සඤ්ඤාවල වෙනස්කම් උපදින්නෙත් ....(පෙ).... සංකල්වල ....(පෙ).... ස්පර්ශවල ....(පෙ).... විඳීම්වල ....(පෙ).... කැමති දේවල්වල ....(පෙ).... නැතුව බැරි දේවල්වල ....(පෙ).... සෙවීම්වල ....(පෙ).... ලැබීම්වල වෙනස්කම් උපදින්නේත්, ලැබීම්වල වෙනස්කම් හේතුකොටගෙන සෙවීම්වල වෙනස්කම් නූපදින්නෙත් ....(පෙ).... නැතුවම බැරි දේවල්වල ....(පෙ).... කැමති දේවල්වල ....(පෙ).... විඳීම්වල ....(පෙ).... ස්පර්ශවල

....(පෙ).... සංකල්පවල වෙනස්කම් නූපදින්නේත්, සංකල්පවල වෙනස්කම් හේතුකොට ගෙන සඤ්ඤාවල වෙනස්කම් නූපදින්නේත්, සඤ්ඤාවල වෙනස්කම් හේතුකොට ගෙන ධාතුවල වෙනස්කම් නූපදින්නේත් කොහොමද?

පින්වත් මහණෙනි, රූප නම් වූ ධාතු ස්වභාවය හේතුකොට ගෙන රූප සඤ්ඤාව උපදින්නේ. ....(පෙ).... ශබ්ද නම් වූ ධාතු ස්වභාවය හේතුකොට ගෙන ....(පෙ).... ගඳ සුවඳ නම් වූ ධාතු ස්වභාවය හේතුකොට ගෙන ....(පෙ).... රස නම් වූ ධාතු ස්වභාවය හේතුකොට ගෙන ....(පෙ).... පහස නම් වූ ධාතු ස්වභාවය හේතුකොට ගෙන ....(පෙ).... අරමුණු නම් වූ ධාතු ස්වභාවය හේතු කොට ගෙනයි අරමුණු සඤ්ඤා උපදින්නේ. ....(පෙ).... අරමුණු සෙවීම හේතු කොට ගෙයි අරමුණු ලැබීම උපදින්නේ.

අරමුණු ලැබීම් හේතු කොට ගෙන සෙවීම් උපදින්නේ නෑ. අරමුණු සෙවීම හේතු කොට ගෙන අරමුණු නැතුවම බැරි බව උපදින්නේ නෑ. අරමුණු නැතුවම බැරි බව හේතු කොට ගෙන අරමුණු ගැන කැමැත්ත උපදින්නේ නෑ. අරමුණු ගැන කැමැත්ත හේතු කොට ගෙන අරමුණු ස්පර්ශයෙන් හට ගත් විඳීම උපදින්නේ නෑ. අරමුණු ස්පර්ශයෙන් හටගත් විඳීම හේතු කොට ගෙන අරමුණු ස්පර්ශය උපදින්නේ නෑ. අරමුණු ස්පර්ශය හේතු කොට ගෙන අරමුණු ගැන සංකල්ප උපදින්නේ නෑ. අරමුණු ගැන සංකල්ප හේතු කොට ගෙන අරමුණු සඤ්ඤා උපදින්නේ නෑ. අරමුණු සඤ්ඤා හේතු කොට ගෙන අරමුණු ධාතු උපදින්නේ නෑ.

ඔන්න ඔය විදිහටයි, පින්වත් මහණෙනි, ධාතුවල වෙනස්කම් හේතු කොට ගෙනයි සඤ්ඤාවල වෙනස්කම් උපදින්නේ. සඤ්ඤාවල වෙනස්කම් හේතු කොට ගෙනයි සංකල්පවල ....(පෙ).... ස්පර්ශවල ....(පෙ).... විඳීම්වල ....(පෙ).... කැමති දේවල්වල ....(පෙ).... නැතුව බැරි දේවල්වල ....(පෙ).... සෙවීම්වල වෙනස්කම් උපදින්නේ. සෙවීම්වල වෙනස්කම් හේතු කොට ගෙනයි ලැබීම්වල වෙනස්කම් උපදින්නේ.

සෙවීම්වල වෙනස්කම් හේතු කොට ගෙන නැතුවම බැරි දේවල්වල වෙනස්කම් උපදින්නේ නෑ. නැතුවම බැරි දේවල්වල ....(පෙ).... කැමති දේවල්වල ....(පෙ).... විඳීම්වල ....(පෙ).... ස්පර්ශවල ....(පෙ).... සංකල්පවල ....(පෙ).... සඤ්ඤාවල වෙනස්කම් උපදින්නේ නෑ. සඤ්ඤාවල වෙනස්කම් හේතුකොට ගෙන ධාතු ධාතුවල වෙනස්කම් උපදින්නේ නෑ.

සාදු! සාදු!! සාදු!!!

නෝ ලාභ නානත්ත සූත්‍රය නිමා විය.

පළමුවෙනි නානත්ත වර්ගය අවසන් විය.

2. සත්ත ධාතු වර්ගය

2.2.1.
සත්ත ධාතු සූත්‍රය
ධාතූන් හතක් ගැන වදාළ දෙසුම

235. සැවැත් නුවරදී ....

පින්වත් මහණෙනි, මේ ධාතූන් හතක් තියෙනවා. මොනවද ඒ ධාතු හත? ආලෝක ධාතුව, සුභ ධාතුව, ආකාසානඤ්චායතන ධාතුව, විඤ්ඤාණඤ්චායතන ධාතුව, ආකිඤ්චඤ්ඤායතන ධාතුව, නේවසඤ්ඤානාසඤ්ඤායතන ධාතුව, සඤ්ඤාවේදයිත නිරෝධ ධාතුව කියන මේවා තමයි පින්වත් මහණෙනි, සප්ත ධාතූන් වන්නේ.

ඔය ආකාරයෙන් වදාළ විට, එක්තරා භික්ෂුවක් භාග්‍යවතුන් වහන්සේගෙන් මෙහෙම ඇහුවා. "ස්වාමීනී, යම් ආලෝක ධාතුවක් ඇද්ද, යම් සුභ ධාතුවක් ඇද්ද, යම් ආකාසානඤ්චායතන ධාතුවක් ඇද්ද, යම් විඤ්ඤාණඤ්චායතන ධාතුවක් ඇද්ද, යම් ආකිඤ්චඤ්ඤායතන ධාතුවක් ඇද්ද, යම් නේවසඤ්ඤානාසඤ්ඤායතන ධාතුවක් ඇද්ද, යම් සඤ්ඤාවේදයිත නිරෝධ ධාතුවක් ඇද්ද, ස්වාමීනී, ඔය ධාතූන් ගැන කතා කළ හැක්කේ කුමක් හේතු කරගෙනද?"

"පින්වත් භික්ෂුව, යම් මේ ආලෝක ධාතුවක් ඇද්ද, මේ ධාතුව ගැන කතා කළ හැක්කේ අන්ධකාරය නිසාය. යම් මේ සුභ ධාතුවක් ඇද්ද, මේ ධාතුව ගැන කතා කළ හැක්කේ අසුභය නිසාය. යම් මේ ආකාසානඤ්චාතන ධාතුවක් ඇද්ද, මේ ධාතුව ගැන කතා කළ හැක්කේ (රූපාවචර ධ්‍යාන) නිසාය. යම් මේ විඤ්ඤාණඤ්චායතන ධාතුවක් ඇද්ද, මේ ධාතුව ගැන කතා කළ හැක්කේ ආකාසානඤ්චායතනය නිසාය. යම් මේ ආකිඤ්චඤ්ඤායතන ධාතුවක් ඇද්ද, මේ ධාතුව ගැන කතා කළ හැක්කේ විඤ්ඤාණඤ්චායතනය නිසාය. යම් මේ නේවසඤ්ඤානාසඤ්ඤායතන ධාතුවක් ඇද්ද, මේ ධාතුව ගැන කතා කළ හැක්කේ ආකිඤ්චඤ්ඤායතනය නිසාය. යම් මේ සඤ්ඤාවේදයිත නිරෝධ

ධාතුවක් ඇද්ද, මේ ධාතුව ගැන කතා කළ හැක්කේ (ආශ්වාස ප්‍රශ්වාස නම් වූ කාය සංස්කාරයේත්, විතර්ක විචාර නම් වූ වචී සංස්කාරයේත්, සඤ්ඤා වේදනා නම් වූ චිත්ත සංස්කාරයේත්) නිරෝධය නිසාය."

"ස්වාමීනී, යම් ආලෝක ධාතුවක් ඇද්ද, යම් සුභ ධාතුවක් ඇද්ද, යම් ආකාසානඤ්චායතන ධාතුවක් ඇද්ද, යම් විඤ්ඤාණඤ්චායතන ධාතුවක් ඇද්ද, යම් ආකිඤ්චඤ්ඤායතන ධාතුවක් ඇද්ද, යම් නේවසඤ්ඤානාසඤ්ඤායතන ධාතුවක් ඇද්ද, යම් සඤ්ඤාවේදයිත නිරෝධ ධාතුවක් ඇද්ද, ස්වාමීනී, ඔය ධාතුන්වලට පැමිණෙන්නට පුළුවන් වෙන්නේ කොයි සමාපත්ති වලින්ද?"

"පින්වත් භික්ෂුව, යම් මේ ආලෝක ධාතුවක් ඇද්ද, යම් මේ සුභ ධාතුවක් ඇද්ද, යම් මේ ආකාසානඤ්චායතන ධාතුවක් ඇද්ද, යම් මේ විඤ්ඤාණඤ්චායතන ධාතුවක් ඇද්ද, යම් මේ ආකිඤ්චඤ්ඤායතන ධාතුවක් ඇද්ද, ඔය ධාතුන්ට සමවදින්නට පුළුවන් වෙන්නේ සඤ්ඤා සමාපත්තිවලිනුයි. යම් මේ නේවසඤ්ඤානාසඤ්ඤායතන ධාතුවක් ඇද්ද, ඔය ධාතුවට සමවදින්නට පුළුවන් වෙන්නේ සංස්කාර අවශේෂ සමාපත්තියෙනුයි. යම් මේ සඤ්ඤාවේදයිත නිරෝධ ධාතුවක් ඇද්ද, ඔය ධාතුවට සමවදින්නට පුළුවන් වෙන්නේ නිරෝධ සමාපත්තියෙනුයි."

සාදු! සාදු!! සාදු!!!

සත්ත ධාතු සූත්‍රය නිමා විය.

2.2.2.
සනිදාන සූත්‍රය
හේතු සහිත වීම ගැන වදාළ දෙසුම

236. සැවැත් නුවරදී ....

"පින්වත් මහණෙනි, කාම විතර්ක උපදින්නේ හේතු සහිතව මිස හේතු රහිතව නම් නොවේ. ව්‍යාපාද විතර්ක උපදින්නේ හේතු සහිතව මිස හේතු රහිතව නම් නොවේ. විහිංසා විතර්ක උපදින්නේ හේතු සහිතව මිස හේතු රහිතව නම් නොවේ.

පින්වත් මහණෙනි, හේතු රහිතව නූපදින්නා වූ කාම විතර්කය හේතු සහිතව උපදින්නේ කොහොමද? හේතු රහිතව නූපදින්නා වූ ව්‍යාපාද විතර්කය

හේතු සහිතව උපදින්නේ කොහොමද? හේතු රහිතව නූපදින්නා වූ විහිංසා විතර්කය හේතු සහිතව උපදින්නේ කොහොමද?

පින්වත් මහණෙනි, කාම ධාතුව නිසා උපදින්නේ කාම සඤ්ඤාවයි. කාම සඤ්ඤාව නිසා උපදින්නේ කාම සංකල්පයයි. කාම සංකල්පය නිසා උපදින්නේ කාමච්ඡන්දයයි. කාමච්ඡන්දය නිසා උපදින්නේ කාම දැවිල්ලයි. කාම දැවිල්ල නිසා උපදින්නේ කාම සෙවිල්ලයි. කාම සෙවිල්ල සොයමින් සිටින අශ්‍රැතවත් පෘථග්ජනයා කරුණු තුනකින් වරදේ බැඳෙනවා. කයිනුත්, වචනයෙනුත්, සිතිනුත්.

පින්වත් මහණෙනි, ව්‍යාපාද ධාතුව නිසා උපදින්නේ ව්‍යාපාද සඤ්ඤාවයි. ව්‍යාපාද සඤ්ඤාව නිසා උපදින්නේ ව්‍යාපාද සංකල්පයයි. ව්‍යාපාද සංකල්පය නිසා උපදින්නේ ව්‍යාපාදච්ඡන්දයයි. ව්‍යාපාදච්ඡන්දය නිසා උපදින්නේ ව්‍යාපාද දැවිල්ලයි. ව්‍යාපාද දැවිල්ල නිසා උපදින්නේ ව්‍යාපාද සෙවිල්ලයි. ව්‍යාපාද සෙවිල්ල සොයමින් සිටින අශ්‍රැතවත් පෘථග්ජනයා කරුණු තුනකින් වරදේ බැඳෙනවා. කයිනුත්, වචනයෙනුත්, සිතිනුත්.

පින්වත් මහණෙනි, විහිංසා ධාතුව නිසා උපදින්නේ විහිංසා සඤ්ඤාවයි. විහිංසා සඤ්ඤාව නිසා ....(පෙ).... විහිංසා සංකල්ප නිසා ....(පෙ).... විහිංසා ඡන්දය නිසා ....(පෙ).... විහිංසා දැවිල්ල නිසා ....(පෙ).... විහිංසා සෙවිල්ල සොයමින් සිටින අශ්‍රැතවත් පෘථග්ජනයා කරුණු තුනකින් වරදේ බැඳෙනවා. කයිනුත්, වචනයෙනුත්, සිතිනුත්.

පින්වත් මහණෙනි, ඒක මේ වගේ දෙයක්. එක්තරා පුරුෂයෙක් ඇවිලෙමින් තිබෙන තණ හුළක් වියලි තණ පඳුරකට විසි කරනවා කියලා හිතමු. නමුත් ඔහු අත් වලින්වත් පා වලින්වත් ඉක්මනින් ඒ ගින්න නිවා දමන්නේ නෑ. පින්වත් මහණෙනි, ඔය විදිහට ඒ තණ කොළ ඇසුරු කරගෙන යම් සතුන් හිටියා නම්, ඒ සතුන් මහා විනාශයකට පත්වෙනවා.

පින්වත් මහණෙනි, ඔන්න ඔය විදිහමයි. යම්කිසි ශ්‍රමණයෙක් හෝ වේවා, බ්‍රාහ්මණයෙක් හෝ වේවා තමා තුළ හට ගත් නොමඟ ගිය අකුසල සඤ්ඤාව වහාම බැහැර නොකරයි නම්, දුරු නොකරයි නම්, නැති නොකරයි නම්, අභාවයට පත් නොකරයි නම් ඔහුට සිද්ධ වෙන්නේ මේ ජීවිතය තුළම පීඩා සහිත කරදර සහිත දැවිලි සහිත දුකින් වාසය කරන්නයි. කය බිඳී මරණින් මතු අපායේ උපදින්නටත් ඔහු කැමති වෙන්න ඕන.

පින්වත් මහණෙනි, කාමයෙන් වෙන්වීමේ විතර්ක උපදින්නේ හේතු සහිතව මිස හේතු රහිතව නම් නොවේ. අව්‍යාපාද විතර්ක උපදින්නේ හේතු

සහිතව මිස හේතු රහිතව නම් නොවේ. අවිහිංසා විතර්ක උපදින්නේ හේතු සහිතව මිස හේතු රහිතව නම් නොවේ.

පින්වත් මහණෙනි, හේතු රහිතව නූපදින්නා වූ කාමයෙන් වෙන්වීමේ විතර්කය හේතු සහිතව උපදින්නේ කොහොමද? හේතු රහිතව නූපදින්නා වූ අව්‍යාපාද විතර්කය හේතු සහිතව උපදින්නේ කොහොමද? හේතු රහිතව නූපදින්නා වූ අවිහිංසා විතර්කය හේතු සහිතව උපදින්නේ කොහොමද?

පින්වත් මහණෙනි, කාමයෙන් වෙන්වීමේ ධාතුව නිසා උපදින්නේ කාමයෙන් වෙන්වීමේ සඤ්ඤාවයි. කාමයෙන් වෙන් වීමේ සඤ්ඤාව නිසා උපදින්නේ කාමයෙන් වෙන් වීමේ සංකල්පයයි. කාමයෙන් වෙන් වීමේ සංකල්පය නිසා උපදින්නේ කාමයෙන් වෙන් වීමේ ඡන්දයයි. කාමයෙන් වෙන් වීමේ ඡන්දය නිසා උපදින්නේ කාමයෙන් වෙන් වීමේ දැවිල්ලයි. කාමයෙන් වෙන් වීමේ දැවිල්ල නිසා උපදින්නේ කාමයෙන් වෙන් වීමේ සෙවිල්ලයි. කාමයෙන් වෙන් වීමේ සෙවිල්ල සොයමින් සිටින ශ්‍රැතවත් ආර්ය ශ්‍රාවකයා කරුණු තුනකින් යහපතේ හැසිරෙනවා. කයිනුත්, වචනයෙනුත්, සිතිනුත්.

පින්වත් මහණෙනි, අව්‍යාපාද ධාතුව නිසා උපදින්නේ අව්‍යාපාද සඤ්ඤාවයි. අව්‍යාපාද සඤ්ඤාව නිසා උපදින්නේ අව්‍යාපාද සංකල්පයයි. අව්‍යාපාද සංකල්පය නිසා උපදින්නේ අව්‍යාපාදච්ඡන්දයයි. අව්‍යාපාදච්ඡන්දය නිසා උපදින්නේ අව්‍යාපාද දැවිල්ලයි. අව්‍යාපාද දැවිල්ල නිසා උපදින්නේ අව්‍යාපාද සෙවිල්ලයි. අව්‍යාපාද සෙවිල්ල සොයමින් සිටින ශ්‍රැතවත් ආර්ය ශ්‍රාවකයා කරුණු තුනකින් යහපතේ හැසිරෙනවා. කයිනුත්, වචනයෙනුත්, සිතිනුත්.

පින්වත් මහණෙනි, අවිහිංසා ධාතුව නිසා උපදින්නේ අවිහිංසා සඤ්ඤාවයි. අවිහිංසා සඤ්ඤාව නිසා ....(පෙ).... අවිහිංසා සංකල්පය නිසා ....(පෙ).... අවිහිංසාච්ඡන්දය නිසා ....(පෙ).... අවිහිංසා දැවිල්ල නිසා ....(පෙ).... අවිහිංසා සෙවිල්ල සොයමින් සිටින ශ්‍රැතවත් ආර්ය ශ්‍රාවකයා කරුණු තුනකින් යහපතේ හැසිරෙනවා. කයිනුත්, වචනයෙනුත්, සිතිනුත්.

පින්වත් මහණෙනි, ඒක මේ වගේ දෙයක්. එක්තරා පුරුෂයෙක් ඇවිලෙමින් තිබෙන තණ හුළක් වියලි තණ පඳුරකට විසි කරනවා කියලා හිතමු. නමුත් ඔහු අත් වලිනුත් පා වලිනුත් ඉක්මනින් ඒ ගින්න නිවා දමනවා. පින්වත් මහණෙනි, ඔය විදිහට ඒ තණ කොළ ඇසුරු කරගෙන යම් සතුන් හිටියා නම්, ඒ සතුන් මහා විනාශයකට පත්වෙන්නේ නෑ.

පින්වත් මහණෙනි, ඔන්න ඔය විදිහමයි. යම්කිසි ශ්‍රමණයෙක් හෝ වේවා, බ්‍රාහ්මණයෙක් හෝ වේවා තමා තුළ හට ගත් නොමග ගිය අකුසල සඤ්ඤාව වහාම බැහැර කරයි නම්, දුරු කරයි නම්, නැති කරයි නම්, අභාවයට පත් කරයි නම් ඔහු මේ ජීවිතය තුළම පීඩා රහිතව, කරදර රහිතව, දැවිලි රහිතව සුව සේ වාසය කරනවා. කය බිඳී මරණින් මතු සුගතියේ උපදින්නටත් ඔහු කැමති වෙන්න ඕන.

සාදු! සාදු!! සාදු!!!

සනිදාන සූත්‍රය නිමා විය.

2.2.3.
ගිඤ්ජකාවසථ සූත්‍රය
ගඩොලින් කළ ප්‍රාසාදයේදී වදාළ දෙසුම

237. ඒ දිනවල භාග්‍යවතුන් වහන්සේ වැඩසිටියේ ඤාතික ගමේ ගඩොලින් කළ ප්‍රාසාදයකයි. එදා භාග්‍යවතුන් වහන්සේ "පින්වත් මහණෙනි" කියා භික්ෂු සංඝයා අමතා වදාළා. "පින්වතුන් වහන්ස" කියලා ඒ භික්ෂූන් වහන්සේලා භාග්‍යවතුන් වහන්සේට පිළිතුරු දී වදාළා. ඒ මොහොතේදී තමයි භාග්‍යවතුන් වහන්සේ මේ දේශනාව වදාළේ.

පින්වත් මහණෙනි, ධාතු ස්වභාවය නිසයි සඤ්ඤාව උපදින්නේ. දෘෂ්ටිය උපදින්නේ. විතර්ක උපදින්නේ.

ඔය අයුරින් වදාළ විට, ආයුෂ්මත් කච්චාන තෙරුන් භාග්‍යවතුන් වහන්සේගෙන් මෙය විමසුවා. "ස්වාමීනී, සම්මාසම්බුද්ධ නොවූ උදවිය තමා සම්මා සම්බුදුන් කියා යම් දෘෂ්ටියක් ඇති කරගන්නවා නම්, ඒ දෘෂ්ටිය හටගන්නේ කුමක් හේතු කොටගෙනද?"

"පින්වත් කච්චාන, මේ අවිද්‍යා ධාතුව කියන්නේ අතිවිශාල ධාතු ස්වභාවයක්. පින්වත් කච්චාන, ලාමක ධාතුව නිසා ලාමක සඤ්ඤාව උපදිනවා. ලාමක දෘෂ්ටිය උපදිනවා. ලාමක විතර්ක උපදිනවා. ලාමක චේතනා උපදිනවා. ලාමක පැතුම උපදිනවා. ලාමක පුද්ගලයා උපදිනවා. ලාමක වචන උපදිනවා. ඊට පස්සේ ඔහු ලාමක දේ කියනවා, දේශනා කරනවා, පණවනවා, පිහිටුවනවා, හෙළි කරනවා, බෙදනවා, මතු කොට දක්වනවා. ඔහුගේ ඉපදීම ලාමක දෙයක් කියලයි මං කියන්නේ.

පින්වත් කච්චාන, මධ්‍යම ධාතුව නිසා මධ්‍යම සඤ්ඤාව උපදිනවා. මධ්‍යම දෘෂ්ටිය උපදිනවා. මධ්‍යම විතර්ක උපදිනවා. මධ්‍යම චේතනා උපදිනවා. මධ්‍යම පැතුම උපදිනවා. මධ්‍යම පුද්ගලයා උපදිනවා. මධ්‍යම වචන උපදිනවා. ඊට පස්සේ ඔහු මධ්‍යම දේ කියනවා, දේශනා කරනවා, පණවනවා, පිහිටුවනවා, හෙළි කරනවා, බෙදනවා, මතු කොට දක්වනවා. ඔහුගේ ඉපදීම මධ්‍යම දෙයක් කියලයි මං කියන්නේ.

පින්වත් කච්චාන, උසස් ධාතුව නිසා උසස් සඤ්ඤාව උපදිනවා. උසස් දෘෂ්ටිය උපදිනවා. උසස් විතර්ක උපදිනවා. උසස් චේතනා උපදිනවා. උසස් පැතුම උපදිනවා. උසස් පුද්ගලයා උපදිනවා. උසස් වචන උපදිනවා. ඊට පස්සේ ඔහු උසස් දේ කියනවා, දේශනා කරනවා, පණවනවා, පිහිටුවනවා, හෙළි කරනවා, බෙදනවා, මතු කොට දක්වනවා. ඔහුගේ ඉපදීම උසස් දෙයක් කියලයි මං කියන්නේ.”

සාදු! සාදු!! සාදු!!!

ගිඤ්ජකාවසථ සූත්‍රය නිමා විය.

2.2.4.
හීනාධිමුත්තික සූත්‍රය
ලාමක අදහස් මුල්කොට වදාළ දෙසුම

238. සැවැත් නුවරදී..........

පින්වත් මහණෙනි, මේ සත්වයන් සැසඳිලා යන්නේ, එකතු වෙන්නේ, ධාතු ස්වභාවයකින්. ලාමක අදහස් ඇති සත්වයන් ලාමක අදහස් ඇති සත්වයන් සමඟ අශේට පෑහිලා යනවා. එකතු වෙලා යනවා. යහපත් අදහස් ඇති සත්වයන් යහපත් අදහස් ඇති සත්වයන් සමඟ අශේට පෑහිලා යනවා. එකතු වෙලා යනවා.

පින්වත් මහණෙනි, අතීතයේදී පවා මේ සත්වයන් සැසඳිලා ගියේ, එකතු වෙලා ගියේ, ධාතු ස්වභාවයකින්. ලාමක අදහස් ඇති සත්වයන් ලාමක අදහස් ඇති සත්වයන් සමඟ අශේට පෑහිලා ගියා. එකතු වෙලා ගියා. යහපත් අදහස් ඇති සත්වයන් යහපත් අදහස් ඇති සත්වයන් සමඟ අශේට පෑහිලා ගියා. එකතු වෙලා ගියා.

පින්වත් මහණෙනි, අනාගත කාලයේදී පවා මේ සත්වයන් සැසඳිලා යන්නේ, එකතු වෙලා යන්නේ, ධාතු ස්වභාවයකින්. ලාමක අදහස් ඇති සත්වයන් ලාමක අදහස් ඇති සත්වයන් සමඟ අගේට පෑහිලා යාවි. එකතු වෙලා යාවි. යහපත් අදහස් ඇති සත්වයන් යහපත් අදහස් ඇති සත්වයන් සමඟ අගේට පෑහිලා යාවි. එකතු වෙලා යාවි.

පින්වත් මහණෙනි, වර්තමාන කාලයේදී පවා මේ සත්වයන් සැසඳිලා යන්නේ, එකතු වෙන්නේ, ධාතු ස්වභාවයකින්. ලාමක අදහස් ඇති සත්වයන් ලාමක අදහස් ඇති සත්වයන් සමඟ අගේට පෑහිලා යනවා. එකතු වෙලා යනවා. යහපත් අදහස් ඇති සත්වයන්, යහපත් අදහස් ඇති සත්වයන් සමඟ අගේට පෑහිලා යනවා. එකතු වෙලා යනවා.

සාදු! සාදු!! සාදු!!!

හීනාධිමුත්තික සූත්‍රය නිමා විය.

2.2.5.
චංකම සූත්‍රය
සක්මන් කිරීම වදාළ දෙසුම

239. ඒ දිනවල භාග්‍යවතුන් වහන්සේ වැඩසිටියේ රජගහ නුවර ගිජුකුළු කඳු මුදුනේය. එදා ආයුෂ්මත් සාරිපුත්තයන් වහන්සේ බොහෝ භික්ෂූන් සමඟ භාග්‍යවතුන් වහන්සේට නුදුරින් සක්මන් කරමින් හිටියා. ආයුෂ්මත් මහා මොග්ගල්ලානයන් වහන්සේත් බොහෝ භික්ෂූන් සමඟ භාග්‍යවතුන් වහන්සේට නුදුරින් සක්මන් කරමින් හිටියා. ආයුෂ්මත් මහා කස්සපයන් වහන්සේත් බොහෝ භික්ෂූන් සමඟ භාග්‍යවතුන් වහන්සේට නුදුරින් සක්මන් කරමින් හිටියා. ආයුෂ්මත් අනුරුද්ධයන් වහන්සේත් බොහෝ භික්ෂූන් සමඟ භාග්‍යවතුන් වහන්සේට නුදුරින් සක්මන් කරමින් හිටියා. ආයුෂ්මත් මන්තාණි පුත්ත පුණ්ණයන් වහන්සේත් බොහෝ භික්ෂූන් සමඟ භාග්‍යවතුන් වහන්සේට නුදුරින් සක්මන් කරමින් හිටියා. ආයුෂ්මත් උපාලි තෙරුන් වහන්සේත් බොහෝ භික්ෂූන් සමඟ භාග්‍යවතුන් වහන්සේට නුදුරින් සක්මන් කරමින් හිටියා. ආයුෂ්මත් ආනන්දයන් වහන්සේත් බොහෝ භික්ෂූන් සමඟ භාග්‍යවතුන් වහන්සේට නුදුරින් සක්මන් කරමින් හිටියා. දේවදත්තයන් ද බොහෝ භික්ෂූන් සමඟ භාග්‍යවතුන් වහන්සේට නුදුරින් සක්මන් කරමින් හිටියා.

ඉතින් එදා භාග්‍යවතුන් වහන්සේ භික්ෂු සංඝයා අමතා වදාළා. "පින්වත් මහණෙනි, ඔය පින්වත් සාරිපුත්තයන් බොහෝ භික්ෂූන් සමඟ සක්මන් කරන අයුරු ඔබ දකිනවා නේද?" "එසේය, ස්වාමීනී." "පින්වත් මහණෙනි, ඔය භික්ෂූන් සියලු දෙනාම මහා ප්‍රඥාවන්තයි.

පින්වත් මහණෙනි, ඔය පින්වත් මොග්ගල්ලානයන් බොහෝ භික්ෂූන් සමඟ සක්මන් කරන අයුරු ඔබ දකිනවා නේද?" "එසේය, ස්වාමීනී." "පින්වත් මහණෙනි, ඔය භික්ෂූන් සියලු දෙනාම මහා ඉර්ධිබලයෙන් යුක්තයි.

පින්වත් මහණෙනි, ඔය පින්වත් කස්සපයන් බොහෝ භික්ෂූන් සමඟ සක්මන් කරන අයුරු ඔබ දකිනවා නේද?" "එසේය, ස්වාමීනී." "පින්වත් මහණෙනි, ඔය භික්ෂූන් සියලු දෙනාම ධූතාංගයන්ගෙන් යුක්තයි.

පින්වත් මහණෙනි, ඔය පින්වත් අනුරුද්ධයන් බොහෝ භික්ෂූන් සමඟ සක්මන් කරන අයුරු ඔබ දකිනවා නේද?" "එසේය, ස්වාමීනී." "පින්වත් මහණෙනි, ඔය භික්ෂූන් සියලු දෙනාම දිවැස් නුවණින් යුක්තයි.

පින්වත් මහණෙනි, ඔය පින්වත් මන්තානිපුත්ත පුණ්ණයන් බොහෝ භික්ෂූන් සමඟ සක්මන් කරන අයුරු ඔබ දකිනවා නේද?" "එසේය, ස්වාමීනී." "පින්වත් මහණෙනි, ඔය භික්ෂූන් සියලු දෙනාම ධර්ම කථිකයි.

පින්වත් මහණෙනි, ඔය පින්වත් උපාලි බොහෝ භික්ෂූන් සමඟ සක්මන් කරන අයුරු ඔබ දකිනවා නේද?" "එසේය, ස්වාමීනී." "පින්වත් මහණෙනි, ඔය භික්ෂූන් සියලු දෙනාම මහා විනයධරයි.

පින්වත් මහණෙනි, ඔය පින්වත් ආනන්දයන් බොහෝ භික්ෂූන් සමඟ සක්මන් කරන අයුරු ඔබ දකිනවා නේද?" "එසේය, ස්වාමීනී." "පින්වත් මහණෙනි, ඔය භික්ෂූන් සියලු දෙනාම බහුශ්‍රැතයි.

පින්වත් මහණෙනි, ඔය දේවදත්තයන් බොහෝ භික්ෂූන් සමඟ සක්මන් කරන අයුරු ඔබ දකිනවා නේද?" "එසේය, ස්වාමීනී." "පින්වත් මහණෙනි, ඔය භික්ෂූන් සියලු දෙනාම පාපී ආශාවන්ගෙන් යුක්තයි.

පින්වත් මහණෙනි, මේ සත්වයන් සැසඳිලා යන්නේ, එකතු වෙන්නේ, ධාතු ස්වභාවයකින්. ලාමක අදහස් ඇති සත්වයන් ලාමක අදහස් ඇති සත්වයන් සමඟ අගේට පෑහිලා යනවා. එකතු වෙලා යනවා. යහපත් අදහස් ඇති සත්වයන් යහපත් අදහස් ඇති සත්වයන් සමඟ අගේට පෑහිලා යනවා. එකතු වෙලා යනවා.

පින්වත් මහණෙනි, අතීතයේදී පවා මේ සත්වයන් සැසඳිලා ගියේ, එකතු වෙලා ගියේ, ධාතු ස්වභාවයකින්. ලාමක අදහස් ඇති සත්වයන් ලාමක අදහස් ඇති සත්වයන් සමඟ අගේට පෑහිලා ගියා. එකතු වෙලා ගියා. යහපත් අදහස් ඇති සත්වයන් යහපත් අදහස් ඇති සත්වයන් සමඟ අගේට පෑහිලා ගියා. එකතු වෙලා ගියා.

පින්වත් මහණෙනි, අනාගත කාලයේදී පවා මේ සත්වයන් සැසඳිලා යන්නේ, එකතු වෙන්නේ, ධාතු ස්වභාවයකින්. ලාමක අදහස් ඇති සත්වයන් ලාමක අදහස් ඇති සත්වයන් සමඟ අගේට පෑහිලා යාවි. එකතු වෙලා යාවි. යහපත් අදහස් ඇති සත්වයන් යහපත් අදහස් ඇති සත්වයන් සමඟ අගේට පෑහිලා යාවි. එකතු වෙලා යාවි.

පින්වත් මහණෙනි, වර්තමාන කාලයේදී පවා මේ සත්වයන් සැසඳිලා යන්නේ, එකතු වෙන්නේ, ධාතු ස්වභාවයකින්. ලාමක අදහස් ඇති සත්වයන් ලාමක අදහස් ඇති සත්වයන් සමඟ අගේට පෑහිලා යනවා. එකතු වෙලා යනවා. යහපත් අදහස් ඇති සත්වයන් යහපත් අදහස් ඇති සත්වයන් සමඟ අගේට පෑහිලා යනවා. එකතු වෙලා යනවා.

සාදු! සාදු!! සාදු!!!

චංකම සූත්‍රය නිමා විය.

2.2.6.
සගාථ සූත්‍රය
ගාථා සහිතව වදාළ දෙසුම

240.   සැවැත් නුවරදී ....

පින්වත් මහණෙනි, මේ සත්වයන් සැසඳිලා යන්නේ, එකතු වෙන්නේ, ධාතු ස්වභාවයකින්. ලාමක අදහස් ඇති සත්වයන් ලාමක අදහස් ඇති සත්වයන් සමඟ අගේට පෑහිලා යනවා. එකතු වෙලා යනවා.

පින්වත් මහණෙනි, අතීතයේදී පවා මේ සත්වයන් සැසඳිලා ගියේ, එකතු වෙලා ගියේ, ධාතු ස්වභාවයකින්. ලාමක අදහස් ඇති සත්වයන් ලාමක අදහස් ඇති සත්වයන් සමඟ අගේට පෑහිලා ගියා. එකතු වෙලා ගියා.

පින්වත් මහණෙනි, අනාගත කාලයේදී පවා මේ සත්වයන් සැසඳිලා යන්නේ, එකතු වෙන්නේ, ධාතු ස්වභාවයකින්. ලාමක අදහස් ඇති සත්වයන් ලාමක අදහස් ඇති සත්වයන් සමඟ අගේට පෑහිලා යාවි.

පින්වත් මහණෙනි, වර්තමාන කාලයේදී පවා මේ සත්වයන් සැසඳිලා යන්නේ, එකතු වෙන්නේ, ධාතු ස්වභාවයකින්. ලාමක අදහස් ඇති සත්වයන් ලාමක අදහස් ඇති සත්වයන් සමඟ අගේට පෑහිලා යනවා.

පින්වත් මහණෙනි, ඒක මේ වගේ දෙයක්. අසුචි අගේට පෑහිලා යන්නේ, එකතු වෙලා යන්නේ අසුචිත් එක්කමයි. මුත්‍රා අගේට පෑහිලා යන්නේ, එකතු වෙලා යන්නේ මුත්‍රාත් එක්කමයි. කෙළ අගේට පෑහිලා යන්නේ, එකතු වෙලා යන්නේ, කෙළත් එක්කමයි. සැරව අගේට පෑහිලා යන්නේ, එකතු වෙලා යන්නේ, සැරවත් එක්කමයි. ලේ අගේට පෑහිලා යන්නේ, එකතු වෙලා යන්නේ ලේත් එක්කමයි.

ඔන්න ඔය විදිහමයි. පින්වත් මහණෙනි, මේ සත්වයන් සැසඳිලා යන්නේ, එකතු වෙන්නේ, ධාතු ස්වභාවයකින්. ලාමක අදහස් ඇති සත්වයන් ලාමක අදහස් ඇති සත්වයන් සමඟ අගේට පෑහිලා යනවා. එකතු වෙලා යනවා. පින්වත් මහණෙනි, අතීතයේදී පවා ....(පෙ).... පින්වත් මහණෙනි, අනාගත කාලයේදී පවා ....(පෙ).... පින්වත් මහණෙනි, වර්තමාන කාලයේ පවා ලාමක අදහස් ඇති සත්වයන් ලාමක අදහස් ඇති සත්වයන් සමඟ අගේට පෑහිලා යනවා. එකතු වෙලා යනවා. පින්වත් මහණෙනි, මේ සත්වයන් සැසඳිලා යන්නේ, එකතු වෙන්නේ, ධාතු ස්වභාවයකින්.

යහපත් අදහස් ඇති සත්වයන් යහපත් අදහස් ඇති සත්වයන් සමඟ අගේට පෑහිලා යනවා. එකතු වෙලා යනවා. පින්වත් මහණෙනි, අතීතයේදී පවා මේ සත්වයන් සැසඳිලා ගියේ, එකතු වෙලා ගියේ, ධාතු ස්වභාවයකින්. ....(පෙ).... පින්වත් මහණෙනි, අනාගතයේදී පවා මේ සත්වයන් සැසඳිලා යන්නේ, එකතු වෙන්නේ, ධාතු ස්වභාවයකින් .....(පෙ).... පින්වත් මහණෙනි, වර්තමානයේදී පවා මේ සත්වයන් සැසඳිලා යන්නේ, එකතු වෙන්නේ, ධාතු ස්වභාවයකින්. යහපත් අදහස් ඇති සත්වයන් යහපත් අදහස් ඇති සත්වයන් සමඟ අගේට පෑහිලා යනවා. එකතු වෙලා යනවා.

පින්වත් මහණෙනි, ඒක මේ වගේ දෙයක්. කිරි අගේට පෑහිලා යන්නේ, එකතු වෙලා යන්නේ කිරිත් එක්කමයි. තෙල් අගේට පෑහිලා යන්නේ, එකතු වෙලා යන්නේ තෙලත් එක්කමයි. ගිතෙල් අගේට පෑහිලා යන්නේ, එකතු වෙලා යන්නේ ගිතෙලත් එක්කමයි. මී පැණි අගේට පෑහිලා යන්නේ, එකතු වෙලා

යන්නේ මී පැණිත් එක්කමයි. පැණි අගේට පෑහිලා යන්නේ, එකතු වෙලා යන්නේ පැණිත් එක්කමයි.

ඔන්න ඔය විදිහමයි. පින්වත් මහණෙනි, මේ සත්වයන් සැසඳිලා යන්නේ, එකතු වෙන්නේ, ධාතු ස්වභාවයකින්. යහපත් අදහස් ඇති සත්වයන් යහපත් අදහස් ඇති සත්වයන් සමඟ අගේට පෑහිලා යනවා. එකතු වෙලා යනවා. පින්වත් මහණෙනි, අතීතයේදී පවා ....(පෙ).... පින්වත් මහණෙනි, අනාගතයේදී පවා .....(පෙ).... පින්වත් මහණෙනි, වර්තමානයේදී පවා මේ සත්වයන් සැසඳිලා යන්නේ, එකතු වෙන්නේ, ධාතු ස්වභාවයකින්. යහපත් අදහස් ඇති සත්වයන් යහපත් අදහස් ඇති සත්වයන් සමඟ අගේට පෑහිලා යනවා. එකතු වෙලා යනවා.

භාග්‍යවතුන් වහන්සේ මෙය වදාළා. මෙය වදාළ සුගත වූ ශාස්තෲන් වහන්සේ මෙයත් වදාළා.

"ඇල්ම කරන්න ගියොත් තමයි කෙලෙස් වනය හටගන්නේ. ඇල්ම නොකිරීමෙන්මයි කෙලෙස් වනය සිඳෙන්නේ. ඒක පුංචි දර කැබැල්ලකට නැගලා ඉන්න කෙනෙක් මහ මුහුදේ ගිලෙනවා වගේ.

ඔන්න ඔය විදිහමයි. සිල්වත් කෙනෙක් වුණත් කම්මැලිකම නිසාම, නොමග ගිලෙනවා. එම නිසා හීන වීර්යය ඇති කම්මැලි පුද්ගලයාව දුරු කරන්න ඕන.

හුදෙකලා විවේකයෙහි ඇලුණ, දිවි දෙවෙනි කොට දහමෙහි හැසිරෙන, ධ්‍යාන වඩන, නිරතුරුවම පටන් ගත් වීර්යය ඇතිව සිටින, ආර්ය වූ, පණ්ඩිත උතුමන් සමඟයි ඇසුරේ ඉන්න ඕන."

සාදු! සාදු!! සාදු!!!

සගාථ සූත්‍රය නිමා විය.

2.2.7.
අස්සද්ධ සූත්‍රය
සැදැහැ නැති බව ගැන වදාළ දෙසුම

241. සැවැත් නුවරදී ....

පින්වත් මහණෙනි, මේ සත්වයන් ධාතු ස්වභාව වශයෙනුයි සැසඳී

යන්නේ, එකට එකතු වෙන්නේ. සැදැහැ නැති උදවිය අගේට පෑහිලා යන්නේ, එකතු වෙලා යන්නේ සැදැහැ නැති උදවියත් එක්කමයි. පවට ලැජ්ජා නැති උදවිය අගේට පෑහිලා යන්නේ, එකතු වෙලා යන්නේ පවට ලැජ්ජා නැති උදවියත් එක්කමයි. විපාකයට භය නැති උදවිය අගේට පෑහිලා යන්නේ, එකතු වෙලා යන්නේ විපාකයට භය නැති උදවියත් එක්කමයි. දහම ගැන දැනඋගත් නැති උදවිය අගේට පෑහිලා යන්නේ, එකතු වෙලා යන්නේ දහම ගැන දැනඋගත් නැති උදවියත් එක්කමයි. දහමේ හැසිරෙන්නට කුසීත වූ උදවිය අගේට පෑහිලා යන්නේ, එකතු වෙලා යන්නේ දහමේ හැසිරෙන්නට කුසීත වූ උදවියත් එක්කමයි. සිහි මුලා වූ උදවිය අගේට පෑහිලා යන්නේ, එකතු වෙලා යන්නේ සිහි මුලා වූ උදවියත් එක්කමයි. අඥාන උදවිය අගේට පෑහිලා යන්නේ, එකතු වෙලා යන්නේ අඥාන උදවියත් එක්කමයි.

පින්වත් මහණෙනි, අතීත කාලයේදී පවා මේ සත්වයන් සැසඳිලා ගියේ එකතු වෙලා ගියේ ධාතු ස්වභාවයකින්. සැදැහැ නැති උදවිය අගේට පෑහිලා ගියේ, එකතු වෙලා ගියේ සැදැහැ නැති උදවියත් එක්කමයි. පවට ලැජ්ජා නැති උදවිය අගේට පෑහිලා ගියේ, එකතු වෙලා ගියේ පවට ලැජ්ජා නැති උදවියත් එක්කමයි. විපාකයට භය නැති උදවිය අගේට පෑහිලා ගියේ, එකතු වෙලා ගියේ විපාකයට භය නැති උදවියත් එක්කමයි. දහම ගැන දැනඋගත් නැති උදවිය අගේට පෑහිලා ගියේ, එකතු වෙලා ගියේ දහම ගැන දැනඋගත් නැති උදවියත් එක්කමයි. දහමේ හැසිරෙන්නට කුසීත වූ උදවිය අගේට පෑහිලා ගියේ, එකතු වෙලා ගියේ දහමේ හැසිරෙන්නට කුසීත වූ උදවියත් එක්කමයි. සිහි මුලා වූ උදවිය අගේට පෑහිලා ගියේ, එකතු වෙලා ගියේ සිහි මුලා වූ උදවියත් එක්කමයි. අඥාන උදවිය අගේට පෑහිලා ගියේ, එකතු වෙලා ගියේ අඥාන උදවියත් එක්කමයි.

පින්වත් මහණෙනි, අනාගත කාලයේදී පවා මේ සත්වයන් සැසඳිලා යන්නෙ, එකතු වෙලා යන්නේ ධාතු ස්වභාවයකින්. සැදැහැ නැති උදවිය අගේට පෑහිලා යන්නේ, එකතු වෙලා යන්නේ සැදැහැ නැති උදවියත් එක්කමයි. පවට ලැජ්ජා නැති උදවිය අගේට පෑහිලා යන්නේ, එකතු වෙලා යන්නේ පවට ලැජ්ජා නැති උදවියත් එක්කමයි. විපාකයට භය නැති උදවිය අගේට පෑහිලා යන්නේ, එකතු වෙලා යන්නේ විපාකයට භය නැති උදවියත් එක්කමයි. දහම ගැන දැනඋගත් නැති උදවිය ....(පෙ).... දහමේ හැසිරෙන්නට කුසීත වූ උදවිය ....(පෙ).... සිහි මුලා වූ උදවිය ....(පෙ).... අඥාන උදවිය අගේට පෑහිලා යන්නේ, එකතු වෙලා යන්නේ අඥාන උදවියත් එක්කමයි.

පින්වත් මහණෙනි, වර්තමාන කාලයේදී පවා මේ සත්වයන් සැසඳිලා යන්නෙ, එකතු වෙලා යන්නේ ධාතු ස්වභාවයකින්. සැදැහැ නැති උදවිය අගේට

පැහිලා යන්නේ, එකතු වෙලා යන්නේ සැදැහැ නැති උදවියත් එක්කමයි. පවට ලැජ්ජා නැති උදවිය අගේට පැහිලා යන්නේ, එකතු වෙලා යන්නේ පවට ලැජ්ජා නැති උදවියත් එක්කමයි. විපාකයට භය නැති උදවිය අගේට පැහිලා යන්නේ, එකතු වෙලා යන්නේ විපාකයට භය නැති උදවියත් එක්කමයි. දහම ගැන දැනඋගත් නැති උදවිය ....(පෙ).... දහමේ හැසිරෙන්නට කුසීත වූ උදවිය ....(පෙ).... සිහි මුලා වූ උදවිය ....(පෙ).... අඥාන උදවිය අගේට පැහිලා යන්නේ, එකතු වෙලා යන්නේ අඥාන උදවියත් එක්කමයි. පින්වත් මහණෙනි, මේ සත්වයන් ධාතු ස්වභාව වශයෙනුයි සැසඳී යන්නේ, එකට එකතු වෙන්නේ. සැදැහැ ඇති උදවිය අගේට පැහිලා යන්නේ, එකතු වෙලා යන්නේ සැදැහැ ඇති උදවියත් එක්කමයි. පවට ලැජ්ජා ඇති උදවිය අගේට පැහිලා යන්නේ, එකතු වෙලා යන්නේ පවට ලැජ්ජා ඇති උදවියත් එක්කමයි. විපාකයට භය ඇති උදවිය අගේට පැහිලා යන්නේ, එකතු වෙලා යන්නේ විපාකයට භය ඇති උදවියත් එක්කමයි. දහම ගැන දැනඋගත් උදවිය අගේට පැහිලා යන්නේ, එකතු වෙලා යන්නේ දහම ගැන දැනඋගත් උදවියත් එක්කමයි. දහමේ හැසිරෙන්නට පටන් ගත් වීර්යය ඇති උදවිය අගේට පැහිලා යන්නේ, එකතු වෙලා යන්නේ දහමේ හැසිරෙන්නට පටන් ගත් වීර්යය ඇති උදවියත් එක්කමයි. සතිපට්ඨානය වඩන උදවිය අගේට පැහිලා යන්නේ, එකතු වෙලා යන්නේ සතිපට්ඨානය වඩන උදවියත් එක්කමයි. ප්‍රඥාවන්ත උදවිය අගේට පැහිලා යන්නේ, එකතු වෙලා යන්නේ ප්‍රඥාවන්ත උදවියත් එක්කමයි.

පින්වත් මහණෙනි, අතීත කාලයේදී පවා මේ සත්වයන් සැසඳිලා ගියේ එකතු වෙලා ගියේ ධාතු ස්වභාවයකින්. ....(පෙ).... පින්වත් මහණෙනි, අනාගතයේදී පවා මේ සත්වයන් සැසඳිලා යන්නේ එකතු වෙලා යන්නේ ධාතු ස්වභාවයකින්. ....(පෙ).... පින්වත් මහණෙනි, වර්තමානයේදී පවා මේ සත්වයන් සැසඳිලා යන්නේ එකතු වෙලා යන්නේ ධාතු ස්වභාවයකින්. සැදැහැවත් උදවිය ....(පෙ).... ප්‍රඥාවන්ත උදවිය අගේට පැහිලා යන්නේ, එකතු වෙලා යන්නේ ප්‍රඥාවන්ත උදවියත් එක්කමයි.

සාදු! සාදු!! සාදු!!!

අස්සද්ධ සූත්‍රය නිමා විය.

2.2.8.
අස්සද්ධ මූලක තික පංචක සූත්‍රය
සැදැහැ නැති වීම මුල්කොට තුන් අයුරු සූත්‍ර පහක් වදාළ දෙසුම

242. සැවැත් නුවරදී ....

පින්වත් මහණෙනි, මේ සත්වයන් ධාතු ස්වභාව වශයෙනුයි සැසඳී යන්නේ, එකට එකතු වෙන්නේ. සැදැහැ නැති උදවිය අගේට පෑහිලා යන්නේ, එකතු වෙලා යන්නේ සැදැහැ නැති උදවියත් එක්කමයි. පවට ලැජ්ජා නැති උදවිය අගේට පෑහිලා යන්නේ, එකතු වෙලා යන්නේ පවට ලැජ්ජා නැති උදවියත් එක්කමයි. ප්‍රඥාව නැති උදවිය අගේට පෑහිලා යන්නේ, එකතු වෙලා යන්නේ ප්‍රඥාව නැති අදවියත් එක්ක ම යි. සැදැහැ ඇති උදවිය අගේට පෑහිලා යන්නේ, එකතු වෙලා යන්නේ සැදැහැ ඇති උදවියත් එක්කමයි. පවට ලැජ්ජා ඇති උදවිය අගේට පෑහිලා යන්නේ, එකතු වෙලා යන්නේ පවට ලැජ්ජා ඇති උදවියත් එක්කමයි. ප්‍රඥාවන්ත උදවිය අගේට පෑහිලා යන්නේ, එකතු වෙලා යන්නේ ප්‍රඥාවන්ත උදවියත් එක්කමයි.

පින්වත් මහණෙනි, අතීත කාලයේදී පවා මේ සත්වයන් සැසඳිලා ගියේ එකතු වෙලා ගියේ ධාතු ස්වභාවයකින්. ....(පෙ).... පින්වත් මහණෙනි, අනාගතයේදී පවා මේ සත්වයන් සැසඳිලා යන්නේ, එකතු වෙලා යන්නේ ධාතු ස්වභාවයකින්. පින්වත් මහණෙනි, වර්තමානයේදී පවා මේ සත්වයන් සැසඳිලා යන්නේ එකතු වෙලායන්නේ ධාතු ස්වභාවයකින්. සැදැහැ නැති උදවිය ....(පෙ).... පවට ලැජ්ජා නැති උදවිය ....(පෙ).... අඥාන උදවිය ....(පෙ).... සැදැහැවත් උදවිය ....(පෙ).... පවට ලැජ්ජා ඇති උදවිය ....(පෙ).... ප්‍රඥාවන්ත උදවිය අගේට පෑහිලා යන්නේ, එකතු වෙලා යන්නේ ප්‍රඥාවන්ත උදවියත් එක්කමයි.

(පළමු වන කරුණු තුනයි)

පින්වත් මහණෙනි, මේ සත්වයන් සැසඳිලා ගියේ, එකතු වෙලා ගියේ ධාතු ස්වභාවයකින්. සැදැහැ නැති උදවිය සැදැහැ නැති උදවිය ....(පෙ).... විපාකයට භය නැති උදවිය ....(පෙ).... අඥාන උදවිය ....(පෙ).... සැදැහැවත් උදවිය ....(පෙ).... විපාකයට භය ඇති උදවිය ....(පෙ).... ප්‍රඥාවන්ත උදවිය

අගේට පැහිලා යන්නේ, එකතු වෙලා යන්නේ ප්‍රඥාවන්ත උදවියත් එක්කමයි. පින්වත් මහණෙනි, අතීතයේදී පවා මේ සත්වයන් සැසඳිලා ගියේ එකතු වෙලා ගියේ ධාතු ස්වභාවයකින්. ....(පෙ).... පින්වත් මහණෙනි, අනාගතයේදී පවා මේ සත්වයන් සැසඳිලා යන්නේ, එකතු වෙලා යන්නේ ධාතු ස්වභාවයකින්. ....(පෙ).... පින්වත් මහණෙනි, වර්තමානයේදී පවා සැදැහැ නැති උදවිය ....(පෙ).... විපාකයට භය නැති උදවිය ....(පෙ).... අඥාන උදවිය ....(පෙ).... සැදැහැවත් උදවිය ....(පෙ).... විපාකයට භය ඇති උදවිය ....(පෙ).... ප්‍රඥාවන්ත උදවිය අගේට පැහිලා යන්නේ, එකතු වෙලා යන්නේ ප්‍රඥාවන්ත උදවියත් එක්කමයි.

(දෙවන කරුණු තුනයි)

පින්වත් මහණෙනි, මේ සත්වයන් සැසඳිලා ගියේ, එකතු වෙලා ගියේ ධාතු ස්වභාවයකින්. සැදැහැ නැති උදවිය ....(පෙ).... දහම දැනඋගත් නැති උදවිය ....(පෙ).... අඥාන උදවිය ....(පෙ).... සැදැහැවත් උදවිය ....(පෙ).... දහම දැන උගත් උදවිය ....(පෙ).... ප්‍රඥාවන්ත උදවිය අගේට පැහිලා යන්නේ, එකතු වෙලා යන්නේ ප්‍රඥාවන්ත උදවියත් එක්කමයි. පින්වත් මහණෙනි, අතීතයේදී පවා මේ සත්වයන් සැසඳිලා ගියේ එකතු වෙලා ගියේ ධාතු ස්වභාවයකින්. ....(පෙ).... පින්වත් මහණෙනි, අනාගතයේදී පවා මේ සත්වයන් සැසඳිලා යන්නේ, එකතු වෙලා යන්නේ ධාතු ස්වභාවයකින්. ....(පෙ).... පින්වත් මහණෙනි, වර්තමානයේදී පවා සැදැහැ නැති උදවිය ....(පෙ).... දහම දැනඋගත් නැති උදවිය ....(පෙ).... අඥාන උදවිය ....(පෙ).... සැදැහැවත් උදවිය ....(පෙ).... දහම දැන උගත් උදවිය ....(පෙ).... ප්‍රඥාවන්ත උදවිය අගේට පැහිලා යන්නේ, එකතු වෙලා යන්නේ ප්‍රඥාවන්ත උදවියත් එක්කමයි.

(තුන්වන කරුණු තුනයි)

පින්වත් මහණෙනි, මේ සත්වයන් සැසඳිලා ගියේ, එකතු වෙලා ගියේ ධාතු ස්වභාවයකින්. සැදැහැ නැති උදවිය ....(පෙ).... දහමේ හැසිරෙන්නට වීරිය නැති උදවිය ....(පෙ).... අඥාන උදවිය ....(පෙ).... සැදැහැවත් උදවිය ....(පෙ).... දහමේ හැසිරෙන්නට වීරිය ඇති උදවිය ...(පෙ).... ප්‍රඥාවන්ත උදවිය අගේට පැහිලා යන්නේ, එකතු වෙලා යන්නේ ප්‍රඥාවන්ත උදවියත් එක්කමයි. පින්වත් මහණෙනි, අතීතයේදී පවා මේ සත්වයන් සැසඳිලා ගියේ එකතු වෙලා ගියේ ධාතු ස්වභාවයකින්. ....(පෙ).... පින්වත් මහණෙනි, අනාගතයේදී පවා මේ සත්වයන් සැසඳිලා යන්නේ, එකතු වෙලා යන්නේ ධාතු ස්වභාවයකින්. ....(පෙ).... පින්වත් මහණෙනි, වර්තමානයේදී පවා සැදැහැ නැති උදවිය ....(පෙ).... දහමේ හැසිරෙන්නට වීරිය නැති උදවිය ....(පෙ).... අඥාන උදවිය ....(පෙ)....

සැදැහැවත් උදවිය ....(පෙ).... දහමේ හැසිරෙන්නට වීරිය ඇති උදවිය ...(පෙ).... ප්‍රඥාවන්ත උදවිය අගේට පෑහිලා යන්නේ, එකතු වෙලා යන්නේ ප්‍රඥාවන්ත උදවියත් එක්කමයි.

(හතරවන කරුණු තුනයි)

පින්වත් මහණෙනි, මේ සත්වයන් සැසඳිලා ගියේ, එකතු වෙලා ගියේ ධාතු ස්වභාවයකින්. සැදැහැ නැති උදවිය ....(පෙ).... සිහි මුලා වූ උදවිය ....(පෙ).... අඥාන උදවිය ....(පෙ).... සැදැහැවත් උදවිය ....(පෙ).... සතිපට්ඨානය වඩන උදවිය උදවිය ...(පෙ).... ප්‍රඥාවන්ත උදවිය අගේට පෑහිලා යන්නේ, එකතු වෙලා යන්නේ ප්‍රඥාවන්ත උදවියත් එක්කමයි. පින්වත් මහණෙනි, අතීතයේදී පවා මේ සත්වයන් සැසඳිලා ගියේ එකතු වෙලා ගියේ ධාතු ස්වභාවයකින්. ....(පෙ).... පින්වත් මහණෙනි, අනාගතයේදී පවා මේ සත්වයන් සැසඳිලා යන්නේ, එකතු වෙලා යන්නේ ධාතු ස්වභාවයකින්. ....(පෙ).... පින්වත් මහණෙනි, වර්තමානයේදී පවා සැදැහැ නැති උදවිය ....(පෙ).... සිහි මුලා වූ උදවිය ....(පෙ).... අඥාන උදවිය ....(පෙ).... සැදැහැවත් උදවිය ....(පෙ).... සතිපට්ඨානය වඩන උදවිය උදවිය ...(පෙ).... ප්‍රඥාවන්ත උදවිය අගේට පෑහිලා යන්නේ, එකතු වෙලා යන්නේ ප්‍රඥාවන්ත උදවියත් එක්කමයි.

(පස්වන කරුණු තුනයි)

සාදු! සාදු!! සාදු!!!

අස්සද්ධ මූලක තික පංච සූත්‍රය නිමා විය.

2.2.9.
අහිරික මූලක තික චතුක්ක සූත්‍රය
ලැජ්ජා නැති වීම මුල්කොට තුන් අයුරු සූත්‍ර හතරක් වදාළ දෙසුම

243. සැවැත් නුවරදී ....

පින්වත් මහණෙනි, මේ සත්වයන් සැසඳිලා ගියේ, එකතු වෙලා ගියේ ධාතු ස්වභාවයකින්. පවට ලැජ්ජා නැති උදවිය ....(පෙ).... පවට භය නැති උදවිය ....(පෙ).... අඥාන උදවිය ....(පෙ).... සැදැහැවත් උදවිය ....(පෙ).... පවට භය ඇති උදවිය ....(පෙ).... ප්‍රඥාවන්ත උදවිය අගේට පෑහිලා යන්නේ, එකතු

වෙලා යන්නේ ප්‍රඥාවන්ත උදවියත් එක්කමයි. පින්වත් මහණෙනි, අතීතයේදී පවා මේ සත්වයන් සැසඳිලා ගියේ, එකතු වෙලා ගියේ ධාතු ස්වභාවයකින්. පින්වත් මහණෙනි, අනාගතයේදී පවා මේ සත්වයන් සැසඳිලා යන්නෙ, එකතු වෙලා යන්නේ ධාතු ස්වභාවයකින්. ....(පෙ).... පින්වත් මහණෙනි, වර්තමානයේදී පවා පවට ලැජ්ජා නැති උදවිය ....(පෙ).... පවට භය නැති උදවිය ....(පෙ).... අඥාන උදවිය ....(පෙ).... පවට ලැජ්ජා ඇති උදවිය ....(පෙ).... පවට භය ඇති උදවිය ....(පෙ).... ප්‍රඥාවන්ත උදවිය අගේට පෑහිලා යන්නේ, එකතු වෙලා යන්නේ ප්‍රඥාවන්ත උදවියත් එක්කමයි.

(පළමු වන කරුණු තුනයි)

පින්වත් මහණෙනි, මේ සත්වයන් සැසඳිලා ගියේ, එකතු වෙලා ගියේ ධාතු ස්වභාවයකින්. පවට ලැජ්ජා නැති උදවිය ....(පෙ).... දහම දැනඋගත් නැති උදවිය ....(පෙ).... අඥාන උදවිය ....(පෙ).... පවට ලැජ්ජා ඇති උදවිය ....(පෙ).... බහුශ්‍රැත උදවිය ....(පෙ).... ප්‍රඥාවන්ත උදවිය අගේට පෑහිලා යන්නේ, එකතු වෙලා යන්නේ ප්‍රඥාවන්ත උදවියත් එක්කමයි. පින්වත් මහණෙනි, අතීතයේදී පවා මේ සත්වයන් සැසඳිලා ගියේ, එකතු වෙලා ගියේ ධාතු ස්වභාවයකින්. ....(පෙ).... පින්වත් මහණෙනි, අනාගතයේදී පවා මේ සත්වයන් සැසඳිලා යන්නේ, එකතු වෙලා යන්නේ ධාතු ස්වභාවයකින්. ....(පෙ).... පින්වත් මහණෙනි, වර්තමානයේදී පවා පවට ලැජ්ජා නැති උදවිය ....(පෙ).... දහම දැනඋගත් නැති උදවිය ....(පෙ).... අඥාන උදවිය ....(පෙ).... පවට ලැජ්ජා ඇති උදවිය ....(පෙ).... බහුශ්‍රැත උදවිය ....(පෙ).... ප්‍රඥාවන්ත උදවිය අගේට පෑහිලා යන්නේ, එකතු වෙලා යන්නේ ප්‍රඥාවන්ත උදවියත් එක්කමයි.

(දෙවන කරුණු තුනයි)

පින්වත් මහණෙනි, මේ සත්වයන් සැසඳිලා ගියේ, එකතු වෙලා ගියේ ධාතු ස්වභාවයකින්. පවට ලැජ්ජා නැති උදවිය ....(පෙ).... දහමේ හැසිරෙන්නට වීරිය නැති උදවිය ....(පෙ).... අඥාන උදවිය ....(පෙ).... පවට ලැජ්ජා ඇති උදවිය ....(පෙ).... දහමේ හැසිරෙන්නට පටන් ගත් වීරිය ඇති උදවිය ....(පෙ).... ප්‍රඥාවන්ත උදවිය අගේට පෑහිලා යන්නේ, එකතු වෙලා යන්නේ ප්‍රඥාවන්ත උදවියත් එක්කමයි. පින්වත් මහණෙනි, අතීතයේදී පවා මේ සත්වයන් සැසඳිලා ගියේ එකතු වෙලා ගියේ ධාතු ස්වභාවයකින්. ....(පෙ).... පින්වත් මහණෙනි, අනාගතයේදී පවා මේ සත්වයන් සැසඳිලා යන්නේ, එකතු වෙලා යන්නේ ධාතු ස්වභාවයකින්. ....(පෙ).... පින්වත් මහණෙනි, වර්තමානයේදී පවා පවට ලැජ්ජා නැති උදවිය ....(පෙ).... දහමේ හැසිරෙන්නට වීරිය නැති උදවිය ....(පෙ).... අඥාන උදවිය ....(පෙ).... පවට ලැජ්ජා ඇති උදවිය ....(පෙ).... දහමේ

හැසිරෙන්නට පටන් ගත් වීරිය ඇති උදවිය ....(පෙ).... ප්‍රඥාවන්ත උදවිය අගේට පැහිලා යන්නේ, එකතු වෙලා යන්නේ ප්‍රඥාවන්ත උදවියත් එක්කමයි.

(තුන්වන කරුණු තුනයි)

පින්වත් මහණෙනි, මේ සත්වයන් සැසඳිලා ගියේ, එකතු වෙලා ගියේ ධාතු ස්වභාවයකින්. පවට ලැජ්ජා නැති උදවිය ....(පෙ).... සිහි මුලා වූ උදවිය ....(පෙ).... අඥාන උදවිය ....(පෙ).... පවට ලැජ්ජා ඇති උදවිය ....(පෙ).... සතිපට්ඨානය වඩන උදවිය ...(පෙ).... ප්‍රඥාවන්ත උදවිය අගේට පැහිලා යන්නේ, එකතු වෙලා යන්නේ ප්‍රඥාවන්ත උදවියත් එක්කමයි. පින්වත් මහණෙනි, අතීතයේදී පවා මේ සත්වයන් සැසඳිලා ගියේ එකතු වෙලා ගියේ ධාතු ස්වභාවයකින්. ....(පෙ).... පින්වත් මහණෙනි, අනාගතයේදී පවා මේ සත්වයන් සැසඳිලා යන්නේ, එකතු වෙලා යන්නේ ධාතු ස්වභාවයකින්. ....(පෙ).... පින්වත් මහණෙනි, වර්තමානයේදී පවා පවට ලැජ්ජා නැති උදවිය ....(පෙ).... සිහි මුලා වූ උදවිය ....(පෙ).... අඥාන උදවිය ....(පෙ).... පවට ලැජ්ජා ඇති උදවිය ....(පෙ).... සතිපට්ඨානය වඩන උදවිය ...(පෙ).... ප්‍රඥාවන්ත උදවිය අගේට පැහිලා යන්නේ, එකතු වෙලා යන්නේ ප්‍රඥාවන්ත උදවියත් එක්කමයි.

(හතරවන කරුණු තුනයි)

සාදු! සාදු!! සාදු!!!

අස්සද්ධ මූලක තික චතුක්ක සූත්‍රය නිමා විය.

2.2.10.
අනොත්තාප මූලක තිකත්තය සූත්‍රය
පවට භය නැති වීම මුල් කොට තුන් අයුරකින් සූත්‍ර තුනක් වදාළ දෙසුම

244. සැවැත් නුවරදී ....

පින්වත් මහණෙනි, මේ සත්වයන් සැසඳිලා ගියේ, එකතු වෙලා ගියේ ධාතු ස්වභාවයකින්. පවට භය නැති උදවිය ....(පෙ).... දහම දැනඋගත් නැති උදවිය ....(පෙ).... අඥාන උදවිය ....(පෙ).... පවට භය ඇති උදවිය ....(පෙ).... බහුශ්‍රැත උදවිය ....(පෙ).... ප්‍රඥාවන්ත උදවිය අගේට පැහිලා යන්නේ, එකතු වෙලා යන්නේ ප්‍රඥාවන්ත උදවියත් එක්කමයි. පින්වත් මහණෙනි, අතීතයේදී පවා මේ සත්වයන් සැසඳිලා ගියේ, එකතු වෙලා ගියේ ධාතු ස්වභාවයකින්.

....(පෙ).... පින්වත් මහණෙනි, අනාගතයේදී පවා මේ සත්වයන් සැසඳිලා යන්නේ, එකතු වෙලා යන්නේ ධාතු ස්වභාවයකින්. ....(පෙ).... පින්වත් මහණෙනි, වර්තමානයේදී පවා පවට භය නැති උදවිය ....(පෙ).... දහම දැනඋගත් නැති උදවිය ....(පෙ).... අඥාන උදවිය ....(පෙ).... පවට භය ඇති උදවිය ....(පෙ).... බහුශ්‍රැත උදවිය ....(පෙ).... ප්‍රඥාවන්ත උදවිය අගේට පෑහිලා යන්නේ, එකතු වෙලා යන්නේ ප්‍රඥාවන්ත උදවියත් එක්කමයි.

(පළමුවන කරුණු තුනයි)

පින්වත් මහණෙනි, මේ සත්වයන් සැසඳිලා ගියේ, එකතු වෙලා ගියේ ධාතු ස්වභාවයකින්. පවට භය නැති උදවිය ....(පෙ).... දහමේ හැසිරෙන්නට වීරිය නැති උදවිය ....(පෙ).... අඥාන උදවිය ....(පෙ).... පවට භය ඇති උදවිය ....(පෙ).... දහමේ හැසිරෙන්නට පටන් ගත් වීරිය ඇති උදවිය ....(පෙ).... ප්‍රඥාවන්ත උදවිය අගේට පෑහිලා යන්නේ, එකතු වෙලා යන්නේ ප්‍රඥාවන්ත උදවියත් එක්කමයි. පින්වත් මහණෙනි, අතීතයේදී පවා මේ සත්වයන් සැසඳිලා ගියේ එකතු වෙලා ගියේ ධාතු ස්වභාවයකින්. ....(පෙ).... පින්වත් මහණෙනි, අනාගතයේදී පවා මේ සත්වයන් සැසඳිලා යන්නේ, එකතු වෙලා යන්නේ ධාතු ස්වභාවයකින්. ....(පෙ).... පින්වත් මහණෙනි, වර්තමානයේදී පවා පවට භය නැති උදවිය ....(පෙ).... දහමේ හැසිරෙන්නට වීරිය නැති උදවිය ....(පෙ).... අඥාන උදවිය ....(පෙ).... පවට භය ඇති උදවිය ....(පෙ).... දහමේ හැසිරෙන්නට පටන් ගත් වීරිය ඇති උදවිය ....(පෙ).... ප්‍රඥාවන්ත උදවිය අගේට පෑහිලා යන්නේ, එකතු වෙලා යන්නේ ප්‍රඥාවන්ත උදවියත් එක්කමයි.

(දෙවන කරුණු තුනයි)

පින්වත් මහණෙනි, මේ සත්වයන් සැසඳිලා ගියේ, එකතු වෙලා ගියේ ධාතු ස්වභාවයකින්. පවට භය නැති උදවිය ....(පෙ).... සිහි මුලා වූ උදවිය ....(පෙ).... අඥාන උදවිය ....(පෙ).... පවට භය ඇති උදවිය ....(පෙ).... සතිපට්ඨානය වඩන උදවිය ...(පෙ).... ප්‍රඥාවන්ත උදවිය අගේට පෑහිලා යන්නේ, එකතු වෙලා යන්නේ ප්‍රඥාවන්ත උදවියත් එක්කමයි. පින්වත් මහණෙනි, අතීතයේදී පවා මේ සත්වයන් සැසඳිලා ගියේ එකතු වෙලා ගියේ ධාතු ස්වභාවයකින්. ....(පෙ).... පින්වත් මහණෙනි, අනාගතයේදී පවා මේ සත්වයන් සැසඳිලා යන්නේ, එකතු වෙලා යන්නේ ධාතු ස්වභාවයකින්. ....(පෙ).... පින්වත් මහණෙනි, වර්තමානයේදී පවා පවට භය නැති උදවිය ....(පෙ).... සිහි මුලා වූ උදවිය ....(පෙ).... අඥාන උදවිය ....(පෙ).... පවට භය ඇති උදවිය ....(පෙ).... සතිපට්ඨානය වඩන උදවිය ...(පෙ).... ප්‍රඥාවන්ත උදවිය අගේට පෑහිලා යන්නේ, එකතු වෙලා යන්නේ ප්‍රඥාවන්ත උදවියත් එක්කමයි.

(තුන්වන කරුණු තුනයි)

සාදු! සාදු!! සාදු!!!
අනොත්තප්ප මූලක තිකත්තය සූත්‍රය නිමා විය.

2.2.11.
අප්පස්සුත මූලක තිකත්තය සූත්‍රය
දහම දැනඋගත් නැතිකම මුල් කොට තුන් අයුරු සූත්‍ර දෙකක් වදාළ දෙසුම

245. සැවැත් නුවරදී ....

පින්වත් මහණෙනි, මේ සත්වයන් සැසඳිලා ගියේ, එකතු වෙලා ගියේ ධාතු ස්වභාවයකින්. දහම දැනඋගත් නැති උදවිය ....(පෙ).... දහමේ හැසිරෙන්නට වීරිය නැති උදවිය ....(පෙ).... අඥාන උදවිය ....(පෙ).... දහම දැනඋගත් උදවිය ....(පෙ).... දහමේ හැසිරෙන්නට පටන් ගත් වීරිය ඇති උදවිය ....(පෙ).... ප්‍රඥාවන්ත උදවිය අගේට පෑහිලා යන්නේ, එකතු වෙලා යන්නේ ප්‍රඥාවන්ත උදවියත් එක්කමයි. පින්වත් මහණෙනි, අතීතයේදී පවා මේ සත්වයන් සැසඳිලා ගියේ එකතු වෙලා ගියේ ධාතු ස්වභාවයකින්. ....(පෙ).... පින්වත් මහණෙනි, අනාගතයේදී පවා මේ සත්වයන් සැසඳිලා යන්නේ, එකතු වෙලා යන්නේ ධාතු ස්වභාවයකින්. ....(පෙ).... පින්වත් මහණෙනි, වර්තමානයේදී පවා දහම දැනඋගත් නැති උදවිය ....(පෙ).... දහමේ හැසිරෙන්නට වීරිය නැති උදවිය ....(පෙ).... අඥාන උදවිය ....(පෙ).... දහම දැනඋගත් උදවිය ....(පෙ).... දහමේ හැසිරෙන්නට පටන් ගත් වීරිය ඇති උදවිය ....(පෙ).... ප්‍රඥාවන්ත උදවිය අගේට පෑහිලා යන්නේ, එකතු වෙලා යන්නේ ප්‍රඥාවන්ත උදවියත් එක්කමයි.

(පළමුවන කරුණු තුනයි)

පින්වත් මහණෙනි, මේ සත්වයන් සැසඳිලා ගියේ, එකතු වෙලා ගියේ ධාතු ස්වභාවයකින්. දහම දැනඋගත් නැති උදවිය ....(පෙ).... සිහි මුළා වූ උදවිය ....(පෙ).... අඥාන උදවිය ....(පෙ).... දහම දැනඋගත් උදවිය ....(පෙ).... සතිපට්ඨානය වඩන උදවිය ...(පෙ).... ප්‍රඥාවන්ත උදවිය අගේට පෑහිලා යන්නේ, එකතු වෙලා යන්නේ ප්‍රඥාවන්ත උදවියත් එක්කමයි. පින්වත් මහණෙනි, අතීතයේදී පවා මේ සත්වයන් සැසඳිලා ගියේ එකතු වෙලා ගියේ ධාතු ස්වභාවයකින්. ....(පෙ).... පින්වත් මහණෙනි, අනාගතයේදී පවා මේ සත්වයන්

සැසඳිලා යන්නේ, එකතු වෙලා යන්නේ ධාතු ස්වභාවයකින්. ....(පෙ).... පින්වත් මහණෙනි, වර්තමානයේදී පවා දහම දැනඋගත් නැති උදවිය ....(පෙ).... සිහි මුලා වූ උදවිය ....(පෙ).... අඥාන උදවිය ....(පෙ).... දහම දැනඋගත් උදවිය ....(පෙ).... සතිපට්ඨානය වඩන උදවිය ...(පෙ).... ප්‍රඥාවන්ත උදවිය අගේට පැහිලා යන්නේ, එකතු වෙලා යන්නේ ප්‍රඥාවන්ත උදවියත් එක්කමයි.

(දෙවන කරුණු තුනයි)

සාදු! සාදු!! සාදු!!!

අප්පස්සුත මූලක තිකද්වය සූත්‍රය නිමා විය.

2.2.12.
කුසීත මූලක තිකේක සූත්‍රය
හීන වීර්යය මුල්කොට කරුණු තුනකින් යුතුව එකක් වදාළ දෙසුම

246. සැවැත් නුවරදී ....

පින්වත් මහණෙනි, මේ සත්වයන් සැසඳිලා ගියේ, එකතු වෙලා ගියේ ධාතු ස්වභාවයකින්. දහමේ හැසිරෙන්නට වීරිය නැති උදවිය ....(පෙ).... සිහි මුලා වූ උදවිය ....(පෙ).... අඥාන උදවිය ....(පෙ).... දහමේ හැසිරෙන්නට පටන්ගත් වීරිය ඇති උදවිය ....(පෙ).... සතිපට්ඨානය වඩන උදවිය ...(පෙ).... ප්‍රඥාවන්ත උදවිය අගේට පැහිලා යන්නේ, එකතු වෙලා යන්නේ ප්‍රඥාවන්ත උදවියත් එක්කමයි. පින්වත් මහණෙනි, අතීතයේදී පවා මේ සත්වයන් සැසඳිලා ගියේ එකතු වෙලා ගියේ ධාතු ස්වභාවයකින්. ....(පෙ).... පින්වත් මහණෙනි, අනාගතයේදී පවා මේ සත්වයන් සැසඳිලා යන්නේ, එකතු වෙලා යන්නේ ධාතු ස්වභාවයකින්. ....(පෙ).... පින්වත් මහණෙනි, වර්තමානයේදී පවා දහමේ හැසිරෙන්නට වීරිය නැති උදවිය ....(පෙ).... සිහි මුලා වූ උදවිය ....(පෙ).... අඥාන උදවිය ....(පෙ).... දහමේ හැසිරෙන්නට පටන්ගත් වීරිය ඇති උදවිය ....(පෙ).... සතිපට්ඨානය වඩන උදවිය ...(පෙ).... ප්‍රඥාවන්ත උදවිය අගේට පැහිලා යන්නේ, එකතු වෙලා යන්නේ ප්‍රඥාවන්ත උදවියත් එක්කමයි.

සාදු! සාදු!! සාදු!!!

කුසීත මූලක තිකේක සූත්‍රය නිමා විය.

දෙවෙනි සත්තධාතු වර්ගය අවසන් විය.

3. කම්මපථ වර්ගය

2.3.1.
අසමාහිත සූත්‍රය
සමාහිත නොවීම ගැන වදාළ දෙසුම

247. සැවැත් නුවරදී ....

පින්වත් මහණෙනි, මේ සත්වයන් සැසඳිලා ගියේ, එකතු වෙලා ගියේ, ධාතු ස්වභාවයකින්. සැදැහැවත් නැති උදවිය අගේට පෑහිලා යන්නේ, එකතු වෙලා යන්නේ සැදැහැවත් නැති උදවිය එක්කමයි. පවට ලැජ්ජා නැති උදවිය අගේට පෑහිලා යන්නේ, එකතු වෙලා යන්නේ පවට ලැජ්ජා නැති උදවිය එක්කමයි. පවට භය නැති උදවිය අගේට පෑහිලා යන්නේ, එකතු වෙලා යන්නේ පවට භය නැති උදවිය එක්කමයි. ....(පෙ).... අසමාහිත සිත් ඇති උදවිය ....(පෙ).... අඥාන උදවිය අගේට පෑහිලා යන්නේ, එකතු වෙලා යන්නේ අඥාන නැති උදවිය එක්කමයි.

සදැහැවත් උදවිය අගේට පෑහිලා යන්නේ, එකතු වෙලා යන්නේ සැදැහැවත් උදවිය එක්කමයි. පවට ලැජ්ජා ඇති ....(පෙ).... පවට භය ඇති ....(පෙ).... සමාහිත සිත් ඇති ....(පෙ).... ප්‍රඥාවන්ත උදවිය අගේට පෑහිලා යන්නේ, එකතු වෙලා යන්නේ ප්‍රඥාවන්ත උදවිය එක්කමයි.

සාදු! සාදු!! සාදු!!!

අසමාහිත සූත්‍රය නිමා විය.

2.3.2.
දුස්සීල සූත්‍රය
දුස්සීල වීම ගැන වදාළ දෙසුම

248. සැවැත් නුවරදී ....

පින්වත් මහණෙනි, මේ සත්වයන් සැසඳිලා ගියේ, එකතු වෙලා ගියේ, ධාතු ස්වභාවයකින්. සැදැහැවත් නැති උදවිය අගේට පෑහිලා යන්නේ, එකතු වෙලා යන්නේ සැදැහැවත් නැති උදවිය එක්කමයි. පවට ලැජ්ජා නැති උදවිය අගේට පෑහිලා යන්නේ, එකතු වෙලා යන්නේ පවට ලැජ්ජා නැති උදවිය එක්කමයි. පවට භය නැති උදවිය අගේට පෑහිලා යන්නේ, එකතු වෙලා යන්නේ පවට භය නැති උදවිය එක්කමයි. ....(පෙ).... දුස්සීල උදවිය ....(පෙ).... අඥාන උදවිය අගේට පෑහිලා යන්නේ, එකතු වෙලා යන්නේ අඥාන උදවිය එක්කමයි.

සදැහැවත් උදවිය අගේට පෑහිලා යන්නේ, එකතු වෙලා යන්නේ සැදැහැවත් උදවිය එක්කමයි. පවට ලැජ්ජා ඇති ....(පෙ).... පවට භය ඇති ....(පෙ).... සිල්වත් ....(පෙ).... ප්‍රඥාවන්ත උදවිය අගේට පෑහිලා යන්නේ, එකතු වෙලා යන්නේ ප්‍රඥාවන්ත උදවිය එක්කමයි.

සාදු! සාදු!! සාදු!!!

දුස්සීල සූත්‍රය නිමා විය.

2.3.3.
පඤ්ච සික්ඛාපද සූත්‍රය
පන්සිල් පද ගැන වදාළ දෙසුම

249. සැවැත් නුවරදී ....

පින්වත් මහණෙනි, මේ සත්වයන් සැසඳිලා ගියේ, එකතු වෙලා ගියේ, ධාතු ස්වභාවයකින්. සතුන් මරණ උදවිය අගේට පෑහිලා යන්නේ, එකතු වෙලා යන්නේ සතුන් මරණය උදවිය එක්කමයි. සොරකම් කරන උදවිය අගේට පෑහිලා යන්නේ, එකතු වෙලා යන්නේ සොරකම් කරන උදවිය එක්කමයි. වැරදි කාම සේවනයේ යෙදෙන උදවිය ....(පෙ).... බොරු කියන උදවිය ....(පෙ).... ප්‍රමාදයට හේතුවන සුරාපාන ආදියත් මත්ද්‍රව්‍යත් පානය කරන උදවිය අගේට පෑහිලා යන්නේ, එකතු වෙලා යන්නේ ප්‍රමාදයට හේතු වන සුරාපානය ආදියත් මත්ද්‍රව්‍යත් පානය කරන උදවිය එක්කමයි.

සතුන් මැරීමෙන් වැළකී සිටින උදවිය අගේට පෑහිලා යන්නේ, එකතු වෙලා යන්නේ සතුන් මැරීමෙන් වැළකී සිටින උදවිය එක්කමයි. සොරකම් කිරීමෙන් වැළකී සිටින උදවිය අගේට පෑහිලා යන්නේ, එකතු වෙලා යන්නේ සොරකම් කිරීමෙන් වැළකී සිටින උදවිය එක්කමයි. වැරදි කාම සේවනයේ

යෙදීමෙන් වැළකී සිටින උදවිය....(පෙ).... බොරු කීමෙන් වැළකී සිටින උදවිය ....(පෙ).... ප්‍රමාදයට හේතුවන සුරාපාන ආදියත් මත්ද්‍රව්‍යත් පානය කිරීමෙන් වැළකී සිටින උදවිය අගේට පෑහිලා යන්නේ, එකතු වෙලා යන්නේ ප්‍රමාදයට හේතු වන සුරාපානය ආදියත් මත්ද්‍රව්‍යත් පානය කිරීමෙන් වැළකී සිටින උදවිය එක්කමයි.

සාදු! සාදු!! සාදු!!!

පඤ්ච සික්ඛාපද සූත්‍රය නිමා විය.

2.3.4.
සත්ත කම්මපථ සූත්‍රය
කර්ම රැස්වෙන මාර්ග හත ගැන වදාළ දෙසුම

250. සැවැත් නුවරදී ....

පින්වත් මහණෙනි, මේ සත්වයන් සැසඳිලා ගියේ, එකතු වෙලා ගියේ, ධාතු ස්වභාවයකින්. සතුන් මරණ උදවිය අගේට පෑහිලා යන්නේ, එකතු වෙලා යන්නේ සතුන් මරණය උදවිය එක්කමයි. සොරකම් කරන උදවිය අගේට පෑහිලා යන්නේ, එකතු වෙලා යන්නේ සොරකම් කරන උදවිය එක්කමයි. වැරදි කාම සේවනයේ යෙදෙන උදවිය ....(පෙ).... බොරු කියන උදවිය ....(පෙ).... කේළාම් කියන උදවිය ....(පෙ).... පරුෂ වචන කියන උදවිය ....(පෙ).... නිසරු දේ දොඩමින් සිටින උදවිය අගේට පෑහිලා යන්නේ, එකතු වෙලා යන්නේ නිසරු දේ දොඩමින් සිටින උදවිය එක්කමයි.

සතුන් මැරීමෙන් වැළකී සිටින උදවිය අගේට පෑහිලා යන්නේ, එකතු වෙලා යන්නේ සතුන් මැරීමෙන් වැළකී සිටින උදවිය එක්කමයි. සොරකම් කිරීමෙන් වැළකී සිටින උදවිය අගේට පෑහිලා යන්නේ, එකතු වෙලා යන්නේ සොරකම් කිරීමෙන් වැළකී සිටින උදවිය එක්කමයි. වැරදි කාම සේවනයේ යෙදීමෙන් වැළකී සිටින උදවිය ....(පෙ).... බොරු කීමෙන් වැළකී සිටින උදවිය ....(පෙ).... කේළාම් කීමෙන් වැළකී සිටින උදවිය ....(පෙ).... පරුෂ වචනයෙන් වැළකී සිටින උදවිය ....(පෙ).... නිසරු දේ දෙඩීමෙන් වැළකී සිටින උදවිය අගේට පෑහිලා යන්නේ, එකතු වෙලා යන්නේ නිසරු දේ දෙඩීමෙන් වැළකී සිටින උදවිය එක්කමයි.

සාදු! සාදු!! සාදු!!!

සත්ත කම්මපථ සූත්‍රය නිමා විය.

2.3.5.
දස කම්මපථ සූත්‍රය
කර්ම රැස්වෙන මාර්ග දහය ගැන වදාළ දෙසුම

251. සැවැත් නුවරදී......

පින්වත් මහණෙනි, මේ සත්වයන් සැසඳිලා ගියේ, එකතු වෙලා ගියේ, ධාතු ස්වභාවයකින්. සතුන් මරණ උදවිය අගේට පෑහිලා යන්නේ, එකතු වෙලා යන්නේ සතුන් මරණය උදවිය එක්කමයි. සොරකම් කරන උදවිය අගේට පෑහිලා යන්නේ, එකතු වෙලා යන්නේ සොරකම් කරන උදවිය එක්කමයි. වැරදි කාම සේවනයේ යෙදෙන උදවිය ....(පෙ).... බොරු කියන උදවිය ....(පෙ).... කේළාම් කියන උදවිය ....(පෙ).... පරුෂ වචන කියන උදවිය ....(පෙ).... අනුන්ගේ දෙයට ආශා කරන උදවිය ....(පෙ).... ද්වේෂ සිත් ඇති කරගන්නා උදවිය ....(පෙ).... මිත්‍යා දෘෂ්ටික උදවිය අගේට පෑහිලා යන්නේ, එකතු වෙලා යන්නේ මිත්‍යා දෘෂ්ටික උදවිය එක්කමයි.

සතුන් මැරීමෙන් වැළකී සිටින උදවිය අගේට පෑහිලා යන්නේ, එකතු වෙලා යන්නේ සතුන් මැරීමෙන් වැළකී සිටින උදවිය එක්කමයි. සොරකම් කිරීමෙන් වැළකී සිටින උදවිය අගේට පෑහිලා යන්නේ, එකතු වෙලා යන්නේ සොරකම් කිරීමෙන් වැළකී සිටින උදවිය එක්කමයි. වැරදි කාම සේවනයේ යෙදීමෙන් වැළකී සිටින උදවිය ....(පෙ).... බොරු කීමෙන් වැළකී සිටින උදවිය ....(පෙ).... කේළාම් කීමෙන් වැළකී සිටින උදවිය ....(පෙ).... පරුෂ වචනයෙන් වැළකී සිටින උදවිය ....(පෙ).... අනුන්ගේ දෙයට ආශා කිරීමෙන් වැළකී සිටින උදවිය ....(පෙ).... ද්වේෂ රහිත සිතින් සිටින උදවිය ....(පෙ).... සම්මා දිට්ඨියෙන් යුතු උදවිය අගේට පෑහිලා යන්නේ, එකතු වෙලා යන්නේ සම්‍යක් දෘෂ්ටික උදවිය එක්කමයි.

සාදු! සාදු!! සාදු!!!

දස කම්මපථ සූත්‍රය නිමා විය.

2.3.6.
අට්ඨංගික සූත්‍රය
අංග අටකින් යුතුවීම ගැන වදාළ දෙසුම

252. සැවැත් නුවරදී ....

පින්වත් මහණෙනි, මේ සත්වයන් සැසඳිලා ගියේ, එකතු වෙලා ගියේ, ධාතු ස්වභාවයකින්. මිත්‍යා දෘෂ්ටික උදවිය අගේට පෑහිලා යන්නේ, එකතු වෙලා යන්නේ මිත්‍යා දෘෂ්ටික උදවිය එක්කමයි. ....(පෙ).... මිත්‍යා සංකල්ප ඇති උදවිය ....(පෙ).... මිත්‍යා වචන ඇති උදවිය ....(පෙ).... මිත්‍යා කටයුතු ඇති උදවිය ....(පෙ).... මිත්‍යා දිවි පැවැත්ම ඇති උදවිය ....(පෙ).... මිත්‍යා උත්සාහය ඇති උදවිය ....(පෙ).... මිත්‍යා සිහිය ඇති උදවිය ....(පෙ).... මිත්‍යා සමාධිය ඇති උදවිය අගේට පෑහිලා යන්නේ, එකතු වෙලා යන්නේ මිත්‍යා සමාධිය ඇති උදවිය එක්කමයි.

සම්‍යක් දෘෂ්ටික උදවිය අගේට පෑහිලා යන්නේ, එකතු වෙලා යන්නේ සම්‍යක් දෘෂ්ටික උදවිය එක්කමයි. ....(පෙ).... සම්‍යක් සංකල්ප ඇති උදවිය ....(පෙ).... සම්‍යක් වචන ඇති උදවිය ....(පෙ).... සම්‍යක් කටයුතු ඇති උදවිය ....(පෙ).... සම්‍යක් දිවි පැවැත්ම ඇති උදවිය ....(පෙ).... සම්‍යක් උත්සාහය ඇති උදවිය ....(පෙ).... සම්‍යක් සිහිය ඇති උදවිය ....(පෙ).... සම්‍යක් සමාධිය ඇති උදවිය අගේට පෑහිලා යන්නේ, එකතු වෙලා යන්නේ සම්‍යක් සමාධිය ඇති උදවිය එක්කමයි.

සාදු! සාදු!! සාදු!!!

අට්ඨංගික සූත්‍රය නිමා විය.

2.3.7.
දසංගික සූත්‍රය
අංග දහයකින් යුතුවීම ගැන වදාළ දෙසුම

253. සැවැත් නුවරදී ....

පින්වත් මහණෙනි, මේ සත්වයන් සැසඳිලා ගියේ, එකතු වෙලා ගියේ,

ධාතු ස්වභාවයකින්. මිත්‍යා දෘෂ්ටික උදවිය අගේට පෑහිලා යන්නේ, එකතු වෙලා යන්නේ මිත්‍යා දෘෂ්ටික උදවිය එක්කමයි. ....(පෙ).... මිත්‍යා සංකල්ප ඇති උදවිය ....(පෙ).... මිත්‍යා වචන ඇති උදවිය ....(පෙ).... මිත්‍යා කටයුතු ඇති උදවිය ....(පෙ).... මිත්‍යා දිවි පැවැත්ම ඇති උදවිය ....(පෙ).... මිත්‍යා උත්සාහය ඇති උදවිය ....(පෙ).... මිත්‍යා සිහිය ඇති උදවිය ....(පෙ).... මිත්‍යා සමාධිය ඇති උදවිය ....(පෙ).... මිත්‍යා ඤාණ ඇති උදවිය ....(පෙ).... මිත්‍යා විමුක්ති ඇති උදවිය අගේට පෑහිලා යන්නේ, එකතු වෙලා යන්නේ මිත්‍යා විමුක්ති ඇති උදවිය එක්කමයි.

සම්‍යක් දෘෂ්ටික උදවිය අගේට පෑහිලා යන්නේ, එකතු වෙලා යන්නේ සම්‍යක් දෘෂ්ටික උදවිය එක්කමයි. ....(පෙ).... සම්‍යක් සංකල්ප ඇති උදවිය ....(පෙ).... සම්‍යක් වචන ඇති උදවිය ....(පෙ).... සම්‍යක් කටයුතු ඇති උදවිය ....(පෙ).... සම්‍යක් දිවි පැවැත්ම ඇති උදවිය ....(පෙ).... සම්‍යක් උත්සාහය ඇති උදවිය ....(පෙ).... සම්‍යක් සිහිය ඇති උදවිය ....(පෙ).... සම්‍යක් සමාධිය ඇති උදවිය ....(පෙ).... සම්‍යක් ඤාණ ඇති උදවිය ....(පෙ).... සම්‍යක් විමුක්ති ඇති උදවිය අගේට පෑහිලා යන්නේ, එකතු වෙලා යන්නේ සම්‍යක් විමුක්ති ඇති උදවිය එක්කමයි.

සාදු! සාදු!! සාදු!!!

දසංගික සූත්‍රය නිමා විය.

තුන්වෙනි කම්මපථ වර්ගය අවසන් විය.

4. චතු ධාතු වර්ගය

2.4.1.
චතු ධාතු සූත්‍රය
ධාතූන් හතරක් ගැන වදාළ දෙසුම

254. මා හට අසන්නට ලැබුණේ මේ විදිහටයි. ඒ දිනවල භාග්‍යවතුන් වහන්සේ වැඩසිටියේ සැවැත් නුවර ජේතවනය නම් වූ අනේපිඬු සිටුතුමාගේ ආරාමයේ ....(පෙ)....

පින්වත් මහණෙනි, මේ ධාතූන් හතරක් තියෙනවා. මොනවද මේ ධාතු සතර? පඨවි ධාතු, ආපෝ ධාතු, තේජෝ ධාතු, වායෝ ධාතු. පින්වත් මහණෙනි, ධාතු හතර යනු මේවායි.

සාදු! සාදු!! සාදු!!!

චතු ධාතු සූත්‍රය නිමා විය.

2.4.2.
පුබ්බ සූත්‍රය
බුද්ධත්වයට පෙර දෙයක් ගැන වදාළ දෙසුම

255. සැවැත් නුවරදී ....

පින්වත් මහණෙනි, සම්බුද්ධත්වයට කලින්ම, බුදු නොවී සිටියදීම, බෝසත්ව සිටියදීම (බෝධි මූලයේදී) මා හට මේ අදහස ඇතිවුණා. මේ පඨවි ධාතුවේ තිබෙන ආශ්වාදය මොකක්ද? ආදීනවය මොකක්ද? එයින් නිදහස් වීම (නිස්සරණය) මොකක්ද? මේ ආපෝ ධාතුවේ තිබෙන ආශ්වාදය මොකක්ද? ආදීනවය මොකක්ද? එයින් නිදහස් වීම (නිස්සරණය) මොකක්ද? මේ තේජෝ ධාතුවේ තිබෙන ආශ්වාදය මොකක්ද? ආදීනවය මොකක්ද? එයින් නිදහස් වීම

(නිස්සරණය) මොකක්ද? මේ වායෝ ධාතුවේ තිබෙන ආශ්වාදය මොකක්ද? ආදීනවය මොකක්ද? එයින් නිදහස් වීම (නිස්සරණය) මොකක්ද?

එතකොට පින්වත් මහණෙනි, මා හට මේ අදහස ඇති වුණා. පඨවි ධාතුව හේතු කොටගෙන යම් කිසි සැපයක් සොම්නසක් උපදිනවා නම්, අන්න ඒක තමයි පඨවි ධාතුවේ ආශ්වාදය. පඨවි ධාතුව යම් අනිත්‍යයකින් යුක්තද, දුකකින් යුක්තද, වෙනස් වෙන ස්වභාවයකින් යුක්තද, අන්න ඒක තමයි පඨවි ධාතුවේ ආදීනවය. පඨවි ධාතුව කෙරෙහි තිබුණ ආශාවේ යම් දුරු කිරීමක් ඇත්ද, ආශාවේ යම් ප්‍රහාණය කිරීමක් ඇත්ද, අන්න ඒක තමයි පඨවි ධාතුවෙන් නිදහස් වීම. තේජෝ ධාතුව හේතු කොටගෙන ....(පෙ).... ආපෝ ධාතුව හේතු කොටගෙන ....(පෙ).... වායෝ ධාතුව හේතු කොටගෙන යම්කිසි සැපයක් සොම්නසක් උපදිනවා නම්, අන්න ඒක තමයි වායෝ ධාතුවේ ආශ්වාදය. වායෝ ධාතුව යම් අනිත්‍යයකින් යුක්ත ද, දුකකින් යුක්ත ද, වෙනස් වෙන ස්වභාවයකින් යුක්ත ද, අන්න ඒක තමයි වායෝ ධාතුවේ ආදීනවය. වායෝ ධාතුව කෙරෙහි තිබුණ ආශාවේ යම් දුරු කිරීමක් ඇත් ද, ආශාවේ යම් ප්‍රහාණය කිරීමක් ඇත් ද, අන්න ඒක තමයි වායෝ ධාතුවෙන් නිදහස් වීම.

පින්වත් මහණෙනි, මම මේ සතර ආකාර ධාතු පිළිබඳව ආශ්වාදය ආශ්වාදය වශයෙනුත්, ආදීනව ආදීනව වශයෙනුත්, නිස්සරණය නිස්සරණය වශයෙනුත් යථාභූත ඤාණයක් ලෙස යම්තාක් කල් අවබෝධ කළේ නැද්ද, පින්වත් මහණෙනි, ඒ තාක් කල්ම දෙවියන් මරුන් බඹුන් සහිත ලෝකයෙහි ශ්‍රමණ බ්‍රාහ්මණයින් සහිත මේ දෙව් මිනිස් ප්‍රජාව තුළ අනුත්තර වූ සම්මා සම්බුද්ධත්වය මම අවබෝධ කළ බවට ප්‍රතිඥා දුන්නේ නෑ.

පින්වත් මහණෙනි, මම මේ සතර ආකාර ධාතු පිළිබඳව ආශ්වාදය ආශ්වාදය වශයෙනුත්, ආදීනව ආදීනව වශයෙනුත්, නිස්සරණය නිස්සරණය වශයෙනුත් යථාභූත ඤාණයක් ලෙස යම් කලක අවබෝධ කරගත්තා ද, පින්වත් මහණෙනි, එතකොටයි දෙවියන් මරුන් බඹුන් සහිත ලෝකයෙහි ශ්‍රමණ බ්‍රාහ්මණයින් සහිත මේ දෙව් මිනිස් ප්‍රජාව තුළ අනුත්තර වූ සම්මා සම්බුද්ධත්වය මම අවබෝධ කළ බවට ප්‍රතිඥා දුන්නේ. මගේ මේ අරහත් ඵල චිත්ත විමුක්තිය නොසෙල්වෙන දෙයක්. මේ මාගේ අවසාන උපතයි. ආයෙත් නම් පුනර්භවයක් නෑ කියල මා තුළ ඤාණදර්ශනය පහළ වුණා.

සාදු! සාදු!! සාදු!!!

පුබ්බ සූත්‍රය නිමා විය.

2.4.3.
අස්සාද පරියේසන සූත්‍රය
ආශ්වාදය විශේෂයෙන් අධ්‍යයනය කිරීම ගැන වදාළ දෙසුම

256.   සැවැත් නුවරදී ....

පින්වත් මහණෙනි, මම පඨවි ධාතුව පිළිබඳව තිබෙන ආශ්වාදය විශේෂයෙන් අධ්‍යයනය කළා. එතකොට පඨවි ධාතුවට අයත් යම් ආශ්වාදයක් වේ නම් එය මට අවබෝධ වුණා. පඨවි ධාතුවට අයත් ආශ්වාදය යම්තාක් ඇත් ද එය මා ප්‍රඥාවෙන්මයි දැකගත්තේ. පින්වත් මහණෙනි, මම පඨවි ධාතුව පිළිබඳව තිබෙන ආදීනවය විශේෂයෙන් අධ්‍යයනය කළා. එතකොට පඨවි ධාතුවට අයත් යම් ආදීනවයක් වේ නම් එය මට අවබෝධ වුණා. පඨවි ධාතුවට අයත් ආදීනව යම්තාක් ඇත් ද එය මා ප්‍රඥාවෙන්මයි දැකගත්තේ.

පින්වත් මහණෙනි, මම පඨවි ධාතුවෙන් නිදහස් වීම විශේෂයෙන් අධ්‍යයනය කළා. එතකොට පඨවි ධාතුවෙන් යම් නිදහස් වීමක් වේ නම් එය මට අවබෝධ වුණා. පඨවි ධාතුවෙන් නිදහස් වීම යම්තාක් ඇත්ද එය මා ප්‍රඥාවෙන්මයි දැක ගත්තේ.

පින්වත් මහණෙනි, මම ආපෝ ධාතුව පිළිබඳව තිබෙන ....(පෙ).... පින්වත් මහණෙනි, තේජෝ ධාතුව පිළිබඳව තිබෙන ....(පෙ).... පින්වත් මහණෙනි, වායෝ ධාතුව පිළිබඳව තිබෙන ආශ්වාදය විශේෂයෙන් අධ්‍යයනය කළා. එතකොට වායෝ ධාතුවට අයත් යම් ආශ්වාදයක් වේ නම් එය මට අවබෝධ වුණා. වායෝ ධාතුවට අයත් ආශ්වාදය යම්තාක් ඇත් ද එය මා ප්‍රඥාවෙන්මයි දැකගත්තේ. පින්වත් මහණෙනි, මම වායෝ ධාතුව පිළිබඳව තිබෙන ආදීනවය විශේෂයෙන් අධ්‍යයනය කළා. එතකොට වායෝ ධාතුවට අයත් යම් ආදීනවයක් වේ නම් එය මට අවබෝධ වුණා. වායෝ ධාතුවට අයත් ආදීනව යම්තාක් ඇත් ද එය මා ප්‍රඥාවෙන්මයි දැකගත්තේ. පින්වත් මහණෙනි, මම වායෝ ධාතුවෙන් නිදහස් වීම විශේෂයෙන් අධ්‍යයනය කළා. එතකොට වායෝ ධාතුවෙන් යම් නිදහස් වීමක් වේ නම් එය මට අවබෝධ වුණා. වායෝ ධාතුවෙන් නිදහස් වීම යම්තාක් ඇත් ද එය මා ප්‍රඥාවෙන්මයි දැකගත්තේ.

පින්වත් මහණෙනි, මම යම්තාක් මේ සතර මහා ධාතූන්ගේ ආශ්වාදය ආශ්වාදය වශයෙනුත්, ආදීනව ආදීනව වශයෙනුත්, නිදහස් වීම නිදහස් වීම වශයෙනුත් යථාර්ථයෙන්ම අවබෝධ නොකළා නම් ඒ තාක් කල්ම පින්වත් මහණෙනි, දෙවියන් සහිත, මරුන් සහිත, බඹුන් සහිත, ශ්‍රමණ බ්‍රාහ්මණයින් සහිත මේ දෙව් මිනිස් ප්‍රජාව තුළ අනුත්තර වූ සම්මා සම්බුද්ධත්වය අවබෝධ කළ බවට මා ප්‍රතිඥා දුන්නේ නෑ.

පින්වත් මහණෙනි, මම යම්තාක් මේ සතර මහා ධාතූන්ගේ ආශ්වාදය ආශ්වාදය වශයෙනුත්, ආදීනව ආදීනව වශයෙනුත්, නිදහස් වීම නිදහස් වීම වශයෙනුත් යථාර්ථයෙන්ම අවබෝධ කළා නම් එතකොට තමයි පින්වත් මහණෙනි, දෙවියන් සහිත, මරුන් සහිත, බඹුන් සහිත, ශ්‍රමණ බ්‍රාහ්මණයින් සහිත මේ දෙව් මිනිස් ප්‍රජාව තුළ අනුත්තර වූ සම්මා සම්බුද්ධත්වය අවබෝධ කළ බවට මා ප්‍රතිඥා දුන්නේ. මා හට ඥාන දර්ශනය පහළ වුණා. මාගේ මේ අරහත් ඵල විමුක්තිය නොවෙනස් වන දෙයක්. මේ අවසාන උපතයි. ආයෙත් නම් මට පුනර්භවයක් නෑ.

සාදු! සාදු!! සාදු!!!

අස්සාද පරියේසන සූත්‍රය නිමා විය.

2.4.4.
නෝචේදං සූත්‍රය
'එය නොතිබුණා නම්' යනුවෙන් වදාළ දෙසුම

257. සැවැත් නුවරදී ....

පින්වත් මහණෙනි, ඉදින් මේ පඨවි ධාතුව තුළ ආශ්වාදයක් නොතිබුණා නම් මේ සත්වයන් පඨවි ධාතුවට ඇලෙන්නේ නෑ. නමුත් පින්වත් මහණෙනි, මේ පඨවි ධාතුවෙහි ආශ්වාදයක් තියෙනවා. ඒ නිසාමයි සත්වයන් පඨවි ධාතුවට ඇලෙන්නේ. පින්වත් මහණෙනි, ඉදින් මේ පඨවි ධාතුව තුළ ආදීනවයක් නොතිබුණා නම් මේ සත්වයන් පඨවි ධාතුව ගැන කළකිරෙන්නේ නම් නෑ. නමුත් පින්වත් මහණෙනි, මේ පඨවි ධාතුවේ ආදීනවයකුත් තියෙනවා. ඒ නිසාමයි සත්වයන්ට පඨවි ධාතුව එපා වෙන්නේ. පින්වත් මහණෙනි, ඉදින් මේ පඨවි ධාතුවෙන් නිදහස් වීමක් නොතිබුණා නම් මේ සත්වයන් පඨවි ධාතුවෙන් නිදහස් වෙන්නේ නෑ. නමුත් පින්වත් මහණෙනි, මේ පඨවි ධාතුවෙන් නිදහස් වීමක් තියෙනවා. ඒ නිසාමයි සත්වයන් පඨවි ධාතුවෙන් නිදහස් වෙන්නේ.

පින්වත් මහණෙනි, ඉදින් මේ ආපෝ ධාතුව තුළ ආශ්වාදයක් නොතිබුණා නම් ....(පෙ).... පින්වත් මහණෙනි, ඉදින් මේ තේජෝ ධාතුව තුළ ආශ්වාදයක් නොතිබුණා නම් ....(පෙ).... පින්වත් මහණෙනි, ඉදින් මේ වායෝ ධාතුව තුළ ආශ්වාදයක් නොතිබුණා නම් මේ සත්වයන් වායෝ ධාතුවට ඇලෙන්නේ නෑ. නමුත් පින්වත් මහණෙනි, මේ වායෝ ධාතුවෙහි ආශ්වාදයක් තියෙනවා. ඒ නිසාමයි සත්වයන් වායෝ ධාතුවට ඇලෙන්නේ. පින්වත් මහණෙනි, ඉදින් මේ වායෝ ධාතුව තුළ ආදීනවයක් නොතිබුණා නම් මේ සත්වයන් වායෝ ධාතුව ගැන කලකිරෙන්නේ නම් නෑ. නමුත් පින්වත් මහණෙනි, මේ වායෝ ධාතුවේ ආදීනවයකුත් තියෙනවා. ඒ නිසාමයි සත්වයන්ට වායෝ ධාතුව එපා වෙන්නේ. පින්වත් මහණෙනි, ඉදින් මේ වායෝ ධාතුවෙන් නිදහස් වීමක් නොතිබුණා නම් මේ සත්වයන් වායෝ ධාතුවෙන් නිදහස් වෙන්නේ නෑ. නමුත් පින්වත් මහණෙනි, මේ වායෝ ධාතුවෙන් නිදහස් වීමක් තියෙනවා. ඒ නිසාමයි සත්වයන් වායෝ ධාතුවෙන් නිදහස් වෙන්නේ.

පින්වත් මහණෙනි, යම්තාක් කල් සත්වයන් මේ සතර මහා ධාතුන්ගේ ආශ්වාදය ආශ්වාදය වශයෙනුත්, ආදීනව ආදීනව වශයෙනුත්, නිදහස් වීම නිදහස් වීම වශයෙනුත්, යථාර්ථයෙන්ම අවබෝධ කළේ නැද්ද, පින්වත් මහණෙනි, ඒ තාක් කල්ම සත්වයන් මේ දෙවියන් සහිත මරුන් සහිත බඹුන් සහිත ශ්‍රමණ බ්‍රාහ්මණයින් සහිත මේ දෙව් මිනිස් ප්‍රජාව තුළ වාසය කළේ නිදහස් නොවීමයි. වෙන් වෙලා නොවේමයි. මිදිලා නොවේමයි. කෙලෙස් සීමා නැති සිතින් නොවේමයි.

පින්වත් මහණෙනි, යම් විටෙක සත්වයන් මේ සතර මහා ධාතුන්ගේ ආශ්වාදය ආශ්වාදය වශයෙනුත්, ආදීනව ආදීනව වශයෙනුත්, නිදහස් වීම නිදහස් වීම වශයෙනුත්, යථාර්ථයෙන්ම අවබෝධ කළා නම්, පින්වත් මහණෙනි, එතකොට සත්වයන් මේ දෙවියන් සහිත මරුන් සහිත බඹුන් සහිත ශ්‍රමණ බ්‍රාහ්මණයින් සහිත මේ දෙව් මිනිස් ප්‍රජාව තුළ වාසය කළේ නිදහස් වෙලාමයි. වෙන් වෙලාමයි. මිදිලාමයි. කෙලෙස් සීමා නැති සිතින්මයි.

සාදු! සාදු!! සාදු!!!

නෝ චේදං සූත්‍රය නිමා විය.

2.4.5.
දුක්ඛ ලක්ඛණ සූත්‍රය
දුක ලකුණු වී තිබීම ගැන වදාළ දෙසුම

258. සැවැත් නුවරදී ....

පින්වත් මහණෙනි, ඉදින් මේ පඨවි ධාතුව පවා ඒකාන්ත දුකක් වුණා නම්, දුක තුළටම වැටුණා නම්, දුක තුළම බැසගත්තා නම්, ඒ කියන්නේ සැපය තුළ නොබැසගත්තා නම් මේ සත්වයන් පඨවි ධාතුවට ඇලෙන්නේ නෑ. පින්වත් මහණෙනි, යම් හෙයකින් පඨවි ධාතුව සැපවත්ද, සැපයෙන් යුක්තද, සැප තුළ බැස ගන්නවාද, දුක තුළ නොබැස ගන්නවාද, ඒ නිසාම සත්වයන් පඨවි ධාතුවට ඇලී ඉන්නවා. පින්වත් මහණෙනි, ඉදින් මේ ආපෝ ධාතුව පවා ....(පෙ).... පින්වත් මහණෙනි, තේජෝ ධාතුව පවා ....(පෙ).... පින්වත් මහණෙනි, ඉදින් මේ වායෝ ධාතුව පවා ඒකාන්ත දුකක් වුණා නම්, දුක තුළටම වැටුණා නම්, දුක තුළම බැසගත්තා නම්, ඒ කියන්නේ සැපය තුළ නොබැසගත්තා නම් මේ සත්වයන් වායෝ ධාතුවට ඇලෙන්නේ නෑ. පින්වත් මහණෙනි, යම් හෙයකින් වායෝ ධාතුව සැපවත්ද, සැපයෙන් යුක්තද, සැප තුළ බැසගන්නවාද, දුක තුළ නොබැස ගන්නවාද, ඒ නිසාම සත්වයන් වායෝ ධාතුවට ඇලී ඉන්නවා.

පින්වත් මහණෙනි, ඉදින් මේ පඨවි ධාතුව පවා ඒකාන්ත සැපක් වුණා නම්, සැප තුළටම වැටුණා නම්, සැප තුළම බැසගත්තා නම්, ඒ කියන්නේ දුක තුළ නොබැසගත්තා නම් මේ සත්වයන් පඨවි ධාතුවට කළකිරෙන්නේ නෑ. පින්වත් මහණෙනි, යම් හෙයකින් පඨවි ධාතුව දුකක්ද, දුකෙන් යුක්තද, දුක තුළ බැස ගන්නවාද, සැපය තුළ නොබැස ගන්නවාද, ඒ නිසාම සත්වයන් පඨවි ධාතුවට කළකිරෙනවා. පින්වත් මහණෙනි, ඉදින් මේ ආපෝ ධාතුව පවා ....(පෙ).... පින්වත් මහණෙනි, තේජෝ ධාතුව පවා ....(පෙ).... පින්වත් මහණෙනි, ඉදින් මේ වායෝ ධාතුව පවා ඒකාන්ත සැපක් වුණා නම්, සැප තුළටම වැටුණා නම්, සැප තුළම බැසගත්තා නම්, ඒ කියන්නේ දුක තුළ නොබැස ගත්තා නම් මේ සත්වයන් වායෝ ධාතුවට කළකිරෙන්නේ නෑ. පින්වත් මහණෙනි, යම් හෙයකින් වායෝ ධාතුව දුකක් ද, දුකෙන් යුක්ත ද, දුක තුළ බැසගන්නවා ද, සැපය තුළ නොබැස ගන්නවා ද, ඒ නිසාම සත්වයන් වායෝ ධාතුවට කළකිරී ඉන්නවා.

සාදු! සාදු!! සාදු!!!

දුක්ඛ ලක්ඛණ සූත්‍රය නිමා විය.

2.4.6.
අභිනන්දන සූත්‍රය
සතුටින් පිළිගැනීම ගැන වදාළ දෙසුම

259. සැවැත් නුවරදී ....

පින්වත් මහණෙනි, යම් කෙනෙක් (පොළොවට පස් වී යන ස්වභාවයට අයිති දේ) පඨවි ධාතුව සතුටින් පිළිගන්නවා නම්, ඇත්තෙන්ම ඔහු පිළි අරගෙන තියෙන්නේ දුකයි. යමෙක් පිළිගන්නේ දුක නම්, ඔහු දුකෙන් නම් නිදහස් වෙන්නේ නෑ කියලයි මං කියන්නේ. පින්වත් මහණෙනි, යම් කෙනෙක් (ජලයේ දිය වී යන ස්වභාවයට අයිති දේ) ආපෝ ධාතුව සතුටින් පිළිගන්නවා නම් ....(පෙ).... පින්වත් මහණෙනි, යම් කෙනෙක් (උණුසුම් ස්වභාවයට අයිති දේ) තේජෝ ධාතුව සතුටින් පිළිගන්නවා නම් ....(පෙ).... පින්වත් මහණෙනි, යම් කෙනෙක් (වායු ස්වභාවයට අයිති දේ) වායෝ ධාතුව සතුටින් පිළිගන්නවා නම්, ඇත්තෙන්ම ඔහු පිළි අරගෙන තියෙන්නේ දුකයි. යමෙක් පිළිගන්නේ දුක නම්, ඔහු දුකෙන් නම් නිදහස් වෙන්නේ නෑ කියලයි මං කියන්නේ.

පින්වත් මහණෙනි, යම් කෙනෙක් (පොළොවට පස් වී යන ස්වභාවයට අයිති දේ) පඨවි ධාතුව සතුටින් පිළිගන්නේ නැත්නම්, ඇත්තෙන්ම ඔහු නොපිළිගෙන තියෙන්නේ දුකයි. යමෙක් නොපිළිගන්නේ දුක නම්, ඔහු දුකෙන් නිදහස් වෙලා යනවා කියලයි මං කියන්නේ. පින්වත් මහණෙනි, යම් කෙනෙක් (ජලයේ දිය වී යන ස්වභාවයට අයිති දේ) ආපෝ ධාතුව සතුටින් පිළිගන්නේ නැත්නම් ....(පෙ).... පින්වත් මහණෙනි, යම් කෙනෙක් (උණුසුම් ස්වභාවයට අයිති දේ) තේජෝ ධාතුව සතුටින් පිළිගන්නේ නැත්නම් ....(පෙ).... පින්වත් මහණෙනි, යම් කෙනෙක් (වායු ස්වභාවයට අයිති දේ) වායෝ ධාතුව සතුටින් පිළිගන්නේ නැත්නම්, ඇත්තෙන්ම ඔහු නොපිළිගෙන තියෙන්නේ දුකයි. යමෙක් නොපිළිගන්නේ දුක නම්, ඔහු දුකෙන් නිදහස් වෙලා යනවා කියලයි මං කියන්නේ.

සාදු! සාදු!! සාදු!!!

අභිනන්දන සූත්‍රය නිමා විය.

2.4.7.
උප්පාද සූත්‍රය
ඉපදීම ගැන වදාළ දෙසුම

260. සැවැත් නුවරදී ....

පින්වත් මහණෙනි, පඨවි ධාතුවෙහි යම් ඉපදීමක් වෙයි නම්, යම් පැවැත්මක් වෙයි නම්, යම් විශේෂ උපතක් වෙයි නම්, යම් පහළ වීමක් වෙයි නම්, ඒක තමයි දුකේ උපත. ඒක තමයි රෝගවල පැවැත්ම. ඒක තමයි ජරා-මරණයේ පහළ වීම. පින්වත් මහණෙනි, ආපෝ ධාතුවෙහි යම් ඉපදීමක් වෙයි නම් ....(පෙ).... පින්වත් මහණෙනි, තේජෝ ධාතුවෙහි යම් ඉපදීමක් වෙයි නම් ....(පෙ).... පින්වත් මහණෙනි, වායෝ ධාතුවෙහි යම් ඉපදීමක් වෙයි නම්, යම් පැවැත්මක් වෙයි නම්, යම් විශේෂ උපතක් වෙයි නම්, යම් පහළ වීමක් වෙයි නම්, ඒක තමයි දුකේ උපත. ඒක තමයි රෝගවල පැවැත්ම. ඒක තමයි ජරා-මරණයේ පහළ වීම.

පින්වත් මහණෙනි, පඨවි ධාතුවෙහි යම් නිරුද්ධ වීමක් ඇත්නම්, යම් සංසිඳීමක් ඇත්නම්, යම් නැති වීමක් ඇත්නම්, ඒක තමයි දුකේ නිරුද්ධ වීම. ඒක තමයි රෝගවල සංසිඳීම. ඒක තමයි ජරා-මරණයේ නැතිවීම. පින්වත් මහණෙනි, ආපෝ ධාතුවෙහි යම් නිරුද්ධ වීමක් ඇත්නම් ....(පෙ).... පින්වත් මහණෙනි, තේජෝ ධාතුවෙහි යම් නිරුද්ධ වීමක් ඇත්නම් ....(පෙ).... පින්වත් මහණෙනි, වායෝ ධාතුවෙහි යම් නිරුද්ධ වීමක් ඇත්නම්, යම් සංසිඳීමක් ඇත්නම්, යම් නැතිවීමක් ඇත්නම්, ඒක තමයි දුකේ නිරුද්ධ වීම. ඒක තමයි රෝගවල සංසිඳීම. ඒක තමයි ජරා-මරණයේ නැතිවීම.

සාදු! සාදු!! සාදු!!!

උප්පාද සූත්‍රය නිමා විය.

2.4.7.
සමණබ්‍රාහ්මණ සූත්‍රය
ශ්‍රමණ බ්‍රාහ්මණයන් ගැන වදාළ දෙසුම

261. සැවැත් නුවරදී ....

පින්වත් මහණෙනි, මේ ධාතු හතරක් තියෙනවා. මොනවා ද මේ ධාතු හතර? එනම් පඨවි ධාතු, ආපෝ ධාතු, තේජෝ ධාතු, වායෝ ධාතු යන මේවායි.

පින්වත් මහණෙනි, යම්කිසි ශ්‍රමණයෙක් හෝ වේවා, බ්‍රාහ්මණයෙක් හෝ වේවා, මේ සතර මහා ධාතුන්ගේ ආශ්වාදයත්, ආදීනවය (එහි අනිත්‍ය ස්වභාවය) ත්, නිස්සරණය (ඒ ගැන ඇති ඇල්ම නිරුද්ධ වීම) ත්, යථාර්ථයෙන්ම අවබෝධ නොකරයි නම්, පින්වත් මහණෙනි, ඒ ශ්‍රමණයන්වත් ඒ බ්‍රාහ්මණයන්වත් සැබෑම ශ්‍රමණයන් අතර ශ්‍රමණයන් බවට සම්මත වෙන්නේ නෑ. සැබෑම බ්‍රාහ්මණයින් අතර බ්‍රාහ්මණයින් බවට සම්මත වෙන්නේ නෑ. ඒ වගේම ඒ ආයුෂ්මත්වරු ශ්‍රමණ ජීවිතයේ අර්ථවත් බවක් හෝ බ්‍රාහ්මණ ජීවිතයේ අර්ථවත් බවක් හෝ මේ ජීවිතය තුළදීම තමා තුළ ඇතිවුණ විශිෂ්ට ඤාණයකින් අවබෝධ කරගෙන වාසය කරන්නේ නෑ.

පින්වත් මහණෙනි, යම්කිසි ශ්‍රමණයෙක් හෝ වේවා, බ්‍රාහ්මණයෙක් හෝ වේවා, මේ සතර මහා ධාතුන්ගේ ආශ්වාදයත්, ආදීනවය (එහි අනිත්‍ය ස්වභාවය) ත්, නිස්සරණය (ඒ ගැන ඇති ඇල්ම නිරුද්ධ වීම) ත්, යථාර්ථයෙන්ම අවබෝධ කළොත් නම්, පින්වත් මහණෙනි, ඒ ශ්‍රමණවරුත් ඒ බ්‍රාහ්මණවරුත් සැබෑම ශ්‍රමණයන් අතර ශ්‍රමණයන් බවට සම්මත වෙනවා. සැබෑම බ්‍රාහ්මණයින් අතර බ්‍රාහ්මණයින් බවට සම්මත වෙනවා. ඒ වගේම ඒ ආයුෂ්මත්වරු ශ්‍රමණ ජීවිතයේ අර්ථවත් බවක් හෝ බ්‍රාහ්මණ ජීවිතයේ අර්ථවත් බවක් හෝ මේ ජීවිතය තුළදීම තමා තුළ ඇතිවුණ විශිෂ්ට ඤාණයකින් අවබෝධ කරගෙන වාසය කරනවා.

සාදු! සාදු!! සාදු!!!

සමණ බ්‍රාහ්මණ සූත්‍රය නිමා විය.

2.4.9.
දුතය සමණ බ්‍රාහ්මණ සූත්‍රය
ශ්‍රමණ බ්‍රාහ්මණයන් ගැන වදාළ දෙවෙනි දෙසුම

262. සැවැත් නුවරදී ....

පින්වත් මහණෙනි, මේ ධාතු හතරක් තියෙනවා. මොනවා ද මේ ධාතු හතර? එනම් පඨවි ධාතු, ආපෝ ධාතු, තේජෝ ධාතු, වායෝ ධාතු යන මේවායි.

පින්වත් මහණෙනි, යම්කිසි ශ්‍රමණයෙක් හෝ වේවා, බ්‍රාහ්මණයෙක් හෝ වේවා, මේ සතර මහා ධාතුන්ගේ හටගැනීමත්, අභාවයට පත්වීමත්, ආශ්වාදයත්, ආදීනවය (එහි අනිත්‍ය ස්වභාවය) ත්, නිස්සරණය (ඒ ගැන ඇති ඇල්ම නිරුද්ධ වීම) ත්, යථාර්ථයෙන්ම අවබෝධ නොකරයි නම් ....(පෙ).... විශිෂ්ට ඤාණයකින් අවබෝධ කරගෙන වාසය කරන්නේ නෑ.

පින්වත් මහණෙනි, යම්කිසි ශ්‍රමණයෙක් හෝ වේවා, බ්‍රාහ්මණයෙක් හෝ වේවා, මේ සතර මහා ධාතුන්ගේ හටගැනීමත්, අභාවයට පත්වීමත්, ආශ්වාදයත්, ආදීනවය (එහි අනිත්‍ය ස්වභාවය) ත්, නිස්සරණය (ඒ ගැන ඇති ඇල්ම නිරුද්ධ වීම) ත්, යථාර්ථයෙන්ම අවබෝධ කළොත් නම් ....(පෙ).... විශිෂ්ට ඤාණයකින් අවබෝධ කරගෙන වාසය කරනවා.

සාදු! සාදු!! සාදු!!!

දුතිය සමණ බ්‍රාහ්මණ සූත්‍රය නිමා විය.

2.4.10.
තතිය සමණ බ්‍රාහ්මණ සූත්‍රය
ශ්‍රමණ බ්‍රාහ්මණයන් ගැන වදාළ තෙවෙනි දෙසුම

263. සැවැත් නුවරදී ....

පින්වත් මහණෙනි, යම්කිසි ශ්‍රමණයෙක් හෝ වේවා, බ්‍රාහ්මණයෙක් හෝ වේවා, පඨවි ධාතුව ගැන අවබෝධයක් නැත්නම්, පඨවි ධාතුවේ හට ගැනීම ගැන අවබෝධයක් නැත්නම්, පඨවි ධාතුව නිරුද්ධ වීම ගැන අවබෝධයක්

නැත්නම්, පඨවි ධාතුව නිරුද්ධ වීම පිණිස පවතින වැඩපිළිවෙල ගැන අවබෝධයක් නැත්නම් ශ්‍රමණ ජීවිතයේ අර්ථවත් බවක් හෝ බ්‍රාහ්මණ ජීවිතයේ අර්ථවත් බවක් හෝ මේ ජීවිතය තුළදීම තමා තුළ ඇතිවුණ විශිෂ්ට ඥාණයකින් අවබෝධ කරගෙන වාසය කරන්නේ නෑ. ඒ වගේම ඒ ආයුෂ්මත්වරු ආපෝ ධාතුව ගැන අවබෝධයක් නැත්නම් ....(පෙ).... තේජෝ ධාතුව ගැන අවබෝධයක් නැත්නම් ....(පෙ).... වායෝ ධාතුව ගැන අවබෝධයක් නැත්නම් ....(පෙ).... විශිෂ්ට ඥාණයකින් අවබෝධ කරගෙන වාසය කරන්නේ නෑ.

පින්වත් මහණෙනි, යම්කිසි ශ්‍රමණයෙක් හෝ වේවා, බ්‍රාහ්මණයෙක් හෝ වේවා, පඨවි ධාතුව ගැන අවබෝධයක් තියෙනවා නම්, පඨවි ධාතුවේ හට ගැනීම ගැන අවබෝධයක් තියෙනවා නම්, පඨවි ධාතුව නිරුද්ධ වීම ගැන අවබෝධයක් තියෙනවා නම්, පඨවි ධාතුව නිරුද්ධ වීම පිණිස පවතින වැඩපිළිවෙල ගැන අවබෝධයක් තියෙනවා නම් පින්වත් මහණෙනි, ඒ ශ්‍රමණයන්වත් ඒ බ්‍රාහ්මණයන්වත් සැබෑම ශ්‍රමණයන් අතර ශ්‍රමණයන් බවට සම්මත වෙනවා. සැබෑම බ්‍රාහ්මණයන් අතර බ්‍රාහ්මණයින් බවට සම්මත වෙනවා. ඒ වගේම ඒ ආයුෂ්මත්වරු ශ්‍රමණ ජීවිතයේ අර්ථවත් බවක් හෝ බ්‍රාහ්මණ ජීවිතයේ අර්ථවත් බවක් හෝ මේ ජීවිතය තුළදීම තමා තුළ ඇතිවුණ විශිෂ්ට ඥාණයකින් අවබෝධ කරගෙන වාසය කරනවා. ආපෝ ධාතුව ගැන අවබෝධයක් තියෙනවා නම් ....(පෙ).... තේජෝ ධාතුව ගැන අවබෝධයක් තියෙනවා නම් ....(පෙ).... වායෝ ධාතුව ගැන අවබෝධයක් තියෙනවා නම් ....(පෙ).... විශිෂ්ට ඥාණයකින් අවබෝධ කරගෙන වාසය කරනවා.

සාදු! සාදු!! සාදු!!!

තතිය සමණබ්‍රාහ්මණ සූත්‍රය නිමා විය.

හතර වෙනි චතුධාතු වර්ගය අවසන් විය.

ධාතු සංයුත්තය නිමා විය.

3. අනමතග්ග සංයුත්තය

1. තිණකට්ඨ වර්ගය

3.1.1.
තිණකට්ඨ සූත්‍රය
තණ දූව දඬු මුල්කොට වදාළ දෙසුම

264. මා හට අසන්නට ලැබුණේ මේ විදිහට යි. ඒ දිනවල භාග්‍යවතුන් වහන්සේ වැඩසිටියේ සැවැත් නුවර ජේතවන නම් වූ අනේපිඬු සිටුතුමා ගේ ආරාමයෙහි ය. එහි දී භාග්‍යවතුන් වහන්සේ "පින්වත් මහණෙනි" කියා භික්ෂු සංඝයා අමතා වදාළා. "පින්වතුන් වහන්ස" කියා ඒ භික්ෂූන් ද භාග්‍යවතුන් වහන්සේට පිළිතුරු දුන්නා. ඒ මොහොතේ දී තමයි භාග්‍යවතුන් වහන්සේ මේ දේශනය වදාළේ.

පින්වත් මහණෙනි, ඉපදෙමින් මැරෙමින් යන මේ ස්වභාවය (සංසාරය) අවසන් නොවන ගමනකි. ආරම්භක කෙළවර දැක්ක නොහැකි දෙයකි. අවිද්‍යාවෙන් වැසුණු තණ්හාවෙන් බැඳුණු මේ සත්වයන් සුගති දුගතිවල සැරිසරමින් යන මේ ස්වභාවය ආරම්භක කෙළවරක් දැක්ක නොහැකි ය.

පින්වත් මහණෙනි, ඒක මේ වගේ දෙයක්, එක්තරා පුරුෂයෙක් මේ දඹදිව යම් තාක් තණ, දැවදඬු, අතු, කොළ ආදිය වේ නම් ඒවා කපලා එක් රැස් කරනවා කියල හිතමු. එසේ එක් රැස් කොට අඟල් හතරේ කැබලිවලට ඒ සියල්ල ම කපා රැස් කරනවා. ඊට පස්සේ ඔහු 'මේ මගේ අම්මා, මේ මගේ මව ගේ අම්මා' ආදී වශයෙන් අර දර කැබැල්ල ගණනේ අයින් කරද්දී ඒ පුරුෂයා ගේ මව ගේ මව්වරු පරපුර ක්ෂය නොවී තිබෙද්දී ම, අවසන් නොවී තිබෙද්දී ම මේ දඹදිව් තලයේ තණ දැව දඬු අතු කොළ ආදිය ක්ෂය වෙලා අවසන් වෙලා යනවා.

පින්වත් මහණෙනි, ඒකට හේතුව කුමක්ද? ඉපදෙමින් මැරෙමින් යන මේ ස්වභාවය (සංසාරය) අවසන් නොවන ගමනක්. අවිද්‍යාවෙන් වැසුණු

තණ්හාවෙන් බැඳුණු මේ සත්වයන් සුගති දුගතිවල සැරිසරමින් යන මේ ස්වභාවය ආරම්භක කෙළවරක් දැක්ක නොහැකි දෙයක්.

පින්වත් මහණෙනි, ඔන්න ඔය විදිහට අති දීර්ඝ කාලයක් මුළුල්ලේ ඔබ විසින් අනේක දුක් අනුභව කරල තියෙනවා. තියුණු දුක් විඳල තියෙනවා. මහා විපත්වලට භාජනය වෙලා තියෙනවා. මේ මහා පොළොව නම් වූ සොහොන් පිටිය පුරවලා තියෙනවා. එම නිසා පින්වත් මහණෙනි, මේ හැම සංස්කාරයක් ගැන ම අවබෝධයෙන් යුතුව කළකිරෙන්නට ම යි වටින්නේ. නො ඇලෙන්න ම යි වටින්නේ. නිදහස් වෙන්න ම යි වටින්නේ.

සාදු! සාදු!! සාදු!!!

තිණකට්ඨ සූත්‍රය නිමා විය.

3.1.2.
පඨවි සූත්‍රය
මහ පොළොව මුල්කොට වදාළ දෙසුම

265. සැවැත් නුවරදී ....

පින්වත් මහණෙනි, ඉපදෙමින් මැරෙමින් යන මේ ස්වභාවය (සංසාරය) අවසන් නොවන ගමනකි. ආරම්භක කෙළවර දැක්ක නොහැකි දෙයකි. අවිද්‍යාවෙන් වැසුණු තණ්හාවෙන් බැඳුණු මේ සත්වයන් සුගති දුගතිවල සැරිසරමින් යන මේ ස්වභාවය ආරම්භක කෙළවරක් දැක්ක නොහැකිය.

පින්වත් මහණෙනි, ඒක මේ වගේ දෙයක්. එක්තරා පුරුෂයෙක් මේ මහපොළොවේ ම පස්, පොඩි වෙරළු ගෙඩි ප්‍රමාණයට ගුලි කරනවා කියල හිතමු. පොඩි වෙරළු ගෙඩි ප්‍රමාණයට ගුලි කරල එක එක වෙන් කරනවා. 'මේ තමයි මගේ තාත්තා. මේ ඒ තාත්ත ගේ තාත්තා' කියල. නමුත් පින්වත් මහණෙනි, අර පුරුෂයාගේ පියා ගේ පියවරු පරපුර ක්ෂය නොවී තිබෙද්දී ම අවසන් නොවී තිබෙද්දී ම මේ මහා පොළොව ක්ෂය වෙලා යනවා. අවසන් වෙලා යනවා.

පින්වත් මහණෙනි, ඒකට හේතුව කුමක්ද? ඉපදෙමින් මැරෙමින් යන මේ ස්වභාවය (සංසාරය) අවසන් නොවන ගමනක්. අවිද්‍යාවෙන් වැසුණු

තණ්හාවෙන් බැඳුණු මේ සත්වයන් සුගති දුගතිවල සැරිසරමින් යන මේ ස්වභාවය ආරම්භක කෙළවරක් දැක්ක නොහැකි දෙයක්.

පින්වත් මහණෙනි, ඔන්න ඔය විදිහට අති දීර්ඝ කාලයක් මුළුල්ලේ ඔබ විසින් අනේක දුක් අනුභව කරල තියෙනවා. තියුණු දුක් විඳල තියෙනවා. මහා විපත්වලට භාජනය වෙලා තියෙනවා. මේ මහා පොළොව නම් වූ සොහොන් පිටිය පුරවලා තියෙනවා. එම නිසා පින්වත් මහණෙනි, මේ හැම සංස්කාරයක් ගැන ම අවබෝධයෙන් යුතුව කලකිරෙන්න ම යි වටින්නේ. නොඇලෙන්න ම යි වටින්නේ. නිදහස් වෙන්න ම යි වටින්නේ.

සාදු! සාදු!! සාදු!!!

පඨවි සූත්‍රය නිමා විය.

3.1.3.
අස්සු සූත්‍රය
කඳුළු ගැන වදාළ දෙසුම

266. සැවැත් නුවරදී ....

පින්වත් මහණෙනි, ඉපදෙමින් මැරෙමින් යන මේ ස්වභාවය (සංසාරය) අවසන් නොවන ගමනකි. ආරම්භක කෙළවර දැක්ක නොහැකි දෙයකි. අවිද්‍යාවෙන් වැසුණු තණ්හාවෙන් බැඳුණු මේ සත්වයන් සුගති දුගතිවල සැරිසරමින් යන මේ ස්වභාවය ආරම්භක කෙළවරක් දැක්ක නොහැකිය.

පින්වත් මහණෙනි, ඔබ විසින් ඉතා දීර්ඝ කාලයක් මුළුල්ලේ දුක් අනුභව කරල තියෙනවා. පින්වත් මහණෙනි, මේ ගැන ඔබ කුමක්ද හිතන්නේ? මේ දීර්ඝ කාලයේදී භවයෙන් භවයට සැරිසරා යද්දී, ඉපිද ඉපිද යද්දී, අමනාප දේ සමග එක්වෙන්න සිදුවීමෙන්, මනාප දෙයින් වෙන්වෙන්න සිදුවීමෙන් හඬද්දී වැළපෙද්දී ඔබගේ නෙතින් වැහුණු, වැගිරුණු යම් කඳුලක් වේ නම් ඒ කඳුළු ඉතා වැඩි? මේ සතර මහා සාගරයේ ජලයද?"

"ස්වාමීනි, අපි භාග්‍යවතුන් වහන්සේ විසින් වදාරණ ලද ශ්‍රී සද්ධර්මය යම් පරිද්දෙකින් දන්නවා නම් ස්වාමීනි, මේ සා දීර්ඝ කාලයක් මුළුල්ලේ භවයෙන් භවයට සැරිසරා යද්දී, ඉපිද ඉපිද යද්දී අමනාප දේ සමග එක්වෙන්න සිදුවීමෙනුත්, මනාප දෙයින් වෙන්වෙන්නට සිදුවීමෙනුත් අප ගේ නෙතින්

වැහුන, වැගිරුන යම් කඳුලක් වේ නම් ඒ කඳුළු ම යි ඉතා වැඩි. මේ සතර මහා සාගරයේ ජලය නම් නොවේ."

"සාදු! සාදු!! පින්වත් මහණෙනි, සාදු! පින්වත් මහණෙනි, මා විසින් දේශනා කරන ලද ධර්මය ඔය ආකාරයෙන් දැනගෙන සිටීම ඉතා හොඳයි. මේ සා දීර්ඝ කාලයක් මුළුල්ලේ භවයෙන් භවයට සැරිසරා යද්දී, ඉපිද ඉපිද යද්දී අමනාප දේ සමග එක්වෙන්නට සිදුවීමෙනුත්, මනාප දෙයින් වෙන්වෙන්නට සිදුවීමෙනුත් ඔබ ගේ නෙතින් වැහුන, වැගිරුන යම් කඳුලක් වේ නම් ඒ කඳුළු ම යි ඉතා වැඩි. මේ සතර මහා සාගරයේ ජලය නම් නොවේ.

පින්වත් මහණෙනි, බොහෝ කලක් මුළුල්ලේ ඔබ විසින් මව් මිය ගිය දුක විඳල තියෙනවා. මව් මිය ගිය දුක විඳඅන ඔබ විසින් අමනාප දේ සමග එක් වීමෙනුත් මනාප දෙයින් වෙන්වීමෙනුත් හඬද්දී වැලපෙද්දී ඔබේ නෙතින් වැහුන, වැගිරුන යම් කඳුලක් වේ නම් ඒ කඳුළු ම යි ඉතාමත් වැඩි. සතර මහා සාගරයේ ජලය නම් නොවේ. පින්වත් මහණෙනි, බොහෝ කලක් මුළුල්ලේ ඔබ විසින් පියා මිය ගිය දුක විඳල තියෙනවා ....(පෙ).... සොහොයුරා මිය ගිය දුක විඳල තියෙනවා ....(පෙ).... සොහොයුරිය මිය ගිය දුක විඳල තියෙනවා ....(පෙ).... පුතා මිය ගිය දුක විඳල තියෙනවා ....(පෙ).... දුව මිය ගිය දුක විඳල තියෙනවා ....(පෙ).... නෑදෑයන්ට වූ විපත නිසා ඇති වූ දුක විඳල තියෙනවා ....(පෙ).... දේපළ හානිය නිසා දුක විඳල තියෙනවා ....(පෙ).... රෝග පීඩා නිසා දුක විඳල තියෙනවා. රෝග පීඩා නිසා දුක විඳින ඔබ විසින් අමනාප දේ සමග එක් වීමෙනුත් මනාප දෙයින් වෙන් වීමෙනුත් හඬද්දී වැළපෙද්දී ඔබේ නෙතින් වැහුන, වැගිරුන යම් කඳුලක් වේ නම් ඒ කඳුළු ම යි ඉතාමත් වැඩි. සතර මහා සාගරයේ ජලය නම් නොවේ.

පින්වත් මහණෙනි, ඒකට හේතුව කුමක්ද? ඉපදෙමින් මැරෙමින් යන මේ ස්වභාවය (සංසාරය) අවසන් නොවන ගමනක්. ....(පෙ).... එම නිසා පින්වත් මහණෙනි, මේ හැම සංස්කාරයක් ගැන ම අවබෝධයෙන් යුතුව කළකිරෙන්න ම යි වටින්නේ. නොඇලෙන්න ම යි වටින්නේ. නිදහස් වෙන්න ම යි වටින්නේ.

සාදු! සාදු!! සාදු!!!

අස්සු සූත්‍රය නිමා විය.

3.1.4.
මාතුථඤ්ඤ සූත්‍රය
මව් කිරි ගැන වදාළ දෙසුම

267. සැවැත් නුවරදී ....

පින්වත් මහණෙනි, ඉපදෙමින් මැරෙමින් යන මේ ස්වභාවය (සංසාරය) අවසන් නොවන ගමනකි. ආරම්භක කෙළවර දැක්ක නොහැකි දෙයකි. අවිද්‍යාවෙන් වැසුණු තණ්හාවෙන් බැඳුණු මේ සත්වයන් සුගති දුගතිවල සැරිසරමින් යන මේ ස්වභාවය ආරම්භක කෙළවරක් දැක්ක නොහැකිය.

පින්වත් මහණෙනි, මේ ගැන ඔබ කුමක්ද හිතන්නේ? මේ දීර්ඝ කාලයේදී භවයෙන් භවයට සැරිසරා යද්දී, ඉපිද ඉපිද යද්දී, ඔබ විසින් යම් මව් කිරක් බීල තියෙනවද, ඒ බොන ලද මව් කිරි ද ඉතා වැඩි? මේ සතර මහා සාගරයේ ජලය ද?"

"ස්වාමීනි, අපි භාග්‍යවතුන් වහන්සේ විසින් වදාරණ ලද ශ්‍රී සද්ධර්මය යම් පරිද්දෙකින් දන්නවා නම් ස්වාමීනි, මේ සා දීර්ඝ කාලයක් මුළුල්ලේ භවයෙන් භවයට සැරිසරා යද්දී, ඉපිද ඉපිද යද්දී අප විසින් යම් මව් කිරක් බීල තියෙනව ද, ඒ බොන ලද මව් කිරි ම යි ඉතා වැඩි, මේ සතර මහා සාගරයේ ජලය නම් නොවේ."

"සාදු! සාදු!! පින්වත් මහණෙනි, සාදු! පින්වත් මහණෙනි, මා විසින් දේශනා කරන ලද ධර්මය ඔය ආකාරයෙන් දැනගෙන සිටීම ඉතා හොඳයි. මේ සා දීර්ඝ කාලයක් මුළුල්ලේ භවයෙන් භවයට සැරිසරා යද්දී, ඉපිද ඉපිද යද්දී ඔබ විසින් යම් මව් කිරක් බීල තියෙනව ද, ඒ බොන ලද මව් කිරි ම යි ඉතා වැඩි, මේ සතර මහා සාගරයේ ජලය නම් නොවේ ඒකට හේතුව කුමක්ද? ඉපදෙමින් මැරෙමින් යන මේ ස්වභාවය (සංසාරය) අවසන් නොවන ගමනක්. ....(පෙ).... නිදහස් වෙන්න ම යි වටින්නේ.

සාදු! සාදු!! සාදු!!!

මාතුථඤ්ඤ සූත්‍රය නිමා විය.

3.1.5.
පබ්බත සූත්‍රය
පර්වතය ගැන වදාළ දෙසුම

268. සැවැත් නුවරදී ....

එදා එක්තරා භික්ෂුවක් භාග්‍යවතුන් වහන්සේ වෙත පැමිණුනා. පැමිණිලා ....(පෙ).... එකත්පස්ව හිටිය ඒ භික්ෂුව, භාග්‍යවතුන් වහන්සේ ගෙන් මේ කරුණ විමසුවා. "ස්වාමීනි, කල්පය කියන්නේ කොයිතරම් දීර්ඝ කාලයකටද?"

"පින්වත් භික්ෂුව, කල්පය ඉතාමත් දිගයි. ඒක මෙච්චර කාලයක් ය කියල මෙච්චර අවුරුදු ගණනක් කියල, මෙච්චර අවුරුදු සිය ගණනක් කියල, මෙච්චර අවුරුදු දහස් ගණනක් කියල, මෙච්චර අවුරුදු ලක්ෂ ගණනක් කියල, ගණනින් කියන එක ලේසි වැඩක් නොවෙයි."

"ස්වාමීනි, උපමාවකින් පෙන්නා දෙන්න පුළුවන්ද?"

"පින්වත් භික්ෂුව, ඒක පුළුවනි" කියල භාග්‍යවතුන් වහන්සේ වදාළා.

"පින්වත් භික්ෂුව, ඒක මේ වගේ දෙයක්. මහා ගල් පර්වතයක් තියනවා කියල හිතමු. ඒ පර්වතය යොදුනක් (සැතපුම් හතක්) දිගයි. යොදුනක් පළලයි. යොදුනක් පළලයි. යොදුනක් උසයි. සිදුරු නෑ. කුහර නෑ. ඒක ඝන පර්වතයක්. ඉතින් එක්තරා පුරුෂයෙක් අවුරුදු සියයකට වතාවක් සිනිඳු සේලයකින් ඒ ගල් පර්වතය වරින් වර පිස දමනවා. පින්වත් භික්ෂුව, ඉතින් ඔය ක්‍රමයෙන් ඒ මහා ගල් පර්වතය ඉක්මනට ම ගෙවිලා යනවා. අවසන් වෙලා යනවා. නමුත් කල්පය කියන්නේ එතරම් ඉක්මනින් ගෙවී අවසන් වන දෙයක් නොවේ.

පින්වත් භික්ෂුව, කල්පය යනු ඔය වගේ ඉතා දීර්ඝ දෙයක්. පින්වත් භික්ෂුව, ඔය ආකාරයට දීර්ඝ වූ කල්පයන් ගෙන් ගෙවිලා ගියේ එක කල්පයක් නම් නොවේ. ගෙවිලා ගියේ කල්ප සියයක් නොවේ. ගෙවිලා ගියේ කල්ප දහසක් නොවේ. ගෙවිලා ගියේ කල්ප ලක්ෂයක් නොවේ.

පින්වත් භික්ෂුව, ඒකට හේතුව කුමක්ද? ඉපදෙමින් මැරෙමින් යන මේ ස්වභාවය (සංසාරය) අවසන් නොවන ගමනක්. ....(පෙ).... නිදහස් වෙන්න ම යි වටින්නේ.

සාදු! සාදු!! සාදු!!!

පබ්බත සූත්‍රය නිමා විය.

3.1.6.
සාසප සූත්‍රය
අබ ඇට ගැන වදාළ දෙසුම

269. සැවැත් නුවරදී ....

එදා එක්තරා භික්ෂුවක් භාග්‍යවතුන් වහන්සේ වෙත පැමිණුනා. පැමිණිලා ....(පෙ).... එකත්පස්ව හිටිය ඒ භික්ෂුව, භාග්‍යවතුන් වහන්සේ ගෙන් මේ කරුණ විමසුවා. "ස්වාමීනි, කල්පය කියන්නේ කොයි තරම් දීර්ඝ කාලයකටද?"

"පින්වත් භික්ෂුව, කල්පය ඉතාමත් දිගයි. ඒක මෙච්චර කාලයක් ය කියල මෙච්චර අවුරුදු ගණනක් කියල, මෙච්චර අවුරුදු සිය ගණනක් කියල, මෙච්චර අවුරුදු දහස් ගණනක් කියල, මෙච්චර අවුරුදු ලක්ෂ ගණනක් කියල, ගණනින් කියන එක ලේසි වැඩක් නොවෙයි."

"ස්වාමීනි, උපමාවකින් පෙන්නා දෙන්න පුළුවන්ද?"

"පින්වත් භික්ෂුව, ඒක පුළුවනි" කියල භාග්‍යවතුන් වහන්සේ වදාළා.

"පින්වත් භික්ෂුව, දිගින් යොදුනක් වූ පළලින් යොදුනක් වූ උසින් යොදුනක් වූ යකඩ පවුරකින් වට වූ නගරයක් තියෙනවා කියල හිතමු. මේ නගරය සම්පූර්ණයෙන් ම අබ ඇටවලින් පුරවලයි තියෙන්නේ. එක්තරා පුරුෂයෙක් අවුරුදු සියයකට වතාවක් එයින් එක එක අබ ඇටය බැගින් ඉවත් කරනවා. පින්වත් භික්ෂුව, ඒ මහා අබ ඇට රාශිය ඔය උපක්‍රමය නිසා ඉක්මනින් ම ක්ෂය වෙලා යනවා. නමුත් කල්පය නම් ඒ වගේ ඉක්මනින් අවසන් වෙන එකක් නොවේ.

පින්වත් භික්ෂුව, කල්පය කියන්නෙ ඔය වගේ ඉතා දීර්ඝ දෙයක්. පින්වත් භික්ෂුව, ඔය ආකාරයට දීර්ඝ වූ කල්පයන් ගෙන් ගෙවිලා ගියේ එක කල්පයක් නම් නොවේ. ගෙවිලා ගියේ කල්ප සියයක් නොවේ. ගෙවිලා ගියේ කල්ප දහසක් නොවේ. ගෙවිලා ගියේ කල්ප ලක්ෂයක් නොවේ.

පින්වත් භික්ෂුව, ඒකට හේතුව කුමක්ද? ඉපදෙමින් මැරෙමින් යන මේ ස්වභාවය (සංසාරය) අවසන් නොවන ගමනක්. ....(පෙ).... නිදහස් වෙන්න ම යි වටින්නේ.

සාදු! සාදු!! සාදු!!!

සාසප සූත්‍රය නිමා විය.

3.1.7.
සාවක සූත්‍රය
ශ්‍රාවකයා ගැන වදාළ දෙසුම

270. සැවැත් නුවරදී ....

එදා බොහෝ භික්ෂූන් වහන්සේලා භාග්‍යවතුන් වහන්සේ වෙත පැමිණුනා. පැමිණිලා ....(පෙ).... එකත්පස්ව හිටිය ඒ භික්ෂූන් වහන්සේලා භාග්‍යවතුන් වහන්සේ ගෙන් මේ කරුණ විමසුවා. "ස්වාමීනි, කල්ප කොච්චර ගණනක් ගෙවිල තියෙනවාද? ඉක්ම ගිහින් තියෙනවාද?"

"පින්වත් භික්ෂුව, කල්පය ඉතාමත් දිගයි. ඒක මෙච්චර කාලයක් ය කියල මෙච්චර අවුරුදු ගණනක් කියල, මෙච්චර අවුරුදු සිය ගණනක් කියල, මෙච්චර අවුරුදු දහස් ගණනක් කියල, මෙච්චර අවුරුදු ලක්ෂ ගණනක් කියල, ගෙවිලා ගිය, ඉක්ම ගිය කල්පයන් ගණනින් කියන එක ලේසි වැඩක් නොවෙයි."

"ස්වාමීනි, උපමාවකින් පෙන්නා දෙන්න පුළුවන්ද?"

"පින්වත් මහණෙනි, ඒක පුළුවනි" කියල භාග්‍යවතුන් වහන්සේ වදාළා.

"පින්වත් මහණෙනි, මෙහි සියක් අවුරුදු ආයුෂ ඇති, සියක් අවුරුද්දක් පුරා ම ජීවත් වෙන ශ්‍රාවකයන් හතර දෙනෙක් ඉන්නවා කියල හිතමු. ඒ ශ්‍රාවකයන් දිනපතා ම ගෙවුණ කාලය කල්ප ලක්ෂය බැගින් සිහි කරනවා නම් පින්වත් මහණෙනි, ඇත්ත වශයෙන් ම ඒ ශ්‍රාවකයන් කල්පයන් සිහිකරල නෑ. එසේ නමුත් ඒ ශ්‍රාවකයන් හතර දෙනා ඒ සියක් වසරේ ආයුෂත්, සියක් වසරේ ජීවිතයක් ගෙවා දමා කළුරිය කරනවා.

පින්වත් මහණෙනි, ඔය ආකාරයට අතීතයට ගෙවිලා ගිය, ඉක්ම ගිය කල්ප ගණන නම් ඉතා ම වැඩියි. මෙපමණ කල්ප ගණනක් ගෙවිලා ගියා, මෙපමණ කල්ප සිය ගණනක් ගෙවිලා ගියා, මෙපමණ කල්ප දහස් ගණනක් ගෙවිලා ගියා, මෙපමණ කල්ප ලක්ෂ ගණනක් ගෙවිලා ගියා, කියල ගණන් කිරීම ලෙහෙසි නෑ. එයට හේතුව මොකක්ද? පින්වත් මහණෙනි, මේ ඉපදෙමින් මැරෙමින් පවතින ස්වභාවය අවසන් නොවන දෙයක්. ....(පෙ).... නිදහස් වෙන්න ම යි වටින්නේ.

සාදු! සාදු!! සාදු!!!

සාවක සූත්‍රය නිමා විය.

3.1.8.

ගංගා සූත්‍රය

ගංගා නදිය ගැන වදාළ දෙසුම

271.   ඒ දිනවල භාග්‍යවතුන් වහන්සේ වැඩසිටියේ රජගහ නුවර ලෙහෙණුන්ගේ අභය භූමිය වූ වේළුවනාරාමයේ. එදා එක්තරා බ්‍රාහ්මණයෙක් භාග්‍යවතුන් වහන්සේ වෙත පැමිණුනා. පැමිණිලා ....(පෙ).... එකත්පස්ව හිටිය ඒ බ්‍රාහ්මණයා භාග්‍යවතුන් වහන්සේ ගෙන් මේ කරුණ විමසුවා. "භවත් ගෞතමයන් වහන්ස, කල්ප කොච්චර ගණනක් ගෙවිල තියෙනවාද? ඉක්ම ගිහින් තියෙනවාද?"

"පින්වත් බ්‍රාහ්මණය, කල්පය ඉතාමත් දිගයි. ඒක මෙච්චර කාලයක් ය කියල මෙච්චර අවුරුදු ගණනක් කියල, මෙච්චර අවුරුදු සිය ගණනක් කියල, මෙච්චර අවුරුදු දහස් ගණනක් කියල, මෙච්චර අවුරුදු ලක්ෂ ගණනක් කියල, ගෙවිලා ගිය ඉක්ම ගිය කල්පයන් ගණනින් කියන එක ලේසි වැඩක් නොවෙයි."

"ස්වාමීනි, උපමාවකින් පෙන්නා දෙන්න පුළුවන්ද?"

"පින්වත් බ්‍රාහ්මණය, ඒක පුළුවනි" කියල භාග්‍යවතුන් වහන්සේ වදාළා.

"පින්වත් බ්‍රාහ්මණය, ගංගා නදිය යම් තැනකින් පටන් අරගෙන යම් තැනකින් මහා සාගරයට පිවිසෙයි නම් ඒ අතර යම්තාක් වැලි ඇත්ද, එහි මෙපමණ වැලි කැට තියෙනවා, මෙපමණ වැලිකැට සියයක් තියෙනවා, මෙපමණ වැලිකැට දහසක් තියෙනවා කියල හෝ මෙපමණ වැලි කැට ලක්ෂයක් තියෙනවා කියල හෝ ගණන් කිරීම ලෙහෙසි දෙයක් නොවෙයි.

පින්වත් බ්‍රාහ්මණය, ඔය ආකාරයට අතීතයට ගෙවිලා ගිය, ඉක්ම ගිය කල්ප ගණන නම් ඉතා ම වැඩියි. මෙපමණ කල්ප ගණනක් ගෙවිලා ගියා, මෙපමණ කල්ප සිය ගණනක් ගෙවිලා ගියා, මෙපමණ කල්ප දහස් ගණනක් ගෙවිලා ගියා, මෙපමණ කල්ප ලක්ෂ ගණනක් ගෙවිලා ගියා, කියල ගණන් කිරීම ලෙහෙසි නෑ. එයට හේතුව මොකක්ද? පින්වත් බ්‍රාහ්මණය, මේ ඉපදෙමින් මැරෙමින් පවතින ස්වභාවය අවසන් නොවන දෙයක්. ....(පෙ).... නිදහස් වෙන්න ම යි වටින්නේ."

මෙසේ වදාළ විට ඒ බ්‍රාහ්මණයා භාග්‍යවතුන් වහන්සේට මෙහෙම කිව්වා. "භවත් ගෞතමයන් වහන්ස, ඉතා මනහරයි! භවත් ගෞතමයන් වහන්ස, ඉතා

මනහරයි! ....(පෙ).... භවත් ගෞතමයන් වහන්ස, අද පටන් මා දිවි හිමියෙන් තෙරුවන් සරණ ගිය උපාසකයෙක් වශයෙන් පිළිගන්නා සේක්වා!"

සාදු! සාදු!! සාදු!!!

ගංගා සූත්‍රය නිමා විය.

3.1.9.
දණ්ඩ සූත්‍රය
දඬු කැබැල්ල ගැන වදාළ දෙසුම

272. සැවැත් නුවරදී ....

පින්වත් මහණෙනි, ඉපදෙමින් මැරෙමින් යන මේ ස්වභාවය (සංසාරය) අවසන් නොවන ගමනක්. ආරම්භක කෙළවරක් දැකගන්න බැරි දෙයක්. අවිද්‍යාවෙන් වැසුණු තණ්හාවෙන් බැඳුණු මේ සත්වයන් සුගති දුගතිවල සැරිසරමින් යන මේ ස්වභාවය ආරම්භක කෙළවරක් දැකගන්න බෑ.

පින්වත් මහණෙනි, ඒක මේ වගේ දෙයක්. දඬු කැබැල්ලක් තියෙනවා කියල හිතමු. ඒ දඬු කැබැල්ල අහසට වීසි කළොත් එක වතාවකට මුල පැත්ත වැටෙනවා. අනිත් වතාවේ මැද වැටෙනවා. අනිත් වතාවේ අග පැත්ත වැටෙනවා.

පින්වත් මහණෙනි, අන්න ඒ විදිහ ම යි. අවිද්‍යාවෙන් වැසුණ තණ්හාවෙන් බැඳුණු මේ සත්වයන් ඉපදෙමින් මැරෙමින් යන මේ ගමනේ දී එක වතාවක් මෙලොවින් පරලොව යනවා. තවත් වතාවක් පරලොවින් මෙලොව එනවා.

එයට හේතුව මොකක් ද? පින්වත් මහණෙනි, මේ ඉපදෙමින් මැරෙමින් පවතින ස්වභාවය අවසන් නොවන දෙයක් ....(පෙ).... නිදහස් වෙන්න ම යි වටින්නේ.

සාදු! සාදු!! සාදු!!!

දණ්ඩ සූත්‍රය නිමා විය.

3.1.10.
ඒක පුග්ගල සූත්‍රය
එක් පුද්ගලයෙකු ගැන වදාළ දෙසුම

273. ඒ දිනවල භාග්‍යවතුන් වහන්සේ වැඩසිටියේ රජගහ නුවර ගිජුකුළු පර්වතයේ. එහිදී ....(පෙ).... මෙය වදාළා.

පින්වත් මහණෙනි, ඉපදෙමින් මැරෙමින් යන මේ ස්වභාවය (සංසාරය) අවසන් නොවන ගමනක් ....(පෙ).... පින්වත් මහණෙනි, කල්පයක් මුළුල්ලේ ඉපදෙමින් මැරෙමින් සසරේ සැරිසරන එක පුද්ගලයෙකුගේ ඇටසැකිළි ගොඩ එක් රැස් කරන්නෙක් සිටියොත්, ඒ රැස් කරන ඇට ගොඩ නොවැනැසේ නම් ඔය විදිහට ඒ මහා ඇට සැකිළි ගොඩ, ඇට සමූහය, ඇට රාශිය මේ වේපුල්ල පර්වතය යම් තාක් විශාලයි ද ඒතරම් ම වෙනවා. එයට හේතුව මොකක්ද?

පින්වත් මහණෙනි, මේ ඉපදෙමින් මැරෙමින් පවතින ස්වභාවය අවසන් නොවන දෙයක් ....(පෙ).... නිදහස් වෙන්න ම යි වටින්නේ.

භාග්‍යවතුන් වහන්සේ මෙය වදාළා. මෙය වදාළ සුගත වූ ශාස්තෘන් වහන්සේ යළිත් මේ ගාථාවන් වදාළා.

1. එක ම කල්පයකින් එක් පුද්ගලයෙකුගේ ඇට ගොඩ එකතු කළොත් වේපුල්ල පර්වතය හා සමාන මහා ඇට ගොඩක් තියෙනවා කියලයි මහා ඍෂි වූ තථාගතයන් වහන්සේ වදාළේ.

2. මේ මගධ පර්වත වළල්ලේ උතුරු දිශාව පැත්තට වෙන්න තමයි මේ මහා වේපුල්ල පර්වතය තියෙන්නේ.

3. යම් දවසක (ආර්ය ශ්‍රාවකයෙක්) දුකත්, දුකේ හට ගැනීමත්, දුක ඉක්මවා යෑමත්, දුක සංසිඳවන්නා වූ ආර්ය අෂ්ටාංගික මාර්ගයත් දියුණු කරපු ප්‍රඥාවෙන් දැකගත්තොත්,

4. ඒ පුද්ගලයා මේ සසරෙහි වැඩි ම වුණොත් ආත්ම භාවයන් හතක් සැරිසරනවා. ඔහු සියලු කෙලෙස් බන්ධන ක්ෂය කරල දුක අවසන් කරනවා.

සාදු! සාදු!! සාදු!!!

ඒකපුග්ගල සූත්‍රය නිමා විය.

පළමුවෙනි තිණකට්ඨ වර්ගය අවසන් විය.

2. දුග්ගත වර්ගය

3.2.1.
දුග්ගත සූත්‍රය
දිළින්දා ගැන වදාළ දෙසුම

274. ඒ දිනවල භාග්‍යවතුන් වහන්සේ වැඩ සිටියේ සැවැත් නුවර ජේතවනය නම් වූ අනේපිඬු සිටුතුමාගේ ආරාමයේ ය. එහි දී ....(පෙ).... මේ කරුණ වදාළා.

පින්වත් මහණෙනි, ඉපදෙමින් මැරෙමින් යන මේ ස්වභාවය (සංසාරය) අවසන් නොවන ගමනක්. ආරම්භක කෙළවරක් දැකගන්න බැරි දෙයක්. අවිද්‍යාවෙන් වැසුණු තණ්හාවෙන් බැඳුණු මේ සත්වයන් සුගති දුගතිවල සැරිසරමින් යන මේ ස්වභාවය ආරම්භක කෙළවරක් දැකගන්න බෑ.

එම නිසා පින්වත් මහණෙනි, ඔබට දුකට පත් දිළිඳු වූ විරූපී වූ අසරණයෙක් දකින්න ලැබුණොත් මේ විදිහට නිශ්චයකට පැමිණෙන්න ඕන. 'අහෝ! මේ සා දීර්ඝ සංසාරයේ ගෙවූ කාලය තුළ අපිත් මේ විදිහේ දුක් අනුභව කරල තියෙනවා නෙව.'

එයට හේතුව මොකක්ද? පින්වත් මහණෙනි, මේ ඉපදෙමින් මැරෙමින් පවතින ස්වභාවය අවසන් නොවන දෙයක්. ....(පෙ).... නිදහස් වෙන්න ම යි වටින්නේ.

සාදු! සාදු!! සාදු!!!

දුග්ගත සූත්‍රය නිමා විය.

3.2.2.
සුඛිත සූත්‍රය
සැප සේ සිටින්නා ගැන වදාළ දෙසුම

275. සැවැත් නුවරදී ....

පින්වත් මහණෙනි, ඉපදෙමින් මැරෙමින් යන මේ ස්වභාවය (සංසාරය) අවසන් නොවන ගමනක්. ....(පෙ).... එම නිසා පින්වත් මහණෙනි, ඔබට ඉතා සැප සේ සිටින, අලංකාර ඇඳුම් ආයිත්තම්වලින් සැරසී සිටින කෙනෙක් දකින්ට ලැබුණොත් මේ විදිහට නිශ්චයකට පැමිණෙන්න ඕන. 'අහෝ! මේ සා දීර්ඝ සංසාරයේ ගෙවූ කාලය තුළ අපිත් මේ විදිහේ සැප අනුභව කරල තියෙනවා නෙව.'

එයට හේතුව මොකක්ද? පින්වත් මහණෙනි, මේ ඉපදෙමින් මැරෙමින් පවතින ස්වභාවය අවසන් නොවන දෙයක්. ....(පෙ).... නිදහස් වෙන්න ම යි වටින්නේ.

සාදු! සාදු!! සාදු!!!

සුඛිත සූත්‍රය නිමා විය.

3.2.3.
තිංසමත්ත සූත්‍රය
තිහක් පමණ භික්ෂූන් හට වදාළ දෙසුම

276. රජගහ නුවර දී..............

පාවා නුවර වාසය කළ ඒ භික්ෂූන් වහන්සේලා ගණනින් තිස් නමක් විතර වෙනවා. ඒ භික්ෂූන් වහන්සේලා සියලු දෙනා ම වාසය කරන්නේ වනාන්තරයේ. ඒ වගේ ම පිණ්ඩපාතයෙනුයි ජීවත් වෙන්නේ. ඒ වගේ ම පාංශුකූල සිවුරුයි පොරවන්නේ. තුන් සිවුරු පමණයි පොරවන්නේ. ඒ නමුත් තවමත් කෙලෙස් බන්ධනයන්ගෙන් යුක්තයි. ඉතින් ඒ භික්ෂූන් වහන්සේලා සියලු දෙනා භාග්‍යවතුන් වහන්සේව බැහැදකින්ට පැමිණුනා. පැමිණිලා භාග්‍යවතුන් වහන්සේට වන්දනා කරල එකත්පස්ව වාඩිවුණා.

එතකොට භාග්‍යවතුන් වහන්සේට මේ අදහස ඇති වුණා. 'පාවා නුවර වාසය කළ මේ භික්ෂූන් ගණනින් තිස් නමක් විතර වෙනවා. මේ භික්ෂූන් සියලු දෙනා ම වාසය කරන්නේ වනාන්තරයේ. ඒ වගේ ම පිණ්ඩපාතයෙනුයි ජීවත් වෙන්නේ. ඒ වගේ ම පාංශුකූල සිවුරුයි පොරවන්නේ. තුන් සිවුරු පමණයි පොරවන්නේ. ඒ නමුත් තවමත් කෙලෙස් බන්ධයන් ගෙන් යුක්තයි. ඉදින් මම මේ භික්ෂූන් ඔය ආසනවල සිටියදී ම උපාදාන රහිතව සියලු ආශ්‍රවයන් ගෙන් සිත් නිදහස් වෙනවා නම් ඒ විදිහේ ධර්මයක් මේ භික්ෂූන් හට කියා දෙන්න ඕන' කියල.

ඉතින් භාග්‍යවතුන් වහන්සේ, "පින්වත් මහණෙනි" කියා ඒ භික්ෂූන් අමතා වදාළා. "පින්වතුන් වහන්ස" කියා ඒ භික්ෂූන් ද භාග්‍යවතුන් වහන්සේට පිළිතුරු දුන්නා. භාග්‍යවතුන් වහන්සේ මෙය වදාළා.

"පින්වත් මහණෙනි, ඉපදෙමින් මැරෙමින් යන මේ ස්වභාවය (සංසාරය) අවසන් නොවන ගමනක්. ආරම්භක කෙළවරක් දැකගන්න බැරි දෙයක්. අවිද්‍යාවෙන් වැසුණු තණ්හාවෙන් බැඳුණු මේ සත්වයන් සුගති දුගතිවල සැරිසරමින් යන මේ ස්වභාවය ආරම්භක කෙළවරක් දැකගන්න බෑ.

පින්වත් මහණෙනි, ඔබ මේ ගැන මොකක්ද හිතන්නේ?

මේ සා දීර්ඝ කාලයක් මුළුල්ලේ ඉපදෙමින් මැරෙමින් සැරිසරා ගිය මේ සසරේ ඔබ ගේ හිස ගසා දමද්දී වැහුන, වැගිරුණ යම් රුධිරයක් වෙයි නම්, වඩාත් වැඩි ඒ රුධිරයද? නැත්නම් සතර මහා සාගරයේ ජලයද?"

"ස්වාමීනි, භාග්‍යවතුන් වහන්සේ විසින් වදාරණ ලද ශ්‍රී සද්ධර්මය අපි දන්නේ මේ විදිහටයි. මේ සා දීර්ඝ කාලයක් මුළුල්ලේ ඉපදෙමින් මැරෙමින් සැරිසරා යන මේ සසරේදී හිස ගැසුම් පහර ලද, අපෙන් වැහුන වැගිරුණ යම් රුධිරයක් වෙයි නම් එය ම යි ඉතා වැඩි. මේ සතර මහා සාගරයේ ජලය නම් නොවේ."

"සාදු! සාදු! පින්වත් මහණෙනි, මා විසින් දේශනා කරන ලද ධර්මය ඔබ දැන සිටින ආකාරය ඉතාමත් හොඳයි. පින්වත් මහණෙනි, මේ සා දීර්ඝ කාලයක් මුළුල්ලේ ඉපදෙමින් මැරෙමින් සැරිසරා ගිය මේ සසරේ ඔබ ගේ හිස ගසා දමද්දී වැහුන වැගිරුණ යම් රුධිරයක් වෙයි නම්, ඒ රුධිරය ම යි ඉතා වැඩි.' මේ සතර මහා සාගරයේ ජලය නම් නොවේ. පින්වත් මහණෙනි, දීර්ඝ කාලයක් මුළුල්ලේ ගව යෝනියෙහි ගවයන්ව ඉපදිලා හිස ගැසුම් පහර කද්දී වැහී ගිය, වැගිරී ගිය රුධිරයක් වෙයි නම් ඒ රුධිරය ම යි ඉතා වැඩි. මේ

සතර මහා සාගරයේ ජලය නම් නොවේ. දීර්ඝ කාලයක් මුළුල්ලේ මී හරක් යෝනියෙහි මී හරකුන්ව ඉපදිලා හිස ගැසුම් පහර කද්දී වැහී ගිය, වැගිරී ගිය යම් රුධිරයක් වෙයි නම් ඒ රුධිරය ම යි ඉතා වැඩි. මේ සතර මහා සාගරයේ ජලය නම් නොවෙයි. දීර්ඝ කාලයක් මුළුල්ලේ එළු යෝනියෙහි එළුවන්ව ඉපදිලා හිස ගැසුම් පහර කද්දී ....(පෙ).... දීර්ඝ කාලයක් මුළුල්ලේ බැටළු යෝනියෙහි බැටළුවන්ව ඉපදිලා හිස ගැසුම් පහර කද්දී ....(පෙ).... දීර්ඝ කාලයක් මුළුල්ලේ මුව යෝනියෙහි මුවන්ව ඉපදිලා හිස ගැසුම් පහර කද්දී ....(පෙ).... දීර්ඝ කාලයක් මුළුල්ලේ ඌරු යෝනියෙහි ඌරන්ව ඉපදිලා හිස ගැසුම් පහර කද්දී ....(පෙ).... දීර්ඝ කාලයක් මුළුල්ලේ කුකුළු යෝනියෙහි කුකුළන්ව ඉපදිලා හිස ගැසුම් පහර කද්දී ....(පෙ).... පින්වත් මහණෙනි, දීර්ඝ කාලයක් මුළුල්ලේ ගම් පහරණ සොරුන්ව සිටිය දී හිස ගැසුම් පහර කද්දී ඔබෙන් වැහී ගිය, වැගිරී ගිය යම් රුධිරයක් වෙයි නම් ඒ රුධිරය ම යි ඉතා වැඩි. මේ සතර මහා සාගරයේ ජලය නම් නොවේ.

පින්වත් මහණෙනි, දීර්ඝ කාලයක මුළුල්ලේ මං පහරණ සොරුන්ව සිටියදී හිස ගැසුම් පහර කද්දී ඔබෙන් වැහී ගිය, වැගිරී ගිය යම් රුධිරයක් වෙයි නම් ....(පෙ).... පින්වත් මහණෙනි, දීර්ඝ කාලයක් මුළුල්ලේ පර ස්ත්‍රීන් සොයා යන සොරුන්ව සිටියදී හිස ගැසුම් පහර කද්දී ඔබෙන් වැහී ගිය, වැගිරී ගිය යම් රුධිරයක් වෙයි නම් ....(පෙ).... මේ සතර මහා සාගරයේ ජලය නම් නොවේ.

එයට හේතුව මොකක්ද? පින්වත් මහණෙනි, මේ ඉපදෙමින් මැරෙමින් පවතින ස්වභාවය අවසන් නොවන දෙයක් ....(පෙ).... නිදහස් වෙන්න ම යි වටින්නේ.”

භාග්‍යවතුන් වහන්සේ මෙය වදාළා. ඒ භික්ෂූන් ද ඉතා සතුටු සිතින් යුක්තව භාග්‍යවතුන් වහන්සේ වදාළ ධර්මය පිළිගත්තා. භාග්‍යවතුන් වහන්සේ විසින් මේ දේශනය වදාරද්දී, ඒ පාවා නුවරවැසි තිහක් පමණ වූ භික්ෂූන්ගේ සිත් උපාදාන රහිතව ආශ්‍රවයන් ගෙන් නිදහස් වුණා.

සාදු! සාදු!! සාදු!!!

තිංසමත්ත සූත්‍රය නිමා විය.

3.2.4.
මාතු සූත්‍රය
මව් ගැන වදාළ දෙසුම

277. සැවැත් නුවරදී ....

පින්වත් මහණෙනි, ඉපදෙමින් මැරෙමින් යන මේ ස්වභාවය (සංසාරය) අවසන් නොවන ගමනක්. ආරම්භක කෙළවරක් දැකගන්න බැරි දෙයක් ....(පෙ).... පින්වත් මහණෙනි, මේ සා දීර්ඝ කාලයක් තුළ යමෙක් මව් කෙනෙක් නොවූයේ නම් එබඳු එක ම සත්වයෙක්වත් සොයා ගැනීම ලෙහෙසි නෑ. එයට හේතුව මොකක්ද? පින්වත් මහණෙනි, මේ ඉපදෙමින් මැරෙමින් පවතින ස්වභාවය අවසන් නොවන දෙයක් ....(පෙ).... නිදහස් වෙන්න ම යි වටින්නේ.

සාදු! සාදු!! සාදු!!!

මාතු සූත්‍රය නිමා විය.

3.2.5.
පිතු සූත්‍රය
පියා ගැන වදාළ දෙසුම

278. සැවැත් නුවරදී ....

පින්වත් මහණෙනි, ඉපදෙමින් මැරෙමින් යන මේ ස්වභාවය (සංසාරය) අවසන් නොවන ගමනක්. ආරම්භක කෙළවරක් දැකගන්න බැරි දෙයක්. ....(පෙ).... පින්වත් මහණෙනි, මේ සා දීර්ඝ කාලයක් තුළ යමෙක් පිය කෙනෙක් නොවූයේ නම් එබඳු එක ම සත්වයෙක්වත් සොයා ගැනීම ලෙහෙසි නෑ. එයට හේතුව මොකක්ද? පින්වත් මහණෙනි, මේ ඉපදෙමින් මැරෙමින් පවතින ස්වභාවය අවසන් නොවන දෙයක්. ....(පෙ).... නිදහස් වෙන්න ම යි වටින්නේ.

සාදු! සාදු!! සාදු!!!

පිතු සූත්‍රය නිමා විය.

3.2.6.
භාතු සූත්‍රය
සොහොයුරා ගැන වදාළ දෙසුම

279. සැවැත් නුවරදී ....

පින්වත් මහණෙනි, ඉපදෙමින් මැරෙමින් යන මේ ස්වභාවය (සංසාරය) අවසන් නො වන ගමනක්. ආරම්භක කෙළවරක් දැකගන්න බැරි දෙයක්. ....(පෙ).... පින්වත් මහණෙනි, මේ සා දීර්ඝ කාලයක් තුළ යමෙක් සොහොයුරෙක් නොවූයේ නම් එබඳු එක ම සත්වයෙක්වත් සොයා ගැනීම ලෙහෙසි නෑ. එයට හේතුව මොකක්ද? පින්වත් මහණෙනි, මේ ඉපදෙමින් මැරෙමින් පවතින ස්වභාවය අවසන් නොවන දෙයක්. ....(පෙ).... නිදහස් වෙන්න ම යි වටින්නේ.

සාදු! සාදු!! සාදු!!!

භාතු සූත්‍රය නිමා විය.

3.2.7.
භගිනි සූත්‍රය
සොහොයුරිය ගැන වදාළ දෙසුම

280. සැවැත් නුවරදී ....

පින්වත් මහණෙනි, ඉපදෙමින් මැරෙමින් යන මේ ස්වභාවය (සංසාරය) අවසන් නොවන ගමනක්. ආරම්භක කෙළවරක් දැකගන්න බැරි දෙයක්. ....(පෙ).... පින්වත් මහණෙනි, මේ සා දීර්ඝ කාලයක් තුළ යමෙක් සොහොයුරියක නොවූයේ නම් එබඳු එක ම සත්වයෙක්වත් සොයා ගැනීම ලෙහෙසි නෑ. එයට හේතුව මොකක්ද? පින්වත් මහණෙනි, මේ ඉපදෙමින් මැරෙමින් පවතින ස්වභාවය අවසන් නොවන දෙයක්. ....(පෙ).... නිදහස් වෙන්න ම යි වටින්නේ.

සාදු! සාදු!! සාදු!!!

භගිනි සූත්‍රය නිමා විය.

3.2.8.
පුත්ත සූත්‍රය
පුතා ගැන වදාළ දෙසුම

281. සැවැත් නුවරදී ....

පින්වත් මහණෙනි, ඉපදෙමින් මැරෙමින් යන මේ ස්වභාවය (සංසාරය) අවසන් නොවන ගමනක්. ආරම්භක කෙළවරක් දැකගන්න බැරි දෙයක්. ....(පෙ).... පින්වත් මහණෙනි, මේ සා දීර්ඝ කාලයක් තුළ යමෙක් පුතෙක් නොවූයේ නම් එබඳු එක ම සත්වයෙක්වත් සොයා ගැනීම ලෙහෙසි නෑ. එයට හේතුව මොකක්ද? පින්වත් මහණෙනි, මේ ඉපදෙමින් මැරෙමින් පවතින ස්වභාවය අවසන් නොවන දෙයක්. ....(පෙ).... නිදහස් වෙන්න ම යි වටින්නේ.

සාදු! සාදු!! සාදු!!!

පුත්ත සූත්‍රය නිමා විය.

3.2.9.
ධීතු සූත්‍රය
දුව ගැන වදාළ දෙසුම

282. සැවැත් නුවරදී ....

පින්වත් මහණෙනි, ඉපදෙමින් මැරෙමින් යන මේ ස්වභාවය (සංසාරය) අවසන් නොවන ගමනක්. ආරම්භක කෙළවරක් දැකගන්න බැරි දෙයක්. ....(පෙ).... පින්වත් මහණෙනි, මේ සා දීර්ඝ කාලයක් තුළ යමෙක් දුවක් නොවූයේ නම් එබඳු එක ම සත්වයෙක්වත් සොයා ගැනීම ලෙහෙසි නෑ. එයට හේතුව මොකක්ද? පින්වත් මහණෙනි, මේ ඉපදෙමින් මැරෙමින් පවතින ස්වභාවය අවසන් නොවන දෙයක්. ....(පෙ).... නිදහස් වෙන්න ම යි වටින්නේ.

සාදු! සාදු!! සාදු!!!

ධීතු සූත්‍රය නිමා විය.

3.2.10.
වේපුල්ල පබ්බත සූත්‍රය
වේපුල්ල පර්වතය ගැන වදාළ දෙසුම

283. ඒ දිනවල භාග්‍යවතුන් වහන්සේ වැඩසිටියේ රජගහ නුවර ගිජ්ඣකූළ පර්වතයේ. එහි දී භාග්‍යවතුන් වහන්සේ භික්ෂූන් අමතා වදාළා ....(පෙ).... භාග්‍යවතුන් වහන්සේ මේ කරුණ වදාළා.

"පින්වත් මහණෙනි, ඉපදෙමින් මැරෙමින් යන මේ ස්වභාවය (සංසාරය) අවසන් නොවන ගමනක්. ආරම්භක කෙළවරක් දැකගන්න බැරි දෙයක්. අවිද්‍යාවෙන් වැසුණු තණ්හාවෙන් බැඳුණු මේ සත්වයන් සුගති දුගතිවල සැරිසරමින් යන මේ ස්වභාවය ආරම්භක කෙළවරක් දැකගන්න බෑ.

පින්වත් මහණෙනි, මේක ඉස්සර සිදුවෙච්ච දෙයක්. ඉස්සර මේ වේපුල්ල පර්වතයට කිව්වේ පාචීනවංශ කියලා. පින්වත් මහණෙනි, ඒ කාලයේ මිනිසුන්ට කිව්වේ තිවර කියලා. ඉතින් පින්වත් මහණෙනි, ඔය තිවර මිනිසුන් ගේ ආයුෂ අවුරුදු හතළිස් දාහක් වුණා. පින්වත් මහණෙනි, ඒ කාලයේ ඔය තිවර මිනිසුන් පාචීනවංශ පර්වතයට නගින්නට දවස් හතරක් යනවා. පර්වතයෙන් බහින්නටත් දවස් හතරක් යනවා.

ඒ කාලයේ තමයි කකුසඳ නම් වූ භාග්‍යවත් අරහත් සම්මා සම්බුදුරජාණන් වහන්සේ ලෝකයේ පහළවෙලා හිටියේ. පින්වත් මහණෙනි, ඒ භාග්‍යවත් අරහත් සම්මා සම්බුදු රජුන්ට විධුර, සංජීව නමින් සුන්දර වූ ශ්‍රේෂ්ඨ වූ ශ්‍රාවක යුගලක් හිටියා. පින්වත් මහණෙනි, දැන් බලන්න! මේ පර්වතයට තිබුණ ඒ නම අතුරුදහන් වෙලා. ඒ මිනිස්සුත් මැරිල ගිහින්. ඒ භාග්‍යවතුන් වහන්සේත් පිරිනිවන්පාලා. පින්වත් මහණෙනි, ඔය විදිහට මේ සංස්කාර අනිත්‍යයි. පින්වත් මහණෙනි, ඔය විදිහට මේ සංස්කාර අස්ථිරයි. පින්වත් මහණෙනි, ඔය විදිහට මේ සංස්කාර අස්වැසිලි රහිතයි. පින්වත් මහණෙනි, මේ සියලු සංස්කාර ගැන කළකිරෙන්න ම යි වටින්නේ. නොඇලෙන්න ම යි වටින්නේ. නිදහස් වෙන්න ම යි වටින්නේ.

පින්වත් මහණෙනි, මේක ඉස්සර සිදුවෙච්ච දෙයක්. එක කාලෙක මේ වේපුල්ල පර්වතයට කිව්වේ වංකක කියලා. පින්වත් මහණෙනි, ඒ කාලයේ මිනිසුන්ට කිව්වේ රෝහිතස්ස කියලා. ඉතින් පින්වත් මහණෙනි, ඔය රෝහිතස්ස

මිනිසුන් ගේ ආයුෂ අවුරුදු තිස් දාහක් වුණා. පින්වත් මහණෙනි, ඒ කාලයේ ඔය රෝහිතස්ස මිනිසුන්ට වංකක පර්වතයට නගින්නට දවස් තුනක් යනවා. පර්වතයෙන් බහින්නටත් දවස් තුනක් යනවා.

ඒ කාලයේ තමයි කෝණාගමන නම් වූ භාග්‍යවත් අරහත් සම්මා සම්බුදුරජාණන් වහන්සේ ලෝකයේ පහළවෙලා හිටියේ. පින්වත් මහණෙනි, ඒ භාග්‍යවත් අරහත් සම්මා සම්බුදු රජුන්ට භීයෝස, උත්තර නමින් සුන්දර වූ ශ්‍රේෂ්ඨ වූ ශ්‍රාවක යුගලක් හිටියා. පින්වත් මහණෙනි, දැන් බලන්න! මේ පර්වතයට තිබුණ ඒ නම අතුරුදහන් වෙලා. ඒ මිනිස්සුත් මැරිල ගිහින්. ඒ භාග්‍යවතුන් වහන්සේත් පිරිනිවන්පාලා. පින්වත් මහණෙනි, ඔය විදිහට මේ සංස්කාර අනිත්‍යයි. පින්වත් මහණෙනි, ඔය විදිහට මේ සංස්කාර අස්ථිරයි. පින්වත් මහණෙනි, ඔය විදිහට මේ සංස්කාර අස්වැසිලි රහිතයි. පින්වත් මහණෙනි, මේ සියලු සංස්කාර ගැන කළකිරෙන්න ම යි වටින්නේ. නොඇලෙන්න ම යි වටින්නේ. නිදහස් වෙන්න ම යි වටින්නේ.

පින්වත් මහණෙනි, මේක ඉස්සර සිදුවෙච්ච දෙයක්. එක කාලෙක මේ වේපුල්ල පර්වතයට කිව්වේ සුඵස්ස කියලා. පින්වත් මහණෙනි, ඒ කාලයේ මිනිසුන්ට කිව්වේ සුප්පිය කියලා. ඉතින් පින්වත් මහණෙනි, ඔය සුප්පිය මිනිසුන් ගේ ආයුෂ අවුරුදු විසි දාහක් වුණා. පින්වත් මහණෙනි, ඒ කාලයේ ඔය සුප්පිය මිනිසුන්ට සුඵස්ස පර්වතයට නගින්නට දවස් දෙකක් යනවා. පර්වතයෙන් බහින්නටත් දවස් දෙකක් යනවා.

ඒ කාලයේ තමයි කාශ්‍යප නම් වූ භාග්‍යවත් අරහත් සම්මා සම්බුදුරජාණන් වහන්සේ ලෝකයේ පහළවෙලා හිටියේ. පින්වත් මහණෙනි, ඒ භාග්‍යවත් අරහත් සම්මා සම්බුදු රජුන්ට තිස්ස, භාරද්වාජ නමින් සුන්දර වූ ශ්‍රේෂ්ඨ වූ ශ්‍රාවක යුගලක් හිටියා. පින්වත් මහණෙනි, දැන් බලන්න! මේ පර්වතයට තිබුණ ඒ නම අතුරුදහන් වෙලා. ඒ මිනිස්සුත් මැරිල ගිහින්. ඒ භාග්‍යවතුන් වහන්සේත් පිරිනිවන්පාලා. පින්වත් මහණෙනි, ඔය විදිහට මේ සංස්කාර අනිත්‍යයි. පින්වත් මහණෙනි, ඔය විදිහට මේ සංස්කාර අස්ථිරයි. පින්වත් මහණෙනි, ඔය විදිහට මේ සංස්කාර අස්වැසිලි රහිතයි. පින්වත් මහණෙනි, මේ සියලු සංස්කාර ගැන කළකිරෙන්න ම යි වටින්නේ. නොඇලෙන්න ම යි වටින්නේ. නිදහස් වෙන්න ම යි වටින්නේ.

පින්වත් මහණෙනි, දැන් කාලෙ මේ වේපුල්ල පර්වතයට කියන්නේ වේපුල්ල පර්වතය කියලා. පින්වත් මහණෙනි, දැන් කාලයේ මිනිසුන්ට කියන්නේ මාගධක කියලා. ඉතින් පින්වත් මහණෙනි, මේ මාගධක මිනිසුන් ගේ

ආයුෂ ඉතා ස්වල්පයයි. ඉතාමත් ටිකයි. වැඩි ම වුණොත් අවුරුදු සියයක් හරි ඊට ටිකක් වැඩියෙන් ජීවත් වේවි. පින්වත් මහණෙනි, මේ කාලයේ ඉන්න මේ මාගධක මිනිසුන් වේපුල්ල පර්වතයට මොහොතකින් නගිනවා. පර්වතයෙන් මොහොතකින් බහිනවා.

මේ කාලයේ තමයි භාග්‍යවත් අරහත් සම්මා සම්බුදුරජාණන් වහන්සේ වන මම ලෝකයේ පහළවෙලා ඉන්නේ. පින්වත් මහණෙනි, මට සාරිපුත්ත, මොග්ගල්ලාන නමින් සුන්දර වූ ශ්‍රේෂ්ඨ වූ ශ්‍රාවක යුගලක් ඉන්නවා. පින්වත් මහණෙනි, කාලයක් එනවා, එතකොට මේ පර්වතයට තිබෙන මේ නම අතුරුදහන් වෙලා යාවි. මේ මිනිස්සුත් මැරිල යාවි. මමත් පිරිනිවන්පාවි. පින්වත් මහණෙනි, ඔය විදිහට මේ සංස්කාර අනිත්‍යයි. පින්වත් මහණෙනි, ඔය විදිහට මේ සංස්කාර අස්ථිරයි. පින්වත් මහණෙනි, ඔය විදිහට මේ සංස්කාර අස්වැසිලි රහිතයි. පින්වත් මහණෙනි, මේ සියලු සංස්කාර ගැන කළකිරෙන්න ම යි වටින්නේ. නොඇලෙන්න ම යි වටින්නේ. නිදහස් වෙන්න ම යි වටින්නේ.

භාග්‍යවතුන් වහන්සේ මෙය වදාළා. මෙය වදාළ සුගත වූ ශාස්තෘන් වහන්සේ යළි මේ ගාථාවන් වදාළා.

01. තිවර මිනිසුන්ට පාචීනවංශය වුණා, රෝහිතස්ස මිනිසුන්ට වංකක පර්වතය වුණා, සුප්පිය මිනිසුන්ට සුඵස්ස පර්වතය වුණා. මාගධක මිනිසුන්ට වේපුල්ල පර්වතය වුණා.

02. ඒකාන්තයෙන් ම සංස්කාර අනිත්‍යයි. හට ගෙන නැසී යන ස්වභාවයෙන් යුක්තයි. ඉපදිලා නිරුද්ධ වෙලා යනවා. ඔය සංස්කාරයන්ගේ සංසිඳීම ම යි සැපය.

සාදු! සාදු!! සාදු!!!

වේපුල්ල පබ්බත සූත්‍රය නිමා විය.

දෙවෙනි දුග්ගත වර්ගය අවසන් විය.

අනමතග්ග සංයුත්තය නිමා විය.

4. කස්සප සංයුත්තය

1. කස්සප වර්ගය

4.1.1.
සන්තුට්ඨි සූත්‍රය
ලද දෙයින් සතුටු වීම ගැන වදාළ දෙසුම

284. සැවැත් නුවරදී ....

පින්වත් මහණෙනි, මේ කාශ්‍යප ලැබිච්ච සිවුරකින් සතුටු වෙනවා. ලැබිච්ච සිවුරකින් සතුටුවෙන්න පුළුවන්කම ගැන වර්ණනා කරනවා. සිවුරක් නිසා නොගැලපෙන දේවල් කරන්න යන්නේ නෑ. සිවුරක් නොලැබුණා කියල තැවි තැවී ඉන්නේ නෑ. සිවුරක් ලැබුණොත් ඒකට ගිජු වෙන්නෙත් නෑ. එයින් මුසපත් වෙන්නෙත් නෑ. ඒ කෙරෙහි ආශාවෙන් බැසගන්නෙත් නෑ. ඒ සිවුරේ ඇති අනිත්‍ය බව නම් වූ ආදීනව දකිමින්, එහි නොඇලෙන නුවණින් යුක්තව මයි පරිහරණය කරන්නේ.

පින්වත් මහණෙනි, මේ කාශ්‍යප ලැබිච්ච පිණ්ඩපාතයකින් සතුටු වෙනවා. ලැබිච්ච පිණ්ඩපාතයකින් සතුටු වෙන්න පුළුවන්කම ගැන වර්ණනා කරනවා. පිණ්ඩපාතයක් නිසා නොගැලපෙන දේවල් කරන්න යන්නේ නෑ. පිණ්ඩපාතයක් නොලැබුණා කියල තැවි තැවී ඉන්නේ නෑ. පිණ්ඩපාතයක් ලැබුණොත් ඒකට ගිජු වෙන්නෙත් නෑ. එයින් මුසපත් වෙන්නෙත් නෑ. ඒ කෙරෙහි ආශාවෙන් බැසගන්නෙත් නෑ. ඒ පිණ්ඩපාතයේ ඇති අනිත්‍ය බව නම් වූ ආදීනව දකිමින්, එහි නොඇලෙන නුවණින් යුක්තව ම යි වළඳන්නේ.

පින්වත් මහණෙනි, මේ කාශ්‍යප ලැබිච්ච කුටියකින් සතුටු වෙනවා. ලැබිච්ච කුටියකින් සතුටු වෙන්න පුළුවන්කම ගැන වර්ණනා කරනවා. කුටියක් නිසා නොගැලපෙන දේවල් කරන්න යන්නේ නෑ. කුටියක් නොලැබුණා කියල තැවි තැවී ඉන්නේ නෑ. කුටියක් ලැබුණොත් ඒකට ගිජු වෙන්නෙත් නෑ. එයින් මුසපත් වෙන්නෙත් නෑ. ඒ කෙරෙහි ආශාවෙන් බැසගන්නෙත් නෑ. ඒ කුටියේ ඇති අනිත්‍ය බව නම් වූ ආදීනව දකිමින්, එහි නොඇලෙන නුවණින් යුක්තව ම යි පරිහරණය කරන්නේ.

පින්වත් මහණෙනි, මේ කාශ්‍යප ලැබිච්ච ගිලන්පස බෙහෙත් පිරිකරකින් සතුටු වෙනවා. ලැබිච්ච ගිලන්පස බෙහෙත් පිරිකරකින් සතුටු වෙන්න පුළුවන්කම ගැන වර්ණනා කරනවා. ගිලන්පස බෙහෙත් පිරිකරක් නිසා නොගැලපෙන දේවල් කරන්න යන්නේ නෑ. ගිලන්පස බෙහෙත් පිරිකරක් නොලැබුණා කියල තැවි තැවී ඉන්නේ නෑ. ගිලන්පස බෙහෙත් පිරිකරක් ලැබුණොත් ඒකට ගිජු වෙන්නෙත් නෑ. එයින් මුසපත් වෙන්නෙත් නෑ. ඒ කෙරෙහි ආශාවෙන් බැසගන්නෙත් නෑ. ඒ ගිලන්පස බෙහෙත් පිරිකරවල ඇති අනිත්‍ය බව නම් වූ ආදීනව දකිමින්, එහි නොඇලෙන නුවණින් යුක්තව ම යි වළඳන්නේ.

එම නිසා පින්වත් මහණෙනි, ඔන්න ඔය විදිහට තමයි හික්මෙන්ට ඕන. අපි නම් ලැබිච්ච සිවුරකින් සතුටු වෙනවා කියල. ලැබිච්ච සිවුරකින් සතුටු වෙන්න පුළුන්කම ගැන වර්ණනා කරනවා කියල. සිවුරක් නිසා නොගැලපෙන දේවල් කරන්න යන්නේ නෑ කියල. සිවුරක් නොලැබුණා කියල තැවි තැවී ඉන්නේ නෑ කියල. සිවුරක් ලැබුණොත් ඒකට ගිජු වෙන්නෙත් නෑ කියල. එයින් මුසපත් වෙන්නෙත් නෑ කියල. ඒ කෙරෙහි ආශාවෙන් බැසගන්නෙත් නෑ කියල. ඒ සිවුරේ ඇති අනිත්‍ය බව නම් වූ ආදීනව දකිමින්, එහි නොඇලෙන නුවණින් යුක්තව ම පරිහරණය කරනවා කියල. ඒ වගේ ම අපි නම් ලැබිච්ච පිණ්ඩපාතයකින් සතුටු වෙනවා කියල ....(පෙ).... අපි නම් ලැබිච්ච කුටියකින් සතුටු වෙනවා කියල ....(පෙ).... අපි නම් ලැබිච්ච ගිලන්පස බෙහෙත් පිරිකරකින් සතුටු වෙනවා කියල. ලැබිච්ච ගිලන්පස බෙහෙත් පිරිකරකින් සතුටු වෙන්න පුළුන්කම ගැන වර්ණනා කරනවා කියල. ගිලන්පස බෙහෙත් පිරිකරක් නිසා නොගැලපෙන දේවල් කරන්න යන්නේ නෑ කියල. ගිලන්පස බෙහෙත් පිරිකරක් නොලැබුණා කියල තැවි තැවී ඉන්නේ නෑ කියල. ගිලන්පස බෙහෙත් පිරිකරක් ලැබුණොත් ඒකට ගිජු වෙන්නෙත් නෑ කියල. එයින් මුසපත් වෙන්නෙත් නෑ කියල. ඒ කෙරෙහි ආශාවෙන් බැසගන්නෙත් නෑ කියල. ඒ ගිලන්පස බෙහෙත් පිරිකරවල ඇති අනිත්‍ය බව නම් වූ ආදීනව දකිමින්, එහි නොඇලෙන නුවණින් යුක්තව ම වළඳනවා කියල. පින්වත් මහණෙනි, ඔන්න ඔය විදිහටයි හික්මෙන්න ඕන.

පින්වත් මහණෙනි, එක්කො මම අවවාද කරන්නම්. එක්කො කස්සපයන් අවවාද කරාවි. ඒ අවවාද ලබන අය කස්සප වගේ වෙනවා කියල යි ඔබ විසින් පිළිපැදිය යුත්තේ.

සාදු! සාදු!! සාදු!!!

සන්තුට්ඨි සූත්‍රය නිමා විය.

4.1.2.
අනොත්තාපී සූත්‍රය
පවට භය නැති වීම ගැන වදාළ දෙසුම

285. මා හට අසන්නට ලැබුණේ මේ විදිහට යි. ඒ දිනවල ආයුෂ්මත් මහා කස්සප තෙරුන් ද, ආයුෂ්මත් සාරිපුත්ත තෙරුන් ද වාසය කළේ බරණැස ඉසිපතන මිගදායේ. එදා ආයුෂ්මත් සාරිපුත්ත තෙරුන් සවස් වරුවේ භාවනාවෙන් නැගිටලා ආයුෂ්මත් මහා කස්සප තෙරුන් ළඟට වැඩියා. වැඩලා ආයුෂ්මත් මහා කස්සප තෙරුන් සමග පිළිසඳර කතා බහේ යෙදුණා. පිළිසඳර කතා බහෙන් පස්සේ එකත්පස්ව වාඩි වුණා. එකත්පස්ව වාඩි වුණ ආයුෂ්මත් සාරිපුත්ත තෙරුන් ආයුෂ්මත් මහා කස්සප තෙරුන්ගෙන් මෙහෙම ඇහුවා.

"ප්‍රිය ආයුෂ්මත් කස්සප, කෙලෙස් තවන වීර්යයක් නැති කෙනා, පවට භයක් නැති කෙනා ආර්ය සත්‍ය අවබෝධයට නුසුදුස්සෙක් ය, නිවන් අවබෝධයට නුසුදුස්සෙක් ය, අනුත්තර වූ අරහත්වය සාක්ෂාත් කරගන්න නුසුදුස්සෙක් ය කියල කියනවා. ඒ වගේ ම කෙලෙස් තවන වීර්ය ඇති කෙනා ම, පවට භය ඇති කෙනා ම ආර්ය සත්‍ය අවබෝධයට සුදුස්සෙක් ය, නිවන් අවබෝධයට සුදුස්සෙක් ය, අනුත්තර වූ අරහත්වය සාක්ෂාත් කරගන්ට සුදුස්සෙක් ය කියල කියනවා.

ප්‍රිය ආයුෂ්මත් කස්සප, කුමන කරුණු මත ද කෙලෙස් තවන වීර්යයක් නැති කෙනා, පවට භයක් නැති කෙනා ආර්ය සත්‍ය අවබෝධයට නුසුදුස්සෙක් වන්නේ? නිවන් අවබෝධයට නුසුදුස්සෙක් වන්නේ? අනුත්තර වූ අරහත්වය සාක්ෂාත් කරගන්න නුසුදුස්සෙක් වන්නේ? ඒ වගේ ම කුමන කරුණු මත ද කෙලෙස් තවන වීර්ය ඇති කෙනා ම, පවට භය ඇති කෙනා ම ආර්ය සත්‍ය අවබෝධයට සුදුස්සෙක් වන්නේ? නිවන් අවබෝධයට සුදුස්සෙක් වන්නේ? අනුත්තර වූ අරහත්වය සාක්ෂාත් කරගන්ට සුදුස්සෙක් වන්නේ?"

"ප්‍රිය ආයුෂ්මතුන් වහන්ස, මෙහි භික්ෂුව තමා තුළ හට නොගත් පාපී අකුසල ධර්ම හටගන්න කොට මේවා මට අයහපත පිණිස පවතිනවා නේද කියලා බැහැර කිරීමට උත්සාහයක් ගන්නේ නෑ. තමන් තුළ හට අරගෙන තිබෙන පාපී අකුසල ධර්ම ප්‍රහාණය නොවී පැවතීම නිසා තමාට අයහපත පිණිස පවතින බව දැනගෙන එය බැහැර කිරීමට උත්සාහයක් ගන්නේ නෑ. තමා තුළ හට නොගත් උතුම් කුසල ධර්ම තමා තුළ හට නොගැනීම ගැන

තේරුම්ගෙන ඒවා උපදවා ගැනීමට උත්සාහයක් ගන්නේ නෑ. තමා තුළ හට අරගෙන තිබෙන උතුම් කුසල ධර්ම නැති වෙන කොට ඒක තමාට අහිත පිණිස පවතිනවා නේද කියලා තේරුම් ගෙන ඒවා රැකගන්න උත්සාහයක් ගන්නේ නෑ. ප්‍රිය ආයුෂ්මතුන් වහන්ස, කෙලෙස් තවන වීරියෙන් තොරයි කියන්නේ ඔන්න ඕකටයි."

"ප්‍රිය ආයුෂ්මතුන් වහන්ස, පවට භයක් නැති වන්නේ කුමන කරුණු මතද?"

"ප්‍රිය ආයුෂ්මතුන් වහන්ස, මෙහි භික්ෂුව තමා තුළ හට නො ගත් පාපී අකුසල ධර්ම හටගන්න කොට මේවා මට අයහපත පිණිස පවතිනවා නේද කියලා ඒ ගැන භයක් ඇති වන්නේ නෑ. තමන් තුළ හට අරගෙන තිබෙන පාපී අකුසල ධර්ම ප්‍රහාණය නොවී පැවතීම නිසා තමාට අයහපත පිණිස පවතින බව දැන ගෙන ඒ ගැන භයක් ඇති වන්නේ නෑ. තමා තුළ හට නොගත් උතුම් කුසල ධර්ම තමා තුළ හට නොගැනීම ගැන භයක් ඇති වන්නේ නෑ. තමා තුළ හට අරගෙන තිබෙන උතුම් කුසල ධර්ම නැති වෙන කොට ඒක තමාට අහිත පිණිස පවතිනවා නේද කියලා ඒ ගැන භයක් ඇති වන්නේ නෑ. ප්‍රිය ආයුෂ්මතුන් වහන්ස, පවට භයක් නෑ කියන්නේ ඔන්න ඕකටයි.

ප්‍රිය ආයුෂ්මතුන් වහන්ස, ඔය විදිහටයි කෙලෙස් තවන වීර්යයක් නැති කෙනා, පවට භයක් නැති කෙනා ආර්ය සත්‍ය අවබෝධයට නුසුදුස්සෙක් ය, නිවන් අවබෝධයට නුසුදුස්සෙක් ය, අනුත්තර වූ අරහත්වය සාක්ෂාත් කරගන්න නුසුදුස්සෙක් ය කියල කියන්නේ."

"ප්‍රිය ආයුෂ්මතුන් වහන්ස, කෙලෙස් තවන වීර්යය ඇති කෙනෙක් වන්නේ කොහොමද?"

"ප්‍රිය ආයුෂ්මතුන් වහන්ස, මෙහි භික්ෂුව තමා තුළ හට නොගත් පාපී අකුසල ධර්ම හටගන්න කොට මේවා මට අයහපත පිණිස පවතිනවා නේද කියලා බැහැර කිරීමට උත්සාහයක් ගන්නවා. තමන් තුළ හට අරගෙන තිබෙන පාපී අකුසල ධර්ම ප්‍රහාණය නොවී පැවතීම නිසා තමාට අයහපත පිණිස පවතින බව දැනගෙන එය බැහැර කිරීමට උත්සාහයක් ගන්නවා. තමා තුළ හට නොගත් උතුම් කුසල ධර්ම තමා තුළ හට නොගැනීම ගැන තේරුම් ගෙන ඒවා උපදවා ගැනීමට උත්සාහයක් ගන්නවා. තමා තුළ හට අරගෙන තිබෙන උතුම් කුසල ධර්ම නැති වෙන කොට ඒක තමාට අහිත පිණිස පවතිනවා නේද කියලා තේරුම් ගෙන ඒවා රැකගන්න උත්සාහ ගන්නවා. ප්‍රිය ආයුෂ්මතුන් වහන්ස, කෙලෙස් තවන වීරියෙන් යුක්තයි කියන්නේ ඔන්න ඕකටයි."

"ප්‍රිය ආයුෂ්මතුන් වහන්ස, පවට භය ඇති වන්නේ කුමන කරුණු මතද?"

"මෙහි භික්ෂුව තමා තුළ හට නොගත් පාපී අකුසල ධර්ම හටගන්න කොට මේවා මට අයහපත පිණිස පවතිනවා නේද කියලා ඒ ගැන භයක් ඇති වෙනවා. තමන් තුළ හට අරගෙන තිබෙන පාපී අකුසල ධර්ම ප්‍රහාණය නොවී පැවතීම නිසා තමාට අයහපත පිණිස පවතින බව දැනගෙන ඒ ගැන භයක් ඇති වෙනවා. තමා තුළ හට නොගත් උතුම් කුසල ධර්ම තමා තුළ හට නොග ැනීම ගැන භයක් ඇති වෙනවා. තමා තුළ හට අරගෙන තිබෙන උතුම් කුසල ධර්ම නැති වෙන කොට ඒක තමාට අහිත පිණිස පවතිනවා නේද කියලා ඒ ගැන භයක් ඇති වෙනවා. ප්‍රිය ආයුෂ්මතුන් වහන්ස, පවට භය තියෙනවා කියන්නේ ඔන්න ඕකටයි.

ප්‍රිය ආයුෂ්මතුන් වහන්ස, කෙලෙස් තවන වීර්ය ඇති කෙනා ම, පවට භය ඇති කෙනා ම ආර්ය සත්‍ය අවබෝධයට සුදුස්සෙක් ය, නිවන් අවබෝධයට සුදුස්සෙක් ය, අනුත්තර වූ අරහත්වය සාක්ෂාත් කරගන්න සුදුස්සෙක් ය කියල කියන්නේ ඔන්න ඕකට යි."

සාදු! සාදු!! සාදු!!!

අනොත්තාපී සූත්‍රය නිමා විය.

4.1.3.
චන්දූපම සූත්‍රය
පුන්සඳ උපමා කොට වදාළ දෙසුම

286. සැවැත් නුවරදී ....

පින්වත් මහණෙනි, දායක ගෙවල්වලට යන විට සඳක් වගේ යන්න. ඔවුන් ගෙන් කය ඉවත් කර ගෙන ම, ඔවුන්ගෙන් සිත ඉවත් කර ගෙන (ආග න්තුකයෙක් වගේ) ම යන්න. හැම තිස්සේ ම අළුත් කෙනෙක් වගේ යන්න. දායකයින් එක්ක අනවශ්‍ය කුලුපගකම් නැතුව යන්න.

පින්වත් මහණෙනි, ඒක මේ වගේ දෙයක්. පුරුෂයෙක් ගරා වැටුණු ළිඳක් ළඟට යනවා. එහෙම නැත්නම් භයානක කඳු ප්‍රපාතයක් ළඟට යනවා. එක්කෝ කැඩීගිය ගං ඉවුරක් ළඟට යනවා කියල හිතමු. ඔහු කය ඈත් කර ගෙන ම යි සිත ඈත් කර ගෙන ම යි එබී බලන්නේ. අන්න ඒ වගේ පින්වත්

මහණෙනි, ඔබත් දායක ගෙවල්වලට යන විට සඳක් වගේ යන්න. ඔවුන් ගෙන් කය ඉවත් කර ගෙන ම, ඔවුන් ගෙන් සිත ඉවත් කර ගෙන (ආගන්තුකයෙක් වගේ) ම යන්න. හැම තිස්සේ ම අළුත් කෙනෙක් වගේ යන්න. දායකයින් එක්ක අනවශ්‍ය කුලුපගකම් නැතුව යන්න.

පින්වත් මහණෙනි, මේ ගැන ඔබ මොකද්ද හිතන්නේ? කොයි වගේ භික්ෂුවක් ද දායක ගෙවල්වලට යන්න සුදුසු වන්නේ?"

"ස්වාමීනි, අප ගේ මේ ධර්මය භාග්‍යවතුන් වහන්සේ ම යි මුල් කර ගෙන තියෙන්නේ. භාග්‍යවතුන් වහන්සේ ම යි ප්‍රධාන කර ගෙන තියෙන්නේ. භාග්‍යවතුන් වහන්සේ ම යි පිළිසරණ කර ගෙන තියෙන්නේ. ස්වාමීනි, ඔය වදාළ කරුණ ගැන භාග්‍යවතුන් වහන්සේට ම වැටගෙන සේක්වා!භාග්‍යවතුන් වහන්සේ ගෙන් අසා ගෙනයි භික්ෂූන් මතක තබා ගන්නේ."

එතකොට භාග්‍යවතුන් වහන්සේ අවකාශයෙහි තම ශ්‍රී හස්තය ඔබ මොබ සොළොවා වදාළා. "පින්වත් මහණෙනි, මෙන්න මේ වගේ. දැන් මේ අත, අවකාශයේ ඇලෙන්නේ නෑ. අවකාශය අල්ල ගන්නේ නෑ. අවකාශයට බැඳෙන්නේ නෑ. පින්වත් මහණෙනි, ඔය විදිහට ම දායක ගෙවල්වලට පිවිසෙන යම් භික්ෂුවක ගේ සිත ඇලෙන්නේ නැත්නම්, ගැලෙන්නේ නැත්නම්, බැඳෙන්නේ නැත්නම් 'පින් ලබනු කැමති උදවිය පින් ලබා ගනිත්වා! පින් කරනු කැමති උදවිය පින් කර ගනිත්වා!' කියල. තමන්ට ලැබිච්ච දෙයකින් සතුටු වෙලා සතුටු සිතින් ඉන්නවා. ඔය විදිහට අනුන් ගේ ලාභයේ දී ත් සතුටු වෙලා සතුටු සිතින් ඉන්නවා. පින්වත් මහණෙනි, අන්න එබඳු භික්ෂුවක් තමයි දායක ගෙවල්වලට යන්ට සුදුස්සෙක් වන්නේ.

පින්වත් මහණෙනි, දායක ගෙවල්වලට පිවිසෙන කස්සප ගේ සිත ඒ දායකයින් ගැන ඇලෙන්නේ නෑ. ගැලෙන්නේ නෑ. බැඳෙන්නේ නෑ. 'පින් ලබනු කැමති උදවිය පින් ලබා ගනිත්වා! පින් කරනු කැමති උදවිය පින් කර ගනිත්වා!' කියල තමන්ට ලැබිච්ච දෙයකින් සතුටු වෙලා සතුටු සිතින් ඉන්නවා. ඔය විදිහට අනුන් ගේ ලාභයේ දී ත් සතුටු වෙලා සතුටු සිතින් ඉන්නවා. පින්වත් මහණෙනි, අන්න එබඳු භික්ෂුවක් තමයි දායක ගෙවල්වලට යන්න සුදුස්සෙක් වන්නේ.

පින්වත් මහණෙනි, මේ ගැන ඔබ කුමක් ද හිතන්නේ? කෙබඳු භික්ෂුව ගේ ධර්ම දේශනාව ද අපිරිසිදු වන්නේ? කෙබඳු භික්ෂුව ගේ ධර්ම දේශනාව ද පිරිසිදු වන්නේ?"

"ස්වාමීනි, අප ගේ මේ ධර්මය භාග්‍යවතුන් වහන්සේ ම යි මුල් කර ගෙන තියෙන්නේ. භාග්‍යවතුන් වහන්සේ ම යි ප්‍රධාන කර ගෙන තියෙන්නේ. භාග්‍යවතුන් වහන්සේ ම යි පිළිසරණ කර ගෙන තියෙන්නේ. ස්වාමීනි, ඔය වදාළ කරුණ ගැන භාග්‍යවතුන් වහන්සේට ම වැටහෙන සේක්වා! භාග්‍යවතුන් වහන්සේ ගෙන් අසා ගෙන යි භික්ෂූන් මතක තබා ගන්නේ.!

"පින්වත් මහණෙනි, එහෙනම් හොඳින් අහගෙන ඉන්න. නුවණින් මෙනෙහි කරන්න. මා කියා දෙන්නම්." "එසේ ය ස්වාමීනි" කියල ඒ භික්ෂූන් වහන්සේලා භාග්‍යවතුන් වහන්සේට පිළිතුරු දුන්නා. භාග්‍යවතුන් වහන්සේ මෙය වදාළා.

"පින්වත් මහණෙනි, යම් කිසි භික්ෂුවක් අනුන්ට ධර්ම දේශනා කරන විට මෙබඳු සිතකින් යුක්ත නම්, 'අනේ මගේ මේ ධර්මය මේ උදවිය අහනවා නම්! අහල මං ගැන පහදිනවා නම්! පැහැදිලා ඒ පැහැදුණු බව මට කියනවා නම්!' කියල. පින්වත් මහණෙනි, අන්න එබඳු සිත් ඇති භික්ෂුව ගේ ධර්ම දේශනාව අපිරිසිදු යි.

පින්වත් මහණෙනි, යම් කිසි භික්ෂුවක් අනුන්ට ධර්ම දේශනා කරන විට මෙබඳු සිතකින් යුක්ත නම්, එනම් 'භාග්‍යවතුන් වහන්සේ විසින් මේ ධර්මය මනා කොට දේශනා කරලයි තියෙන්නේ **(ස්වාක්ඛාතෝ භගවතා ධම්මෝ)**. මේ ධර්මය මේ ජීවිතයේ දී ම අවබෝධ කරන්න පුළුවන් **(සන්දිට්ඨිකෝ)**. ඕනෑ ම කාලයක අවබෝධ කරන්න පුළුවන් **(අකාලිකෝ)**. ඇවිත් බලන්න කියා පෙන්වන්න පුළුවන් **(ඒහිපස්සිකෝ)**. තමා තුළට පමුණුවා ගත යුතු දෙයක් **(ඕපනයිකෝ)**. බුද්ධිමතුන් විසින් වෙන් වෙන් වශයෙන් අවබෝධ කර ගත යුතු දෙයක් **(පච්චත්තං වේදිතබ්බෝ විඤ්ඤූහී)**. ඇත්තෙන් ම මාගේ ධර්මය මේ උදවිය අසනවා නම්, අසාගත්තා වූ ධර්මය අවබෝධ කරගන්නවා නම්, අවබෝධ කරගෙන ඒ අනුව පිළිපදිනවා නම් කොයි තරම් හොඳ ද' කියල ධර්ම සුධර්මත්වය හේතු කොට ගෙන ධර්මය දේශනා කරනවා නම්, කරුණාව හේතු කොට ගෙන ධර්මය දේශනා කරනවා නම්, දයාව හේතු කොටගෙන ධර්මය දේශනා කරනවා නම්, අනුකම්පාව හේතු කොට ගෙන ධර්මය දේශනා කරනවා නම්, පින්වත් මහණෙනි, අන්න එබඳු භික්ෂුව ගේ ධර්ම දේශනාව නම් පිරිසිදු යි.

පින්වත් මහණෙනි, මේ කස්සප අනුන්ට ධර්ම දේශනා කරන විට මෙබඳු සිතකින් යුක්ත යි, එනම් 'භාග්‍යවතුන් වහන්සේ විසින් මේ ධර්මය මනා කොට දේශනා කරලයි තියෙන්නේ **(ස්වාක්ඛාතෝ භගවතා ධම්මෝ)**. මේ ධර්මය මේ ජීවිතයේ දී ම අවබෝධ කරන්න පුළුවන් **(සන්දිට්ඨිකෝ)**. ඕනෑ

ම කාලයක අවබෝධ කරන්න පුළුවන් (**අකාලිකෝ**). ඇවිත් බලන්න කියා පෙන්වන්න පුළුවන් (**ඒහි පස්සිකෝ**). තමා තුළට පමුණුවා ගත යුතු දෙයක් (**ඕපනයිකෝ**). බුද්ධිමතුන් විසින් වෙන් වෙන් වශයෙන් අවබෝධ කරගත යුතු දෙයක් (**පච්චත්තං වේදිතබ්බෝ විඤ්ඤූහී**). ඇත්තෙන්ම මාගේ ධර්මය මේ උදවිය අසනවා නම්, අසාගත්තා වූ ධර්මය අවබෝධ කරගන්නවා නම්, අවබෝධ කරගෙන ඒ අනුව පිළිපදිනවා නම් කොයිතරම් හොඳ ද' කියල ධර්ම සුධර්මත්වය හේතු කොට ගෙනයි ධර්මය දේශනා කරන්නේ. කරුණාව හේතු කොට ගෙනයි ධර්මය දේශනා කරන්නේ. දයාව හේතු කොට ගෙනයි ධර්මය දේශනා කරන්නේ. අනුකම්පාව හේතු කොට ගෙනයි ධර්මය දේශනා කරන්නේ.

පින්වත් මහණෙනි, එක්කො මම අවවාද කරන්නම්. එක්කො කස්සපයන් අවවාද කරාවි. ඒ අවවාද ලබන අය කස්සප වගේ වෙනවා කියලයි ඔබ විසින් පිළිපැදිය යුත්තේ.

සාදු! සාදු!! සාදු!!!

චන්දූපම සූත්‍රය නිමා විය.

4.1.4.

කුලූපග සූත්‍රය

කුලුපග වීම ගැන වදාළ දෙසුම

287. සැවැත් නුවරදී ....

"පින්වත් මහණෙනි, මේ ගැන ඔබ මොකක් ද හිතන්නේ? කොයි වගේ භික්ෂුවක් ද කුලුපග වෙන්න සුදුසු? කොයි වගේ භික්ෂුවක් ද කුලුපග වෙන්න නුසුදුසු?"

"ස්වාමීනි, අප ගේ මේ ධර්මය භාග්‍යවතුන් වහන්සේ ම යි මුල් කර ගෙන තියෙන්නේ. භාග්‍යවතුන් වහන්සේ ම යි ප්‍රධාන කරගෙන තියෙන්නේ. භාග්‍යවතුන් වහන්සේ ම යි පිළිසරණ කරගෙන තියෙන්නේ. ස්වාමීනි, ඔය වදාළ කරුණ ගැන භාග්‍යවතුන් වහන්සේට ම වැටහෙන සේක්වා! භාග්‍යවතුන් වහන්සේ ගෙන් අසා ගෙනයි භික්ෂූන් මතක තබාගන්නේ ....(පෙ).... භාග්‍යවතුන් වහන්සේ මෙය වදාළා.

"පින්වත් මහණෙනි, යම් කිසි භික්ෂුවක් මේ විදිහේ සිතකින් දායක ගෙවල්වලට යන්න පුළුවනි. 'මට ම යි දෙන්න ඕන. මට නොදී සිටින්න එපා. මට ගොඩාක් දෙන්න ඕන. ටිකක් නම් දෙන්න එපා. මට ප්‍රණීත දෙයක් ම යි දෙන්න ඕන. රළු දෙයක් නම් දෙන්න එපා. මට ඉක්මනට දෙන්න ඕන. පමාවෙලා දෙන්න එපා. මට හොඳ පිළිවෙලකට ම යි දෙන්න ඕන. අපිළිවෙලකට දෙන්න එපා' කියල. පින්වත් මහණෙනි, ඉතින් ඒ භික්ෂුව ඔය විදිහට හිතාගෙන දායක ගෙවල්වලට යනවා. එතකොට ඔහුට දෙන්නෙ නැති වුණා ම ඒ හේතුවෙන් ඔහු පීඩා විඳිනවා. ඒ හේතුවෙන් ඔහු දුක් දොම්නස් විඳිනවා. ඒ වගේ ම ඔහුට ටිකක් දෙනවා. ගොඩක් දෙන්නේ නෑ. ඒ හේතුවෙන් ඔහු පීඩා විඳිනවා. ඒ හේතුවෙන් ඔහු දුක් දොම්නස් විඳිනවා. ඔහුට රළු දෙයක් ලැබෙනවා. ප්‍රණීත දෙයක් ලැබෙන්නේ නෑ. ඒ හේතුවෙන් ඔහු පීඩා විඳිනවා. ඒ හේතුවෙන් ඔහු දුක් දොම්නස් විඳිනවා. ඔහුට හෙමිහිට ලැබෙනවා. ඉක්මනට ලැබෙන්නේ නෑ. ඒ හේතුවෙන් ඔහු පීඩා විඳිනවා. ඒ හේතුවෙන් ඔහු දුක් දොම්නස් විඳිනවා. ඔහුට අපිළිවෙලකට ලැබෙනවා. පිළිවෙලකට ලැබෙන්නේ නෑ. ඒ හේතුවෙන් ඔහු පීඩා විඳිනවා. ඒ හේතුවෙන් ඔහු දුක් දොම්නස් විඳිනවා. පින්වත් මහණෙනි, ඔන්න ඔය විදිහේ භික්ෂුවක් දායක ගෙවල්වලට පිවිසෙන්න සුදුස්සෙක් නොවේ.

ඒ වගේ ම පින්වත් මහණෙනි, යම් භික්ෂුවක් මෙබඳු සිතකින් යුක්තව දායක ගෙවල්වලට පිවිසෙන්න සුදුසුයි. ඔහු මෙහෙම හිතනවා. මේ විදිහේ දේවල් හිතලා අනුන් ගේ ගෙවල්වලින් ලැබීමක් ගැන කොහොම නම් බලාපොරොත්තු වෙන්නද? ඒ කියන්නේ මට ම යි දෙන්න ඕන. මට නොදී සිටින්න එපා. මට ගොඩාක් දෙන්න ඕන. ටිකක් නම් දෙන්න එපා. මට ප්‍රණීත දෙයක් ම යි දෙන්න ඕන. රළු දෙයක් නම් දෙන්න එපා. මට ඉක්මනට දෙන්න ඕන. පමාවෙලා දෙන්න එපා. මට හොඳ පිළිවෙලකට ම යි දෙන්න ඕන. අපිළිවෙලකට දෙන්න එපා' කියල.

පින්වත් මහණෙනි, ඉතින් ඒ භික්ෂුව ඔය විදිහට හිතාගෙන දායක ගෙවල්වලට යනවා. එතකොට ඔහුට දෙන්නේ නැති වුණා ම ඒ හේතුවෙන් ඔහු පීඩා විඳින්නේ නෑ. ඒ හේතුවෙන් ඔහු දුක් දොම්නස් විඳින්නේ නෑ. ඒ වගේ ම ඔහුට ටිකක් දෙනවා ගොඩාක් දෙන්නේ නෑ. ඒ හේතුවෙන් ඔහු පීඩා විඳින්නේ නෑ. ඒ හේතුවෙන් ඔහු දුක් දොම්නස් විඳින්නේ නෑ. ඔහුට රළු දෙයක් ලැබෙනවා. ප්‍රණීත දෙයක් ලැබෙන්නේ නෑ. ඒ හේතුවෙන් ඔහු පීඩා විඳින්නේ නෑ. ඒ හේතුවෙන් ඔහු දුක් දොම්නස් විඳින්නේ නෑ. ඔහුට හෙමිහිට ලැබෙනවා. ඉක්මනට ලැබෙන්නේ නෑ. ඒ හේතුවෙන් ඔහු පීඩා විඳින්නේ නෑ. ඒ හේතුවෙන් ඔහු දුක් දොම්නස් විඳින්නේ නෑ. ඔහුට අපිළිවෙලකට ලැබෙනවා. පිළිවෙලකට

ලැබෙන්නේ නෑ. ඒ හේතුවෙන් ඔහු පීඩා විඳින්නේ නෑ. ඒ හේතුවෙන් ඔහු දුක් දොම්නස් විඳින්නේ නෑ. පින්වත් මහණෙනි, ඔන්න ඔය විදිහේ භික්ෂුවක් දායක ගෙවල්වලට පිවිසෙන්න සුදුස්සෙක් වෙනවා.

පින්වත් මහණෙනි, මේ කස්සප මෙවැනි සිතකිනුයි දායක ගෙවල්වලට යන්නේ. කස්සප මෙහෙම හිතනවා. මේ විදිහේ දේවල් හිතලා අනුන් ගේ ගෙවල්වලින් ලැබීමක් ගැන කොහොම නම් බලාපොරොත්තු වෙන්නද? ....(පෙ).... මට හොඳ පිළිවෙලකට ම යි දෙන්න ඕන. අපිළිවෙලකට දෙන්න එපා කියල.

පින්වත් මහණෙනි, ඉතින් ඒ කස්සප ඔය විදිහට හිතාගෙන දායක ගෙවල්වලට යනවා. එතකොට කස්සපට දෙන්නේ නැති වුණා ම ඒ හේතුවෙන් කස්සප පීඩා විඳින්නේ නෑ. ඒ හේතුවෙන් කස්සප දුක් දොම්නස් විඳින්නේ නෑ. ඒ වගේ ම කස්සපට ටිකක් දෙනවා. ගොඩක් දෙන්නේ නෑ. ඒ හේතුවෙන් කස්සප පීඩා විඳින්නේ නෑ. ඒ හේතුවෙන් කස්සප දුක් දොම්නස් විඳින්නේ නෑ. කස්සපට රළු දෙයක් ලැබෙනවා. ප්‍රණීත දෙයක් ලැබෙන්නේ නෑ. ඒ හේතුවෙන් කස්සප පීඩා විඳින්නේ නෑ. ඒ හේතුවෙන් කස්සප දුක් දොම්නස් විඳින්නේ නෑ. කස්සපට හෙමිහිට ලැබෙනවා. ඉක්මනට ලැබෙන්නේ නෑ. ඒ හේතුවෙන් කස්සප පීඩා විඳින්නේ නෑ. ඒ හේතුවෙන් කස්සප දුක් දොම්නස් විඳින්නේ නෑ. කස්සපට අපිළිවෙලකට ලැබෙනවා. පිළිවෙලකට ලැබෙන්නේ නෑ. ඒ හේතුවෙන් කස්සප පීඩා විඳින්නේ නෑ. ඒ හේතුවෙන් කස්සප දුක් දොම්නස් විඳින්නේ නෑ.

පින්වත් මහණෙනි, එක්කො මම අවවාද කරන්නම්. එක්කො කස්සපයන් අවවාද කරාවි. ඒ අවවාද ලබන අය කස්සප වගේ වෙනවා කියලයි ඔබ විසින් පිළිපැදිය යුත්තේ.

සාදු! සාදු!! සාදු!!!

කුලූපග සූත්‍රය නිමා විය.

4.1.5.

ජිණ්ණ සූත්‍රය

මහළුවීම ගැන වදාළ දෙසුම

288. මා හට අසන්නට ලැබුණේ මේ විදිහටයි. ඒ දිනවල භාග්‍යවතුන් වහන්සේ වැඩසිටියේ රජගහ නුවර ලෙහෙණුන්ගේ අභය භූමිය වූ වේළුවනාරාමයේ.

එදා ආයුෂ්මත් මහා කස්සප තෙරුන් භාග්‍යවතුන් වහන්සේ ලඟට වැඩියා. වැඩලා භාග්‍යවතුන් වහන්සේට වන්දනා කළා. එකත්පස්ව වාඩි වුණා. එකත්පස්ව වාඩි වුණ ආයුෂ්මත් මහා කස්සප තෙරුන්ට භාග්‍යවතුන් වහන්සේ මෙය වදාළා.

"පින්වත් කස්සප, දැන් ඔබ මහළුයි නෙව. මේ හණ රෙද්දෙන් කළ නැවත නැවත ඉරුණු තැන් මහපු පංශුකූල සිවුර ඔබට බර වැඩියි. ඒ නිසා පින්වත් කස්සප, ඔබ සැදැහැවතුන් පුදන සිවුරු පාවිච්චි කරන්න. ආරාධනා ලැබෙන දන්වලටත් වඩින්න. මා ලඟින් ම වාසය කරන්න."

"ස්වාමීනි, මං බොහෝ කාලයක් සිටියේ වනාන්තරයේ, ඒ වගේ ම වනයේ වාසය කිරීම ගැන වර්ණනා කරනවා. මම පිණ්ඩපාතයෙන් ජීවත් වුණේ. පිණ්ඩපාතයෙන් ජීවත් වීම ගැන වර්ණනා කරනවා. මං පාංශුකූල සිවුරු පොරවන්නේ. ඒ වගේ ම පාංශුකූල සිවුරු පෙරවීම ගැන වර්ණනා කරනවා. මං තුන් සිවුරෙන් හිටියේ. තුන් සිවුරු දැරීම ගැන වර්ණනා කරනවා. මං අල්පේච්ඡ බවෙන් යුක්ත වෙලා අල්පේච්ඡ බව ගැන වර්ණනා කරනවා. ලද දෙයින් සතුටු වෙලා ලද දෙයින් සතුටු වීම ගැන වර්ණනා කරනවා. හුදෙකලා විවේකයේ සිටිමින් හුදෙකලා විවේකයෙන් සිටීම ගැන වර්ණනා කරනවා. පිරිස් සමග නොඇලී සිටීමෙන් පිරිස් සමග නොඇලීම ගැන වර්ණනා කරනවා. පටන් ගත් වීර්යයෙන් ම සිටිමින් පටන් ගත් වීර්යය ගැන වර්ණනා කරනවා."

"පින්වත් කස්සප, ඔබ මොන වගේ ප්‍රයෝජනයක් දකිමින් ද දිගු කලක් මුළුල්ලේ වනාන්තරයේ වාසය කළේ? වනවාසය ගැන වර්ණනා කළේ? පිණ්ඩපාතයෙන් යැපුණේ? ....(පෙ).... පාංශුකූල සිවුරු දැරුවේ? ....(පෙ).... තුන් සිවුරු දැරුවේ? ....(පෙ).... අල්පේච්ඡ වුණේ? ....(පෙ).... ලද දෙයින් සතුටු වුණේ? ....(පෙ).... හුදෙකලා විවේකයෙහි ඇළුණේ? ....(පෙ).... පිරිසෙන් වෙන් වී වාසය කළේ? ....(පෙ).... පටන්ගත් වීර්යයෙන් යුක්තව ඉන්නේ? පටන් ගත් වීර්යය ගැන වර්ණනා කරන්නේ?"

"ස්වාමීනි, ඇත්තෙන් ම මං ප්‍රයෝජන දෙකක් දකිමිනුයි දිගු කලක් මුළුල්ලේ වනාන්තරයේ වාසය කළේ. වනවාසය ගැන වර්ණනා කළේ. පිණ්ඩපාතයෙන් යැපුණේ. ....(පෙ).... පාංශුකූල සිවුරු දැරුවේ. ....(පෙ).... තුන් සිවුරු දැරුවේ. ....(පෙ).... අල්පේච්ඡ වුණේ. ....(පෙ).... ලද දෙයින් සතුටු වුණේ. ....(පෙ).... හුදෙකලා විවේකයෙහි ඇළුණේ. ....(පෙ).... පිරිසෙන් වෙන් වී වාසය කළේ. ....(පෙ).... පටන්ගත් වීර්යයෙන් යුක්තව ඉන්නේ. පටන් ගත් වීර්යය ගැන වර්ණනා කරන්නේ. පළවෙනි එක තමයි මෙලොව දී ම තමන්ට සැප සේ වාසය කරන්න පුළුවන් බව. අනිත් එක පසුකාලීන ජනතාවට අනුකම්පා

කිරීම. ඉතින් ඒ බුද්ධානුබුද්ධ ශ්‍රාවකයන් බොහෝ කලක් අරණ්‍යවලයි වාසය කළේ. අරණ්‍ය වාසය ගැන වර්ණනා කළා. පිණ්ඩපාතයෙන් ජීවත් වුණා. පාංශුකූල සිවුරු දැරුවා ....(පෙ).... තුන් සිවුරු දැරුවා ....(පෙ).... අල්පේච්ඡ වුණා ....(පෙ).... ලද දෙයින් සතුටු වුණා ....(පෙ).... හුදෙකලා විවේකයෙහි ඇළුණා ....(පෙ).... පිරිස් සමග නොඇලී වාසය කළා. ....(පෙ).... පටන්ගත් වීර්යයෙන් ම වාසය කළා. ඔවුන් ඒ අයුරින් ම පිළිපැද්දා. ඒක ඔවුන්ට බොහෝ කාලයක් හිත සුව පිණිස හේතු වෙනවා."

"ස්වාමීනි, ඔය ප්‍රයෝජන දෙක දකිමිනුයි දිගු කලක් මුළුල්ලේ වනාන්තරයේ වාසය කළේ. වනවාසය ගැන වර්ණනා කළේ. පිණ්ඩපාතයෙන් යැපුණේ. ....(පෙ).... පාංශුකූල සිවුරු දැරුවේ. ....(පෙ).... තුන් සිවුරු දැරුවේ. ....(පෙ).... අල්පේච්ඡ වුණේ. ....(පෙ).... ලද දෙයින් සතුටු වුණේ. ....(පෙ).... හුදෙකලා විවේකයෙහි ඇළුණේ. ....(පෙ).... පිරිසෙන් වෙන් වී වාසය කළේ. ....(පෙ).... පටන්ගත් වීර්යයෙන් යුක්ත ව ඉන්නේ. පටන් ගත් වීර්යය ගැන වර්ණනා කරන්නේ."

"සාදු! සාදු!! පින්වත් කස්සප, බොහෝ දෙනෙකුට යහපත පිණිස, බොහෝ දෙනෙකුට සැපය පිණිස, ලෝ සතුන්ට අනුකම්පා පිණිස, යහපත සලසා දීම පිණිස, දෙව් මිනිසුන්ට හිතසුව පිණිස පින්වත් කස්සප, ඔබ ඔය පිළිවෙතින් යුක්ත වුණා. පින්වත් කස්සප, ඔබ හණ රෙද්දෙන් කළ, නැවත නැවතත් මහපු පාංශුකූල චීවරය ම දරන්න. පිණ්ඩපාතයෙන් ම හැසිරෙන්න. අරණ්‍ය වාසයේ ම ඉන්න."

සාදු! සාදු!! සාදු!!!

ජිණ්ණ සූත්‍රය නිමා විය.

4.1.6.
ඕවාද සූත්‍රය
අවවාද ගැන වදාළ දෙසුම

289. රජගහ නුවරදී ....

එදා ආයුෂ්මත් මහා කස්සප තෙරුන් භාග්‍යවතුන් වහන්සේ ළඟට වැඩියා. වැඩලා භාග්‍යවතුන් වහන්සේට වන්දනා කළා. එකත්පස්ව වාඩි වුණා. එකත්පස්ව වාඩි වුණ ආයුෂ්මත් මහා කස්සප තෙරුන්ට භාග්‍යවතුන් වහන්සේ

මෙය වදාළා. "පින්වත් කස්සප, භික්ෂූන්ට අවවාද කරන්න. පින්වත් කස්සප, භික්ෂූන්ට ධර්ම කථාව කරන්න. පින්වත් කස්සප, එක්කෝ මම භික්ෂූන්ට අවවාද කරන්නම්. එහෙම නැත්නම් ඔබ භික්ෂූන්ට අවවාද කරන්න. පින්වත් කස්සප, මම භික්ෂූන්ට ධර්ම කථාව කරන්නම්. එක්කො ඔබ භික්ෂූන්ට ධර්ම කථා කරන්න."

"ස්වාමීනි, භාග්‍යවතුන් වහන්ස, දැන් කාලෙ භික්ෂූන් අකීකරුයි. අකීකරු බව ඇති කරන දෙයින් ම යි යුක්ත වෙලා ඉන්නේ. අවවාද රුස්සන්නේ නෑ. අනුශාසනාව ගන්නේ නුහුරටමයි. ස්වාමීනි, මම මෙහිදී දැක්කා ආනන්දයන්ගේ ශිෂ්‍ය නමක් ඉන්නවා භණ්ඩු නමින්. අනුරුද්ධයන්ගේ ශිෂ්‍ය නමක් ඉන්නවා ආභිඤ්ජික නමින්. ඉතින් මේ දෙන්නා තමන්ගේ දහම් දැනුමෙන් එකිනෙකා ඉක්මවා යන්න හදනවා. 'හා! මෙහෙ එන්න භික්ෂුව. බොහෝ කොට ධර්මය කියන්නේ කවුද කියල බලමු. ලස්සනට ධර්මය කියන්නේ කවුද කියල බලමු. බොහෝ වෙලාවක් ධර්මය කියන්නේ කවුදැයි බලමු' කියල."

එතකොට භාග්‍යවතුන් වහන්සේ එක්තරා භික්ෂුවක් අමතා වදාළා. "පින්වත් භික්ෂුව මෙහෙ එන්න. මගේ වචනයෙන් ආනන්දයන්ගේ ශිෂ්‍යයෙකු වූ භණ්ඩු භික්ෂුවටත්, අනුරුද්ධයන්ගේ ශිෂ්‍යයෙකු වූ ආභිඤ්ජික භික්ෂුවටත් කියන්න 'අන්න ආයුෂ්මතුන්ට ශාස්තෘන් වහන්සේ අමතනවා' කියල." "එසේය ස්වාමීනි" කියල ඒ භික්ෂුව භාග්‍යවතුන් වහන්සේට පිළිතුරු දීලා ඒ භික්ෂූන් ළඟට ගියා. ගිහින් ඒ භික්ෂූන්ට මේ කරුණ කිව්වා. "අන්න, ආයුෂ්මතුන්ට ශාස්තෘන් වහන්සේ අමතනවා" කියල. එතකොට ඒ භික්ෂූන් "එසේය ප්‍රිය ආයුෂ්මතුනි" කියල අර භික්ෂුවට පිළිතුරු දීලා භාග්‍යවතුන් වහන්සේ ළඟට ගියා. ගිහින් භාග්‍යවතුන් වහන්සේට වන්දනා කරලා එකත්පස්ව වාඩි වුණා. එකත්පස්ව වාඩි වුණ ඒ භික්ෂූන් ගෙන් භාග්‍යවතුන් වහන්සේ මේ කරුණ අසා වදාළා. "පින්වත් මහණෙනි, මේ කතාව ඇත්තක්ද? 'ඔබ මෙහෙ එන්න භික්ෂුව. බොහෝ කොට ධර්මය කියන්නේ කවුද කියල බලමු. ලස්සනට ධර්මය කියන්නේ කවුද කියල බලමු. බොහෝ වෙලාවක් ධර්මය කියන්නේ කවුද කියල' එකිනෙකා දහම් දැනුමෙන් ඉක්මවා යන්න හදනවා කියන්නේ?" "එහෙමයි ස්වාමීනි"

"පින්වත් මහණෙනි, 'ඔබ මෙහෙ එන්න භික්ෂුව. බොහෝ කොට ධර්මය කියන්නේ කවුද කියල බලමු. ලස්සනට ධර්මය කියන්නේ කවුද කියල බලමු. බොහෝ වෙලාවක් ධර්මය කියන්නේ කවුද කියල එකිනෙකා දහම් දැනුමෙන් ඉක්මවා යන්න හදන්නේ. ඇයි මා විසින් එබඳු ධර්මයක් ඔබට දෙසූ බවක් දන්නවා ද?"

"අනේ! නෑ ස්වාමීනී" "එහෙම නම් පින්වත් මහණෙනි, මා විසින් එබඳු ධර්මයක් ඔබට නොදෙසූ බව දන්නවා නම්, හිස් මිනිසුනි, මේ මනා කොට දේශනා කරන ලද ධර්ම විනයක් තිබෙන සසුනක පැවිදි වෙලා මොකක් දැනගෙනද? මොකක් දැකගෙනද? එකිනෙකා දහම් දැනුමින් ඉක්මවා යන්න හදන්නේ? 'ඔබ මෙහෙ එන්න භික්ෂුව. බොහෝ කොට ධර්මය කියන්නේ කවුද කියල බලමු. ලස්සනට ධර්මය කියන්නේ කවුද කියල බලමු. බොහෝ වෙලාවක් ධර්මය කියන්නේ කවුදැයි බලමු' කියල."

එතකොට ඒ භික්ෂූන් භාග්‍යවතුන් වහන්සේගේ සිරි පා යුග අභියස සිරසින් වැඳ වැටී භාග්‍යවතුන් වහන්සේට මෙහෙම කිව්වා. "ස්වාමීනි, වරද විසින් අපව යට කරගෙන ගියා. බාලයන් වගේ මෝඩයන් වගේ අකුසල් කරන උදවිය වගේ අපවත් වරද විසින් යට කරගෙන ගියා. මනා කොට දේශනා කරන ලද ධර්ම විනය පවතින මෙබඳු සසුනක පැවිදි වෙලා අපි එකිනෙකා දහම් දැනුමෙන් ඉක්මවා යන්න හිතුවා. 'මෙහෙ එන්න භික්ෂුව. බොහෝ කොට ධර්මය කියන්නේ කවුද කියල බලමු. ලස්සනට ධර්මය කියන්නේ කවුද කියල බලමු. බොහෝ වෙලාවක් ධර්මය කියන්නේ කවුදැයි බලමු' කියල. ස්වාමීනී, භාග්‍යවතුන් වහන්සේ අපගේ ඉදිරි සංවරය පිණිස මේ වරද, වරද වශයෙන් ම පිළිගන්නා සේක්වා!"

"පින්වත් මහණෙනි, ඇත්තෙන් ම මනා කොට දේශන කරන ලද ධර්ම විනය පවතින මෙබඳු සසුනක පැවිදි වෙලා ඔබ එකිනෙකා දහම් දැනුමෙන් ඉක්මවා යන්න හිතුවා. 'මෙහෙ එන්න භික්ෂුව. බොහෝ කොට ධර්මය කියන්නේ කවුද කියල බලමු. ලස්සනට ධර්මය කියන්නේ කවුද කියල බලමු. බොහෝ වෙලාවක් ධර්මය කියන්නේ කවුදැයි බලමු' කියල. පින්වත් මහණෙනි, ඔබ යම් දවසක වරද, වරද වශයෙන්ම දැකල එයට ධර්මානුකූල පිළියම් යොදනවා නම් අපි ඔබගේ ඒ වරද පිළිගන්නවා. පින්වත් මහණෙනි, යමෙක් වරද, වරද වශයෙන් ම පිළිඅරගෙන ඉදිරි සංවරය පිණිස එයට ධර්මානුකූලව පිළියම් යොදනවා නම් ඒක ආර්ය විනයෙහි අභිවෘද්ධියක් ම යි."

සාදු! සාදු!! සාදු!!!

ඕවාද සූත්‍රය නිමා විය.

4.1.7.
දුතිය ඕවාද සූත්‍රය
අවවාද ගැන වදාළ දෙවෙනි දෙසුම

290. සැවැත් නුවරදී ....

එදා ආයුෂ්මත් මහා කස්සප තෙරුන් භාග්‍යවතුන් වහන්සේ වෙත වැඩියා. ....(පෙ).... එකත්පස්ව සිටි ආයුෂ්මත් මහා කස්සප තෙරුන්ට භාග්‍යවතුන් වහන්සේ මේ කරුණ වදාළා. "පින්වත් කස්සප, භික්ෂූන්ට අවවාද කරන්න. පින්වත් කස්සප, භික්ෂූන්ට ධර්ම කථාව කරන්න. පින්වත් කස්සප, එක්කෝ මම භික්ෂූන්ට අවවාද කරන්නම්. එහෙම නැත්නම් ඔබ භික්ෂූන්ට අවවාද කරන්න. පින්වත් කස්සප, මම භික්ෂූන්ට ධර්ම කථාව කරන්නම්. එක්කො ඔබ භික්ෂූන්ට ධර්ම කථා කරන්න."

"ස්වාමීනි, භාග්‍යවතුන් වහන්ස, දැන් කාලෙ භික්ෂූන් අකීකරුයි. අකීකරු බව ඇති කරන දෙයින් ම යි යුක්ත වෙලා ඉන්නේ. අවවාද රුස්සන්නේ නෑ. අනුශාසනාව ගන්නේ නුහුරටමයි. ස්වාමීනි, යමෙකුට කුසල් දහම් ගැන ශ්‍රද්ධාවක් නැත්නම්, කුසල් දහම් නොතිබීම ගැන ලැජ්ජාවක් නැත්නම්, කුසල් දහම් නොතිබීම ගැන භයක් නැත්නම්, කුසල් දහම් ඇති කරගැනීමට වීර්යයක් නැත්නම්, කුසල් දහම් උපදවා ගැනීමට ප්‍රඥාවක් නැත්නම් ඔහුට යම් රාත්‍රියක් එළඹෙයි ද, යම් දහවලක් එළඹෙයි ද, කුසල ධර්මයන් ගේ පිරිහීමක් මිසක් අභිවෘද්ධියක් නම් කැමතිවෙන්න බෑ.

ස්වාමීනි, ඒක මේ වගේ දෙයක්. කළුවර පසට යන සඳක් තියෙනවා. ඉතින් යම් රැයක් හෝ යම් දහවලක් හෝ එළඹෙනවා නම් ඒ හඳ පැහැයෙනුත් පිරිහිලා යනවා. රවුමෙනුත් පිරිහිලා යනවා. දීප්තියෙනුත් පිරිහිලා යනවා. ප්‍රමාණයෙනුත් පිරිහිලා යනවා. ස්වාමීනි, අන්න ඒ වගේ ම යි යමෙකුට කුසල් දහම් ගැන ශ්‍රද්ධාවක් නැත්නම්, කුසල් දහම් නොතිබීම ගැන ලැජ්ජාවක් නැත්නම්, කුසල් දහම් නොතිබීම ගැන භයක් නැත්නම්, කුසල් දහම් ඇති කර ගැනීමට වීර්යයක් නැත්නම්, කුසල් දහම් උපදවා ගැනීමට ප්‍රඥාවක් නැත්නම් ඔහුට යම් රාත්‍රියක් එළඹෙයි ද, යම් දහවලක් එළඹෙයි ද, කුසල ධර්මයන් ගේ පිරිහීමක් මිස අභිවෘද්ධියක් නම් කැමති වෙන්න බෑ.

ස්වාමීනි, ශ්‍රද්ධා රහිත පුද්ගලයා යන මෙය පිරිහීමක් ම යි. ස්වාමීනි, ලැජ්ජා රහිත පුද්ගලයා යන මෙය පිරිහීමක් ම යි. ස්වාමීනි, භය රහිත පුද්ගලයා

යන මෙය පිරිහීමක් ම යි. ස්වාමීනි, කුසීත පුද්ගලයා යන මෙය පිරිහීමක් ම යි. ස්වාමීනි, ප්‍රඥා රහිත පුද්ගලයා යන මෙය පිරිහීමක් ම යි. ස්වාමීනි, ක්‍රෝධ කරන පුද්ගලයා යන මෙය පිරිහීමක් ම යි. ස්වාමීනි, බද්ධවෛරී පුද්ගලයා යන මෙය පිරිහීමක් ම යි. ස්වාමීනි, ධර්මයෙන් අවවාද කරන භික්ෂූන් නැති වීමත් පිරිහීමක් ම යි.

ස්වාමීනි, යමෙකුට කුසල් දහම් ගැන ශ්‍රද්ධාවක් ඇත්නම්, කුසල් දහම් නොතිබීම ගැන ලැජ්ජාවක් ඇත්නම්, කුසල් දහම් නොතිබීම ගැන භයක් ඇත්නම්, කුසල් දහම් ඇති කර ගැනීමට වීර්යයක් ඇත්නම්, කුසල් දහම් උපදවා ගැනීමට ප්‍රඥාවක් ඇත්නම් ඔහුට යම් රාත්‍රියක් එළඹෙයි ද, යම් දහවලක් එළඹෙයි ද, කුසල ධර්මයන්ගේ අභිවෘද්ධියක් මිසක් පිරිහීමක් නම් කැමති වෙන්න බෑ.

ස්වාමීනි, ඒක මේ වගේ දෙයක්. පුර පසට යන සඳක් තියෙනවා. ඉතින් යම් රැයක් හෝ යම් දහවලක් හෝ එළඹෙනවා නම් ඒ හඳ පැහැයෙනුත් දියුණු වෙලා යනවා. රවුමෙනුත් දියුණු වෙලා යනවා. දීප්තියෙනුත් දියුණු වෙලා යනවා. ප්‍රමාණයෙනුත් දියුණු වෙලා යනවා. ස්වාමීනි, අන්න ඒ වගේ ම යි යමෙකුට කුසල් දහම් ගැන ශ්‍රද්ධාවක් ඇත්නම්, කුසල් දහම් නොතිබීම ගැන ලැජ්ජාවක් ඇත්නම්, කුසල් දහම් නොතිබීම ගැන භයක් ඇත්නම්, කුසල් දහම් ඇති කර ගැනීමට වීර්යයක් ඇත්නම්, කුසල් දහම් උපදවා ගැනීමට ප්‍රඥාවක් ඇත්නම් ඔහුට යම් රාත්‍රියක් එළඹෙයි ද, යම් දහවලක් එළඹෙයි ද, කුසල ධර්මයන් ගේ අභිවෘද්ධියක් මිසක් පිරිහීමක් නම් කැමති වෙන්න බෑ.

ස්වාමීනි, ශ්‍රද්ධාවන්ත පුද්ගලයා යන මෙය නො පිරිහීමක් ම යි. ස්වාමීනි, ලැජ්ජා සහිත පුද්ගලයා යන මෙය නොපිරිහීමක් ම යි. ස්වාමීනි, භය සහිත පුද්ගලයා යන මෙය නොපිරිහීමක් ම යි. ස්වාමීනි, පටන් ගත් වීර්යය ඇති පුද්ගලයා යන මෙය නොපිරිහීමක් ම යි. ස්වාමීනි, ප්‍රඥාවන්ත පුද්ගලයා යන මෙය නොපිරිහීමක් ම යි. ස්වාමීනි, ක්‍රෝධ නොකරන පුද්ගලයා යන මෙය නොපිරිහීමක් ම යි. ස්වාමීනි, බද්ධවෛරයෙන් තොර පුද්ගලයා යන මෙය නොපිරිහීමක් ම යි. ස්වාමීනි, ධර්මයෙන් අවවාද කරන භික්ෂූන් සිටීම නොපිරිහීමක් ම යි."

"සාදු! සාදු! පින්වත් කස්සප. පින්වත් කස්සප, යමෙකුට කුසල් දහම් ගැන ශ්‍රද්ධාවක් නැත්නම්, කුසල් දහම් නොතිබීම ගැන ලැජ්ජාවක් නැත්නම්, කුසල් දහම් නොතිබීම ගැන භයක් නැත්නම්, කුසල් දහම් ඇති කර ගැනීමට වීර්යයක් නැත්නම්, කුසල් දහම් උපදවා ගැනීමට ප්‍රඥාවක් නැත්නම් ඔහුට යම්

රාත්‍රියක් එළඹෙයි ද, යම් දහවලක් එළඹෙයි ද, කුසල ධර්මයන්ගේ පිරිහීමක් මිසක් අභිවෘද්ධියක් නම් කැමති වෙන්න බෑ.

පින්වත් කස්සප, ඒක මේ වගේ දෙයක්. කළුවර පසට යන සඳක් තියෙනවා. ඉතින් යම් රැයක් හෝ යම් දහවලක් හෝ එළඹෙනවා නම් ඒ හඳ පැහැයෙනුත් පිරිහිලා යනවා. රවුමෙනුත් පිරිහිලා යනවා. දීප්තියෙනුත් පිරිහිලා යනවා. ප්‍රමාණයෙනුත් පිරිහිලා යනවා. පින්වත් කස්සප, අන්න ඒ වගේ ම යි. යමෙකුට කුසල් දහම් ගැන ශ්‍රද්ධාවක් නැත්නම්, කුසල් දහම් නොතිබීම ගැන ලැජ්ජාවක් නැත්නම්, කුසල් දහම් නොතිබීම ගැන භයක් නැත්නම්, කුසල් දහම් ඇති කර ගැනීමට වීරියයක් නැත්නම්, කුසල් දහම් උපදවා ගැනීමට ප්‍රඥාවක් නැත්නම් ඔහුට යම් රාත්‍රියක් එළඹෙයි ද, යම් දහවලක් එළඹෙයි ද, කුසල ධර්මයන්ගේ පිරිහීමක් මිසක් අභිවෘද්ධියක් නම් කැමති වෙන්න බෑ.

පින්වත් කස්සප, ශ්‍රද්ධා රහිත පුද්ගලයා යන මෙය පිරිහීමක් ම යි. පින්වත් කස්සප, ලැජ්ජා රහිත පුද්ගලයා යන මෙය පිරිහීමක් ම යි. පින්වත් කස්සප, භය රහිත පුද්ගලයා යන මෙය පිරිහීමක් ම යි. පින්වත් කස්සප, කුසීත පුද්ගලයා යන මෙය පිරිහීමක් ම යි. පින්වත් කස්සප, ප්‍රඥා රහිත පුද්ගලයා යන මෙය පිරිහීමක් ම යි. පින්වත් කස්සප, ක්‍රෝධ කරන පුද්ගලයා යන මෙය පිරිහීමක් ම යි. පින්වත් කස්සප, බද්ධවෛරී පුද්ගලයා යන මෙය පිරිහීමක් ම යි. පින්වත් කස්සප, ධර්මයෙන් අවවාද කරන භික්ෂූන් නැති වීමත් පිරිහීමක් ම යි.

පින්වත් කස්සප, යමෙකුට කුසල් දහම් ගැන ශ්‍රද්ධාවක් ඇත්නම්, කුසල් දහම් නොතිබීම ගැන ලැජ්ජාවක් ඇත්නම්, කුසල් දහම් නොතිබීම ගැන භයක් ඇත්නම්, කුසල් දහම් ඇති කර ගැනීමට වීරියයක් ඇත්නම්, කුසල් දහම් උපදවා ගැනීමට ප්‍රඥාවක් ඇත්නම් ඔහුට යම් රාත්‍රියක් එළඹෙයි ද, යම් දහවලක් එළඹෙයි ද, කුසල ධර්මයන්ගේ අභිවෘද්ධියක් මිසක් පිරිහීමක් නම් කැමති වෙන්න බෑ.

පින්වත් කස්සප, ඒක මේ වගේ දෙයක්. පුර පසට යන සඳක් තියෙනවා. ඉතින් යම් රැයක් හෝ යම් දහවලක් හෝ එළඹෙනවා නම් ඒ හඳ පැහැයෙනුත් දියුණු වෙලා යනවා. රවුමෙනුත් දියුණු වෙලා යනවා. දීප්තියෙනුත් දියුණු වෙලා යනවා. ප්‍රමාණයෙනුත් දියුණු වෙලා යනවා. පින්වත් කස්සප, අන්න ඒ වගේ ම යි. යමෙකුට කුසල් දහම් ගැන ශ්‍රද්ධාවක් ඇත්නම්, කුසල් දහම් නොතිබීම ගැන ලැජ්ජාවක් ඇත්නම්, කුසල් දහම් නොතිබීම ගැන භයක් ඇත්නම්, කුසල් දහම් ඇති කර ගැනීමට වීරියයක් ඇත්නම්, කුසල් දහම් උපදවා ගැනීමට

ප්‍රඥාවක් ඇත්නම් ඔහුට යම් රාත්‍රියක් එළඹෙයි ද, යම් දහවලක් එළඹෙයි ද, කුසල ධර්මයන්ගේ අභිවෘද්ධියක් මිසක් පිරිහීමක් නම් කැමති වෙන්න බෑ.

පින්වත් කස්සප ශ්‍රද්ධාවන්ත පුද්ගලයා යන මෙය නොපිරිහීමක් ම යි. පින්වත් කස්සප, ලැජ්ජා සහිත පුද්ගලයා යන මෙය නොපිරිහීමක් ම යි. පින්වත් කස්සප, භය සහිත පුද්ගලයා යන මෙය නොපිරිහීමක් ම යි. පින්වත් කස්සප, පටන් ගත් වීරිය ඇති පුද්ගලයා යන මෙය නොපිරිහීමක් ම යි. පින්වත් කස්සප, ප්‍රඥාවන්ත පුද්ගලයා යන මෙය නොපිරිහීමක් ම යි. පින්වත් කස්සප, ක්‍රෝධ නොකරන පුද්ගලයා යන මෙය නොපිරිහීමක් ම යි. පින්වත් කස්සප, බද්ධවෛරයෙන් තොර පුද්ගලයා යන මෙය නොපිරිහීමක් ම යි. පින්වත් කස්සප, ධර්මයෙන් අවවාද කරන භික්ෂූන් සිටීම නොපිරිහීමක් ම යි.

සාදු! සාදු!! සාදු!!!

තතිය ඕවාද සූත්‍රය නිමා විය.

4.1.8.
තතිය ඕවාද සූත්‍රය
අවවාද ගැන වදාළ තෙවෙනි දෙසුම

291. සැවැත් නුවරදී ....

එදා ආයුෂ්මත් මහා කස්සප තෙරුන් භාග්‍යවතුන් වහන්සේ වෙත වැඩියා ....(පෙ).... එකත්පස්ව සිටි ආයුෂ්මත් මහා කස්සප තෙරුන්ට භාග්‍යවතුන් වහන්සේ මේ කරුණ වදාළා. "පින්වත් කස්සප, භික්ෂූන්ට අවවාද කරන්න. පින්වත් කස්සප, භික්ෂූන්ට ධර්ම කථාව කරන්න. පින්වත් කස්සප, එක්කෝ මම භික්ෂූන්ට අවවාද කරන්නම්. එහෙම නැත්නම් ඔබ භික්ෂූන්ට අවවාද කරන්න. පින්වත් කස්සප, මම භික්ෂූන්ට ධර්ම කථාව කරන්නම්. එක්කො ඔබ භික්ෂූන්ට ධර්ම කථා කරන්න."

"ස්වාමීනි, භාග්‍යවතුන් වහන්ස, දැන් කාලෙ භික්ෂූන් අකීකරුයි. අකීකරු බව ඇති කරන දෙයින් ම යි යුක්ත වෙලා ඉන්නේ. අවවාද රුස්සන්නේ නෑ. අනුශාසනාව ගන්නේ නුහුරටම යි."

"පින්වත් කස්සප, ඒ කතාව ඇත්ත. ඉස්සර නම් වැඩිමහළු භික්ෂූන් වනාන්තරයේ ම යි හිටියේ. අරණ්‍ය වාසය ගැන වර්ණනා කළා. පිණ්ඩපාතයෙන්

ම යි ජීවත් වුණේ. පිණ්ඩපාතෙන් යැපීම ගැන වර්ණනා කළා. පාංශුකූල සිවුරු දැරුවේ. පාංශුකූල සිවුරු දැරීම ගැන වර්ණනා කළා. තුන් සිවුරු දැරුවේ. තුන් සිවුරු දැරීම ගැන වර්ණනා කළා. අල්පේච්ඡ වුණා. අල්පේච්ඡ බව ගැන වර්ණනා කළා. ලද දෙයින් සතුටු වුණා. ලද දෙයින් සතුටු වීම ගැන වර්ණනා කළා. හුදෙකලා විවේකයෙන් සිටියා. හුදෙකලා විවේකයෙන් සිටීම ගැන වර්ණනා කළා. ගිහියන් හා නොඇලී වාසය කළා. ගිහියන් හා නොඇලී වාසය කිරීම ගැන වර්ණනා කළා. පටන් ගත් වීර්යයෙන් යුක්ත වුණා. පටන් ගත් වීර්යයෙන් යුක්ත වීම ගැන වර්ණනා කළා.7

ඒ වගේම යම් කිසි භික්ෂුවක් වනාන්තරයේ ම සිටිමින්, අරණ්‍ය වාසය ගැන වර්ණනා කරනවා නම්, පිණ්ඩපාතයෙන් ම ජීවත් වෙමින්, පිණ්ඩපාතෙන් යැපීම ගැන වර්ණනා කරනවා නම්, පාංශුකූල සිවුරු දරමින්, පාංශුකූල සිවුරු දැරීම ගැන වර්ණනා කරනවා නම්, තුන් සිවුරු දරමින්, තුන් සිවුරු දැරීම ගැන වර්ණනා කරනවා නම්, අල්පේච්ඡ වෙමින්, අල්පේච්ඡ බව ගැන වර්ණනා කරනවා නම්, ලද දෙයින් සතුටු වෙමින්, ලද දෙයින් සතුටු වීම ගැන වර්ණනා කරනවා නම්, හුදෙකලා විවේකයෙන් කල් ගෙවමින්, හුදෙකලා විවේකයෙන් සිටීම ගැන වර්ණනා කරනවා නම්, ගිහියන් හා නොඇලී වාසය කරමින්, ගිහියන් හා නොඇලී වාසය කිරීම ගැන වර්ණනා කරනවා නම්, පටන් ගත් වීර්යයෙන් යුක්ත වෙමින්, පටන් ගත් වීර්යයෙන් යුක්ත වීම ගැන වර්ණනා කරනවා නම්, එතකොට වැඩිමහළු භික්ෂූන් ඒ භික්ෂුවට ආසන පවා පිළිගන්වනවා. 'පින්වත් භික්ෂුව, මෙහෙ එන්න. මේ පින්වත් භික්ෂුවගේ නම මොකක්ද? මේ පින්වත් භික්ෂුව හැබෑවට ම සුන්දරයි. මේ පින්වත් භික්ෂුව හැබෑවට ම ශික්ෂාකාමීයි. එන්න පින්වත් භික්ෂුව මෙන්න තියෙනවා ආසනයක්. වැඩ ඉන්න' කියල කියනවා.

එතකොට පින්වත් කස්සප, අළුත පැවිදි වූ භික්ෂූන්ට මෙහෙම හිතෙනවා. යම්කිසි භික්ෂුවක් වනාන්තරයේ ම සිටිමින්, අරණ්‍ය වාසය ගැන වර්ණනා කරනවා නම්, පිණ්ඩපාතයෙන් ම ජීවත් වෙමින්. ....(පෙ).... පාංශුකූල සිවුරු දරමින්. ....(පෙ).... තුන් සිවුරු දරමින්. ....(පෙ).... අල්පේච්ඡ වෙමින්. ....(පෙ).... ලද දෙයින් සතුටු වෙමින්. ....(පෙ).... හුදෙකලා විවේකයෙන් කල් ගෙවමින්. ....(පෙ).... ගිහියන් හා නොඇලී වාසය කරමින්. ....(පෙ).... පටන් ගත් වීර්යයෙන් යුක්ත වෙමින්. ....(පෙ).... එතකොට වැඩිමහළු භික්ෂූන් ඒ භික්ෂුවට ආසන පවා පිළිගන්වනවා. 'පින්වත් භික්ෂුව, මෙහෙ එන්න. මේ පින්වත් භික්ෂුවගේ නම මොකක්ද? මේ පින්වත් භික්ෂුව හැබෑවට ම සුන්දරයි. මේ පින්වත් භික්ෂුව හැබෑවට ම ශික්ෂාකාමීයි. එන්න පින්වත් භික්ෂුව මෙන්න තියෙනවා ආසනයක්. වැඩ ඉන්න' කියල කියනවා. ඒ නිසා ඒ නවක භික්ෂූන් ද ඒ විදිහේ ජීවිතයක්

ඇති කරගන්න මහන්සි වෙනවා. අන්න ඒ කාරණය ඔවුන්ට බොහෝ කලක් හිත සුව පිණිස හේතු වෙනවා.

පින්වත් කස්සප, දැන් කාලෙ නම් වැඩිමහළු භික්ෂූන් වනාන්තරයේ ම වාසය කරන්නේ නෑ. අරණ්‍ය වාසය ගැන වර්ණනා කරන්නේ නෑ. පිණ්ඩපාතයෙන් ම ජීවත් වෙන්නේ නෑ. පිණ්ඩපාතයෙන් යැපීම ගැන වර්ණනා කරන්නේ නෑ. පාංශුකූල සිවුරු දරන්නේ නෑ. පාංශුකූල සිවුරු දැරීම ගැන වර්ණනා කරන්නේ නෑ. තුන් සිවුරු දරන්නේ නෑ. තුන් සිවුරු දැරීම ගැන වර්ණනා කරන්නේ නෑ. අල්පේච්ඡ නෑ. අල්පේච්ඡ බව ගැන වර්ණනා කරන්නේ නෑ. ලද දෙයින් සතුටු වෙන්නේ නෑ. ලද දෙයින් සතුටු වීම ගැන වර්ණනා කරන්නේ නෑ. හුදෙකලා විවේකයේ ඉන්නෙ නෑ. හුදෙකලා විවේකයෙන් සිටීම ගැන වර්ණනා කරන්නේ නෑ. ගිහියන් හා ඇලී වාසය කරනවා. ගිහියන් හා නොඇලී වාසය කිරීම ගැන වර්ණනා කරන්නේ නෑ. පටන් ගත් වීර්යයෙන් යුක්ත නෑ. පටන් ගත් වීර්යයෙන් යුක්ත වීම ගැන වර්ණනා කරන්නේ නෑ.

එතකොට යම්කිසි භික්ෂුවක් ප්‍රසිද්ධ නම්, කීර්තිමත් නම්, සිවුරු, පිණ්ඩපාත, සේනාසන, ගිලන්පස, බෙහෙත් පිරිකර හොඳට ලැබෙනවා නම්, වැඩිමහළු තෙරුන් වහන්සේලා අන්න ඒ භික්ෂුවටයි ආසන පිළිගන්වන්නේ. 'පින්වත් භික්ෂුව, මෙහෙ එන්න, මේ පින්වත් භික්ෂුවගේ නම මොකක්ද? මේ පින්වත් භික්ෂුව හැබෑවට ම සුන්දරයි. මේ පින්වත් භික්ෂුව හැබෑවට ම ශික්ෂාකාමීයි. එන්න පින්වත් භික්ෂුව, මෙන්න තියෙනවා ආසනයක් වැඩ ඉන්න' කියල කියනවා.

එතකොට පින්වත් කස්සප, අළුත පැවිදි වුණ භික්ෂූන්ට මෙහෙම හිතෙනවා. යම්කිසි භික්ෂුවක් ප්‍රසිද්ධ නම්, කීර්තිමත් නම්, සිවුරු, පිණ්ඩපාත, සේනාසන, ගිලන්පස, බෙහෙත් පිරිකර හොඳට ලැබෙනවා නම්, මේ වැඩිමහළු තෙරුන් වහන්සේලා අන්න ඒ භික්ෂුවටයි ආසන පිළිගන්වන්නේ. 'පින්වත් භික්ෂුව, මෙහෙ එන්න, මේ පින්වත් භික්ෂුවගේ නම මොකක්ද? මේ පින්වත් භික්ෂුව හැබෑවට ම සුන්දරයි. මේ පින්වත් භික්ෂුව හැබෑවට ම ශික්ෂාකාමීයි. එන්න පින්වත් භික්ෂුව, මෙන්න තියෙනවා ආසනයක් වැඩ ඉන්න' කියල කියනවා. ඒ නිසා ඒ නවක භික්ෂූන් ද ඒ විදිහේ සැළකිලි ලැබෙන විදිහට පිළිපදිනවා. මෙන්න මේ කාරණය ඔවුන්ට බොහෝ කලක් අහිත පිණිස දුක් පිණිස පවතිනවා.

පින්වත් කස්සප, ඔය කරුණු ගැන කෙනෙක් හරියට ම කියනවා නම්, 'බ්‍රහ්මචාරීන් වහන්සේලා කරදරේ වැටුණා. බ්‍රහ්මචාරී ජීවිතයට උවදුරු ඇති

වුණා. ලාභ සත්කාර කීර්ති ප්‍රශංසා විසින් බ්‍රහ්මචාරීන් වහන්සේලාව යට කර දැම්මා. බ්‍රහ්මචාරී ජීවිතය එයින් ම යටපත් වුණා' කියල කියනවා. පින්වත් කස්සප 'බ්‍රහ්මචාරීන් වහන්සේලා කරදරේ වැටුණා. බ්‍රහ්මචාරී ජීවිතයට උවදුරු ඇති වුණා. ලාභ සත්කාර කීර්ති ප්‍රශංසා විසින් බ්‍රහ්චාරීන් වහන්සේලාව යට කර දැම්මා. බ්‍රහ්මචාරී ජීවිතය එයින් ම යටපත් වුණා' කියල කියනවා නම්, ඒ කියන්නේ ඔන්න ඕකටයි.

සාදු! සාදු!! සාදු!!!

තතිය ඕවාද සූත්‍රය නිමා විය.

4.1.9.
ඣානාභිඤ්ඤා සූත්‍රය
ධ්‍යාන අභිඤ්ඤා ගැන වදාළ දෙසුම

292. සැවැත් නුවරදී ....

පින්වත් මහණෙනි, මට කැමති තාක් කල් කාමයන් ගෙන් වෙන්ව, අකුසල් දහමින් වෙන්ව විතර්ක විචාර ඇතිව, විවේකයෙන් හට ගත් ප්‍රීති සැපය ඇතිව පළවෙනි ධ්‍යානය උපදවාගෙන ඉන්න පුළුවන්. ඒ වගේ ම පින්වත් මහණෙනි, පින්වත් කස්සපටත් කැමති තාක් කල් කාමයන් ගෙන් වෙන්ව, අකුසල් දහමින් වෙන්ව විතර්ක විචාර ඇතිව, විවේකයෙන් හට ගත් ප්‍රීති සැපය ඇතිව පළවෙනි ධ්‍යානය උපදවාගෙන ඉන්න පුළුවන්.

පින්වත් මහණෙනි, මට කැමති තාක් කල් විතර්ක විචාර සංසිඳිල තියෙන, හිත ඇතුළේ ප්‍රසාදය පවතින, හිතේ හොඳ එකග බවක් පවතින, විතර්ක විචාර රහිත සමාධියෙන් හට ගත් ප්‍රීතිය සැපය තියෙන දෙවන ධ්‍යානය උපදවා ගෙන ඉන්න පුළුවන්. ඒ වගේ ම පින්වත් මහණෙනි, පින්වත් කස්සපටත් කැමති තාක් කල් විතර්ක විචාර සංසිඳිල තියෙන, හිත ඇතුළේ ප්‍රසාදය පවතින, හිතේ හොඳ එකග බවක් පවතින, විතර්ක විචාර රහිත සමාධියෙන් හට ගත් ප්‍රීතිය සැපය තියෙන දෙවන ධ්‍යානය උපදවා ගෙන ඉන්න පුළුවන්.

පින්වත් මහණෙනි, මට කැමති තාක් කල් ප්‍රීතියට නොඇලී උපේක්ෂාවෙන් ම ඉඳගෙන හොඳ සිහි නුවණින් යුක්තව කයෙනුත් සැපයක් විඳිමින් ඉන්න තියෙන, ආර්යන් වහන්සේලා සිහියෙන් යුක්තව සැප සේ වාසය කරන උපේක්ෂා සහගත බව කියල යම් ධ්‍යානයක් හඳුන්වනවා නම්, අන්න ඒ

තුන් වන ධ්‍යානයත් උපදවා ගෙන ඉන්න පුළුවන්. පින්වත් මහණෙනි, පින්වත් කස්සපටත් කැමති තාක් කල් ප්‍රීතියට නොඇලී උපේක්ෂාවෙන් ම ඉඳගෙන ....(පෙ).... අන්න ඒ තුන්වන ධ්‍යානයත් උපදවාගෙන ඉන්න පුළුවන්.

පින්වත් මහණෙනි, මට කැමති තාක් කල් සැපයත් නැති කරලා, දුකත් නැති කරලා කලින් ම සොම්නස් දොම්නස් දෙක නැති කරලා දුක් සැප රහිත වූ පාරිශුද්ධ සිහියෙන් යුතු උපේක්ෂාව ඇති හතරවන ධ්‍යානය උපදවා ගෙන ඉන්න පුළුවන්. ඒ වගේ ම පින්වත් මහණෙනි, පින්වත් කස්සපටත් කැමති තාක් කල් සැපයත් නැති කරලා ....(පෙ).... හතර වන ධ්‍යානය උපදවා ගෙන ඉන්න පුළුවන්.

පින්වත් මහණෙනි, මට කැමති තාක් කල් සියලු අයුරින් රූප සඤ්ඤා ඉක්මවා ගිහින් පටිඝ සඤ්ඤා නැති කරලා නොයෙක් සඤ්ඤා මෙනෙහි නොකිරීමෙන් අනන්ත වූ ආකාශය සිහි කිරීමෙන් ආකාසානඤ්චායතනය උපදවා ගෙන ඉන්න පුළුවන්. ඒ වගේ ම පින්වත් මහණෙනි, පින්වත් කස්සපටත් කැමති තාක් කල් සියලු අයුරින් රූප සඤ්ඤා ඉක්මවා ගිහින් ....(පෙ).... ආකාසානඤ්චායතනය උපදවා ගෙන ඉන්න පුළුවන්.

පින්වත් මහණෙනි, මට කැමති තාක් කල් සියළු අයුරින් ආකාසානඤ්චායතනය ඉක්මවා ගිහින් අනන්ත වූ විඤ්ඤාණය සිහි කිරීමෙන් විඤ්ඤාණඤ්චායතනය උපදවා ගෙන ඉන්න පුළුවන්. ඒ වගේ ම පින්වත් මහණෙනි, පින්වත් කස්සපටත් කැමති තාක් කල් සියලු අයුරින් ආකාසානඤ්චායතනය ඉක්මවා ගිහින් ....(පෙ).... විඤ්ඤාණඤ්චායතනය උපදවා ගෙන ඉන්න පුළුවන්.

පින්වත් මහණෙනි, මට කැමති තාක් කල් සියලු අයුරින් විඤ්ඤාණඤ්චායතනය ඉක්මවා ගිහින් කිසිවක් නැති බව සිහි කිරීමෙන් ආකිඤ්චඤ්ඤායතනය උපදවා ගෙන ඉන්න පුළුවන්. ඒ වගේ ම පින්වත් මහණෙනි, පින්වත් කස්සපටත් කැමති තාක් කල් සියලු අයුරින් විඤ්ඤාණඤ්චායතනය ඉක්මවා ගිහින් ....(පෙ).... ආකිඤ්චඤ්ඤායතනය උපදවා ගෙන ඉන්න පුළුවන්.

පින්වත් මහණෙනි, මට කැමති තාක් කල් සියලු අයුරින් ආකිඤ්චඤ්ඤායතනය ඉක්මවා ගිහින් නේවසඤ්ඤානාසඤ්ඤායතනය උපදවා ගෙන ඉන්න පුළුවන්. ඒ වගේ ම පින්වත් මහණෙනි, පින්වත් කස්සපටත් කැමති තාක් කල් සියලු අයුරින් ආකිඤ්චඤ්ඤායතනය ඉක්මවා ගිහින් ....(පෙ).... නේවසඤ්ඤානාසඤ්ඤායතනය උපදවා ගෙන ඉන්න පුළුවන්.

පින්වත් මහණෙනි, මට කැමති තාක් කල් සියලු ආකාරයෙන් නේවසඤ්ඤානාසඤ්ඤායතනය ඉක්මවා ගිහින් සඤ්ඤා විඳීම් නිරුද්ධ වූ නිරෝධ සමාපත්තිය උපදවා ගෙන ඉන්න පුළුවන්. ඒ වගේ ම පින්වත් මහණෙනි, පින්වත් කස්සපටත් කැමති තාක් කල් සියලු අයුරින් ....(පෙ).... සඤ්ඤා විඳීම් නිරුද්ධ වූ නිරෝධ සමාපත්තිය උපදවා ගෙන ඉන්න පුළුවන්.

පින්වත් මහණෙනි, මට කැමති තාක් කල් නොයෙක් ආකාරයෙන් ඉර්ධි බල පවත්වන්න පුළුවන්. එතකොට මං තනි ව ඉඳගෙන බොහෝ දෙනෙක් වගේ පෙනී ඉන්නවා. බොහෝ දෙනෙක්ව ඉඳගෙන තනිව පෙනී ඉන්නවා. පෙනීත් ඉන්නවා. නොපෙනීත් ඉන්නවා. බිත්ති හරහට ප්‍රාකාර හරහට ඒවායේ නොවැදී ආකාසෙ වගේ යන්නත් පුළුවන්. දියේ කිමිදෙනවා වගේ පොළොවේ කිමිදෙන්නත් පුළුවනි. පොළොවේ ඇවිදගෙන යනවා වගේ දිය මත ඇවිදගෙන යන්නත් පුළුවනි. කුරුල්ලෙක් අහසේ ඉගිලී යනවා වගේ පළඟක් බැඳගෙන අහසේ සක්මන් කරන්නත් පුළුවනි. මේ සා මහා ඉර්ධි ඇති, මේ සා මහා ආනුභාව ඇති හිරු සඳු පවා (ඉර්ධි බලයෙන්) අතින් පිරිමදින්නත් පුළුවන්. බඹ ලෝ තලය දක්වා කයෙන් වසඟ කරන්නත් පුළුවනි. ඒ වගේ ම පින්වත් මහණෙනි, පින්වත් කස්සපටත් නොයෙක් ආකාරයෙන් ඉර්ධි බල පවත්වන්න පුළුවනි. ....(පෙ).... බඹ ලෝ තලය දක්වා කයෙන් වසඟ කරන්නත් පුළුවනි.

පින්වත් මහණෙනි, මට කැමති තාක් කල් මේ මිනිස් ශ්‍රවණ පථය ඉක්මවා ගිය පිරිසිදු දිව්‍ය ශ්‍රවණය තුළින් දිව්‍ය වූ ද, මානුෂික වූ ද, දුර වූ ද, ළඟ වූ ද දෙවැදෑරුම් ශබ්දයන් අසන්න පුළුවනි. ඒ වගේ ම පින්වත් මහණෙනි, පින්වත් කස්සපටත් කැමති තාක් කල් ....(පෙ).... ශබ්දයන් අසන්න පුළුවනි.

පින්වත් මහණෙනි, මට කැමති තාක් කල් බාහිර සත්වයන් ගේ බාහිර පුද්ගලයන් ගේ සිත මගේ සිතින් විනිවිද දකින්න පුළුවනි. සරාගී සිත සරාගී සිතක් බව දැනගන්න පුළුවනි. වීතරාගී සිත වීතරාගී සිතක් බව දැනගන්න පුළුවනි. සදෝසී සිත සදෝසී සිතක් බව දැනගන්න පුළුවනි. ද්වේෂ රහිත සිත ද්වේෂ රහිත සිතක් බව දැනගන්න පුළුවනි. මෝහ සහිත සිත ....(පෙ).... මෝහ රහිත සිත ....(පෙ).... හැකිළුන සිත ....(පෙ).... විසිරී ගිය සිත ....(පෙ).... සමාධිමත් සිත ....(පෙ).... සමාධිමත් නොවූ සිත ....(පෙ).... ශ්‍රේෂ්ඨ සිත ....(පෙ).... ශ්‍රේෂ්ඨ නොවූ සිත ....(පෙ).... සමාහිත සිත ....(පෙ).... අසමාහිත සිත ....(පෙ).... කෙලෙසුන් ගෙන් මිදුණු සිත ....(පෙ).... කෙලෙසුන් ගෙන් නොමිදුණු සිත කෙලෙසුන් ගෙන් නොමිදුණු සිතක් බව දැනගන්න පුළුවනි. පින්වත් මහණෙනි, පින්වත් කස්සපටත් කැමති තාක් කල් බාහිර සත්වයන් ගේ බාහිර පුද්ගලයන් ගේ සිත තමන්ගේ සිතින් විනිවිද දකින්න පුළුවනි ....(පෙ)....

කෙලෙසුන් ගෙන් නොමිදුණු සිත කෙලෙසුන් ගෙන් නොමිදුණු සිතක් බව දැනගන්න පුළුවනි.

පින්වත් මහණෙනි, මට කැමති තාක් කල් නොයෙක් ආකාරයෙන් පෙර ගත කළ ජීවිත ගැන ආපස්සට සිහි කොට බලන්න පුළුවනි. එක උපතක් ද, උපත් දෙකක් ද, උපත් තුනක් ද, උපත් හතරක් ද, උපත් පහක් ද, උපත් දහයක් ද, උපත් විස්සක් ද, උපත් තිහක් ද, උපත් හතළිහක් ද, උපත් පණහක් ද, උපත් සියයක් ද, උපත් දාහක් ද, උපත් ලක්ෂයක් ද, නොයෙක් වැනැසෙන කල්පයන් ද, නොයෙක් වැඩෙන කල්පයන් ද, නොයෙක් වැනැසෙන වැඩෙන කල්පයන් ද, සිහි කරන්න පුළුවනි. ඒ කාලෙ මට තිබුණෙ අසවල් නම. අසවල් පරම්පරා නාමය. මට තිබුණෙ මෙවැනි පෙනුමක්. මං කෑවෙ බිව්වෙ මෙවැනි දේවල්. මං වින්දේ මෙවැනි සැප දුක් මං ජීවිතය අවසන් කළේ මෙවැනි අයුරින්. එයින් චුත වෙලා මං උපන්නේ මෙතැනයි. එතැන දී මට තිබුණෙ අසවල් නම. අසවල් පරම්පරා නාමය. මට තිබුණෙ මෙවැනි පෙනුමක්. මං කෑවෙ බිව්වේ මෙවැනි දේවල්. මං වින්දේ මෙවැනි සැප දුක්. මං ජීවිතය අවසන් කළේ මෙවැනි අයුරින්. ඔය ආකාරයෙන් කරුණු සහිතව පෙර ගත කළ ජීවිත ගැන නොයෙක් විදිහට සිහි කරන්න පුළුවනි. පින්වත් මහණෙනි, පින්වත් කස්සපටත් කැමති තාක් කල් නොයෙක් ආකාරයෙන් පෙර ගත කළ ජීවිත ගැන ආපස්සට සිහි කොට බලන්න පුළුවනි. එක උපතක් ද ....(පෙ).... නොයෙක් විදිහට සිහි කරන්න පුළුවනි.

පින්වත් මහණෙනි, මට කැමති තාක් කල් මිනිස් දර්ශන පථය ඉක්මවා ගිය පිරිසිදු දිවැස් නුවණින් සත්වයන් දකින්න පුළුවනි. චුත වෙන උපදින, ලාමක, උසස්, ලස්සන, කැත, සුගති, දුගතිවල කර්මානුරූපව උපදින සත්වයන් දකින්න පුළුවනි. 'අහෝ! මේ භවත් සත්වයන් කයින් වැරදි කරල, වචනයෙන් වැරදි කරල, මනසින් වැරදි කරල, ආර්යන් වහන්සේලාට ගර්හා කරල මිත්‍යා දෘෂ්ටික වෙලා, මිත්‍යා දෘෂ්ටියෙන් යුක්තව කටයුතු කරලා කය බිඳීමෙන් මරණයට පත් වුණාට පස්සේ අපාය නම් වූ දුගතිය නම් වූ නිරයේ උපදිනවා. මේ පින්වත් සත්වයන් කයින් යහපත කරල, වචනයෙන් යහපත කරල, මනසින් යහපත කරල, ආර්යන් වහන්සේලාට ගර්හා නොකරල සම්‍යක් දෘෂ්ටික වෙලා, සම්‍යක් දෘෂ්ටියෙන් යුක්තව කටයුතු කරලා කය බිඳීමෙන් මරණයට පත් වුණාට පස්සේ සැපවත් වූ සුගතිය වූ ස්වර්ගයේ උපදිනවා. ඔය විදිහට මිනිස් දර්ශන පථය ඉක්මවා ගිය පිරිසිදු දිවැස් නුවණින් සත්වයන් දකින්න පුළුවනි. චුත වෙන උපදින, ලාමක, උසස්, ලස්සන, කැත, සුගති, දුගතිවල කර්මානුරූපව උපදින සත්වයන් දකින්න පුළුවනි. පින්වත් මහණෙනි, පින්වත් කස්සපටත්

කැමති තාක් කල් මිනිස් දර්ශන පථය ඉක්මවා ගිය පිරිසිදු දිවැස් නුවණින් සත්වයන් දකින්න පුළුවනි. චුත වෙන උපදින, ලාමක, උසස්, ලස්සන, කැත, සුගති, දුගතිවල කර්මානුරූපව ....(පෙ).... උපදින සත්වයන් දකින්න පුළුවනි.

පින්වත් මහණෙනි, ආශ්‍රවයන් ක්ෂය කරල අනාශ්‍රව වූ චිත්ත විමුක්තියත්, ප්‍රඥා විමුක්තියත් තමා තුළ උපදවා ගත් ඤාණයෙන් මේ ජීවිතයේ දීම අවබෝධ කර ගෙන මා එයට පැමිණ වාසය කරනවා. පින්වත් මහණෙනි, පින්වත් කස්සපත්, ආශ්‍රවයන් ක්ෂය කරල අනාශ්‍රව වූ චිත්ත විමුක්තියත්, ප්‍රඥා විමුක්තියත් තමා තුළ උපදවා ගත් ඤාණයෙන් මේ ජීවිතයේ දීම අවබෝධ කරගෙන එයට පැමිණ වාසය කරනවා.

සාදු! සාදු!! සාදු!!!

ඣානාභිඤ්ඤා සූත්‍රය නිමා විය.

4.1.10.
භික්ඛුනූපස්සය සූත්‍රය
භික්ෂුණී ආරාමයේදී වදාළ දෙසුම

293. ඒ දිනවල ආයුෂ්මත් මහා කස්සප තෙරුන් වැඩසිටියේ සැවැත් නුවර ජේතවන නම් වූ අනේපිඬු සිටුතුමාගේ ආරාමයේය. එදා ආයුෂ්මත් ආනන්ද තෙරුන් පෙරවරුවේ සිවුරු හැඳ පොරවා ගෙන පාසිවුරු ගෙන ආයුෂ්මත් මහා කස්සප තෙරුන් ළඟට පැමිණියා. පැමිණිලා ආයුෂ්මත් මහා කස්සප තෙරුන්ට මෙහෙම කිව්වා. "ස්වාමීනි, කස්සපයන් වහන්ස, වඩිනු මැනව. අපි එක්තරා මෙහෙණි ආරාමයක් වෙත යමු."

"ප්‍රිය ආයුෂ්මත් ආනන්දය, ඔබ යන්න. ඉතින් ඔබට බොහෝ වැඩ තියෙනවා නෙව. බොහෝ කටයුතු තියෙනවා නෙව."

දෙවෙනි වතාවේ දී, ආයුෂ්මත් ආනන්දයන් ආයුෂ්මත් මහා කස්සප තෙරුන්ට මෙහෙම කිව්වා. "ස්වාමීනි, කස්සපයන් වහන්ස, වඩිනු මැනව. අපි එක්තරා මෙහෙණි ආරාමයක් වෙත යමු."

"ප්‍රිය ආයුෂ්මත් ආනන්දය, ඔබ යන්න. ඉතින් ඔබට බොහෝ වැඩ තියෙනවා නෙව. බොහෝ කටයුතු තියෙනවා නෙව."

තුන්වෙනි වතාවේ දී ත්, ආයුෂ්මත් ආනන්දයන් ආයුෂ්මත් මහා කස්සප තෙරුන්ට මෙහෙම කිව්වා. "ස්වාමීනි, කස්සපයන් වහන්ස, වඩිනු මැනව. අපි එක්තරා මෙහෙණි ආරාමයක් වෙත යමු" කියල.

එතකොට ආයුෂ්මත් මහා කස්සප තෙරුන් ද පෙරවරුවේ සිවුරු හැඳ පොරවාගෙන පාසිවුරු ගෙන ආයුෂ්මත් ආනන්දයන්ව පසුපසින් වඩින ශ්‍රමණයෙක් වශයෙන් ගෙන එක්තරා මෙහෙණි ආරාමයක් වෙත වැඩියා. වැඩලා පණවා තිබූ අසුන්වල වැඩ සිටියා.

එතකොට බොහෝ භික්ෂුණීන් ආයුෂ්මත් මහා කස්සප තෙරුන් වෙත පැමිණියා. පැමිණිලා ආයුෂ්මත් මහා කස්සප තෙරුන්ට වන්දනා කරලා එකත්පස්ව වාඩිවුණා. එකත්පස්ව වාඩිවුණ ඒ භික්ෂුණීන්ට ආයුෂ්මත් මහා කස්සප තෙරුන් ධර්ම කථාවෙන් කරුණු පෙන්වා දුන්නා. සමාදන් කළා. උත්සාහවත් කළා. සතුටට පත් කළා. ඉතින් මහා කස්සප තෙරුන් අර භික්ෂුණීන්ට ධර්ම කථාවෙන් කරුණු පෙන්වා දීල, සමාදන් කරවලා, උත්සාහවත් කරවලා, සතුටට පත් කරවලා අසුනෙන් නැගිටලා වැඩම කළා.

ඒ වෙලාවේ ථුල්ලතිස්සා භික්ෂුණිය ඒ ගැන අසතුටු වුණා. නොමනාප වචන පිට කළා. "මේ ආර්ය වූ මහා කස්සපයන් කවුද? වේදේහ මුනි වූ ආර්ය වූ ආනන්දයන් ඉදිරියේ බණ කියන්ට ඕන කියල හිතිය යුතුද? මේක හරියට ඉඳිකටු හදන කෙනා ළඟ ඉඳගෙන ඉඳිකටු වෙළෙන්දා ඉඳිකටු විකුණන්න හිතනවා වගේ. ඔය විදිහට ම යි වේදේහ මුනි වූ ආර්ය වූ ආනන්දයන් ඉදිරියේ ආර්ය වූ මහා කස්සපයන් බණ කියන්න හිතන්නේ"

ආයුෂ්මත් මහා කස්සප තෙරුන්ට ථුල්ලතිස්සා භික්ෂුණිය මේ වචන කියද්දී අසන්නට ලැබුණා. එතකොට ආයුෂ්මත් මහා කස්සප තෙරුන් ආයුෂ්මත් ආනන්ද තෙරුන්ට මෙහෙම කිව්වා. "ප්‍රිය ආයුෂ්මත් ආනන්ද, එහෙම නම් මම ඉඳිකටු වෙළෙන්දා නේද? ඔබ ඉඳිකටු හදන්නා නේද? එහෙම නැත්නම් මම ඉඳිකටු හදන්නාද? ඔබ ඉඳිකටු වෙළෙන්දාද?" "ස්වාමීනි, කස්සපයන් වහන්ස, සමා කළ මැනැව. කාන්තාව ඇතැම් විට මෝඩයි නෙව."

"ප්‍රිය ආයුෂ්මත් ආනන්දය, ඔබ පරෙස්සම් වෙන්න ඕන. භික්ෂු සංඝයා ඔබ ගැන (අතිරේක කරුණු විෂයෙහි) පරීක්ෂා නොකෙරේවා!

ප්‍රිය ආයුෂ්මත් ආනන්ද, ඔබ මේ ගැන මොකක්ද හිතන්නේ? භාග්‍යවතුන් වහන්සේ භික්ෂු සංඝයා ඉදිරියේ ඔබ ගැන මේ ආකාරයෙන් වදාරළා තියෙනවාද?

'පින්වත් මහණෙනි, මට කැමති තාක් කල් කාමයන් ගෙන් වෙන්ව, අකුසල් දහමින් වෙන්ව විතර්ක විචාර ඇතිව, විවේකයෙන් හට ගත් ප්‍රීති සැපය ඇතිව පළවෙනි ධ්‍යානය උපදවා ගෙන ඉන්න පුළුවන්. ඒ වගේම පින්වත් මහණෙනි, පින්වත් ආනන්දටත් කැමති තාක් කල් කාමයන් ගෙන් වෙන්ව, අකුසල් දහමින් වෙන්ව විතර්ක විචාර ඇතිව, විවේකයෙන් හටගත් ප්‍රීති සැපය ඇති ව පළවෙනි ධ්‍යානය උපදවා ගෙන ඉන්න පුළුවන්." කියලා.

"අනේ නෑ ස්වාමීනී"

"නමුත් ප්‍රිය ආයුෂ්මතුනි, භාග්‍යවතුන් වහන්සේ භික්ෂු සංඝයා ඉදිරියේ මා ගැන මේ ආකාරයෙන් වදාරළා තියෙනවා. පින්වත් මහණෙනි, මට කැමති තාක් කල් කාමයන්ගෙන් වෙන්ව, අකුසල දහම්වලින් වෙන්ව, විතර්ක විචාර ඇති විවේකයෙන් හටගත් ප්‍රීතිය හා සැපය ඇති පළමුවන ධ්‍යානය උපදවා ගෙන ඉන්න පුළුවන්. ඒ වගේම පින්වත් මහණෙනි, පින්වත් කස්සපටත් කැමති තාක් කල් කාමයන්ගෙන් වෙන්ව, අකුසල දහම්වලින් වෙන්ව, විතර්ක විචාර ඇති විවේකයෙන් හටගත් ප්‍රීතිය හා සැපය ඇති පළමුවන ධ්‍යානය උපදවා ගෙන ඉන්න පුළුවන් කියල ....(පෙ)....

ප්‍රිය ආයුෂ්මත් ආනන්ද, ඔබ මේ ගැන මොකක්ද හිතන්නේ? භාග්‍යවතුන් වහන්සේ භික්ෂු සංඝයා ඉදිරියේ ඔබ ගැන මේ ආකාරයෙන් වදාරළා තියෙනවාද?

'පින්වත් මහණෙනි, ආශ්‍රවයන් ක්ෂය කරල අනාශ්‍රව වූ චිත්ත විමුක්තියත්, ප්‍රඥා විමුක්තියත් තමා තුළ උපදවා ගත් ඤාණයෙන් මේ ජීවිතයේ දීම අවබෝධ කර ගෙන මා එයට පැමිණ වාසය කරනවා. පින්වත් මහණෙනි, පින්වත් ආනන්දත්, ආශ්‍රවයන් ක්ෂය කරල අනාශ්‍රව වූ චිත්ත විමුක්තියත්, ප්‍රඥා විමුක්තියත් තමා තුළ උපදවා ගත් ඤාණයෙන් මේ ජීවිතයේ දීම අවබෝධ කරගෙන එයට පැමිණ වාසය කරනවා කියල?"

"අනේ නෑ ස්වාමීනී"

"ප්‍රිය ආයුෂ්මතුනි, භාග්‍යවතුන් වහන්සේ භික්ෂු සංඝයා ඉදිරියේ මා ගැන නම් මේ විදිහට ප්‍රකාශ කරල තියෙනවා. 'පින්වත් මහණෙනි, ආශ්‍රවයන් ක්ෂය කරල අනාශ්‍රව වූ චිත්ත විමුක්තියත්, ප්‍රඥා විමුක්තියත් තමා තුළ උපදවා ගත් ඤාණයෙන් මේ ජීවිතයේ දීම අවබෝධ කරගෙන මා එයට පැමිණ වාසය කරනවා. පින්වත් මහණෙනි, පින්වත කස්සපත්, ආශ්‍රවයන් ක්ෂය කරල අනාශ්‍රව වූ චිත්ත විමුක්තියත්, ප්‍රඥා විමුක්තියත් තමා තුළ උපදවා ගත් ඤාණයෙන්

මේ ජීවිතයේ දීම අවබෝධ කරගෙන කස්සපත් එයට පැමිණ වාසය කරනවා' කියල.

ප්‍රිය ආයුෂ්මතුනි, යමෙක් මගේ සය ආකාර අභිඥාවන් වසන්නට පුළුවන් කියල හිතනවා නම් ඒක හත් රියනක් හෝ හත් රියන් හමාරක් වූ හස්ති රාජයෙක් ව තල් කොළයකින් වහන්ට හදනවා වගේ වැඩක්."

එතකොට ථුල්ලතිස්සා භික්ෂුණිය ඒ බඹසර ජීවිතයෙන් චුත වුණා (සිවුරු හැරියා).

සාදු! සාදු!! සාදු!!!

භික්ඛුනූපස්සය සූත්‍රය නිමා විය.

4.1.11.
චීවර සූත්‍රය
සිවුර ගැන වදාළ දෙසුම

294. ඒ දිනවල ආයුෂ්මත් මහා කස්සප තෙරුන් වැඩසිටියේ රජගහ නුවර ලෙහෙණුන්ගේ අභය භූමිය වූ වේළුවනාරාමයේ. ඒ දිනවල ආයුෂ්මත් ආනන්ද තෙරුන් මහත් භික්ෂු පිරිසක් සමඟ දක්ඛිණාගිරි ජනපදයේ චාරිකාවේ වඩිනවා. ඒ කාලයේ ආයුෂ්මත් ආනන්ද තෙරුන්ගේ ශිෂ්‍ය වූ තරුණ වයසේ සිටින භික්ෂූන් වහන්සේලා තිහක් පමණ සිවුරු හැරලා ගියා. එතකොට ආයුෂ්මත් ආනන්ද තෙරුන් දක්ඛිණාගිරි ජනපදයේ කැමති තාක් චාරිකාවේ වැඩලා රජගහ නුවර ලෙහෙණුන්ගේ අභය භූමිය වූ වේළුවනාරාමයේ වැඩසිටි ආයුෂ්මත් මහා කස්සප තෙරුන් ළඟට පැමිණුනා. පැමිණිලා ආයුෂ්මත් මහා කස්සප තෙරුන්ට වන්දනා කරලා එකත්පස්ව වාඩිවුණා. එකත්පස්ව වාඩිවුණ ආයුෂ්මත් ආනන්දයන් වහන්සේ ගෙන් ආයුෂ්මත් මහා කස්සප තෙරුන් මෙහෙම ඇහුවා.

"ප්‍රිය ආයුෂ්මත් ආනන්ද, භාග්‍යවතුන් වහන්සේ දායක ගෙවල්වලින් දන් වැළඳීමේදී තුන්දෙනෙක් විතරක් දන් වැළඳීමේ ශික්ෂා පදය වූ තික භෝජනය පණවා වදාළේ මොන වගේ අර්ථයක් සලකා ගෙනද?"

"ස්වාමීනි, කස්සපයන් වහන්ස, භාග්‍යවතුන් වහන්සේ විසින් තුන් ආකාර වූ අර්ථයක් සලකා ගෙනයි ඔය තික භෝජන ශික්ෂා පදය පණවා වදාළේ. දුස්සීල පුද්ගලයන්ට නිග්‍රහ පිණිසත්, සුපේශල භික්ෂූන්ගේ සුව පහසු පැවැත්ම

පිණිසත් යන පළමු කරුණත්, පාපී ආසා ඇති භික්ෂූන්ගේ පැත්ත ගෙන සංඝයා නොබිඳේවා යන දෙවන කරුණත්, දායක පවුල් ගැන ඇති අනුකම්පාව නිසා යන තුන් වන කරුණත් කියන මේ අර්ථය සළකා ගෙනයි, ස්වාමීනි කස්සපයන් වහන්ස, භාග්‍යවතුන් වහන්සේ තික භෝජන ශික්ෂා පදය පණවා වදාළේ."

"එහෙම නම් ප්‍රිය ආයුෂ්මත් ආනන්ද, ඔය ඉන්ද්‍රිය සංවරයක් නැති, දානය වැළඳීමේ තේරුම නොදන්නා, නිදිවරමින් භාවනා නොකරන නවක භික්ෂූන් සමඟ චාරිකාවේ යෑමේ තේරුම මොකක්ද? ගොයම වනසා ගෙන යෑමක් වගේ නෙව. දායක පවුල් නසාගෙන යෑමක් නෙව. ප්‍රිය ආයුෂ්මත් ආනන්ද, ඔබේ පිරිස සී සී කඩ යනවා. ප්‍රිය ආයුෂ්මත, ඉතා තරුණ වූ ඔවුන් සී සී කඩ යනවා. අනේ මේ ළමයා මේකෙ ප්‍රමාණය දන්නෙ නෑ නෙව."

"ස්වාමීනි, කස්සපයන් වහන්ස, දැන් මගේ හිසේ කෙසුත් ඉදිල තියෙන්නේ. නමුත් අද පවා ආයුෂ්මත් මහා කස්සපයන් වහන්සේ ගේ ළමා වාදයෙන් මට නිදහස් වෙන්න පුළුවන් වුනේ නෑ."

"ප්‍රිය ආයුෂ්මත් ආනන්ද, ඉතින් මේක ඇත්ත නේන්නම්. ඔය ඉන්ද්‍රිය සංවරයක් නැති, දානය වැළඳීමේ තේරුම නොදන්නා, නිදිවරමින් භාවනා නොකරන නවක භික්ෂූන් සමග චාරිකාවේ යෑමේ තේරුම මොකක්ද? ගොයම වනසා ගෙන යෑමක් වගේ නෙව. දායක පවුල් නසාගෙන යෑමක් නෙව. ප්‍රිය ආයුෂ්මත් ආනන්ද, ඔබේ පිරිස සී සී කඩ යනවා. ප්‍රිය ආයුෂ්මත, ඉතා තරුණ වූ ඔවුන් සී සී කඩ යනවා. අනේ මේ ළමයා මේකෙ ප්‍රමාණය දන්නෙ නෑ නෙව."

එතකොට ථුල්ලනන්දා භික්ෂුණියට මෙය අසන්නට ලැබුණා. ආර්ය වූ මහා කස්සපයන් වහන්සේ විසින් වේදේහ මුනි වූ ආර්ය වූ ආනන්දයන් වහන්සේට ළමා වාදයෙන් අප්‍රසාදය පළ කළා කියල. ඉතින් ථුල්ලනන්දා භික්ෂුණිය ඒ ගැන අසතුටු වුණා. නොමනාප වචන කිව්වා. 'ඉස්සර වෙන ආගමක හිටපු ඔය ආර්ය වූ මහා කස්සපයන් වේදේහ මුනි වූ ආර්ය වූ ආනන්දයන් වහන්සේට ළමා වාදයෙන් අප්‍රසාදය පළ කරන්න පුළුවන් කියල හිතනවාද?'

ආයුෂ්මත් මහා කස්සපයන් වහන්සේට ථුල්ලනන්දා භික්ෂුණිය මේ වචන කියමින් සිටිද්දී අහන්නට ලැබුණා. එතකොට ආයුෂ්මත් මහා කස්සපයන් වහන්සේ ආයුෂ්මත් ආනන්ද තෙරුන්ට මෙහෙම කිව්වා. "ප්‍රිය ආයුෂ්මත් ආනන්ද, හැබෑටම මේ ථුල්ලනන්දා භික්ෂුණිය කරුණු නොවිමසලා සාහසික විදිහට ද්වේෂයෙන් වචන කියනවා නෙව. ප්‍රිය ආයුෂ්මත මම කෙස් රැවුල

බාලා කසාවත් පොරවා ගෙන ගිහි ජීවිතය අත්හැරල යම් දවසක මේ අනගාරික පැවිදි ජීවිතයට බැසගත්තා ද, එදා ඉඳල ඒ භාග්‍යවත් වූ අරහත් වූ සම්මා සම්බුදුරජාණන් වහන්සේ හැර වෙන ශාස්තෘවරයෙක් සරණ ගිය බවක් නම් මම දන්නේ නෑ.

ඉස්සර මට ගිහි ගෙදර සිටිද්දී මෙහෙම හිතුණා. මේ ගිහි ගෙදර වාසය නම් කරදර ගොඩක්. කෙලෙස් මාවතක්. නමුත් පැවිදි ජීවිතය නම් ආකාසෙ වගේ. මුළුමනින් ම පරිපූර්ණ වූ සුදෝ සුදු වූ මේ බ්‍රහ්මචාරී ජීවිතය ගත කරන එක ගිහි ගෙදර වාසය කරන කෙනෙකුට ලෙහෙසි දෙයක් නොවේ. ඒ නිසා මං කෙස් රැවුල් බාල කසාවත් පොරවා ගෙන ගිහි ජීවිතය අත් හැරල පැවිදි වෙන්න ඕන. ඉතින් ප්‍රිය ආයුෂ්මත, මං පස්සෙ කාලෙදී කඩ කපාගත් පට රෙදිවලින් කළ දෙපට සිවුර සකසා ගෙන මේ ලෝකයේ යම් රහතන් වහන්සේලා වැඩසිටිත් නම් ඒ රහතන් වහන්සේලා උදෙසා මාගේ පැවිද්ද වේවා කියල හිතාගෙනයි මං කෙස් රැවුල් බාල කසාවත් පොරවා ගෙන ගිහි ජීවිතය අත්හැරල පැවිදි වුණේ.

ඉතින් ඔය විදිහට පැවිදි වුණ මං දීර්ඝ ගමන් මගක යෙදී ඉන්නකොටයි රජගහ නුවරත් නාලන්දාවටත් අතර බහුපුත්තක කියන පූජ්‍යස්ථානයේ වාඩිවෙලා වැඩසිටිය භාග්‍යවතුන් වහන්සේව මට දැකගන්ට ලැබුණේ. දැකපු ගමන් මට මෙහෙම හිතුණා. ඇත්තෙන්ම මම ශාස්තෘවරයෙකු දකිනවා නම් මට පෙනෙන්නේ භාග්‍යවතුන් වහන්සේව පමණ යි! ඇත්තෙන්ම මම සුගතයන් වහන්සේ නමක් දකිනවා නම් මට පෙනෙන්නේ භාග්‍යවතුන් වහන්සේව පමණයි! ඇත්තෙන් ම මම සම්බුදු වරයෙකු දකිනවා නම් මට පෙනෙන්නේ භාග්‍යවතුන් වහන්සේව පමණයි! එතකොට ප්‍රිය ආයුෂ්මතුනි, මං එතැන දී ම භාග්‍යවතුන් වහන්සේගේ සිරිපා අභියස සිරසින් වැඳ වැටුණා. භාග්‍යවතුන් වහන්සේට මෙහෙම කිව්වා. 'ස්වාමීනි, භාග්‍යවතුන් වහන්සේ මාගේ ශාස්තෘන් වහන්සේ වන සේක. මම වනාහි ශ්‍රාවකයා වෙමි. ස්වාමීනි, භාග්‍යවතුන් වහන්සේ මාගේ ශාස්තෘන් වහන්සේ වන සේක. මම වනාහි ශ්‍රාවකයා වෙමි' කියල.

එතකොට ප්‍රිය ආයුෂ්මතුනි, භාග්‍යවතුන් වහන්සේ මට මෙහෙම වදාළා. 'පින්වත් කස්සප, ඔය විදිහට මුළු හදවතින් ම තම ශ්‍රාවකත්වය පවසන ශ්‍රාවකයෙකු හට යම් ශාස්තෘවරයෙක් නොදැන සිටිය දීම දනිමි'යි කියනවා නම් නොදැක සිටිය දී ම දකිමි'යි කියනවා නම් ඒ තැනැත්තා ගේ හිස ගිලිහී වැටේවි. නමුත් පින්වත් කස්සප මම වනාහී දනිමි කියන්නේ දැනගෙන ම යි. දකිමි කියන්නේ දැකගෙන ම යි.

පින්වත් කස්සප, ඔබ මෙන්න මේ විදිහට යි හික්මෙන්නට ඕන. වැඩිමහළු, නවක, මධ්‍යම භික්ෂූන් කෙරෙහි මාගේ ලැජ්ජා භය තියුණු විදිහට පවතිනවා කියා ය. පින්වත් කස්සප, ඔබ ඔන්න ඔය විදිහටයි හික්මෙන්නට ඕන.

පින්වත් කස්සප, ඔබ මෙන්න මේ විදිහටයි හික්මෙන්නට ඕන. යම් කිසි කුසල පාක්ෂික ධර්මයක් ශ්‍රවණය කරනවා නම් ඒ සියල්ල ම හොඳ අවධානයෙන් යුක්තව, හොඳ මනසිකාරයෙන් යුක්තව, මුළු හිත ම එකඟ කරගෙන, කණ් යොමා ගෙන ම දහම් අසනවා කියල. පින්වත් කස්සප, ඔබ ඔන්න ඔය විදිහටයි හික්මෙන්නට ඕන.

පින්වත් කස්සප, ඔබ මෙන්න මේ විදිහටයි හික්මෙන්නට ඕන. මිහිරි ස්වභාවයෙන් යුක්තව (සමාධිමත් සිතින්) කායානුපස්සනා භාවනාව නම් අත්හරින්නේ නෑ කියල. පින්වත් කස්සප, ඔබ ඔන්න ඔය විදිහටයි හික්මෙන්නට ඕන.'

ප්‍රිය ආයුෂ්මත, භාග්‍යවතුන් වහන්සේ මට ඔය විදිහට උපදෙස් දීල වැඩහුන් අසුනෙන් නැගිටල වැඩම කළා.

ප්‍රිය ආයුෂ්මත, මං ණය ගැති වෙලා රට වැසියා ගේ පිණ්ඩපාතය වැළඳුවේ දවස් හතයි. අට වෙනි දවසේ මට නිර්වාණ අවබෝධය පහළ වුණා.

ප්‍රිය ආයුෂ්මත, ඉතින් භාග්‍යවතුන් වහන්සේ මාවතින් ඉවතට වැඩල එක්තරා රුක් සෙවනකට එළඹුණා. එතකොට ප්‍රිය ආයුෂ්මත, මං රෙදි කැබලි වලින් මහපු සඟල සිවුර හතරට නවලා බිම අතුරලා භාග්‍යවතුන් වහන්සේට මෙහෙම කිව්වා. 'ස්වාමීනි භාග්‍යවතුන් වහන්ස, මෙහි වැඩසිටින සේක්වා! එය මට බොහෝ කලක් හිතසුව පිණිස පවතීවි' එතකොට ප්‍රිය ආයුෂ්මත, භාග්‍යවතුන් වහන්සේ ඒ ආසනයේ වැඩහිටියා. වැඩහිටිය භාග්‍යවතුන් වහන්සේ මට මෙහෙම වදාළා.

'පින්වත් කස්සප මේ රෙදි කැබලිවලින් මැසූ සඟල සිවුර මෘදුයි නෙ.'

'ස්වාමීනි භාග්‍යවතුන් වහන්ස, රෙදි කැබලිවලින් කළ මාගේ ඔය සඟල සිවුර මා කෙරෙහි අනුකම්පාවෙන් පිළිගන්නා සේක්වා!'

'එතකොට පින්වත් කස්සප, හණරෙද්දෙන් කළ කීප විටක් මහපු මාගේ මේ පාංශුකූල චීවරය ඔබ පොරවනවාද?'

'අනේ ස්වාමීනි, භාග්‍යවතුන් වහන්සේ ගේ ඔය හණරෙද්දෙන් කළ, කීප විටක් මහපු පාංශුකූල සිවුර මං පොරවා ගන්නම්.'

'ප්‍රිය ආයුෂ්මත, ඉතින් මම වටිනා රෙද්දක් කපා මසා ගත් මාගේ ඒ සඟල සිවුර භාග්‍යවතුන් වහන්සේට පූජා කරගත්තා. මම භාග්‍යවතුන් වහන්සේගේ ඒ හණරෙද්දෙන් කළ, කීප විටක් මහපු පාංශුකූල සිවුර පිළිගත්තා. ප්‍රිය ආයුෂ්මත, භාග්‍යවතුන් වහන්සේ ගේ ළයෙහි උපන් පුතා, බුදු මුවින් උපන් පුතා, ධර්මයෙන් උපන් පුතා, ධර්මයෙන් නිර්මිත වූ, ධර්ම දායාදය වූ, පාවිච්චියෙන් දිරා ගිය හණරෙද්දෙන් කළ පාංශුකූල චීවරය පිළිගත් භාග්‍යවතුන් වහන්සේ ගේ පුතා කියල යමෙකු ගැන මනා කොට කියනවා නම් ඒ කියන්නේ මා ගැනයි.

ප්‍රිය ආයුෂ්මතුනි, මට කැමති තාක් කල් කාමයන් ගෙන් වෙන්ව, අකුසල් දහමින් වෙන්ව විතර්ක විචාර ඇති ව, විවේකයෙන් හට ගත් ප්‍රීති සැපය ඇතිව පළවෙනි ධ්‍යානය උපදවා ගෙන ඉන්ට පුළුවන්. ....(පෙ).... ආශ්‍රවයන් ක්ෂය කරල අනාශ්‍රව වූ චිත්ත විමුක්තියත්, ප්‍රඥා විමුක්තියත් තමා තුළ උපදවා ගත් ඤාණයෙන් මේ ජීවිතයේ දී ම අවබෝධ කරගෙන මා එයට පැමිණ වාසය කරනවා.

ප්‍රිය ආයුෂ්මතුනි, යමෙක් මගේ සය ආකාර අභිඤ්ඤාවන් වසන්නට පුළුවන් කියල හිතනවා නම් ඒක හත් රියනක් හෝ හත් රියන් හමාරක් වූ හස්ති රාජයෙක්ව තල් කොළයකින් වහන්නට හදනවා වගේ වැඩක්."

එතකොට ථුල්ලනන්දා භික්ෂුණිය ඒ බඹසර ජීවිතයෙන් චුත වුණා (සිවුරු හැරියා).

සාදු! සාදු!! සාදු!!!

චීවර සූත්‍රය නිමා විය.

4.1.12.
තථාගත පරම්මරණ සූත්‍රය
රහතුන්ගේ මරණින් පසු ජීවිතය ගැන වදාළ දෙසුම

295. ඒ දිනවල ආයුෂ්මත් මහා කස්සපයන් වහන්සේත්, ආයුෂ්මත් සාරිපුත්තයන් වහන්සේත් වැඩසිටියේ බරණැස ඉසිපතන මිගදායේ. එදා ආයුෂ්මත් සාරිපුත්තයන් වහන්සේ සවස් වරුවේ භාවනාවෙන් නැගිටලා ආයුෂ්මත් මහා කස්සපයන් වහන්සේ වෙත වැඩියා ....(පෙ).... එකත්පස්ව හුන් ආයුෂ්මත් සාරිපුත්තයන් වහන්සේ ආයුෂ්මත් මහා කස්සපයන් වහන්සේ ගෙන් මෙහෙම ඇහුවා.

"ප්‍රිය ආයුෂ්මත් කස්සප, රහතන් වහන්සේ මරණින් මත්තේ ඉන්නවාද?"

"ප්‍රිය ආයුෂ්මත, රහතන් වහන්සේ මරණින් මතු සිටිති යි යන කරුණ භාග්‍යවතුන් වහන්සේ විසින් නොවදාළ දෙයක්."

"ප්‍රිය ආයුෂ්මත, රහතන් වහන්සේ මරණින් මත්තේ නැද්ද?"

"ප්‍රිය ආයුෂ්මත, රහතන් වහන්සේ මරණින් මතු නැතැ යි යන කරුණ භාග්‍යවතුන් වහන්සේ විසින් නොවදාළ දෙයක්."

"ප්‍රිය ආයුෂ්මත, රහතන් වහන්සේ මරණින් මත්තේ ඉන්නවාද? නැද්ද?"

"ප්‍රිය ආයුෂ්මත, රහතන් වහන්සේ මරණින් මතු ඉන්නවා, නැත යන කරුණ භාග්‍යවතුන් වහන්සේ විසින් නොවදාළ දෙයක්."

"ප්‍රිය ආයුෂ්මත කස්සප, රහතන් වහන්සේ මරණින් මත්තේ ඉන්නෙත් නැද්ද? නැත්තෙත් නැද්ද?"

"ප්‍රිය ආයුෂ්මත, රහතන් වහන්සේ මරණින් මතු ඉන්නෙත් නැත නැත්තෙත් නැත යන කරුණ භාග්‍යවතුන් වහන්සේ විසින් නොවදාළ දෙයක්."

"ප්‍රිය ආයුෂ්මත, භාග්‍යවතුන් වහන්සේ විසින් ඔය කරුණු ගැන නොවදාළේ කුමන හේතුවක් නිසාද?"

"ප්‍රිය ආයුෂ්මත, ඔය ප්‍රශ්න ගැන කතා කිරීම ප්‍රයෝජනවත් නැති දෙයක්. නිවන් මගට මුල් නොවන දෙයක්. අවබෝධයෙන් කලකිරීමට හේතු නොවන දෙයක්. නොඇල්ම පිණිස හේතු නොවන දෙයක්. තණ්හාව නිරුද්ධ වීම පිණිස හේතු නොවන දෙයක්. කෙලෙස් සංසිඳීම පිණිස හේතු නොවන දෙයක්. විශිෂ්ට ඥාණය පිණිස හේතු නොවන දෙයක්. ආර්ය සත්‍යය අවබෝධ වීම පිණිස හේතු නොවන දෙයක්. නිවන පිණිස හේතු නොවන දෙයක්. භාග්‍යවතුන් වහන්සේ විසින් ඒ ගැන නොවදාළේ ඔය නිසා ම යි."

"එසේ නම් ප්‍රිය ආයුෂ්මත, භාග්‍යවතුන් වහන්සේ විසින් කුමක් වදාළ සේක් ද?"

"ප්‍රිය ආයුෂ්මත, මෙයයි දුක කියල භාග්‍යවතුන් වහන්සේ වදාළා. මෙයයි දුකේ හට ගැනීම කියල භාග්‍යවතුන් වහන්සේ වදාළා. මෙයයි දුක නිරුද්ධ වීම කියල භාග්‍යවතුන් වහන්සේ වදාළා. මෙයයි දුක නිරුද්ධ වීම පිණිස පවතින වැඩපිළිවෙල කියල භාග්‍යවතුන් වහන්සේ වදාළා."

"ප්‍රිය ආයුෂ්මත, භාග්‍යවතුන් වහන්සේ විසින් ඔය කරුණු ගැන වදාළේ කුමන හේතුවක් නිසාද?"

"ප්‍රිය ආයුෂ්මත, ඔය ගැන කථා කිරීම ප්‍රයෝජනවත් දෙයක්. නිවන් මඟට මුල් වන දෙයක්. අවබෝධයෙන් කලකිරීමට හේතු වන දෙයක්. නොඇල්ම පිණිස හේතු වන දෙයක්. තණ්හාව නිරුද්ධ වීම පිණිස හේතු වන දෙයක්. කෙලෙස් සංසිඳීම පිණිස හේතු වන දෙයක්. විශිෂ්ට ඤාණය පිණිස හේතු වන දෙයක්. ආර්ය සත්‍යය අවබෝධ වීම පිණිස හේතු වන දෙයක්. නිවන පිණිස හේතු වන දෙයක්. භාග්‍යවතුන් වහන්සේ විසින් ඒ ගැන වදාළේ ඔය නිසා මයි."

සාදු! සාදු!! සාදු!!!

තථාගත පරම්මරණ සූත්‍රය නිමා විය.

4.1.13.
සද්ධම්ම පතිරූපක සූත්‍රය
සද්ධර්මයේ වෙස් ගත් අධර්මය ගැන වදාළ දෙසුම

296. සැවැත් නුවරදී ....

එදා ආයුෂ්මත් මහා කස්සප තෙරුන් භාග්‍යවතුන් වහන්සේ ළඟට පැමිණියා. ....(පෙ).... එකත්පස්ව හුන් ආයුෂ්මත් මහා කස්සප තෙරුන් භාග්‍යවතුන් වහන්සේට මෙසේ පැවසුවා.

"ස්වාමීනි, ඉස්සර ශික්ෂා පද ටිකයි තිබුණේ. නමුත් බහුතරයක් භික්ෂූන් වහන්සේලා අරහත් ඵලයේ හිටියා. ඒකට හේතුව මොකක්ද? ඒකට මුල් වුණේ මොකක්ද? එසේ නමුත් ස්වාමීනි, දැන් කාලෙ ශික්ෂා පදත් සෑහෙන්න තියෙනවා. නමුත් භික්ෂූන් ටික දෙනයි අරහත් ඵලයේ පිහිටන්නේ. ඒකට හේතුව මොකක්ද? ඒකට මුල් වුණේ මොකක්ද?"

"පින්වත් කස්සප, ඕක ඔහොම තමයි. සත්වයන් පිරිහෙන කාලෙට සද්ධර්මය අතුරුදහන් වෙන කොට තමයි ශික්ෂාපදත් සෑහෙන්න තියෙන්නේ. එතකොට තමයි භික්ෂූන් ටික දෙනෙක් අරහත් ඵලයේ පිහිටන්නේ.

පින්වත් කස්සප, සද්ධර්මයේ වේශයෙන් අධර්මය ලෝකයේ පහළ නොවන තාක් සද්ධර්මය අතුරුදහන් වෙන්නේ නෑ. එහෙත් පින්වත් කස්සප,

යම් දවසක සද්ධර්මයේ වේශයෙන් අධර්මය ලෝකයේ පහළ වුණොත් අන්න එදාට සද්ධර්මය අතුරුදහන් වෙනවා. පින්වත කස්සප, ඒක මේ වගේ දෙයක්. ලෝකයේ රත්තරන් වේශයෙන් රත්තරං නොවන දෙයක් පහළ නොවන තාක් සැබෑ රත්තරන් අතුරුදහන් වෙන්නේ නෑ. නමුත් පින්වත් කස්සප, යම් දවසක රත්තරන් වැනි ම වූ රත්තරන් නොවන දෙයක් ලෝකයේ පහළ වුණොත් එදාට රත්තරන් අතුරුදහන් වෙනවා. පින්වත් කස්සප, මෙයත් ඒ වගේ දෙයක් ම යි. සද්ධර්මයේ වේශයෙන් අධර්මය ලෝකයේ පහළ නොවන තාක් සද්ධර්මය අතුරුදහන් වෙන්නේ නෑ. එහෙත් පින්වත් කස්සප, යම් දවසක සද්ධර්මයේ වේශයෙන් අධර්මය ලෝකයේ පහළ වුණොත් අන්න එදාට සද්ධර්මය අතුරුදහන් වෙනවා.

පින්වත් කස්සප, පඨවි ධාතුව සද්ධර්මය අතුරුදහන් කරන්නේ නෑ. ආපෝ ධාතුව සද්ධර්මය අතුරුදහන් කරන්නේ නෑ. තේජෝ ධාතුව සද්ධර්මය අතුරුදහන් කරන්නේ නෑ. වායෝ ධාතුව සද්ධර්මය අතුරුදහන් කරන්නේ නෑ. නමුත් යමෙක් මේ සද්ධර්මය අතුරුදහන් කරනවා නම් අන්න ඒ හිස් පුද්ගලයා ඇති වන්නේ මේ සසුන තුළ ම යි.

පින්වත් කස්සප, නැවක බඩු බර වැඩ වීමෙන් ගිලී යන්නේ යම් සේ ද, පින්වත් කස්සප, මේ සද්ධර්මය නම් ඒ ආකාරයෙන් අතුරුදහන් වන්නේ නෑ.

පින්වත් කස්සප, බුදු සසුන පිරිහීමට හේතු වන මේ කරුණු පහ සද්ධර්මය හඳුනා නොගැනීම පිණිසත් අතුරුදහන් වීම පිණිසත් හේතු වෙනවා. මොනවාද ඒ කරුණු පහ?

පින්වත් කස්සප, මේ ශාසනයේ භික්ෂු, භික්ෂුණී, උපාසක, උපාසිකා යන ශ්‍රාවක පිරිස ශාස්තෘන් වහන්සේ කෙරෙහි ගෞරවයක් නැතිව කීකරුකමක් නැතිව ඉන්නවා. ඒ වගේම සද්ධර්මය කෙරෙහි ගෞරවයක් නැතිව කීකරුකමක් නැතිව ඉන්නවා. ඒ වගේ ම ආර්ය ශ්‍රාවක සඟ පිරිස කෙරෙහි ගෞරවයක් නැතිව කීකරුකමක් නැතිව ඉන්නවා. පණවන ලද ශික්ෂා පද කෙරෙහි ගෞරවයක් නැතිව කීකරුකමක් නැතිව ඉන්නවා. සමාධිය කෙරෙහි ගෞරවයක් නැතිව කීකරුකමක් නැතිව ඉන්නවා. පින්වත් කස්සප, බුදු සසුන පිරිහීමට හේතු වන මේ කරුණු පහ සද්ධර්මය හඳුනා නොගැනීම පිණිසත් අතුරුදහන් වීම පිණිසත් හේතු වෙනවා.

පින්වත් කස්සප, බුදු සසුන දියුණු වීමට හේතු වන මේ කරුණු පහ සද්ධර්මය හඳුනා ගැනීම පිණිසත් අතුරුදහන් වීම පිණිසත් හේතු වෙනවා. මොනවාද ඒ කරුණු පහ? පින්වත් කස්සප, මේ සාසනයේ භික්ෂු, භික්ෂුණී,

උපාසක, උපාසිකා යන ශ්‍රාවක පිරිස ශාස්තෘන් වහන්සේ කෙරෙහි ගෞරවයෙන් යුක්තව කීකරුකමින් යුක්තව ඉන්නවා. ඒ වගේ ම සද්ධර්මය කෙරෙහි ගෞරවයෙන් යුක්තව කීකරුකමින් යුක්තව ඉන්නවා. ඒ වගේ ම ආර්ය ශ්‍රාවක සඟ පිරිස කෙරෙහි ගෞරවයෙන් යුක්තව කීකරුකමින් යුක්තව ඉන්නවා. පණවන ලද ශික්ෂා පද කෙරෙහි ගෞරවයෙන් යුක්තව කීකරුකමින් යුක්තව ඉන්නවා. සමාධිය කෙරෙහි ගෞරවයෙන් යුක්තව කීකරුකමින් යුක්තව ඉන්නවා. පින්වත් කස්සප, බුදු සසුන දියුණු වීමට හේතු වන මේ කරුණු පහ සද්ධර්මය හඳුනා ගැනීම පිණිසත් අතුරුදහන් නොවීම පිණිසත් හේතු වෙනවා.

සාදු! සාදු!! සාදු!!!

සද්ධර්ම පතිරූපක සූත්‍රය නිමා විය.

පළමුවෙනි කස්සප වර්ගය අවසන් විය.

කස්සප සංයුත්තය නිමා විය.

5. ලාභ සක්කාර සංයුත්තය

1. දාරුණ වර්ගය

5.1.1.

දාරුණ සූත්‍රය

ලාභ සත්කාරවල දරුණු බව ගැන වදාළ දෙසුම

297. මා හට අසන්නට ලැබුණේ මේ විදිහටයි. ඒ දිනවල භාග්‍යවතුන් වහන්සේ වැඩසිටියේ සැවැත් නුවර ජේතවනාරාමයේ. එදා භාග්‍යවතුන් වහන්සේ "පින්වත් මහණෙනි" කියා භික්ෂූ සංඝයා අමතා වදාළා. ඒ භික්ෂූහු ද "පින්වතුන් වහන්ස" කියා භාග්‍යවතුන් වහන්සේට පිළිතුරු දුන්නා. ඒ මොහොතේ දී භාග්‍යවතුන් වහන්සේ මෙය වදාළා.

පින්වත් මහණෙනි, ලාභ සත්කාර කීර්ති ප්‍රශංසා කියන්නේ දරුණු දේවල්. නපුරු දේවල්. කොටින් ම එරුෂ දේවල්. කොටින් ම අනුත්තර වූ අරහත්වය අවබෝධ කිරීමටත් අනතුරුදායකයි. ඒ නිසා පින්වත මහණෙනි, හික්මෙන්නට ඕන මේ විදිහටයි. අපි නම් ලාභ සත්කාර කීර්ති ප්‍රශංසා බැහැර කරනවා. අපට ලැබිල තියෙන ලාභ සත්කාර කීර්ති ප්‍රශංසාවලට අපගේ හිත යටවෙන්නට දෙන්නේ නෑ. පින්වත් මහණෙනි, ඔන්න ඔය විදිහටයි ඔබ හික්මෙන්නට ඕන.

සාදු! සාදු!! සාදු!!!

දාරුණ සූත්‍රය නිමා විය.

5.1.2.

බළිස සූත්‍රය

ඇම ගැන වදාළ දෙසුම

298. සැවැත් නුවරදී ....

පින්වත් මහණෙනි, ලාභ සත්කාර කීර්ති ප්‍රශංසා කියන්නේ දරුණු දේවල්.

නපුරු දේවල්. කොටින් ම එරුෂ දේවල්. කොටින් ම අනුත්තර වූ අරහත්වය අවබෝධ කිරීමටත් අනතුරුදායකයි.

පින්වත් මහණෙනි, ඒක මේ වගේ දෙයක්. එක්තරා මාළු බිලී බාන්නෙක් හිටියා. ඉතින් ඔහු බිලී කොක්කට කෑමක් අමුණලා ගැඹුරු ජලාශයකට දැම්මා. එතකොට කෑම හොය හොය හිටපු එක්තරා මාළුවෙක් ඒක ගිල්ලා. පින්වත් මහණෙනි, ඔන්න ඔය විදිහට ඒ මාළුවා බිලීබාන්නා ගේ ඇම ගිලලා දුකට පැමිණුනා. විනාශයට පත් වුණා. බිලීබාන්නා හට කැමති දෙයක් කළ හැකි ගොදුරක් වුණා. පින්වත් මහණෙනි, බිලීබාන්නා කියල කියන්නේ පාපී වූ මාරයාට කියන නමක්. ඇම කියල කියන්නේ ලාභ සත්කාර කීර්ති ප්‍රශංසාවලට කියන නමක්.

පින්වත් මහණෙනි, යම් කිසි භික්ෂුවක් තමාට ලැබෙන ලාභ සත්කාර කීර්ති ප්‍රශංසා ගැන ආශ්වාදයක් ලබන්නට ගියොත්, කැමති වෙන්නට ගියොත්, පින්වත් මහණෙනි, ඒ භික්ෂුවත් ඇම ගිලපු කෙනෙක්. දුකට පැමිණුන කෙනෙක්. විනාශයට පත් වුණ කෙනෙක්. මාරයා විසින් කැමති දෙයක් කළ හැකි කෙනෙක්. ඔය විදිහට පින්වත් මහණෙනි, ලාභ සත්කාර කීර්ති ප්‍රශංසා කියන්නේ දරුණු දේවල්, නපුරු දේවල්. කොටින් ම එරුෂ දේවල්. කොටින් ම අනුත්තර වූ අරහත්වය අවබෝධ කිරීමටත් අනතුරුදායකයි. ඒ නිසා පින්වත් මහණෙනි, හික්මෙන්නට ඕන මේ විදිහටයි. අපි නම් ලාභ සත්කාර කීර්ති ප්‍රශංසා බැහැර කරනවා. අපට ලැබිල තියෙන ලාභ සත්කාර කීර්ති ප්‍රශංසාවලට අපගේ හිත යටවෙන්නට දෙන්නේ නෑ. පින්වත් මහණෙනි ඔන්න ඔය විදිහටයි ඔබ හික්මෙන්නට ඕන.

සාදු! සාදු!! සාදු!!!

බළිස සූත්‍රය නිමා විය.

5.1.3.
කුම්ම සූත්‍රය
කැස්බෑවා ගැන වදාළ දෙසුම

299. සැවැත් නුවරදී ....

පින්වත් මහණෙනි, ලාභ සත්කාර කීර්ති ප්‍රශංසා කියන්නේ දරුණු දේවල්. ....(පෙ)....

පින්වත් මහණෙනි, මේක ඉස්සර සිදුවෙච්ච දෙයක්. එක්තරා ජලාශයක විශාල කැස්බෑ රංචුවක් බොහෝ කලක් තිස්සේ වාසය කළා. පින්වත් මහණෙනි, ඉතින් එක්තරා කැස්බෑවෙක් තව කැස්බෑවෙකුට මෙහෙම කිව්වා. "පුතේ, කැස්බෑ පැටියෝ, උඹ අර පැත්තට නම් යන්ට එපා!" කියල. නමුත් පින්වත් මහණෙනි, ඒ කැස්බෑවා ඒ පැත්තේ ගියා. එතකොට කැස්බෑවො මරන්නෙක් අර කැස්බෑවාට කෑම ඇමිණූ යකඩ කටුවකින් විද්දා. ඉතින් පින්වත් මහණෙනි, ඒ කැස්බෑවා ආපහු අනිත් කැස්බෑවා ළඟට ගියා. දුරින් ම පැමිණෙන මේ කැස්බෑවා දැකපු අර කැස්බෑව මෙහෙම අහනවා. "පුතේ, කැස්බෑ පැටියෝ, උඹ අර පැත්තට හෙම ගියේ නෑ නේද?" "කැස්බෑ තාත්තේ, මං ඒ පැත්තට ගියා." "පුතේ, කැස්බෑ පැටියෝ, ඉතින් උඹේ ඇඟට තුවාලයක් වුණේ නැද්ද? කරදරයක් වුණේ නැද්ද?" "අනේ කැස්බෑ තාත්තේ, මට තුවාලයක් නම් වුණේ නෑ. කරදරයක් නම් වුණේ නෑ. නමුත් මං පස්සෙන් ලුහුබැඳ ගෙන නූලක් නම් එනවා."

"අයියෝ! පුතේ, කැස්බෑ පැටියෝ, උඹට තුවාල වුනා. උඹ වැනසුණා. පුතේ, කැස්බෑ පැටියෝ, උඹේ තාත්තලත්, සීයලත් දුකට පත් වුණේ වැනැසුණේ ඔය නූලෙන් තමයි. පුතේ, කැස්බෑ පැටියෝ, දැන් උඹව අපට අයිති නෑ. දැන් උඹ ඒ පැත්තට ම පලයන්."

පින්වත් මහණෙනි, කැස්බෑ වැද්දා කියන්නේ පාපී වූ මාරයාට කියන නමක්. කෑම ඇමිණූ යකඩ කටුව කියන්නේ ලාභ සත්කාර කීර්ති ප්‍රශංසාවලට කියන නමක්. නූල කියල කියන්නේ ආශාවෙන් ඇලෙනවාට (නන්දි රාගයට) කියන නමක්. පින්වත් මහණෙනි, යම්කිසි භික්ෂුවක් තමාට ලැබෙන ලාභ සත්කාර කීර්ති ප්‍රශංසා ගැන ආශ්වාදයක් ලබන්නට ගියොත්, කැමති වෙන්නට ගියොත්, පින්වත් මහණෙනි, ඒ භික්ෂුවත් ඇම ගිලපු කෙනෙක්. දුකට පැමිණුන කෙනෙක්. විනාශයට පත්වුණ කෙනෙක්. මාරයා විසින් කැමති දෙයක් කළ හැකි කෙනෙක්.

ඔය විදිහට පින්වත් මහණෙනි, ලාභ සත්කාර කීර්ති ප්‍රශංසා කියන්නේ දරුණු දේවල්. නපුරු දේවල්. කොටින් ම එරුෂ දේවල්. කොටින් ම අනුත්තර වූ අරහත්වය අවබෝධ කිරීමටත් අනතුරුදායකයි. ඒ නිසා පින්වත් මහණෙනි, හික්මෙන්නට ඕන මෙ විදිහට යි. අපි නම් ලාභ සත්කාර කීර්ති ප්‍රශංසා බැහැර කරනවා. අපට ලැබිල තියෙන ලාභ සත්කාර කීර්ති ප්‍රශංසාවලට අපගේ හිත යටවෙන්නට දෙන්නේ නෑ. පින්වත් මහණෙනි, ඔන්න ඔය විදිහටයි ඔබ හික්මෙන්නට ඕන.

සාදු! සාදු!! සාදු!!!

කුම්ම සූත්‍රය නිමා විය.

5.1.4.
දීඝලෝමී ඒළක සූත්‍රය
දික් ලොම් ඇති එළුදෙන ගැන වදාළ දෙසුම

300. සැවැත් නුවරදී ....

පින්වත් මහණෙනි, ලාභ සත්කාර කීර්ති ප්‍රශංසා කියන්නේ දරුණු දේවල්. ....(පෙ).... පින්වත් මහණෙනි, ඒක මේ වගේ දෙයක්. දිග ලොම් තියෙන එළුදෙනක් හිටියා. ඈ කටු අකුලකට රිංගුවා. ඉතින් ඈ ඒ ඒ තැන ඇලිල ගියා. ඒ ඒ තැන ඇමිණිලා ගියා. ඒ ඒ තැන බැඳිලා ගියා. ඒ ඒ තැන කරදරේ වැටුණා. විපතේ වැටුණා. පින්වත් මහණෙනි, ඔන්න ඔය වගේ ම යි මෙහි ඇතැම් භික්ෂුවක් ලාභ සත්කාර කීර්ති ප්‍රශංසාවලට යට වෙලා, එයට යට වූ සිතින් උදේ වරුවේ සිවුරුත් පොරවා ගෙන, පාසිවුරු අරගෙන ගමකට හරි පොඩි නගරයකට හරි පිණ්ඩපාතෙ යනවා. ඉතින් ඔහු ගිය ගිය තැන ඇලිලා යනවා. ගිය ගිය තැන ඇමිණිලා යනවා. ගිය ගිය තැන බැඳිලා යනවා. ගිය ගිය තැන කරදරේ වැටෙනවා. විපතේ වැටෙනවා. පින්වත් මහණෙනි, ඔන්න ඔය විදිහ ම යි ලාභ සත්කාර කීර්ති ප්‍රශංසා දරුණුයි. ....(පෙ).... ඔන්න ඔය විදිහටයි හික්මෙන්නට ඕන.

සාදු! සාදු!! සාදු!!!

දීඝලෝමී ඒළක සූත්‍රය නිමා විය.

5.1.5.
මීළ්හක සූත්‍රය
අසුචි කන පණුවා ගැන වදාළ දෙසුම

301. සැවැත් නුවරදී ....

පින්වත් මහණෙනි, ලාභ සත්කාර කීර්ති ප්‍රශංසා කියන්නේ දරුණු දේවල්. ....(පෙ).... පින්වත් මහණෙනි, ඒක මේ වගේ දෙයක්. අසූචි කන, අසූචිවලින් පිරුණ ඒ අසූචි පණුවා ඉදිරියේ ලොකු අසූචි ගොඩක් තිබුණා. එතකොට ඒ පණුවා අනිත් පණුවන් ඉක්මවා හිතන්න පටන් ගත්තා. 'මම නෙව අසූචි කන

පණුවා. අසූචියෙන් හරිත වෙලා. අසූචියෙන් පිරිලා ඉන්න මා ඉදිරියේ නෙ ඔය ලොකු අසූචි ගොඩ තියෙන්නේ.'

පින්වත් මහණෙනි, ඔන්න ඔය විදිහ ම යි. මෙහි එක්තරා භික්ෂුවක් ලාභ සත්කාර කීර්ති ප්‍රශංසාවලට යට වෙලා, එයට යටත් වූ සිතින් උදේ වරුවේ සිවුරුත් පොරවා ගෙන පාසිවුරු අරගෙන ගමකට හරි පොඩි නගරයකට හරි පිණ්ඩපාතේ යනවා. එතැනදී ඔහු ඇති තාක් වළඳනවා. හෙට දානෙටත් ආරාධනාව ලැබෙනවා. ඔහු ගේ පිණ්ඩපාතේ සම්පූර්ණ වුණා. ඉතින් ඔහු ආවාසයට ගිහින් භික්ෂු සංඝයා මැද්දෙ තමාව වර්ණනා කර ගන්නවා. 'අද මං ඇති වෙන්න වැළඳුවා. හෙටත් ආරාධනා ලැබුණා නෙව. මගේ පිණ්ඩපාතෙ සම්පූර්ණ වුණා. මං ඉතින් සිවුරු, පිණ්ඩපාත, සේනාසන, ගිලන්පස බෙහෙත් පිරිකර ලැබෙන කෙනෙක් නෙව. කෝ ඉතින් මේ අනිත් භික්ෂූන්ට කොයින්ද එහෙම දෙයක්. ඒ ඇත්තන්ට පින් මදි. අලපේශාඛ්‍යයි. සිවුරු, පිණ්ඩපාත, සේනාසන, ගිලන්පස බෙහෙත් පිරිකර ලැබෙන්නෙ නෑ නෙව' කියල ඒ භික්ෂුව ඒ ලාභ සත්කාර කීර්ති ප්‍රශංසාවලට යටවෙලා එයට යටවුණ සිතින් යුක්තව අනිත් සුපේශල සිල්වත් භික්ෂූන් ඉක්මවා යනවා.

පින්වත් මහණෙනි, ඒක ඒ හිස් පුරුෂයාට බොහෝ කලක් අහිත පිණිස දුක් පිණිස පවතිනවා. පින්වත් මහණෙනි, ඔන්න ඔය විදිහමයි ලාභ සත්කාර කීර්ති ප්‍රශංසා දරුණුයි. ....(පෙ).... ඔන්න ඔය විදිහටයි හික්මෙන්නට ඕන.

සාදු! සාදු!! සාදු!!!

මීළ්හක සූත්‍රය නිමා විය.

5.1.6.
අසනිවිචක්ක සූත්‍රය
හෙණ වැදීම ගැන වදාළ දෙසුම

302. සැවැත් නුවරදී ....

පින්වත් මහණෙනි, ලාභ සත්කාර කීර්ති ප්‍රශංසා කියන්නේ දරුණු දේවල්. ....(පෙ).... පින්වත් මහණෙනි, මේ හෙණ වැදීම එන්නෙ කවුරු කරාද? තවම අරහත්වයට පත්වෙලා නැති ආර්ය මාර්ගය වඩන භික්ෂුව වෙතයි එන්නේ. ලාභ සත්කාර කීර්ති ප්‍රශංසා තමයි ඔහු වෙත එන්නේ. පින්වත් මහණෙනි, ඔය

හෙණ සක කියන්නේ ලාභ සත්කාර කීර්ති ප්‍රශංසාවලට කියන නමක්. පින්වත් මහණෙනි, ඔන්න ඔය විදිහට ම යි ලාභ සත්කාර කීර්ති ප්‍රශංසා දරුණුයි. ....(පෙ).... ඔන්න ඔය විදිහටයි හික්මෙන්නට ඕන.

සාදු! සාදු!! සාදු!!!

අසනිවිචක්ක සූත්‍රය නිමා විය.

5.1.7.
දිද්ධ විසල්ල සූත්‍රය
විස පොවාපු කිණිස්ස ගැන වදාළ දෙසුම

303. සැවැත් නුවරදී ....

පින්වත් මහණෙනි, ලාභ සත්කාර කීර්ති ප්‍රශංසා කියන්නේ දරුණු දේවල්. ....(පෙ).... පින්වත් මහණෙනි, විස පොවාපු කිණිස්සෙන් විදින්නට පුළුවන් කාටද? තව ම අරහත්වයට පත්වෙලා නැති ආර්ය මාර්ගය වඩන භික්ෂුවටයි විදින්නට පුළුවන් වෙන්නේ. ලාභ සත්කාර කීර්ති ප්‍රශංසා තමයි ඔහු වෙත එන්නේ. පින්වත් මහණෙනි, ඔය විස පොවාපු කිණිස්ස කියන්නේ ලාභ සත්කාර කීර්ති ප්‍රශංසාවලට කියන නමක්.

පින්වත් මහණෙනි, ඔන්න ඔය විදිහට ම යි ලාභ සත්කාර කීර්ති ප්‍රශංසා දරුණුයි. ....(පෙ).... ඔන්න ඔය විදිහටයි හික්මෙන්නට ඕන.

සාදු! සාදු!! සාදු!!!

දිද්ධ විසල්ල සූත්‍රය නිමා විය.

5.1.8.
සිඟාල සූත්‍රය
හිවලා ගැන වදාළ දෙසුම

304. සැවැත් නුවරදී ....

පින්වත් මහණෙනි, ලාභ සත්කාර කීර්ති ප්‍රශංසා කියන්නේ දරුණු

දේවල් ....(පෙ).... පින්වත් මහණෙනි, ඊයෙ රාත්‍රියේ පාන්දර වෙනකොට නාකි හිවලෙකුගේ උඩු බුරුලන හඬක් ඇහුණාද? "එසේ ය, ස්වාමීනි."

පින්වත් මහණෙනි, ඔය නාකි හිවලට උක්කණ්ටක කියල රෝගයක් හැදිල තියෙන්නේ. ඔය රෝගයෙන් පීඩා විඳිනකොට ගුලක රිංගලා හිටියත් ඒකෙ ඇලෙන්නෙ නෑ. ගහක් යට හිටියත් ඒකෙ ඇලෙන්නෙ නෑ. එළිමහනේ හිටියත් ඇලෙන්නෙ නෑ. කොයි යම් ම තැනක ගියත් ගිය ගිය තැන හිටගෙන ඉන්නවා. ගිය ගිය තැන ඉඳගන්නවා. ගිය ගිය තැන නිදියනවා. ඒ ඒ තැන ම කරදරේ වැටෙනවා.

පින්වත් මහණෙනි, ඔන්න ඔය වගේ ම යි. මෙහි එක්තරා භික්ෂුවකුත් ඉන්නවා. ඔහු ලාභ සත්කාර කීර්ති ප්‍රශංසාවලට යටවෙනවා. එයට යට වුණ සිතින් ඉන්නවා. ඉතින් ඔහු පාළු කුටියක හිටියත් ඒකෙ ඇලෙන්නෙ නෑ. ගහක් යට හිටියත් ඒකෙ ඇලෙන්නෙ නෑ. එළිමහනේ හිටියත් ඇලෙන්නෙ නෑ. කොයි යම් ම තැනක ගියත් ගිය ගිය තැන හිටගෙන ඉන්නවා. ගිය ගිය තැන ඉඳගන්නවා. ගිය ගිය තැන නිදියනවා. ඒ ඒ තැන ම කරදරේ වැටෙනවා.

පින්වත් මහණෙනි, ඔන්න ඔය විදිහට ම යි ලාභ සත්කාර කීර්ති ප්‍රශංසා දරුණුයි. ....(පෙ).... ඔන්න ඔය විදිහටයි හික්මෙන්නට ඕන.

සාදු! සාදු!! සාදු!!!

සිඟාල සූත්‍රය නිමා විය.

5.1.9.
වේරම්බ සූත්‍රය
වේරම්බ වාතය ගැන වදාළ දෙසුම

305. සැවැත් නුවරදී ....

පින්වත් මහණෙනි, ලාභ සත්කාර කීර්ති ප්‍රශංසා කියන්නේ දරුණු දේවල්. ....(පෙ)....

පින්වත් මහණෙනි, ආකාසෙ උඩ වේරම්බ කියල හුළඟක් හමනවා. ඉතින් ඔතැනට යම් පක්ෂියෙක් ගියොත්, ඒ වේරම්බ වාතයෙන් ඌව වීසි කරනවා. වේරම්බ වාතයෙන් වීසිකරන උගේ කකුල් වෙන පැත්තකට යනවා.

උගේ පියාපත් වෙන පැත්තකට යනවා. උගේ හිස වෙන පැත්තකට යනවා. උගේ ඇඟ වෙන පැත්තකට යනවා.

පින්වත් මහණෙනි, ඔන්න ඔය වගේ ම යි. මෙහි එක්තරා භික්ෂුවක් ලාභ සත්කාර කීර්ති ප්‍රශංසාවලට යට වෙනවා. එයට යට වුණු සිතින් යුක්තව උදේ වරුවේ සිවුරුත් පොරවා ගෙන පාසිවුරු අරගෙන ගමකට හරි පොඩි නගරයකට හරි පිණ්ඩපාතෙ යනවා. ඔහු කය නොරැකගෙන ම, වචනය නොරැකගෙන ම ඇස් කණ් ආදී ඉන්ද්‍රියයන් අසංවර කරගෙන සතිපට්ඨානයෙන් තොර වූ සිතින් තමයි යන්නේ. ඉතින් ඔහුට සරාගී විදිහට රෙදි ඇඳගත්, සරාගී විදිහට රෙදි පොරවා ගත් කාන්තාවක් දකින්නට ලැබෙනවා. එතකොට ඔහු සරාගී විදිහට රෙදි ඇඳගත්, සරාගී විදිහට රෙදි පොරවා ගත් කාන්තාව දැකල රාගයෙන් දුක් විඳිනවා. රාගයෙන් වනසන ලද සිතින් යුතු ඔහු ශික්ෂාව අත්හැරල ගිහියෙක් බවට පත්වෙනවා. එතකොට ඔහු ගේ සිවුරු වෙන කවුරු හරි ගන්නවා. ඔහුගේ පාත්‍රය වෙන කවුරු හරි ගන්නවා. ඔහු ගේ පත්කඩය වෙන කවුරු හරි ගන්නවා. ඔහුගේ ඉඳිකටු ගුලාව වෙන කවුරු හරි ගන්නවා. ඒක හරියට වේරම්බ වාතයට අහුවෙච්ච පක්ෂියාගේ අවයව විසි වුණා වගේ.

පින්වත් මහණෙනි, ඔන්න ඔය විදිහට ම යි ලාභ සත්කාර කීර්ති ප්‍රශංසා දරුණුයි. ....(පෙ).... ඔන්න ඔය විදිහටයි හික්මෙන්නට ඕන.

සාදු! සාදු!! සාදු!!!

වේරම්බ සූත්‍රය නිමා විය.

5.1.10.
සගාථ සූත්‍රය
ගාථා සහිතව වදාළ දෙසුම

306. සැවැත් නුවරදී ....

පින්වත් මහණෙනි, ලාභ සත්කාර කීර්ති ප්‍රශංසා කියන්නේ දරුණු දේවල්. ....(පෙ).... පින්වත් මහණෙනි, මට සමහර පුද්ගලයන්ව දකින්නට ලැබෙනවා. මේ ලාභ සත්කාර කීර්ති ප්‍රශංසාවලට යටවෙලා, එයට යට වුණ සිතින් ඉඳල, කය බිඳී මරණයට පත්වුණාට පස්සේ අපාය වූ දුගති වූ නිරයේ ඉපදිලා දුක් විඳිනවා.

පින්වත් මහණෙනි, මට සමහර පුද්ගලයන්ව දකින්නට ලැබෙනවා. මේ අලාභ අසත්කාරවලට යටවෙලා, එයට යට වුණ සිතින් ඉඳල, කය බිඳී මරණයට පත්වුණාට පස්සේ අපාය වු දුගති වූ නිරයේ ඉපදිලා දුක් විඳිනවා.

පින්වත් මහණෙනි, මට සමහර පුද්ගලයන්ව දකින්ට ලැබෙනවා. මේ ලාභ සත්කාරත් අලාභ අසත්කාරත් කියන ඔය දෙකට ම යට වෙලා, එයට යට වුණ සිතින් ඉඳල, කය බිඳී මරණයට පත් වුණාට පස්සේ අපාය වූ දුගතිය වූ නිරයේ ඉපදිලා දුක් විඳිනවා.

පින්වත් මහණෙනි, ලාභ සත්කාර කීර්ති ප්‍රශංසා කියන්නේ දරුණු දේවල්. නපුරු දේවල්. කොටින් ම එරුෂ දේවල්. කොටින් ම අනුත්තර වූ අරහත්වය අවබෝධ කිරීමටත් අනතුරුදායකයි. ඒ නිසා පින්වත් මහණෙනි, හික්මෙන්නට ඕන මේ විදිහටයි.

අපි නම් ලාභ සත්කාර කීර්ති ප්‍රශංසා බැහැර කරනවා. අපට ලැබිල තියෙන ලාභ සත්කාර කීර්ති ප්‍රශංසාවලට අපගේ හිත යටවෙන්නට දෙන්නේ නෑ. පින්වත් මහණෙනි, ඔන්න ඔය විදිහටයි ඔබ හික්මෙන්න ඕන.

භාග්‍යවතුන් වහන්සේ මෙය වදාළා. සුගත වූ ශාස්තෘන් වහන්සේ නැවත මෙයත් වදාළා.

01. ප්‍රමාණ රහිත මෛත්‍රී විහරණයෙන් යුතු වූ සත්කාර ලබන යම් කෙනෙකුට අසත්කාර ලැබුණත් ඔය දෙකෙන් ම ඒ සමාධිය කම්පා කරවන්නට බෑ.

02. නිරන්තරයෙන් ම ධ්‍යාන වඩන ඉතා සියුම් දෘෂ්ටි පවා විදර්ශනා කරන පංච උපාදානස්කන්ධයේ ඇල්ම ක්ෂය කිරීමට ඇළුණු කෙනාට තමයි සත්පුරුෂයා කියන්නේ.

සාදු! සාදු!! සාදු!!!

සගාථ සූත්‍රය නිමා විය.

පළමු වෙනි දාරුණ වර්ගය අවසන් විය.

2. පාති වර්ගය

5.2.1.
සුවණ්ණ පාති සූත්‍රය
රන් තලිය ගැන වදාළ දෙසුම

307. සැවැත් නුවරදී ....

පින්වත් මහණෙනි, ලාභ සත්කාර කීර්ති ප්‍රශංසා කියන්නේ දරුණු දේවල්. ....(පෙ)....

පින්වත් මහණෙනි, මම මෙහි සමහර පුද්ගලයෙකු ගැන මගේ සිතෙන් ඔහුගේ සිත සම්පූර්ණයෙන් ම විනිවිද දකිනවා. මෙයා නම් රිදී කැබලි පිරවූ රන් තලියක් උදෙසා වත් දැන දැන බොරුවක් නම් කියන්නේ නෑ. නමුත් මා පස්සෙ කාලෙක ඒ පුද්ගලයා ම ලාභ සත්කාර කීර්ති ප්‍රශංසාවලට යටවෙලා, එයට යට වූ සිතින් යුක්තව දැන දැන බොරු කියනවා දැක ගන්නට ලැබුණා.

පින්වත් මහණෙනි, ඔන්න ඔය විදිහ ම යි ලාභ සත්කාර කීර්ති ප්‍රශංසා දරුණුයි. ....(පෙ).... ඔන්න ඔය විදිහටයි හික්මෙන්නට ඕන.

සාදු! සාදු!! සාදු!!!

සුවණ්ණ පාති සූත්‍රය නිමා විය.

5.2.2.
රූපිය පාති සූත්‍රය
රිදී තලිය ගැන වදාළ දෙසුම

308. සැවැත් නුවරදී ....

පින්වත් මහණෙනි, ලාභ සත්කාර කීර්ති ප්‍රශංසා කියන්නේ දරුණු

දේවල්. ....(පෙ)....

පින්වත් මහණෙනි, මම මෙහි සමහර පුද්ගලයෙකු ගැන මගේ සිතෙන් ඔහු ගේ සිත සම්පූර්ණයෙන් ම විනිවිද දකිනවා. මෙයා නම් රන් කැබලි පිරවූ රිදී තලියක් උදෙසා වත් දැන දැන බොරුවක් නම් කියන්නේ නෑ. නමුත් මා පස්සෙ කාලෙක ඒ පුද්ගලයා ම ලාභ සත්කාර කීර්ති ප්‍රශංසාවලට යට වෙලා, එයට යට වූ සිතින් යුක්තව දැන දැන බොරු කියනවා දැක ගන්නට ලැබුණා.

පින්වත් මහණෙනි, ඔන්න ඔය විදිහ ම යි ලාභ සත්කාර කීර්ති ප්‍රශංසා දරුණුයි. ....(පෙ).... ඔන්න ඔය විදිහටයි හික්මෙන්නට ඕන.

සාදු! සාදු!! සාදු!!!

රූපිය පාති සූත්‍රය නිමා විය.

5.2.3. - 10.
සුවණ්ණනික්ඛ ආදී සූත්‍ර
රන් නිකක් ගැන වදාළ දෙසුම ඇතුළු දෙසුම්

309.-316. සැවැත් නුවරදී ....

පින්වත් මහණෙනි, ලාභ සත්කාර කීර්ති ප්‍රශංසා කියන්නේ දරුණු දේවල්. ....(පෙ)....

පින්වත් මහණෙනි, මම මෙහි සමහර පුද්ගලයෙකු ගැන මගේ සිතෙන් ඔහුගේ සිත සම්පූර්ණයෙන් ම විනිවිද දකිනවා. මෙයා නම් රන් නිකක් පිණිසවත් දැන දැන බොරුවක් නම් කියන්නේ නෑ ....(පෙ).... (තුන් වෙනි දෙසුම)

රන්නික සියයක් පිණිසවත් ....(පෙ).... (හතර වෙනි දෙසුම)

සිඟුරන් නිකක් පිණිසවත් ....(පෙ).... (පස් වෙනි දෙසුම)

සිඟුරන් නික සියයක් පිණිසවත් ....(පෙ).... (හය වෙනි දෙසුම)

රන් රිදීයෙන් පිරුණ මහ පොළොව පිණිසවත් ....(පෙ).... (හත් වෙනි දෙසුම)

යම්කිසි ලාභයක් පිණිසවත් ....(පෙ).... (අට වෙනි දෙසුම)

ජීවිතය පිණිසවත් ....(පෙ).... (නව වෙනි දෙසුම)

මෙයා නම් ජනපද කළ්‍යාණිය උදෙසාවත් දැන දැන බොරුවක් කියන්නේ නෑ. නමුත් මා පස්සෙ කාලෙක ඒ පුද්ගලයා ම ලාභ සත්කාර කීර්ති ප්‍රශංසාවලට යට වෙලා, එයට යට වූ සිතින් යුක්තව දැන දැන බොරු කියනවා දැකගන්නට ලැබුණා.

පින්වත් මහණෙනි, ඔන්න ඔය විදිහ ම යි ලාභ සත්කාර කීර්ති ප්‍රශංසා දරුණුයි. ....(පෙ).... ඔන්න ඔය විදිහටයි හික්මෙන්ට ඕන. (දස වෙනි දෙසුම)

සාදු! සාදු!! සාදු!!!

සුවණ්ණනික්ඛාදී සූත්‍ර නිමා විය.

දෙවෙනි පාති වර්ගය අවසන් විය.

3. මාතුගාම වර්ගය

5.3.1.
මාතුගාම සූත්‍රය
කාන්තාව ගැන වදාළ දෙසුම

317. සැවැත් නුවරදී ....

පින්වත් මහණෙනි, ලාභ සත්කාර කීර්ති ප්‍රශංසා කියන්නේ දරුණු දේවල්. ....(පෙ)....

පින්වත් මහණෙනි, හුදෙකලාවේ සිටින යම් කෙනෙකුගේ සිත තමා මෙන් ම හුදෙකලා වූ කාන්තාවක් ළඟ සිටියදී පවා එයින් ඔහුගේ සිත යට වෙන්නේ නෑ. නමුත් ඔහුගේ සිත ලාභ සත්කාර කීර්ති ප්‍රශංසාවලට යට වෙලා යනවා.

පින්වත් මහණෙනි, ඔන්න ඔය විදිහ ම යි ලාභ සත්කාර කීර්ති ප්‍රශංසා දරුණුයි. ....(පෙ).... ඔන්න ඔය විදිහටයි හික්මෙන්නට ඕන.

සාදු! සාදු!! සාදු!!!

මාතුගාම සූත්‍රය නිමා විය.

5.3.2.
ජනපද කල්‍යාණී සූත්‍රය
රූප රාජිණිය ගැන වදාළ දෙසුම

318. සැවැත් නුවරදී ....

පින්වත් මහණෙනි, ලාභ සත්කාර කීර්ති ප්‍රශංසා කියන්නේ දරුණු දේවල්. ....(පෙ)....

පින්වත් මහණෙනි, හුදෙකලාවේ සිටින යම් කෙනෙකුගේ සිත තමා මෙන් ම හුදෙකලා වූ රූප රාජිණියක් ළඟ සිටියදී පවා එයින් ඔහුගේ සිත යට වෙන්නේ නෑ. නමුත් ඔහුගේ සිත ලාභ සත්කාර කීර්ති ප්‍රශංසාවලට යට වෙලා යනවා.

පින්වත් මහණෙනි, ඔන්න ඔය විදිහ ම යි ලාභ සත්කාර කීර්ති ප්‍රශංසා දරුණුයි ....(පෙ).... ඔන්න ඔය විදිහට යි හික්මෙන්නට ඕන.

සාදු! සාදු!! සාදු!!!

ජනපද කල්‍යාණි සූත්‍රය නිමා විය.

5.3.3.
ඒකපුත්ත සූත්‍රය
එකම පුතා ගැන වදාළ දෙසුම

319. සැවැත් නුවරදී ....

පින්වත් මහණෙනි, ලාභ සත්කාර කීර්ති ප්‍රශංසා කියන්නේ දරුණු දේවල්. ....(පෙ)....

පින්වත් මහණෙනි, ශ්‍රද්ධාවන්ත උපාසිකාව තමන්ගේ එක ම ප්‍රිය මනාප පුතාගෙන් මනා කොට යමක් ඉල්ලනවා නම් ඉල්ලිය යුත්තේ මෙයයි. 'අනේ! පුතේ චිත්ත ගෘහපති තුමාත් හත්ථක ආලවක තුමාත් යම් ආකාරයකින් යුක්ත ද ඔයත් අන්න එබඳු කෙනෙක් ම වෙන්න' කියල.

පින්වත් මහණෙනි, මගේ උපාසක භාවයට පත් ගිහි ශ්‍රාවකයින්ට චිත්ත ගෘහපති තුමාත් හත්ථක ආලවක තුමාත් තමයි මිනුම් දණ්ඩ වෙන්නේ. ප්‍රමාණය වෙන්නේ.

'අනේ! පුතේ ඔයා ගිහි ජීවිතය අත් හැරල අනගාරික වූ බුදු සසුනේ පැවිදි වෙනවා නම් සාරිපුත්ත මහ රහතන් වහන්සේත් මොග්ගල්ලාන මහ රහතන් වහන්සේත් යම් ආකාරයකින් යුක්ත ද ඔයත් අන්න එබඳු උතුමෙක් වෙන්න.'

පින්වත් මහණෙනි, මගේ පැවිදි ශ්‍රාවක වූ භික්ෂූන් හට පින්වත් සාරිපුත්තත් පින්වත් මොග්ගල්ලානත් තමයි මිනුම් දණ්ඩ වෙන්නේ. ප්‍රමාණය වෙන්නේ.

'අනේ! පුතේ, තව ම නිවන් මගේ ගමන් කරන අරහත්වයට පත් වෙලා නැති ඔබ ලාභ සත්කාර කීර්ති ප්‍රශංසාවලට අහුවෙන්න එපා'

පින්වත් මහණෙනි, තව ම නිවන් මගේ ගමන් කරන අරහත්වයට පත් වෙලා නැති ඒ භික්ෂුව ඔය ලාභ සත්කාර කීර්ති ප්‍රශංසාවලට අහුවුණොත් ඒක ම තමයි ඔහුගේ නිවන් මගට අන්තරාය පිණිස පවතින්නේ.

පින්වත් මහණෙනි, ඔන්න ඔය විදිහ ම යි ලාභ සත්කාර කීර්ති ප්‍රශංසා දරුණුයි ....(පෙ).... ඔන්න ඔය විදිහටයි හික්මෙන්නට ඕන.

සාදු! සාදු!! සාදු!!!

ඒක පුත්ත සූත්‍රය නිමා විය.

5.3.4.
ඒක ධීතු සූත්‍රය
එකම දුව ගැන වදාළ දෙසුම

320. සැවැත් නුවරදී ....

පින්වත් මහණෙනි, ලාභ සත්කාර කීර්ති ප්‍රශංසා කියන්නේ දරුණු දේවල්. ....(පෙ)....

පින්වත් මහණෙනි, ශ්‍රද්ධාවන්ත උපාසිකාව තමන්ගේ එක ම ප්‍රිය මනාප දියණියගෙන් මනා කොට යමක් ඉල්ලනවා නම් ඉල්ලිය යුත්තේ මෙයයි. 'අනේ! දුවේ ඛුජ්ජුත්තරා උපාසිකාවත් වේළුකණ්ටකී නන්ද මාතාවත් යම් ආකාරයකින් යුක්ත ද ඔයත් අන්න එබඳු කෙනෙක් ම වෙන්න' කියල.

පින්වත් මහණෙනි, මගේ උපාසිකා භාවයට පත් ගිහි ශ්‍රාවිකාවන්ට ඛුජ්ජුත්තරා උපාසිකාවත් වේළුකණ්ටකී නන්ද මාතාවත් තමයි මිනුම් දණ්ඩ වෙන්නේ. ප්‍රමාණය වෙන්නේ.

'අනේ! දුවේ ඔයා ගිහි ජීවිතය අත් හැරල අනගාරික වූ බුදු සසුනේ පැවිදි වෙනවා නම් ඛේමා මහ රහත් භික්ෂුණීන් වහන්සේත් උප්පලවණ්ණා මහ රහත් භික්ෂුණීන් වහන්සේත් යම් ආකාරයකින් යුක්ත ද ඔයත් අන්න එබඳු උත්තමාවියක් වෙන්න.'

පින්වත් මහණෙනි, මගේ පැවිදි ශ්‍රාවිකා වූ භික්ෂූණීන් හට පින්වත් ඛේමාත් පින්වත් උප්පලවණ්ණාත් තමයි මිනුම් දණ්ඩ වෙන්නේ. ප්‍රමාණය වෙන්නේ.

'අනේ! දුවේ, තව ම නිවන් මගේ ගමන් කරන අරහත්වයට පත්වෙලා නැති ඔබ ලාභ සත්කාර කීර්ති ප්‍රශංසාවලට අහුවෙන්න එපා'

පින්වත් මහණෙනි, තව ම නිවන් මගේ ගමන් කරන අරහත්වයට පත් වෙලා නැති ඒ භික්ෂුණිය ඔය ලාභ සත්කාර කීර්ති ප්‍රශංසාවලට අහුවුණොත් ඒක ම තමයි ඇයගේ නිවන් මගට අන්තරාය පිණිස පවතින්නේ.

පින්වත් මහණෙනි, ඔන්න ඔය විදිහ ම යි ලාභ සත්කාර කීර්ති ප්‍රශංසා දරුණුයි. ....(පෙ).... ඔන්න ඔය විදිහටයි හික්මෙන්නට ඕන.

සාදු! සාදු!! සාදු!!!

ඒක ධීතු සූත්‍රය නිමා විය.

5.3.5.
සමණබ්‍රාහ්මණ සූත්‍රය
ශ්‍රමණ බ්‍රාහ්මණයන් ගැන වදාළ දෙසුම

321. සැවැත් නුවරදී ....

පින්වත් මහණෙනි, යම්කිසි ශ්‍රමණයෙක් හෝ වේවා බ්‍රාහ්මණයෙක් හෝ වේවා ඔය ලාභ සත්කාර කීර්ති ප්‍රශංසාවල ඇති ආශ්වාදයත්, ආදීනවයත්, නිස්සරණයත් ඒ ආකාරයෙන් ම අවබෝධ නොකළොත්, පින්වත් මහණෙනි, ඒ ශ්‍රමණයන්වත් ඒ බ්‍රාහ්මණයන්වත් සැබෑ ම ශ්‍රමණයන් අතර ශ්‍රමණයන් බවට පත් වන්නේ නෑ. සැබෑ ම බ්‍රාහ්මණයන් අතර බ්‍රාහ්මණයන් බවට පත් වන්නේත් නෑ. ඒ ආයුෂ්මත්වරුන්ට මේ ජීවිතය තුළදී තමන්ගේ ශ්‍රමණ ජීවිතයෙන් ප්‍රතිඵලයක්වත් බ්‍රාහ්මණ ජීවිතයෙන් ප්‍රතිඵලයක්වත් තමා තුළින් ඇති වුණ විශිෂ්ට ඥාණයෙන් සාක්ෂාත් කර ගෙන ඒ තුළ සිටින්නට පුළුවන් වෙන්නේ නෑ.

පින්වත් මහණෙනි, යම්කිසි ශ්‍රමණයෙක් හෝ වේවා බ්‍රාහ්මණයෙක් හෝ වේවා ඔය ලාභ සත්කාර කීර්ති ප්‍රශංසාවල ඇති ආශ්වාදයත්, ආදීනවයත්,

නිස්සරණයත් ඒ ආකාරයෙන් ම අවබෝධ කළොත්, පින්වත් මහණෙනි. ....(පෙ).... තමා තුළින් ඇති වුණ විශිෂ්ට ඤාණයෙන් සාක්ෂාත් කරගෙන ඒ තුළ සිටින්නට පුළුවන් වෙනවා.

සාදු! සාදු!! සාදු!!!

සමණබ්‍රාහ්මණ සූත්‍රය නිමා විය.

<h1 style="text-align:center">5.3.6.</h1>
<h2 style="text-align:center">දුතිය සමණබ්‍රාහ්මණ සූත්‍රය</h2>
<h3 style="text-align:center">ශ්‍රමණ බ්‍රාහ්මණයන් ගැන වදාළ දෙවෙනි දෙසුම</h3>

322.   සැවැත් නුවරදී ....

පින්වත් මහණෙනි, යම්කිසි ශ්‍රමණයෙක් හෝ වේවා බ්‍රාහ්මණයෙක් හෝ වේවා ඔය ලාභ සත්කාර කීර්ති ප්‍රශංසාවල හට ගැනීමත්, නැති වීමත්, ආශ්වාදයත්, ආදීනවයත්, නිස්සරණයත් ඒ ආකාරයෙන් ම අවබෝධ නොකළොත්, පින්වත් මහණෙනි, ඒ ශ්‍රමණයන්වත් ඒ බ්‍රාහ්මණයන්වත් සැබෑ ම ශ්‍රමණයන් අතර ශ්‍රමණයන් බවට පත් වන්නේ නෑ. සැබෑ ම බ්‍රාහ්මණයන් අතර බ්‍රාහ්මණයන් බවට පත් වන්නේත් නෑ. ඒ ආයුෂ්මත්වරුන්ට මේ ජීවිතය තුළදී තමන්ගේ ශ්‍රමණ ජීවිතයෙන් ප්‍රතිඵලයක්වත් බ්‍රාහ්මණ ජීවිතයෙන් ප්‍රතිඵලයක්වත් තමා තුළින් ඇතිවුණ විශිෂ්ට ඤාණයෙන් සාක්ෂාත් කරගෙන ඒ තුළ සිටින්නට පුළුවන් වෙන්නේ නෑ.

පින්වත් මහණෙනි, යම්කිසි ශ්‍රමණයෙක් හෝ වේවා බ්‍රාහ්මණයෙක් හෝ වේවා ඔය ලාභ සත්කාර කීර්ති ප්‍රශංසාවල හට ගැනීමත්, නැති වීමත්, ආශ්වාදයත්, ආදීනවයත්, නිස්සරණයත් ඒ ආකාරයෙන් ම අවබෝධ කළොත්, පින්වත් මහණෙනි. ....(පෙ).... තමා තුළින් ඇතිවුණ විශිෂ්ට ඤාණයෙන් සාක්ෂාත් කර ගෙන ඒ තුළ සිටින්නට පුළුවන් වෙනවා.

සාදු! සාදු!! සාදු!!!

දුතිය සමණබ්‍රාහ්මණ සූත්‍රය නිමා විය.

5.3.7.
තතිය සමණබ්‍රාහ්මණ සූත්‍රය
ශ්‍රමණ බ්‍රාහ්මණයන් ගැන වදාළ තුන්වෙනි දෙසුම

323. සැවැත් නුවරදී ....

පින්වත් මහණෙනි, යම්කිසි ශ්‍රමණයෙක් හෝ වේවා බ්‍රාහ්මණයෙක් හෝ වේවා ඔය ලාභ සත්කාර කීර්ති ප්‍රශංසා ගැන දන්නෙ නැත්නම්, ලාභ සත්කාර කීර්ති ප්‍රශංසාවල හට ගැනීම දන්නේ නැත්නම්, ලාභ සත්කාර කීර්ති ප්‍රශංසාවල නිරුද්ධ වීම ගැන දන්නේ නැත්නම්, ලාභ සත්කාර කීර්ති ප්‍රශංසාවල නිරුද්ධ වීමේ මාර්ගය දන්නේ නැත්නම්, පින්වත් මහණෙනි, ඒ ශ්‍රමණයන්වත් ඒ බ්‍රාහ්මණයන්වත් සැබෑ ම ශ්‍රමණයන් අතර ශ්‍රමණයන් බවට පත් වන්නේ නෑ. සැබෑ ම බ්‍රාහ්මණයන් අතර බ්‍රාහ්මණයන් බවට පත් වන්නේත් නෑ. ඒ ආයුෂ්මත්වරුන්ට මේ ජීවිතය තුළදී ම තමන්ගේ ශ්‍රමණ ජීවිතයෙන් ප්‍රතිඵලයක්වත් බ්‍රාහ්මණ ජීවිතයෙන් ප්‍රතිඵලයක්වත් තමා තුළින් ඇති වුණ විශිෂ්ට ඤාණයෙන් සාක්ෂාත් කරගෙන ඒ තුළ සිටින්නට පුළුවන් වෙන්නේ නෑ.

පින්වත් මහණෙනි, යම්කිසි ශ්‍රමණයෙක් හෝ වේවා බ්‍රාහ්මණයෙක් හෝ වේවා ඔය ලාභ සත්කාර කීර්ති ප්‍රශංසා. ....(පෙ).... තමා තුළින් ඇති වුණ විශිෂ්ට ඤාණයෙන් සාක්ෂාත් කර ගෙන ඒ තුළ සිටින්නට පුළුවන් වෙනවා.

සාදු! සාදු!! සාදු!!!

තතිය සමණබ්‍රාහ්මණ සූත්‍රය නිමා විය.

5.3.8.
ඡවි සූත්‍රය
සිවිය ගැන වදාළ දෙසුම

324. සැවැත් නුවරදී ....

පින්වත් මහණෙනි, ලාභ සත්කාර කීර්ති ප්‍රශංසා දරුණුයි. පින්වත් මහණෙනි, ලාභ සත්කාර කීර්ති ප්‍රශංසා සිවිය සිඳගෙන යනවා. සිවිය සිඳගෙන

ගිහින් හමත් සිඳගෙන යනවා. හම සිඳගෙන ගිහින් මසුත් සිඳගෙන යනවා. මස් සිඳගෙන ගිහින් නහරත් සිඳගෙන යනවා. නහර සිඳගෙන ගිහින් ඇටත් සිඳගෙන යනවා. ඇට සිඳගෙන ගිහින් ඇට මිදුළුවල කාවැදිලයි තියෙන්නේ.

පින්වත් මහණෙනි, ඔන්න ඔය විදිහ ම යි ලාභ සත්කාර කීර්ති ප්‍රශංසා දරුණුයි. ....(පෙ).... ඔන්න ඔය විදිහට යි හික්මෙන්නට ඕන.

සාදු! සාදු!! සාදු!!!

ඡවි සූත්‍රය නිමා විය.

5.3.9.
වාලරජ්ජු සූත්‍රය
අස් ලොමින් කළ කඹය ගැන වදාළ දෙසුම

325. සැවැත් නුවරදී ....

පින්වත් මහණෙනි, ලාභ සත්කාර කීර්ති ප්‍රශංසා දරුණුයි. පින්වත් මහණෙනි, ලාභ සත්කාර කීර්ති ප්‍රශංසා සිවිය සිඳගෙන යනවා. සිවිය සිඳගෙන ගිහින් හමත් සිඳගෙන යනවා. හම සිඳගෙන ගිහින් මසුත් සිඳගෙන යනවා. මස් සිඳගෙන ගිහින් නහරත් සිඳගෙන යනවා. නහර සිඳගෙන ගිහින් ඇටත් සිඳගෙන යනවා. ඇට සිඳගෙන ගිහින් ඇට මිදුළුවල කාවැදිලයි තියෙන්නේ.

පින්වත් මහණෙනි, ඒක මේ වගේ දෙයක්. බලවත් පුරුෂයෙක් අස් ලොමින් කළ සවිමත් කඹයකින් කෙනෙකුගේ කෙණ්ඩා වෙලලා කිටි කිටියේ තද කළොත් ඒ කඹය සිවිය සිඳගෙන යනවා. සිවිය සිඳගෙන ගිහින් හමත් සිඳගෙන යනවා. හම සිඳගෙන ගිහින් මසුත් සිඳගෙන යනවා. මස් සිඳගෙන ගිහින් නහරත් සිඳගෙන යනවා. නහර සිඳගෙන ගිහින් ඇටත් සිඳගෙන යනවා. ඇට සිඳගෙන ගිහින් ඇට මිදුළුවල කාවැදිල හිටිනවා. අන්න ඒ වගේ ම යි පින්වත් මහණෙනි, ලාභ සත්කාර කීර්ති ප්‍රශංසා සිවිය සිඳගෙන යනවා. සිවිය සිඳගෙන ගිහින් හමත් සිඳගෙන යනවා. හම සිඳගෙන ගිහින් මසුත් සිඳගෙන යනවා. මස් සිඳගෙන ගිහින් නහරත් සිඳගෙන යනවා. නහර සිඳගෙන ගිහින් ඇටත් සිඳගෙන යනවා. ඇට සිඳගෙන ගිහින් ඇට මිදුළුවල කාවැදිලයි තියෙන්නේ.

පින්වත් මහණෙනි, ඔන්න ඔය විදිහ ම යි ලාභ සත්කාර කීර්ති ප්‍රශංසා

දරුණුයි. ....(පෙ).... ඔන්න ඔය විදිහට යි හික්මෙන්නට ඕන.

සාදු! සාදු!! සාදු!!!

වාලරජ්ජු සූත්‍රය නිමා විය.

5.3.10.

ඛීණාසව භික්ඛු සූත්‍රය

අරහත් භික්ෂුව ගැන වදාළ දෙසුම

326. සැවැත් නුවරදී ....

පින්වත් මහණෙනි, අරහත් වූ ආශ්‍රවයන් ක්ෂය කළා වූ යම් භික්ෂුවක් ඉන්නවා නම්, ඒ භික්ෂුවට පවා ඔය ලාභ සත්කාර කීර්ති ප්‍රශංසා අනතුරුදායකයි කියලයි මම කියන්නේ.

එසේ වදාළ විට ආයුෂ්මත් ආනන්ද තෙරුන් භාග්‍යවතුන් වහන්සේ ගෙන් මෙහෙම ඇහුවා. "ස්වාමීනි, ආශ්‍රවයන් ක්ෂය කළ භික්ෂුවට ලාභ සත්කාර කීර්ති ප්‍රශංසා අනතුරුදායක වන්නේ කොයි ආකාරයටද?"

පින්වත් ආනන්දයෙනි, යම් අරහත් ඵල චිත්ත විමුක්තියක් වේ නම් ඒකට ඔය ලාභ සත්කාර කීර්ති ප්‍රශංසා අනතුරුදායක වෙනවා කියල මම කියන්නේ නෑ. නමුත් පින්වත් ආනන්දයෙනි, අප්‍රමාදීව කෙලෙස් තවන වීර්යයෙන් යුතුව දහමට දිවි පුදා වාසය කරද්දී මෙලොවදී සුව සේ වාසය කළ හැකි යම් ධ්‍යාන සමාපත්ති ආදිය ඇති වෙනවා නේ. අන්න ඒ මෙලොවදී ලැබෙන සැප විඳගන්නට ලාභ සත්කාර කීර්ති ප්‍රශංසා අනතුරුදායක වෙනවා කියලයි මම කියන්නේ.

පින්වත් ආනන්දයෙනි, ලාභ සත්කාර කීර්ති ප්‍රශංසා කියන්නේ දරුණු දේවල්. නපුරු දේවල්. කොටින් ම ඵරුෂ දේවල්. කොටින් ම අනුත්තර වූ අරහත්වය අවබෝධ කිරීමටත් අනතුරුදායකයි. ඒ නිසා පින්වත් ආනන්ද, හික්මෙන්නට ඕන මේ විදිහට යි. අපි නම් ලාභ සත්කාර කීර්ති ප්‍රශංසා බැහැර කරනවා. අපට ලැබිල තියෙන ලාභ සත්කාර කීර්ති ප්‍රශංසාවලට අපගේ හිත යටවෙන්නට දෙන්නේ නෑ. පින්වත් ආනන්ද, ඔන්න ඔය විදිහටයි ඔබ හික්මෙන්න ඕන.

සාදු! සාදු!! සාදු!!!

ඛීණාසව භික්ඛු සූත්‍රය නිමා විය.

තුන්වෙනි මාතුගාම වර්ගය අවසන් විය.

4. සංඝභේද වර්ගය

5.4.1.
සංඝභේද සූත්‍රය
සංඝයා භේද කිරීම ගැන වදාළ දෙසුම

327. සැවැත් නුවරදී ....

පින්වත් මහණෙනි, ලාභ සත්කාර කීර්ති ප්‍රශංසා කියන්නේ දරුණු දේවල්. ....(පෙ)....

පින්වත් මහණෙනි, ලාභ සත්කාර කීර්ති ප්‍රශංසාවලට යටවෙලා එයට යටවුණු සිතින් යුක්ත ව යි දේවදත්ත සංඝයා බිඳෙව්වේ. පින්වත් මහණෙනි, ඔන්න ඔය විදිහ ම යි ලාභ සත්කාර කීර්ති ප්‍රශංසා දරුණුයි. ....(පෙ).... ඔන්න ඔය විදිහටයි හික්මෙන්නට ඕන.

සාදු! සාදු!! සාදු!!!

සංඝභේද සූත්‍රය නිමා විය.

5.4.2.
කුසලමූල සමුච්ඡේද සූත්‍රය
කුසල්මුල් සහමුලින්ම නැතිවීම ගැන වදාළ දෙසුම

328. සැවැත් නුවරදී ....

පින්වත් මහණෙනි, ලාභ සත්කාර කීර්ති ප්‍රශංසා කියන්නේ දරුණු දේවල්. ....(පෙ)....

පින්වත් මහණෙනි, ලාභ සත්කාර කීර්ති ප්‍රශංසාවලට යටවෙලා එයට යටවුණු සිතින් යුක්ත වූ දේවදත්තගේ කුසල් මුල් සහමුලින් ම විනාශ වෙලා

ගියා. පින්වත් මහණෙනි, ඔන්න ඔය විදිහ ම යි ලාභ සත්කාර කීර්ති ප්‍රශංසා දරුණු යි. ....(පෙ).... ඔන්න ඔය විදිහටයි හික්මෙන්නට ඕන.

සාදු! සාදු!! සාදු!!!

කුසලමූල සමුච්ඡේද සූත්‍රය නිමා විය.

5.4.3.
කුසලධම්ම සමුච්ඡේද සූත්‍රය
කුසල් දහම් සහමුලින්ම නැතිවීම ගැන වදාළ දෙසුම

329. සැවැත් නුවරදී ....

පින්වත් මහණෙනි, ලාභ සත්කාර කීර්ති ප්‍රශංසා කියන්නේ දරුණු දේවල්. ....(පෙ)....

පින්වත් මහණෙනි, ලාභ සත්කාර කීර්ති ප්‍රශංසාවලට යටවෙලා එයට යටවුණු සිතින් යුක්ත වූ දේවදත්තගේ කුසල් දහම් සහමුලින් ම විනාශ වෙලා ගියා. පින්වත් මහණෙනි, ඔන්න ඔය විදිහ ම යි ලාභ සත්කාර කීර්ති ප්‍රශංසා දරුණුයි. ....(පෙ).... ඔන්න ඔය විදිහටයි හික්මෙන්නට ඕන.

සාදු! සාදු!! සාදු!!!

කුසලධම්ම සමුච්ඡේද සූත්‍රය නිමා විය.

5.4.4.
සුක්කධම්ම සමුච්ඡේද සූත්‍රය
සොඳුරු දහම් සහමුලින්ම නැතිවීම ගැන වදාළ දෙසුම

330. සැවැත් නුවරදී ....

පින්වත් මහණෙනි, ලාභ සත්කාර කීර්ති ප්‍රශංසා කියන්නේ දරුණු දේවල්. ....(පෙ)....

පින්වත් මහණෙනි, ලාභ සත්කාර කීර්ති ප්‍රශංසාවලට යටවෙලා එයට

යටවුණු සිතින් යුක්ත වූ දේවදත්තගේ සොඳුරු දහම් සහමුලින් ම විනාශ වෙලා ගියා. පින්වත් මහණෙනි, ඔන්න ඔය විදිහ ම යි ලාභ සත්කාර කීර්ති ප්‍රශංසා දරුණුයි. ....(පෙ).... ඔන්න ඔය විදිහටයි හික්මෙන්නට ඕන.

සාදු! සාදු!! සාදු!!!

සුක්කධම්ම සමුච්ඡේද සූත්‍රය නිමා විය.

5.4.5.
අත්තවධ සූත්‍රය
තමා වනසා ගැනීම ගැන වදාළ දෙසුම

331. සැවැත් නුවරදී ....

ඒ දිනවල දේවදත්ත (බුදු සසුනෙන්) බැහැර වුණ සුළු කලකින් භාග්‍යවතුන් වහන්සේ වැඩසිටියේ රජගහ නුවර ගිජුකුළු පව්වේ. එහිදී භාග්‍යවතුන් වහන්සේ දේවදත්ත අරභයා භික්ෂූන් අමතා වදාළා. පින්වත් මහණෙනි, ඔය දේවදත්තට තමා වනසා ගැනීම පිණිසයි ලාභ සත්කාර කීර්ති ප්‍රශංසා පහළ වුණේ. පිරිහීම පිණිසයි ලාභ සත්කාර කීර්ති ප්‍රශංසා පහළ වුණේ.

පින්වත් මහණෙනි, ඒක මේ වගේ දෙයක්. කෙහෙල් ගස පීදෙන්නේ තමාව වනසා ගැනීම පිණිසයි. කෙහෙල් ගස පීදෙන්නේ පිරිහීම පිණිසයි. පින්වත් මහණෙනි, ඔන්න ඔය විදිහට ම තමාව වනසා ගැනීම පිණිසයි දේවදත්තට ලාභ සත්කාර කීර්ති ප්‍රශංසා ඉපදුණේ. පිරිහීම පිණිසයි ලාභ සත්කාර කීර්ති ප්‍රශංසා ඉපදුණේ.

පින්වත් මහණෙනි, ඒක මේ වගේ දෙයක්. උණ ගස පීදෙන්නේ තමාව වනසා ගැනීම පිණිසයි. උණ ගස පීදෙන්නේ පිරිහීම පිණිසයි. පින්වත් මහණෙනි, ඔන්න ඔය විදිහට ම තමාව වනසා ගැනීම පිණිසයි දේවදත්තට ලාභ සත්කාර කීර්ති ප්‍රශංසා ඉපදුණේ. පිරිහීම පිණිසයි ලාභ සත්කාර කීර්ති ප්‍රශංසා ඉපදුණේ.

පින්වත් මහණෙනි, ඒක මේ වගේ දෙයක්. බට ගස පීදෙන්නේ තමාව වනසා ගැනීම පිණිසයි. බට ගස පීදෙන්නේ පිරිහීම පිණිසයි. පින්වත් මහණෙනි, ඔන්න ඔය විදිහට ම තමාව වනසා ගැනීම පිණිසයි දේවදත්තට ලාභ සත්කාර කීර්ති ප්‍රශංසා ඉපදුණේ. පිරිහීම පිණිසයි ලාභ සත්කාර කීර්ති ප්‍රශංසා ඉපදුණේ.

පින්වත් මහණෙනි, ඒක මේ වගේ දෙයක්. වෙළඹකගේ කුසේ කොටළුවෙකුට දාව උපන් අශ්වතරිය ගැබ් ගන්නේ තමාව වනසා ගැනීම පිණිසයි. පිරිහීම පිණිසයි. පින්වත් මහණෙනි, ඔන්න ඔය විදිහට ම තමාව වනසා ගැනීම පිණිසයි දේවදත්තට ලාභ සත්කාර කීර්ති ප්‍රශංසා ඉපදුණේ. පිරිහීම පිණිසයි ලාභ සත්කාර කීර්ති ප්‍රශංසා ඉපදුණේ.

පින්වත් මහණෙනි, ඔන්න ඔය විදිහ ම යි ලාභ සත්කාර කීර්ති ප්‍රශංසා දරුණුයි. ....(පෙ).... ඔන්න ඔය විදිහටයි හික්මෙන්නට ඕන., භාග්‍යවතුන් වහන්සේ මෙය වදාළා. මෙය වදාළ සුගත වූ ශාස්තෲන් වහන්සේ යළිත් මේ කරුණ ද වදාළා.

ඒකාන්තයෙන් ම පීදෙන කොට කෙහෙල් ගස වැනැසෙනවා. පීදෙන කොට උණ ගසත්, බට ගසත් වැනැසෙනවා. ගැබ් ගැනීමෙන් අශ්වතරියවැනැසෙනවා. අන්න ඒ විදිහටයි ලාභ සත්කාර තුළින් අසත්පුරුෂයා වැනැසෙන්නේ.

සාදු! සාදු!! සාදු!!!

අත්තවධ සූත්‍රය නිමා විය.

5.4.6.
පඤ්ච රථ සත සූත්‍රය
පන්සියයක් රථ ගැන වදාළ දෙසුම

332. ඒ දිනවල භාග්‍යවතුන් වහන්සේ වැඩසිටියේ රජගහ නුවර ලෙහෙනුන්ගේ අභය භූමිය වූ වේළුවනාරාමයේ. ඒ දිනවල අජාසත් කුමාරයා දේවදත්තට උපස්ථාන කිරීමට උදේ සවස රථ පන්සියයකින් යනවා. බත් හැළි පන්සියයකුත් අරගෙන යනවා. එතකොට බොහෝ භික්ෂූන් භාග්‍යවතුන් වහන්සේ වෙත පැමිණුනා. පැමිණිලා වන්දනා කරලා එකත්පස්ව වාඩි වුණා. එකත්පස්ව වාඩි වුණ ඒ භික්ෂූන් භාග්‍යවතුන් වහන්සේට මෙය සැළ කළා. "ස්වාමීනි, අජාසත් කුමාරයා දේවදත්තට උපස්ථාන කිරීමට උදේ සවස රථ පන්සියයකින් යනවා. බත් හැළි පන්සියයකුත් අරගෙන යනවා."

පින්වත් මහණෙනි, ඔය දේවදත්තගේ ලාභ සත්කාර කීර්ති ප්‍රශංසා ගැන කැමතිවෙන්නට එපා. පින්වත් මහණෙනි, අජාසත් කුමාරයා දේවදත්තට

උපස්ථාන කිරීමට උදේ සවස රථ පන්සියයකින් යනවා තමයි. බත් හැළි පන්සියයකුත් අරගෙන යනවා තමයි. නමුත් පින්වත් මහණෙනි, ඒ තාක් ම සිදුවන්නේ දේවදත්තගේ කුසල් දහම් පිරිහීමක් මිස වැඩි දියුණු වීමක් නොවේ.

පින්වත් මහණෙනි, ඒක මේ වගේ දෙයක්. චණ්ඩ සුනඛයෙකුගේ නාසයේ වලස් පිත කුඩුකරල ගානවා. පින්වත් මහණෙනි, එතකොට ඒ චණ්ඩ සුනඛයා අතිශයින් ම රෞද්‍ර වෙනවා. පින්වත් මහණෙනි, ඔන්න ඔය විදිහ ම යි යම්තාක් කල් අජාසත් කුමාරයා දේවදත්තට උපස්ථාන කිරීමට උදේ සවස රථ පන්සියයකින් යනවා නම්, බත් හැළි පන්සියයක් අරගෙන යනවා නම්, ඒ තාක් ම පින්වත් මහණෙනි, සිදුවන්නේ දේවදත්තගේ කුසල් දහම් පිරිහීමක් මිස දියුණුවක් නම් නොවේ.

පින්වත් මහණෙනි, ඔන්න ඔය විදිහ ම යි ලාභ සත්කාර කීර්ති ප්‍රශංසා දරුණුයි. ....(පෙ).... ඔන්න ඔය විදිහටයි හික්මෙන්නට ඕන.

සාදු! සාදු!! සාදු!!!

පඤ්ච රථ සත සූත්‍රය නිමා විය.

5.4.7.
මාතු සූත්‍රය
මව් ගැන වදාළ දෙසුම

333. සැවැත් නුවරදී ....

පින්වත් මහණෙනි, ලාභ සත්කාර කීර්ති ප්‍රශංසා කියන්නේ දරුණු දේවල්. නපුරු දේවල්. කොටින් ම එරුෂ දේවල්. කොටින් ම අනුත්තර වූ අරහත්වය අවබෝධ කිරීමටත් අනතුරුදායකයි.

පින්වත් මහණෙනි, මම මෙහි සමහර පුද්ගලයෙකු ගැන මගේ සිතෙන් ඔහුගේ සිත සම්පූර්ණයෙන් ම විනිවිද දකිනවා. මෙයා නම් තමන් ගේ මෑණියන් උදෙසාවත් දැන දැන බොරුවක් නම් කියන්නේ නෑ. නමුත් මා පස්සෙ කාලෙක ඒ පුද්ගලයා ම ලාභ සත්කාර කීර්ති ප්‍රශංසාවලට යට වෙලා, එයට යට වූ සිතින් යුක්තව දැන දැන බොරු කියනවා දැකගන්නට ලැබුණා.

පින්වත් මහණෙනි, ඔන්න ඔය විදිහ ම යි ලාභ සත්කාර කීර්ති ප්‍රශංසා

දරුණුයි. ....(පෙ).... ඔන්න ඔය විදිහටයි හික්මෙන්නට ඕන.

සාදු! සාදු!! සාදු!!!

මාතු සූත්‍රය නිමා විය.

5.4.8. - 13.
පිතු සූත්‍ර ආදී සූත්‍ර
පිතු සූත්‍ර ආදී සූත්‍ර

334. - 339.   සැවැත් නුවරදී ....

පින්වත් මහණෙනි, ලාභ සත්කාර කීර්ති ප්‍රශංසා කියන්නේ දරුණු දේවල්. නපුරු දේවල්. කොටින් ම එරුෂ දේවල්. කොටින් ම අනුත්තර වූ අරහත්වය අවබෝධ කිරීමටත් අනතුරුදායකයි. පින්වත් මහණෙනි, මම මෙහි සමහර පුද්ගලයෙකු ගැන මගේ සිතෙන් ඔහුගේ සිත සම්පූර්ණයෙන් ම විනිවිද දකිනවා. මෙයා නම් ....(පෙ)....

පියා නිසාවත් ....(පෙ).... (අට වෙනි දෙසුම)

සහෝදරයා නිසාවත් ....(පෙ).... (නව වෙනි දෙසුම)

සහෝදරිය නිසාවත් ....(පෙ).... (දස වෙනි දෙසුම)

පුතා නිසාවත් ....(පෙ).... (එකොළොස් වෙනි දෙසුම)

දුව නිසාවත් ....(පෙ).... (දොළොස් වෙනි දෙසුම)

පින්වත් මහණෙනි, මම මෙහි සමහර පුද්ගලයෙකු ගැන මගේ සිතෙන් ඔහු ගේ සිත සම්පූර්ණයෙන්ම විනිවිද දකිනවා. මෙයා නම් තමන්ගේ බිරිඳ උදෙසාවත් දැන දැන බොරුවක් නම් කියන්නේ නෑ. නමුත් මා පස්සෙ කාලෙක ඒ පුද්ගලයා ම ලාභ සත්කාර කීර්ති ප්‍රශංසාවලට යට වෙලා, එයට යට වූ සිතින් යුක්තව දැන දැන බොරු කියනවා දැකගන්නට ලැබුණා.

ඔය විදිහට පින්වත් මහණෙනි, ලාභ සත්කාර කීර්ති ප්‍රශංසා කියන්නේ දරුණු දේවල්. නපුරු දේවල්. කොටින් ම එරුෂ දේවල්. කොටින් ම අනුත්තර වූ අරහත්වය අවබෝධ කිරීමටත් අනතුරුදායකයි. ඒ නිසා පින්වත් මහණෙනි, හික්මෙන්නට ඕන මේ විදිහට යි. අපි නම් ලාභ සත්කාර කීර්ති ප්‍රශංසා බැහැර

කරනවා. අපට ලැබිල තියෙන ලාභ සත්කාර කීර්ති ප්‍රශංසාවලට අපගේ හිත යටවෙන්නට දෙන්නේ නෑ. පින්වත් මහණෙනි, ඔන්න ඔය විදිහටයි ඔබ හික්මෙන්නට ඕන. (දහ තුන් වෙනි දෙසුම)

සාදු! සාදු!! සාදු!!!

පිතු සුතු ආදි සුතු නිමා විය.

හතර වෙනි පිතු වර්ගය අවසන් විය.

ලාභසක්කාර සංයුත්තය නිමා විය.

6. රාහුල සංයුත්තය

1. පළමු වර්ගය

6.1.1.
චක්ඛු ආදී සූත්‍රය
ඇස් ආදිය ගැන වදාළ දෙසුම

340. මා හට අසන්නට ලැබුණේ මේ විදිහටයි. ඒ දිනවල භාග්‍යවතුන් වහන්සේ වැඩසිටියේ සැවැත් නුවර ජේතවනාරාමයේ. එදා ආයුෂ්මත් රාහුලයන් භාග්‍යවතුන් වහන්සේ වෙත පැමිණුනා. පැමිණිලා භාග්‍යවතුන් වහන්සේට වන්දනා කරල එකත්පස්ව වාඩි වුණා. එකත්පස්ව වාඩි වුණ ආයුෂ්මත් රාහුලයන් භාග්‍යවතුන් වහන්සේට මෙහෙම කිව්වා. "ස්වාමීනි, භාග්‍යවතුන් වහන්සේගේ යම් ධර්මයක් අසා දැනගෙන මමත් හුදෙකලා වෙලා, තනි වෙලා, අප්‍රමාදීව, කෙලෙස් තවන වීරිය ඇතිව දහමට දිවි පුදා වාසය කරනවා නම් භාග්‍යවතුන් වහන්ස, එබඳු ධර්මයක් සංක්ෂේප වශයෙන් මා හට දේශනා කරන සේක්වා!"

පින්වත් රාහුල, ඔබ කුමක්ද මේ ගැන සිතන්නේ? ඇස නිත්‍යයිද? අනිත්‍ය යිද? ස්වාමීනි, අනිත්‍ය යි. යමක් අනිත්‍ය නම් එය දුකක්ද සැපක්ද? ස්වාමීනි, දුකයි. යමක් අනිත්‍ය නම් දුක නම් වෙනස් වෙන ස්වභාවයට අයිති නම්, ඒ දෙය මේක මමයි, මේක මගෙයි, මේක තමයි මගේ ආත්මය (කැමැත්ත පරිදි පැවැත්විය හැකි දේ) කියල මුළාවේ දකින එක හරිද? ස්වාමීනි, ඒක හරි දෙයක් නොවෙයි.

කණ නිත්‍යයිද? අනිත්‍යයිද? ස්වාමීනි, අනිත්‍යයි ....(පෙ).... නාසය නිත්‍යයිද? අනිත්‍යයිද? ස්වාමීනි, අනිත්‍යයි ....(පෙ).... දිව නිත්‍යයිද? අනිත්‍යයිද? ස්වාමීනි, අනිත්‍යයි ....(පෙ).... කය නිත්‍යයිද? අනිත්‍යයිද? ස්වාමීනි, අනිත්‍යයි. ....(පෙ).... මනස නිත්‍යයිද? අනිත්‍යයිද? ස්වාමීනි, අනිත්‍යයි. යමක් අනිත්‍ය නම් එය දුකක්ද සැපක්ද? ස්වාමීනි, දුකයි. යමක් අනිත්‍ය නම් දුක් නම් වෙනස් වෙන ස්වභාවයට අයිති නම්, ඒ දෙය මේක මමයි, මේක මගෙයි, මේක තමයි

මගේ ආත්මය (කැමැත්ත පරිදි පැවැත්විය හැකි දේ), කියල මුළාවෙන් දකින එක හරිද? ස්වාමීනි, ඒක හරි දෙයක් නොවෙයි.

පින්වත් රාහුල, ඔය ආකාරයෙන් යථාර්ථය දකින ශ්‍රැතවත් ආර්ය ශ්‍රාවකයා ඇස ගැනත් කලකිරෙනවා. කණ ගැනත් කලකිරෙනවා. නාසය ගැනත් කලකිරෙනවා. දිව ගැනත් කලකිරෙනවා. කය ගැනත් කලකිරෙනවා. මනස ගැනත් කලකිරෙනවා. කලකිරෙන කොට ඒ කෙරෙහි ඇලෙන්නේ නෑ. නොඇලෙන කොට එයින් නිදහස් වෙනවා. නිදහස් වුණාම තමන් දැන් නිදහස් කියල අවබෝධ වෙනවා. ඉපදීම ක්ෂය වුණා. නිවන් මඟ සම්පූර්ණ කළා. කළ යුතු දේ කළා. ආයෙත් නම් වෙන උපතක් නැතැයි දැන ගන්නවා.

සාදු! සාදු!! සාදු!!!

චක්ඛු ආදී සූත්‍රය නිමා විය.

6.1.1.
රූපාදී ආරම්මණ සූත්‍රය
රූප ආදී අරමුණු ගැන වදාළ දෙසුම

341. සැවැත් නුවරදී ....

පින්වත් රාහුල, ඔබ කුමක්ද මේ ගැන සිතන්නේ? රූප නිත්‍යයිද? අනිත්‍යයිද? ස්වාමීනි, අනිත්‍යයි ....(පෙ).... ශබ්ද ....(පෙ).... ගඳ සුවඳ ....(පෙ).... රස ....(පෙ).... පහස ....(පෙ).... මනසට සිතෙන අරමුණු නිත්‍යයිද? අනිත්‍යයිද? ස්වාමීනි, අනිත්‍යයි. ....(පෙ)....

පින්වත් රාහුල, ඔය ආකාරයෙන් යථාර්ථය දකින ශ්‍රැතවත් ආර්ය ශ්‍රාවකයා රූප ගැනත් කලකිරෙනවා. ශබ්ද ගැනත් කලකිරෙනවා. ගඳ සුවඳ ගැනත් කලකිරෙනවා. රස ගැනත් කලකිරෙනවා. පහස ගැනත් කලකිරෙනවා. මනසට සිතෙන අරමුණු ගැනත් කලකිරෙනවා. කලකිරෙන කොට ඒ කෙරෙහි ඇලෙන්නේ නෑ. ....(පෙ).... ආයෙත් නම් වෙන උපතක් නැතැයි දැන ගන්නවා.

සාදු! සාදු!! සාදු!!!

රූපාදී ආරම්මණ සූත්‍රය නිමා විය.

6.1.3.
විඤ්ඤාණ සූත්‍රය
විඤ්ඤාණය ගැන වදාළ දෙසුම

342. සැවැත් නුවරදී ....

පින්වත් රාහුල, ඔබ කුමක්ද මේ ගැන සිතන්නේ? ඇසේ විඤ්ඤාණය නිත්‍යයිද? අනිත්‍යයිද? ස්වාමීනි, අනිත්‍යයි. ....(පෙ).... කණේ විඤ්ඤාණය ....(පෙ).... නාසයේ විඤ්ඤාණය ....(පෙ).... දිවේ විඤ්ඤාණය ....(පෙ).... කයේ විඤ්ඤාණය ....(පෙ).... මනසේ විඤ්ඤාණය නිත්‍යයිද? අනිත්‍යයිද? ස්වාමීනි, අනිත්‍යයි. ....(පෙ)....

පින්වත් රාහුල, ඔය ආකාරයෙන් යථාර්ථය දකින ශ්‍රැතවත් ආර්ය ශ්‍රාවකයා ඇසේ විඤ්ඤාණය ගැනත් කලකිරෙනවා. කණේ විඤ්ඤාණය ගැනත් කලකිරෙනවා. නාසයේ විඤ්ඤාණය ගැනත් කලකිරෙනවා. දිවේ විඤ්ඤාණය ගැනත් කලකිරෙනවා. කයේ විඤ්ඤාණය ගැනත් කලකිරෙනවා. මනසේ විඤ්ඤාණය ගැනත් කලකිරෙනවා. කලකිරෙන කොට ඒ කෙරෙහි ඇලෙන්නේ නෑ. ....(පෙ).... ආයෙත් නම් වෙන උපතක් නැතැයි දැන ගන්නවා.

සාදු! සාදු!! සාදු!!!

විඤ්ඤාණ සූත්‍රය නිමා විය.

6.1.4.
සම්ඵස්ස සූත්‍රය
ස්පර්ශය ගැන වදාළ දෙසුම

343. සැවැත් නුවරදී ....

පින්වත් රාහුල, ඔබ කුමක්ද මේ ගැන සිතන්නේ? ඇසේ ස්පර්ශය නිත්‍යයිද? අනිත්‍යයිද? ස්වාමීනි, අනිත්‍යයි. ....(පෙ).... කණේ ස්පර්ශය ....(පෙ).... නාසයේ ස්පර්ශය ....(පෙ).... දිවේ ස්පර්ශය ....(පෙ).... කයේ ස්පර්ශය ....(පෙ).... මනසේ ස්පර්ශය නිත්‍යයිද? අනිත්‍යයිද? ස්වාමීනි, අනිත්‍යයි. ....(පෙ)....

පින්වත් රාහුල, ඔය ආකාරයෙන් යථාර්ථය දකින ශ්‍රැතවත් ආර්‍ය ශ්‍රාවකයා ඇසේ ස්පර්ශය ගැනත් කලකිරෙනවා. කණේ ස්පර්ශය ගැනත් කලකිරෙනවා. නාසයේ ස්පර්ශය ගැනත් කලකිරෙනවා. දිවේ ස්පර්ශය ගැනත් කලකිරෙනවා. කයේ ස්පර්ශය ගැනත් කලකිරෙනවා. මනසේ ස්පර්ශය ගැනත් කලකිරෙනවා. කලකිරෙන කොට ඒ කෙරෙහි ඇලෙන්නේ නෑ. ....(පෙ).... ආයෙත් නම් වෙන උපතක් නැතැයි දැන ගන්නවා.

සාදු! සාදු!! සාදු!!!

සම්ඵස්ස සූත්‍රය නිමා විය.

6.1.5.
වේදනා සූත්‍රය
විඳීම ගැන වදාළ දෙසුම

344.   සැවැත් නුවරදී ....

පින්වත් රාහුල, ඔබ කුමක්ද මේ ගැන සිතන්නේ? ඇසේ ස්පර්ශයෙන් හටගත් විඳීම නිත්‍යයිද? අනිත්‍යයිද? ස්වාමීනි, අනිත්‍යයි. ....(පෙ).... කණේ ස්පර්ශයෙන් හටගත් විඳීම ....(පෙ).... නාසයේ ස්පර්ශයෙන් හටගත් විඳීම ....(පෙ).... දිවේ ස්පර්ශයෙන් හටගත් විඳීම....(පෙ).... කයේ ස්පර්ශයෙන් හටගත් විඳීම....(පෙ).... මනසේ ස්පර්ශයෙන් හටගත් විඳීම .....(පෙ)....

පින්වත් රාහුල, ඔය ආකාරයෙන් යථාර්ථය දකින ශ්‍රැතවත් ආර්‍ය ශ්‍රාවකයා ඇසේ ස්පර්ශයෙන් හටගත් විඳීම ගැනත් කලකිරෙනවා. කණේ ස්පර්ශයෙන් හටගත් විඳීම ගැනත් කලකිරෙනවා. නාසයේ ස්පර්ශයෙන් හටගත් විඳීම ගැනත් කලකිරෙනවා. දිවේ ස්පර්ශයෙන් හටගත් විඳීම ගැනත් කලකිරෙනවා. කයේ ස්පර්ශයෙන් හටගත් විඳීම ගැනත් කලකිරෙනවා. මනසේ ස්පර්ශයෙන් හටගත් විඳීම ගැනත් කලකිරෙනවා. කලකිරෙන කොට ඒ කෙරෙහි ඇලෙන්නේ නෑ. ....(පෙ).... ආයෙත් නම් වෙන උපතක් නැතැයි දැන ගන්නවා.

සාදු! සාදු!! සාදු!!!

වේදනා සූත්‍රය නිමා විය.

6.1.6.
සඤ්ඤා සූත්‍රය
හඳුනාගැනීම ගැන වදාළ දෙසුම

345. සැවැත් නුවරදී ....

පින්වත් රාහුල, ඔබ කුමක්ද මේ ගැන සිතන්නේ? රූප හඳුනා ගැනීම නිත්‍යයිද? අනිත්‍යයිද? ස්වාමීනි, අනිත්‍යයි. ....(පෙ).... ශබ්දහඳුනා ගැනීම ....(පෙ).... ගඳ සුවඳ හඳුනා ගැනීම ....(පෙ).... රස හඳුනා ගැනීම ....(පෙ).... පහස හඳුනා ගැනීම ....(පෙ).... මනසට සිතෙන අරමුණු හඳුනා ගැනීම ....(පෙ)....

පින්වත් රාහුල, ඔය ආකාරයෙන් යථාර්ථය දකින ශ්‍රැතවත් ආර්ය ශ්‍රාවකයා රූප හඳුනාගැනීම ගැනත් කලකිරෙනවා. ශබ්ද හඳුනාගැනීම ගැනත් කලකිරෙනවා. ගඳ සුවඳ හඳුනාගැනීම ගැනත් කලකිරෙනවා. රස හඳුනාග ැනීම ගැනත් කලකිරෙනවා. පහස හඳුනාගැනීම ගැනත් කලකිරෙනවා. මනසට සිතෙන අරමුණු හඳුනාගැනීම ගැනත් කලකිරෙනවා. කලකිරෙන කොට ඒ කෙරෙහි ඇලෙන්නේ නෑ. ....(පෙ).... ආයෙත් නම් වෙන උපතක් නැතැයි දැන ගන්නවා.

සාදු! සාදු!! සාදු!!!
සඤ්ඤා සූත්‍රය නිමා විය.

6.1.7.
සඤ්චේතනා සූත්‍රය
චේතනා ඇතිවීම ගැන වදාළ දෙසුම

346. සැවැත් නුවරදී ....

පින්වත් රාහුල, ඔබ කුමක්ද මේ ගැන සිතන්නේ? රූප ගැන චේතනා ඇතිවීම නිත්‍යයිද? අනිත්‍යයිද? ස්වාමීනි, අනිත්‍යයි. ....(පෙ).... ශබ්ද ගැන චේතනා ඇතිවීම ....(පෙ).... ගඳ සුවඳ ගැන චේතනා ඇතිවීම ....(පෙ).... රස ගැන චේතනා ඇතිවීම ....(පෙ).... පහස ගැන චේතනා ඇතිවීම ....(පෙ)....

මනසට සිතෙන අරමුණු ගැන චේතනා ඇතිවීම නිත්‍යයිද? අනිත්‍යයිද? ස්වාමීනි, අනිත්‍යයි.....(පෙ)....

පින්වත් රාහුල, ඔය ආකාරයෙන් යථාර්ථය දකින ශ්‍රැතවත් ආර්ය ශ්‍රාවකයා රූප ගැන චේතනා ඇතිවීම ගැනත් කලකිරෙනවා. ශබ්ද ගැන චේතනා ඇතිවීම ගැනත් කලකිරෙනවා. ගඳ සුවඳ ගැන චේතනා ඇතිවීම ගැනත් කලකිරෙනවා. රස ගැන චේතනා ඇතිවීම ගැනත් කලකිරෙනවා. පහස ගැන චේතනා ඇතිවීම ගැනත් කලකිරෙනවා. මනසට සිතෙන අරමුණු ගැන චේතනා ඇතිවීම ගැනත් කලකිරෙනවා. කලකිරෙන කොට ඒ කෙරෙහි ඇලෙන්නේ නෑ. ....(පෙ).... ආයෙත් නම් වෙන උපතක් නැතැයි දැන ගන්නවා.

සාදු! සාදු!! සාදු!!!

සඤ්චේතනා සූත්‍රය නිමා විය.

6.1.8.
තණ්හා සූත්‍රය
ආශා ඇතිවීම ගැන වදාළ දෙසුම

347. සැවැත් නුවරදී ....

පින්වත් රාහුල, ඔබ කුමක්ද මේ ගැන සිතන්නේ? රූප ගැන ආශා ඇතිවීම නිත්‍යයිද? අනිත්‍යයිද? ස්වාමීනි, අනිත්‍යයි. ....(පෙ).... ශබ්ද ගැන ආශා ඇතිවීම ....(පෙ).... ගඳ සුවඳ ගැන ආශා ඇතිවීම ....(පෙ).... රස ගැන ආශා ඇතිවීම ....(පෙ).... පහස ගැන ආශා ඇතිවීම ....(පෙ).... මනසට සිතෙන අරමුණු ගැන ආශා ඇතිවීම නිත්‍යයිද? අනිත්‍යයිද? ස්වාමීනි, අනිත්‍යයි. ....(පෙ)....

පින්වත් රාහුල, ඔය ආකාරයෙන් යථාර්ථය දකින ශ්‍රැතවත් ආර්ය ශ්‍රාවකයා රූප ගැන ආශා ඇතිවීම ගැනත් කලකිරෙනවා. ශබ්ද ගැන ආශා ඇතිවීම ගැනත් කලකිරෙනවා. ගඳ සුවඳ ගැන ආශා ඇතිවීම ගැනත් කලකිරෙනවා. රස ගැන ආශා ඇතිවීම ගැනත් කලකිරෙනවා. පහස ගැන ආශා ඇතිවීම ගැනත් කලකිරෙනවා. මනසට සිතෙන අරමුණු ගැන ආශා ඇතිවීම ගැනත් කලකිරෙනවා. කලකිරෙන කොට ඒ කෙරෙහි ඇලෙන්නේ නෑ. ....(පෙ).... ආයෙත් නම් වෙන උපතක් නැතැයි දැන ගන්නවා.

සාදු! සාදු!! සාදු!!!

තණ්හා සූත්‍රය නිමා විය.

6.1.9.
ධාතු සූත්‍රය
ධාතු ගැන වදාළ දෙසුම

348. සැවැත් නුවරදී ....

පින්වත් රාහුල, මේ ගැන ඔබ කුමක්ද හිතන්නේ? පඨවි ධාතුව නිත්‍යයිද? අනිත්‍යයිද? ස්වාමීනි, අනිත්‍යයි. ....(පෙ).... ආපෝ ධාතුව .... තේජෝ ධාතුව ....(පෙ).... වායෝ ධාතුව ....(පෙ).... ආකාස ධාතුව....(පෙ).... විඤ්ඤාණ ධාතුව නිත්‍යයිද? අනිත්‍යයිද? ස්වාමීනි, අනිත්‍යයි ....(පෙ)....

පින්වත් රාහුල, ඔය ආකාරයෙන් යථාර්ථය දකින ශ්‍රැතවත් ආර්ය ශ්‍රාවකයා පඨවි ධාතුව ගැනත් කලකිරෙනවා. ආපෝ ධාතුව ගැනත් කලකිරෙනවා. තේජෝ ධාතුව ගැනත් කලකිරෙනවා. වායෝ ධාතුව ගැනත් කලකිරෙනවා. ආකාස ධාතුව ගැනත් කලකිරෙනවා. විඤ්ඤාණ ධාතුව ගැනත් කලකිරෙනවා. කලකිරෙන කොට ඒ කෙරෙහි ඇලෙන්නේ නෑ ....(පෙ).... ආයෙත් නම් වෙන උපතක් නැතැයි දැන ගන්නවා.

සාදු! සාදු!! සාදු!!!

ධාතු නිමා විය.

6.1.10.
ඛන්ධ සූත්‍රය
ස්කන්ධ ගැන වදාළ දෙසුම

349. සැවැත් නුවරදී ....

පින්වත් රාහුල, මේ ගැන ඔබ කුමක්ද හිතන්නේ? රූපය නිත්‍යයිද? අනිත්‍යයිද? ස්වාමීනි, අනිත්‍යයි ....(පෙ).... වේදනාව ....(පෙ).... සඤ්ඤාව ....(පෙ).... සංස්කාර ....(පෙ).... විඤ්ඤාණය නිත්‍යයිද? අනිත්‍යයිද? ස්වාමීනි, අනිත්‍යයි ....(පෙ)....

පින්වත් රාහුල, ඔය ආකාරයෙන් යථාර්ථය දකින ශ්‍රැතවත් ආර්ය ශ්‍රාවකයා රූපය ගැනත් කලකිරෙනවා. වේදනාව ගැනත් කලකිරෙනවා. සඤ්ඤාව

ගැනත් කලකිරෙනවා. සංස්කාර ගැනත් කලකිරෙනවා. විඤ්ඤාණය ගැනත් කලකිරෙනවා. කලකිරෙන කොට ඒ කෙරෙහි ඇලෙන්නේ නෑ. නොඇලෙන කොට එයින් නිදහස් වෙනවා. නිදහස් වුණා ම තමන් දැන් නිදහස් කියල අවබෝධ වෙනවා. ඉපදීම ක්ෂය වුණා. නිවන් මඟ සම්පූර්ණ කළා. කළ යුතු දේ කළා. ආයෙත් නම් වෙන උපතක් නැතැයි දැන ගන්නවා.

සාදු! සාදු!! සාදු!!!

බන්ධ සූත්‍රය නිමා විය.

පළමු වෙනි වර්ගය අවසන් විය.

2. දෙවෙනි වර්ගය

6.2.1.
චක්ඛු ආදී සූත්‍රය
ඇස් ආදිය ගැන වදාළ දෙසුම

350. මා හට අසන්නට ලැබුණේ මේ විදිහටයි. ඒ දිනවල භාග්‍යවතුන් වහන්සේ වැඩසිටියේ සැවැත් නුවර ජේතවනාරාමයේ. එදා ආයුෂ්මත් රාහුලයන් භාග්‍යවතුන් වහන්සේ වෙත පැමිණුනා. පැමිණිලා භාග්‍යවතුන් වහන්සේට වන්දනා කරල එකත්පස්ව වාඩි වුණා. එකත්පස්ව වාඩි වුණ ආයුෂ්මත් රාහුලයන්ට භාග්‍යවතුන් වහන්සේ මේ කරුණ වදාළා.

පින්වත් රාහුල, ඔබ කුමක් ද මේ ගැන සිතන්නේ? ඇස නිත්‍යයිද? අනිත්‍යයිද? ස්වාමීනි, අනිත්‍යයි. යමක් අනිත්‍ය නම් එය දුකක්ද සැපක්ද? ස්වාමීනි, දුකයි. යමක් අනිත්‍ය නම් දුක නම් වෙනස් වෙන ස්වභාවයට අයිති නම්, ඒ දෙය මේක මමයි, මේක මගෙයි, මේක තමයි මගේ ආත්මය (කැමැත්ත පරිදි පැවැත්විය හැකි දේ) කියල මුළාවෙන් දකින එක හරිද? ස්වාමීනි, ඒක හරි දෙයක් නොවෙයි.

කණ නිත්‍යයිද? අනිත්‍යයිද? ස්වාමීනි, අනිත්‍යයි ....(පෙ).... නාසය නිත්‍යයිද? අනිත්‍යයිද? ස්වාමීනි, අනිත්‍යයි ....(පෙ).... දිව නිත්‍යයිද? අනිත්‍යයිද? ස්වාමීනි, අනිත්‍යයි ....(පෙ).... කය නිත්‍යයිද? අනිත්‍යයිද? ස්වාමීනි, අනිත්‍යයි ....(පෙ).... මනස නිත්‍යයිද? අනිත්‍යයිද? ස්වාමීනි, අනිත්‍යයි. යමක් අනිත්‍ය නම් එය දුකක්ද සැපක්ද? ස්වාමීනි, දුකයි. යමක් අනිත්‍ය නම් දුක් නම් වෙනස් වෙන ස්වභාවයට අයිති නම්, ඒ දෙය මේක මමයි, මේක මගෙයි, මේක තමයි මගේ ආත්මය (කැමැත්ත පරිදි පැවැත්විය හැකි දේ), කියල මුළාවෙන් දකින එක හරිද? ස්වාමීනි, ඒක හරි දෙයක් නොවෙයි.

පින්වත් රාහුල, ඔය ආකාරයෙන් යථාර්ථය දකින ශ්‍රැතවත් ආර්ය ශ්‍රාවකයා ඇස ගැනත් කලකිරෙනවා. කණ ගැනත් කලකිරෙනවා. නාසය ගැනත් කලකිරෙනවා. දිව ගැනත් කලකිරෙනවා. කය ගැනත් කලකිරෙනවා.

මනස ගැනත් කලකිරෙනවා. කලකිරෙන කොට ඒ කෙරෙහි ඇලෙන්නේ නෑ. නොඇලෙන කොට එයින් නිදහස් වෙනවා. නිදහස් වුණාම තමන් දැන් නිදහස් කියල අවබෝධ වෙනවා. ඉපදීම ක්ෂය වුණා. නිවන් මඟ සම්පූර්ණ කළා. කළ යුතු දේ කළා. ආයෙත් නම් වෙන උපතක් නැතැයි දැන ගන්නවා.

සාදු! සාදු!! සාදු!!!

චක්ඛු ආදී සූත්‍රය නිමා විය.

6.2.2.
රූපාදී ආරම්මණ සූත්‍රය
රූප ආදී අරමුණු ගැන වදාළ දෙසුම

351. සැවැත් නුවරදී ....

පින්වත් රාහුල, ඔබ කුමක්ද මේ ගැන සිතන්නේ? රූප නිත්‍යයිද? අනිත්‍යයිද? ස්වාමීනි, අනිත්‍යයි ....(පෙ).... ශබ්ද ....(පෙ).... ගඳ සුවඳ ....(පෙ).... රස ....(පෙ).... පහස ....(පෙ).... මනසට සිතෙන අරමුණු නිත්‍යයිද? අනිත්‍යයිද? ස්වාමීනි, අනිත්‍යයි ....(පෙ).... පින්වත් රාහුල, ඔය ආකාරයෙන් යථාර්ථය දකින ශ්‍රැතවත් ආර්ය ශ්‍රාවකයා ....(පෙ).... ආයෙත් නම් වෙන උපතක් නැතැයි දැන ගන්නවා.

සාදු! සාදු!! සාදු!!!

රූපාදී ආරම්මණ සූත්‍රය නිමා විය.

6.2.3.
විඤ්ඤාණ සූත්‍රය
විඤ්ඤාණය ගැන වදාළ දෙසුම

352. සැවැත් නුවරදී ....

පින්වත් රාහුල, ඔබ කුමක්ද මේ ගැන සිතන්නේ? ඇසේ විඤ්ඤාණය නිත්‍යයිද? අනිත්‍යයිද? ස්වාමීනි, අනිත්‍යයි ....(පෙ).... කණේ විඤ්ඤාණය

....(පෙ).... නාසයේ විඤ්ඤාණය ....(පෙ).... දිවේ විඤ්ඤාණය ....(පෙ).... කයේ විඤ්ඤාණය ....(පෙ).... මනසේ විඤ්ඤාණය නිත්‍යයිද? අනිත්‍යයිද? ස්වාමීනි, අනිත්‍යයි ....(පෙ).... පින්වත් රාහුල, ඔය ආකාරයෙන් යථාර්ථය දකින ශ්‍රැතවත් ආර්‍ය ශ්‍රාවකයා ....(පෙ).... ආයෙත් නම් වෙන උපතක් නැතැයි දැන ගන්නවා.

සාදු! සාදු!! සාදු!!!

විඤ්ඤාණ සූත්‍රය නිමා විය.

6.2.4.
සම්ඵස්ස සූත්‍රය
ස්පර්ශය ගැන වදාළ දෙසුම

353.　　සැවැත් නුවරදී ....

පින්වත් රාහුල, ඔබ කුමක්ද මේ ගැන සිතන්නේ? ඇසේ ස්පර්ශය නිත්‍යයිද? අනිත්‍යයිද? ස්වාමීනි, අනිත්‍යයි ....(පෙ).... කණේ ස්පර්ශය ....(පෙ).... නාසයේ ස්පර්ශය ....(පෙ).... දිවේ ස්පර්ශය ....(පෙ).... කයේ ස්පර්ශය ....(පෙ).... මනසේ ස්පර්ශය නිත්‍යයිද? අනිත්‍යයිද? ස්වාමීනි, අනිත්‍යයි ....(පෙ).... පින්වත් රාහුල, ඔය ආකාරයෙන් යථාර්ථය දකින ශ්‍රැතවත් ආර්‍ය ශ්‍රාවකයා ....(පෙ).... ආයෙත් නම් වෙන උපතක් නැතැයි දැන ගන්නවා.

සාදු! සාදු!! සාදු!!!

සම්ඵස්ස සූත්‍රය නිමා විය.

6.2.5.
වේදනා සූත්‍රය
විඳීම ගැන වදාළ දෙසුම

354.　　සැවැත් නුවරදී ....

පින්වත් රාහුල, ඔබ කුමක්ද මේ ගැන සිතන්නේ? ඇසේ ස්පර්ශයෙන් හටගත් විඳීම නිත්‍යයිද? අනිත්‍යයිද? ස්වාමීනි, අනිත්‍යයි ....(පෙ).... කණේ

ස්පර්ශයෙන් හටගත් විඳීම ....(පෙ).... නාසයේ ස්පර්ශයෙන් හටගත් විඳීම ....(පෙ).... දිවේ ස්පර්ශයෙන් හටගත් විඳීම ....(පෙ).... කයේ ස්පර්ශයෙන් හටගත් විඳීම ....(පෙ).... මනසේ ස්පර්ශයෙන් හටගත් විඳීම නිත්‍යයිද? අනිත්‍යයිද? ස්වාමීනි, අනිත්‍යයි ....(පෙ).... පින්වත් රාහුල, ඔය ආකාරයෙන් යථාර්ථය දකින ශ්‍රැතවත් ආර්ය ශ්‍රාවකයා ....(පෙ).... ආයෙත් නම් වෙන උපතක් නැතැයි දැන ගන්නවා.

සාදු! සාදු!! සාදු!!!

වේදනා සූත්‍රය නිමා විය.

6.2.6.

සඤ්ඤා සූත්‍රය

හඳුනාගැනීම ගැන වදාළ දෙසුම

355.   සැවැත් නුවරදී ....

පින්වත් රාහුල, ඔබ කුමක්ද මේ ගැන සිතන්නේ? රූප හඳුනා ගැනීම නිත්‍යයිද? අනිත්‍යයිද? ස්වාමීනි, අනිත්‍යයි ....(පෙ).... ශබ්ද හඳුනා ගැනීම ....(පෙ).... ගඳ සුවඳ හඳුනා ගැනීම ....(පෙ).... රස හඳුනා ගැනීම ....(පෙ).... පහස හඳුනා ගැනීම ....(පෙ).... මනසට සිතෙන අරමුණු හඳුනා ගැනීම නිත්‍යයිද? අනිත්‍යයිද? ස්වාමීනි, අනිත්‍යයි ....(පෙ).... පින්වත් රාහුල, ඔය ආකාරයෙන් යථාර්ථය දකින ශ්‍රැතවත් ආර්ය ශ්‍රාවකයා ....(පෙ).... ආයෙත් නම් වෙන උපතක් නැතැයි දැන ගන්නවා.

සාදු! සාදු!! සාදු!!!

සඤ්ඤා සූත්‍රය නිමා විය.

6.2.7.

සඤ්චේතනා සූත්‍රය

චේතනා ඇතිවීම ගැන වදාළ දෙසුම

356.   සැවැත් නුවරදී ....

පින්වත් රාහුල, ඔබ කුමක්ද මේ ගැන සිතන්නේ? රූප ගැන චේතනා

ඇතිවීම නිත්‍යයිද? අනිත්‍යයිද? ස්වාමීනි, අනිත්‍යයි ....(පෙ).... ශබ්ද ගැන චේතනා ඇතිවීම ....(පෙ).... ගඳ සුවඳ ගැන චේතනා ඇතිවීම ....(පෙ).... රස ගැන චේතනා ඇතිවීම ....(පෙ).... පහස ගැන චේතනා ඇතිවීම ....(පෙ).... මනසට සිතෙන අරමුණු ගැන චේතනා ඇතිවීම නිත්‍යයිද? අනිත්‍යයිද? ස්වාමීනි, අනිත්‍යයි ....(පෙ).... පින්වත් රාහුල, ඔය ආකාරයෙන් යථාර්ථය දකින ශ්‍රැතවත් ආර්ය ශ්‍රාවකයා ....(පෙ).... ආයෙත් නම් වෙන උපතක් නැතැයි දැන ගන්නවා.

සාදු! සාදු!! සාදු!!!

සඤ්චේතනා සූත්‍රය නිමා විය.

6.2.8.
තණ්හා සූත්‍රය
ආශා ඇතිවීම ගැන වදාළ දෙසුම

357. සැවැත් නුවරදී ....

පින්වත් රාහුල, ඔබ කුමක්ද මේ ගැන සිතන්නේ? රූප ගැන ආශා ඇතිවීම නිත්‍යයිද? අනිත්‍යයිද? ස්වාමීනි, අනිත්‍යයි ....(පෙ).... ශබ්ද ගැන ආශා ඇතිවීම ....(පෙ).... ගඳ සුවඳ ගැන ආශා ඇතිවීම ....(පෙ).... රස ගැන ආශා ඇතිවීම ....(පෙ).... පහස ගැන ආශා ඇතිවීම ....(පෙ).... මනසට සිතෙන අරමුණු ගැන ආශා ඇතිවීම නිත්‍යයිද? අනිත්‍යයිද? ස්වාමීනි, අනිත්‍යයි ....(පෙ).... පින්වත් රාහුල, ඔය ආකාරයෙන් යථාර්ථය දකින ශ්‍රැතවත් ආර්ය ශ්‍රාවකයා ....(පෙ).... ආයෙත් නම් වෙන උපතක් නැතැයි දැන ගන්නවා.

සාදු! සාදු!! සාදු!!!

තණ්හා සූත්‍රය නිමා විය.

6.2.9.
ධාතු සූත්‍රය
ධාතු ගැන වදාළ දෙසුම

358. සැවැත් නුවරදී ....

පින්වත් රාහුල, ඔබ කුමක්ද මේ ගැන සිතන්නේ? පඨවි ධාතුව නිත්‍යයිද?

අනිත්‍යයිද? ස්වාමීනි, අනිත්‍යයි ....(පෙ).... ආපෝ ධාතුව ....(පෙ).... තේජෝ ධාතුව ....(පෙ).... වායෝ ධාතුව ....(පෙ).... ආකාස ධාතුව ....(පෙ).... විඤ්ඤාණ ධාතුව නිත්‍යයිද? අනිත්‍යයිද? ස්වාමීනි, අනිත්‍යයි ....(පෙ).... පින්වත් රාහුල, ඔය ආකාරයෙන් යථාර්ථය දකින ශ්‍රැතවත් ආර්ය ශ්‍රාවකයා ....(පෙ).... ආයෙත් නම් වෙන උපතක් නැතැයි දැන ගන්නවා.

සාදු! සාදු!! සාදු!!!

ධාතු සූත්‍රය නිමා විය.

6.2.10.
බන්ධ සූත්‍රය
ස්කන්ධ ගැන වදාළ දෙසුම

359.   සැවැත් නුවරදී ....

පින්වත් රාහුල, ඔබ කුමක්ද මේ ගැන සිතන්නේ? රූප ස්කන්ධය නිත්‍යයිද? අනිත්‍යයිද? ස්වාමීනි, අනිත්‍යයි ....(පෙ).... වේදනා ස්කන්ධය ....(පෙ).... සඤ්ඤා ස්කන්ධය ....(පෙ).... සංස්කාර ස්කන්ධය ....(පෙ).... විඤ්ඤාණ ස්කන්ධය නිත්‍යයිද? අනිත්‍යයිද? ස්වාමීනි, අනිත්‍යයි ....(පෙ).... පින්වත් රාහුල, ඔය ආකාරයෙන් යථාර්ථය දකින ශ්‍රැතවත් ආර්ය ශ්‍රාවකයා ....(පෙ).... ආයෙත් නම් වෙන උපතක් නැතැයි දැන ගන්නවා.

සාදු! සාදු!! සාදු!!!

බන්ධ සූත්‍රය නිමා විය.

6.2.11.
මානානුසය සූත්‍රය
මාන අනුසය ගැන වදාළ දෙසුම

360.   සැවැත් නුවරදී ....

එදා ආයුෂ්මත් රාහුලයන් භාග්‍යවතුන් වහන්සේ ළඟට පැමිණියා.

පැමිණිලා භාග්‍යවතුන් වහන්සේට වන්දනා කළා ....(පෙ).... එකත්පස්ව හුන් ආයුෂ්මත් රාහුලයන් භාග්‍යවතුන් වහන්සේ ගෙන් මේ කරුණ විමසුවා.

"ස්වාමීනි, කොයි ආකාරයෙන් දැන ගන්නා විට ද කොයි ආකාරයෙන් දැක ගන්නා විට ද මේ විඤ්ඤාණය සහිත කය පිළිබඳවත් බාහිර සියලු නිමිති කෙරෙහිත් ඇති මම මාගේ ය යනාදී සිතේ මුල් බැසගත් මානයන් නැති වන්නේ?"

පින්වත් රාහුල, නිරුද්ධ වී ගිය අතීතයේ වේවා, හට නොගත් අනාගතයේ වේවා, හට ගත් වර්තමානයේ වේවා යම් කිසි රූපයක් ඇද්ද, තමා තුළ හෝ වේවා, බාහිර හෝ වේවා, ගොරෝසු හෝ වේවා, සියුම් හෝ වේවා, ලාමක හෝ වේවා, ප්‍රණීත හෝ වේවා, දුර හෝ වේවා, ළඟ හෝ වේවා යම්කිසි රූපයක් ඇද්ද, ඒ රූප සියල්ල ම මෙය මගේ නොවෙයි, මම නොවෙයි, මගේ ආත්මය නොවේ යයි කියා ඔන්න ඔය ආකාරයට දියුණු කරපු ප්‍රඥාවෙන් යථා ස්වභාවය දැක්ක යුතුයි.

ඒ වගේ ම පින්වත් රාහුල, නිරුද්ධ වී ගිය අතීතයේ වේවා, හට නොගත් අනාගතයේ වේවා, හටගත් වර්තමානයේ වේවා යම්කිසි විඳීමක් ඇද්ද ....(පෙ).... යම් කිසි හඳුනා ගැනීමක් ඇද්ද ....(පෙ).... යම්කිසි චේතනාත්මක ක්‍රියාවක් ඇද්ද ....(පෙ).... යම් කිසි විඤ්ඤාණයක් ඇද්ද තමා තුළ හෝ වේවා, බාහිර හෝ වේවා, ගොරෝසු හෝ වේවා, සියුම් හෝ වේවා, ලාමක හෝ වේවා, ප්‍රණීත හෝ වේවා, දුර හෝ වේවා, ළඟ හෝ වේවා යම්කිසි විඤ්ඤාණයක් ඇද්ද, ඒ විඤ්ඤාණ සියල්ල ම මෙය මගේ නොවෙයි, මම නොවෙයි, මගේ ආත්මය නොවේ යයි කියා ඔන්න ඔය ආකාරයට දියුණු කරපු ප්‍රඥාවෙන් යථා ස්වභාවය දැක්ක යුතුයි.

පින්වත් රාහුල, ඔන්න ඔය ආකාරයෙන් දැන ගන්නා විට දී, ඔන්න ඔය ආකාරයෙන් දැක ගන්නා විට දී මේ විඤ්ඤාණය සහිත කය පිළිබඳවත් බාහිර සියලු නිමිති කෙරෙහිත් ඇති මම මාගේ ය යනාදී සිතේ මුල් බැසගත් මානයන් නැති වෙලා යනවා.

සාදු! සාදු!! සාදු!!!

මානානුසය සූත්‍රය නිමා විය.

6.2.12.
මානාපගත සූත්‍රය
මානය බැහැර වීම ගැන වදාළ දෙසුම

361. සැවැත් නුවරදී ....

එදා ආයුෂ්මත් රාහුලයන් භාග්‍යවතුන් වහන්සේ ළඟට පැමිණියා. පැමිණිලා භාග්‍යවතුන් වහන්සේට වන්දනා කළා ....(පෙ).... එකත්පස්ව හුන් ආයුෂ්මත් රාහුලයන් භාග්‍යවතුන් වහන්සේ ගෙන් මේ කරුණ විමසුවා.

"ස්වාමීනි, කොයි ආකාරයෙන් දැන ගන්නා විට ද කොයි ආකාරයෙන් දැක ගන්නා විට ද මේ විඤ්ඤාණය සහිත කය පිළිබඳවත් බාහිර සියලු නිමිති කෙරෙහිත් ඇති මම මාගේ ය යනාදී සිතේ මුල් බැසගත් මානය නැතිවෙලා මානය ඉක්මවා ගිහින් ශාන්ත භාවයට පත්වෙලා, සියලු දුකින් නිදහස් වෙන්නේ?"

පින්වත් රාහුල, නිරුද්ධ වී ගිය අතීතයේ වේවා, හට නොගත් අනාගතයේ වේවා, හට ගත් වර්තමානයේ වේවා යම් කිසි රූපයක් ඇද්ද, තමා තුළ හෝ වේවා, බාහිර හෝ වේවා, ගොරෝසු හෝ වේවා, සියුම් හෝ වේවා, ලාමක හෝ වේවා, ප්‍රණීත හෝ වේවා, දුර හෝ වේවා, ළඟ හෝ වේවා යම්කිසි රූපයක් ඇද්ද, ඒ රූප සියල්ල ම මෙය මගේ නොවෙයි, මම නොවෙයි, මගේ ආත්මය නොවේ යයි කියා ඔන්න ඔය ආකාරයට දියුණු කරපු ප්‍රඥාවෙන් යථා ස්වභාවය දැකල ඒ ගැන බැඳීම් රහිත වෙලා එයින් නිදහස් වෙනවා.

ඒ වගේ ම පින්වත් රාහුල, නිරුද්ධ වී ගිය අතීතයේ වේවා, හට නොගත් අනාගතයේ වේවා, හටගත් වර්තමානයේ වේවා යම්කිසි විඳීමක් ඇද්ද ....(පෙ).... යම් කිසි හඳුනා ගැනීමක් ඇද්ද ....(පෙ).... යම්කිසි චේතනාත්මක ක්‍රියාවක් ඇද්ද ....(පෙ).... යම් කිසි විඤ්ඤාණයක් ඇද්ද තමා තුළ හෝ වේවා, බාහිර හෝ වේවා, ගොරෝසු හෝ වේවා, සියුම් හෝ වේවා, ලාමක හෝ වේවා, ප්‍රණීත හෝ වේවා, දුර හෝ වේවා, ළඟ හෝ වේවා යම්කිසි විඤ්ඤාණයක් ඇද්ද, ඒ විඤ්ඤාණ සියල්ල ම මෙය මගේ නොවෙයි, මම නොවෙයි, මගේ ආත්මය නොවේ යයි කියා ඔන්න ඔය ආකාරයට දියුණු කරපු ප්‍රඥාවෙන් යථා ස්වභාවය දැකල ඒ ගැන බැඳීම් රහිත වෙලා එයින් නිදහස් වෙනවා.

පින්වත් රාහුල, ඔන්න ඔය ආකාරයෙන් දැන ගන්නා විට දී, ඔන්න ඔය ආකාරයෙන් දැක ගන්නා විට දී මේ විඤ්ඤාණය සහිත කය පිළිබඳවත්

බාහිර සියළු නිමිති කෙරෙහිත් ඇති මම, මාගේ ය යනාදී සිතේ මුල් බැසගත් මානයන් නැති වෙලා මානය ඉක්මවා ගිහින් ශාන්ත භාවයට පත්වෙලා, සියලු දුකින් නිදහස් වෙන්නේ.

සාදු! සාදු!! සාදු!!!

මානාපගත සූත්‍රය නිමා විය.

දෙවෙනි වර්ගය අවසන් විය.

රාහුල සංයුත්තය නිමා විය.

7. ලක්ඛණ සංයුත්තය

1. පළමු වර්ගය

7.1.1.
අට්ඨිසංඛලික සූත්‍රය
ඇට සැකිල්ල ගැන වදාළ දෙසුම

362. මා හට අසන්නට ලැබුණේ මේ විදිහටයි. ඒ දිනවල භාග්‍යවතුන් වහන්සේ වැඩසිටියේ රජගහ නුවර ලෙහෙනුන්ගේ අභය භූමිය වූ වේළුවනාරාමයේ. ඒ දිනවල ම ආයුෂ්මත් ලක්ඛණ තෙරුන් ද, ආයුෂ්මත් මහා මොග්ගල්ලාන තෙරුන් ද ගිජුකුළු පව්වෙහි වාසය කළා. එදා උදේ වරුවේ ආයුෂ්මත් මහා මොග්ගල්ලාන තෙරුන් සිවුරු හැඳ පොරවා ගෙන පාසිවුරු අරගෙන ආයුෂ්මත් ලක්ඛණ තෙරුන් ළඟට පැමිණුනා. පැමිණිලා ආයුෂ්මත් ලක්ඛණ තෙරුන්ට මෙහෙම කිව්වා. "ප්‍රිය ආයුෂ්මත් ලක්ඛණ, එන්න, රජගහ නුවරට පිණ්ඩපාතෙ වඩිමු." "එසේ ය ප්‍රිය ආයුෂ්මතුනි" කියල ආයුෂ්මත් ලක්ඛණ තෙරුන් ආයුෂ්මත් මොග්ගල්ලාන තෙරුන්ට පිළිතුරු දුන්නා.

ඉතින් ආයුෂ්මත් මහා මොග්ගල්ලාන තෙරුන් ගිජුකුළු පව්වෙන් පහළට වඩිද්දී එක්තරා තැනක දී, සිනහ පහළ කළා. එතකොට ආයුෂ්මත් ලක්ඛණ තෙරුන් ආයුෂ්මත් මහා මොග්ගල්ලාන තෙරුන් ගෙන් මෙහෙම අහනවා. "ප්‍රිය ආයුෂ්මත් මොග්ගල්ලාන, ඔබ සිනහ පහළ කරන්නට හේතු වූ කරුණ මොකක් ද? උපකාරී වූ කරුණ මොකක් ද?" "ප්‍රිය ආයුෂ්මත් ලක්ඛණ, ඔය ප්‍රශ්නෙට මේ පිළිතුරු දෙන වෙලාව නොවෙයි. භාග්‍යවතුන් වහන්සේ ගේ ඉදිරියේ ඔය ප්‍රශ්නය මගෙන් අසන්න."

එතකොට ආයුෂ්මත් ලක්ඛණ තෙරුන් ද, ආයුෂ්මත් මහා මොග්ගල්ලාන තෙරුන් ද පිණ්ඩපාතෙ වැඩල දන් වළඳලා භාග්‍යවතුන් වහන්සේ වෙත පැමිණියා. පැමිණිලා භාග්‍යවතුන් වහන්සේට වන්දනා කළා. එකත්පස්ව වාඩි වුණා. එකත්පස්ව වාඩි වුණ ආයුෂ්මත් ලක්ඛණ තෙරුන් ආයුෂ්මත් මහා මොග්ගල්ලාන තෙරුන් ගෙන් මෙහෙම අහනවා.

"මෙහි ආයුෂ්මත් මොග්ගල්ලානයන් වහන්සේ ගිජ්ඣකූළු පව්වෙන් පහළට වඩිද්දී එක්තරා ස්ථානයක දී සිනහ පහළ කළා. ප්‍රිය ආයුෂ්මත් මොග්ගල්ලාන, එහෙම සිනහ පහළ කරන්නට හේතු වූ කරුණ මොකක්ද? උපකාරී වූ කරුණු මොකක්ද?"

"ප්‍රිය ආයුෂ්මතුනි, මෙහි මම ගිජ්ඣකූළු පව්වෙන් පහළට වඩිද්දී ආකාසයේ ඇවිද ඇවිද යන ඇට සැකිල්ලක් දැක්කා. ඉතින් භූත ගිජුලිහිණියොත්, කාක්කොත්, උකුස්සොත් ඔය ඇට සැකිල්ල පස්සෙන් පන්න පන්න ඉල ඇට අතරට කොටනවා. එතකොට ඒ ඇට සැකිල්ල වේදනාවෙන් කෑගහනවා. එතකොට මට මෙහෙම හිතුණා. 'අයියෝ! විශ්මිතයි. අයියෝ! පුදුම සහගතයි. මෙබඳු ආකාර සත්වයෙකුත් ඉන්නවා නෙව. මෙබඳු ආකාර යක්ෂ ජීවිතයකුත් තියෙනවා නෙව. මෙබඳු ආකාර ඉපදීමකුත් තියෙනවා නෙව' කියල."

ඒ වෙලාවේ භාග්‍යවතුන් වහන්සේ භික්ෂු සංඝයා අමතා වදාළා. "පින්වත් මහණෙනි, දිවැස් තියෙන ශ්‍රාවකයන් ඉන්න නිසා, විශේෂ ඥානය තියෙන ශ්‍රාවකයන් ඉන්න නිසා මෙවැනි ආකාර ජීවිත පිළිබඳ ව දැනීමක් ගැන හෝ දැකීමක් ගැන හෝ සාක්ෂි ඉදිරිපත් කරනන්ට පුළුවනි. පින්වත් මහණෙනි, ඔය සත්වයාව මා ඔයිට කලින් දැක්කා. නමුත් මා ඒ ගැන ප්‍රකාශ කළේ නෑ. මම ඔය ගැන ප්‍රකාශ කළා නම් ශ්‍රද්ධාව නැති උදවිය ඔය කරුණ විශ්වාස නොකරන්නට තිබුණා. යමෙක් මා පවසන දේ විශ්වාස නොකරයි නම් ඔවුන්ට එය බොහෝ කලක් අහිත පිණිස දුක් පිණිස පවතිනවා. පින්වත් මහණෙනි, ඔය සත්වයා මේ රජගහ නුවර ම හිටපු හරක් මරණ මිනිහෙක්. ඔය පුද්ගලයා ඒ කර්මයේ විපාක වශයෙන් අවුරුදු බොහෝ ගණනක්, අවුරුදු සිය ගණනක්, අවුරුදු දහස් ගණනක්, අවුරුදු ලක්ෂ ගණනක් නිරයේ පැහුණා. අන්තිමේ දී ඒ පාපයේ ඉතුරු විපාක විඳවන්නටයි ඔය විදිහේ උපතක් ලබා ගෙන විඳෝ විඳෝ ඉන්නේ,

(අප ගේ බුදු සමිඳුන් ගේ බුදු නුවණ නම් ඒකාන්තයෙන් ම ආශ්චර්යයයි!)

සාදු! සාදු!! සාදු!!!

අට්ඨිසංකලික සූත්‍රය නිමා විය.

7.1.2.
මංසපේසි සූත්‍රය
මස් වැදෑල්ල ගැන වදාළ දෙසුම

363. ප්‍රිය ආයුෂ්මතුනි, මෙහි මම ගිජ්ඣකූළ පව්වෙන් පහළට වඩිද්දී ආකාසයේ ඇවිද ඇවිද යන මස් වැදැල්ලක් දැක්කා. ඉතින් හූත ගිජුලිහිණියොත්, කාක්කොත්, උකුස්සොත් ඔය මස් වැදැල්ල පස්සෙන් පන්න පන්නා කඩාගෙන කනවා, ඉරාගෙන කනවා. එතකොට ඒ මස් වැදැල්ල වේදනාවෙන් කෑගහනවා. එතකොට මට මෙහෙම හිතුණා. 'අයියෝ! විශ්මිතයි. අයියෝ! පුදුම සහගතයි. මෙබඳු ආකාර සත්වයෙකුත් ඉන්නවා නෙව. මෙබඳු ආකාර යක්ෂ ජීවිතයකුත් තියෙනවා නෙව. මෙබඳු ආකාර ඉපදීමකුත් තියෙනවා නෙව කියල' ....(පෙ).... පින්වත් මහණෙනි, ඔය සත්වයා මේ රජගහ නුවර ම හිටපු හරක් මරණ මිනිහෙක්. ඔය පුද්ගලයා ඒ කර්මයේ විපාක වශයෙන් අවුරුදු බොහෝ ගණනක්, අවුරුදු සිය ගණනක්, අවුරුදු දහස් ගණනක්, අවුරුදු ලක්ෂ ගණනක් නිරයේ පැහුනා. අන්තිමේ දී ඒ පාපයේ ඉතුරු විපාක විඳවන්නට යි ඔය විදිහේ උපතක් ලබා ගෙන විඳෝ විඳෝ ඉන්නේ,

(අප ගේ බුදු සමිඳුන් ගේ බුදු නුවණ නම් ඒකාන්තයෙන් ම ආශ්චර්යයයි!)

සාදු! සාදු!! සාදු!!!

මංසපේසි සූත්‍රය නිමා විය.

7.1.3.
මංසපිණ්ඩ සූත්‍රය
මස් ගුලිය ගැන වදාළ දෙසුම

364. ප්‍රිය ආයුෂ්මතුනි, මෙහි මම ගිජ්ඣකූළ පව්වෙන් පහළට වඩිද්දී ආකාසයේ ඇවිද ඇවිද යන මස් ගුලියක් දැක්කා. ඉතින් හූත ගිජුලිහිණියොත්, කාක්කොත්, උකුස්සොත් ඔය මස් ගුලිය පස්සෙන් පන්න පන්නා කඩාගෙන කනවා, ඉරාගෙන කනවා. එතකොට ඒ මස් ගුලිය වේදනාවෙන් කෑගහනවා. එතකොට මට මෙහෙම හිතුණා. 'අයියෝ! විශ්මිතයි. අයියෝ! පුදුම සහගතයි. මෙබඳු

ආකාර සත්වයෙකුත් ඉන්නවා නෙව. මෙබඳු ආකාර යක්ෂ ජීවිතයකුත් තියෙනවා නෙව. මෙබඳු ආකාර ඉපදීමකුත් තියෙනවා නෙව කියල' ....(පෙ).... පින්වත් මහණෙනි, ඔය සත්වයා මේ රජගහ නුවර ම හිටපු ලිහිණි මරණ මිනිහෙක්. ඔය පුද්ගලයා ඒ කර්මයේ විපාක වශයෙන් අවුරුදු බොහෝ ගණනක්, අවුරුදු සිය ගණනක්, අවුරුදු දහස් ගණනක්, අවුරුදු ලක්ෂ ගණනක් නිරයේ පැහුණා. අන්තිමේ දී ඒ පාපයේ ඉතුරු විපාක විඳවන්නටයි ඔය විදිහේ උපතක් ලබා ගෙන විඳෝ විඳෝ ඉන්නේ,

(අප ගේ බුදු සමිඳුන් ගේ බුදු නුවණ නම් ඒකාන්තයෙන් ම ආශ්චර්යයයි!)

සාදු! සාදු!! සාදු!!!

මංසපිණ්ඩ සූත්‍රය නිමා විය.

7.1.4.
නිච්ඡවි සූත්‍රය
සමක් නැති පෙරේතයා ගැන වදාළ දෙසුම

365. ප්‍රිය ආයුෂ්මතුනි, මෙහි මම ගිජුකුළු පව්වෙන් පහළට වඩිද්දී ආකාසයේ ඇවිද ඇවිද යන හමක් නැති පුරුෂ රූපයක් දැක්කා. ඉතින් භූත ගිජුලිහිණියොත්, කාක්කොත්, උකුස්සොත් ඔය හමක් නැති පුරුෂ රූපය පස්සෙන් පන්න පන්නා කඩාගෙන කනවා, ඉරාගෙන කනවා. එතකොට ඒ හමක් නැති පුරුෂ රූපය වේදනාවෙන් කෑගහනවා. එතකොට මට මෙහෙම හිතුණා. 'අයියෝ! විශ්මිතයි. අයියෝ! පුදුම සහගතයි. මෙබඳු ආකාර සත්වයෙකුත් ඉන්නවා නෙව. මෙබඳු ආකාර යක්ෂ ජීවිතයකුත් තියෙනවා නෙව. මෙබඳු ආකාර ඉපදීමකුත් තියෙනවා නෙව කියල' ....(පෙ).... පින්වත් මහණෙනි, ඔය සත්වයා මේ රජගහ නුවර ම හිටපු බැටළුවන් මරණ මිනිහෙක්. ඔය පුද්ගලයා ඒ කර්මයේ විපාක වශයෙන් අවුරුදු බොහෝ ගණනක්, අවුරුදු සිය ගණනක්, අවුරුදු දහස් ගණනක්, අවුරුදු ලක්ෂ ගණනක් නිරයේ පැහුණා. අන්තිමේ දී ඒ පාපයේ ඉතුරු විපාක විඳවන්නටයි ඔය විදිහේ උපතක් ලබා ගෙන විඳෝ විඳෝ ඉන්නේ,

(අප ගේ බුදු සමිඳුන් ගේ බුදු නුවණ නම් ඒකාන්තයෙන් ම ආශ්චර්යයයි!)

සාදු! සාදු!! සාදු!!!

නිච්ඡවි සූත්‍රය නිමා විය.

7.1.5.
අසිලෝම සූත්‍රය
කඩු වැලි මවිල් ඇති පෙරේතයෙක් ගැන වදාළ දෙසුම

366. ප්‍රිය ආයුෂ්මතුනි, මෙහි මම ගිජුකුළු පව්වෙන් පහළට වඩිද්දී ආකාසයේ ඇවිද ඇවිද යන කඩු වැනි මවිල් ඇති පුරුෂ රූපයක් දැක්කා. ඉතින් ඒ කඩු උඩට ඇවිත් ඇවිත් ඒ සත්වයා ගේ ම ඇඟට වදිනවා. එතකොට ඒ කඩු වැනි මවිල් ඇති පුරුෂ රූපය වේදනාවෙන් කෑගහනවා. එතකොට මට මෙහෙම හිතුණා. 'අයියෝ! විශ්මිතයි. අයියෝ! පුදුම සහගතයි. මෙබඳු ආකාර සත්වයෙකුත් ඉන්නවා නෙව. මෙබඳු ආකාර යක්ෂ ජීවිතයකුත් තියෙනවා නෙව. මෙබඳු ආකාර ඉපදීමකුත් තියෙනවා නෙව කියල' ....(පෙ).... පින්වත් මහණෙනි, ඔය සත්වයා මේ රජගහ නුවර ම හිටපු ඌරන් මරණ මිනිහෙක්. ඔය පුද්ගලයා ඒ කර්මයේ විපාක වශයෙන් අවුරුදු බොහෝ ගණනක්, අවුරුදු සිය ගණනක්, අවුරුදු දහස් ගණනක්, අවුරුදු ලක්ෂ ගණනක් නිරයේ පැහුණා. අන්තිමේ දී ඒ පාපයේ ඉතුරු විපාක විඳවන්නටයි ඔය විදිහේ උපතක් ලබා ගෙන විදෝ විදෝ ඉන්නේ,

(අප ගේ බුදු සමිඳුන් ගේ බුදු නුවණ නම් ඒකාන්තයෙන් ම ආශ්චර්යයයි!)

සාදු! සාදු!! සාදු!!!

අසිලෝම සූත්‍රය නිමා විය.

7.1.6.
සත්තිලෝම සූත්‍රය
කැති වැනි ලොම් ඇති පෙරේතයෙක් ගැන වදාළ දෙසුම

367. ප්‍රිය ආයුෂ්මතුනි, මෙහි මම ගිජුකුළු පව්වෙන් පහළට වඩිද්දී ආකාසයේ ඇවිද ඇවිද යන කැති වැනි මවිල් ඇති පුරුෂ රූපයක් දැක්කා. ඉතින් ඒ කැති උඩට ඇවිත් ඇවිත් ඒ සත්වයා ගේ ම ඇඟට වදිනවා. එතකොට ඒ කැති වැනි මවිල් ඇති පුරුෂ රූපය වේදනාවෙන් කෑගහනවා. එතකොට මට මෙහෙම හිතුනා. 'අයියෝ! විශ්මිතයි. අයියෝ! පුදුම සහගතයි. මෙබඳු ආකාර

සත්වයෙකුත් ඉන්නවා නෙව. මෙබඳු ආකාර යක්ෂ ජීවිතයකුත් තියෙනවා නෙව. මෙබඳු ආකාර ඉපදීමකුත් තියෙනවා නෙව කියල' ....(පෙ).... පින්වත් මහණෙනි, ඔය සත්වයා මේ රජගහ නුවර ම හිටපු මුවන් මරණ මිනිහෙක්. ඔය පුද්ගලයා ඒ කර්මයේ විපාක වශයෙන් අවුරුදු බොහෝ ගණනක්, අවුරුදු සිය ගණනක්, අවුරුදු දහස් ගණනක්, අවුරුදු ලක්ෂ ගණනක් නිරයේ පැහුණා. අන්තිමේ දී ඒ පාපයේ ඉතුරු විපාක විඳවන්නටයි ඔය විදිහේ උපතක් ලබා ගෙන විඳෝ විඳෝ ඉන්නේ,

(අප ගේ බුදු සමිඳුන් ගේ බුදු නුවණ නම් ඒකාන්තයෙන් ම ආශ්චර්යයයි!)

සාදු! සාදු!! සාදු!!!

සත්තිලෝම සූත්‍රය නිමා විය.

7.1.7.
උසුලෝම සූත්‍රය
ඊතල වැනි ලොම් ඇති පෙරේතයෙක් ගැන වදාළ දෙසුම

368. ප්‍රිය ආයුෂ්මතුනි, මෙහි මම ගිජුකුළු පව්වෙන් පහළට වඩිද්දී ආකාසයේ ඇවිද ඇවිද යන ඊතල වැනි මවිල් ඇති පුරුෂ රූපයක් දැක්කා. ඉතින් ඒ ඊතල උඩට ඇවිත් ඇවිත් ඒ සත්වයා ගේ ම ඇඟට වදිනවා. එතකොට ඒ ඊතල වැනි මවිල් ඇති පුරුෂ රූපය වේදනාවෙන් කෑගහනවා. එතකොට මට මෙහෙම හිතුණා. 'අයියෝ! විශ්මිතයි. අයියෝ! පුදුම සහගතයි. මෙබඳු ආකාර සත්වයෙකුත් ඉන්නවා නෙව. මෙබඳු ආකාර යක්ෂ ජීවිතයකුත් තියෙනවා නෙව. මෙබඳු ආකාර ඉපදීමකුත් තියෙනවා නෙව කියල' ....(පෙ).... පින්වත් මහණෙනි, ඔය සත්වයා මේ රජගහ නුවර ම හිටපු වධකයෙක්. ඔය පුද්ගලයා ඒ කර්මයේ විපාක වශයෙන් අවුරුදු බොහෝ ගණනක්, අවුරුදු සිය ගණනක්, අවුරුදු දහස් ගණනක්, අවුරුදු ලක්ෂ ගණනක් නිරයේ පැහුණා. අන්තිමේ දී ඒ පාපයේ ඉතුරු විපාක විඳවන්නටයි ඔය විදිහේ උපතක් ලබා ගෙන විඳෝ විඳෝ ඉන්නේ,

(අප ගේ බුදු සමින් ගේ බුදු නුවණ නම් ඒකාන්තයෙන් ම ආශ්චර්යයයි!)

සාදු! සාදු!! සාදු!!!

උසුලෝම සූත්‍රය නිමා විය.

7.1.8.
සුචිලෝම සූත්‍රය
ඉඳිකටු වැනි ලොම් ඇති පෙරේතයෙක් ගැන වදාළ දෙසුම

369. ප්‍රිය ආයුෂ්මතුනි, මෙහි මම ගිජුකුළු පව්වෙන් පහළට වඩිද්දී ආකාසයේ ඇවිද ඇවිද යන ඉඳිකටු වැනි මවිල් ඇති පුරුෂ රූපයක් දැක්කා. ඉතින් ඒ ඉඳිකටු උඩට ඇවිත් ඇවිත් ඒ සත්වයා ගේ ම ඇඟට වදිනවා. එතකොට ඒ ඉඳිකටු වැනි මවිල් ඇති පුරුෂ රූපය වේදනාවෙන් කෑගහනවා. එතකොට මට මෙහෙම හිතුණා. 'අයියෝ! විශ්මිතයි. අයියෝ! පුදුම සහගතයි. මෙබඳු ආකාර සත්වයෙකුත් ඉන්නවා නෙව. මෙබඳු ආකාර යක්ෂ ජීවිතයකුත් තියෙනවා නෙව. මෙබඳු ආකාර ඉපදීමකුත් තියෙනවා නෙව කියල' ....(පෙ).... පින්වත් මහණෙනි, ඔය සත්වයා මේ රජගහ නුවර ම හිටපු (පව් කරපු) රියැදුරෙක්. ඔය පුද්ගලයා ඒ කර්මයේ විපාක වශයෙන් අවුරුදු බොහෝ ගණනක්, අවුරුදු සිය ගණනක්, අවුරුදු දහස් ගණනක්, අවුරුදු ලක්ෂ ගණනක් නිරයේ පැහුණා. අන්තිමේ දී ඒ පාපයේ ඉතුරු විපාක විඳවන්නටයි ඔය විදිහේ උපතක් ලබා ගෙන විඳෝ විඳෝ ඉන්නේ,

(අප ගේ බුදු සමිඳුන් ගේ බුදු නුවණ නම් ඒකාන්තයෙන් ම ආශ්චර්යයයි!)

සාදු! සාදු!! සාදු!!!

සුචිලෝම සූත්‍රය නිමා විය.

7.1.9.
දුතිය සුචිලෝම සූත්‍රය
ඉඳිකටු වැනි ලොම් ඇති පෙරේතයෙක් ගැන වදාළ දෙවෙනි දෙසුම

370. ප්‍රිය ආයුෂ්මතුනි, මෙහි මම ගිජුකුළු පව්වෙන් පහළට වඩිද්දී ආකාසයේ ඇවිද ඇවිද යන ඉඳිකටු වැනි මවිල් ඇති පුරුෂ රූපයක් දැක්කා. ඉතින් ඒ ඉඳිකටු ඔහු ගේ හිස සිදුරු කර ගෙන ගිහින් කටින් එළියට එනවා. ආයෙමත් කට ඇතුළට ගිහින් පපුවෙන් එළියට එනවා. ආයෙමත් පපුව ඇතුළට ගිහින්

බඩෙන් එළියට එනවා. ආයෙමත් බඩෙන් ඇතුළට ගිහින් කළවාවලින් එළියට එනවා. ආයෙමත් කළවාවලින් ඇතුළට ගිහින් කෙණ්ඩාවලින් එළියට එනවා. ආයෙමත් කෙණ්ඩාවලින් ඇතුළට ගිහින් යටි පතුලෙන් එළියට එනවා. එතකොට ඒ ඉඳිකටු වැනි මවිල් ඇති පුරුෂ රූපය වේදනාවෙන් කෑගහනවා. එතකොට මට මෙහෙම හිතුණා. 'අයියෝ! විශ්මිතයි. අයියෝ! පුදුම සහගතයි. මෙබඳු ආකාර සත්වයෙකුත් ඉන්නවා නෙව. මෙබඳු ආකාර යක්ෂ ජීවිතයකුත් තියෙනවා නෙව. මෙබඳු ආකාර ඉපදීමකුත් තියෙනවා නෙව කියල' ....(පෙ).... පින්වත් මහණෙනි, ඔය සත්වයා මේ රජගහ නුවර ම හිටපු කේළාම් කියල ආරවුල් හදපු මිනිහෙක්. ඔය පුද්ගලයා ඒ කර්මයේ විපාක වශයෙන් අවුරුදු බොහෝ ගණනක්, අවුරුදු සිය ගණනක්, අවුරුදු දහස් ගණනක්, අවුරුදු ලක්ෂ ගණනක් නිරයේ පැහුණා. අන්තිමේ දී ඒ පාපයේ ඉතුරු විපාක විඳවන්නටයි ඔය විදිහේ උපතක් ලබා ගෙන විදෝ විදෝ ඉන්නේ,

(අප ගේ බුදු සමිඳුන් ගේ බුදු නුවණ නම් ඒකාන්තයෙන් ම ආශ්චර්යයයි!)

සාදු! සාදු!! සාදු!!!

දුතිය සූචිලෝම සූත්‍රය නිමා විය.

7.1.10.
කුම්භණ්ඩ සූත්‍රය
කළගෙඩියක් වැනි අණ්ඩකෝෂය ගැන වදාළ දෙසුම

371. ප්‍රිය ආයුෂ්මතුනි, මෙහි මම ගිජ්ඣකූළ පව්වෙන් පහළට වඩිද්දී ආකාසයේ ඇවිද ඇවිද යන කළගෙඩියක් වැනි අණ්ඩකෝෂයක් ඇති පුරුෂ රූපයක් දැක්කා. ඉතින් ඒ කළගෙඩියක් වැනි අණ්ඩකෝෂය කරේ තියාගෙනයි ඇවිදින්නේ. වාඩි වෙනකොට ඒ අණ්ඩකෝෂය මතයි වාඩි වෙන්නේ. ඔහුව හූත ගිජුලිහිණියොත්, කාක්කොත්, උකුස්සොත් පන්න පන්න ගිහින් මස් ඉර ඉරා, කඩ කඩා කනවා. එතකොට ඒ කළගෙඩියක් වැනි අණ්ඩකෝෂය ඇති පුරුෂ රූපය වේදනාවෙන් කෑගහනවා. එතකොට මට මෙහෙම හිතුණා. 'අයියෝ! විශ්මිතයි. අයියෝ! පුදුම සහගතයි. මෙබඳු ආකාර සත්වයෙකුත් ඉන්නවා නෙව. මෙබඳු ආකාර යක්ෂ ජීවිතයකුත් තියෙනවා නෙව. මෙබඳු ආකාර ඉපදීමකුත් තියෙනවා නෙව කියල' ....(පෙ).... පින්වත් මහණෙනි, ඔය සත්වයා මේ රජගහ නුවර ම හිටපු (පව් කරපු) නඩුකාරයෙක්. ඔය පුද්ගලයා

ඒ කර්මයේ විපාක වශයෙන් අවුරුදු බොහෝ ගණනක්, අවුරුදු සිය ගණනක්, අවුරුදු දහස් ගණනක්, අවුරුදු ලක්ෂ ගණනක් නිරයේ පැහුණා. අන්තිමේ දී ඒ පාපයේ ඉතුරු විපාක විඳවන්නටයි ඔය විදිහේ උපතක් ලබාගෙන විදෝ විදෝ ඉන්නේ,

(අප ගේ බුදු සමිඳුන් ගේ බුදු නුවණ නම් ඒකාන්තයෙන් ම ආශ්චර්යයයි!)

සාදු! සාදු!! සාදු!!!

කුම්භණ්ඩ සූත්‍රය නිමා විය.

පළමුවෙනි වර්ගය අවසන් විය.

2. දෙවෙනි වර්ගය

7.2.1.
ගූථකූප සූත්‍රය
අසුචි වළ ගැන වදාළ දෙසුම

372. ප්‍රිය ආයුෂ්මතුනි, මෙහි මම ගිජුකුළු පව්වෙන් පහළට වඩිද්දී අසූචි වළක ඔළුවත් සමග ගිලුන පුරුෂ රූපයක් දැක්කා ....(පෙ).... වේදනාවෙන් කෑගහනවා. එතකොට මට මෙහෙම හිතුණා. 'අයියෝ! විශ්මිතයි. අයියෝ! පුදුම සහගතයි. මෙබඳු ආකාර සත්වයෙකුත් ඉන්නවා නෙව. මෙබඳු ආකාර යක්ෂ ජීවිතයකුත් තියෙනවා නෙව. මෙබඳු ආකාර ඉපදීමකුත් තියෙනවා නෙව කියල' ....(පෙ).... පින්වත් මහණෙනි, ඔය සත්වයා මේ රජගහ නුවර ම හිටපු අනුන් ගේ අඹුවන් සමග වරදේ හැසිරුණ මිනිහෙක්. ඔය පුද්ගලයා ඒ කර්මයේ විපාක වශයෙන් අවුරුදු බොහෝ ගණනක්, අවුරුදු සිය ගණනක්, අවුරුදු දහස් ගණනක්, අවුරුදු ලක්ෂ ගණනක් නිරයේ පැහුණා. අන්තිමේ දී ඒ පාපයේ ඉතුරු විපාක විඳවන්නටයි ඔය විදිහේ උපතක් ලබා ගෙන විඳෙ ා විඳෙ ා ඉන්නේ,

(අපගේ බුදු සමිඳුන්ගේ බුදු නුවණ නම් ඒකාන්තයෙන් ම ආශ්චර්ය යි!)

සාදු! සාදු!! සාදු!!!

ගූථකූප සූත්‍රය නිමා විය.

7.2.2.
ගූථඛාදි සූත්‍රය
අසුචි කෑම ගැන වදාළ දෙසුම

373. ප්‍රිය ආයුෂ්මතුනි, මෙහි මම ගිජුකුළු පව්වෙන් පහළට වඩිද්දී අසූචි වළක ඔළුවත් සමග ගිලුණ පුරුෂ රූපයක් දැක්කා. ඉතින් ඔහු දෑතින් ම ගුලි කර කර ඒ අසූචි කකා ඉන්නවා ....(පෙ).... වේදනාවෙන් කෑගහනවා. එතකොට මට මෙහෙම හිතුණා. 'අයියෝ! විශ්මිතයි. අයියෝ! පුදුම සහගතයි. මෙබඳු ආකාර සත්වයෙකුත් ඉන්නවා නෙව. මෙබඳු ආකාර යක්ෂ ජීවිතයකුත් තියෙනවා නෙව.

මෙබඳු ආකාර ඉපදීමකුත් තියෙනවා නෙව කියල' ....(පෙ).... පින්වත් මහණෙනි, ඔය සත්වයා මේ රජගහ නුවර ම හිටපු බ්‍රාහ්මණයෙක්. ඔහු කාශ්‍යප බුදුරජාණන් වහන්සේගේ කාලයේ ඒ බුදු සසුනෙහි වැඩ සිටි භික්ෂු සංඝයාට දානෙකට ආරාධනා කළා. ඊට පස්සේ භාජන අසූචිවලින් පුරවලා දානෙට කල් දැන්නුවා. 'පින්වත්නි, ඔය තියෙන්නේ කෑම. දැන් ඉතින් ඕන තරම් කන එකයි ඇත්තේ. කැමති නම් අරගෙන යන එකයි ඇත්තේ' කියල. ඔය පුද්ගලයා ඒ කර්මයේ විපාක වශයෙන් අවුරුදු බොහෝ ගණනක්, අවුරුදු සිය ගණනක්, අවුරුදු දහස් ගණනක්, අවුරුදු ලක්ෂ ගණනක් නිරයේ පැහුණා. අන්තිමේදී ඒ පාපයේ ඉතුරු විපාක විඳවන්නටයි ඔය විදිහේ උපතක් ලබා ගෙන විඳෝ විඳෝ ඉන්නේ,

(අපගේ බුදු සමිඳුන්ගේ බුදු නුවණ නම් ඒකාන්තයෙන් ම ආශ්චර්ය යි!)

සාදු! සාදු!! සාදු!!!

ගූථඛාදි සූත්‍රය නිමා විය.

7.2.3.
නිච්ඡවි සූත්‍රය
සමක් නැති පෙරේතිය ගැන වදාළ දෙසුම

374. ප්‍රිය ආයුෂ්මතුනි, මෙහි මම ගිජ්ඣකූළ පව්වෙන් පහළට වඩිද්දී ආකාසයේ ඇවිද ඇවිද යන හමක් නැති ස්ත්‍රී රූපයක් දැක්කා. ඉතින් හූත ගිජුලිහිණියොත්, කාක්කොත්, උකුස්සොත් ඔය හමක් නැති ස්ත්‍රී රූපය පස්සෙන් පන්න පන්නා ඉර ඉරා, කඩ කඩා කනවා. එතකොට ඒ හමක් නැති ස්ත්‍රී රූපය වේදනාවෙන් කෑගහනවා. එතකොට මට මෙහෙම හිතුණා. 'අයියෝ! විශ්මිතයි. අයියෝ! පුදුම සහගතයි. මෙබඳු ආකාර සත්වයෙකුත් ඉන්නවා නෙව. මෙබඳු ආකාර යක්ෂ ජීවිතයකුත් තියෙනවා නෙව. මෙබඳු ආකාර ඉපදීමකුත් තියෙනවා නෙව කියල' ....(පෙ).... පින්වත් මහණෙනි, ඔය සත්වයා මේ රජගහ නුවර ම හිටපු වෛශ්‍යා ස්ත්‍රියක්. ඔය ස්ත්‍රිය ඒ කර්මයේ විපාක වශයෙන් අවුරුදු බොහෝ ගණනක්, අවුරුදු සිය ගණනක්, අවුරුදු දහස් ගණනක්, අවුරුදු ලක්ෂ ගණනක් නිරයේ පැහුණා. අන්තිමේ දී ඒ පාපයේ ඉතුරු විපාක විඳවන්නටයි ඔය විදිහේ උපතක් ලබා ගෙන විඳෝ විඳෝ ඉන්නේ,

(අපගේ බුදු සමිඳුන්ගේ බුදු නුවණ නම් ඒකාන්තයෙන් ම ආශ්චර්ය යි!)

සාදු! සාදු!! සාදු!!!

නිච්ඡවි සූත්‍රය නිමා විය.

7.2.4.
මංගුලිත්ථී සූත්‍රය
පිළිකුල් සහගත දුගඳ හමන ස්ත්‍රිය ගැන වදාළ දෙසුම

375. ප්‍රිය ආයුෂ්මතුනි, මෙහි මම ගිජ්ඣකූළ පව්වෙන් පහළට වඩිද්දී ආකාසයේ ඇවිද ඇවිද යන පිළිකුල් සහගත දුගඳ හමන ස්ත්‍රී රූපයක් දැක්කා. ඉතින් භූත ගිජුලිහිණියොත්, කාක්කොත්, උකුස්සොත් පිළිකුල් සහගත දුගඳ හමන ස්ත්‍රී රූපය පස්සෙන් පන්න පන්නා ඉර ඉරා, කඩ කඩා කනවා. එතකොට ඒ පිළිකුල් සහගත දුගඳ හමන ස්ත්‍රී රූපය වේදනාවෙන් කෑගහනවා. එතකොට මට මෙහෙම හිතුණා. 'අයියෝ! විශ්මිතයි. අයියෝ! පුදුම සහගතයි. මෙබඳු ආකාර සත්වයෙකුත් ඉන්නවා නෙව. මෙබඳු ආකාර යක්ෂ ජීවිතයකුත් තියෙනවා නෙව. මෙබඳු ආකාර ඉපදීමකුත් තියෙනවා නෙව කියල' ....(පෙ).... පින්වත් මහණෙනි, ඔය සත්වයා මේ රජගහ නුවර ම හිටපු අනුන්ට අනවින කොඩිවින කරපු ස්ත්‍රියක්. ඔය ස්ත්‍රිය ඒ කර්මයේ විපාක වශයෙන් අවුරුදු බොහෝ ගණනක්, අවුරුදු සිය ගණනක්, අවුරුදු දහස් ගණනක්, අවුරුදු ලක්ෂ ගණනක් නිරයේ පැහුනා. අන්තිමේ දී ඒ පාපයේ ඉතුරු විපාක විඳවන්නටයි ඔය විදිහේ උපතක් ලබා ගෙන විඳෝ විඳෝ ඉන්නේ,

(අපගේ බුදු සමිඳුන්ගේ බුදු නුවණ නම් ඒකාන්තයෙන් ම ආශ්චර්ය යි!)

සාදු! සාදු!! සාදු!!!

මංගුලිත්ථී සූත්‍රය නිමා විය.

7.2.5.
ඕකිලිනී සූත්‍රය
ගිනි අඟුරින් වෙලී දහඩිය වැගිරෙන රත් වූ සිරුරු ඇති ස්ත්‍රිය ගැන වදාළ දෙසුම

376. ප්‍රිය ආයුෂ්මතුනි, මෙහි මම ගිජ්ඣකූළ පව්වෙන් පහළට වඩිද්දී ආකාසයේ ඇවිද ඇවිද යන ගිනි අඟුරින් වෙලී දහඩිය වැගිරෙන රත් වූ සිරුරු ඇති ස්ත්‍රී රූපයක් දැක්කා. එතකොට ඒ ගිනි අඟුරින් වෙලී දහඩිය වැගිරෙන රත් වූ සිරුරු ඇති ස්ත්‍රී රූපය වේදනාවෙන් කෑගහනවා. එතකොට මට මෙහෙම හිතුණා. 'අයියෝ! විශ්මිතයි. අයියෝ! පුදුම සහගතයි. මෙබඳු ආකාර සත්වයෙකුත් ඉන්නවා නෙව. මෙබඳු ආකාර යක්ෂ ජීවිතයකුත් තියෙනවා නෙව. මෙබඳු

ආකාර ඉපදීමකුත් තියෙනවා නෙව කියල' ....(පෙ).... පින්වත් මහණෙනි, ඔය සත්වයා කළිඟු රටේ රජ්ජුරුවන්ගේ අගමෙහෙසිය වෙලා හිටියා. ඉතින් ඈ අධික ඉරිසියාව නිසා ඒ රජු ගේ ම තවත් මෙහෙසියක ගේ ඇඟට ගිණි අඟුරු කබලක් හෙළුවා. ඔය ස්ත්‍රිය ඒ කර්මයේ විපාක වශයෙන් අවුරුදු බොහෝ ගණනක්, අවුරුදු සිය ගණනක්, අවුරුදු දහස් ගණනක්, අවුරුදු ලක්ෂ ගණනක් නිරයේ පැහුණා. අන්තිමේ දී ඒ පාපයේ ඉතුරු විපාක විඳවන්නටයි ඔය විදිහේ උපතක් ලබා ගෙන විදෝ විදෝ ඉන්නේ,

(අපගේ බුදු සමිඳුන්ගේ බුදු නුවණ නම් ඒකාන්තයෙන් ම ආශ්චර්ය යි!)

සාදු! සාදු!! සාදු!!!

ඕකිලිනී සූත්‍රය නිමා විය.

7.2.6.
අසීසක සූත්‍රය
හිසක් නැති සිරුර ගැන වදාළ දෙසුම

377. ප්‍රිය ආයුෂ්මතුනි, මෙහි මම ගිජ්ජකූළ පව්වෙන් පහළට වඩිද්දී ආකාසයේ ඇවිද ඇවිද යන හිසක් නැති කවන්ධ රූපයක් දැක්කා. ඒ ශරීරයේ පපුවේ තමයි ඇසුත් කටත් තියෙන්නේ. ඉතින් භූත ගිජුලිහිණියොත්, කාක්කොත්, උකුස්සොත් ඔය හිසක් නැති කවන්ධ රූපය පස්සෙන් පන්න පන්නා ඉරාගෙන කනවා, කඩාගෙන කනවා. එතකොට ඒ හිසක් නැති කවන්ධ රූපය වේදනාවෙන් කෑගහනවා. එතකොට මට මෙහෙම හිතුණා. 'අයියෝ! විශ්මිතයි. අයියෝ! පුදුම සහගතයි. මෙබඳු ආකාර සත්වයෙකුත් ඉන්නවා නෙව. මෙබඳු ආකාර යක්ෂ ජීවිතයකුත් තියෙනවා නෙව. මෙබඳු ආකාර ඉපදීමකුත් තියෙනවා නෙව කියල' ....(පෙ).... පින්වත් මහණෙනි, ඔය සත්වයා මේ රජගහ නුවර ම හිටපු හාරික නම් වූ සොරුන් මරන්නෙක්. ඔය පුද්ගලයා ඒ කර්මයේ විපාක වශයෙන් අවුරුදු බොහෝ ගණනක්, අවුරුදු සිය ගණනක්, අවුරුදු දහස් ගණනක්, අවුරුදු ලක්ෂ ගණනක් නිරයේ පැහුනා. අන්තිමේ දී ඒ පාපයේ ඉතුරු විපාක විඳවන්නටයි ඔය විදිහේ උපතක් ලබා ගෙන විදෝ විදෝ ඉන්නේ,

(අපගේ බුදු සමිඳුන්ගේ බුදු නුවණ නම් ඒකාන්තයෙන් ම ආශ්චර්ය යි!)

සාදු! සාදු!! සාදු!!!

අසීසක සූත්‍රය නිමා විය.

7.2.7.
භික්ඛු සූත්‍රය
භික්ෂුව ගැන වදාළ දෙසුම

378. ප්‍රිය ආයුෂ්මතුනි, මෙහි මම ගිජුකුළු පව්වෙන් පහළට වඩිද්දී ආකාසයේ ඇවිද ඇවිද යන භික්ෂුවක් දැක්කා. ඔහු පොරවා සිටින සිවුරුත් සම්පූර්ණයෙන් ම ගින්නෙන් ඇවිලිලා දිලිසෙනවා. පාත්‍රයත් ගිනි අරගෙන දිලිසෙනවා. ඉණේ බැඳපු පටියත් ගිනි අරගෙන දිලිසෙනවා. මුළු කය ම ගිනි අරගෙන දිලිසෙනවා. එතකොට ඒ භික්ෂුව වේදනාවෙන් කෑගහනවා. එතකොට මට මෙහෙම හිතුණා. 'අයියෝ! විශ්මිතයි. අයියෝ! පුදුම සහගතයි. මෙබඳු ආකාර සත්වයෙකුත් ඉන්නවා නෙව. මෙබඳු ආකාර යක්ෂ ජීවිතයකුත් තියෙනවා නෙව. මෙබඳු ආකාර ඉපදීමකුත් තියෙනවා නෙව කියල' ....(පෙ).... පින්වත් මහණෙනි, ඔය සත්වයා කාශ්‍යප බුදුරජාණන් වහන්සේ ගේ කාලයේ පාපී භික්ෂුවක්. ඔය පුද්ගලයා ඒ කර්මයේ විපාක වශයෙන් අවුරුදු බොහෝ ගණනක්, අවුරුදු සිය ගණනක්, අවුරුදු දහස් ගණනක්, අවුරුදු ලක්ෂ ගණනක් නිරයේ පැහුණා. අන්තිමේ දී ඒ පාපයේ ඉතුරු විපාක විඳවන්නටයි ඔය විදිහේ උපතක් ලබා ගෙන විදෝ විදෝ ඉන්නේ,

(අපගේ බුදු සමිඳුන්ගේ බුදු නුවණ නම් ඒකාන්තයෙන් ම ආශ්චර්ය යි!)

සාදු! සාදු!! සාදු!!!

භික්ඛු සූත්‍රය නිමා විය.

7.2.8.
භික්ඛුණී සූත්‍රය
භික්ෂුණිය ගැන වදාළ දෙසුම

379. ප්‍රිය ආයුෂ්මතුනි, මෙහි මම ගිජුකුළු පව්වෙන් පහළට වඩිද්දී ආකාසයේ ඇවිද ඇවිද යන භික්ෂුණියක් දැක්කා. ඇය පොරවා සිටින සිවුරුත් සම්පූර්ණයෙන් ම ගින්නෙන් ඇවිලිලා දිලිසෙනවා. පාත්‍රයත් ගිනි අරගෙන දිලිසෙනවා. ඉණේ බැඳපු පටියත් ගිනි අරගෙන දිලිසෙනවා. මුළු කය ම ගිනි අරගෙන දිලිසෙනවා. එතකොට ඒ භික්ෂුණිය වේදනාවෙන් කෑගහනවා. එතකොට මට මෙහෙම හිතුණා. 'අයියෝ! විශ්මිතයි. අයියෝ! පුදුම සහගතයි. මෙබඳු ආකාර සත්වයෙකුත් ඉන්නවා නෙව. මෙබඳු ආකාර යක්ෂ ජීවිතයකුත්

තියෙනවා නෙව. මෙබඳු ආකාර ඉපදීමකුත් තියෙනවා නෙව කියල' ....(පෙ).... පින්වත් මහණෙනි, ඔය සත්වයා කාශ්‍යප බුදුරජාණන් වහන්සේ ගේ කාලයේ පාපී භික්ෂුණියක්. ඔය පුද්ගලයා ඒ කර්මයේ විපාක වශයෙන් අවුරුදු බොහෝ ගණනක්, අවුරුදු සිය ගණනක්, අවුරුදු දහස් ගණනක්, අවුරුදු ලක්ෂ ගණනක් නිරයේ පැහුණා. අන්තිමේ දී ඒ පාපයේ ඉතුරු විපාක විඳවන්නටයි ඔය විදිහේ උපතක් ලබා ගෙන විඳෝ විඳෝ ඉන්නේ,

(අපගේ බුදු සමිඳුන්ගේ බුදු නුවණ නම් ඒකාන්තයෙන් ම ආශ්චර්ය යි!)

සාදු! සාදු!! සාදු!!!

භික්ඛුණී සූත්‍රය නිමා විය.

7.2.9.
සික්ඛමානා සූත්‍රය
උපසම්පදාවට පුහුණු වෙමින් සිටි සික්ඛමානාව ගැන වදාළ දෙසුම

380. ප්‍රිය ආයුෂ්මතුනි, මෙහි මම ගිජ්ඣකූළ පව්වෙන් පහළට වඩිද්දී ආකාසයේ ඇවිද ඇවිද යන සික්ඛමානාවක් දැක්කා. ඇය පොරවා සිටින සිවුරුත් සම්පූර්ණයෙන් ම ගින්නෙන් ඇවිලිලා දිලිසෙනවා. පාත්‍රයත් ගිනි අරගෙන දිලිසෙනවා. ඉණේ බැඳපු පටියත් ගිනි අරගෙන දිලිසෙනවා. මුළු කය ම ගිනි අරගෙන දිලිසෙනවා. එතකොට ඒ සික්ඛමානාව වේදනාවෙන් කෑගහනවා. එතකොට මට මෙහෙම හිතුණා. 'අයියෝ! විශ්මිතයි. අයියෝ! පුදුම සහගතයි. මෙබඳු ආකාර සත්වයෙකුත් ඉන්නවා නෙව. මෙබඳු ආකාර යක්ෂ ජීවිතයකුත් තියෙනවා නෙව. මෙබඳු ආකාර ඉපදීමකුත් තියෙනවා නෙව කියල' ....(පෙ).... පින්වත් මහණෙනි, ඔය සත්වයා කාශ්‍යප බුදුරජාණන් වහන්සේ ගේ කාලයේ පාපී සික්ඛමානාවක්. ඔය පුද්ගලයා ඒ කර්මයේ විපාක වශයෙන් අවුරුදු බොහෝ ගණනක්, අවුරුදු සිය ගණනක්, අවුරුදු දහස් ගණනක්, අවුරුදු ලක්ෂ ගණනක් නිරයේ පැහුණා. අන්තිමේ දී ඒ පාපයේ ඉතුරු විපාක විඳවන්නටයි ඔය විදිහේ උපතක් ලබා ගෙන විඳෝ විඳෝ ඉන්නේ,

(අපගේ බුදුසමිඳුන්ගේ බුදු නුවණ නම් ඒකාන්තයෙන් ම ආශ්චර්ය යි!)

සාදු! සාදු!! සාදු!!!

සික්ඛමානා සූත්‍රය නිමා විය.

7.2.10.
සාමණේර සූත්‍රය
සාමණේරයා ගැන වදාළ දෙසුම

381. ප්‍රිය ආයුෂ්මතුනි, මෙහි මම ගිජුකුළු පව්වෙන් පහළට වඩිද්දී ආකාසයේ ඇවිද ඇවිද යන සාමණේරයෙක් දැක්කා. ඔහු පොරවා සිටින සිවුරුත් සම්පූර්ණයෙන් ම ගින්නෙන් ඇවිලිලා දිලිසෙනවා. පාත්‍රයත් ගිනි අරගෙන දිලිසෙනවා. ඉණේ බැඳපු පටියත් ගිනි අරගෙන දිලිසෙනවා. මුළු කය ම ගිනි අරගෙන දිලිසෙනවා. එතකොට ඒ සාමණේරයා වේදනාවෙන් කෑගහනවා. එතකොට මට මෙහෙම හිතුණා. 'අයියෝ! විශ්මිතයි. අයියෝ! පුදුම සහගතයි. මෙබඳු ආකාර සත්වයෙකුත් ඉන්නවා නෙව. මෙබඳු ආකාර යක්ෂ ජීවිතයකුත් තියෙනවා නෙව. මෙබඳු ආකාර ඉපදීමකුත් තියෙනවා නෙව කියල' ....(පෙ).... පින්වත් මහණෙනි, ඔය සත්වයා කාශ්‍යප බුදුරජාණන් වහන්සේ ගේ කාලයේ පාපී සාමණේරයෙක්. ඔය පුද්ගලයා ඒ කර්මයේ විපාක වශයෙන් අවුරුදු බොහෝ ගණනක්, අවුරුදු සිය ගණනක්, අවුරුදු දහස් ගණනක්, අවුරුදු ලක්ෂ ගණනක් නිරයේ පැහුණා. අන්තිමේ දී ඒ පාපයේ ඉතුරු විපාක විඳවන්නටයි ඔය විදිහේ උපතක් ලබා ගෙන විඳෝ විඳෝ ඉන්නේ,

(අපගේ බුදු සමිඳුන්ගේ බුදු නුවණ නම් ඒකාන්තයෙන් ම ආශ්චර්ය යි!)

සාදු! සාදු!! සාදු!!!

සාමණේර සූත්‍රය නිමා විය.

7.2.11.
සාමණේරී සූත්‍රය
සාමණේරිය ගැන වදාළ දෙසුම

382. ප්‍රිය ආයුෂ්මතුනි, මෙහි මම ගිජුකුළු පව්වෙන් පහළට වඩිද්දී ආකාසයේ ඇවිද ඇවිද යන සාමණේරියක් දැක්කා. ඇය පොරවා සිටින සිවුරුත් සම්පූර්ණයෙන් ම ගින්නෙන් ඇවිලිලා දිලිසෙනවා. පාත්‍රයත් ගිනි අරගෙන දිලිසෙනවා. ඉණේ බැඳපු පටියත් ගිනි අරගෙන දිලිසෙනවා. මුළු කය ම ගිනි අරගෙන දිලිසෙනවා. එතකොට ඒ සාමණේරිය වේදනාවෙන් කෑගහනවා.

එතකොට මට මෙහෙම හිතුණා. 'අයියෝ! විශ්මිතයි. අයියෝ! පුදුම සහගතයි. මෙබඳු ආකාර සත්වයෙකුත් ඉන්නවා නෙව. මෙබඳු ආකාර යක්ෂ ජීවිතයකුත් තියෙනවා නෙව. මෙබඳු ආකාර ඉපදීමකුත් තියෙනවා නෙව කියල' ....(පෙ).... පින්වත් මහණෙනි, ඔය සත්වයා කාශ්‍යප බුදුරජාණන් වහන්සේ ගේ කාලයේ පාපී සාමණේරියක්. ඔය පුද්ගලයා ඒ කර්මයේ විපාක වශයෙන් අවුරුදු බොහෝ ගණනක්, අවුරුදු සිය ගණනක්, අවුරුදු දහස් ගණනක්, අවුරුදු ලක්ෂ ගණනක් නිරයේ පැහුණා. අන්තිමේ දී ඒ පාපයේ ඉතුරු විපාක විඳවන්නටයි ඔය විදිහේ උපතක් ලබා ගෙන විදෝ විදෝ ඉන්නේ,

(අපගේ බුදු සමිඳුන්ගේ බුදු නුවණ නම් ඒකාන්තයෙන් ම ආශ්චර්ය යි!)

සාදු! සාදු!! සාදු!!!

සාමණේරී සූත්‍රය නිමා විය.

දෙවෙනි වර්ගය අවසන් විය.

ලක්ඛණ සංයුත්තය නිමා විය.

8. ඕපම්ම සංයුත්තය

1. පළමු වර්ගය

8.1.1.

කූට සූත්‍රය

ලී රවුමකට පරාල එක්කොට තැනූ වහලය ගැන වදාළ දෙසුම

383. මා හට අසන්නට ලැබුණේ මේ විදිහටයි.

ඒ දිනවල භාග්‍යවතුන් වහන්සේ වැඩසිටියේ සැවැත් නුවර ජේතවනය නම් වූ අනේපිඬු සිටුතුමාගේ ආරාමයේ ය. එදා භාග්‍යවතුන් වහන්සේ ....(පෙ).... මෙය වදාළා.

"පින්වත් මහණෙනි, ඒක මේ වගේ දෙයක්. ලී රවුමකට පරාල එක්කොට තැනූ වහලයක් ඇති ගොඩනැගිල්ලක් තියෙනවා. ඉතින් මේ ගොඩනැගිල්ලේ හැම පරාලයක් ම ඒ ලී රවුම වන කැණිමඬලට පිහිටලයි තියෙන්නේ. හේත්තුවෙලයි තියෙන්නේ. ඒ කැණිමඬල බිඳල දැම්මොත් අර පරාල සියල්ල ම සහමුලින් ම කඩාගෙන වැටෙනවා. පින්වත් මහණෙනි, ඔන්න ඔය වගේ ම යි, යම් තාක් අකුසල් මුල් ඇද්ද ඒ හැම අකුසල මූලයක් ම අවිද්‍යාව මත පිහිටල යි තියෙන්නේ. අවිද්‍යාවට ම හේත්තුවෙල යි තියෙන්නේ. ඉතින් ඒ අවිද්‍යාව සහමුලින් ම නැති කරල දැම්මොත් අර අකුසල් මුල් සියල්ල ම සහමුලින් ම නැති වෙලා යනවා. පින්වත් මහණෙනි, ඒ නිසා මෙන්න මේ විදිහට යි හික්මෙන්නට ඕන. අපි නම් අප්‍රමාදී ව ධර්මයේ ම යි හැසිරෙන්නේ කියල. පින්වත් මහණෙනි, ඔන්න ඔය විදිහට යි ඔබ හික්මෙන්නට ඕන.

සාදු! සාදු!! සාදු!!!

කූට සූත්‍රය නිමා විය.

8.1.2.
නඛසිඛා සූත්‍රය
නිය සිළට ගත් පස් ස්වල්පය ගැන වදාළ දෙසුම

384. සැවැත් නුවරදී ....

එදා භාග්‍යවතුන් වහන්සේ නිය සිළ මත පස් ස්වල්පයක් රඳවා ගෙන භික්ෂූන් අමතා වදාළා. "පින්වත් මහණෙනි, මේ ගැන ඔබ මොකක් ද හිතන්නේ? ගොඩාක් වැඩි මොනවා ද? මා විසින් මේ නිය සිළට ගත් පස් ස්වල්පය ද, නැත්නම් මේ මහ පොළොව ද?"

"ස්වාමීනි, මේ මහ පොළොවේ පස් ම යි වැඩි. භාග්‍යවතුන් වහන්සේ විසින් ඔය ශ්‍රී හස්තයෙන් නිය සිළ මත රඳවා තිබෙන පස් නම් ස්වල්පයක් ම යි තියෙන්නේ. භාග්‍යවතුන් වහන්සේ විසින් ඔය ශ්‍රී හස්තයේ නිය සිළ මත රඳවා තිබෙන පස් ස්වල්පය මහ පොළොවත් සමග සසඳා බැලීමේ දී, ගණනකින් දක්වන්නට බැරිතරම් ස්වල්පය යි. සොළොස් වෙනි කළාවටත් වඩා ස්වල්පය යි. උපමාවක්වත් හොයා ගන්නට බෑ."

පින්වත් මහණෙනි, ඔන්න ඔය වගේ ම යි යම් සත්වයෙක් මිනිසුන් අතර උපදිනවා නම් ඒ සත්වයන් ගේ ප්‍රමාණය ඉතා ම ස්වල්පයයි. නමුත් මිනිස් ලොවින් බැහැර වූ අනිකුත් තැන්වල උපදින්නා වූ යම් සත්වයන් ඇත්නම් ඔවුන් ගේ ප්‍රමාණය ඉතාමත් ම වැඩියි.

පින්වත් මහණෙනි, ඒ නිසා මෙන්න මේ විදිහට යි හික්මෙන්නට ඕන. අපි නම් අප්‍රමාදී ව ධර්මයේ ම යි හැසිරෙන්නේ කියල. පින්වත් මහණෙනි, ඔන්න ඔය විදිහට යි ඔබ හික්මෙන්නට ඕන.

සාදු! සාදු!! සාදු!!!

නඛසිඛා සූත්‍රය නිමා විය.

8.1.3.
කුල සූත්‍රය
පවුල ගැන වදාළ දෙසුම

385. සැවැත් නුවරදී ....

පින්වත් මහණෙනි, ඒක මේ වගේ දෙයක්. පිරිමින් ඉතා අඩු නමුත් කාන්තාවන් වැඩිපුර ඉන්න පවුල් තියෙනවා. කළයෙහි සැඟ වූ පහන් එළියෙන් හොරකම් කරන කළහොරුන්ට ඉතා පහසුවෙන් අර පවුල්වල වස්තුව හොරකම් කරගන්නට පුළුවනි. පින්වත් මහණෙනි, ඔන්න ඔය විදිහට ම යි යම් භික්ෂුවක් මෙත්තා චේතෝ විමුක්තිය නම් වූ මෛත්‍රී සමාධිය වඩල නැත්නම්, බහුල වශයෙන් පුරුදු කරල නැත්නම් අමනුස්සයන්ට ඉතා පහසුවෙන් ඔහුව වෙහෙසවන්නට පුළුවනි.

පින්වත් මහණෙනි, ඒක මේ වගේ දෙයක්. කාන්තාවන් ඉතා අඩු නමුත් පිරිමි වැඩිපුර ඉන්න පවුල් තියෙනවා. කළයෙහි සැඟ වූ පහන් එළියෙන් හොරකම් කරන කළහොරුන්ට අර පවුල්වල වස්තුව හොරකම් කරන එක ලෙහෙසි නෑ. පින්වත් මහණෙනි, ඔන්න ඔය විදිහ ම යි භික්ෂුවක් මෙත්තා චේතෝ විමුක්තිය නම් වූ මෛත්‍රී සමාධිය වඩල තියෙනවා නම්, බහුල වශයෙන් පුරුදු කරල තියෙනවා නම් අමනුස්සයන්ට ඔහුව වෙහෙසවන එක ලෙහෙසි නෑ.

පින්වත් මහණෙනි, ඒ නිසා මෙන්න මේ විදිහට යි හික්මෙන්නට ඕන. අපි කවුරුත් මෛත්‍රී සමාධිය ප්‍රගුණ කර ගන්නවා. බහුල වශයෙන් ප්‍රගුණ කර ගන්නවා. ගමන් බිමන් යන වාහනයක් වගේ ප්‍රගුණ කර ගන්නවා. පිහිටා තිබෙන ගසක් වගේ ප්‍රගුණ කර ගන්නවා. මනා කොට සිහියේ රඳවා ගන්නවා. ඉතා මැනැවින් ප්‍රගුණ කර ගන්නවා. ඉතා හොඳින් සම්පූර්ණ කර ගන්නවා කියල. පින්වත් මහණෙනි, ඔන්න ඔය විදිහටයි ඔබ හික්මෙන්නට ඕන.

සාදු! සාදු!! සාදු!!!

කුල සූත්‍රය නිමා විය.

8.1.4.
ඔක්ඛාසත සූත්‍රය
විශාල බත් හැළිය ගැන වදාළ දෙසුම

386. සැවැත් නුවරදී ....

පින්වත් මහණෙනි, යම් කෙනෙක් උදේ වරුවේ විශාල බත් හැළි සියයක් දන් දෙනවා නම්, ඒ වගේ ම ඔහු දහවල් වරුවේ විශාල බත් හැළි සියයක් දන් දෙනවා නම්, ඒ වගේ ම ඔහු සවස් වරුවේ විශාල බත් හැළි සියයක් දන් දෙනවා නම්, ඒ දෙන දානයට වඩා යම් කෙනෙක් අඩු ගණනේ ගව දෙනක ගේ තන පුඩුවෙන් එක් වරක් කිරි දොවන වෙලාවක් තරමේ මෛත්‍රී භාවනාවක් උදේ වරුවේ වඩනවා නම්, ඒ වගේ ම අඩු ගණනේ ගව දෙනකගේ තන පුඩුවෙන් එක් වරක් කිරි දොවන වෙලාවක් තරමේ මෛත්‍රී භාවනාවක් දවල් වරුවේ වඩනවා නම්, ඒ වගේ ම අඩු ගණනේ ගව දෙනකගේ තන පුඩුවෙන් එක් වරක් කිරි දොවන වෙලාවක් තරමේ මෛත්‍රී භාවනාවක් සවස් වරුවේ වඩනවා නම්, ඒක තමයි මහත් ඵල සහිත වන්නේ.

පින්වත් මහණෙනි, ඒ නිසා මෙන්න මේ විදිහටයි හික්මෙන්නට ඕන. අපි කවුරුත් මෛත්‍රී සමාධිය ප්‍රගුණ කර ගන්නවා. බහුල වශයෙන් ප්‍රගුණ කර ගන්නවා. ගමන් බිමන් යන වාහනයක් වගේ ප්‍රගුණ කර ගන්නවා. පිහිටා තිබෙන ගසක් වගේ ප්‍රගුණ කර ගන්නවා. මනා කොට සිහියේ රඳවා ගන්නවා. ඉතා මැනැවින් ප්‍රගුණ කර ගන්නවා. ඉතා හොඳින් සම්පූර්ණ කර ගන්නවා කියල. පින්වත් මහණෙනි, ඔන්න ඔය විදිහටයි ඔබ හික්මෙන්නට ඕන.

සාදු! සාදු!! සාදු!!!

ඔක්ඛාසත සූත්‍රය නිමා විය.

8.1.5.
සත්ති සූත්‍රය
ආයුධය ගැන වදාළ දෙසුම

387. සැවැත් නුවරදී ....

පින්වත් මහණෙනි, ඒක මේ වගේ දෙයක්. තියුණු ලෙස මුවහත් වූ තල

තියෙන ආයුධයක් තියෙනවා. එතැනට පැමිණි පුරුෂයෙක් ඒ තියුණු ලෙස මුවහත් වූ තල ඇති ආයුධය අතින් හරි, මිට මොලොවා ගෙන හරි නවනවා කියල හෝ එකට එකතු කරනවා කියල හෝ දිගහැර නැවත හකුළුවනවා කියල හෝ ආවොත් පින්වත් මහණෙනි, ඒ ගැන ඔබ මොකක් ද හිතන්නේ? ඒ පුරුෂයාට තියුණු ලෙස මුවහත් වූ තල ඇති අර ආයුධය අතින් හරි මිට මොලොවා ගෙන හරි නවන එක හෝ එකට එකතු කරන එක හෝ දිගහැර නැවත හකුළුවන එක පුළුවන් දෙයක් ද?, "ස්වාමීනි, ඒක කරන්ට පුළුවන් දෙයක් නො වෙයි." ඒකට හේතුව මොකක් ද? "ස්වාමීනි, ඒ ආයුධය තියුණු ලෙස මුවහත් වූ තල තියෙන එකක්. ඒක අතින් හරි මිට මොලොවා ගෙන හරි නවන එක හෝ එකට එකතු කරන එක හෝ දිගහැර නැවත හකුළුවන එක ලෙහෙසියෙන් කරන්නට පුළුවන් දෙයක් නො වෙයි."

අන්න ඒ විදිහ ම යි පින්වත් මහණෙනි, යම් භික්ෂුවක් මෛත්‍රී සමාධිය ප්‍රගුණ කර ගන්නවා නම්, බහුල වශයෙන් ප්‍රගුණ කර ගන්නවා නම්, ගමන් බිමන් යන වාහනයක් වගේ ප්‍රගුණ කර ගන්නවා නම්, පිහිටා තිබෙන ගසක් වගේ ප්‍රගුණ කර ගන්නවා නම්, මනා කොට සිහියේ රඳවා ගන්නවා නම්, ඉතා මැනැවින් ප්‍රගුණ කර ගන්නවා නම්, ඉතා හොඳින් සම්පූර්ණ කර ගන්නවා නම්, පින්වත් මහණෙනි, ඉදින් අමනුෂ්‍යයෙක් ඔහු ගේ සිත කළඹන්නට ඕන කියල හිතනවා නම්, ඒ අමනුස්සයා ම යි වෙහෙසට පත් වෙන්නේ. ඒ අමනුස්සයා ම යි පීඩාවට පත් වෙන්නේ.

එම නිසා පින්වත් මහණෙනි, මෙන්න මේ විදිහට යි හික්මෙන්නට ඕන. අපි කවුරුත් මෛත්‍රී සමාධිය ප්‍රගුණ කර ගන්නවා. බහුල වශයෙන් ප්‍රගුණ කර ගන්නවා. ගමන් බිමන් යන වාහනයක් වගේ ප්‍රගුණ කර ගන්නවා. පිහිටා තිබෙන ගසක් වගේ ප්‍රගුණ කර ගන්නවා. මනා කොට සිහියේ රඳවා ගන්නවා. ඉතා මැනැවින් ප්‍රගුණ කර ගන්නවා. ඉතා හොඳින් සම්පූර්ණ කර ගන්නවා කියල. පින්වත් මහණෙනි, ඔන්න ඔය විදිහට යි ඔබ හික්මෙන්නට ඕන.

සාදු! සාදු!! සාදු!!!

සත්ති සූත්‍රය නිමා විය.

8.1.6.
ධනුග්ගහ සූත්‍රය
දුනුවායා ගැන වදාළ දෙසුම

388. සැවැත් නුවරදී ....

පින්වත් මහණෙනි, ඒක මේ වගේ දෙයක්. දුනුවායෝ හතර දෙනෙක් ඉන්නවා. ශක්තිමත් දුනු දරනවා. හොඳට පුහුණු වෙලා ඉන්නේ. අතිශයින්ම දක්ෂයි. ඉතින් ඒ දුනුවායන් හතර දෙනා එක තැනක හිට ගෙන සිව් දිශාවට හැරිල ඉන්නවා. එතකොට එතැනට පුරුෂයෙක් එනවා. ඔහු මෙහෙම හිතනවා. ශක්තිමත් දුනු දරන, හොඳට පුහුණු වෙලා ඉන්න, අතිශයන් ම දක්ෂ වූ මේ දුනුවායන් හතර දෙනා හතර දිශාවට ඊතල හතරක් විද්දොත්, ඒ ඊතල හතර පොළොවට වැටෙන්නට කලින් මං අරගෙන එනවා කියල. පින්වත් මහණෙනි, ඔබ මොකක් ද ඒ ගැන හිතන්නේ? ඒ විදිහට දුවන්න පුළුවන් වූ අර පුරුෂයා අතිශයන් ම වේගවත් ජවයකින් යුතු යි කියල කියන්නට වටිනවා නේ ද?

ස්වාමීනි, ශක්තිමත් දුනු දරන, හොඳට පුහුණු වෙලා ඉන්න, අතිශයින් ම දක්ෂ එක ම එක දුනුවායෙක් ඊතලයක් විදිද්දී ඒ ඊතලය පොළොවට වැටෙන්නට කලින් අරගෙන එන්ට පුළුවන් පුරුෂයෙක් ඉන්නවා නම්, ඔහු අතිශයින් ම වේගවත් ජවයකින් යුතු කෙනෙක් ය කියල කියන්නට වටිනවා. එහෙම එකේ ශක්තිමත් දුනු දරන, හොඳට පුහුණු වෙලා ඉන්න, අතිශයින් ම දක්ෂ දුනුවායන් හතර දෙනෙක් විදින ලද ඊතල පොළොවට වැටෙන්නට කලින් අරගෙන එන ජවසම්පන්නකම ගැන කවර කතා ද?

පින්වත් මහණෙනි, අන්න ඒ පුරුෂයා ගේ යම් ආකාර ජවසම්පන්නකමක් තියෙනවා නම් ඊටත් වඩා බලවත් ජවසම්පන්නකමක් හිරු සඳු දෙකේ තියෙනවා. පින්වත් මහණෙනි, ඒ පුරුෂයා ගේ ජවසම්පන්නකමක් හිරු සඳු දෙකේ ජවසම්පන්නකමත් යම් ආකාරයකින් යුක්ත ද ඊට වඩා බලවත් ජවසම්පන්නකමක් සඳු හිරු දෙදෙනාට පෙරටුවෙන් යන දෙවිවරුන්ට තියෙනවා. පින්වත් මහණෙනි, අර පුරුෂයා ගේ ජවසම්පන්නකමත්, හිරු සඳුගේ ජවසම්පන්නකමත්, හිරුට සඳුට පෙරටුව යන දෙවිවරුන් ගේ බලසම්පන්නකමත් යම් ආකාරයකින් යුක්තද ඊටත් වඩා වේගවත්කමකින් උපන් සත්වයා ගේ ආයුෂ ක්ෂය වෙලා යනවා.

එම නිසා පින්වත් මහණෙනි, මෙන්න මේ විදිහට යි ඔබ හික්මෙන්නට ඕන. අපි නම් අප්‍රමාදීව ධර්මයේ ම යි හැසිරෙන්නෙ කියල. පින්වත් මහණෙනි, ඔන්න ඔය විදිහට යි ඔබ හික්මෙන්නට ඕන.

සාදු! සාදු!! සාදු!!!

ධනුග්ගහ සූත්‍රය නිමා විය.

8.1.7.
ආණි සූත්‍රය
ඇණය ගැන වදාළ දෙසුම

389. සැවැත් නුවරදී ....

පින්වත් මහණෙනි, මේක ඉස්සර සිදු වෙච්ච දෙයක්. (අස්වැන්නෙන් දහයෙන් කොටසක් ගන්නා) දසාරහ කියන රජ කුමාරවරුන්ට ආණක කියල මිහිගු බෙරයක් තිබුණා. ඉතින් ඒ දසාරහ කුමාරවරු ඒ අණ බෙරය පැලුන විට එතැනට ඇණයක් එබුවා. පින්වත් මහණෙනි, කලක් යන කොට ඒ ආණක කියන මිහිගු බෙරයේ පැරණි බෙරකඳ අතුරුදහන් වෙලා ඇණ ඔබපු සැකිල්ල විතරක් ඉතුරු වුණා.

පින්වත් මහණෙනි, ඔන්න ඔය විදිහට ම අනාගත කාලයේ භික්ෂූන් ඇති වෙනවා. තථාගතයන් වහන්සේ විසින් දේශනා කරන ලද ගාම්භීර වූ, ගාම්භිර අර්ථ ඇති ලෝකෝත්තර වූ, (අනාත්ම අවබෝධයෙන් යුතු) ශූන්‍යතා ධර්මය පැවැසෙන යම් ඒ සූත්‍ර දේශනාවන් ඇද්ද, ඒවා දේශනා කරද්දී ඒ ධර්මය අසන්නට ඒ භික්ෂූන් කැමති වන්නේ නෑ. සවන් යොමු කරන්නේ නෑ. අවබෝධ කර ගැනීමට සිත පිහිටුවා ගන්නේ නෑ. ඒ ධර්මය ඉගෙන ගත යුතුයි කියල, පාඩම් කර ගත යුතුයි කියල හිතන්නේ නෑ. නමුත් කවියන් විසින් නිර්මාණය කරපු විසිතුරු වූ අක්ෂර බන්ධන ඇති, විසිතුරු වූ කියුම් වලින් යුක්ත සසුනට අයිති නැති ශ්‍රාවකයින් විසින් පවසන ලද යම් දෙසුම් වෙයි නම් අන්න ඒවා කියද්දී අහගෙන ඉන්නට බොහෝ ම කැමති වෙනවා. සවන් යොමු කරනවා. ඒවා අවබෝධ කරගන්නට ඕන කියල සිත පිහිටුවා ගන්නවා. ඒ ධර්මය තමයි ඉගෙන ගන්නට ඕන කියල හිතන්නේ. පාඩම් කර ගන්නට ඕන කියල හිතන්නේ. පින්වත් මහණෙනි, තථාගතයන් වහන්සේ විසින් දේශනා කරන ලද ගාම්භීර වූ, ගාම්භීර අර්ථ ඇති ලෝකෝත්තර වූ, (අනාත්ම අවබෝධයෙන් යුතු) ශූන්‍යතා

ධර්මය පැවැසෙන යම් ඒ සූත්‍ර දේශනාවන් ඇද්ද, අන්න ඒ ධර්මය අතුරුදහන් වෙලා යනවා.

එම නිසා පින්වත් මහණෙනි, මෙන්න මේ විදිහටයි ඔබ හික්මෙන්නට ඕන. තථාගතයන් වහන්සේ විසින් දේශනා කරන ලද ගාම්භීර වූ, ගාම්භීර අර්ථ ඇති ලෝකෝත්තර වූ, (අනාත්ම අවබෝධයෙන් යුතු) ශූන්‍යතා ධර්මය පැවැසෙන යම් ඒ සූත්‍ර දේශනාවන් ඇද්ද, ඒ ධර්මය දේශනා කරද්දී අපි නම් ආසාවෙන් අහගෙන ඉන්නවා කියල. අපි නම් සවන් යොමු කරගෙන ඉන්නවා කියල. අපි නම් අවබෝධ කර ගැනීමට සිත පිහිටුවා ගන්නවා කියල. ඒ ධර්මය ඉගෙන ගන්නට ඕන කියල. පාඩම් කර ගන්නට ඕන කියල. පින්වත් මහණෙනි, ඔන්න ඔය විදිහටයි ඔබ හික්මෙන්නට ඕන.

සාදු! සාදු!! සාදු!!!

ආණි සූත්‍රය නිමා විය.

8.1.8.
කළිංගරූපධාන සූත්‍රය
ලීයෙන් කළ කොට්ට භාවිතය ගැන වදාළ දෙසුම

390. මා හට අසන්නට ලැබුණේ මේ විදිහට යි. ඒ දිනවල භාග්‍යවතුන් වහන්සේ වැඩසිටියේ විශාලා මහනුවර මහා වනයේ කූටාගාර ශාලාවේ. එහි දී ....(පෙ).... භාග්‍යවතුන් වහන්සේ මෙය වදාළා.

පින්වත් මහණෙනි, දැන් කාලයේ ලීයෙන් කළ කොට්ට භාවිතා කරන ලිච්ඡවීන් ශිල්ප ශාස්ත්‍ර හැදෑරීමෙහි ප්‍රමාද වෙන්නේ නෑ. වීර්යවන්තයි. ඒ නිසා මගධයෙහි අජාසත් රජුට ඔවුන්ව ආක්‍රමණය කිරීමට අවශ්‍ය වන සිදුරක් ලැබෙන්නේ නෑ. අරමුණක් ලැබෙන්නේ නෑ. නමුත් පින්වත් මහණෙනි, අනාගත කාලයෙහි ඔය ලිච්ඡවීන් සියුමැළි වෙනවා. මුදු මොළොක් අත් පා ඇති වෙනවා. එතකොට ඔවුන් හොඳ පුළුන් කොට්ට තියෙන සුමුදු යහන්වල හිරු උදාවන තුරු ම හොඳට නිදියනවා. එතකොට මගධයේ අජාසත් රජතුමා විසින් ඔවුන්ව ආක්‍රමණය කිරීමට ඔවුන් ගේ සිදුරක් ලැබෙනවා. අරමුණක් ලැබෙනවා.

පින්වත් මහණෙනි, දැන් කාලයේ ලීයෙන් කළ කොට්ට භාවිතා කරන භික්ෂූන් කෙලෙස් දුරු කිරීමෙහි වීර්ය දැරීමෙහි ප්‍රමාද වෙන්නේ නෑ.

වීර්යවන්තයි. ඒ නිසා පාපී වූ මාරයාට ඔවුන්ව ආක්‍රමණය කිරීමට අවශ්‍ය වන සිදුරක් ලැබෙන්නේ නෑ. අරමුණක් ලැබෙන්නේ නෑ. නමුත් පින්වත් මහණෙනි, අනාගත කාලයෙහි භික්ෂූන් සියුමැළි වෙනවා. මුදු මොළොක් අත් පා ඇති වෙනවා. එතකොට ඔවුන් හොඳ පුළුන් කොට්ට තියෙන සුමුදු යහන්වල හිරු උදාවන තුරු ම හොඳට නිදියනවා. එතකොට පාපී වූ මාරයා විසින් ඔවුන්ව ආක්‍රමණය කිරීමට ඔවුන් ගේ සිදුරක් ලැබෙනවා. අරමුණක් ලැබෙනවා.

ඒ නිසා පින්වත් මහණෙනි, මෙන්න මේ විදිහටයි හික්මෙන්නට ඕන. අපිනම් ලීවලින් කළ කොට්ට තමයි පාවිච්චි කරන්නේ. කෙලෙස් දුරු කිරීමෙහි යුක්ත වෙලා අප්‍රමාදීව වීරියවන්ත වෙනවා. පින්වත් මහණෙනි, ඔන්න ඔය විදිහටයි ඔබ හික්මෙන්නට ඕන.

සාදු! සාදු!! සාදු!!!

කළිංගරූපධාන සූත්‍රය නිමා විය.

8.1.9.

නාග සූත්‍රය

හස්තියා ගැන වදාළ දෙසුම

391. සැවැත් නුවරදී ....

ඒ දිනවල එක්තරා නවක පැවිද්දෙක් කල් වේලා ඉක්ම යන තුරු ම දායක පවුල්වල ගැවසෙනවා. එතකොට වැඩිහිටි ස්වාමීන් වහන්සේලා මේ භික්ෂුවට මෙහෙම කිව්වා. "ප්‍රිය ආයුෂ්මත, කල්වේලා ඉක්ම යන තුරු දායක පවුල්වල ගැවසෙන්නට එපා." එතකොට භික්ෂූන් විසින් අවවාද කළ ඒ භික්ෂුව මෙහෙම කිව්වා. "මේ වැඩිහිටි ස්වාමීන් වහන්සේලා විතර ද දායක පවුල් ඇසුරු කළ යුතු යි කියල හිතන්නේ? ඇයි මම වගේ කෙනෙක් නොයා යුතුද?"

එතකොට බොහෝ භික්ෂූන් වහන්සේලා භාග්‍යවතුන් වහන්සේ ළඟට ගියා ....(පෙ).... එකත්පස්ව හුන් ඒ භික්ෂූන් වහන්සේට මේ කරුණ සැළ කළා. "ස්වාමීනි, එක්තරා නවක පැවිද්දෙක් කල් වේලා ඉක්ම යන තුරුම දායක පවුල්වල ගැවසෙනවා. එතකෙට වැඩිහිටි ස්වාමීන් වහන්සේලා ඒ භික්ෂුවට මෙහෙම කිව්වා. 'ප්‍රිය ආයුෂ්මත, කල්වේලා ඉක්ම යන තුරු දායක පවුල්වල ගැවසෙන්නට එපා.' එතකොට භික්ෂූන් විසින් අවවාද කළ ඒ භික්ෂුව මෙහෙම

කිච්චා. 'මේ වැඩිහිටි ස්වාමීන් වහන්සේලා විතරද දායක පවුල් ඇසුරු කළ යුතුයි කියල හිතන්නේ? ඇයි මම වගේ කෙනෙක් නොයා යුතුද?"

පින්වත් මහණෙනි, මේක ඉස්සර සිදුවෙච්ච දෙයක්. වනාන්තරයක විශාල විලක් තිබුණා. ඒ විල ඇසුරු කර ගෙන ඇත්තු වාසය කළා. ඔවුන් ඒ විලට බහිනවා. බැහැල සොඬින් නෙළුම්බුත් නෙළුම්බුදැලිත් උදුර ගන්නවා. හොඳින් පිරිසිදු කරල සෝදලා, මඩ නැතුව හපල ගිලිනවා. ඒ තුළින් ඔවුන්ට පැහැයත් ලැබුණා. ශක්තියත් ලැබුණා. ඒ හේතු කර ගෙන ඔවුන් මැරුණෙත් නෑ. මරණීය දුකකට පත් වුණෙත් නෑ.

ඉතින් පින්වත් මහණෙනි, ඒ මහා වනයේ හිටපු තරුණ ඇත් පැටවු ද අර මහා ඇතුන් අනුගමනය කළා. ඔවුනුත් විලට බැස්සා. සොඬින් නෙළුම්බුත් නෙළුම්බුදැලිත් උදුර ගත්තා. නමුත් පිරිසිදුව සේදුවේ නෑ. මඩ තිබෙද්දී ම හපන්නේ නැතුව ගිල්ලා. ඒ තුළින් ඔවුන්ට පැහැය ලැබුණේ නෑ. ශක්තිය ලැබුණෙත් නෑ. ඒ හේතු කර ගෙන ඔවුන් මැරුණා. මරණීය දුකට පත් වුණා.

පින්වත් මහණෙනි, ඔන්න ඔය විදිහ ම යි. ස්ථවිර භික්ෂූන් වහන්සේලා පෙරවරුවේ සිවුරු හැඳ පොරවා ගෙන පා සිවුරු ගෙන ගමකට හෝ කුඩා නගරයකට හෝ පිණ්ඩපාතෙ වඩිනවා. එතකොට එහිදී ඒ භික්ෂූන් දහම් දෙසනවා. ධර්මශ්‍රවණය කරන ගිහි උදවිය බොහෝ පහදිනවා. පැහැදිලා සිවුපසය පුදනවා. ඒ භික්ෂූන් ද ඒ සිවුපස ලාභයට ගිජු නොවී මුසපත් නොවී තෘෂ්ණාවෙන් නොබැසගෙන ආදීනව දකිමින් ඒ කෙරෙහි නොඇලෙන නුවණින් යුක්තවයි එය පරිභෝග කරන්නේ. ඒ තුළින් ඔවුන් ගේ පැහැයත් ශක්තියත් වැඩෙනවා. එය හේතු කර ගෙන ඔවුන් මැරෙන්නේ නෑ. මරණීය දුකකට පත් වෙන්නෙත් නෑ.

පින්වත් මහණෙනි, ඔය ස්ථවිර භික්ෂූන් අනුගමනය කරන නවක භික්ෂූන් ඉන්නවා. ඔවුන් ද පෙරවරුවේ සිවුරු හැඳ පොරවා ගෙන පා සිවුරු ගෙන ගමකට හෝ කුඩා නගරයකට හෝ පිණ්ඩපාතෙ වඩිනවා. එතකොට එහිදී ඒ භික්ෂූන් දහම් දෙසනවා. ධර්ම ශ්‍රවණය කරන ගිහි උදවිය බොහෝ පහදිනවා. පැහැදිලා සිවුපසය පුදනවා. ඒ භික්ෂූන් ද ඒ සිවුපස ලාභයට ගිජු වෙලා මුසපත් වෙලා තෘෂ්ණාවෙන් බැසගෙන ආදීනව නොදකිමින් ඒ කෙරෙහි නොඇලෙන නුවණින් තොරවයි එය පරිභෝග කරන්නේ. ඒ තුළින් ඔවුන් ගේ පැහැයත් ශක්තියත් වැඩෙන්නේ නෑ. එය හේතු කර ගෙන ඔවුන් මරණයට පත් වෙනවා. මරණීය දුකකට පත් වෙනවා.

පින්වත් මහණෙනි, එම නිසා මෙන්න මේ විදිහටයි ඔබ හික්මෙන්නට ඕන. අපි නම් ඔය සිවුපස ලාභයට ගිජු නොවී මුසපත් නොවී තෘෂ්ණාවෙන්

නොබැසගෙන ආදීනව දකිමින් ඒ කෙරෙහි නොඇලෙන නුවණින් යුක්තවයි එය පරිභෝග කරන්නේ' කියලා. පින්වත් මහණෙනි, ඔන්න ඔය විදිහටයි ඔබ හික්මෙන්නට ඕන.

සාදු! සාදු!! සාදු!!!

නාග සූත්‍රය නිමා විය.

8.1.10.
බිළාල සූත්‍රය
බළලා ගැන වදාළ දෙසුම

392. සැවැත් නුවරදී ....

ඒ දිනවල එක්තරා භික්ෂුවක් දායක ගෙවල්වල බොහෝ කල් ගෙවෙන තුරු හැසිරෙනවා. එතකොට භික්ෂූන් වහන්සේලා ඒ භික්ෂුවට මෙහෙම කිව්වා. 'ප්‍රිය ආයුෂ්මත, ඔය දායක ගෙවල්වල බොහෝ කල් ගෙවෙන තුරු හැසිරෙන්නට එපා' කියල. එතකොට භික්ෂූන්ගේ වචන අසන ඒ භික්ෂුව පැවිදි ජීවිතයට ඇලෙන්නේ නෑ.

එතකොට බොහෝ භික්ෂූන් ....(පෙ).... භාග්‍යවතුන් වහන්සේට මෙය පැවසුවා. "ස්වාමීනි, මෙහි එක්තරා භික්ෂුවක් දායක ගෙවල්වල බොහෝ කල් ගෙවෙන තුරු හැසිරෙනවා. එතකොට භික්ෂූන් වහන්සේලා ඒ භික්ෂුවට මෙහෙම කිව්වා. 'ප්‍රිය ආයුෂ්මත, ඔය දායක ගෙවල්වල බොහෝ කල් ගෙවෙන තුරු හැසිරෙන්ට එපා' කියල. එතකොට ස්වාමීනි, භික්ෂූන් ගේ වචන අසන ඒ භික්ෂුව පැවිදි ජීවිතයට ඇලෙන්නේ නෑ."

පින්වත් මහණෙනි, මේක ඉස්සර සිදුවෙච්ච දෙයක්. එක්තරා බළලෙක් හිටියා. දවසක් මේ බළලා ගෙදරක පිළිකන්නේ හරි කුණු කාණුවක් ළග හරි කසළ ගොඩක් ළග හරි මෘදු මී පැටියෙක්ව ගොදුරු කරගන්ට ඕන කියල කුරුමානම් අල්ල අල්ල හිටියා. ගොදුරු හොයාගෙන 'ඔය මෘදු මී පැටික්කි එළියට ආපුදෙන්කො. මං එතැනදි ම අල්ලගෙන කාලා දානවා' කියල. ඉතින් පින්වත් මහණෙනි, එදා ඒ මෘදු මී පැටියා ගොදුරු හොයාගෙන එළියට ආවා. එතකොට අර බළලා ඌව අල්ල ගත්තු ගමන් හපන්නේ නැතිව සැහැසි විදිහට ගිලගෙන ගියා. ඒ මෘදු මීයා තමන්ව ගිලපු අර බළලා ගේ බඩවැල් කන්නට

පටන් ගත්තා. මහ බඩවැලත් කන්නට පටන් ගත්තා. ඒ හේතුව නිසා අර බළලා එක්කො මැරෙනවා. එක්කො මරණීය දුකට පත් වෙනවා.

පින්වත් මහණෙනි, ඔන්න ඔය විදිහම යි. එක්තරා භික්ෂුවක් උදේ වරුවේ සිවුරු පොරවාගෙන පා සිවුරු අරගෙන ගමකට හරි පොඩි නගරයකට හරි පිණ්ඩපාතෙ වඩිනවා කියල හිතමු. හැබැයි මේ භික්ෂුව කය රැකගෙනත් නෑ. වචනය රැකගෙනත් නෑ. සිත රැකගෙනත් නෑ. සතිපට්ඨානයේ සිහිය පිහිටුවාගෙනත් නෑ. ඉන්ද්‍රියයන් අසංවර කර ගෙනයි ඉන්නේ.

එතකොට මේ භික්ෂුවට නොමනා විදිහට ඇඳුම් ඇඳගත් ස්ත්‍රියක් දැක ගන්නට ලැබෙනවා. නොමනා විදිහට ඇඳුම් ඇඳගත් ඒ ස්ත්‍රිය දැක්කට පස්සේ රාගය විසින් ඒ භික්ෂුව ගේ සිත වනසනවා. ඉතින් ඔහු ඒ රාගයෙන් වනසන ලද සිතින් එක්කො මැරිල යනවා. එක්කො මරණීය දුකට පත් වෙනවා. පින්වත් මහණෙනි, මේ සාසනය තුළ මරණය කියල කියන්නේ යම් කෙනෙක් ශික්ෂාව ප්‍රතික්ෂේප කරල සිවුරු හැර ගිහි බවට පත් වීමයි. ඒ වගේ ම පින්වත් මහණෙනි, මේ සාසනය තුළ මරණීය දුකට පත් වෙනවා කියල කියන්නේ ප්‍රතිකර්ම කළ යුතු කිලිටි සහිත ඇවැතකට පත්වීමයි.

එම නිසා පින්වත් මහණෙනි, මෙන්න මේ විදිහටයි ඔබ හික්මෙන්නට ඕන. අපි නම් ගමකට වේවා පොඩි නගරයකට වේවා පිණ්ඩපාතෙ වඩින්නේ කය රැකගෙන ම යි. වචනයත් රැකගෙන ම යි. සිතත් රැකගෙන ම යි. සතිපට්ඨානයේ සිහිය පිහිටුවා ගෙන ම යි. ඉන්ද්‍රියයන් සංවර කර ගෙන ම යි. පින්වත් මහණෙනි, ඔන්න ඔය විදිහට යි ඔබ හික්මෙන්නට ඕන.

සාදු! සාදු!! සාදු!!!

බිළාල සූත්‍රය නිමා විය.

8.1.11.

සිඟාල සූත්‍රය

සිවලා ගැන වදාළ දෙසුම

393. සැවැත් නුවරදී ....

පින්වත් මහණෙනි, රෑ පාන්දර ජාමයේ හිවලෙක් කෑගහන හඬ ඇහුණා නේ ද? "එසේ ය ස්වාමීනි, පින්වත් මහණෙනි, ඔය හිවලා නාකියි. උක්කණ්ටක කියන රෝගය හැදිලයි තියෙන්නේ. ඌ යම් යම් තැන යන්නට කැමති නම් ඒ

ඒ තැන යනවා. යම් යම් තැන ඉන්න කැමති නම් ඒ ඒ තැන ඉන්නවා. යම් යම් තැනක ලගින්න කැමති නම් ඒ ඒ තැන ලගිනවා. යම් යම් තැනක නිදන්න කැමති නම් ඒ ඒ තැන නිදනවා. එතකොට හීතල හුළං පවා උෟට වදිනවා. පින්වත් මහණෙනි, මෙහි ඇතැම් විට ඇතැම් කෙනෙක් තමනුත් ශ්‍රමණ ශාක්‍ය පුත්‍රයෙක් ය කියල ප්‍රතිඥා දීල ඉන්නවා ද ඔහු මෙබඳු ආත්ම භාවයක් ලබා ගෙන ඉන්නවා නම් ඊට වඩා හොඳයි. (මෙය වදාළේ දේවදත්ත අරභයා ය.)

එම නිසා පින්වත් මහණෙනි, මෙන්න මේ විදිහට යි හික්මෙන්නට ඕන. අපි නම් අප්‍රමාදීව ධර්මයේ හැසිරෙනවා කියල. පින්වත් මහණෙනි, ඔන්න ඔය විදිහට යි ඔබ හික්මෙන්නට ඕන.

සාදු! සාදු!! සාදු!!!

සිඟාල සූත්‍රය නිමා විය.

8.1.12.

දුතිය සිඟාල සූත්‍රය

සිවලා ගැන වදාළ දෙවෙනි දෙසුම

394. සැවැත් නුවරදී ....

පින්වත් මහණෙනි, රෑ පාන්දර ජාමයේ හිවලෙක් කෑගහන හඬ ඇහුණා නේද? "එසේ ය ස්වාමීනි" පින්වත් මහණෙනි, ඔය නාකි හිවලා තුළත් යම් කිසි කෙළෙහි ගුණ දන්නා බවක් කෙළෙහි ගුණ ප්‍රකට කරන බවක් තියෙනවා. නමුත් මෙහි ඇතැම් කෙනෙක් තමනුත් ශ්‍රමණ ශාක්‍ය පුත්‍රයෙක් ය කියල ප්‍රතිඥා දෙමින් හිටියත් ඔහු තුළ නම් කෙළෙහි ගුණ දන්නා බවක්වත් කෙළෙහි ගුණ ප්‍රකට කරන බවක්වත් නෑ. (මෙය වදාළේ දේවදත්ත අරභයා ය.)

එම නිසා පින්වත් මහණෙනි, මෙන්න මේ විදිහට ය හික්මෙන්නට ඕන. අපි නම් කෙළෙහි ගුණ දන්න අය වෙනවා. කෙළෙහි ගුණ ප්‍රකට කරන අය වෙනවා. අපට කරපු පුංචි උදව්වක්වත් අපට අමතක නොවේවා කියල. පින්වත් මහණෙනි, ඔන්න ඔය විදිහට යි ඔබ හික්මෙන්නට ඕන.

සාදු! සාදු!! සාදු!!!

දුතිය සිඟාල සූත්‍රය නිමා විය.

පළමු වර්ගය අවසන් විය.

ඕපම්ම සංයුත්තය නිමා විය.

9. භික්ඛු සංයුත්තය

1. පළමු වර්ගය

9.1.1.
මොග්ගල්ලාන සූත්‍රය
මොග්ගල්ලාන තෙරුන් ගැන වදාළ දෙසුම

395. මා හට අසන්නට ලැබුණේ මේ විදිහටයි. ඒ දිනවල භාග්‍යවතුන් වහන්සේ වැඩසිටියේ සැවැත් නුවර ජේතවනය නම් වූ අනේපිඬු සිටුතුමාගේ ආරාමයේ. එහි දී ආයුෂ්මත් මහා මොග්ගල්ලාන තෙරුන් "ප්‍රිය ආයුෂ්මත් මහණෙනි" කියා භික්ෂූන් ඇමතුවා. ඒ භික්ෂූන් ද "ප්‍රිය ආයුෂ්මතුන් වහන්ස" කියල ආයුෂ්මත් මහා මොග්ගල්ලානයන් වහන්සේට පිළිතුරු දුන්නා. ආයුෂ්මත් මහා මොග්ගල්ලාන තෙරුන් මේ දෙසුම වදාළා.

ප්‍රිය ආයුෂ්මත්වරුනි, මෙහි හුදෙකලාවේ භාවනානුයෝගීව සිටිද්දී මට මෙවැනි අදහසක් ඇති වුණා. 'ආර්ය වූ නිශ්ශබ්දතාවය, ආර්ය වූ නිශ්ශබ්දතාවය' කියල කියනවා. ආර්ය වූ නිශ්ශබ්දතාවය ඇතිවන්නේ කුමන කරුණු මතද?

එතකොට ප්‍රිය ආයුෂ්මත්වරුනි, මට මෙහෙම හිතුණා. මේ සාසනයෙහි භික්ෂුව විතක්ක විචාරයන් සංසිඳුවා ගෙන චිත්තාභ්‍යන්තරයේ බලවත් පැහැදීමක් ඇතිව සිතේ එකඟභාවය ඇතිව විතර්ක රහිත විචාර රහිත සමාධියෙන් හට ගත් ප්‍රීති සුඛය ඇති දෙවෙනි ධ්‍යානයට පැමිණ වාසය කිරීමක් ඇද්ද මේක තමයි ආර්ය වූ නිශ්ශබ්දතාවය කියල කියන්නේ.

ඉතින් ප්‍රිය ආයුෂ්මතුනි, මම විතක්ක විචාරයන් සංසිඳුවා ගෙන චිත්තාභ්‍යන්තරයේ බලවත් පැහැදීමක් ඇතිව සිතේ එකඟභාවය ඇතිව විතර්ක රහිත විචාර රහිත සමාධියෙන් හට ගත් ප්‍රීති සුඛය ඇති දෙවෙනි ධ්‍යානයට පැමිණ වාසය කළා.

ඉතින් ප්‍රිය ආයුෂ්මත්වරුනි, මං එහෙම ධ්‍යානයෙන් වාසය කරන කොට විතර්ක සහගත සඤ්ඤා මනසිකාර ඇතිවෙන අවස්ථාවල් තිබුණා.

එතකොට ප්‍රිය ආයුෂ්මත්වරුනි, භාග්‍යවතුන් වහන්සේ ඉර්ධි බලයෙන් මං ලඟට වැඩල මෙහෙමයි වදාළේ. 'පින්වත මොග්ගල්ලාන, පින්වත මොග්ගල්ලාන, පින්වත් බ්‍රාහ්මණය, ආර්ය නිශ්ශබ්දතාවය ගැන ප්‍රමාද වෙන්නට එපා. ආර්ය නිශ්ශබ්දතාවයේ සිත පිහිටුවන්නට ඕන. ආර්ය නිශ්ශබ්දතාවයේ සිත එකග කරන්නට ඕන. ආර්ය නිශ්ශබ්දතාවයේ සිත සමාහිත කරන්නට ඕන.'

ඉතින් ප්‍රිය ආයුෂ්මත්වරුනි, පස්සෙ කාලෙක මං විතක්ක විචාරයන් සංසිඳුවාගෙන චිත්තාභ්‍යන්තරයේ බලවත් පැහැදීමක් ඇතිව සිතේ එකඟභාවය ඇතිව විතර්ක රහිත විචාර රහිත සමාධියෙන් හට ගත් ප්‍රීති සුඛය ඇති දෙවෙනි ධ්‍යානයට පැමිණ වාසය කළා. ප්‍රිය ආයුෂ්මත්වරුනි, යම් කෙනෙක් ගැන ශාස්තෘන් වහන්සේ විසින් අනුග්‍රහ කළ මහා අභිඥාවන්ට පත් වූ කෙනා කියල මනා කොට කිව යුතු නම් ශාස්තෘන් වහන්සේ විසින් අනුග්‍රහ කරල මහා අභිඥාවන්ට පත් වූ කෙනා කියල කිවයුත්තේ මං ගැන තමයි.

සාදු! සාදු!! සාදු!!!

මොග්ගල්ලාන සූත්‍රය නිමා විය.

9.1.2.
සාරිපුත්ත සූත්‍රය
සාරිපුත්ත තෙරුන් ගැන වදාළ දෙසුම

396. සැවැත් නුවරදී ....

එදා ආයුෂ්මත් සාරිපුත්ත තෙරුන් "ප්‍රිය ආයුෂ්මත් මහණෙනි" කියා භික්ෂූන් ඇමතුවා. ඒ භික්ෂූන් ද "ප්‍රිය ආයුෂ්මතුන් වහන්ස" කියල ආයුෂ්මත් සාරිපුත්තයන් වහන්සේට පිළිතුරු දුන්නා. ආයුෂ්මත් සාරිපුත්ත තෙරුන් මේ දෙසුම වදාළා.

ප්‍රිය ආයුෂ්මත්වරුනි, මෙහි හුදෙකලාවේ භාවනානුයෝගීව සිටිද්දී මට මෙ වැනි අදහසක් ඇති වුණා. මේ ලෝකයෙහි යම් කිසි දෙයක් වෙනස් වෙලා වෙනස් ස්වභාවයකට පත්වෙනවා නම් ඒ දෙය හේතු කොට ගෙන මා තුළ සෝක වැළපීම් දුක් දොම්නස් සුසුම් හෙළීම් හට ගන්නවා නම් එබඳු දෙයක් ලෝකයේ තියෙනවාද? කියල.

එතකොට ප්‍රිය ආයුෂ්මතුනි, මට මෙහෙම හිතුණා. මේ ලෝකයෙහි යම් කිසි දෙයක් වෙනස් වෙලා වෙනස් ස්වභාවයකට පත්වෙනවා නම් ඒ දෙය

හේතු කොට ගෙන මා තුළ සෝක වැළපීම් දුක් දොම්නස් සුසුම් හෙළීම් හට ගන්නවා නම් එබඳු දෙයක් ලෝකයේ නෑ කියල.

මෙසේ පැවසූ විට ආයුෂ්මත් ආනන්ද තෙරුන්, ආයුෂ්මත් සාරිපුත්ත තෙරුන් ගෙන් මෙහෙම ඇහුවා. "ප්‍රිය ආයුෂ්මත් සාරිපුත්තයන් වහන්ස, ශාස්තෘන් වහන්සේ වුණත් වෙනස් වෙලා වෙනස් ස්වභාවයකට පත්වෙනවා නම් ඒ දෙය හේතු කොට ගෙන ඔබ තුළ සෝක වැළපීම් දුක් දොම්නස් සුසුම් හෙළීම් හට ගන්නේ නැද්ද?"

"ප්‍රිය ආයුෂ්මත, ශාස්තෘන් වහන්සේ වුණත් වෙනස් වෙලා වෙනස් ස්වභාවයකට පත්වෙනවා නම් ඒ දෙය හේතු කොට ගෙන මා තුළ සෝක වැළපීම් දුක් දොම්නස් සුසුම් හෙළීම් හට ගන්නේ නෑ. නමුත් මට මෙහෙම හිතේවි. අහෝ! ඒකාන්තයෙන් ම මහේශාක්‍ය වූ මහා ඉර්ධිමත් වූ මහා ආනුභාව සම්පන්න වූ කෙනෙක් අතුරුදහන් වෙලා ගියා නේද! යම් හෙයකින් භාග්‍යවතුන් වහන්සේ චිරාත් කාලයක් වැඩසිටිනා සේක් නම් එය බොහෝ ජනයාට හිත සුව පිණිස ලෝකයාට අනුකම්පා පිණිස දෙව් මිනිසුන්ට යහපත පිණිස හිත-සුව පිණිස හේතු වෙනවා ම යි කියල."

"ඒක නම් ඇත්ත. ප්‍රිය ආයුෂ්මත් සාරිපුත්තයන් වහන්සේ බොහෝ කලක් මුළුල්ලේ මම ය මාගේ ය යනාදී සියලු මානයන් ම සහමුලින් ම ප්‍රහාණය කරල නේ ඉන්නේ. එම නිසා ප්‍රිය ආයුෂ්මත් සාරිපුත්තයන් වහන්සේට ශාස්තෘන් වහන්සේ වුණත් වෙනස් වෙලා වෙනස් ස්වභාවයකට පත්වෙනවා නම් ඒ දෙය හේතු කොට ගෙන සෝක වැළපීම් දුක් දොම්නස් සුසුම් හෙළීම් හට ගන්නේ නෑ."

සාදු! සාදු!! සාදු!!!

සාරිපුත්ත සූත්‍රය නිමා විය.

9.1.3.

මහා නාග සූත්‍රය

මහරහතන් වහන්සේලා ගැන වදාළ දෙසුම

397. ඒ දිනවල ආයුෂ්මත් සාරිපුත්ත තෙරුන් ද, ආයුෂ්මත් මොග්ගල්ලා තෙරුන් ද වැඩසිටියේ රජගහ නුවර ලෙහෙනුන් ගේ අභය භූමිය වූ වේළුවනාරාමයේ. එදා ආයුෂ්මත් සාරිපුත්ත තෙරුන් හවස් වරුවේ භාවනාවෙන්

නැගිටලා ආයුෂ්මත් මහා මොග්ගල්ලාන තෙරුන් ලඟට වැඩියා. වැඩලා ආයුෂ්මත් මහා මොග්ගල්ලාන තෙරුන් සමග පිළිසඳර කතා-බහේ යෙදුණා ....(පෙ).... එකත්පස්ව වැඩහුන් ආයුෂ්මත් සාරිපුත්ත තෙරුන් ආයුෂ්මත් මහා මොග්ගල්ලාන තෙරුන් ගෙන් මෙහෙම ඇහුවා. "ප්‍රිය ආයුෂ්මත් මොග්ගල්ලාන, ඔබේ ඉන්ද්‍රියයන් ඉතාමත් ප්‍රසන්නයි. මුහුණේ පැහැය පිරිසිදුයි. ප්‍රභාශ්වරයි. අද නම් ආයුෂ්මත් මහා මොග්ගල්ලානයන් වහන්සේ ඒකාන්තයෙන් ම ශාන්ත විහරණයකින් කල් ගෙවලා තියෙනවා."

"ප්‍රිය ආයුෂ්මත, මං අද වාසය කළේ ගොරෝසු විහරණයකින්. නමුත් මං ධර්ම කතාවක යෙදිලයි හිටියේ."

"ආයුෂ්මත් මහා මොග්ගල්ලානයන් වහන්සේ ධර්ම කතාවේ යෙදිල හිටියේ කවුරුන් සමග ද?" "ප්‍රිය ආයුෂ්මතුන් වහන්ස, මං ධර්ම කතාවේ යෙදිල හිටියේ භාග්‍යවතුන් වහන්සේ සමගයි."

"ප්‍රිය ආයුෂ්මතුන් වහන්ස, මේ දිනවල භාග්‍යවතුන් වහන්සේ වැඩ සිටින්නේ සැවැත් නුවර ජේතවනයේ අනේපිඬු සිටුතුමා ගේ ආරාමයේ නෙව. ඉතින් ඇත්තෙන් ආයුෂ්මත් මහා මොග්ගල්ලානයන් භාග්‍යවතුන් වහන්සේ ලඟට ඉර්ධියෙන් වැඩියාද? එහෙම නැත්නම් භාග්‍යවතුන් වහන්සේ ආයුෂ්මත් මහා මොග්ගල්ලානයන් ලඟට ඉර්ධියෙන් වැඩියාද?"

"ප්‍රිය ආයුෂ්මත, ඇත්තෙන් ම මං භාග්‍යවතුන් වහන්සේ ලඟට ඉර්ධියෙන් වැඩියෙ නෑ. ඒ වගේ ම භාග්‍යවතුන් වහන්සේ මං ලඟට ඉර්ධියෙන් වැඩියෙත් නෑ. නමුත් ප්‍රිය ආයුෂ්මතුනි, භාග්‍යවතුන් වහන්සේ වැඩසිටියේ යම් තාක් දුරින් ද ඒ තාක් දුරින් ම මගේ දිවැස් නුවණත්, දිව්‍ය ශ්‍රවණයත් පිරිසිදු වෙලා තිබුණා. ඒ වගේ ම මං යම් තාක් දුර සිටියා ද ඒ තාක් දුරට ම භාග්‍යවතුන් වහන්සේ ගේ දිවැස් නුවණත් දිව්‍ය ශ්‍රවණයත් පිරිසිදු වෙලා තිබුණා."

"භාග්‍යවතුන් වහන්සේ සමග ප්‍රිය ආයුෂ්මත් මොග්ගල්ලානයන් වහන්සේ ගේ ධර්ම කතාව සිදු වුණේ කොයි ආකාරයෙන් ද?"

"ප්‍රිය ආයුෂ්මත, මම භාග්‍යවතුන් වහන්සේ ගෙන් මෙහෙම ඇහුවා. 'ස්වාමීනි, පටන්ගත් වීර්යය ඇති කෙනා, පටන්ගත් වීර්යය ඇති කෙනා කියල කියනවා. පටන්ගත් වීර්යය ඇති කෙනා කියල කියන්නේ කොපමණ කරුණු මත ද?' ඔය විදිහට ඇසුවා ම ප්‍රිය ආයුෂ්මත, භාග්‍යවතුන් වහන්සේ මට මෙහෙම වදාළා. 'පින්වත් මොග්ගල්ලාන, මෙහි භික්ෂුව පටන් ගත් වීර්යය ඇති කෙනෙක් වෙලා ඉන්නවා. ඒකාන්තයෙන් ම මේ සිරුරෙහි සමත් නහරත් ඇටත්

ඉතිරි වේවා! ලේ මස් වියැලේවා! පුරුෂ වීර්යයෙන් පුරුෂ ධෛර්යයෙන් පුරුෂ පරාක්‍රමයෙන් යමක් ලබා ගත යුතු නම් ඒ දෙය ලබා නොගෙන මේ වීර්යය නම් අත්හරින්නේ නෑ කියල. පින්වත් මොග්ගල්ලාන, ඔන්න ඔය විදිහටයි පටන් ගත් වීර්යය ඇති කෙනෙක් හැටියට වාසය කරන්නේ.'

ප්‍රිය ආයුෂ්මතුනි, භාග්‍යවතුන් වහන්සේ සමග ධර්ම කතාව කළේ ඔන්න ඔය විදිහට යි."

"ප්‍රිය ආයුෂ්මතුනි, පුංචි ගල් කැටයක් හිමාල පර්වත රාජයා සමඟ සසඳා බලන්නට හැදීමක් ඇද්ද අපිත් ප්‍රිය ආයුෂ්මත් මහා මොග්ගල්ලානයන් ගේ ඉර්ධි බලය ගැන අපේ ඉර්ධි විෂයත් සමග සසඳන්නට යෑමත් අන්න ඒ වගේ තමයි. ඇත්තෙන් ම ආයුෂ්මත් මහා මොග්ගල්ලානයන් වහන්සේ මහා ඉර්ධිමත්. මහා ආනුභාව සම්පන්නයි. ඕන කමක් තියෙනවා නම් කල්පයක් වුණත් ඉන්නට පුළුවනි."

"ප්‍රිය ආයුෂ්මතුනි, චූටි ලුණු කැටයක් සුවිශාල ලුණු භාජනයක් සමඟ සසඳා බලන්නට හැදීමක් ඇද්ද අපිත් ප්‍රිය ආයුෂ්මත් සාරිපුත්තයන් ගේ ප්‍රඥා මහිමය ගැන අපේ ප්‍රඥාව සමග සසඳන්නට යෑමත් අන්න ඒ වගේ ම තමයි. ඇත්තෙන් ම ආයුෂ්මත් සාරිපුත්තයන් වහන්සේ ගැන භාග්‍යවතුන් වහන්සේ විසින් නොයෙක් ආකාරයෙන් ස්තුති දක්වලා තිබෙනවා. වර්ණනා කරල තිබෙනවා. ප්‍රශංසා කරල තිබෙනවා.

ප්‍රඥාවෙනුත් සීලයෙනුත් සංසිඳීමෙනුත් සාරිපුත්තයන් වහන්සේ ම යි
ශ්‍රේෂ්ඨ වන්නේ. සංසාරෙන් එතෙරට වැඩි යම් භික්ෂුවක් ඇත්නම් ඒ භික්ෂූන් අතර උත්තරීතර වන්නේ සාරිපුත්තයන් වහන්සේ ම යි."

ඔය ආකාරයෙන් ඒ මහ රහතන් වහන්සේලා දෙනම විසින් ඉතා යහපත් ලෙස පවසන ලද සුභාෂිතය ඔවුනොවුන් විසින් සතුටින් අනුමෝදන් වුණා.

සාදු! සාදු!! සාදු!!!

මහා නාග සූත්‍රය නිමා විය.

9.1.4.
නවභික්ඛු සූත්‍රය
නවක භික්ෂුවක් ගැන වදාළ දෙසුම

398. සැවැත් නුවරදී ....

ඒ දිනවල එක්තරා නවක භික්ෂුවක් පිණ්ඩපාතෙන් පස්සේ සවස් කාලයේ කුටියකට පිවිසිලා බාහිර වැඩකට උත්සාහයක් නැතිව නිශ්ශබ්දව යම්කිසි කල්පනාවක යෙදිල ඉන්නවා. නමුත් ඒ සිවුරු මහන කාලයයි. ඒ භික්ෂුව සිවුරු මහන භික්ෂූන්ට වතාවත් නොකරයි. ඉතින් බොහෝ භික්ෂූන් වහන්සේලා භාග්‍යවතුන් වහන්සේ වෙත පැමිණුනා. පැමිණිලා භාග්‍යවතුන් වහන්සේට වන්දනා කළා. එකත්පස්ව වාඩි වුණා. එකත්පස්ව වාඩි වුණ ඒ භික්ෂූන් භාග්‍යවතුන් වහන්සේට මෙහෙම කිව්වා. "ස්වාමීනි, මෙහි එක්තරා නවක භික්ෂුවක් පිණ්ඩපාතෙන් පස්සේ සවස් කාලයේ කුටියකට පිවිසිලා බාහිර වැඩකට උත්සාහයක් නැතිව නිශ්ශබ්දව යම්කිසි කල්පනාවක යෙදිල ඉන්නවා. නමුත් මේ සිවුරු මහන කාලයයි. මේ භික්ෂුව සිවුරු මහන භික්ෂූන්ට වතාවත් කරන්නේ නෑ."

එතකොට භාග්‍යවතුන් වහන්සේ එක්තරා භික්ෂුවක් අමතා වදාළා. "පින්වත් භික්ෂුව, මෙහෙ එන්න. මගේ වචනයෙන් ඒ භික්ෂුව අමතන්න. ප්‍රිය ආයුෂ්මතුනි, අන්න ඔබට ශාස්තෘන් වහන්සේ කතා කරනවා" කියල. "එසේ ය ස්වාමීනි" කියා භාග්‍යවතුන් වහන්සේට පිළිතුරු දුන් ඒ භික්ෂුව අර භික්ෂුව ළඟට ගියා. ගිහින් ඒ භික්ෂුවට මෙහෙම කිව්වා. "ප්‍රිය ආයුෂ්මතුනි, අන්න ඔබට ශාස්තෘන් වහන්සේ කතා කරනවා" කියල. "එසේ ය ප්‍රිය ආයුෂ්මතුනි" කියල අර භික්ෂුවත් ඒ භික්ෂුවට පිළිතුරු දීල භාග්‍යවතුන් වහන්සේ ළඟට ගියා. ගිහින් ....(පෙ).... එකත්පස්ව හිටිය ඒ භික්ෂුව ගෙන් භාග්‍යවතුන් වහන්සේ මේ කරුණ අසා වදාළා. "පින්වත් භික්ෂුව, මේක ඇත්තක්ද? ඔබ පිණ්ඩපාතෙන් පස්සේ සවස් වරුවේ කුටියට වෙලා උත්සාහ රහිතව නිශ්ශබ්දව කල්පනා කර කර ඉන්නවා කියන්නේ. මේ සිවුරු මහන කාලෙ භික්ෂූන්ට වතාවත් කරන්නේ නෑ කියන්නේ?" "ස්වාමීනි, මමත් තමන් ගේ කටයුතු කරමිනුයි ඉන්නේ."

එතකොට භාග්‍යවතුන් වහන්සේ අර භික්ෂුව ගේ සිතේ වූ කල්පනාව තම සිතින් පිරිසිඳ දැනගෙන භික්ෂූන් අමතා වදාළා. "පින්වත් මහණෙනි, ඔබ මේ භික්ෂුවට කිසි වරදක් කියන්නට එපා. පින්වත් මහණෙනි, මේ භික්ෂුව

හොඳින් හිත දියුණු කර ගෙන මේ ජීවිතයේ දීම ධ්‍යාන හතර සුව සේම ලබාගෙන පහසුවෙන් ලබා ගෙන යහපත් සේ ලබා ගෙන ඉන්න කෙනෙක්. යම්කිසි අරමුණක් පිණිස නම් කුල පුත්‍රයන් ගිහි ජීවිතය අත්හැරල මේ සාසනයේ මනා කොට පැවිදි වෙන්නෙ, අන්න ඒ අරමුණ වන මේ බඹසර ජීවිතයේ සම්පූර්ණත්වය වන ඒ අනුත්තර වූ අරහත්වය තමන් ගේම දියුණු කරපු ප්‍රඥාවෙන් සාක්ෂාත් කර ගෙන එයට පැමිණිලා වාසය කරනවා."

භාග්‍යවතුන් වහන්සේ මෙය වදාළා. මෙය වදාළ සුගත වූ ශාස්තෘන් වහන්සේ යළි මේ ගාථාවන් ද වදාළා.

සියලු කෙලෙස් ගැටවලින් තමාව නිදහස් කරන මේ නිවන සාක්ෂාත්
කිරීම නම් බුරුල් වෙච්ච වීර්යයකින් කරන්නට බෑ. ස්වල්ප වූ
ශක්තියකින් නිවන සාක්ෂාත් කරන්නට බෑ.

මේ භික්ෂුව ඉතාමත් තරුණයි. නමුත් ශ්‍රේෂ්ඨ පුරුෂයෙක. සේනා සහිත
මාරයාව පරාජය කරල අන්තිම ශරීරය දරාගෙනයි ඉන්නේ.

සාදු! සාදු!! සාදු!!!

නව භික්ඛු සූත්‍රය නිමා විය.

9.1.5.
සුජාත සූත්‍රය
සුජාත තෙරුන් ගැන වදාළ දෙසුම

399. සැවැත් නුවරදී ....

එදා ආයුෂ්මත් සුජාත තෙරුන් භාග්‍යවතුන් වහන්සේ ළඟට පැමිණියා. භාග්‍යවතුන් වහන්සේ ළඟට පැමිණෙන සුජාත තෙරුන්ව භාග්‍යවතුන් වහන්සේ දුර දීම දැක වදාළා. දැකලා භික්ෂූන් අමතා මෙසේ වදාළා.

පින්වත් මහණෙනි, ඔය පින්වත් කුල පුත්‍රයා දෙපැත්තකින් ම සෝභමානයි. ඒ කියන්නේ මොහු ඉතාමත් ලස්සනයි. දර්ශනීයයි. ප්‍රසාදය ඇති වෙනවා. හැබෑ ම රූප සෞන්දර්යයෙන් යුක්තයි. ඒ එක පැත්තක්. යම් අරමුණක් උදෙසා සැදැහැවත් කුල පුත්‍රයෙක් ගිහි ජීවිතය අත්හැරල මේ සාසනයෙහි මනාකොට පැවිදි වෙනවා නම් අන්න ඒ අරමුණ වන මේ බ්‍රහ්මචාරී ජීවිතයේ

සම්පූර්ණත්වයෙන් ලබන ඒ අනුත්තර වූ අරහත්වය මේ ජීවිතයේ දී ම තමා තුළින් උපදවා ගත් විශිෂ්ට ප්‍රඥාවෙන් සාක්ෂාත් කර ගෙන වාසය කරනවා. ඒක ඊළඟ පැත්ත.

භාග්‍යවතුන් වහන්සේ මෙය වදාළා. මෙය වදාළ සුගත වූ ශාස්තෘන් වහන්සේ යළිත් මෙය ද වදාළා.

ඇත්තෙන් ම සෘජු සිතින් යුක්ත වූ මේ භික්ෂුව ඒකාන්තයෙන් ම සෝභමානයි. කෙලෙසුන් ගෙන් නිදහස් වෙලයි ඉන්නේ. හැම බන්ධනයෙන් ම වෙන් වෙලයි ඉන්නේ. උපාදාන රහිතව නිවනට පත්වෙලයි ඉන්නේ. සේනා සහිත මාරයාව පරාජය කරල අන්තිම සිරුර දරාගෙනයි ඉන්නේ.

සාදු! සාදු!! සාදු!!!

සුජාත සූත්‍රය නිමා විය.

9.1.6.
ලකුණ්ටභද්දිය සූත්‍රය
ලකුණ්ටභද්දිය තෙරුන් ගැන වදාළ දෙසුම

400. සැවැත් නුවරදී ....

එදා ආයුෂ්මත් ලකුණ්ටභද්දිය තෙරුන් භාග්‍යවතුන් වහන්සේ ලඟට පැමිණියා. භාග්‍යවතුන් වහන්සේ ලඟට පැමිණෙන ලකුණ්ටභද්දිය තෙරුන්ව භාග්‍යවතුන් වහන්සේ දුර දීම දැක වදාළා. දැකලා භික්ෂූන් අමතා මෙසේ වදාළා.

පින්වත් මහණෙනි, ඔය පැමිණෙමින් සිටින භික්ෂුව ඔබට පේනවා නේද? පින්වත් මහණෙනි, ලස්සන නෑ තමයි. නපුරු පෙනුමක් තියෙනවා තමයි. ටිකක් මිටිත් තමයි. භික්ෂූන් ගේ අවමානයට ලක්වෙන පෙනුමක් තියෙනවා තමයි. නමුත් පින්වත් මහණෙනි, ඔය භික්ෂුව මහා ඉර්ධිමත් කෙනෙක්. මහානුභාව සම්පන්නයි. ඒ භික්ෂුව විසින් සමනොවැදුණු යම් සමාපත්තියක් ඇත්නම් එබඳු සමාපත්තියක් පවා සුලභ නෑ. යම් අරමුණක් උදෙසා සැදැහැවත් කුල පුත්‍රයෙක් ගිහි ජීවිතය අත්හැරල මේ සාසනයෙහි මනාකොට පැවිදි වෙනවා නම් අන්න ඒ අරමුණ වන මේ බ්‍රහ්මචාරී ජීවිතයේ සම්පූර්ණත්වයෙන් ලබන

ඒ අනුත්තර වූ අරහත්වය මේ ජීවිතයේ දීම තමා තුළින් උපදවා ගත් විශිෂ්ට ප්‍රඥාවෙන් සාක්ෂාත් කර ගෙන වාසය කරනවා.

භාග්‍යවතුන් වහන්සේ මෙය වදාළා. මෙය වදාළ සුගත වූ ශාස්තෘන් වහන්සේ මෙය ද වදාළා.

හංසයෝ, කොස්වාලිහිණියෝ, මොණරු, ඇත්තු, තිත් මුවෝ කියන ඔය හැමෝම සිංහයාට බයයි. ඇගෙන් සමානකමක් ලබන්නේ නෑ. ඔය විදිහමයි මිනිසුන් අතර ප්‍රඥාවන්ත පොඩි දරුවෙක් සිටින්නට පුළුවනි. ඔහු තමයි එතැන පිදුම් ලබන කෙනා වෙන්නේ. අඥාන පුද්ගලයා ශරීරයෙන් විශාල වුණා කියල පිදිය යුතු කෙනෙක් වෙන්නේ නෑ.

සාදු! සාදු!! සාදු!!!

ලකුණ්ටභද්දිය සූත්‍රය නිමා විය.

9.1.7.
විශාඛපඤ්චාලිපුත්ත සූත්‍රය
විසාඛපඤ්චාලිපුත්ත තෙරුන් ගැන වදාළ දෙසුම

401. සැවැත් නුවරදී ....

ඒ දිනවල භාග්‍යවතුන් වහන්සේ වැඩසිටියේ විශාලා මහනුවර මහා වනයේ කූටාගාර ශාලාවේ. එදා ආයුෂ්මත් විසාඛපඤ්චාලිපුත්ත තෙරුන් උපස්ථාන ශාලාවේ දී භික්ෂූන්ට ධර්ම කතාවෙන් කරුණු දැක්වුවා. සමාදන් කෙරෙව්වා. උත්සාහවත් කෙරෙව්වා. සතුටු කෙරෙව්වා. ඒ භික්ෂුවගේ වචන ඉතා ශිෂ්ට සම්පන්නයි. කිසි පැකිළීමක් නෑ. ගලාගෙන යනවා. අර්ථය මතුවෙවී එනවා. සසරෙහි ඇලෙන්නේ නෑ. ආර්ය සත්‍යය ම මතු වෙනවා.

ඒ වේලාවේ භාග්‍යවතුන් වහන්සේ සවස් වරුවේ භාවනාවෙන් නැගිටලා උපස්ථාන ශාලාවට වැඩම කළා. වැඩම කරලා පණවන ලද ආසනයේ වැඩ සිටියා. වැඩසිටිය භාග්‍යවතුන් වහන්සේ භික්ෂූන් අමතා වදාළා. "පින්වත් මහණෙනි, උපස්ථාන ශාලාවේ දී භික්ෂූන්ට ධර්ම කතාවෙන් කරුණු දැක්වුවේ, සමාදන් කෙරෙව්වේ, උත්සාහවත් කෙරෙව්වේ, සතුටු කෙරෙව්වේ කවුද? ඒ භික්ෂුව ගේ වචන ඉතා ශිෂ්ට සම්පන්නයි. කිසි පැකිළීමක් නෑ. ගලාගෙන යනවා. අර්ථය මතුවෙවී එනවා. සසරෙහි ඇලෙන්නේ නෑ. ආර්ය සත්‍යය ම මතු වෙනවා."

"ස්වාමීනි, ආයුෂ්මත් විසාඛපඤ්චාලිපුත්ත තෙරුන් තමයි උපස්ථාන ශාලාවේ දී භික්ෂූන්ට ධර්ම කතාවෙන් කරුණු දැක්වුවේ, සමාදන් කෙරෙව්වේ, උත්සාහවත් කෙරෙව්වේ, සතුටු කෙරෙව්වේ, ඒ ආයුෂ්මතුන්ගේ වචන ඉතා ශිෂ්ට සම්පන්නයි. කිසි පැකිළීමක් නෑ. ගලාගෙන යනවා. අර්ථය මතුවෙවී එනවා. සසරෙහි ඇලෙන්නේ නෑ. ආර්ය සත්‍යය ම මතු වෙනවා."

එතකොට භාග්‍යවතුන් වහන්සේ පඤ්චාලිපුත්ත විසාඛ තෙරුන් අමතා වදාළා. "සාදු! සාදු! පින්වත විසාඛ, පින්වත් විසාඛ, ඔබ භික්ෂූන්ට ධර්ම කතාවෙන් කරුණු දක්වන්න. සමාදන් කරවන්න. උත්සාහවත් කරවන්න. සතුටු කරවන්න. ඒක ඉතා හොඳයි. ඔබේ වචන ඉතා ශිෂ්ට සම්පන්නයි. කිසි පැකිළීමක් නෑ. ගලාගෙන යනවා. අර්ථය මතුවෙවී එනවා. සසරෙහි ඇලෙන්නේ නෑ. ආර්ය සත්‍යය ම මතු වෙනවා." භාග්‍යවතුන් වහන්සේ මෙය වදාළා. මෙය වදාළ සුගත වූ ශාස්තෘන් වහන්සේ යළිත් මෙය ද වදාළා.

එකතු වෙලා ඉන්නේ අඥාන පිරිසක් නම්, ධර්ම දේශනා කරන නුවණැත්තෙක්ව වුණත් හඳුන ගන්නේ නෑ. නමුත් අමා නිවන ගැන ධර්ම දේශනා කරද්දී නුවණැත්තෝ ඔහුව හඳුන ගන්නවා.

ධර්මය ම යි පවසන්නට ඕන. ධර්මය ම යි බබුළුවන්නට ඕන. ඉර්ෂිවරුන් ගේ ධජය ම යි හයියෙන් අල්ල ගන්නට ඕන. ඉර්ෂිවරු ඉන්නේ ශ්‍රී සද්ධර්මය ධජය කර ගෙනයි. ශ්‍රී සද්ධර්මය තමයි ඉර්ෂිවරුන්ගේ ධජය.

සාදු! සාදු!! සාදු!!!

විසාකපඤ්චාලපුත්ත සූත්‍රය නිමා විය.

9.1.8.
නන්ද සූත්‍රය
නන්ද තෙරුන් ගැන වදාළ දෙසුම

402. සැවැත් නුවරදී ....

එදා භාග්‍යවතුන් වහන්සේ ගේ සුළු මව් (ප්‍රජාපතී බිසොව) ගේ පුත් කුමරාව සිටි ආයුෂ්මත් නන්ද තෙරුන් ඉතා මටසිළුටු පරිද්දෙන් සිව්මැලි ලෙස කරවන ලද සිවුරුත් පොරවා ගෙන, ඇස්වල අඳුන් ගා ගෙන, ඉතා අලංකාර

වූ පාත්‍රයකුත් දරාගෙන භාග්‍යවතුන් වහන්සේ වෙත පැමිණියා. පැමිණිලා භාග්‍යවතුන් වහන්සේට වන්දනා කරල එකත්පස්ව වාඩි වුණා. එකත්පස්ව වාඩි වුණ ආයුෂ්මත් නන්දයන්ට භාග්‍යවතුන් වහන්සේ මෙය වදාළා.

"පින්වත් නන්ද, ඕක ගැලපෙන දෙයක් නොවෙයි. ශ්‍රද්ධාවෙන් යුක්ත කුල පුත්‍රයෙක් ගිහි ජීවිතය අත්හැරල මේ සාසනයේ පැවිදි වුණා නම් එබඳු කෙනෙක් වන ඔබ වගේ කෙනෙකු ඉතා මටසිළුටු පරිද්දෙන් සිව්මැලි ලෙස කරවන ලද සිවුරුත් පොරවා ගෙන ඉන්නවා නම්, ඇස්වල අඳුන් ගා ගෙන ඉන්නවා නම්, ඉතා අලංකාර වූ පාත්‍රයකුත් දරාගෙන ඉන්නවා නම් ඒක ගැලපෙන දෙයක් නොවේ. නමුත් පින්වත් නන්ද, ශ්‍රද්ධාවෙන් යුක්ත වූ කුල පුත්‍රයෙක් ගිහි ජීවිතය අත්හැරල මේ සාසනයේ පැවිදි වුණා නම් එබඳු කෙනෙක් වන ඔබට වනාන්තරයක වාසය කිරීමත් පිණ්ඩපාතයෙන් ජීවත් වීමත් පාංශුකූල සිවුරු දැරීමත් කාමයන් ගැන අපේක්ෂා රහිතව සිටීමත් තමයි ගැලපෙන්නේ."

භාග්‍යවතුන් වහන්සේ මෙය වදාළා. මෙය වදාළ සුගත වූ ශාස්තෘන් වහන්සේ යළි මෙය ද වදාළා.

වනාන්තරයක වාසය කරන පාංශුකූල සිවුරු දරන පිඬුසිඟාගෙන ලද දෙයකින් යැපෙන කාමයන් ගැන අපේක්ෂා රහිතව ඉන්න පින්වත් නන්දයන්ව මං දකින්නේ කවදාද?

එතකොට ආයුෂ්මත් නන්දයන් ටික කාලෙකින් වනාන්තරයේ වාසය කළා. පිඬුසිඟාගෙන ජීවත් වුණා. පාංශුකූල සිවුරු දැරුවා. කාමයන්හි අපේක්ෂා රහිත වුණා.

සාදු! සාදු!! සාදු!!!

නන්ද සූත්‍රය නිමා විය.

9.1.9.
තිස්ස සූත්‍රය
තිස්ස තෙරුන් ගැන වදාළ දෙසුම

403. සැවැත් නුවරදී ....

එදා භාග්‍යවතුන් වහන්සේ ගේ නැන්දනිය ගේ පුත් කුමරාව සිටි ආයුෂ්මත් තිස්ස තෙරුන් භාග්‍යවතුන් වහන්සේ වෙත පැමිණියා. පැමිණිලා

භාග්‍යවතුන් වහන්සේට වන්දනා කරල දුකෙන් යුක්තව, හිත අමාරුවෙන්, කඳුළු වගුරුවමින් එකත්පස්ව වාඩි වුණා. එතකොට භාග්‍යවතුන් වහන්සේ ආයුෂ්මත් තිස්ස තෙරුන් අමතා වදාළා. "ඇයි පින්වත් තිස්ස, එකත්පස්ව හිඳගෙන දුකෙන් වගේ ඉන්නේ. හිතේ අමාරුවෙන් වගේ ඉන්නේ. කඳුළු වගුරුවමින් ඉන්නේ. මොකද වුණේ?"

"ස්වාමීනි, ඒක නේන්නම්. මේ භික්ෂූන් වචන නැමැති වේවැලෙන් මට හරියට තැළුවා නෙව." "පින්වත් තිස්ස, ඒක එහෙම නේන්නම්. ඔබ අනුන්ටත් කරන්නේ ඕක ම නෙ. නමුත් අනුන් ගේ වචන ඉවසන්නට ශක්තියක් නෑ නේද? පින්වත් තිස්ස, ශ්‍රද්ධාවෙන් යුක්තව ගිහි ජීවිතය අත්හැරල මේ සාසනයේ පැවිදි වුණ ඔබ වගේ කෙනෙකුට අනුන්ට හිත් පෑරෙන වචන කීමත් අනුන් ගේ වචන නොඉවසීමත් ගැලපෙන්නේ නෑ. නමුත් තිස්ස, ශ්‍රද්ධාවෙන් යුක්තව ගිහි ජීවිතය අත්හැරල මේ සාසනයේ පැවිදි වුණ ඔබ වගේ කෙනෙකුට අනුන්ට යහපත් වචන කීමත් අනුන් ගේ වචන ඉවසීමත් තිබෙන එක තමයි ගැලපෙන්නේ."

භාග්‍යවතුන් වහන්සේ මෙය වදාළා. මෙය වදාළ සුගත වූ ශාස්තෘන් වහන්සේ යළි මෙය ද වදාළා.

> කේන්ති ගන්නෙ මොනවටද? පින්වත් තිස්ස, කේන්ති ගන්නට එපා! උතුම් වෙන්නෙ කේන්ති නොගන්න එක ම යි. පින්වත් තිස්ස, මේ බඹසර ජීවිතය තියෙන්නේ ක්‍රෝධය, මානය, ගුණ මකුකම ආදී දුර්ගුණ දුරු කිරීම පිණිස ම යි.

සාදු! සාදු!! සාදු!!!

තිස්ස සූත්‍රය නිමා විය.

9.1.10.
ථේරනාමක සූත්‍රය
ස්ථවිර නම් වූ තෙරුන් ගැන වදාළ දෙසුම

404. සැවැත් නුවරදී ....

ඒ දිනවල භාග්‍යවතුන් වහන්සේ වැඩ සිටියේ රජගහ නුවර ලෙහෙණුන් ගේ අභය භූමිය වූ වේළුවනාරාමයේ. ඒ කාලෙ ම ස්ථවිර නම් වූ එක්තරා භික්ෂුවක් හිටියා. ඔහු ඉන්නේ හුදෙකලාවේ ම යි. හුදෙකලා වාසය ම යි වර්ණනා

කරන්නේ. ඔහු හුදෙකලාවේ ම ගමට පිණ්ඩපාතෙ වඩිනවා. හුදෙකලාවේ ම ආපසු එනවා. හුදෙකලාවේ ම අප්‍රකටව වාඩි වෙනවා. හුදෙකලාවේ ම සක්මන් කරනවා.

එතකොට බොහෝ භික්ෂූන් භාග්‍යවතුන් වහන්සේ ලඟට පැමිණුනා. පැමිණිලා භාග්‍යවතුන් වහන්සේට වන්දනා කරල එකත්පස්ව වාඩි වුණා. එකත්පස්ව වාඩි වුණ ඒ භික්ෂූන් භාග්‍යවතුන් වහන්සේට මේ කරුණ පැවසුවා. "ස්වාමීනි, මෙහි ස්ථවිර නමින් එක්තරා භික්ෂුවක් ඉන්නවා. ඔහු හුදෙකලාවේ ම යි ඉන්නේ. හුදෙකලා වාසය ම යි වර්ණනා කරන්නේ."

එතකොට භාග්‍යවතුන් වහන්සේ එක්තරා භික්ෂුවක් අමතා වදාළා. " පින්වත් භික්ෂුව, මෙහෙ එන්න. මගේ වචනයෙන් ඒ භික්ෂුව අමතන්න. 'ප්‍රිය ආයුෂ්මත් ස්ථවිර, අන්න ඔබට ශාස්තෘන් වහන්සේ කතා කරනවා' කියල." "එසේ ය ස්වාමීනි" කියා භාග්‍යවතුන් වහන්සේට පිළිතුරු දුන් ඒ භික්ෂුව අර භික්ෂුව ලඟට ගියා. ගිහින් ඒ භික්ෂුවට මෙහෙම කිව්වා. ,"ප්‍රිය ආයුෂ්මත් ස්ථවිර, අන්න ඔබට ශාස්තෘන් වහන්සේ කතා කරනවා" කියල. "එසේ ය ප්‍රිය ආයුෂ්මතුනි" කියල අර ස්ථවිර භික්ෂුවත් ඒ භික්ෂුවට පිළිතුරු දීල භාග්‍යවතුන් වහන්සේ ලඟට ගියා. ගිහින් ....(පෙ).... එකත්පස්ව හිටිය ඒ ස්ථවිර භික්ෂුව ගෙන් භාග්‍යවතුන් වහන්සේ මේ කරුණ අසා වදාළා. "පින්වත් භික්ෂුව, මේක ඇත්තක්ද? ඔබ හුදෙකලාවේ ම ඉන්නවා කියන්නේ. හුදෙකලා වාසය ගැන ම වර්ණනා කරනවා කියන්නේ" "එසේ ය ස්වාමීනි."

"පින්වත් ස්ථවිර, ඔබ හුදෙකලාවේ ඉන්නේ කොයි ආකාරයෙන්ද? හුදෙකලා වාසය ගැන වර්ණනා කරන්නේ කොයි ආකාරයෙන් ද?" "ස්වාමීනි, මෙහෙ මම හුදෙකලාවේ ම ගමට පිණ්ඩපාතෙ වඩිනවා. හුදෙකලාවේ ම ආපසු එනවා. හුදෙකලාවේ ම අප්‍රකටව වාඩි වෙනවා. හුදෙකලාවේ ම සක්මන් කරනවා. ඉතින් ස්වාමීනි, මං ඔන්න ඔය විදිහට යි හුදෙකලාවේ ඉන්නේ. ඔය විදිහටයි හුදෙකලා වාසය ගැන වර්ණනා කරන්නේ."

"පින්වත් ස්ථවිර, ඔවැනි හුදෙකලා වාසයක් තියෙනවා තමයි. මං ඒක නෑ කියල කියන්නේ නෑ. නමුත් පින්වත් ස්ථවිර, හුදෙකලා වාසය විස්තර වශයෙන් සම්පූර්ණ වෙන්නේ යම් ආකාරයකින් ද අන්න ඒක මා ඔබට කියල දෙන්නම්. හොඳට අහගන්නට ඕන. නුවණින් මෙනෙහි කරන්නට ඕන. මා කියා දෙන්නම්." "එසේ ය ස්වාමීනි" කියල ඒ ස්ථවිර භික්ෂුව භාග්‍යවතුන් වහන්සේට පිළිතුරු දුන්නා. භාග්‍යවතුන් වහන්සේ මෙය වදාළා.

පින්වත් ස්ථවිර, හුදෙකලා වාසය විස්තර වශයෙන් සම්පූර්ණ වෙන්නේ

කොහොමද? පින්වත් ස්ථවිර, මෙහි අතීත වූ යමක් තිබුණා නම් ඒ කෙරෙහි තිබුණ ආශාව නැතිවෙලා ගියා. ඒ වගේ ම අනාගතයේ යමක් ඇතිවෙනවා නම් ඒ කෙරෙහි තිබුණ ආශාවත් දුරු වෙලා ගියා. වර්තමාන ජීවිතය ගැන තිබෙන ඡන්ද රාගයත් මැනවින් ප්‍රහාණය කරලයි තියෙන්නේ. පින්වත් ස්ථවිර, ඔය විදිහට යි හුදෙකලා වාසය විස්තර වශයෙන් සම්පූර්ණ වෙන්නේ. භාග්‍යවතුන් වහන්සේ මෙය වදාළා. මෙය වදාළ සුගත වූ ශාස්තෘන් වහන්සේ යළි මෙය ද වදාළා.

සියලු කෙලෙස් මර්ධනය කරපු, සියලු දේ අවබෝධ කරපු, ඉතා හොඳ ප්‍රඥාවෙන් යුතු කෙනා සියලු දෙය කෙරෙහි ම ඇලෙන්නේ නෑ. සියලු දෙය අත්හැරපු තණ්හාව ක්ෂය වීම නම් වූ නිවනට පැමිණ දූකෙන් නිදහස් වූ යම් මනුෂ්‍යයෙක් වේ නම් අන්න ඔහු හුදෙකලා වාසයෙන් යුතු කෙනා කියලයි මම කියන්නේ.

සාදු! සාදු!! සාදු!!!

ථේරනාමක සූත්‍රය නිමා විය.

9.1.11.
මහා කප්පින සූත්‍රය
මහා කප්පින තෙරුන් ගැන වදාළ දෙසුම

405. සැවැත් නුවරදී ....

එදා ආයුෂ්මත් මහා කප්පින තෙරුන් භාග්‍යවතුන් වහන්සේ වෙත පැමිණෙමින් සිටියා. තමන් වහන්සේ වෙතට පැමිණෙමින් සිටින ආයුෂ්මත් මහා කප්පින තෙරුන්ව භාග්‍යවතුන් වහන්සේ දුරින් ම දැක වදාළා. දැකලා භික්ෂූන් අමතා වදාළා. "පින්වත් මහණෙනි, අර පැමිණෙමින් සිටින සුදු පැහැයෙන් යුතු සිහින් ඇඟක් ඇති උස නහයක් ඇති භික්ෂුව ඔබට පේනවාද?" "එසේ ය ස්වාමීනි"

පින්වත් මහණෙනි, ඔය භික්ෂුව මහා ඉර්ධිමත්. මහානුභාව සම්පන්න යි. ඔය භික්ෂුව විසින් යම් සමාපත්තියකට සමවැදිල නැත්නම් එබඳු සමාපත්තියක් හොයා ගන්න එක සුලභ නෑ. යම් අරමුණක් උදෙසා සැදැහැවත් කුල පුත්‍රයෙක් ගිහි ජීවිතය අත්හැරල මේ සාසනයෙහි මනාකොට පැවිදි වෙනවා නම් අන්න

ඒ අරමුණ වන මේ බ්‍රහ්මචාරී ජීවිතයේ සම්පූර්ණත්වයෙන් ලබන ඒ අනුත්තර වූ අරහත්වය මේ ජීවිතයේ දීම තමා තුළින් උපදවා ගත් විශිෂ්ට ප්‍රඥාවෙන් සාක්ෂාත් කර ගෙන වාසය කරනවා.

භාග්‍යවතුන් වහන්සේ මෙය වදාළා. මෙය වදාළ සුගත වූ ශාස්තෘන් වහන්සේ යළි මෙය ද වදාළා.

යමෙක් උපන් ගෝත්‍රය ගැන ජනයා අතර ප්‍රතිඥා දෙයි නම් එතැන දී ශ්‍රේෂ්ඨ වන්නේ ක්ෂත්‍රිය වංශිකයායි. යමෙක් විජ්ජාචරණ ධර්මයන් ගෙන් සමන්විත නම් දෙව් මිනිසුන් අතර ශ්‍රේෂ්ඨ වන්නේ ඔහු තමයි.

දවල් කාලයට හිරු බබලනවා. රාත්‍රියට සඳු බබලනවා. සන්නාහ සන්නද්ධ වූ විට ක්ෂත්‍රියයා බබලනවා. ධ්‍යාන වඩන විට රහතන් වහන්සේ බබලනවා. නමුත් දිවා රාත්‍රී දෙකේ ම බුදු රජුන් තමයි මහත් තේජසින් බබලන්නේ.

සාදු! සාදු!! සාදු!!!

මහා කප්පින සූත්‍රය නිමා විය.

9.1.12.

සහායක සූත්‍රය

යහළු භික්ෂූන් ගැන වදාළ දෙසුම

406. සැවැත් නුවරදී ....

එදා ආයුෂ්මත් මහා කප්පින තෙරුන්ගේ ශිෂ්‍ය වූ යහළු භික්ෂූන් දෙනමක් භාග්‍යවතුන් වහන්සේ වෙත පැමිණෙමින් සිටියා. තමන් වහන්සේ වෙතට පැමිණෙමින් සිටින යහළු භික්ෂූන් දෙනමට භාග්‍යවතුන් වහන්සේ දුරින්ම දැක වදාළා. දැකලා භික්ෂූන් අමතා වදාළා. "පින්වත් මහණෙනි, අර පැමිණෙමින් සිටින පින්වත් මහා කප්පින තෙරුන්ගේ ශිෂ්‍ය වූ යහළු භික්ෂූන් දෙනම ඔබට පෙනෙනවාද?" "එසේ ය ස්වාමීනි"

පින්වත් මහණෙනි, ඔය භික්ෂූන් මහා ඉර්ධිමත්. මහානුභාව සම්පන්නයි. ඔය භික්ෂූන් විසින් යම් සමාපත්තියකට සමවැදිල නැත්නම් එබඳු සමාපත්තියක් හොයා ගන්න එක සුලභ නෑ. යම් අරමුණක් උදෙසා සැදැහැවත් කුල පුත්‍රයන්

ගිහි ජීවිතය අත්හැරල මේ සාසනයෙහි මනාකොට පැවිදි වෙනවා නම් අන්න ඒ අරමුණ වන මේ බ්‍රහ්මචාරී ජීවිතයේ සම්පූර්ණත්වයෙන් ලබන ඒ අනුත්තර වූ අරහත්වය මේ ජීවිතයේ දීම තමා තුළින් උපදවා ගත් විශිෂ්ට ප්‍රඥාවෙන් සාක්ෂාත් කර ගෙන වාසය කරනවා.

භාග්‍යවතුන් වහන්සේ මෙය වදාළා. මෙය වදාළ සුගත වූ ශාස්තෘන් වහන්සේ යළි මෙය ද වදාළා.

> ඒකාන්තයෙන් ම මේ යහළු භික්ෂු දෙනම චිරාත්කාලයක් යහපත් ගුණයන් ගෙන් සමානවයි ඉන්නේ. ඒ නිසා බුදු රජුන් විසින් වදාරණ ලද ධර්මය තුළත් ඔවුන් ගේ ප්‍රතිපත්තිය තුළ සාසන ධර්මයෙන් සමාන වුණා.
>
> ශ්‍රේෂ්ඨ වූ බුදු රජුන් විසින් වදාරණ ලද ධර්මය තුළ ඔවුන්ව මනා කොට හික්මෙව්වෙ පින්වත් මහා කප්පිනයන් විසිනුයි. දැන් ඔවුන් සේනා සහිත මාරයා පරදවල අන්තිම සිරුරු දරාගෙනයි ඉන්නේ.

සාදු! සාදු!! සාදු!!!

සහායක සූත්‍රය නිමා විය.

පළමු වෙනි වර්ගය අවසන් විය.

භික්ඛු සංයුත්තය නිමා විය.

සංයුත්ත නිකායේ දෙවෙනි කොටස වූ නිදාන වර්ගය සමාප්තයි.

දසබලසේලප්පභවා නිබ්බානමහාසමුද්දපරියන්තා
අට්ඨංග මග්ගසලිලා ජිනවචනනදී චිරං වහතූති.

දසබලයන් වහන්සේ නමැති ශෛලමය පර්වතයෙන් පැන නැගී
අමා මහ නිවන නම් වූ මහා සාගරය අවසන් කොට ඇති
ආර්ය අෂ්ටාංගික මාර්ගය නම් වූ සිහිල් දිය දහරින් හෙබි
උතුම් ශ්‍රී මුඛ බුද්ධ වචන ගංගාව (ලෝ සතුන්ගේ සසර දුක නිවාලමින්)
බොහෝ කල් ගලාබස්නා සේක්වා !
(සළායතන සංයුත්තය - උද්දාන ගාථා)

සාදු! සාදු!! සාදු!!!

නමෝ තස්ස භගවතෝ අරහතෝ සම්මාසම්බුද්ධස්ස.
ඒ භාග්‍යවත් අරහත් සම්මා සම්බුදුරජාණන් වහන්සේට නමස්කාර වේවා!

මේ උතුම් ගෞතම බුදු සසුනේදීම මේ ආශ්චර්යවත් ශ්‍රී සද්ධර්මය මැනැවින් උගෙන තම තමන්ගේ නුවණ මෙහෙයවා ධර්මයෙහි හැසිරීමෙන් ආර්ය ශ්‍රාවකයන් බවට පත්ව සතර අපා දුකෙන් සදහටම මිදෙනු කැමැති ලංකාවාසී සැදැහැවත් නුවණැතියන් හට වඩාත් හොඳින් තේරුම් ගැනීම පිණිස මහත් ශ්‍රද්ධාවෙන් යුතුව සිංහල භාෂාවට සංයුත්ත නිකායෙහි දෙවෙනි කොටස වූ නිදාන වර්ගය පරිවර්තනය කිරීමෙන් ලත් සකල විපුල පුණ්‍ය සම්භාර ධර්මයන් පින් කැමැති සියල්ලෝම සතුටින් අනුමෝදන් වෙත්වා! අප සියලු දෙනාටම වහ වහා උතුම් චතුරාර්ය සත්‍ය ධර්මය සත්‍ය ඤාණ වශයෙන්ද, කෘත්‍ය ඤාණ වශයෙන්ද, කෘත ඤාණ වශයෙන්ද අවබෝධ වීම පිණිස ඒකාන්තයෙන්ම මේ පුණ්‍ය වාසනාව උපකාර වේවා!

සාදු! සාදු!! සාදු!!!

නමෝ තස්ස භගවතෝ අරහතෝ සම්මාසම්බුද්ධස්ස.

www.ingramcontent.com/pod-product-compliance
Lightning Source LLC
Chambersburg PA
CBHW062057090426
42741CB00015B/3260
9789550614707